Transparenz- und Publizitätspflichten
deutscher Unternehmen

Europäische Hochschulschriften
Publications Universitaires Européennes
European University Studies

Reihe II
Rechtswissenschaft

Série II Series II
Droit
Law

Bd./Vol. 3276

PETER LANG
Frankfurt am Main · Berlin · Bern · Bruxelles · New York · Oxford · Wien

Volker Jahr

Transparenz- und Publizitätspflichten deutscher Unternehmen

Unter Berücksichtigung europarechtlicher und verfassungsrechtlicher Vorgaben

PETER LANG
Europäischer Verlag der Wissenschaften

Die Deutsche Bibliothek - CIP-Einheitsaufnahme

Jahr, Volker:

Transparenz- und Publizitätspflichten deutscher Unternehmen : unter Berücksichtigung europarechtlicher und verfassungs-rechtlicher Vorgaben / Volker Jahr. - Frankfurt am Main ; Berlin ; Bern ; Bruxelles ; New York ; Oxford ; Wien : Lang, 2002
(Europäische Hochschulschriften : Reihe 2, Rechtswissenschaft ; Bd. 3276)
Zugl.: Bochum, Univ., Diss., 2001
ISBN 3-631-38712-1

Abdruck der Fotografie auf der Umschlagseite vier mit freundlicher Genehmigung von Herrn Kohl (Fotograf).

D 294
ISSN 0531-7312
ISBN 3-631-38712-1

www.peterlang.de

Meiner lieben Frau Barbara

Vorwort

Die Arbeit lag im Sommersemester 2001 der juristischen Fakultät der Ruhr-Universität Bochum als Dissertation vor. Für die Veröffentlichung sind Rechtsprechung und Literatur bis einschließlich Mai 2001 einbezogen. Insbesondere wurde das Kapitalgesellschaften- und-Co-Richtlinie-Gesetz (KapCoRiLiG) in seiner endgültigen Fassung eingearbeitet, die am 09. Mai 2001 in Kraft getreten ist und für alle zum Kalenderjahr abschließenden GmbH & Co KG erstmals auf Jahresabschlüsse zum 31.12.2001 zur Anwendung kommt.

Die Anregung zu dieser Arbeit verdanke ich meinem verehrten Doktorvater Herrn Prof. Dr. jur. Dipl.-Volkswirt *Helmut Siekmann*, der diese Arbeit betreut und nachhaltig gefördert hat. Seinen fachübergreifenden, enormen Wissensfundus durfte ich schon während meines Jura-Studiums im Rahmen meiner Tätigkeit am Institut für Öffentliches Recht und Verwaltungslehre der Universität zu Köln bei Herrn Prof. Dr. jur. Dres. h.c. *Klaus Stern* kennen- und schätzenlernen.

Diese Arbeit entstand berufsbegleitend zu meiner Tätigkeit als Rechtsanwalt, die ich nach meinem zweiten juristischen Staatsexamen im Dezember 1997 aufgenommen habe. Die Bezüge zur Praxis durch meine Tätigkeit in einer Sozietät aus Rechtsanwälten, Wirtschaftsprüfern und Steuerberatern waren dabei sehr positiv für den weiteren Verlauf der Arbeit. Gleichwohl trat in der Anfangsphase die Bedeutung der Themenstellung für die Beratungspraxis, speziell des Mittelstandes, noch nicht offen zutage, auch wenn das sog. „Daihatsu-Urteil“ des europäischen Gerichtshofes vom 4.12.1997 bereits ergangen war. Selbst nach der dieses Urteil fortführenden Entscheidung des Europäischen Gerichtshofes vom 29.09.1998, in der ausdrücklich festgestellt wurde, daß die bisherigen Publizitätsvorschriften für deutsche Unternehmen nicht den europäischen Vorgaben genügten und daher erheblich zu verschärfen seien, hieß es noch im Frühjahr 1999 von amtlicher Seite, daß ein konkreter Gesetzentwurf zur Umsetzung der Maßgaben des Europäischen Gerichtshofes noch nicht abzusehen sei.

Nur innerhalb eines Jahres kam es dann doch bereits zur vollständigen gesetzgeberischen Umsetzung der Vorgaben des Europäischen Gerichtshofes in Form des KapCoRiLiG. Die entsprechende Rasanz der Entwicklung gab den Takt für diese Arbeit vor. Mehrere voneinander abweichende Entwürfe bis zur endgültigen Fassung des KapCoRiLiG waren zu verarbeiten. Entsprechendes gilt für die begleitende, zahlreiche Resonanz in der Literatur.

Ferner wurde noch das Euro-Bilanzgesetz (EuroBilG) eingearbeitet, das - für manche überraschend - eine geringe Anhebung der Schwellenwerte des Publizitätsgesetzes vorsieht. Diese reicht allerdings nach hier vertretener Ansicht nicht aus, um die aufgeworfenen verfassungsrechtlichen Bedenken auszuräumen.

Ziel dieser Arbeit ist es, aufzuzeigen, welche Transparenz- und Publizitätspflichten für deutsche Unternehmen bestehen, und diese auf ihre Vereinbarkeit mit den Vorgaben von Grundgesetz und Europarecht zu untersuchen. Aufgrund der dabei ermittelten Ergebnisse wird am Ende der Arbeit ein Modell entwickelt, bei dem auch ohne persönliche Haftung der Inhaber keine Rechnungslegungspublizitiät besteht, um sowohl Haftungsrisiken, als auch unerwünschte Einblicke in die wirtschaftlichen Unternehmensdaten zu vermeiden.

An dieser Stelle möchte ich mich auch für das große Maß an Freiheit, das mir mein verehrter Doktorvater, Herr Prof. Dr. jur. Dipl.-Volkswirt *Helmut Siekmann* bei der Bearbeitung der Dissertation gewährt hat, sehr bedanken.

Darüberhinaus gebührt mein Dank Herrn Prof. Dr. jur. *Daniel Zimmer* LL.M., der mit viel Engagement in besonders zügiger Weise das Zweitgutachten erstellt hat.

Danken möchte ich auch meinen ehemaligen Kollegen vom Institut für Öffentliches Recht und Verwaltungslehre der Universität zu Köln für ihre kompetente Gesprächsbereitschaft, namentlich Herrn Wissenschaftlichen Mitarbeiter Assessor *Günter Krings* LL.M. Ferner danke ich den Partnern und Kollegen der DR. WEHBERG UND PARTNER GBR, Rechtsanwälte, Wirtschaftsprüfer, Steuerberater, für ihr Verständnis für die Belange der Arbeit. Nicht versäumen möchte ich, dem Bundesministerium der Justiz, insbesondere Herrn Dipl.-Rpfl. *Fritz Stuckert*, zu danken für die präzisen Informationen zum Stand des Gesetzgebungsverfahrens zum KapCoRiLiG.

Mein herzlicher Dank gilt überdies meinen Schwiegereltern *Sonia* und *Gerhard Hohoff* für ihren uneingeschränkten und vertrauensvollen Rückhalt während all der Jahre meiner juristischen Ausbildung sowie meinen Kindern *Veronica* und *Sebastian* für ihr Verständnis, daß diese Arbeit viel Zeit in Anspruch genommen hat.

Besonders danken möchte ich jedoch meiner lieben Frau *Barbara Jahr* für ihre unerschöpfliche Geduld und ihre stete und liebevolle Unterstützung, die ich nicht nur während meiner Promotion, sondern von Beginn meines juristischen Studiums an erfahren durfte. Ihre Diskussionsbereitschaft und Ermunterung sowie ihre große Hilfe bei den Korrekturarbeiten haben nicht unwesentlich zum Gelingen dieser Dissertation beigetragen. Ihr widme ich diese Arbeit.

Volker Jahr

Inhaltsübersicht

Inhaltsverzeichnis

Literaturverzeichnis

Adams, Michael: Eigentum, Kontrolle und beschränkte Haftung, 1.Aufl., Baden-Baden, 1991.
- zit.: *Adams*, S. -

Albers, Jan: Zivilprozeßordnung mit Gerichtsverfassungsgesetz und anderen Nebengesetzen, begr. von Adolf Baumbach, fortgeführt von Wolfgang Lauterbach, nunmehr verf. von Jan Albers, Peter Hartmann, 58. Aufl., München, 2000.
- zit.: Baumbach/Lauterbach/Albers/Hartmann-*Bearbeiter*, § Rdnr. -

ders.: s. auch *Hartmann, Peter.*

Albrecht, Werner: s. *Hofbauer, Max.*

Altmeppen, Holger: Die Auswirkungen des KonTraG auf die GmbH, in: ZGR 1999, S. 291-313.
- zit.: *Altmeppen*, ZGR 1999, S. -

Apelt, Bernd: Die Publizität der GmbH: die Regelungen des BiRiLiG, der Mittelstandsrichtlinie und der GmbH & Co.-Ergänzungsrichtlinie, Berlin, 1991, zugl. Münster, Univ., Diss., 1990.
- zit.: *Apelt*, S. -

Bärmann, Johannes: Europäische Integration im Gesellschaftsrecht, Köln/Berlin/Bonn/München, 1970.
- zit.: *Bärmann*, Europäische Integration, S. -

Bahlmann, Kai: Europäische Grundrechtsperspektiven, in: Einigkeit und Recht und Freiheit, Festschrift für Karl Carstens zum 70. Geburtstag, Bd.1, Köln, 1984, S.17-41.
- zit.: *Bahlmann*, FS Carstens 1984. S. -

Baumbach, Adolf/Lauterbach, Wolfgang: s. *Albers, Jan.*

Baumbach, Adolf / Hopt, Klaus J.: Handelsgesetzbuch, 30. Aufl., 2001, München, 1995.
- zit.: *Baumbach/Hopt*, HGB, 29. Aufl., 1995, § Rdnr. -

Baumbach, Adolf/Hueck, Alfred/Hueck, Götz/Schulze-Osterloh, Joachim/Zöllner, Wolfgang: GmbH-Gesetz, 17.Aufl., München, 2000.
- zit.: Baumbach/Hueck-*Bearbeiter*, GmbHG, § Rdnr. -

Baums, Theodor: Eintragung und Löschung von Gesellschafterbeschlüssen, Heidelberg, 1981.
- zit.: *Baums*, S. -

Baur, Fritz: Lehrbuch des Sachenrechts, 17. Aufl., München, 1991.
- zit.: *Baur*, Sachenrecht, S. –

Beck'scher Bilanzkommentar: s. *Budde, Wolfgang Dieter.*

Becker, Florian: Das Urteil des Europäischen Gerichtshofes zum deutschen Umweltinformationsgesetz, in: NVwZ 1999, S. 1187-1190.
- zit.: *Becker*, NVwZ 1999, S. -

Behrens, Peter: Die Europäisierung des Gesellschaftsrechts, in: Die GmbH-Rechte in den EG-Staaten/hrsg. von der Centrale für die GmbH Dr. Otto Schmidt. Mit Beitr. von Peter Behrens, Köln, 1993, S. 1-19.
- zit.: *Behrens*, Die Europäisierung des Gesellschaftsrechts, in: Die GmbH-Rechte in den EG-Staaten, S. -

ders. (Hrsg.): Die Gesellschaft mit beschränkter Haftung im internationalen und europäischen Recht, hrsg. v. Peter Behrens, 2. Aufl., Berlin, 1997.
- zit.: Behrens-*Bearbeiter*, Die GmbH im internationalen und europäischen Recht, -

Berg, Wilfried: Der Schutz von Betriebs- und Geschäftsgeheimnissen im Öffentlichen Recht unter besonderer Berücksichtigung des Umweltinformationsgesetzes, in: GewArch 1996, S.177-183.
- zit.: *Berg*, GewArch 1996, S.-

Bernecke, Wilhelm: s. *Biener, Herbert.*

Bethge, Herbert: Die Grundrechtsberechtigung juristischer Personen nach Art. 19 Abs.3 GG, Passau, 1985.
- zit.: *Bethge*, S. -

Biehr, Dietrich: Der Entwurf des Kapitalgesellschaften - und Co.-Richtlinie-Gesetzes (KapCoRiLiG) vom 13.8.1999, in: BB 1999, S. 1862-1864.
- zit.: *Biehr*, BB 1999, S. -

ders.: Prüfungs- und Publizitätspflicht für GmbH und Co KG sowie härtere Sanktionen bei Verletzung der Publizitätspflichten, in: DSWR 1999, S. 199-201.
- zit.: *Biehr*, DSWR 1999, S. -

Biener, Herbert/Bernecke, Wilhelm: Bilanzrichtlinien-Gesetz: Textausgabe d. Bilanzrichtlinien-Gesetzes vom 19.12.1985 (Bundesgesetzbl. I S. 2355); mit Begründung d. Regierungsentwurfs, Bericht d. Rechtsausschusses d. Dt. Bundestages, Richtlinien mit Begründung, Verweisungen, Erl., Sachverz, Düsseldorf, 1986.
- zit.: *Biener/Bernecke*: BiRiLiG, S. -

Biener, Herbert: Gesetz über die Rechnungslegung von bestimmten Unternehmen und Konzernen (PublG) vom 15.8.1969 (BGBl. I S.1189) mit Regierungsbegründung etc., Düsseldorf, 1973.
- zit.: *Biener*, PublG, S. -

ders.: Gesetz über die Rechnungslegung von bestimmten Unternehmen und Konzernen (Publizitätsgesetz), in: BB 1969, S. 1097-1102.
- zit.: *Biener*, BB 1969, S. -

ders.: Einzelne Fragen zur Rechnunglegung der GmbH & Co. KG nach dem Publizitätsgesetz, in: GmbHR 1975, S. 5-11 und 30-35.
- zit.: *Biener*, GmbHR 1975, S. -

Binz, Karlheinz: Haftungsverhältnisse bei werbender Tätigkeit der Vor-GmbH & Co. KG, in: GmbHR 1976, S. 29-36.
- zit.: *Binz*, GmbHR 1976, S. -

Bitter, Bernhard/Grashoff, Dietrich: Anwendungsprobleme des Kapitalgesellschaften- und Co. Richtlinie-Gesetzes, in: DB 2000, S. 833-839.
- zit.: *Bitter/Grashoff*, DB 2000, S. -

Bleckmann, Albert: Europarecht: Das Recht der Europäischen Union und der europäischen Gemeinschaften, 6. Aufl., Köln, Berlin, Bonn, München, 1997.
- zit.: *Bleckmann*, Rdnr. -

Böcking, Hans-Joachim/Orth, Christian: Neue Vorschriften zur Rechnungslegung und Prüfung durch das KonTraG und das KapAEG, in: DB 1998, S. 1241-1246.
- zit.: *Böcking/Orth*, DB 1998, S. -

dies.: Kann das "Gesetz zur Kontrolle und Transparenz im Unternehmensbereich (KonTraG)" einen Beitrag zur Verringerung der Erwartungslücke leisten ? - Eine Würdigung auf Basis von Rechnungslegung und Kapitalmarkt, in: WpG 1998, S.351-364.
- zit.: *Böcking/Orth*, WpG 1998, S. -

dies.: Offene Fragen und Systemwidrigkeiten bei den neuen Rechnungslegungs- und Prüfungsvorschriften des KonTraG und des KapAEG - Folgen eines kapitalmarktinduzierten Reformzwanges und die Rolle des DRSC -, in: DB 1998, S.1873-1879.
- zit.: *Böcking/Orth*, DB 1998, S. -

Bohl, Elke: Anmerkung zu EuGH, Urt. v. 29.9.1998 - Rs. C-191/95 (Kommission/Deutschland), in: EuZW 1998, S. 762-763.
- zit.: *Bohl*, EuZW 1998, S. -

Borchardt, Klaus-Dieter: Die rechtlichen Grundlagen der Europäischen Union, Heidelberg, 1996.
- zit.: *Borchardt*, S. -

Boruttau, Ernst Paul: Grunderwerbsteuergesetz, Kommentar, 14. Aufl., München, 1997.
- zit.: Boruttau-*Bearbeiter*, GrErwStG, § Rdnr.-

Breidenbach, Rolf/Palenda, Bernd: Das Akteneinsichts- und Informationszugangsgesetz des Landes Brandenburg - Ein Vorbild für die Rechtsentwicklung in Deutschland !, in: NJW 1999, S. 1307-1309.
- zit.: *Breidenbach/Palenda*, NJW 1999, S. -

Budde, Wolfgang Dieter (Hrsg.): Beck'scher Bilanz-Kommentar: der Jahresabschluß nach Handels- und Steuerrecht; Konzernabschluß, Prüfung, Offenlegung: §§ 238 und 339 HGB, bearb. von Wolfgang Dieter Budde ..., 4. Aufl., München, 1999.
- zit.: *Autoren* in Beck Bil.-Komm., § Rdnr. -

Burgard, Ulrich: Ad hoc-Publizität bei gestreckten Sachverhalten und mehrstufigen Entscheidungsprozessen, in: ZHR 162 (1998), S.51-100.
- zit.: *Burgard*, ZHR 1998, S. -

Buschmeyer, Klaus-Dieter: Publizität als Korrelat der Haftungsbeschränkung, Köln, 275 S., zugl. Diss, Münster, 1993.
- zit.: *Buschmeyer*, S. -

Centrale für GmbH Dr. Otto Schmidt: Jahresbericht 1998/99, Wichtige Neuerungen in GmbH-Gesetzgebung und -Rechtsprechung, Arbeit und Leistungen der Centrale für GmbH, in: GmbHR 1999, S. 1-8.
- zit.: Centrale für GmbH, GmbHR 1999, S. -

Claudi, Hubertus: Die Bindung der EWG an die Grundrechte, München, 1976.
- zit.: *Claudi*, S. -

Claussen, Carsten Peter: Wie ändert das KonTraG das Aktiengesetz?, in: DB 1998, S.177-186.
- zit.: *Claussen*, DB 1998, S. -

ders.: Insiderhandelsverbot und Ad-hoc-Publizität: Praktiker-hinweise und -empfehlungen für Emittenten, Anleger, Banken, Wertpapierdienstleister und ihre Berater, Köln, 1996.
- zit.: *Claussen*, Insiderhandelsverbot und Ad-hoc-Publizität, Rdnr. -

ders.: Die Rechnungslegung sollte nicht weiter gesetzlich geregelt werden, in: FAZ v. 10.3.2000, S.22.
- zit.: *Claussen*, FAZ v. 10.3.2000, S.22. -

Commichau, Michael Friedrich: Nationales Verfassungsrecht und europäische Gemeinschaftsverfassung: Die Entwicklung des europäischen Gemeinschaftsrechtes durch die Rechtsprechung des Europäischen Gerichtshofs und das nationale Verfassungsrecht, Baden-Baden, 1995, zugl. Diss., München, 1994.
- zit.: *Commichau*, S. -

Cornils, Matthias: Der gemeinschaftsrechtliche Staatshaftungsanspruch, Rechtsnatur und Legitimität eines richterrechtlichen Haftungsinstituts, Baden-Baden, 1995, zugl. Diss., Bonn, 1995.
- zit.: *Cornils*, S. -

Cosmas, Georges, Schlußanträge vom 5.6.1997 - RsC-191/95, in: GmbHR 1997, S. 798-799 = ZIP 1997, S.1330-1331.
- zit.: *Cosmas*, GmbHR 1997, S. ... = ZIP 1997, S. -

Creifelds, Carl: Rechtswörterbuch, begr. von Carl Creifelds, hrsg. von Hans Kauffmann, bearb.: Dieter Gunz ..., 16. Aufl., München, 2000.
- zit.: *Creifelds* -

Crezelius, Georg: Jahresabschlußpublizität bei deutscher Kapitalgesellschaft, Besprechung der Entscheidung EuGH DB 1997, 2598 - "Daihatsu", in: ZGR 1999, S.252-263.
- zit.: *Crezelius*, ZGR 1999, S. -

ders.: Stiftungsrecht - quo vadis?, in: ZIP 1999, S. 337-347.
- zit.: *Crezelius*, ZIP 1999, S. -

Crezelius, Georg/Rawert, Peter: Stiftungsrecht - quo vadis?, in: ZIP 1999, S. 337-347.
- zit.: *Crezelius/Rawert*, ZIP 1999, S. -

Cronauge, Ulrich: Kommunale Unternehmen, 3. Aufl., Berlin, 1997.
- zit.: *Cronauge*, Rdnr. -

Daldrup, Herbert: Publizität umweltschutzbezogener Informationen in Geschäftsberichten - Ergebnisse einer empirischen Analyse der Berichtspraxis -, in: Wpg 1999, S. 734-748.
- zit.: *Daldrup*, Wpg 1999, S. -

Dehmer, Hans: Umwandlungsrecht - Umwandlungssteuerrecht, München, 1994.
- zit.: *Dehmer*, § Anm. -

Deutler, Karl F.: Bildung und Amtszeit des ersten Aufsichtsrats in der GmbH, in: DB 1969, S. 691-695.
- zit.: *Deutler*, DB 1969, S. -

Diekmann, Jochen: Publizitätspflicht und Sanktionen nach dem Kapitalgesellschaften-und Co-Richtlinie-Gesetz: Die Verfahrenssimulation als wirksames Instrument der prospektiven Gesetzesfolgenabschätzung, in: GmbHR 2000, S. 353-356.
- zit.: *Diekmann*, GmbHR 2000, S. -

ders.: Verbesserung durch Verlagerung? - Zur künftigen Führung des Handelsregisters, in: ZRP 2000, S. 44-47.
- zit.: *Diekmann*, ZRP 2000, S. -

Dietlein, Johannes: Die Lehre von den grundrechtlichen Schutzpflichten, Berlin, 1992.
- zit.: *Dietlein*, S. -

Dörner, Dietrich/Wirth, Michael: Die Befreiung von Tochter-Kapitalgesellschaften nach § 264 HGB i.d.F. des KapAEG hinsichtlich Inhalt, Prüfung und Offenlegung des Jahresabschlusses, in: DB 1998, S.1525-1531.
- zit.: *Dörner/Wirth*, DB 1998, S. -

Dörrie, Robin: Das Sanierungsprivileg des § 32a Abs.3 Satz 3 GmbHG, in: ZIP 1999, S.12-17.
- zit.: *Dörrie*, ZIP 1999, S. -

Dorozola, Ingo/Söffing, Matthias: Zur Vermeidung handelsrechticher Offenlegungspflichten durch alternative Rechtsformen, in: DStR 2000, S. 1567-1570.
- zit.: *Dorozola/Söffing*, DStR 2000, S. -

Dreier, Horst (Hrsg.): Grundgesetz-Kommentar, Bd.1, Tübingen, 1996.
- zit.: *Bearbeiter*, in: Dreier, GG-Komm., Art. Rdnr. -

Drobeck, Jörg: Prognosepublizität: die Berichterstattung über die voraussichtliche Entwicklung der Kapitalgesellschaft in den Lageberichten deutscher Aktiengesellschaften gem. § 289 Abs.2 Nr.2 HGB, Frankfurt a.M. u.a., 1998; zugl. Diss., Duisburg, 1997.
- zit.: *Drobeck*, S. -

DUDEN, "Das große Wörterbuch der deutschen Sprache": in 6 Bd./ hrsg. u. bearb. vom Wissenschaftl. Rat u. d. Mitarb. d. Dudenred. unter der Leitung von Günther Drosdowski (Bearb.: Rudolf Köster; Wolfgang Müller) - Mannheim; Wien; Zürich; Bd. 5 O - So/(Mitarbeit an diesem Bd.: Brigitte Alsleben ...) - 1980.
- zit.: DUDEN, Das große Wörterbuch der deutschen Sprache, Bd.5, Stichwort ... . -

DUDEN, "Das große Wörterbuch der deutschen Sprache": in 6 Bd./ hrsg. u. bearb. vom Wissenschaftl. Rat u. d. Mitarb. d. Dudenred. unter der Leitung von Günther Drosdowski (Bearb.: Rudolf Köster; Wolfgang Müller) - Mannheim; Wien; Zürich; Bd. 6. Sp - Z /(Mitarbeit an diesem Bd.: Brigitte Alsleben ...) - 1981.
- zit.: DUDEN, Das große Wörterbuch der deutschen Sprache, Bd.6, Stichwort ... . -

Duttge, Gunnar: Was bleibt noch von der Wissenschaftsfreiheit, in: NJW 1998, S.1615-1619.
- zit.: Duttge, NJW 1998, S. -

Ebke, Werner: Anmerkung zu OLG Düsseldorf, Urteil v. 10.9.1998 - 5 U 1/98, in: JZ 2000, S. 203-205.
- zit.: *Ebke*, JZ 2000, S. -

Eckhold, Thomas: s. *Zimmer, Daniel*.

Ehlig, Frank: Der Sanktionsmechanismus bei Nichtoffenlegung der Jahresabschlüsse von Kapitalgesellschaften aus Sicht der handelsrechtlichen Rechnungslegungszwecke und seine verfassungsrechtlichen Grenzen - zugleich Anmerkung zu der beim EuGH anhängigen Klage vom 26.6.1995 der Europäischen Kommission gegen die Bundesrepublik Deutschland, in: Wpg 1997, S. 513-525.
- zit.: *Ehlig,* Wpg 1997, S. -

Eisolt, Dirk/Verdenhalven, Werner: Erläuterung des Kapitalsgesellschaften und Co-Richtlinie-Gesetzes (KapCoRiLiG), in: NZG 2000, S. 130-134.
- zit.: *Eisolt/Verdenhalven,* NZG 2000, S. -

Emde, Raimond: Auskünfte inländischer Aktiengesellschaften für Bilanzen und Steuererklärungen ausländischer Aktionäre, in: ZIP 1998, S. 725-727.
- zit.: *Emde,* ZIP 1998, S. -

Ensthaler, Jürgen (Hrsg.): Gemeinschaftskommentar zum Handelsgesetzbuch: GK-HGB, hrsg. von Jürgen Ensthaler, begr. von Georg W. Bendasch, bearb. von Wilhelm-Albrecht Achilles u.a., 6. Aufl., Neuwied, Kriftel, Berlin, 1999.
- zit.: GK- *Bearbeiter,* § Rz. -.

Ernst, Christoph: KonTraG und KapAEG sowie aktuelle Entwicklungen zur Rechnungslegung und Prüfung in der EU, in: WpG 1998, S.1025-1035.
- zit.: *Ernst,* Wpg 1998, S. -

Everling, Ulrich: Zur direkten innerstaatlichen Wirkung der EG-Richtlinien: Ein Beispiel richterlicher Rechtsfortbildung auf der Basis gemeinsamer Rechtsgrundsätze, in: Einigkeit und Recht und Freiheit, Festschrift für Karl Carstens zum 70. Geburtstag, Bd.1, Köln, 1984, S. 95-113.
- zit.: *Everling,* FS Carstens 1984. S. -

Fabis, Heinrich: Abschied vom Wertgebührenprinzip für Handelsregistereintragungen ? Eine Besprechung des Beschlusses des Bayerischen Obersten Landesgerichts vom 2. Dezember 1998, ZIP 1999, 363, in: ZIP 1999, S. 1041-1045.
- zit.: *Fabis,* ZIP 1999, S. -

Farr, Wolf-Michael: Der Jahresabschluß der mittelgroßen GmbH, in: GmbHR 1996, S. 755-761.
- zit.: *Farr,* GmbHR 1996, S. -

ders.: Checkliste für den Anhang im Jahresabschluß der kleinen GmbH unter Berücksichtigung der Neuerungen des KonTraG, KapAEG und EuroEG sowie Ausblick auf das KapCoRiLiG, in: GmbHR 1999, S. 1080-1087.
- zit.: *Farr,* GmbHR 1999, S. -

Feldhoff, Michael: Die Regulierung der Rechnungslegung: eine systematische Darstellung der Grundlagen mit einer Anwendung auf die Frage der Publizität, Frankfurt a.M. u.a., 1992; zugl. Diss., Passau, 1991.
- zit.: *Feldhoff,* S. -

Fleischer, Holger: Gläubigerschutz in der kleinen Kapitalgesellschaft: Deutsche GmbH versus englische private limited company, in: DStR 2000, S. 1015-1021.
- zit.: *Fleischer,* DStR 2000, S. -

Fleischmann, Bernhard: s. *Kusterer, Stefan.*

Fluck, Jürgen/Theuer, Andreas: Umweltinformationsgesetz: Welche Privaten sind informationspflichtig, in: GewArch 1995, S.96-102.
- zit.: *Fluck/Theuer*, GewArch 1995, S. -
Forum Europaeum Konzernrecht: Konzernrecht für Europa, in: ZGR 1998, S. 672-772.
- zit.: *Forum Europaeum Konzernrecht*, ZGR 1998, S. -

Franken, Paul / Heinsius, Theodor: Das Spannungsverhältnis der allgemeinen Publizität zum Auskunftsrecht des Aktionärs, in: Rechenschaftslegung im Wandel, Festschrift für Wolfgang Dieter Budde, hrsg. v. Gerhart Fröschle, Klaus Kaiser, Adolf Moxter, 1995, S.213-242.
- zit.: *Franken/Heinsius*, in: FS Budde, S. -

Friauf, Karl Heinrich: Die Publizitätspflicht für Gesellschaften mit beschränkter Haftung aus verfassungsrechtlicher Sicht, in: GmbHR 1985, S. 245-253.
- zit.: *Friauf*, GmbHR 1985, S. -

ders.: Registerpublizität für GmbH und Verfassungsrecht, in: GmbHR 1991, S. 397-407.
- zit.: *Friauf*, GmbHR 1991, S. -

Ganske, Joachim: Das Recht der Europäischen wirtschaftlichen Interessenvereinigung (EWIV), Köln, 1988.
- zit.: *Ganske*, S. -

ders.: Umwandlungsrecht, Textausgabe des Umwandlungsgesetzes (UmwG) und des Umwandlungssteuergesetzes (UmwStG); mit Begründungen der Regierungsentwürfe, Stellungnahmen etc., 2. Aufl., Düsseldorf, 1994.
- zit.: *Ganske*, Umwandlungsrecht, S. -

Gänzle, Thomas: s. *Meininger, Frank.*

Geck, Reinhard: Überlegungen zur Verwendung der GmbH & Co. KGaA in der mittelständischen Wirtschaft, in: NZG 1998, S.586-589.
- zit.: *Geck*, NZG 1998, S. -

Gehrt, John Alexander: Die neue Ad-hoc-Publizität nach § 15 Wertpapierhandelsgesetz: Eine kritische Betrachtung im Vergleich zur französischen und anglo-amerikanischen Regelung, Baden-Baden, 1997, zugl. Diss., München, 1997.
- zit.: *Gehrt*, S. -

Geiger, Rudolf: EG-Vertrag, Kommentar zu dem Vertrag zur Gründung der europäischen Gemeinschaft, 3. Aufl., München, 2000.
- zit.: *Geiger*, 2. Aufl., 1995. Art., Rdnr.-

Glöckle, Thomas: Die zukunftsbezogene Publizität von Kapitalgesellschaften in der Bundesrepublik Deutschland, Diss. jur. Tübingen, Tübingen, 1996.
- zit.: *Glöckle*, S. -

Göbel, Stefan: Internationalisierung der externen Rechnungslegung von Unternehmen - Probleme des Übergangs von der Rech-nungslegung nach HGB auf US-GAAP oder IAS, in: DB 1999, S. 293-297.
- zit.: *Göbel*, DB 1999, S. -

Göhner, Frank: Zur Anwendung der neuen Größenklassenkriterien nach dem Gesetzentwurf der Bundesregierung zum KapCoRiLiG, in: BB 1999, S. 1914-1916.
- zit.: *Göhner*, BB 1999, S. -

Görk, Stefan: Wertabhängige Handelsregistergebühren als europarechtich unzulässige Steuer ? - Anmerkung zum Beschluß des BayObLG vom 25.11.1998, 3 Z BR 164/98, DStR 1999, 291, in: DStR 1999, S. 283-288.
- zit.: *Görk*, DStR 1999, S. -

Götze, Cornelius: Ad-hoc-Publizitätspflicht bei Zulassung einer Due Diligence durch AG-Vorstand?, in: BB 1998, S. 2326-2330.
- zit.: *Götze*, BB 1998, S. -

Golasowski, Wolfgang: Vom Landesamt in den freien Wettbewerb, in: VOP - Verwaltungsführung, Organisation, Personal 1997, S. 24-25.
- zit.: *Golasowski*, VOP 1997, S. -

Goutier, Klaus: Kommentar zum Umwandlungsrecht: Umwandlungsgesetz, Umwandlungssteuergesetz, hrsg. v. Klaus Goutier, bearb. v. Arno Bermel, Heidelberg, 1996.
- zit.: Goutier-*Bearbeiter*, UmwR, § Rdnr. -

Grabitz, Eberhard/Hilf, Meinhard (Hrsg.): Kommentar zur Europäischen Union, Loseblatt, Stand: Mai 1998, Bände I und II, München.
- zit.: *Bearbeiter*, in: Grabitz/Hilf, Art. EGV, Rdnr. -

Grammer, Peter A.: Internationale Rechnungslegungsvorschriften, in: Steuer und Studium, 1998, S. 359-365.
- zit.: *Grammer*, SteuStud 1998, S. -

Grashoff, Dietrich: s. *Bitter, Bernhard.*

Grewe, Wolfgang: s. *Hofbauer, Max.*

Groeben, Hans von der/Thiesing, Jochen/Ehlermann, Claus-Dieter (Hrsg.): Kommentar zum EU-/EG-Vertrag, 5.Aufl., Baden-Baden, 1997, Band 1 Artikel A-F EUV, Artikel 1-84 EGV.
- zit.: *Bearbeiter*, in: Groeben/Thiesing/Ehlermann (Hrsg.), Art., Rdnr. -

Großfeld, Bernhard: Bilanzrecht für Juristen - Das Bilanzrichtliniengesetz vom 19.12.1985, in: NJW 1986, S. 955-962.
- zit.: Großfeld, NJW 1986, S. -

Grund, Matthias: Zum Entwurf eines Gesetzes zur Kapitalaufnahmeerleichterung - Flucht oder Pflicht des Gesetzgebers?, in: ZIP 1996, S. 1969-1977.
- zit.: *Grund*, ZIP 1996, S. -

ders.: Internationale Entwicklung und Bilanzrecht - Reform oder Resignation?, in: DB 1996, S.1293-1296.
- zit.: *Grund*, DB 1996, S. -

Grunewald, Barbara/Müller, Hans-Friedrich: Die Entwicklung des Gesellschaftsrechts 1997/1998, in: JZ 1999, S. 442-455.
- zit.: *Grunewald/Müller*, JZ 1999, S. -

Grzeszick, Bernd: Subjektive Gemeinschaftsrechte als Grundlage des europäischen Staatshaftungsrechts, in: EuR 1998, S. 417-434.
- zit.: *Grzeszick*, EuR 1998, S. -

Gustavus, Eckhart: Handelsregister-Datenbank - Pro und Contra, in: GmbHR 1990, S.197-200.
- zit.: *Gustavus*, GmbHR 1990, S. -

ders.: Handelsregister - quo vadis ?, in: GmbHR 1998, S. 528-530.
- zit.: *Gustavus*, GmbHR 1998, S. -

ders.: Handelsregister-Anmeldungen: Wegweiser mit Übersichten und Rechtsprechungs-Leitsätzen zum Registerrecht nach HGB, GmbHG, AktG, UmwG, FGG, 4. Aufl., Köln, 1999.
- zit.: *Gustavus*, Handelsregister-Anmeldungen, Rdnr. -

ders.: Die Sanktionen bei unterlassener Offenlegung des Jahresabschlusses, Unter Berücksichtigung des Richtlinienvorschlages der EG-Kommission zur Erleichterung der Rechnungslegungspflichten für kleine und mittlere Unternehmen, in: ZIP 1988, S. 1429-1436.
- zit.: *Gustavus*, ZIP 1988, S. -

ders.: Die Praxis der Registergerichte zur Versicherung des GmH-Geschäfsführers über die Mindesteinlagen, in: GmbHR 1988, S. 47-53.
- zit.: *Gustavus*, GmbHR 1988, S. -

ders.: Europarechtswidrige Handelsregistergebühren. Eine Besprechung des Urteils des EuGH vom 2. Dezember 1997, ZIP 1998, 206, in: ZIP 1998, S. 502-505.
- zit.: *Gustavus*, ZIP 1998, S. -

ders.: Die Neuregelungen im Gesellschaftsrecht nach dem Regierungsentwurf eine Handelsrechtsreformgesetzes, in: GmbHR 1998, S. 17-22.
- zit.: *Gustavus*, GmbHR 1998, S. -

ders.: Kurzkommentar zu BayObLG, Beschl. v. 2.12.1998 - 3 Z BR 244/98, BayObLG EWiR § 26 KostO 2/99, S.221-222.
- zit.: *Gustavus*, EWiR § 26 KostO 2/99, S. -

ders.: Europarechtswidrige Handelsregistergebühren. Eine Besprechung des Urteils des EuGH vom 2. Dezember 1997, ZIP 1998, 206, in: ZIP 1998, S.502-505.
- zit.: *Gustavus*, ZIP 1998, S. -

Hachenburg, Max: Gesetz betreffend die Gesellschaften mit beschränkter Haftung (GmbHG), Großkommentar, Dritter Band, §§ 53-85; Register, hrsg. v. *Peter Ulmer*, 8. Aufl., Berlin, New York, 1997.
- zit.: Hachenburg-*Bearbeiter*, GmbHG, § Rdnr. -

ders.: Gesetz betreffend die Gesellschaften mit beschränkter Haftung (GmbHG), Großkommentar, Erster Band, Allgemeine Einleitung; §§ 1-34;, hrsg. v. *Peter Ulmer*, 8. Aufl., Berlin, New York, 1992.
- zit.: Hachenburg-*Bearbeiter*, GmbHG, § Rdnr. -

Hagenau, Gerhard F./Hauser, Marianne: Die Publizität des Jahresabschlusses - Eine nicht zwingende Vorschrift?, in: BB 1989, S. 180-182.
- zit.: *Hagenau/Hauser*, BB 1989, S. -

Hager, Johannes: Schutz einer Handelsgesellschaft gegen die Analyse ihrer Jahresabschlüsse im Lichte der Grundrechte, in: ZHR 158 (1994), S. 675-684.
- zit.: *Hager*, ZHR 158 (1994), S. 675-684.

Hahn, Jürgen: "KapCoRiLiG": Gläserne Taschen für GmbH und GmbH & Co. KG, in: GmbHR 2000, S. R 69 - R 70.
- zit.: *Hahn*, GmbhR 2000, S. -

Hakenberg, Waltraud: Gemeinschaftsrecht und Privatrecht: Zur Entwicklung der Rechtsprechung des EuGH im Jahre 1997, in: ZEup 1998, S. 909-930.
- zit.: *Hakenberg*, ZEup 1998, S. -

Halmburger, Hans Peter / Leuthäuser, Rainer: Rechnungslegung, Prüfung, Publizität, in: Münchner Handbuch des Gesellschaftsrechts, Band 3, Gesellschaft mit beschränkter Haftung, hrsg. von Hans-Joachim Priester, Dieter Mayer, § 57 S. 891-956.
- zit.: *Halmburger/Leuthäuser*, S. -

Happ, Wilhelm/Semler, Johannes: Ad-hoc Publizität im Spannungsfeld von Gesellschaftsrecht und Anlegerschutz, Zum Begriff der "Tatsache" in § 15 WpHG bei mehrstufigen Entscheidungsprozessen, in: ZGR 1998, S. 116-141.
- zit.: *Happ/Semler*, ZGR 1998, S. -

Hartmann, Peter/Albers, Jan: Kostengesetze, 28. Aufl., München, 1999.
- zit.: *Hartmann*, KostO, § Rdnr. -

ders.: s. auch *Albers, Jan.*

Hasselbach, Kai: s. *Sieger, Jürgen.*

Hauser, Marianne: s. *Hagenau, Gerhard F.*

Hausmann, Friedrich Ludwig: s. *Sedemund, Joachim.*

Hayn, Sven: IAS / US-GAAP/ HGB im Vergleich / Synoptische Darstellung für den Einzel- und Konzernabschluß, Stuttgart, 2000.
- zit.: *Hayn*, IAS / US-GAAP / HGB im Vergleich, S. -

Heinsius, Theodor: s. *Franken, Paul.*

Held, Friedrich Wilhelm u.a. (Hrsg.): Kommunalverfassungsrecht Nordrhein-Westfalen, Wiesbaden, Loseblatt, Stand: April 1999.
- zit.: *Held* u.a., Kommunalverfassungsrecht NW, § Anm. -

Hellermann, Johannes: Private Standardsetzung im Bilanzrecht – öffentlich-rechtlich gesehen, in : NZG 2000, S. 1097-1103.
- zit.: *Hellermann*, NZG 2000, S. -

Hellwege, Heiko: s. *Schindhelm, Malte.*

Hempe, Richard: KapCoRiLiG: Beim GmbH-Jahresabschluß 1999 an die Offenlegung denken, in: GmbHR 2000, S. R 121-122.
- zit.: *Hempe*, GmbHR 2000, S. R -

Heni, Bernhard: Transformation der GmbH & Co.-Richtlinie - Neuer Schub für die Konzernrechnungslegung, in: DStR 1999, S. 912-916.
- zit.: *Heni*, DStR 1999, S. -

Henssler, Martin/Slota, Christian: Der Befreiungstatbestand des § 292 a HGB - Nur eine Zwischenlösung?, in: NZG 1999, S. 1133-1143.
- zit.: *Henssler/Slota*, NZG 1999, S. -

Heuser, Paul J.: Die neue Bilanz der GmbH, ihre Prüfung und Publizität, 3. Aufl., Köln, 1986.
- zit.: *Heuser*, Die neue Bilanz der GmbH, Rdnr. -

Hilf, Meinhard: s. *Grabitz, Eberhard*.

Hirte, Heribert: Daihatsu: Durchbruch für die Publizität, in: NJW 1999, S.36-38.
- zit.: *Hirte*, NJW 1999, S. -

ders: Kurzkommentar zu BGH, Urt. v. 8.2.1994 - VI ZR 286/93, in: BGH EWiR, § 325 HGB 1/94, S. 469-470.
- zit.: *Hirte*, BGH EWiR, § 325 HGB 1/94, S. -

ders.: Die Entwicklung des Unternehmens- und Gesellschaftsrechts in Deutschland in den Jahren 1991-1995, in: NJW 1996, S. 2827-2847 (1. Teil) und S. 3392-3399 (2. Teil).
- zit.: *Hirte*, NJW 1996, S. -

ders.: Die Entwicklung des Unternehmens- und Gesellschaftsrechts in Deutschland in den Jahren 1996 und 1997, in: NJW 1998, S. 2943-2950 (1. Teil) und S. 3459-3471 (2. Teil).
- zit.: *Hirte*, NJW 1998, S. -

ders.: Kommerzielle Nutzung des Handelsregisters, in: CR 1990, S.631-637.
- zit.: *Hirte*, CR 1990, S. -

Höfling, Barbara: Die Sitztheorie, Centros und der österreichische OGH, in: EuZW 2000, S. 145-147.
- zit.: *Barbara Höfling*, EuZW 2000, S. -

Hofbauer, Max/Albrecht, Werner/Grewe, Wolfgang/Kupsch, Peter/ Scherrer, Gerhard: Bonner Handbuch Rechnungslegung, Loseblatt, 2.Aufl., Stand: Jan.1998 (12. Aktualisierung), 1998.
- zit.: *Bearb.*, in: Hofbauer/Kupsch, BHR § ..., Rz ... . -

Hoffmann, Wolf-Dieter: Erste Beratungshinweise für GmbH & Co. KG nach der Verabschiedung des KapCoRiLiG, in: INF 2000, S. 271-276.
- zit.: *Hoffmann*, INF 2000, S. -

Hoffmann-Riem, Wolfgang: Informationelle Selbstbestimmung in der Informationsgesellschaft - Auf dem Wege zu einem neuen Konzept des Datenschutzes -, in: AöR 123 (1998), S. 513-540.
- zit.: *Hoffmann-Riem*, AöR 123 (1998), S. -

Holzapfel, Hans-Joachim/Pöllath, Reinhard: Recht und Praxis des Unternehmenskaufs; rechtliche und steuerliche Aspekte, 5. Aufl., Köln, 1990.
- zit.: *Holzapfel/Pöllath*, Rdnr. -

Hommelhoff, Peter: Europäisches Bilanzrecht im Aufbruch, in: RabelsZ 62 (1998), S.381-404.
- zit.: *Hommelhoff*, RabelsZ 62 (1998), S. -

ders.: Deutscher Konzernabschluß: Internationale Accounting Standards und das Grundgesetz, in: Festschrift für Walter Odersky zum 65. Geburtstag am 17. Juli 1996, herausgegeben von Reinhard Böttcher, Götz Hueck, Burckhard Jähnke, Berlin, New York, 1996, S. 779-797.
- zit.: *Hommelhoff*, FS Odersky, 1996 S. -

ders.: Rechtliche Überlegungen zur Vorbereitung der GmbH auf das Bilanzrichtlinie-Gesetz, in: Die Wirtschaftsprüfung 1984, S. 629-639.
- zit.: *Hommelhoff*, Wpg 1984, S. -

Hopt, Klaus J.: s. *Baumbach, Adolf.*

Hübner, Norbert: Die Publizität des Finanzvermögens im Jahresabschluß: Diskrepanz zwischen Anspruch und Realität? Mit einem Geleitwort von Jochen Siegloch, Wiesbaden, 1996, zugl.: Diss., Bayreuth, 1995.
- zit.: *Hübner*, S. -

Hüffer, Uwe, Aktiengesetz, 4. Aufl., München, 1999.
- zit.: *Hüffer*, AktG, § Rdnr. -

ders.: Gesellschaftsrecht, 5. Aufl., München, 1998.
- zit.: *Hüffer*, Gesellschaftsrecht, S. -

van Hulle, Karel: Die Zukunft der europäischen Rechnungslegung im Rahmen einer sich ändernden internationalen Rechnungslegung, in: Die Wirtschaftsprüfung, 1998, S. 138-153.
- zit.: *van Hulle*, Wpg 1998, S. -

Hunger, Markus: Offenlegungspflichten und Handelsregisterpraxis in Großbritannien und Deutschland, Berlin, 1993; zugl. Diss., Münster (Westfalen), 1991.
- zit.: *Hunger*, S. -

Huthmacher, Karl Eugen: Der Vorrang des Gemeinschaftsrechts bei indirekten Kollisionen: eine Studie zum Verhältnis von EG-Recht zu nationalem Vollzugsrecht, dargest. am Beispiel d. Konflikts zwischen materiellem EG-Recht u. nationalen Rechtsmittelfristen, Köln u.a., 1985.
- zit.: *Huthmacher*, S. -

Icking, Jan: Die Rechtsnatur des Handelsbilanzrechts: zugleich ein Beitrag zur Abgrenzung von öffentlichem und privatem Recht, Berlin u.a., 1999; zugl.: Diss., Bochum 1998, dort unter dem Titel: Das Handelsbilanzrecht: Herkunft - Rechtsnatur - Sanktionen.
- zit.: *Icking*, S.-

Iglesias: s. *Rodriguez Iglesias, Gil Carlos.*

Insiderhandelsverbote und Ad-hoc-Publizität nach dem Wertpapierhandelsgesetz: Erläuterungen und Empfehlungen zur Behandlung kursbeeinflussender Tatsachen gemäß §§ 12 ff. Wertpapierhandelsgesetz, Köln, 1994.
(Redaktionelle Bearbeitung unter Federführung der Deutsche Börse AG, Frankfurt)
- zit.: Insiderhandelsverbote und Ad-hoc-Publizität nach dem Wertpapierhandelsgesetz, S. -

Institut der Wirtschaftsprüfer in Deutschland e.V. (Hrsg.): Wirtschaftsprüfer-Handbuch 1996, Handbuch für Rechnungslegung, Prüfung und Beratung, Band 1, 11. Aufl.,1996.
- zit.: *Bearbeiter*, in: WP-Hdb, Abschn., Rdnr. -

Isensee, Josef/Kirchhof, Paul (Hrsg.): Handbuch des Staatsrechts, Band VI Freiheitsrechte, 2. Aufl., Heidelberg, 2001..
- zit.: *Bearbeiter*, in: Handbuch des Staatsrechts, § Rdnr. -

Jansen, Esther: Publizitätsverweigerung und Haftung in der GmbH, Köln u.a., 1999; zugl. Diss., Heidelberg, 1998.
- zit.: *Jansen*, Publizitätsverweigerung, S. -

dies.: Publizitätsverweigerung deutscher GmbH und ihre Sanktionen im Lichte des KapCoRiLiG, in: DStR 1999, S. 1490-1497.
- zit.: *Jansen*, DStR 1999, S. -

dies.: Die Sanktionen der Publizitätsverweigerung nach dem Kapitalgesellschaften- und Co-Richtlinie Gesetz, in: DStR 2000, S. 596-598.
- zit.: *Jansen*, DStR 2000, S. -

Jarass, Hans D./Pieroth, Bodo: Grundgesetz für die Bundesrepublik Deutschland, Kommentar, 5. Aufl., München, 2000.
- zit.: *Bearbeiter*, in: Jarass/Pieroth, GG, Art., Rdnr.-

Jarass, Hans D.: Die Freiheit der Massenmedien: zur staatl. Einwirkung auf Presse, Rundfunk, Film und andere Medien, Baden-Baden, 1978.
- zit.: *Jarass*, Die Freiheit der Massenmedien, S. -

Kassau, Melanie: Das Recht auf kommerzielle Nutzung des Handelsregisters: Unter besonderer Berücksichtigung der Dienstleistungsfreiheit des EG-Vertrages, Baden-Baden, 1998.
- zit.: *Kassau*, Das Recht auf kommerzielle Nutzung des Handelsregisters, S. -

Kau, Wolfgang: Vom Persönlichkeitsschutz zum Funktionsschutz, Persönlichkeitsschutz juristischer Personen des Privatrechts in verfassungsrechtlicher Sicht, Heidelberg, 1989 zugl.: Diss., Freiburg (Breisgau), 1987.
- zit.: *Kau*, Vom Persönlichkeitsschutz zum Funktionsschutz, S. -

Keil, Thilo: Kurzkommentar zu BayObLG, Beschl. v. 25.11.1998 - 3 Z BR 164/98, BayObLG EWiR § 26 KostO 3/99, S.223-224.
- zit.: *Keil*, EWiR § 26 KostO 3/99, S. -

Kiem, Roger/Kotthoff, Jost: Ad-hoc-Publizität bei mehrstufigen Entscheidungsprozessen, in: DB 1995, S. 1999-2004.
- zit.: *Kiem/Kotthoff*, DB 1995, S. -

Kindler, Peter: Neue Offenlegungspflichten für Zweigniederlassungen ausländischer Kapitalgesellschaften, in: NJW 1993, S.3301-3306.
- zit.: *Kindler*, NJW 1993, S. -

Kirchhof, Paul: s. *Isensee, Josef*.

Kirnberger, Christian: s. *Kusterer, Stefan*.

Kissel, Otto Rudolf: Gerichtsverfassungsgesetz, 2.Aufl., München, 1994.
- zit.: *Kissel*, GVG, § Rdnr. -

Klatte, Volkmar: Das Eigenkapital im Jahresabschluß der GmbH & Co. KG nach dem KapCoRiLiG, in: StuB 2000, S. 645-652.
- zit.: *Klatte*, StuB 2000, S. -

Klein, Andreas: HGB auf dem Prüfstand - Deutsches Handelsrecht verstößt zum Teil gegen europäisches Gemeinschaftsrecht, in: AnwBl 1998, S. 88-89.
- zit.: *Klein*, AnwBl. 1998, S. -

Klein, Eckart: Der Verfassungsstaat als Glied einer europäischen Gemeinschaft, 2. Bericht, in: VVDStRL 50 (1991), S. 56-96.
- zit.: *Klein*, VVDStRL 50 (1991), S. -

Kleinmann, Niko J.: Die Ausgestaltung der Ad-hoc-Publizität nach § 15 WpHG. Notwendigkeit eier segmentspezifischen Deregulierung, Sternenfels, Berlin, 1998; zugl.: Diss., Hohenheim, 1997.
- zit.: *Kleinmann*, Die Ausgestaltung der Ad-hoc-Publizität nach § 15 WpHG -

Klippel, Diethelm: Der zivilrechtliche Persönlichkeitsschutz von Verbänden, in: JZ 1988, S. 625-635.
- zit.: *Klippel*, JZ 1988, S. -

Koch, Hans-Joachim/Rüssmann, Helmut: Juristische Begründungslehre, München, 1982.
- zit.: *Koch/Rüssmann*, Juristische Begründungslehre, S. -

Kohl, Christine: s. *Weimar, Robert.*
Kotthoff, Jost: s. *Kiem, Roger.*

Kraft, Alfons: Gedanken zum allgemeinen Persönlichkeitsrecht juristischer Personen, in: Festschrift für Heinrich Hubmann zum 70. Geburtstag, hrsg. von Hans Forkel u. Alfons Kraft, Frankfurt am Main, 1985, S. 201-219.

Kübler, Bruno/Prütting, Hanns (Hrsg.): InsO, Kommentar zur Insolvenzordnung, Band I, Loseblatt, Stand: Juli 2001, Köln.
- zit.: *Bearbeiter*, in: Kübler/Prütting, InsO, § Rdnr. -

Küting, Karlheinz/Weber, Claus-Peter: Handbuch der Rechnungslegung, 2. Aufl., Stuttgart, 1987.
- zit.: *Bearbeiter*, in: Küting/Weber, Handbuch der Rechnungslegung, § Rdnr. -

dies.: Handbuch der Konzernrechnungslegung, Stuttgart, 2. Aufl., 1998.
- zit.: *Bearbeiter*, in: Küting/Weber, Handbuch der Konzernrechnungslegung, § Rdnr. -

Kupsch, Peter: s. *Hofbauer, Max.*

Kusterer, Stefan/Kirnberger, Christian/Fleischmann, Bernhard: Der Jahresabschluß der GmbH & Co. KG nach dem Kapitalgesellschaften- und Co-Richtlinie-Gesetz, in: DStR 2000, S. 606-612.
- zit.: *Kusterer/Kirnberger/Fleischmann*, DStR 2000, S. -

Lackhoff, Klaus: s. *Royla, Pascal.*

Lang, Johann: Genossenschaftsgesetz, 33. Aufl., Berlin, 1997.
- zit: Lang/Weidmüller-*Bearbeiter*, GenG, § Rdnr. -

Lappe, Friedrich: Kurzkommentar zu BayObLG, Beschl. v. 9.12.1998 - 3 Z BR 245/98, BayObLG EWiR § 26 KostO 1/98, S.219-220.
- zit: *Lappe*, EWiR § 26 KostO 1/98, S. -

Lappe, Wolfgang: Die Entwicklung des Gerichts- und Notarkostenrechts im Jahr 1997, in: NJW 1998, S. 1112-1119.
- zit.: *Lappe*, NJW 1998, S. -

Larenz, Karl: Methodenlehre der Rechtswissenschaft, 2. Aufl., verkürzte Studienausgabe der 6. Aufl., Berlin etc., 1992.
- zit.: *Larenz*, S. -

Leible, Stefan: Bilanzpublizität und Effektivität des Gemeinschaftsrechts, in: ZHR 162 (1998), S. 594-618.
- zit.: *Leible*, ZHR 162 (1998), S. -

Leinemann, Wolfgang (Hrsg.): Handbuch zum Arbeitsrecht, Loseblatt (Stand: Mai 1999), Neuwied.
- zit.: HzA-*Bearbeiter*, Gruppe, Rz. -

Lenenbach, Markus: Konsequenzen aus der Richtlinienwidrigkeit des § 335 HGB, in: DZWir 1998, S. 265-271.
- zit.: *Lenenbach*, DZWir 1998, S. -

Lenz, Jürgen/Ritz, Corinna: Die Bekanntmachung des Bundesaufsichtsamtes für den Wertpapierhandel zum Wertpapier-Verkaufsprospektgesetz und zur Verordnung über Wertpapier-Verkaufsprospekte, in: WM 2000, S. 904-910.
- zit. *Lenz/Ritz*, WM 2000, S. -
Leonard, Axel: Die Rechtsfolgen der Nichtumsetzung von EG-Richtlinien: unter besonderer Berücksichtigung der Staatshaftungs- sowie der Normerlaßklage, Frankfurt am Main u.a., 1997; zugl.: Diss., Osnabrück, 1997.
- zit.: *Leonard*, Die Rechtsfolgen der Nichtumsetzung von EG-Richtlinien, S. -

Leuthäuser, Rainer, s. *Halmburger, Hans-Peter*.

Lieb, Manfred: Meilenstein oder Sackgasse? - Bemerkungen zum Stand von Rechtsprechung und Lehre zur Vorgesellschaft, in: Festschrift für Walter Stimpel zum 68. Geburtstag, hrsg.v. Marcus Lutter u.a., Berlin, 1985, S.399-415.
- zit.: *Lieb*, FS Stimpel, S. -

ders.: Die Haftung für Altschulden bei "Eintritt" eines Gesellschafters in ein Nicht- oder Minderkaufmännisches Einzelunternehmen, in: Festschrift für Harry Westermann zum 65. Geburtstag, hrsg. v. Wolfgang Hefermehl u.a., Karlsruhe, 1974, S. 309-324.
- zit.: *Lieb*, FS Westermann 1974, S. -

Limmer, Peter: Kurzkommentar zu EuGH, Urt. v. 2.12.1997 - Rs. C-188/95, in: Art. 10 RL 85/303/EWG 1/98.
- zit.: *Limmer*, Art. 10 RL 85/303/EWG 1/98 -

Lingemann, Stefan/Wasmann, Dirk: Mehr Kontrolle und Transparenz im Aktienrecht: Das KonTraG tritt in Kraft, in: BB 1998, S. 853-862.
- zit.: *Lingemann/Wasmann*, BB 1998, S. -

L

Lüke, Gerhard/Walchshöfer, Alfred: Münchener Kommentar zur Zivilprozeßordnung mit Gerichtsverfassungsgesetz und Nebengesetzen, Band 1, §§ 1- 354 , München, 1992.
- zit.: MüKo-ZPO-*Bearbeiter*, § Rdnr. -

Lutter, Markus: Europäisches Unternehmensrecht: Texte und Materialien zur Rechtsangleichung nebst Einführung, 4. Aufl., Berlin; New York, 1997.
- zit.: *Lutter*, Europäisches Unternehmensrecht, 4. Aufl., S.-

ders.: Die handelsrechtliche Publizität - direkt für die Mülltonne?, in: AG 1994, S.347 (Nachdruck aus "Handelsblatt" Nr.99 vom 25.4.1994, ergänzt im Hinblick auf die Entscheidung des BVerfG vom 3.5.1994).
- zit.: *Lutter*, AG 1994, S. -

ders.: Kapital, Sicherung der Kapitalaufbringung und Kapitalerhaltung in den Aktien- und GmbH-Rechten der EWG, Karlsruhe, 1964.
- zit.: *Lutter*, Kapital, S. -

ders.: Das überholte Thesaurierungsgebot bei Eintragung einer Kapitalgesellschaft im Handelsregister, in: NJW 1989, S. 2649-2656.
- zit.: *Lutter*, NJW 1989, S. -

Luttermann, Claus: Das Kapitalgesellschaften- und Co.-Richtlinie-Gesetz, Europarecht, Unternehmenspublizität und internationale Rechnungslegung, in: ZIP 2000, S. 517-525.
- zit.: *Luttermann*, ZIP 2000, S. -

Mäsch, Gerald: Anmerkung zu Österr. OGH, Beschl. v. 15.7.1999 - 6 Ob 123/99b, in: JZ 2000, S. 201-202.
- zit.: *Mäsch*, JZ 2000, S. -
Marly, Jochen: Anmerkung zu BGH Urt. v. 8.2.1994 - VI ZR 286/93 -, in: LM BGB § 823 (Ah) Nr.110.
- zit.: *Marly*, LM BGB § 823 (Ah) Nr.110. -

Meilicke, Wienand: Gestaltungen zur Verminderung der Publizität, in: DB 1986, S.2445-2450.
- zit.: *Meilicke*, DB 1986, S. -

Merkt, Hanno: US-amerikanisches Gesellschaftsrecht, Heidelberg, 1991.
- zit.: *Merkt*, S. Rdnr. -

Mertens, Hans-Joachim: Anmerkung zum Beschluß vom 3.5.1994 - 1 BvR 737/94, in: AG 1994, S. 370-371.
- zit.: *Mertens*, AG 1994, S. -

Meininger, Frank/Gänzle, Thomas: Rückforderung europarechtswidriger Registergebühren, in: BB 2000, S. 840-844.
- zit.: *Meininger/Gänzle*, BB 2000, S. -

Meyer, Claus: Gesetz zur Kontrolle und Transparenz im Unternehmensbereich (KonTraG), in: NWB, Fach 15, S. 1069-1074.
- zit.: *Meyer*, NWB Fach 15, S. -

ders.: Das Kapitalgesellschaften- und Co-Richtlinie-Gesetz, in: NWB, Fach 15, S. 1183-1198.
- zit.: *Meyer*, NWB Fach 15, S. -

Moll, Peter: Information statt Regulation: zur Publizität sozialer Auswirkungen d. Unternehmenstätigkeit, Frankfurt a.M./ Bern/ New York, 1986.
- zit.: *Moll*, S. -

Moxter, Adolf: Der Einfluß von Publizitätsvorschriften auf das unternehmerische Verhalten, Köln und Opladen, 1962; als Habilitationsschrift auf Empfehlung der Wirtschafts- und Sozialwissenschaftlichen Fakultät der Universität Frankfurt (M) gedruckt.
- zit.: *Moxter*, S. -

Mühlenkamp, Holger: Öffentliche Unternehmen: Einführung unter Berücksichtigung betriebswirtschaftlicher, volkswirtschaftlicher und rechtlicher Aspekte, München, Wien, 1994.
- zit.: *Mühlenkamp*, Öffentliche Unternehmen, S. -

Müller, Hans-Friedrich: s. *Grunewald, Barbara*.

Münchener Kommentar zur Zivilprozeßordnung: s. *Lüke, Gerhard*.

Nothelfer, Robert: Die Auswirkungen der GmbH & Co. Richtlinie auf die Praxis. Eine empirische Analyse, in: BB 1996, S. 1655-1658.
- zit.: *Nothelfer*, BB 1996, S. -

Nowak, Eric: Ad hoc-Publizität bei M & A Transaktionen - Neue Erkenntnisse aus der empirischen Kapitalmarktforschung, in: DB 1999, S. 601-604.
- zit.: *Nowak*, DH 1999, S. -

Oppermann, Thomas: Europarecht, 2. Aufl., München, 1999.
- zit.: *Oppermann, Europarecht*, 2.Aufl., Rdnr. -

Orth, Christian: s. *Böcking, Hans-Joachim*.

Palenda, Bernd: s. *Breidenbach, Rolf*.
Partsch, Christoph J.: Brandenburgs Akteneinsichts- und Informationszugangsgesetz (AIG) - Vorbild für Deutschland ?, in: NJW 1998, S. 2559-2563.
- zit.: *Partsch*, NJW 1998, S. -

Paschen, Boris: Zur Publizitätpraxis der GmbH, in: DB 1992, S. 49-53.
- zit.: *Paschen*, DB 1992, S. -

Patzig, Werner: Haushaltsrecht des Bundes und der Länder, Kommentar, Band II, Baden-Baden Loseblatt, Stand 1999.
- zit.: *Patizig*, C/65/15 Rdnr. -

Peine, Franz-Joseph: Allgemeines Verwaltungsrecht, Heidelberg, 5. Aufl., 2000.
- zit.: *Peine*, AllgVerwR Rdnr. -

Pfeiffer, Thomas: Vom kaufmännischen Verkehr zum Unternehmensverkehr, in: NJW 1999, S.169-174.
- zit.: *Pfeiffer*, NJW 1999, S. -

Pfitzer, Norbert/Streib, Harry: Bestimmungen über die Unternehmenspublizität im Rahmen des Wertpapierhandelsgesetzes, in: BB 1995, S: 1947-1953.
- zit.: *Pfitzer/Streib*, BB 1995, S. -

Pieroth, Bodo: s. *Jarass, Hans D.*

Pieroth, Bodo/Schlink, Bernhard: Staatsrecht II, Grundrechte, 17. Aufl., Heidelberg, 2001.
- zit.: *Pieroth/Schlink*, Staatsrecht II, Grundrechte, Rdnr. -

Pieroth, Bodo/Schlink, Bernhard: Staatsrecht II, Grundrechte, 10. Aufl., Heidelberg, 1994.
- zit.: *Pieroth/Schlink*, Rdnr. -

Pöllath, Reinhard: s. *Holzapfel, Hans-Joachim.*

Popper, Karl R.: Die offene Gesellschaft und ihre Feinde, Bd.1 und 2, 7. Aufl., 1992, Tübingen.
- zit.: *Popper*, Die offene Gesellschaft, Bd.2, S. -

ders.: Alles Leben ist Problemlösen, 2. Aufl., München, 1994.
- zit.: *Popper*, Alles Leben ist Problemlösen, S. -

ders.: Logik der Forschung, 7. Aufl., Tübingen, 1982.
- zit.: *Popper*, Logik der Forschung, S. -

Pott, Hans-Michael/Schäfer, Ulrike A. : Entscheidung des EuGH zum Antragsrecht auf Offenlegung von Bilanzen. Urteil vom 4. Dezember 1997, Rs C-97/96, in: BRAK-Mitt. 1998, S. 21-23.
- zit.: *Pott/Schäfer*, BRAK-Mitt. 1998, S. -

Priester, Hans-Joachim: Wertgleiche Deckung statt Bardepot? Die Verwendung von Geldeinlagen bei der Kapitalerhöhung, in: ZIP 1994, S. 599-604.
- zit.: *Priester*, ZIP 1994, S. -

ders.: Die Unversehrtheit des Stammkapitals bei Eintragung der GmbH - ein notwendiger Grundsatz?, in: ZIP 1982, S.1141-1153.
- zit.: *Priester*, ZIP 1982, S. -

Prölss: Versicherungsaufsichtsgesetz, Bundesaufsichtsgesetze, Kartellrecht der Versicherungswirtschaft (§ 102 GWB) und andere Nebengesetze, von *Reimer Schmidt* und *Peter Frey*, 11.Aufl., München, 1997.
- zit.: Prölss, VAG, § Rdnr. -

Prühs, Hagen: Der Regierungsentwurf eines Publizitätsgesetzes, in: AG 1969, S. 173-179 und 218-224.
- zit.: *Prühs*, AG 1969, S. -

ders.: Probleme der Rechnungslegung von Großunternehmen, in: BB 1970, S. 516-520.
- zit.: *Prühs*, BB 1970, S. -

Prütting, Hanns: s. *Kübler, Bruno*.

Rawert, Peter: s. *Crezelius, Georg*.

Reh, Michael: s. *Weimar, Robert*.

Remme, Werner/Theile, Carsten: Die Auswirkungen von "KonTraG" und "KapAEG" auf die GmbH, in: GmbHR 1998, S.909-915.
- zit.: *Remme/Theile*, GmbHR 1998, S. -

Riegger, Bodo/Weipert, Lutz (Hrsg.): Münchener Handbuch des Gesellschaftsrechts, Band 2. Kommanditgesellschaft, Stille Gesellschaft, München, 1991.
- zit.: *Bearbeiter*, in: Münchener Handbuch des Gesellschaftsrechts, § Rdnr. -

Ring, Gerhard: Das neue Handelsrecht, Bonn, 1999.
- zit.: *Ring*, § ... Rdnr. -

Ritz, Corinna: s. *Lenz, Jürgen*.

Rodriguez Iglesias, Gil Carlos: Gedanken zum Entstehen einer Europäischen Rechtsordnung, in: NJW 1998, S.1-9.
- zit.: *Rodriguez Iglesias*, NJW 1999, S. -

Rowedder, Heinz: Gesetz betreffend die Gesellschaften mit beschränkter Haftung (GmbHG), 3.Aufl., München, 1997.
- zit.: Rowedder-*Berarbeiter*, GmbHG, § Rdnr. -

Royla, Pascal/Lackhoff, Klaus: Die innerstaatliche Beachtlichkeit von EG-Richtlinien und das Gesetzmäßigkeitsprinzip, in: DVBl. 1998, S.1116-1121.
- zit.: *Royla/Lackhoff*, DVBl. 1998, S. -

Rüfner, Wolfgang: Der allgemeine Gleichheitssatz als Differenzierungsgebot, in: Staatsphilosophie und Rechtspolitik: Festschrift für Martin Kriele zum 65. Geburtstag, hrsg. von Burkhardt Ziemske u.a., München, 1997, S. 271-279.
- zit.: *Rüfner*, FS Kriele, S. -

Rüssmann, Helmut: s. *Koch, Hans-Joachim*.

Sachs, Michael (Hrsg.): Grundgesetz Kommentar, 2. Aufl., München, 1999.
- zit.: *Bearbeiter*, in: Sachs, Grundgesetz, 2.Aufl, Art. ... Rdnr. ... -

Sandberg, Berit: Rechnungslegung von Stiftungen - Überlegungen zur Anwendbarkeit handelsrechtlicher Vorschriften, in: ZHR 164 (2000), S. 155-175.
- zit.: *Sandberg*, ZR 164 (2000), S. -

Schäfer, Ulrike A.: s. *Pott, Hans-Michael*.

Schaumburg, Harald: UmwG, UmwStG, Köln, 1995.
- zit.: *Schaumburg*, UmwG, § Rdnr. -

Scheffler, Eberhardt: Neue Vorschriften zur Rechnungslegung, Prüfung und Offenlegung nach dem Kapitalgesellschaften & Co.-Richtlinie-Gesetz, in: DStR 2000, S. 529-532.
- zit.: *Scheffler*, DStR 2000, S. -

Scherrer, Gerhard: Die Ausweitung der Rechnungslegungspublizität auf alle Großunternehmen: Probleme u. Berechtigung einer an d. gesamtwirtschaftl. Bedeutung d. Unternehmung ausgerichteten Publizitätspflicht unter bes. Berücks. d. Entwurfs e. Gesetzes über d. Rechnungslegung v. Großunternehmen u. Konzernen, Augsburg-Mauerberg, 1968, Staatswiss. Diss. München, 1968.
-zit.: *Scherrer*, Die Ausweitung der Rechnungslegungspublizität auf alle Großunternehmen, S.-

ders.: Umgehungsmöglichkeiten der Größenpublizität - Zur Verpflichtung der Rechnunglegung, Prüfung und Veröffentlichung nach dem Publizitätsgesetz, in: DB 1973, S. 89-94.
- zit.: *Scherrer*, DB 1973, S. -

ders.: s. auch *Hofbauer, Max.*

Schildbach, Thomas: Rechnungslegungsideale, Bilanzkulturen, Harmonisierung und internationaler Wettbewerb, in: BB 1995, S. 2635-2644.
- zit.: *Schildbach*, BB 1995, S. -

Schindhelm, Malte: s. *Winkeljohann, Norbert.*

Schindhelm, Malte/Hellwege, Heiko/Stein, Klaus: Die Publizität mittelständischer Unternehmen: Gläserne Taschen für alle ? - Gestaltungsüberlegungen zur Vermeidung und Verminderung der Publizität, in: StuB 2000, S. 72-83.
- zit.: *Schindhelm*, StuB 2000, S. -

Schlenker, Anette: Gestaltungsmodelle einer identitätswahrenden Sitzverlegung von Kapitalgesellschaften über die Grenze, Konstanz, 1998, zugl. Diss., Konstanz, 1998.
- zit.: *Schlenker*, Gestaltungsmodelle, S. -

Schlink, Bernhard: s. *Pieroth, Bodo.*

Schmidt, Karsten: Handelsrecht, 5. Aufl., Köln, Berlin, Bonn, München, 1999.
- zit.: *K. Schmidt*, Handelsrecht, 5.Aufl., § ... , S. -

ders.: Gesellschaftsrecht, 4. Aufl., Köln, Berlin, Bonn, München, 1999.
- zit.: *K. Schmidt*, Gesellschaftsrecht, 4. Aufl., § ... -

ders.: Zur Ablösung des Löschungsgesetzes, in: GmbHR 1994, S.829-835.
- zit.: *K. Schmidt*, GmbHR 1994, S. -

ders.: Unterbilanzhaftung - Vorbelastungshaftung - Gesellschafterhaftung. Praxis und Wissenschaft vor den Koordinationsproblemen der Gesellschafterhaftung im GmbH-Gründungsrecht, in: ZHR 156 (1992), S. 93-133.
- zit.: *K. Schmidt*, ZHR 156 (1992), S. -

ders.: Barkapitalaufbringung und "freie Verfügung" bei der Aktiengesellschaft und der GmbH. Mittelaufbringung und Mittel-verwendung bei Kapitalgesellschaften, in: AG 1986, S. 106-116-
- zit.: *K. Schmidt*, AG 1986, S. -

ders.: Kommanditistenwechsel und Nachfolgevermerk - Bemerkun-gen zum Urteil des Bundesgerichtshofes vom 29.6.1981 -, in: GmbHR 1981, S. 253-259.
- zit.: *K. Schmidt*, GmbHR 1981, S. -

Schön, Wolfgang: Anmerkung zu EuGH, Urt. v. 4.12.1997 - Rs C 97/96 - Daihatsu -, S.194-195 (im Anschluß an den Urteilsabdruck).
- zit.: *Schön*, JZ 1998, S. -

Schöpe, Volker: Rechtliche Probleme der Reorganisation des Handelsregisters in der Bundesrepublik Deutschland, Frankfurt am Main, Berlin, Bern, New York, Paris, Wien, 1998, zugl. Diss., Hannover, 1998.
- zit.: *Schöpe*, S. -

ders.: Rechtsprobleme der Reorganisation des Handelsregisters, in: ZRP 1999, S. 449-452.
- zit.: *Schöpe*, ZRP 1999, S. -

Scholz, Franz (Hrsg.): Kommentar zum GmbH-Gesetz, Bd.1, 8. Aufl., Köln, 1993.
- zit.: Scholz-*Bearbeiter*, GmbHG, § Rdnr. -

ders.: Kommentar zum GmbH-Gesetz, Bd.1, 9. Aufl., Köln, 2000.
- zit.: Scholz-*Bearbeiter*, GmbHG, 9. Aufl., 2000, § Rdnr. -

Schröer, Henning: Angabe von Aufsichtsratsmandaten im Anhang des Jahresabschlusses nach dem KonTraG, in: ZIP 1999, S. 1163.
- zit.: *Schröer*, ZIP 1999, S. -

Schulze-Osterloh, Joachim: Die Rechnungslegung der GmbH als Spiegelbild sich wandelnder Bilanzauffassungen und Publizitätsinteressen, in: Festschift 100 Jahre GmbH-Gesetz, hrsg.v. Marcus Lutter, Köln, 1992, S. 501-520.
- zit.: *Schulze-Osterloh*, in: FS 100 Jahre GmbHG, S. -

ders.: Anmerkung zu EuGH, Urt. v. 29.9.1998 - Rs C-191/95), in: ZIP 1998, S. 1721-1722 (im Anschluß an den Urteilsabdruck).
- zit.: *Schulze-Osterloh*, ZIP 1998, S. -

v. Schwanenflügel, Matthias: Das Öffentlichkeitsprinzip des EG-Umweltrechts - Zur Bedeutung der Richtlinie über den freien Zugang zu Umweltinformationen, in: DVBl. 1991, S. 93-101.
- zit.: *v. Schwanenflügel*, DVBl. 1991, S. -

Schwarze, Jürgen: Das schwierige Geschäft mit Europa und seinem Recht, in: JZ 1998, S.1077-1088.
- zit.: *Schwarze*, JZ 1998, S. -

ders.: Das Verhältnis von deutschem Verfassungsrecht und europäischem Gemeinschaftsrecht auf dem Gebiet des Grundrechtsschutzes im Spiegel der jüngsten Rechtsprechung, in: Grundrechtsschutz im nationalen und internationalen Recht: Werner von Simson zum 75. Geburtstag/Jürgen Schwarze, Wolfgang Graf Vitzthum (Hrsg.), Baden-Baden, 1983, S. 343-366.
- zit.: *Schwarze*, FS Simson, 1983, S. -

ders.: Entwicklungsstufen des Europäischen Gemeinschafts-rechts, in: Einigkeit und Recht und Freiheit, Festschrift für Karl Carstens zum 70. Geburtstag, Bd.1, Köln, 1984, S. 259-272.
- zit.: *Schwarze*, FS Carstens 1984. S. -

ders.: Rechtsstaatlichkeit und Grundrechtsschutz als Ordnungspostulate der Europäischen Gemeinschaft, in: Rechtsstaat und Menschenwürde, Festschrift für Werner Maihofer zum 70. Geburtstag, Frankfurt a.M., 1988, S.529-548.
- zit.: *Schwarze*, FS Maihofer, 1988, S. -

Sedemund, Joachim/Hausmann, Friedrich Ludwig: BB-Kommentar zu EuGH, Urt. v. 9.3.1999 - Rs. C-212/97; Centros Ltd. gegen Erhvers- og Selskasstyrelsen, in: BB 2000, S. 810-811.
- zit.: *Sedemund/Hausmann*, BB 2000, S. -

Semler, Johannes: s. *Happ, Wilhelm.*

Sieger, Jürgen/Hasselbach, Kai: Die Kapitalerhöhung im "Schütt-aus-hol-zurück"-Verfahren bie der GmbH. Offene Fragen nach der Entscheidung BGHZ 135, 381 = GmbHR 1997, 788, in: GmbHR 1999, S. 205-209.
- zit.: *Sieger/Hasselbach*, GmbHR 1999, S. -

Siegloch, Jochen: Geleitwort in: Hübner, Die Publizität des Finanzvermögens im Jahresabschluß (siehe Hübner), S. V - VI.
- zit.: *Siegloch*, Geleitwort, S. -

Siekmann, Helmut: Öffentlich-rechtliche Grenzen zivilrechtlicher Publizitätspflichten, in: Staat, Wirtschaft, Steuern, Festschrift für Karl Heinrich Friauf zum 65. Geburtstag, herausgegeben von Rudolf Wendt, Wolfram Höfling, Ulrich Karpen, Martin Oldiges, Heidelberg, 1996, S.647-666.
- zit.: *Siekmann*, in: FS Friauf, S. -

ders.: Anmerkung zu BGH, Urt. v. 8.2.1994 - VI ZR 286/93, ZIP 1994, 648 = BGH EWiR § 325 HGB 1/94, 469 (*Hirte*), in: ZIP 1994, S.651-654.
- zit.: *Siekmann*, ZIP 1994, S. -

Siekmann, Helmut/Duttge, Gunnar: Staatsrecht I, Grundrechte, 3. Aufl., 2000, Thüngersheim, Nürnberg, 1998.
- zit.: *Siekmann/Duttge*, Rdnr. -

Simon, Stefan: Bestellung und Abberufung des Aufsichtsrats in GmbH und GmbH & Co. KG, in: GmbHR 1999, S. 257-266.
- zit.: *Simon*, GmbHR 1999, S. -

Slota, Christian: s. *Henssler, Martin*.

Söffing, Matthias: s. *Dorozola, Ingo*.

Sommer, Birgit: s. *Wagner, Klaus-R.*

Sprockhoff, Tilman: Praktische Auswirkungen der Europarechtswidrigkeit der Handelsregistergebühren, in: NZG 1999, S. 747-753.
- zit.: *Sprockhoff*, NZG 1999, S. -

Steding, Rolf: Die eingetragene Genossenschaft - eine (noch) konkurrenzfähige Rechtsform zwischen Personen- und Kapitalgesellschaften?, in: NZG 1999, S.282-286.
- zit.: *Steding*, NZG 1999, S. -

Stein, Klaus: s. *Schindhelm, Malte*.

Steiner, Udo (Hrsg.): Besonderes Verwaltungsrecht, 6. Aufl., Heidelberg, 1999.
- zit.: Steiner-*Bearbeiter*, Besonderes Verwaltungsrecht, röm. Zahl, Rdnr. -

Stern, Klaus: Das Staatsrecht der Bundesrepublik Deutschland, Band III/1, Allgemeine Lehren der Grundrechte, unter Mitwirkung von Prof. Dr. Michael Sachs, München, 1988.
- zit.: *Stern*, Staatrecht III/1, § . -

Stober, Rolf: Handelsregister und Selbstverwaltungskörperschaften der Wirtschaft, Köln u.a., 1998.
- zit.: *Stober*, Handelsregister, S. -

Stöhr, Karlheinz: Schadensersatzansprüche wegen verspäteter Umsetzung der EG-Pauschalreiserichtlinie, in: NJW 1999, S. 1063-1067.
- zit.: *Stöhr*, NJW 1999, S. -

Stollmann, Frank: Umweltinformation im Verwaltungsverfahren - zwischen europäischem Anspruch und deutscher Umsetzung, in: NVwZ 1995, S.146-148.
- zit.: *Stollmann*, NVwZ 1995, S. -

Streck, Michael: Die Praxis der Registergerichte angesichts der Publizitätsverweigerung kleiner GmbH, Erkenntnisse aus einer impulse-Umfrage, in: GmbHR 1991, S. 407-409.
- zit.: *Streck*, GmbHR 1991, S. -

Streib, Harry, s. *Pfitzer, Norbert*.

Streinz, Rudolf, Bundesverfasssungsgerichtlicher Grundrechtsschutz und europäisches Gemeinschaftsrecht: die Überprüfung grundrechtsbeschränkender deutscher Begründungs- und Vollzugsakte von Europäischem Gemeinschaftsrecht durch das Bundesverfassungsgericht, Baden-Baden, 1989.
- zit.: *Streinz*, Bundesverfassungsgerichtlicher Grundrechtsschutz und europäisches Gemeinschaftsrecht, S. -

Strobel, Wilhelm: Aktuelles zum HGB-Bilanzrecht und zum Offenlegungsproblem, Neue Schwellenwerte, Mittelstandserleichterungen, EG-Sanktionen, BGH-Urteil, in: BB 1994, S. 1293-1300.
- zit.: *Strobel*, BB 1994, S. -

ders.: Der Regierungsentwurf des Kapitalgesellschaften und Co.-Richtlinie-Gesetzes, in: DB 1999, S. 1713-1715.
- zit.: *Strobel*, DB 1999, S. -

ders.: Kapitalgesellschaften- & Co.-Richtlinie-Gesetz: Stellungnahme des Bundesrates zum Regierungsentwurf, in: GmbHR 1999, S. R 333.
- zit.: *Strobel*, GmbHR 1999, R 333. -

ders.: Die GmbH & Co. KG als Bilanzkonzern nach dem Regierungsentwurf des "KapCoRiLiG", in: GmbHR 1999, S. 1117-1122.
- zit.: *Strobel*, GmbHR 1999, S. -

ders.: Die Neuerungen des KapCoRiLiG für den Einzel- und Konzernabschluß, in: DB 2000, S. 53-59.
- zit.: *Strobel*, DB 2000, S. -

Stuckert, Fritz: Das Kapitalgesellschaften- und Co-Richtlinie-Gesetz (KapCoRiLiG) - Änderungen im Gesetzesbeschluß vom 16.12.1999/4.2.2000 gegenüber dem Regierungsentwurf vom 28.7.1999, in: StuB 2000, S. 184-188.
- zit.: *Stuckert*, StuB 2000, S. -

Tettinger, Peter J.: Das Grundrecht der Berufsfreiheit in der Rechtsprechung des Bundesverfassungsgerichts, in: AöR 108 (1981), S. 92-133.
- zit.: *Tettinger*, AöR 108 (1981), S. -

Theile, Carsten: Publizität des Einzel- oder Konzernabschlusses bei der GmbH & Co. KG nach neuem Recht?, in: GmbHR 2000, S. 215-220.
- zit.: *Theile*, GmbHR 2000, S. -
ders.: s. auch *Remme, Werner*.

Theobald, Wolfgang: Vor-GmbH und Gründerhaftung, Köln u.a., 1984.
- zit.: *Theobald*, S. -
Theuer, Andreas: s. *Fluck, Jürgen*.

Tilch, Horst (Hrsg.): Deutsches Rechts-Lexikon, 2. Aufl., München, 1992, Band 2 G-Q.
- zit.: Deutsches Rechtslexikon, Bd.2, Stichwort: ... -

ders.: (Hrsg.): Deutsches Rechts-Lexikon, 2. Aufl., München, 1992, Band 3 R-Z.
- zit.: Deutsches Rechtslexikon, Bd.3, Stichwort: ... -

Tillmann, Bert: Umwandlung auf doppelstöckige GmbH & Co. KG - Ein Ausweg aus der Publizitätspflicht der GmbH ? -, in: DB 1986, S. 1319-1323.
- zit.: *Tillmann*, DB 1986, S. -

Turcon, Remi J./Zimmer, Daniel (Hrsg.): Grundlagen des US-amerikanischen Gesellschaftsrechts, Wirtschaftsrechts, Steuerrechts und Fremdenrechts, München, 1994.
- zit.: *Turcon/Zimmer*, Grundlagen des US-amerikanischen Gesellschaftsrechts, S. -

Turiaux, André: Das neue Umweltinformationsgesetz, in: NJW 1994, S. 2319-2324.
- zit.: *Turiaux*, NJW 1994, S. -

Uhlenbruck, Wilhelm: Fluchtmöglichkeiten der GmbH & Co. KG aus der Publizitätspflicht? , in: GmbHR 2000, S. R 1.
- zit.: *Uhlenbruck*, GmbHR 2000, R 1. -

Ulmer, Peter: Abschied vom Vorbelastungsverbot im Gründungsstadium der GmbH - Gelöste und ungelöste Fragen zum Recht der Vor-GmbH und der Vor-GmbH & Co. KG, in: ZGR 1981, S.593-621.
- zit.: *Ulmer*, ZGR 1981, S. -

ders.: Rechtsfragen der Barkapitalaufbringung bei der GmbH. Zur "freien Verfügung" über Geldeinlagen und zur Bankenhaftung wegen Unrichtigkeit der Bestätigung analog § 37 ABs.1 S.4 AktG. Zugleich Besprechung des BGH-Urteils vom 13.7.1992 - II ZR 263/91, in: GmbHR 1993, S. 189-198.
- zit: *Ulmer*, GmbHR 1993, S. -

ders.: Handelsregisterführung durch die Industrie- und Handelskammern? Zur zentralen Bedeutung der Prüfungsfunktion für das Handelsregister im Kapitalgesellschaftsrecht, in: ZRP 2000, S. 47-52.
- zit.: *Ulmer*, ZRP 2000, S. -

Vahle, Jürgen: Die erwerbswirtschaftliche Betätigung der öffentlichen Hand, in: NWB Fach 29, S. 1267-1274.
- zit.: *Vahle*, NWB Fach 29, S. -

Verdenhalven, Werner: s. *Eisolt, Dirk.*

Vogel, Frank: Die Rechnungslegungsvorschriften des HGB für Kapitalgesellschaften und die 4. EG-Richtlinie (Bilanzrichtlinie), Berlin, 1993, zugl.: Diss., Berlin, 1992.
- zit.: *Vogel*, S. -

Wagner, Hermann: s. *Wurm, Carl.*

Wagner, Klaus-R./Sommer, Birgit: Zutreffende Rechtsprechung von BGH und BVerfG zum Persönlichkeitsschutz und zur wirtschaftlichen Betätigungsfreiheit von Unternehmen, in: AG 1995, S.452-458.
- zit.: *Wagner/Sommer*, AG 1995, S. -

Wasmann, Dirk: s. *Lingemann, Stefan*.
Weber. Albrecht: Die Europäische Grundrechtscharta - auf dem Weg zu einer europäischen Verfassung, in: NJW 2000, S. 537-544.
- zit.: *Weber*, NJW 2000, S. -

Weber, Claus-Peter: s. *Küting, Karlheinz*.

Weber, Jürgen: Die wichtigsten Neuerungen durch das Handelsrechtsreformgesetz, in: Spk 1999, S. 140-143.
- zit.: *Weber*, Spk 1999, S. -

de Weerth, Jan: Die Bilanzordnungswidrigkeiten nach § 334 HGB unter besonderer Berücksichtigung der europarechtlichen Bezüge, 1994, zugl.: Diss., Freiburg (Breisgau), 1993.
- zit.: *de Weerth*, Die Bilanzordnungswidrigkeiten nach § 334 HGB, S. -

ders.: Europarechliche Sanktionierung der unterlassenen Offenlegung des Jahresabschlusses, zugleich eine Anmerkung zum EuGH-Urteil "Verband deutscher Daihats-Händler e.V.", in: BB 1998, S. 366-369.
- zit.: *de Weerth*, BB 1998, S. -

Weilbach, Erich A.: Zwangspublizität: EuGH contra deutscher Mittelstand, zugleich eine erste Stellungnahme zur EuGH Entscheidung in Sachen Verband Deutscher Daihatsu-Händler e.V. gegen Daihatsu Deutschland GmbH, BB 1998, S. 210-211.
- zit.: *Weilbach*, BB 1998, S. -

ders.: Zur Offenlegungspflicht mittelständischer Kapitalgesellschaften, Vorrang des Datenschutzes gegenüber Zwangspublizität und Internationalität, in: BB 1995, S. 451-454.
- zit.: *Weilbach*, BB 1995, S. -

ders.: Noch schützt das Bilanzrichtlinien-Gesetz den Mittelstand vor Zwangspublizität, in: DB 1992, S. 1537-1538.
- zit.: *Weilbach*, DB 1992, S. -

ders.: Datenschutz als Grundrecht geht vor Adressatenschutz, Anmerkungen zur Registerpublizität mittelständischer Kapitalgesellschaften, in: WPK-Mitt. 1992, S. 63-68.
- zit.: *Weilbach*, WPK-Mitt. 1992, S. -

ders.: Vermeidung der Zwangslöschung einer GmbH nach Verweigerung der Registerpublizität, in: BB 1991, S. 800-801.
- zit.: *Weilbach*, BB 1991, S. -

ders.: Kann es einen Jahresabschluß ohne Gewinn- und Verlustrechnung geben ? Kritische Anmerkungen zur Registerpublizität kleiner Kapitalgesellschaften, in: BB 1990, S. 1095-1097.
- zit.: *Weilbach*, BB 1990, S. -

Weimar, Robert/Kohl, Christine: Die gesellschaftsrechtliche Praxis unter dem Einfluß der neuen handelsrechtlichen Publizitätspflichten, in: MDR 1989, S. 396-401.
- zit.: *Weimar/Kohl*, MDR 1989, S. -

Weimar, Robert/Reh, Michael: Rechts- und Gestaltungsformen zur Vermeidung der Register- bzw. Hauspublizität, in: DB 1988, S. 1637-1643.
- zit.: *Weimar/Reh*, DB 1988, S. -

Weimer, Klaus: Das Verbot des Insiderhandels in Deutschland und Großbritannien nach Umsetzung der EG-Richtlinie, Diss., Jena, 1997.
- zit.: *Weimer*, S. -

Wernicke, Stefan: s. *Zacker, Christian.*
Wiedemann, Herbert: Entwicklungen im Kapitalgesellschaftsrecht, in: DB 1993, S. 141-151.
- zit.: *Wiedemann*, DB 1993, S. -

Wiedmann, Harald: Bilanzrecht, Kommentar zu den §§ 238 bis 342a HGB, München, 1999.
- zit.: *Wiedmann*, § Rdnr. -

Wiemann, Hans Ulrich: Unternehmenspublizität nach amerikanischem Kapitalmarktrecht: Entwicklungsstand und Vergleich zur deutschen Lösung, Baden-Baden, 1987.
- zit.: *Wiemann*, Unternehmenspublizität, S. -

Wilde, Christian: Informationsrechte und Informationspflichten im Gefüge der Gesellschaftsorgane, in: ZGR 1998, S. 423-465.
- zit.: *Wilde*, ZGR 1998, S. -

Wilken, Oliver: Anmerkung zu EuGH, Urt.v. 4.12.1997 - Rs. C-97/96 (Verband deutscher Daihatsu-Händler e.V./Daihatsu Deutschland GmbH, in: DStR 1998, S. 215-216.
- zit.: *Wilken*, DStR 1998, S. -

Winkeljohann, Norbert/Schindhelm, Malte: Das KapCoRiLiG: ein Praxis-Leitfaden zum Kapitalgesellschaften- und Co. Richtlinie-Gesetz,, Herne, Berlin, 2000
- zit.: *Winkeljohann/Schindhelm*, Das KapCoRiLiG, S. -

Wirth, Michael: s. *Dörner, Dietrich.*

Wöhe, Günter: Einführung in die Allgemeine Betriebswirtschaftslehre, 16. Aufl., 1986, München, 1986.
- zit.: *Wöhe*, Einführung in die allgemeine Betriebswirtschaftslehre, 16. Aufl., 1986, S. -

Wörlen, Rainer: Handelsrecht mit Gesellschaftsrecht, 3. Aufl., Köln, Berlin, Bonn, München, 1998.
- zit.: *Wörlen*, S. -

Woll, Artur: Allgemeine Volkswirtschaftslehre, 9.Aufl., München, 1987.
- zit.: *Woll*, Allg.VWL, 9.Aufl., S. -

Wurm, Carl/Wagner, Hermann/Zartmann, Hugo (Hrsg.): Das Rechtsformularbuch, 13. Aufl., Köln, 1994.
- zit.: *Bearbeiter*, in: Wurm/Wagner/Zartmann, Kap. -

Zacker, Christian/Wernicke, Stephan: Examinatorium Europarecht: Grundlagen, institutionelles Recht, materielles Recht, Rechtsschutz, Köln u.a., 1998.
- zit.: *Zacker*, S. -

Zartmann, Hugo : s. *Wurm, Carl.*

Ziegler, Martin: Ergebnisverwendung bei Kapitalgesellschaften aus der Sicht der Rechnungslegung und Publizität nach dem Bilanzrichtliniengesetz, Frankfurt a.M. u.a., 1991; zugl. Diss., Innsbruck, 1990.
- zit.: *Ziegler*, S. -

Zimmer, Daniel: Das Gesetz zur Kontrolle und Transparenz im Unternehmensbereich, in: NJW 1998, S. 3521-3534.
- zit.: *Zimmer*, NJW 1998, S. -

ders.: Internationales Gesellschaftsrecht: das Kollisionsrecht der Gesellschaften und sein Verhältnis zu internationalen Kapitalmarktrecht und zum internationalen Unternehmensrecht, Heidelberg, 1996; zugl.Habil.-Schr., Göttingen, 1995.
- zit.: *Zimmer*, Internationales Gesellschaftsrecht, S. -
ders.: Mysterium "Centros", Von der schwierigen Suche nach der Bedeutung eines Urteils des Europäischen Gerichtshofes, in: ZHR 164 (2000), S. 23-42.
- zit.: *Zimmer*, ZHR 164 (2000), S. -

ders.: s. auch *Turcon, Remi J.*

Zimmer, Daniel/Eckhold, Thomas: Das Kapitalgesellschaften & Co.-Richtlinie-Gesetz, in: NJW 2000, S. 1361-1369.
- zit.: *Zimmer/Eckhold*, NJW 2000, S. -

Abkürzungsverzeichnis

a.A. ....anderer Ansicht
a.a.O. ....am angegebenen Ort
ABl. EG ....Amtsblatt der Europäischen Gemeinschaften
Abs. ....Absatz
Abschn. ....Abschnitt
AcP ....Archiv für civilistische Praxis
a.E. ....am Ende
a.F. ....alte Fassung
AG ....Aktiengesellschaft; Die Aktiengesellschaft
AIG ....Akteneinsichts- und Informationsgesetz
AktG ....Aktiengesetz
Anh. ....Anhang
allg. ....allgemein
Anm. ....Anmerkung
AöR ....Archiv des Öffentlichen Rechts
Art. ....Artikel
Aufl. ....Auflage
AV ....Allgemeine Verwaltungsvorschrift; Ausführungsverordnung; Verordnung zur Ausführung

BAG ....Bundesarbeitsgericht; Gesetz über die Errichtung eines Bundesaufsichtsamtes für das Versicherungswesen
Bayer ....Bayerische
BayObLG ....Bayerisches Oberstes Landesgericht
BB ....Der Betriebsberater
Bd. ....Band
Begr. ....Begründung
betr. ....betreffend
BeurkG ....Beurkundungsgesetz
BGBl. ....Bundesgesetzblatt
BGH ....Bundesgerichtshof
BGHZ ....Amtliche Sammlung der Entscheidungen des Bundesgerichtshofes in Zivilsachen
BHR ....Bonner Handbuch Rechnungslegung
BiRiLiG ....Bilanzrichtliniengesetz
Bl. ....Blatt
BMJ ....Bundesministerium der Justiz
BörsZulV ....Börsenzulassungs-Verordnung
BRAK ....Bundesrechtsanwaltskammer
BR-Drucks. ....Bundesratsdrucksache
BT-Drucks. ....Bundestagsdrucksache
Buchst. ....Buchstabe
BVerfG ....Bundesverfassungsgericht
BVerfGE ....Entscheidungen des Bundesverfassungsgerichts

BVerwG	...........Bundesverwaltungsgericht
BVerwGE	...........Entscheidungen des Bundesverwaltungsgerichts
bzw.	...........beziehungsweise
ca.	...........circa
c.i.c.	...........culpa in contrahendo
Co.	...........Compagnie
CR	...........Computer und Recht
dass.	...........dasselbe
DB	...........Der Betrieb
ders.	...........derselbe
dies.	...........dieselbe(n)
Diss. jur.	...........juristische Dissertation
DM	...........Deutsche Mark
Drucks.	...........Drucksachen
DStR	...........Deutsches Steuerrecht
DSWR	...........Datenverarbeitung, Steuer, Wirtschaft und Recht
dt.	...........deutsch/e/er/s
DVBl.	...........Deutsches Verwaltungsblatt
DZWiR	...........Deutsche Zeitschrift für Wirtschaftsrecht
EAG	...........Europäische Atomgemeinschaft
EDV	...........elektronische Datenverarbeitung
EFTA	...........European Free Trade Association
e.G.	...........eingetragene Genossenschaft
EG	...........Europäische Gemeinschaft/-en
EGHGB	...........Einführungsgesetz zum Handelsgesetzbuch
EGKS	...........Europäische Gemeinschaft für Kohle und Stahl
EGV	...........Vertrag zur Gründung der Europäischen Gemeinschaft
Einf.	...........Einführung
Einl.	...........Einleitung
etc.	...........et cetera
EU	...........Europäische Union
EuGH	...........Europäischer Gerichtshof
EuR	...........Europarecht
EuroEG	...........Euro-Einführungsgesetz
EuZW	...........Europäische Zeitschrift für Wirtschaftsrecht
EWiR	...........Entscheidungen zum Wirtschaftsrecht
EWIV	...........Europäische wirtschaftliche Interessenvertretung
EWR	...........Europäischer Wirtschaftsraum

f. ....für/folgende (Seite)
FAZ ....Frankfurter Allgemeine Zeitung für Deutschland
ff ....folgende (Seiten)
FGG ....Gesetz über die Angelegenheiten der freiwilligen Gerichtsbarkeit
Fn./FN ....Fußnote
FS ....Festschrift

GA ....Goldammers Archiv
GAAP ....Generally Accepted Accounting Principles
GBO ....Grundbuchordnung
GbR ....Gesellschaft bürgerlichen Rechts
gem. ....gemäß
Gen ....Genossenschaft
GenG ....Genossenschaftsgesetz
GewArch ....Gewerbearchiv
GewO ....Gewerbeordnung
ggf. ....gegebenenfalls
GmbH ....Gesellschaft mit beschränkter Haftung
GmbHG ....Gesetz über die Gesellschaften mit beschränkter Haftung
GmbHR ....GmbH-Rundschau
GO ....Gemeindeordnung
GoB ....Grundsätze ordnungsgemäßer Buchführung
GuV ....Gewinn- und Verlustrechnung

HGB ....Handelsgesetzbuch
HGrG ....Haushaltsgrundsätzegesetz
h.M. ....herrschende Meinung
HRefG ....Handelsrechtsreformgesetz
Hrsg. ....Herausgeber
hrsg. ....herausgegeben
HRV ....Verfügung über die Einrichtung und Führung des Handelsregisters (Handelsregisterverfügung)
Hs. ....Halbsatz

IAS ....International Accounting Standards
i.d.F. ....in der Fassung
i.d.R. ....in der Regel
IDW ....Institut der Wirtschaftsprüfer
IHK ....Industrie- und Handelskammer
IHKG ....Gesetz zur vorläufigen Regelung des Rechts der Industrie- und Handelskammern
insb. ....insbesondere
InsO ....Insolvenzordnung
i.S.d. ....im Sinne des/r
i.S.v. ....im Sinne von

i.V.m. ....in Verbindung mit

JR ....Juristische Rundschau
JZ ....Juristenzeitung

KapAEG ....Kapitalaufnehmeerleichterungsgesetz
KapCoRiLiG ....Kapitalgesellschaften und Co.-Richtlinie-Gesetz
Kfm. ....Kaufmann
KG ....Kommanditgesellschaft
KGaA ....Kommanditgesellschaft auf Aktien
KO ....Konkursordnung
Komm. ....Kommentar
KonTraG ....Gesetz zur Kontrolle und Transparenz im Unternehmensbereich
KostO ....Kostenordnung
KStG ....Körperschaftsteuergesetz
KWG ....Gesetz über das Kreditwesen

LG ....Landgericht
lit. ....litera
LöschG ....Gesetz über die Auflösung und Löschung von Gesellschaften und Genossenschaften

m. ....mit
mbh ....mit beschränkter Haftung
MDR ....Monatsschrift für deutsches Recht
min. ....mindestens
Mio. ....Million(en)
Mitt. ....Mitteilungen
MitbestG ....Mitbestimmungsgesetz
MontanmitbestG ....Gesetz über die Mitbestimmun der Arbeitnehmer in den Aufsichtsräten und Vorständen der Unternehmen des Bergbaus und der Eisen und Stahl erzeugenden Industrie
MüKo ....Münchener Kommentar
mündl. ....mündlich
m.w.N. ....mit weiteren Nachweisen

n.F. ....neue Fassung
NJW ....Neue Juristische Wochenschrift
NJW-RR ....NJW Rechtsprechungs-Report
Nr. ....Nummer
NWB ....Neue Wirtschaftsbriefe
NZG .... Neue Zeitschrift für Gesellschaftsrecht

o. ....oder
öff. ....öffentlich
OGH ....oberster Gerichtshof

OHG ....Offene Handelsgesellschaft
OLG ....Oberlandesgericht
öster. ....östereichisch/e/er/es
OVG ....Oberverwaltungsgericht

PartGG ....Partnerschaftsgesellschaftsgesetz
preuß. ....preußisch(e)
PublG ....Publizitätsgesetz
pVV ....positive Vertragsverletzung

Rdnr. ....Randnummer
RefE ....Referentenentwurf
RegE ....Regierungsentwurf
RG ....Reichsgericht
RGZ ....Entscheidungen des Reichsgerichts in Zivilsachen
RIW ....Recht der Internationalen Wirtscharft
RL ....Richtlinie
Rs ....Rechtssache
Rspr. ....Rechtsprechung
Rz. ....Randziffer

S. ....Satz; Seite
s. ....siehe
schriftl. ....schriftlich
SEC ....Security Exchange Comitee
Slg. ....Sammlung; Sammlung der Entscheidungen des Europäischen Gerichtshofes
s.o. ....siehe oben
sog. ....sogenannte/r/n
Spk ....Die Sparkasse
staatl. ....staatlich
ständ. ....ständige
StGB ....Strafgesetzbuch
SteuStud ....Steuer und Studium
StuB ....Steuer- und Bilanzpraxis
s.u. ....siehe unten

u. ....und; unten; unter
u.ä. ....und ähnliches
u.a. ....unter anderem
UIG ....Umweltinformationsgesetz
Urt. ....Urteil
US ....United States
USA ....United States of Amerika
US-GAAP ....US-amerikanische Generally Accepted Accounting Principles
usw. ....und so weiter
u.U. ....unter Umständen

v. ....vom/von
VAG ....Gesetz über die Beaufsichtigung der privaten Versicherungsunternehmen und Bausparkassen (Versicherungaufsichtsgesetz)
Var. ....Variante
VerkProspG ....Wertpapier-Verkaufsprospektgesetz
vgl. ....vergleiche
VO ....Verordnung
VOP ....Verwaltungsführung, Organisation, Personal
Vorb. ....Vorbemerkung
VVaG ....Versicherungsverein auf Gegenseitigkeit
VVDStRL ....Veröffenlichungen der Vereinigung der Deutschen Staatsrechtslehrer

WDRG ....Gesetz über den „Westdeutschen Rundfunk Köln“ (WDR-Gesetz)
WiB ....Wirtschaftsrechtliche Beratung
WiSt ....Wirtschaftswissenschaftliches Studium
WM ....Wertpapier-Mitteilungen
Wpg ....Die Wirtschaftsprüfung
WPK-Mitt. ....Wirtschaftsprüferkammer-Mitteilungen

ZEup ....Zeitschrift für Europäisches Privatrecht
ZGR ....Zeitschrift für Unternehmens- und Gesellschaftsrecht
ZHR ....Zeitschrift für das gesamte Handelsrecht und Wirtschaftsrecht
Ziff. ....Ziffer
ZIP ....Zeitschrift für Wirtschaftsrecht und Insolvenzpraxis; Zeitschrift für Internationales Privatrecht
zit. ....zitiert
ZPO ....Zivilprozeßordnung
ZRP ....Zeitschrift für Rechtspolitik

EINLEITUNG

Ziel der Untersuchung ist es, Transparenz- und Publizitätspflichten deutscher Unternehmen zu erfassen, darzustellen und auf ihre Vereinbarkeit mit den Vorgaben des Grundgesetzes hin zu untersuchen sowie im Hinblick auf die Umsetzung und Durchsetzung europarechtlicher Vorgaben.

Kernthese der Arbeit ist, daß nicht alle Transparenz- und Publizitätspflichten deutscher Unternehmen mit den Vorgaben von Grundgesetz und Europarecht im Einklang stehen. Verfassungswidrig ist die fehlende Rechnungslegungspublizität deutscher Zweigniederlassungen von Kapitalgesellschaften mit Sitz außerhalb von EU und EWR, weil darin ein Verstoß gegen den Gleichheitssatz zu sehen ist. Allerdings bietet sich dadurch - zumindest theoretisch - die Möglichkeit, in Deutschland Betriebsstätten zu unterhalten, für die trotz Haftungsbeschränkung keine Rechnungslegungspublizität besteht, wie am Ende der Arbeit gezeigt wird. Verfassungswidrig ist ferner die nach dem Publizitätsgesetz bestehende Verpflichtung zur Offenlegung der Jahresabschlußunterlagen, und zwar, weil die Schwellenwerte des Publizitätsgesetzes nicht an die volkswirtschaftliche Gesamtentwicklung angepaßt wurden und dadurch das Publizitätsgesetz heute gegen den Verhältnismäßigkeitsgrundsatz verstößt. Europarechtswidrig sind die Gebühren für Handelsregistereintragungen, die den tatsächlichen Aufwand der Eintragung überschreiten, was jedenfalls bei einer Gebühr von mehr als DM 2.000,00 anzunehmen ist.

I. Grundlagen

1. Die Ausgangslage

Informationen über Unternehmen sind für Geschäftspartner und Gläubiger, aber auch für Konkurrenten, Auskunfteien, Journalisten und die sonstige Öffentlichkeit von Interesse. Im Gegensatz[1] dazu stehen die entsprechenden Geheimhaltungsin-

---

[1] *Berg*, GewArch 1996, S.177 "Konflikt zwischen Datenschutz und Informationsfreiheit"; *Hirte*, CR 1990, S.631, 632: " Konflikt zwischen Datenschutz und Registereinsichtsrechten"; *Weilbach*, WPK-Mitt. 2/1992, S. 63: "Datenschutz als Grundrecht geht vor Adressatenschutz"; *Roth*, Handels- und Gesellschaftsrecht, § 21, 4.:"Spannungsfeld zwischen dem Informationsinteresse der genannten Personengruppen bzw. der Öffentlichkeit und dem Geheimhal-

teressen der Betroffenen, selbst darüber zu entscheiden, wer welche Informationen und Einblicke in ihre Verhältnisse erhält[2]. In diesem Konflikt[3] zwischen einer Verpflichtung, Auskunft über sich selbst zu erteilen, und dem Recht, entsprechende Informationen zurückzuhalten, kann eine sachgerechte Lösung nur mit Regelungen erzielt werden, welche die Besonderheiten der jeweiligen Regelungsgegenstände angemessen berücksichtigen.[4] Dies gilt auch für Transparenz- und Publizitätspflichten deutscher Unternehmen. Diese betreffen auf den ersten Blick nicht Informationsverpflichtungen von Privatleuten über private Lebensbereiche. Vielmehr geht es um Unternehmen als gewerbliche Marktteilnehmer in einem freien Wirtschaftssystem[5]. Dabei können die Unternehmen von einer natürlichen Person, einer Personengemeinschaft oder aber als haftungsbeschränkte juristische Person betrieben werden.

2. Die Grundrechtsrelevanz von Transparenz- und Publizitätspflichten deutscher Unternehmen

Indessen können Transparenz und Publizität der wirtschaftlichen Daten dieser Unternehmen in gewissen Konstellationen Rückschlüsse auf die Daten der hinter diesen Unternehmen stehenden Menschen zulassen, insbesondere auch im Hin-

---

tungsinteresse des Unternehmens", vgl. auch die folgenden diesbezüglichen Ausführungen von *Roth* (s. auch Fn.5).

[2] Die Befugnis, "selbst über die Preisgabe und Verwendung persönlicher Daten zu bestimmen" ist als "Recht auf informationelle Selbstbestimmung" (BVerfGE 65, 1, 43; 78, 77, 84) verfassungsrechtlich abgesichert. Das Bundesverfassungsgericht entwickelte dieses Rechtsinstitut als Teilbereich der über das allgemeine Persönlichkeitsrecht des Art. 2 Abs.1 GG geschützten Privatsphäre. Das Recht auf informationelle Selbstbestimmung erstreckt sich zwar auch auf Informationen über persönliche wirtschaftliche Verhältnisse, nicht aber auf Geschäfts- und Betriebsgeheimnisse (BVerfGE 77, 1, 46). Deshalb ist hier nicht vom Gegensatz zwischen Transparenz und Publizität einerseits und dem Recht auf informationelle Selbstbestimmung andererseits die Rede, sondern allgemeiner von Informationsinteressen der Öffentlichkeit und Geheimhaltungsinteressen der Betroffenen.

[3] OLG Köln, Beschl. v. 8.3.1991 - 2 Wx 1/91, NJW-RR 1992, S.486: "Konflikt zwischen Geheimhaltungsinteresse der Gesellschaft (des Unternehmens) und Informationsinteresse der natürlichen und juristischen Personen, die in Rechtsbeziehungen zur Gesellschaft (zum Unternehmen) stehen" (Einfügungen in Klammern nur hier).

[4] *Rüfner*, in: FS Kriele, S.271: "Auf wesentliche Unterschiede darf und muß eine differenzierte Rechtsordnung mit unterschiedlichen Regelungen reagieren, wenn sie sinnvoll bleiben soll".

[5] *Woll*, Allg. VWL, 9. Aufl., S.72 ff.; vgl. *Roth*, Handels- und Gesellschaftsrecht, § 21, 4.: "Information der Öffentlichkeit ... als Pendant zur Inanspruchnahme des Marktes und seiner Funktionen, ja als notwendiger Preis für die Gewährleistung privatwirtschaftlicher Autonomie".

blick auf deren Einkommensverhältnisse.[6] Deshalb können die Rechte dieser Menschen auf Wahrung ihrer Privatsphähre, auf informationelle Selbstbestimmung[7], möglicherweise auch das Recht auf negative Meinungsfreiheit[8], eine Rolle spielen, wenn es um Transparenz- und Publizitätspflichten deutscher Unternehmen geht.

Darüber hinaus stellt sich die Frage, ob nicht auch die Unternehmen selbst ein eigenes Recht auf Schutz ihrer Geheimhaltungsinteressen[9] geltend machen können.[10] Unter den Voraussetzungen des Art.19 Abs. 3 GG gelten nämlich die Grundrechte auch für inländische juristische Personen des Privatrechts sowie offene Handelsgesellschaften, Kommanditgesellschaften und Gesellschaften bürgerlichen Rechts.[11]

Weiter ist zu beachten, daß Unternehmen das Betätigungsfeld der über Art.12 GG geschützten freien Berufsausübung sind. Bestehende Transparenz- und Publizitätspflichten sind im laufenden Geschäftsbetrieb zu beachten. Dadurch wirken sie auf die ungehinderte Berufsausübung ein, so daß für Transparenz- und

---

[6] Deshalb energisch gegen Registerpublizität *Weilbach*, BB 1998, S. 210, 211; *ders.*, BB 1995, S. 451, 453; *ders.*, WPK-Mitt. 1992, S.63, 66f.

[7] S.o. Fn 2.

[8] Vgl. *Siekmann*, in: FS Friauf, S. 648, 656.

[9] S.o. Fn 2.

[10] Insoweit zum Recht auf informationelle Selbstbestimmung: *Leible*, ZHR 162 (1998), S.594, 615ff., 617; grundlegend: *Kau*, Vom Funktionsschutz zum Persönlichkeitsschutz, S. 107ff; vgl. ferner BGH Urt. v. 8.2.1994 - VI ZR 286/93 ("Bilanzanalyse"-Fall), ZIP 1994, 648, 650 m. Anm. *Siekmann* = WM 1994, 641 = NJW 1994, 1281 = DB 1994, 831 = BB 1994, 733 = EWiR § 325 HGB 1/94, 469 m. Anm. *Hirte* = WPg 1994, 244 = WRP 1994, 306 = DStR 1994, 663 = AG 1994, 222 = VersR 1994, 570 = GmbHR 1994, 330 = ZAP EN-Nr.400/94 = LM BGB 823 (Ah) Nr. 110 m. Anm. *Marly* = FuL 1994, 328 = DuD 1994, 991 = RDV 1994, 181 = WuB IV A 823 BGB 2.94 m. Anm. *Ehmann* = MDR 1994, 991 = BGHR BGB 823 Abs.1 Persönlichkeitsrecht 14 = BGHR BGB 1004 Wiederholungsgefahr 2 = BGHR GG Art.5 Abs.3 Wissenschaftsfreiheit 1 = BGHR HGB 325 Jahresabschluß 1 = wistra 1994, 301 = DSB 1994, Nr.10 = GI 1995, 39 = GRUR 1994, 394 = Information StW 1994, 415 = AfP 1994, 138 = CR 1994, 396 = NJW-RR 1994, 920 = WiB 1994, 572 = DZWiR 1994, 328; BVerfG, Beschl. v. 3.5.1994 DB 1994, 1350 = WM 1994, 998 = NJW 1994, 1784 = GmbHR 1994, 476 = AG 1994, 369 m. Anm. *Mertens* = EWiR 1994, 991 m. Anm. *Großfeld* = ZAP EN-Nr. 583/94 = DStR 1994, 1275 = NVwZ 1994, 893 = WuB IV A 823 BGB 2.94 m. Anm. *Ehmann* = EWiR 1994, 991; *Hager*, ZHR 158 (1994), S. 675, 676f.

[11] BVerfGE 10, 89, 99; 20, 283, 290; 53, 1,13; *Stern*, Staatsrecht III/1, § 71 V 2, S. 1132; *Tettinger*, in: Sachs (Hrsg.), GG, Art.12 Rdnr.23; *Leible*, ZHR 162 (1998), s. 594, 615; *Jarass*, in: *Jarass/Pieroth*, Art.19 Rdnr.16; *Krüger*, in: Sachs (Hrsg.), GG, Art. 19 Rdnr.60; *Hömig*, in: Seifert/Hömig (Hrsg.), GG, Art.19 Rdnr.15.

Publizitätspflichten deutscher Unternehmen auch der durch Art.12 GG gewährte Schutz bedeutsam ist.[12]

Gegenstand von Transparenz- und Publizitätspflichten können insbesondere auch Geschäfts- und Betriebsgeheimnisse sein.[13] Diese unterfallen nicht dem Schutz des Rechts auf informationelle Selbstbestimmung[14], sondern werden als betriebsbezogene Daten über Art. 14 GG geschützt, soweit sie bereits zu einem Vermögenswert geworden sind.[15]

Wenn Unternehmen verschiedener Rechtsformen unterschiedliche Transparenz- und Publizitätspflichten zu beachten haben, so werden diese auch am Gleichbehandlungsgrundsatz des Art. 3 GG zu messen sein.[16]

Aus dem Gesagten wird deutlich, daß über die einfachgesetzlichen Vorschriften hinaus die Vorgaben und Wertungen[17] der Grundrechte den Rahmen für Transparenz- und Publizitätspflichten deutscher Unternehmen liefern.

3. Europarechtliche Vorgaben

Zusätzlich ist zu berücksichtigen, daß im Zuge des fortschreitenden europäischen Einigungsprozesses[18] die nationale Verfassung nicht der alleinige Maßstab zur Überprüfung einfachgesetzlicher nationaler Vorschriften ist.[19] Vielmehr stehen die nationalstaatliche Rechtsordnung und damit auch die nationalen Verfassungsvorgaben im Kontext[20] des Europarechts im Sinne eines "komplexen Ineinandergreifens gemeinschaftsrechtlicher und nationalstaatlicher Rechtsordnungen"[21].

[12] *Friauf*, GmbHR 1991, S.397, 402-406 vertritt die Ansicht, gewisse Publizitätsvorschriften verletzten Art.12 GG.
[13] *Münster*, in: Wirtschaftswoche, Nr.8 vom 18.2.1999, S.78f.
[14] S.o. Fn.2.
[15] *Jarass*, in: Jarass/Pierroth, GG, 4.Aufl., 1997, Art.14 Rdnr. 13.
[16] "Schwerwiegende verfassungsrechtliche Bedenken" sieht insoweit *Friauf*, GmbHR 1985, S. 245, 247ff.(251); ebenso hinsichtlich GmbH und GmbH & Co. KG: *Lenenbach*, DZWiR, 1998, 265, 271, Fn 70.
[17] Vgl. *Stern*, Staatsrecht III/1, § 69 Die objektiv-rechtlichen Grundrechtsgehalte.
[18] Vgl. *Schwarze*, JZ 1998, 1077, 1078.
[19] Vgl. *Ehlig*, Wpg. 1997, 513, 514 "europarechtliche Dimension".
[20] BVerfGE 29, 198, 210; 73, 339, 368; EuGHE 1964, Rs. 6/64, S.1215, 1269f; *de Weerth*, Die Bilanzordnungswidrigkeiten nach § 334 HGB, S. 33f.
[21] *Rodriguez Iglesias*, NJW 1999, S.1.

Mit dem Begriff des "Europarechts" ist insoweit das "Europarecht im engeren Sinne"[22] gemeint, also das aus dem Recht der Europäischen Gemeinschaften (EGKS, EWG, EAG) herausgebildete Recht der Europäischen Union[23]. Für Transparenz- und Publizitätspflichten deutscher Unternehmen bedeutet dies, daß bei ihrer Ausgestaltung nicht nur die Vorgaben des Grundgesetzes, sondern auch die Maßgaben des Rechts der Europäischen Union zu beachten sind. Insbesondere sind dies die transparenz- und publizitätsrelevanten EG-Richtlinien[24]. Zu nennen sind hier[25] insbesondere die Erste Richtlinie 68/151/EWG[26] ("Publizitätsrichtlinie"), die Vierte Richtlinie 78/660/EWG[27] ("Bilanzrichtlinie"[28]), die Siebte Richtlinie 83/349/EWG[29] (konsolidierter Abschluß), die Elfte Richtlinie 89/666/EWG[30] (Zweigniederlassungen), die "Mittelstandsrichtlinie"[31]

---

[22] *Streinz*, Europarecht, 2.Aufl., 1995, Rdnr. 1.

[23] *Streinz* Europarecht, 2.Aufl., 1995, Rdnr. 1; *Rodriguez Iglesias*, NJW 1999, S.1, 2.

[24] Vgl. *Glöckle*, S.1 Fn 1.

[25] Für die Transparenz des Kapitalmarktes, die nicht zentraler Untersuchungsgegenstand dieser Arbeit ist, sind zu nennen:

- Börsenzulassungsrichtlinie v. 5.3.1979 (79/279/EWR), ABl. EG v. 16.3.1979, L 66, 21, die ausdrücklich eine ad-hoc-Publizität einfordert (s. *Gehrt*, Die neue ad-hoc-Publizität nach § 15 WphG, S.25 und S.19 zur Definition derselben) sowie die
- EG-Transparenzrichtlinie vom 12.12.1988 (88/627/EWG), ABl. EG Nr. L 348 v. 17.12.1988, S. 1 ff. und die
- EG-Insiderrichtlinie vom 13.11.1989 (89/592/EWG), ABl. EGNr. 234 v. 18.11.1989, S.30 ff.

Eine Übersicht weiterer publizitätsrelevanter Richtlinien findet sich bei *Glöckle*, S.1 Fn 1; für eine Gesamtübersicht s. *Lutter*, Europäisches Unternehmensrecht, 4. Aufl., 1996; die vierte, siebte, achte und elfte Richtlinie sind auch bei *Hofbauer/Kupsch* abgedruckt.

[26] "Erste Richtlinie 68/151/EWG v. 9.3.1968 (Publizitätsrichtlinie) zur Koordinierung der Schutzbestimmungen, die in den Mitgliedstaaten den Gesellschaften im Sinne des Artikels 58 Abs. 2 EGV im Interesse der Gesellschafter sowie Dritter vorgeschrieben sind, um diese Bestimmungen gleichwertig zu gestalten", ABl. EG 1968, L 65 v. 14.3.1968, S. 8ff.

[27] "Vierte gesellschaftsrechtliche Richtlinie (78/660/EWG) v. 25.7.1978 aufgrund von Art. 54 Abs.3 lit. g des Vertrages über den Jahresabschluß von Gesellschaften bestimmter Rechtsformen", ABl. EG 1978, L 222/11 v. 14.8.1978, S.11 - vgl. Bilanzrichtliniengesetz (BiRiLiG) v. 19.12.1985, BGBl. I 1985, 2355).

[28] Die Begriffe "Bilanzrichtlinie" und "Jahresabschlußrichtlinie" werden teilweise synonym verwandt, vgl. einerseits *Behrens*, Die Europäisierung des Gesellschaftsrechtsrechts, in: Die GmbH-Rechte in den EG-Staaten, S.1, 7 und andererseits *Lutter*, Europäisches Unternehmensrecht, 4.Aufl., S. 207.

[29] "Siebente Richtlinie vom 13. Juni 1983 über den konsolidierten Abschluß (83/349/EWG)"ABl. EG Nr. L 193 v. 18.7.1983, S.1 ff.

[30] ABl. EG Nr. L 395/36 v. *21.12.*1989, S. ff.

[31] *Lutter*, a.a.O., S.229, *Berens*, a.a.O., S.8.

90/604/EWG[32] und die "GmbH & Co KG-Richtlinie"[33] 90/605/EWG[34] sowie die "Gesellschaftssteuerrichtlinie"[35] 69/335/EWG.[36]

4. Dualität der Vorgaben für Transparenz- und Publizitätspflichten deutscher Unternehmen

Vorgaben für Transparenz- und Publizitätspflichten deutscher Unternehmen bestehen also einerseits durch das Grundgesetz und andererseits durch das Europarecht. Durch diese Dualität stellt sich die bislang nicht abschließend geklärte Frage[37] nach dem Verhältnis zwischen Europarecht und Grundgesetz. Insbesondere ist zu fragen, ob ein unbedingter Anwendungsvorrang der Maßgaben des Grundgesetzes gegenüber europarechtlichen Vorgaben besteht oder ob der grundrechtliche Prüfungsmaßstab von den Normen des Europarechts eingeschränkt wird. Bei einem Grundgesetz-Verstoß einfachgesetzlicher deutscher Transparenz- und Publizitätspflichten, die eine Umsetzung europarechtlicher Vorgaben darstellen, wäre die Frage zu beantworten, in welchem Maße die Vorgaben des Grundgesetzes geeignet sein können, die Vorgaben des Europarechts nicht zur Anwendung kommen zu lassen.

---

[32] "Richtlinie des Rates vom 8. November 1990 zur Änderung der Richtline 78/660/EWG über den Jahresabschluß und der Richtlinie 83/349/EWG über den konsolidierten Abschluß hinsichtlich der Ausnahme für kleine und mittlere Gesellschaften sowie der Offenlegung von Abschlüssen in ECU (90/604/EWG)", ABl. EG Nr. L 317 v. 16.11.1990, S. 57ff.

[33] *Lutter*, a.a.O., S.226, *Berens*, a.a.O., S.8.

[34] "Richtlinie des Rates vom 8. November 1990 zur Änderung der Richtlinien 78/660/EWG und 83/349/EWG über den Jahresabschluß bzw. den konsolidierten Abschluß hinsichtlich ihres Anwendungsbereiches (90/605/EWG)", ABl. EG 1990 Nr. L 317 v. 16.11.1990, S.60ff.

[35] Richtlinie 69/335/EWG des Rates vom 17.7.1969, ABl. EG Nr. L 249 v. 3.10.1969, S. 25ff; zuletzt geändert durch Richtlinie v. 10.6.1985, Abl. EG Nr. L 156 v. 15.6.1985, S. 23f.

[36] Diese Richtlinie liefert mittelbar Vorgaben für Handelsregistergebühren und stellt damit eine Maßgabe für Transparenz- und Publizitätspflichten deutscher Unternehmen dar. (s.u. 2. Teil, E. III. - Die "achte Richtlinie" 84/253/EWG v. 10.4.1984 ("Prüferbefähigungsrichtlinie") ist für die vorliegende Arbeit demgegenüber eher von untergeordneter Bedeutung, da es in ihr nicht um die Publizität, sondern um die Abschlußprüfung geht, weswegen sie oben nicht ausdrücklich genannt wird.

[37] Vgl. *Schwarze*, JZ 1998, S. 1077, 1078: "... nach wie vor nicht endgültig geklärte Verhältnis von nationalem Verfassungsrecht und Europarecht... " m.w.N.

5. Auswirkungen auf den Gang der Darstellung

Da sich diese Fragen nur dann stellen, wenn ein Verstoß gegen die nationale Verfassung vorliegt, soll zunächst die Vereinbarkeit von Transparenz- und Publizitätsvorschriften mit dem Grundgesetz geprüft werden, ohne dabei auf die Wechselwirkung[38] zwischen Europarecht und Grundgesetz einzugehen. Auch aus Vereinfachungsgründen bietet sich diese Vorgehensweise an. Zuvor soll aber im ersten Teil der Arbeit herausgearbeitet werden, was unter Transparenz- und Publizitätsvorschriften im Sinne dieser Arbeit zu verstehen ist (1. Teil, A), und welche Verpflichtungen dieser Art nach derzeit geltendem deutschen Recht für deutsche Unternehmen bestehen (1. Teil, B - D). Im zweiten Teil der Arbeit werden dann die so ermittelten und dargestellten Transparenz- und Publizitätspflichten deutscher Unternehmen auf ihre Vereinbarkeit mit dem Grundgesetz überprüft (2. Teil, A. - C.). Nach einem Exkurs in Teil D. wird in Teil E. unter Berücksichtigung des Verhältnisses zwischen Europarecht und Grundgesetz die Ausstrahlungswirkung des Europarechts auf Transparenz- und Publizitätspflichten deutscher Unternehmen untersucht, insbesondere im Hinblick auf die Umsetzung und Durchsetzung europarechtskonformer Regelungen im deutschen Recht. In Abschnitt F. des zweiten Teils wird geprüft, ob nach den Vorgaben des Europa- und Verfassungsrechts ein Modell möglich ist, bei dem in Deutschland ein Unternehmen nicht der Rechnungslegungspublizität unterliegt, obwohl keine natürliche Person die unbeschränkte persönliche Haftung übernimmt.

II. Überblick über den Stand der Diskussion

Die gegenwärtige Diskussion über Transparenz- und Publizitätsfragen im Unternehmensbereich wird geprägt durch die aktuelle Entwicklung in Gesetzgebung, Rechtsprechung, Schrifttum und die Gestaltungsreaktionen der Praxis: Zu nennen sind hier im Bereich der Gesetzgebung das KonTraG, KapAEG und das KapCoRiLiG. Letzteres ist eine Reaktion auf die Rechtsprechung des Europäischen Gerichtshofes, wonach die bis zum KapCoRiLiG bestehende Sanktionierung unterlassener Rechnungslegungspublizität den Vorgaben des Europarechts nicht genügte. Die Ausgestaltung des KapCoRiLiG durch den Gesetzgeber wurde im Schrifttum teilweise kontrovers diskutiert und hat die Diskussion um die Jahres-

---

[38] *Commichau*, Nationales Verfassungsrecht und europäische Gemeinschaftsverfassung, S. 46; *Schwarze*, in: FS Carstens, Bd. 1, S. 259, 267; *ders.*, in: FS Maihofer, S. 529, 535.

abschlußpublizität neu belebt. Die Beratungspraxis hat auf diese aktuellen Entwicklungen mit Gestaltungsüberlegungen reagiert, wie eine unerwünschte Publizität trotz KapCoRiLiG vermieden oder herabgemindert werden kann.[39]

1. KonTraG

Am 01. Mai 1998 trat das Gesetz zur Kontrolle und Transparenz im Unternehmensbereich (KonTraG)[40] in Kraft. Vornehmlich durch entsprechende Änderungen des Aktiengesetzes und des Handelsgesetzbuches wurden Regelungen für eine Erhöhung der Aussagekraft des Jahresabschlusses[41], eine Verschärfung der Anforderungen an die Abschlußprüfung und eine Anpassung an internationale Standards[42] getroffen. Damit sollte eine Erhöhung von Kontrolle und Transparenz bei der Aktiengesellschaft[43] und eine Verbesserung der Qualität der Abschlußprüfung erreicht werden.[44] Für die GmbH wurde mit dem neuen § 32a Abs.3 Satz 3 GmbHG ein sogenanntes "GmbH-Sanierungsprivileg" eingeführt.[45]

2. KapAEG

In einem "inneren Zusammenhang"[46] mit dem KonTraG sieht der Gesetzgeber das Kapitalaufnahmeerleichterungsgesetz (KapAEG) vom 20.4.1998[47]. Im KapAEG

---

[39] Umfassend dazu: *Schindhelm/Winkeljohann*, S. 244ff.
[40] BGBl. 1998 I, S. 786ff.
[41] *Hirte*, NJW 1998, S.2943, 2944.
[42] *Hirte*, NJW 1998, S.2943, 2944; vgl. *Ernst*, Wpg 1998, S.1025, 1035.
[43] Vgl. Gesetzentwurf der Bundesregierung, BT-Dr. 13/9712 v. 28.01.1998, S.1, 11.; *Meyer*, NWB Fach 15, S.1069 weist zutreffend darauf hin, daß das KonTraG vor allem börsennotierte AG und weninger mittelständische Unternehmen betrifft.
[44] *Böcking/Orth*, Wpg. 1998, 351ff.; *dies.*, DB 1998, 1241ff; *dies.*, DB 1998, 1873; *Lingemann/Wasmann*, BB 1998, 853; *Claussen*, DB 1998, 177ff; dagegen scheint bei *Ernst*, Wpg 1998, S.1025, 1035, das "Bemühen um Anschluß an die internationale Entwicklung im Bereich der Rechnungslegung" im Vordergrund zu stehen.
[45] *Centrale für die GmbH*, GmbHR 1999, S.1; *Remme/Theile*, GmbHR 1998, S.909; *Zimmer*, NJW 1998, S.3521, weist darauf hin, daß die Privilegierung von GmbH-Gesellschaftern dem KonTraG "aufgesattelt" wurde, hat sie doch mit Kontrolle und Transparenz im Unternehmensbereich nicht direkt zu tun; eingehend zum neuen § 32a Abs.3 S.3 GmbHG *Dorrie*, ZIP 1999, S.12-17.
[46] Amtl. Begr. z. KonTraG, BT-Dr. 13/9712, S.11.
[47] Gesetz zur Verbesserung der Wettbewerbsfähigkeit deutscher Konzerne an Kapitalmärkten und zur Erleichterung der Aufnahme von Gesellschafterdarlehen (Kapitalaufnahmeerleichterungsgesetz - KapAEG) vom 20.4.1998, BGBl. 1998 I, S. 707, in Kraft seit 24.4.1998

erfolgte eine - an bestimmte Voraussetzungen geknüpfte - Zulassung internationaler Rechnungslegungsstandards für Konzernbilanzen. § 264 Abs. 3 HGB wurde im KapAEG neu gefaßt. Grundlage dafür ist eine bereits in der 4. EG-Richtlinie (Publizitätsrichtlinie) vorgesehene Regelung. Danach sollen Tochter-Kapitalgesellschaften unter bestimmten Voraussetzungen von den Anforderungen der Publizitätsrichtlinie hinsichtlich Inhalt, Prüfung und Offenlegung des Jahresabschlusses befreit werden.[48] Schließlich wurde durch die Einfügung eines § 32a Abs.3 Satz 2 GmbHG der nicht geschäftsführende Gesellschafter, der mit zehn Prozent oder weniger am Stammkapital beteiligt ist, von den Regeln über den Eigenkapitalersatz befreit[49] (Enthaftungsschwelle von 10%)[50].

3. Wiederaufnahme der Diskussion um die Jahresabschlußpublizität angesichts der Rechtsprechung des EuGH zur Sanktionierung unterlassener Offenlegung

a) Rechtsprechung des EuGH über unzureichende Sanktionierung unterlassener Offenlegung

Der Europäische Gerichtshof entschied am 29.09.1998, daß die Bundesrepublik Deutschland keine geeigneten Sanktionen für den Fall vorgesehen habe, daß Kapitalgesellschaften gegen ihre Verpflichtung zur Offenlegung des Jahresabschlusses (§ 325 HGB) verstoßen.[51] In Deutschland wurde nach §§ 335 Satz 1 Nr. 6, 335 Satz 2 HGB a.F. bei Nichtoffenlegung des Jahresabschlusses durch eine Kapitalgesellschaft ein Zwangsgeld nur dann festgesetzt, wenn ein Gesellschafter, ein Gläubiger, der Gesamtbetriebsrat oder der Betriebsrat der Gesellschaft dies beantragt. Durch diese Ausgestaltung einer Sanktionsregelung verstoße die Bundesrepublik Deutschland, so der EuGH, gegen entsprechende Ver-

---

[48] *Dörner/Wirth*, DB 1998, S. 1525.
[49] *Hirte*, NJW 1998, S. 3459, 3462 m. zahlr. weit. Nachw. zu Stellungnahmen im Schrifttum in Fn 45.
[50] *Centrale für die GmbH*, GmbHR 1998, S.1.
[51] EuGH, Urt. v. 29.09.1998 - Rs C. - 191/95; Kommission der Europäischen Gemeinschaften gegen Bundesrepublik Deutschland, BB 1998, S.2200-2204 (m. Anm. *de Weerth*) = NZG 1998, S. 902-906; frühzeitig gelangte bereits *Vogel* in seiner Dissertation zu demselben Ergebnis, vgl. *ders.*: Die Rechnungslegungsvorschriften des HGB für Kapitalgesellschaften und die 4. EG-Richtlinie, S. 100.

pflichtungen aus der "Publizitätsrichtlinie"[52] und der "Bilanzrichtlinie"[53] i.V.m. dem EG-Vertrag.

Bereits ein dreiviertel Jahr vor diesem Urteil hatte der EuGH in der sog. "Daihatsu"-Entscheidung[54] festgestellt, daß zwar der einzelne keinen unmittelbaren Anspruch auf Einsichtnahme in Jahresabschlüsse aus entsprechenden EG - Richtlinien herleiten könne. Gleichzeitig wurde aber auch gesagt, daß es mit diesen Richtlinien und dem EG-Vertrag nicht zu vereinbaren sei, wenn Zwangsmaßnahmen zur Durchsetzung der Jahresabschlußpublizität nur von Gesellschaftern, Gläubigern oder dem Gesamtbetriebsrat bzw. Betriebsrat beantragt werden können, wie dies die deutschen Sanktionsregelungen nach altem Recht vorsahen.[55]

Ein Entwurf des deutschen Gesetzgebers zur Änderung der europarechtswidrigen Sanktionsbestimmung des § 335 HGB entsprechend der genannten Rechtsprechung des EuGH lag zunächst bis Ende März 1999 nicht vor.[56] Wohl nicht zuletzt aufgrund der gem. Art. 171 I EGV bindenden Wirkung des Urteils vom 29.09.1998[57] und der Möglichkeit eines weiteren Vertragsverletzungsverfahrens gegen Deutschland[58] wurde der Gesetzgeber dann jedoch zügig tätig[59] und schuf zur Umsetzung der Maßgaben des Europäischen Gerichtshofes das "Gesetz zur Durchführung der Richtlinie des Rates der Europäischen Union zur Änderung der Bilanz- und der Konzernbilanzrichtlinie hinsichtlich ihres Anwendungsbereiches (90/605/EWG), zur Verbesserung der Offenlegung von Jahresabschlüssen und zur Änderung anderer handelsrechtlicher Bestimmungen (Kapitalgesellschaften-

---

[52] S. Seite 5, Fn 26.
[53] S. Seite 5, Fn 27.
[54] EuGH, Urt. v. 4.12.1997 - Rs. C-97/96 - EuGH Slg. 1997, I-6843 = ZIP 1997, 2155-2156 = JZ 1998, S.192-194 (m. Anm. *Schön*) = NZG 1998, S.116-118 = IStR 1998, S. 31f = ZGR 1999, S.252 (Leitsätze) m. Bspr. *Crezelius*, s. ferner Fn 93 (Stellungnahmen).
[55] § 335 Satz 1 Nr.6 i.V.m. § 335 Satz 2 HGB.
[56] Noch im ersten Quartal von 1999 erteilte das BMJ auf eine schriftliche Anfrage hin die Information, daß ein konkreter Gesetzesentwurf zur Umsetzung der Maßgaben des EuGH noch nicht abzusehen sei. Dem BMJ, namentlich Herrn Dipl.-Rpfl. *Fritz Stuckert* sei an dieser Stelle nochmals für die freundliche Übersendung des Referenten- sowie auch des späteren Regierungsentwurfes und die Bereitschaft zur Auskunftserteilung über den Stand des dann am 30.03.1999 konkrete Formen annehmenden Gesetzgebungsverfahrens gedankt.
[57] Zur Möglichkeit von Zwangsmaßnahmen gegen Deutschland *Bohl*, EuZW 1998, S. 762f.
[58] Art. 171 Abs.2 S.2 EGV; *Leible*, ZHR 162 (1998), S.594, 618.
[59] Vorausgesagt von *de Weerth*, BB 1998, S.2204; *Hirte*, NJW 1999, S.36,38.

und Co-Richtlinie-Gesetz -KapCoRiLiG)[60], das am 9. März 2000 in Kraft getreten ist[61] (siehe dazu unten d).

b) Ansätze im Schrifttum

Im Schrifttum wurden bereits - teilweise recht frühzeitig[62] - verschiedene[63] Modelle zur Umsetzung der entsprechenden europarechtlichen Vorgaben für die Sanktionierung der Nichtoffenlegung des Jahresabschlusses entwickelt. Diese entstanden z.T. im Rahmen von Gesamtbetrachtungen zur Frage der "Publizität der GmbH"[64], die dem wirtschaftswissenschaftlichen Bereich entstammen[65]. Aus juristischer Sicht liegen zur Publizitätsthematik mehrere Aufsatzbeiträge[66] vor. Im übrigen wurde die Thematik in juristischen Arbeiten bislang, soweit ersichtlich, vor allem unter Beleuchtung besonderer Bereiche untersucht, wie der Ad-hoc Publizität nach § 15 WpHG[67] oder der sog. "Prognose-Publizität"[68]. Ferner wurden die Offenlegungspflichten und Handelsregisterpraxis in Großbritannien und Deutschland untersucht, ohne dabei jedoch auf verfassungs- und europarechtliche Vorgaben näher einzugehen.[69] Rechtliche Probleme der Reorganisation des Handelsregisters in der Bundesrepublik Deutschland[70] wurden in letzter Zeit häufiger behandelt.[71] Die zivilrechtlichen Folgen der Publizitätsverweigerung[72] von Ge-

---

[60] BGBl. 2000 I, S. 154-162.
[61] BGBl. 2000 I, S. 154, 162.
[62] *Apelt*, S.182ff., 191.
[63] *De Weerth*, BB 1998, 266, 268; *Leible* ZHR 162 (1998), 594, 610-614; *Lenenenbach*, DZWiR 1998, 265, 269.
[64] Gleichnamige, umfassende wirtschaftswissenschaftliche Dissertation von *Apelt* aus dem Jahre 1990.
[65] *Apelt*, Die Publizität der GmbH; *Buschmeyer*, Publizität als Korrelat der Haftungsbeschränkung; *vgl. auch: Adams*, Eigentum, Kontrolle und beschränkte Haftung, 1991.
[66] Zu nennen sind aus jüngerer Zeit insbesondere *Siekmann*, in: FS Friauf, S. 647 ff. sowie jüngst *Leible*, ZHR 162 (1998), S. 594 ff.
[67] *Gehrt*, Die neue Ad-hoc-Publizität nach § 15 WpHG; auch hier wiederum ist eine breite Aufnahme der Thematik im wirtschaftswissenschaftlichen Schrifttum zu verzeichenen, z.B. *Kleinmann*, Die Ausgestaltung der Ad-hoc-Publizität nach § 15 WpHG, 1998, m.w.N.
[68] *Glöckle*; vgl. auch die 1998 erschienene wirtschaftswissenschaftliche Arbeit von *Drobeck*, ebenfalls mit dem Titel "Prognosepublizität".
[69] *Hunger*, Offenlegungspflichten und Handelsregisterpraxis in Großbritannien und Deutschland, 1993.
[70] Gleichnamiger Titel der 1998 erschienenen Dissertation von *Schöpe*; ferner *ders.* in ZRP 1999, S. 449-452.
[71] *Stober*, Handelsregister und Selbstverwaltungskörperschaften der Wirtschaft, 1998; *Schöpe*, ZRP 1999, S. 449-452; *Diekmann*, ZRP 2000, S.44-47; *Ulmer*, ZRP 2000, S. 47-52.

sellschaften mit beschränkter Haftung wurden jüngst in einer juristischen Dissertation[73] umfassend behandelt, die auch auf die Schutzfunktionen der Rechnungslegungspublizität[74] sowie die Offenlegungspraxis und Sanktionierung in Deutschland[75] eingeht. Zu nennen ist ferner eine Arbeit über ordnungsgemäße Umsetzung der Bilanzrichtlinie durch die Rechnungslegungsvorschriften des HGB für Kapitalgesellschaften[76]. Sie geht auch kurz auf die Frage einer unzureichenden Sanktionierung unterlassener Offenlegung ein[77].

c) Diskussion um die Jahresabschlußpublizität

Mit dem Bilanzrichtliniengesetz wurden im Jahre 1985[78] Kapitalgesellschaften verpflichtet, ihren Jahresabschluß nebst Lagebericht und weiterer Unterlagen offenzulegen. In Stellungnahmen der Lehre wurde die Verfassungsmäßigkeit dieser Offenlegungsverpflichtung teilweise bezweifelt.[79]

Die Diskussion dieser Thematik wurde im Rahmen der heftigen Kontroverse im sog. "Bilanzanalyse"- Fall wiederaufgenommen. Im Jahre 1994 hatte der Bundesgerichtshof[80] ohne Beanstandung durch das Bundesverfassungsgericht[81] eine

[73] *Jansen*, Publizitätsverweigerung und Haftung in der GmbH, Köln u.a., Heymanns,1999; zugl. Diss., Heidelberg, 1998, vor allem Teil 3.
[74] *Jansen*, Publizitätsverweigerung und Haftung in der GmbH, 1999, Teil 1, S. 7-125.
[75] *Jansen*, Publizitätsverweigerung und Haftung in der GmbH, 1999, Teil 2, S. 127-293.
[76] *Vogel*, "Die Rechnungslegungsvorschriften des HGB für Kapitalgesellschaften und die 4. EG Richtlinie (Bilanzrichtlinie)".
[77] *Vogel*, "Die Rechnungslegungsvorschriften des HGB für Kapitalgesellschaften und die 4. EG Richtlinie (Bilanzrichtlinie)", S. 99-102. Hinsichtlich der "Transparenz einer Bilanz" im Sinne einer erhöhten Bilanzaussage ("true and fair view") kommt *Vogel* zu dem Ergebnis (S.125), daß das Ziel der Bilanzrichtlinie, dem europäischen Bilanzleser die Analyse der Jahresabschlüsse von Gesellschaften aus anderen Mitgliedstaaten zu ermöglichen, aufgrund zahlreicher Verstöße der deutschen Rechnungslegungsvorschriften gegen die Richtlinie nicht erreicht worden sei. Schon eine einzelne Abweichung von der Richtlinie könne nämlich dem Bilanzleser ein falsches Bild von der wirtschaftlichen Situtation eines Unternehmens vermitteln.
[78] Gesetz zur Durchführung der Vierten, Siebenten und Achten Richtlinie des Rates der Europäischen Gemeinschaften zur Koordinierung des Gesellschaftsrechts vom 19.12.1985, BGBl. I 1985, S. 2355ff.
[79] *Friauf*, GmbHR 1985, S.245; *ders.*, GmbHR 1991, 397ff., anerkennend auch *Schulze-Osterloh* in: FS 100 Jahre GmbHG, S. 501, 517.
[80] BGH Urt. v. 8.2.1994 - VI ZR 286/93 ("Bilanzanalyse"-Fall), NJW 1994, S. 1281-1283 = ZIP 1994, 648, 650 m. Anm. *Siekmann* = WM 1994, 641 = DB 1994, 831 = BB 1994, 733 = EWiR § 325 HGB 1/94, 469 m. Anm. *Hirte* = WPg 1994, 244 = WRP 1994, 306 = DStR 1994, 663 = AG 1994, 222 = VersR 1994, 570 = GmbHR 1994, 330 = ZAP EN-Nr.400/94 = LM BGB 823 (Ah) Nr. 110 m. Anm. *Marly* = FuL 1994, 328 = DuD 1994, 991 = RDV 1994, 181 = WuB IV A 823 BGB 2.94 m. Anm. *Ehmann* = MDR 1994, 991 = BGHR BGB 823

Verletzung des allgemeinen Persönlichkeitsrechtes eines Unternehmens angenommen, "wenn ein Wissenschaftler, der für Wirtschaftsprüfer und Steuerberater Fortbildungsseminare durchführt, Ablichtungen eines im Bundesanzeiger veröffentlichten Jahresabschlusses ... an Banken und Seminarteilnehmer weitergibt, ohne den Namen und die Adresse des Unternehmens unkenntlich zu machen."[82]

Die Verfechter einer Verfassungswidrigkeit der Verpflichtung von Kapitalgesellschaften, ihren Jahresabschluß offenzulegen, sahen sich durch die Entscheidungen von BGH und BVerfG bestätigt[83], während andere diese - teilweise heftiger[84] - Kritik unterzogen.[85]

Diese Kontroverse um die Publizität des Jahresabschlusses setzt sich fort in den Stellungnahmen[86] zur genannten EuGH-Rechtsprechung[87] betreffend die deutschen Sanktionsbestimmungen bei Nichtoffenlegung des Jahresabschlusses. Dabei überwiegen die Stimmen, die diese Rechtsprechung als einen erfreulichen Schritt hin zu mehr Publizität im Gesellschafts- und Kapitalmarktrecht[88] begrüßen und sie für überzeugend halten[89], während die Gegner der Zwangspublizität das

---

Abs.1 Persönlichkeitsrecht 14 = BGHR BGB 1004 Wiederholungsgefahr 2 = BGHR GG Art.5 Abs.3 Wissenschaftsfreiheit 1 = BGHR HGB 325 Jahresabschluß 1 = wistra 1994, 301 = DSB 1994, Nr.10 = GI 1995, 39 = GRUR 1994, 394 = Information StW 1994, 415 = AfP 1994, 138 = CR 1994, 396 = NJW-RR 1994, 920 = WiB 1994, 572 = DZWiR 1994, 328.

[81] BVerfG, Beschl. v. 3.5.1994 - 1 BvR 737/94 = NJW 1994, S. 1784f. = DB 1994, 1350 = WM 1994, 998 = GmbHR 1994, 476 = AG 1994, 369 m. Anm. *Mertens* = EWiR 1994, 991 m. Anm. *Großfeld* = ZAP EN-Nr.583/94 = DStR 1994, 1275 = NVwZ 1994, 893 = WuB IV A 823 BGB 2.94 m. Anm. *Ehmann* = EWiR 1994, 991.

[82] Erster amtlicher Leitsatz der Entscheidung, s. Fn 81.

[83] *Wagner/Sommer*, AG 1995, 452ff.; *Weilbach*, BB 1995, 451; *Strobel*, BB 1994, 1293, 1297 (differenzierend).

[84] *Lutter*, AG 1994, S.347, vgl. *ders.*, Handelsblatt Nr.99 vom 25.5.1994; *Junker*, ZIP 1994, S.1499 spricht vom "berüchtigten "Bilanzanalyse"-Urteil des BGH.

[85] *Ehmann*, MDR 1994, S. 991; *Großfeld*, EWiR 1994, S.991; *Hirte*, EWiR § 325 HGB 1/94, S. 469; *Marly*, LM BGB 823 (Ah) Nr.110; *Mertens*, AG 1994, S. 369; *Siekmann*, ZIP 1994, 651.

[86] *Schulze-Osterloh*, ZIP 1997, S.2157; *ders.*: ZIP 1998, S.1721; *Weilbach*, BB 1998, S.210; *Schön*, JZ 1998, S. 194; *de Weerth*, BB 1998, S.366; *ders.*, BB 1998, S. 2204; *Lenenbach*, DZWiR 1998, S.265; *Leible*, ZHR 162 (1998), S.594; *Hirte*, NJW 1999, S.36; *ders.*, NJW 1998, S.2944; *Crezelius*, ZGR 1999, S.252; *Klein*, AnwBl 1998, S.88; *Pott/Schäfer*, BRAK-Mitt. 1998, S.21; *Münster*, Wirtschaftswoche Nr.8/18.2.1999, S.78.

[87] S.o. FN 51 u. 54.

[88] *Hirte*, NJW 1998, S. 2943, 2944.

[89] *De Weerth*, BB 1998, S.2204; *Crezelius*, ZGR 1999, S.252, 260.

Subsidiaritätsprinzip und den Vorrang des Datenschutzes gegenüber dem Jedermanns-Interesse auf Information ins Feld führen.[90]

d) Kapitalgesellschaften- und Co-Richtlinie-Gesetz - KapCoRiLiG

Weiter fortgesetzt wurde die kontroverse Diskussion um die Jahresabschlußpublizität durch das am 9.3.2000 in Kraft getretene Kapitalgesellschaften- und Co-Richtlinie-Gesetz (KapCoRiLiG)[91]. Sie spiegelt sich in den zahlreichen Beiträgen und Stellungnahmen[92] zum KapCoRiLiG wieder.

Am 30.03.1999 hatte das Bundesministerium der Justiz einen ersten Referentenentwurf eines Gesetzes zur Durchführung der Richtlinie 90/605/EWG, zur Verbesserung der Offenlegung von Jahresabschlüssen und zur Änderung anderer handelsrechtlicher Bestimmungen - damals noch KapuCoRiLiG - den Spitzenverbänden der deutschen Wirtschaft mit der Bitte um Kenntnisnahme zugeleitet[93] und diese zu einer Anhörung für den 10.5.1999 eingeladen. Bereits im Entwurf wurden alle Personenhandelsgesellschaften mit nicht mindestens einer natürlichen

---

[90] *Weilbach*, BB 1998, S.211; kritisch auch *Schön*, JZ 1998, S.194, 195 im Hinblick auf die Einsichtsmöglichkeit für Wettbewerber sowie die "begrenzte Einzelermächtigung".

[91] "Gesetz zur Durchführung der Richtlinie des Rates der Europäischen Union zur Änderung der Bilanz- und der Konzernbilanzrichtlinie hinsichtlich ihres Anwendungsbereiches (90/605/EWG), zur Verbesserung der Offenlegung von Jahresabschlüssen und zur Änderung anderer handelsrechtlicher Bestimmungen (Kapitalgesellschaften- und Co-Richtlinie-Gesetz - KapCoRiLiG) v. 24.2.2000, BGBl I, S. 154-162.

[92] Positiv: *Zimmer/Eckhold*, NJW 2000, S. 1361-1369, die allerdings "verbleibende Zweifel an der Europarechtskonformität" (S. 1368) der durch das KapCoRiLiG geschaffenen Offenlegungsverpflichtung anmelden und damit genau in die andere Richtung als die Publizitätskritiker das Gesetz einer kritischen Würdigung unterziehen; positiv ferner *Lutter-mann*, ZIP 2000, S.517-525; *Heni*, DStR 1999, S. 912-916; *Bihr*, BB 1999, S. 1862-1864; *ders.*, DSWR 1999, S. 199-201; *Scheffler*, DStR 2000, S. 529-532; *Jansen*, DStR 1999, S. 1490-1497, die sich für die zunächst vorgesehene Registersperre ausspricht (S. 1495); *Marx/Scharenberg*, StuB 1999, S. 1138-1145, diese allerdings auch kritisch im Hinblick auf das Antragsverfahren (S. 1144); *Ernst*, DStR 1999, S. 903f.; *Stuckert*, StuB 2000, S. 184-188; *Meyer*, BBK Nr. 5 v. 3.3.2000, S.223-238 = Fach 15, S. 1183-1198; *Eisolt/Verdenhalven*, NZG 2000, S. 180-184;
kritisch: *Hahn*, GmbHR 2000, R 69f.; *Strobel*, DB 2000, 53-59; *ders*,: GmbHR 2000, R 393; *ders*,: DB 1999, S. 1025-1027; *ders.*, DB 1999, S. 1713-1715; *ders.*, GmbHR 1999, R 333; *ders.*, GmbHR 1999, S.1117-1122; *Schindhelm/Hellwege/Stein*, StuB 2000, S. 72-83; *Theile*, GmbHR 2000, S. 215-220; kritisch hinsichtlich der Gliederungsvorschrift in § 264c Abs.2 HGB: *Bitter/Grashoff*, DB 2000, S. 833-839.

[93] Schreiben des BMJ an die Spitzenverbände der deutschen Wirtschaft vom 30.03.1999, Geschäftszeichen des BMJ 3507/20-320546/99 mit dem Gesetzesentwurf in Anlage 1 nebst nachfolgender Begründung, teilw. abgedruckt in GmbHR 1999, 535; seinerzeit abrufbar bei http://www.gmbhr.de.

Person als letztlich vollhaftendem Gesellschafter hinsichtlich der Offenlegung ihrer Jahresabschlüsse Kapitalgesellschaften gleichgestellt (§§ 264a, 335b HGB n.F.). Gleichzeitig erfolgte eine Verschärfung der Sanktionen bei Nichtbefolgung der Offenlegungsverpfichtung. Der Referentenentwurf sah dafür ein Zwangsgeldverfahren von Amts wegen bis zu DM 50.000,00 sowie die Einführung einer "Registersperre"[94] vor. Danach hätte das Registergericht anmeldungspflichtige Eintragungen in das Handelsregister nur dann vorgenommen, wenn der vorletzte Jahresabschluß ordnungsgemäß offengelegt wurde. Alle gesellschaftsrechtlichen Maßnahmen, die zu ihrer Wirksamkeit der Eintragung bedürften, wären damit bei fehlender Offenlegung blockiert gewesen (z.B. Kapitalerhöhungen, vgl. § 54 Abs.3 GmbHG). Aber auch die Rechtsscheinwirkung des § 15 Abs.1 HGB, etwa im Hinblick auf das Ausscheiden eines Geschäftsführers, hätte infolge der Registersperre nicht eintreten können.[95]

Bereits der auf den Referentenentwurf folgende Regierungsentwurf[96] enthielt nicht mehr die Registersperre als Sanktionsmittel. Auch das Zwangsgeldverfahren wurde abgeändert: Aus dem Amtsverfahren des Referentenentwurfes wurde ein Antragsverfahren, allerdings mit einer Antragsberechtigung für jedermann[97]. Zusätzlich zum Zwangsgeld sah der Regierungsentwurf[98] ein Ordnungsgeld zwischen 2.500 und 25.000 EURO vor, zahlbar sechs Wochen nach Zugang der Androhung des Zwangsgeldes, sollte bis dahin nicht offengelegt worden sein.[99] Die bereits im Regierungsentwurf gegenüber dem Referentenentwurf abgeänderten Sanktionsregelungen wurden in der Endfassung nochmals abgeändert: In der Stellungnahme des Bundesrates[100] hielt dieser die Kombination aus Zwangsgeld- und Ordnungsgeldverfahren nicht für erforderlich. Der Wirtschaftsausschuß hatte darauf hingewiesen, daß im Gegensatz zum Zwangsgeld der Ordnungsgeldanspruch durch Offenlegung nicht hinfällig wird.[101] Ferner sprach sich der Bundesrat für eine einheitliche Verlängerung der Offenlegungsfrist auf zwölf Montae

94 Dies gilt nicht für Eintragungen, die von Amts wegen vorzunehmen sind.

95 Auf die Auswirkungen der Registersperre geht *Jansen*, DStR 1999, S. 1490, 1495 ein.

96 BT-Drucks. 14/1806.

97 BT-Drucks. 14/1806, S. 7.

98 Entgegen *Zimmer/Eckhold*, NJW 2000, S. 1361, 1367 war die Koppelung von Zwangsgeld- und Ordnungsgeldverfahren im Referentenentwurf noch nicht vorgesehen, vgl. Referentenentwurf v. 30.3.1999, S. 13, 9. Zeile von unten: "gesetzgeberische Lösung .. Einführung eines Zwangsgeldverfahrens ... Außerdem ... Registersperre".

99 BT-Drucks. 14/1806, S.9.

100 Beschluß v. 24.9.1999; BR-Drucks. 458/99; zusammenfassender Überblick bei *Strobel*, GmbHR 1999, R 333.

101 *Strobel*, GmbHR 1999, R 333.

aus. Diese Anregungen berücksichtigten Beschlußempfehlung und Bericht des Rechtsausschusses des Bundestages[102]. Auf ihrer Grundlage wurde das KapCoRiLiG am 16.12.1999 durch den Bundestag verabschiedet. Am 24.2.2000 passierte das Gesetz den Bundesrat. Am 9.3.2000 trat es in Kraft.

Nach dem KapCoRiLiG sind nunmehr Personenhandelsgesellschaften ohne eine natürliche Person als Komplementär in gleicher Weise wie Kapitalgesellschaften zur Rechnungslegungspublizität verpflichtet (§§ 264a, 325 HGB i.d.F. des KapCoRiLiG. Die Offenlegungsfrist beträgt zwölf Monate (§ 325 Abs.1 S.1, Abs.3 S.1 HGB i.d.F. des KapCoRiLiG). Auf Antrag von Jedermann wird bei Nichtbefolgung der Offenlegungsverpflichtung ein Ordnungsgeld gegen die Mitglieder des vertretungsberechtigten Organs des offenlegungspflichtigen Unternehmens verhängt zwischen 2.500 und 25.000 EURO (§§ 335a, 335b HGB i.d.F. des KapCoRiLiG). Diese Vorschriften sind für die nunmehr offenlegungspfichtigen haftungsbeschränkten Personenhandelsgesellschaften erstmals auf Geschäftsjahre anzuwenden, die nach dem 31. Dezember 1999 beginnen (Art. 48 Abs.1 EGHGB i.d.F. des KapCoRiLiG). In den meisten Fällen[103] ist also erstmals der Jahresabschluß zum 31.12.2000 offenzulegen, und zwar bis spätestens 31.12.2001. Für Kapitalgesellschaften hingegen galt schon vor dem KapCoRiLiG die Offenlegungsverpflichtung. Bis 31.12.2000 müssen also insbesondere GmbH ihren Jahresabschluß auf den 31.12.1999 offenlegen. Am 31.12.2000 gelten insoweit die am 9.3.2000 - also vorher, deshalb keine Rückwirkung - verschärften Sanktionsbestimmungen, was für GmbH bei der Erstellung des Jahresabschlusses für 1999 bereits bedacht werden sollte (siehe dazu auch Teil 3 der Arbeit).

Neben diesen Regelungen enthält das KapCoRiLiG weitere Änderungen des HGB sowie weiterer Gesetze[104]: Die Schwellenwerte des § 293 HGB wurden aufgrund zwingender europarechtlicher Vorgaben herabgesetzt[105]. Insgesamt fallen durch das KapCoRiLiG deutlich mehr Unternehmen in den Anwendungsbereich der Konzernabschlußpflicht nach HGB: zum einen Kapitalgesellschaften, die bislang nach ihrer Größe unterhalb der nunmehr nach unten gesenkten Schwellenwerte lagen, zum anderen auch besondere Personenhandelsgesellschaf-

---

[102] BT-Drucks. 14/2353.

[103] Überwiegend entspricht das Geschäftsjahr dem Kalenderjahr.

[104] Überblick bei *Zimmer/Eckhold*, NJW 2000, S. 1361, 1369.

[105] § 293 Abs.1 S.1 Nr.1 (Additionsverfahren): Bilanzsumme: 32,27 Mio. DM; Umsatzerlöse: 64,54 Mio. DM; § 293 Abs.1 S.1 Nr.2 (Konsolidierungsverfahren): Bilanzsumme: 26,89 Mio. DM; Umsatzerlöse: 53,78 DM.

ten i.S.d. § 264a HGB n.F., die bislang nur im Rahmen des PublG der Konzernabschlußpflicht unterlagen.

Als Ausgleich für die Verschärfung von Offenlegung und Sanktionierung wurden hinsichtlich des Einzelabschlusses die Schwellenwerte des § 267 HGB für Bilanzsumme[106] und Umsatzerlöse[107] heraufgesetzt. Ferner wurde der Anwendungsbereich des § 292a HGB auch auf nicht-börsennotierte Unternehmen ausgedehnt, sofern diese einen organisierten Markt durch von ihnen ausgegebene Wertpapiere in Anspruch nehmen.

---

[106] Kleine Unternehmen bis 6,72 Mio DM, mittlere bis 26,89 Mio DM Bilanzsumme (jeweils einschließlich).

[107] Kleine Unternehmen bis 13,44 Mio, mittlere bis 53,78 Mio DM Umsatzerlöse (jeweils einschließlich).

1. TEIL: DARSTELLUNG BESTEHENDER TRANSPARENZ- UND PUBLIZITÄTS-PFLICHTEN DEUTSCHER UNTERNEHMEN

Für die Darstellung und weitere Untersuchung bestehender Transparenz- und Publizitätspflichten deutscher Unternehmen soll zunächst klargestellt werden, welches Begriffsverständnis dem Begriffspaar "Transparenz- und Publizitätspflichten" zugrundegelegt wird.

A. Begriffsbestimmungen

Zunächst werden die Begrife "Transparenz" und "Publizität" je einzeln betrachtet, um dann zu prüfen, inwieweit Gemeinsamkeiten bzw. Überschneidungen bestehen.

I. Transparenz

Kennzeichnend für die juristische Begriffsmethodik ist es, bei einer Untersuchung von Bedeutungsinhalten zunächst vom Wortlaut auszugehen.[108]

1. Wortlaut

Nach dem allgemeinen Sprachgebrach[109] versteht man unter "Transparenz" das "Durchscheinen", die "Durchsichtigkeit".[110] Transparenz bedeutet also, daß nichts verborgen bleibt, daß man durch alles hindurchsehen kann und so die Möglichkeit besteht, alle Einzelheiten des Objekts der Betrachtung wahrzunehmen. Der Begriff der "Transparenz" hat demgemäß im allgemeinen Sprachgebrauch einen weiten Bedeutungsinhalt. Er ist auf alle Objekte, die Gegenstand der Betrachtung sind, anwendbar, seien es Vorgänge, Gegenstände, Ereignisse oder Zahlenwerke.

---

[108] *Larenz*, a.a.O., S. 208; *Koch/Rüssmann*, Juristische Begründungslehre, S. 188.

[109] Zur Feststellung der nach dem allgemeinen Sprachgebrauch üblichen Bedeutung durch die Rechtswissenschaft: *Koch/Rüssmann*, Juristische Begründungslehre, S. 188ff; auch *Koch/Rüssmann* halten eine Berufung auf Wörterbücher der deutschen Sprache für "eine sinnvolle Annäherung".

[110] DUDEN, Das große Wörterbuch der deutschen Sprache, Bd. 6, Stichwort: Transparenz.

2. Bedeutungsreichweite in der juristischen Nomenklatur

Auch in der juristischen Fachsprache ist der Begriff zunächst nicht näher spezifisch besetzt. In mehreren juristischen Fachlexika findet sich unter dem Stichwort "Transparenz" kein Eintrag.[111] Für die vorliegende Untersuchung sind der Gebrauch und die Bedeutungsreichweite des Begriffes der "Transparenz" im Wirtschafts-[112] und Unternehmensrecht[113] von Interesse. Häufig wird dabei der Begriff der "Transparenz" als feststehender Allgemeinterminus vorausgesetzt, ohne näher definiert zu werden[114]. Entsprechend dem allgemeinen Sprachgebrauch wird er dann verwandt, wenn es um die "Durchsichtigkeit" wirtschaftlicher Vorgänge geht, die Möglichkeit, alles ungehindert erkennen zu können.

Wenn in wirtschaftsrechtlichen Veröffentlichungen näher auf den Begriff der "Transparenz" eingegangen wird, ist auch von "Informationsstrukturen"[115] die Rede. Dabei wird in erster Linie der Informationsfluß innerhalb des Unternehmens in den Blick genommen. Davon betroffen sind Geschäftsleitung, Aufsichtsrat, Anteilseigner und Arbeitnehmer. Auch die Abschlußprüfer kann man hierzu zählen, sofern man diese noch zum internen Unternehmensbereich rechnet.

Im Recht der Kapitalmärkte findet sich der Begriff der "(Kapital-) Markttransparenz" im Sinne einer zutreffenden und umfassenden Information des Marktes.[116] Kapitalmarkttransparenz setzt dabei voraus, daß im Wege der sog. "Ad-hoc-Publizität"[117] bedeutsame kursrelevante Tatsachen und Informationen aus dem Unternehmen der Öffentlichkeit zur Kenntnis gebracht werden[118].

Der Begriff der Transparenz hat noch eine weitere, besondere Bedeutung, wenn von der "Transparenz des Jahresabschlusses" die Rede ist. Gemeint ist damit die

---

[111] Vgl. *Creifelds*, Rechtswörterbuch; *Tilch*, Deutsches Rechtslexikon.
[112] Zum Begriff des Wirtschaftsrechts vgl. *Creifelds*, Rechtswörterbuch, Stichwort Wirtschaftsrecht.
[113] Zum Begriff des Unternehmensrechts vgl. *K. Schmidt*, Handelsrecht, 4. Aufl., Vorwort, § 3.
[114] So etwa auch in der i.ü. ins Detail gehenden Amtl. Begr. zum KonTraG, BT-Dr. 13/9712, S.1, 11; vgl. i.ü. exemplarisch *Lingemann/Wasmann*, BB 1998, S. 853ff.; *Meyer*, NWB Fach 15, S.1069;.
[115] *Zimmer*, NJW 1998, S.3521, 3522.
[116] *Gehrt*, Die neue Ad-hoc-Publizität nach § 15 WpHG, S.22.
[117] *Gehrt*, Die neue Ad-hoc-Publizität nach § 15 WpHG, S.19.
[118] *Weimer*, Das Verbot des Insiderhandels, S. 183.

Aussagekraft der Jahresabschlußunterlagen über die wirtschaftliche Lage des Unternehmens[119].

Demgegenüber wird der Begriff der (Unternehmens-) Transparenz teilweise auch in einem Atemzug[120], wenn nicht gar synonym[121] mit dem Begriff der Unternehmenspublizität gebraucht.

II. Publizität

Auch hier wird zunächst vom Wortlaut ausgegangen.

1. Wortlaut

Der Begriff der Publizität wird bereits im allgemeinen Sprachgebrauch differenzierter verwandt.[122] Man unterscheidet zwischen Publizität im Sinne von "Bekanntsein", Publizität mit der Bedeutung einer "allgemeinen Zugänglichkeit der Massenmedien und ihrer Inhalte" und schließlich der Publizität im Wirtschaftsleben als der "öffentlichen Darlegung der Geschäftsvorfälle sowie der Lage, der Erfolge und der Entwicklung eines Unternehmens".[123]

Dies wird dahingehend zusammengefaßt, daß im Sprachgebrauch Publizität den Zustand der Offenkundigkeit[124] bezeichnet. Man könnte auch sagen, Publizität bedeutet, daß etwas der Öffentlichkeit bekannt oder zugänglich ist.

2. Bedeutungsreichweite in der juristischen Nomenklatur

In der Rechtssprache findet sich der Begriff der "Publizität" in mehreren Rechtsgebieten und wird dabei in tendenziell gleicher Weise näher eingegrenzt.

---

[119] *Hommelhoff*, RabelsZ 62 (1998), S.381, 399: "Transparenz eines britischen Jahresabschlusses"; *Vogel*, S.125 (vgl. Fn.75).

[120] *Böcking/Orth*, Wpg 1998, S.351: "Unternehmenstransparenz bzw. Unternehmenspublizität".

[121] *Böcking/Orth*, DB 1998, 1241: "...Unternehmenspublizität (Transparenz)...".

[122] Vgl. auch *Apelt*, S.11 m.w.N.

[123] DUDEN, Das große Wörterbuch der deutschen Sprache, Bd.5, Stichwort "Publizität".

[124] *Buschmeyer*, S.9 m.w.N.; *Apelt*, S.11 m.w.N.

Im Sachenrecht wird "Publizität" als Sichtbarwerden nach außen erklärt.[125] Unter Verweis auf das Sachenrecht wird von anderer Seite Publizität als "Kundbarmachung"[126] von rechtlich relevanten Tatsachen gegenüber der Öffentlichkeit bezeichnet. Im Immobiliarsachenrecht erfolgt dies regelmäßig im Wege einer tatsächlichen Dokumentation im Grundbuch als einem öffentlichen, d.h. im Prinzip für alle zugänglichen Buch[127]. Im Familienrecht gibt es für diese Zwecke das - weitgehend funktionslos gewordene[128] - Güterrechtsregister[129].

Während Grundbuch und Güterrechtsregister das Sachen- bzw. Familienrecht betreffen[130], ist für das Unternehmensrecht vorwiegend die Publizität durch Veröffentlichungen zum Handelsregister von Interesse. Hierauf wird im Folgenden unter B. näher einzugehen sein. Auch die weiteren Registerformen[131] werden dabei angesprochen.

Über die Publizität des Handelsregisters hinaus ist für das Unternehmensrecht auch die "Ad-hoc-Publizität" nach § 15 WpHG nebst den Mitteilungspflichten über Beteiligungen (§§ 21ff. WpHG) zu nennen. Mindestens in einem überregionalem Börsenpflichtblatt oder über ein elektronisch betriebenes Informationsverbreitungssystem haben entsprechende Bekanntmachungen zu erfolgen.[132]

Die Registerpublizität und die Ad-hoc- Publizität zeichnen sich aus durch die Offenkundigkeit der bekanntgemachten Tatsachen gegenüber der Öffentlichkeit. Diese Publizität gegenüber der Öffentlichkeit wird auch als "Publizität im engeren Sinn" bezeichnet.[133] Von der "Publizitätspflicht von Unternehmen im weitesten Sinne" hingegen spricht man als Verpflichtung, bestimmte Informationen über das

[125] *Baur*, § 4 II.

[126] *Tilch*, Deutsches Rechtslexikon, Bd.2, Stichwort "Publizitätsprinzip".

[127] Voraussetzung für die Einsichtnahme ist beim Grundbuch (im Gegensatz zur Handelsregistereinsicht) ein berechtigtes Interesse, das gegenüber dem Grundbuchamt darzulegen ist, siehe § 12 Abs.1 S.1 GBO.

[128] Palandt-*Diederichsen*, BGB, 59. Aufl, 2000, Einf v § 1558 Rdnr. 8.

[129] Gem. § 1563 BGB ist die Einsicht in das Güterrechtsregister kostenfrei (§ 90 KostO) auch ohne Darlegung eines berechtigten Interesses jedermann möglich.

[130] Natürlich können für das Wirtschaftsrecht auch Eintragungen im Grundbuch (Eigentumsverhältnisse an Unternehmensgrundstücken und ihre Belastungen) und im Güterstandsregister (Eheverträge in Ansehung entsprechender gesellschaftsvertraglicher Verpflichtungen) von Interesse sein.

[131] Genossenschafts- und Partnerschaftsregister sowie das Vereinsregister.

[132] Früher hatte gem. § 15 Abs. 3 S. 3 WpHG a.F.ein Hinweis auf die Veröffentlichung im Bundesanzeiger zu erfolgen ("Evidenzanzeiger"), *Pfitzer/Streib*, BB 1995, S.1947, 1949.

[133] Deutsches Rechtslexikon, Bd.2, Stichwort "Publizitätspflicht".

Unternehmen einem bestimmten Kreis von Informationsberechtigten zugänglich zu machen.[134] Neben der Öffentlichkeit kommen demzufolge auch "interne" Informationsberechtigte - also Geschäftsleitung, Gesellschafter, Aktionäre, Aufsichtsrat, Betriebsrat, Belegschaft - als Adressaten der Publizität in Betracht. Wenn im folgenden von Publizitätspflichten die Rede ist, ist nicht dieser weite Begriff gemeint, sondern die Publizität im engeren Sinne, also nur diejenige gegenüber der Öffentlichkeit.

Darüber hinaus kann man unterscheiden zwischen einer freiwilligen, gesetzlich nicht normierten Publizität und einer Publizität aufgrund rechtlicher Verpflichtungen.[135] Offenkundigkeit unternehmensbezogener Informationen kann also eintreten aufgrund einer freiwilligen Veröffentlichung unternehmensbezogener Daten durch das Unternehmen oder infolge einer gesetzlichen Verpflichtung, bestimmte Informationen über das Unternehmen gegenüber der Öffentlichkeit offenzulegen.

Teilweise wird Publizität mit "Veröffentlichung" gleichgesetzt. Dabei wird auch von "Veröffentlichung" gesprochen, wenn man die Abschlußunterlagen eines Unternehmens in dessen Räumlichkeiten einsehen darf.[136] In diesem Falle kann man jedoch nicht von einer "Veröffentlichung" im eigentlichen Sinne sprechen, weil die Einsichtnahme nicht in öffentlichen Räumen erfolgt, sondern das Unternehmen die Modalitäten der Einsichtnahme bestimmen kann (Dauer, Zeitpunkt, Abschriften etc.). Darüberhinaus handelt es sich um eine freiwillige Maßnahme, die die gesetzlichen Anforderungen der Registerpublizität nicht ersetzen kann.

Publizität ist nach hier vertretener Ansicht nicht mit "Veröffentlichung" gleichzusetzen. Veröffentlichung ist der Oberbegriff für jede an die Öffentlichkeit gerichtete Bekanntgabe, wie sich aus § 328 Abs.2 Satz 1 letzter Halbsatz HGB ergibt. Diese kann freiwillig geschehen. Erfolgt sie aufgrund gesetzlicher Verpflichtungen, spricht man von Offenlegung. Veröffentlichungen können hinsichtlich der Informationsgehalte deckungsgleich mit den Inhalten der Offenlegung sein; sie können aber auch größere oder geringere Informationsinhalte haben.[137] Eine gesetzliche Definition[138] der Offenlegung findet sich in der Überschrift vor den

[134] Deutsches Rechtslexikon, Bd.2, Stichwort "Publizitätspflicht".
[135] *Apelt*, S.12 m.w.N.; s.a. *Buschmeyer*, S.10.
[136] *Buschmeyer*, S.11.
[137] *Müller*, in: Küting/Weber/Müller, Handbuch der Rechnungslegung, 2. Aufl., 1987, S. 1674.
[138] *Morck* in: Koller/Roth/Morck, HGB, 2. Aufl., § 325 Rdnr.1; *Wiedemann*, § 325 Rdnr. 1.

§§ 325ff. HGB. Offenlegung ist danach die Einreichung zu einem Register und die Bekanntmachung im Bundesanzeiger.

Unter Offenlegung im Sinne dieser Arbeit soll die Einreichung oder Anmeldung zu einem Register und damit einhergehende Bekanntmachung verstanden werden.

Offenlegung ist somit der technische Vorgang, der formale Akt der öffentlichen Preisgabe der Information.[139] Die Offenkundigkeit unternehmensbezogener Daten entsprechend einer solchen gesetzlichen Offenlegungsverpflichtung wird als Publizität im Sinne dieser Arbeit verstanden:

Publizität im Sinne dieser Arbeit ist die Offenkundigkeit unternehmensbezogener Daten, wenn eine entsprechende gesetzliche Verpflichtung zur Offenlegung besteht.

Der Begriff der Offenlegung (= der "Kundbarmachung" von Tatsachen) ist daher zu unterscheiden vom Begriff der Publizität (= Offenkundigkeit von Tatsachen entsprechend gesetzlicher Offenlegungsverpflichtungen). Dementsprechend gilt:

Publizitätspflichten im Sinne dieser Arbeit sind gesetzliche Verpflichtungen, bestimmte unternehmensbezogene Daten gegenüber der Öffentlichkeit offenzulegen. Unter Offenlegung ist dabei die Einreichung oder Anmeldung zu einem Register mit einer damit einhergehenden Bekanntmachung zu verstehen.

Publizitätspflichten von Unternehmen können sich beziehen auf:[140]

- die *Unternehmensstruktur*; man könnte insoweit von einer allgemeinen handels- und gesellschaftsrechtlichen Publizitätspflicht sprechen, der alle Unternehmen unterliegen[141] in Form der Verpflichtung, Registeranmeldungen vorzunehmen

---

[139] *Apelt*, S. 13; *Wiemann*, S. 21 weist auf die Differenzierung hin zwischen dem Inhalt dessen, was publiziert werden soll, und dem Verfahren der Veröffentlichung. Er gibt aber zu bedenken, daß - jedenfalls für die Kapitalmarktpublizität - Inhalts- und Verfahrensfragen zu sehr miteinander verknüpft seien, als daß sie getrennt betrachtet werden könnten.

[140] Zu den Möglichkeiten, diese Unterscheidungsmerkmale zu strukturieren: *Apelt*, S.12f.

[141] "Allgemeine kaufmännische Publizität" bzw. nach neueren handelsrechtlichen Ansätzen "allgemeine Unternehmenspublizität", vgl. *K. Schmidt*, Handelsrecht, 4.Aufl., § 4 I 2.b, § 1 I.2., Vorwort; *Wörlen*, S.17; *Pfeiffer*, NJW 1999, S.169.

hinsichtlich der allgemeinen geschäftlichen Rahmendaten wie Sitz, Rechtsform, Geschäftsleitung, usw. (Publizität statischer Daten), dazu im Folgenden unter B.;

- die *Rechnungslegung*; man spricht insoweit auch von Publizitätspflichten im engeren Sinne, womit die Pflicht zur Offenlegung des Jahresabschlusses und weiterer Unterlagen gemeint ist, dazu nachfolgend unter C., und

- *weitere Gegenstände* von Publizitätspflichten, die sonstige Informationen betreffen, etwa die Ad-hoc-Publizität des WpHG, dazu Abschnitt D.

Teilweise wird der Begriff der Publizität ausschließlich bezogen auf die Rechnungslegungspublizität.[142] Dies hängt mit der Bedeutung der Jahresabschlußpublizität zusammen. Wenn unter Publizität allgemein die "öffentliche Darlegung der Geschäftsvorfälle sowie der Lage, der Erfolge und der Entwicklung eines Unternehmens"[143] zu verstehen ist, so ist zu berücksichtigen, daß die Geschäftsvorfälle, die Lage, die Erfolge und die Entwicklung eines Unternehmens in besonderer Weise gerade im Jahresabschluß nebst Annexunterlagen abgebildet werden [144]. Unternehmenspublizität bedeutet deshalb insbesondere Jahresabschlußpublizität.[145] Auch der Gesetzgeber hat die Definition der Offenlegung als Mittel zur Erreichung von Publizität gerade den Vorschriften über die Offenlegung des Jahresabschlusses vorangestellt.[146] Auch daraus wird die besondere Bedeutung der Jahresabschlußpublizität deutlich. Gleichwohl wird hier Unternehmenspublizität nicht gleichgesetzt mit Rechnungslegungspublizität: Unter Unternehmenspublizität wird allgemein die Offenkundigkeit unternehmensbezogener Daten verstanden, während Rechnungslegungspublizität sich nur auf die Daten der Rechnungslegung bezieht.

III. Abgrenzungen und Überschneidungen von Transparenz und Publizität

Aus den vorstehenden Ausführungen ergibt sich für das Unternehmensrecht ein enger Zusammenhang zwischen den Begriffen Transparenz und Publizität. Vorgänge in Unternehmen werden "transparent", d.h. sichtbar, wenn sie offenkundig gemacht werden, wenn also Informationen über Unternehmen zugänglich und be-

---

[142] *Buschmeyer*, S.10; *K. Schmidt*, Handelsrecht, 4.Aufl., § 15 VI.1.a), S.454.

[143] DUDEN, Das große Wörterbuch der deutschen Sprache, Bd.5, Stichwort "Publizität".

[144] Vgl. *Siegloch*, Geleitwort, S. V: "umfassende Information über die Vermögens-, Finanz- und Ertragslage der Unternehmung".

[145] *K. Schmidt*, Handelsrecht, 4.Aufl., § 15 VI.1.a), S.454: "Publizität im Unternehmensbereich bedeutet Offenlegung von Unternehmensverhältnissen. Publizität wird dadurch praktiziert, daß Unternehmen bestimmter Qualität Jahresabschlüsse und Lageberichte aufstellen und prüfen lassen, zum Register einreichen und die Abschlüsse veröffentlichen müssen."

[146] Offenlegung (Einreichung zu einem Register, Bekanntmachung im Bundesanzeiger), vgl. Überschrift vor §§ 325-329 HGB.

kannt gemacht werden. Insoweit wird der Begriff der Information zum zentralen Bindeglied für das Begriffspaar Transparenz und Publizität. Untersuchungsgegenstand ist dabei nicht die Optimierung der Information von Aufsichtsräten, Anteilseignern und Belegschaft[147] als einem beschränkten Kreis von Informationsberechtigten[148]. Vielmehr geht es um jedermann zugängliche Informationen über ein Unternehmen außerhalb des Unternehmensbinnenbereiches im Sinne einer Transparenz nach Außen und Publizität gegenüber der Öffentlichkeit.

Die Begriffe Transparenz und Publizität sind dabei nicht synonym zu verwenden sondern zu unterscheiden:

Im Bereich der Jahresabschlußpublizität beispielsweise ist unter der Publizität des Jahresabschlusses seine Einsehbarkeit im Handelsregister bzw. Bundesanzeiger zu verstehen. Die Frage nach der Transparenz des Jahresabschlusses hingegen bedeutet, inwieweit dieser wirklich Aufschluß über die tatsächliche wirtschaftliche Entwicklung der Unternehmung zu geben vermag gemäß dem Leitbild des § 264 HGB ("ein den tatsächlichen Verhältnissen entsprechendes Bild der Vermögens-, Finanz- und Ertragslage der Kapitalgesellschaft")[149] entsprechend dem korrespondierenden "true-and fair view" Prinzip britischen Rechts[150].

In dieser Bedeutung der Begriffe ist Publizität Voraussetzung für Transparenz. Denn nur derjenige Jahresabschluß, der publiziert ist, kann Transparenz gegenüber der Öffentlichkeit erzeugen. In gleicher Weise sind die Ad-hoc-Publizität und die weiteren Publizitätsvorschriften des WpHG zur Beteiligungstransparenz Voraussetzung für die mit dem WpHG bezweckte Kapitalmarkttransparenz. Gleichwohl heißt der Titel dieser Arbeit "Transparenz- und Publizitätspflichten" und nicht "Publizitäts- und Transparenzpflichten". Der Grund dafür ist erstens, daß im allgemeinen wie auch im juristischen Sprachgebrauch, wie oben gesehen[151], der Begriff der Transparenz der allgemeinere und der Begriff der Publizität besonders besetzt ist. Zweitens ist zwar die Publizität des Jahresabschlusses Voraussetzung dafür, daß Außenstehende diesen auf seine Aussagekraft hin untersuchen können. Gleichwohl gilt aber auch umgekehrt: Eine Jahresabschlußpublizität macht erst dann Sinn, wenn gesteigerte Anforderungen an Auswahl,

---

[147] Vgl. *Zimmer*, NJW 1999, S.352

[148] Vgl. Deutsches Wörterbuch der Rechtssprache, Bd.2, Stichwort "Publizitätspflicht".

[149] *Schildbach*, BB 1995, S.2635, 2638; s. ferner Fn 118.

[150] *Baumbach/Hopt*, HGB, § 264 Rdnr.9.

[151] S.o. S.18-24.

Inhalt und Informationstiefe der Pflichtangaben gestellt werden.[152] Somit gilt also auch umgekehrt: Nur wenn ein Jahresabschluß Transparenz erzeugen kann, macht seine Publizität Sinn.

IV. Zwischenergebnis

Transparenz- und Publizitätspflichten deutscher Unternehmen sind gesetzliche Verpflichtungen zur Erzielung von Unternehmenstransparenz und Unternehmenspublizität. Unternehmenstransparenz ist die Durchschaubarkeit, Unternehmenspublizität die Offenkundigkeit im Sinne von Zugänglichkeit von Informationen über ein Unternehmen für die Öffentlichkeit. Unter den Begriffen Unternehmenstransparenz und -publizität wird dabei nicht die Durchschaubarkeit und Offenkundigkeit von Unternehmensverhältnissen auf freiwilliger Basis verstanden, sondern solche entsprechend gesetzlicher Pflichten.

Transparenz- und Publizitätspflichten deutscher Unternehmen können sich beziehen auf die Unternehmensstruktur, die Rechnungslegung sowie weitere Gegenstände. Eine besondere Bedeutung kommt der Transparenz und Publizität der Rechnungslegung zu, weil diese in besonderem Maße Aufschluß über die Geschäftstätigkeit und Lage des Unternehmens gibt.[153]

V. Schlußfolgerungen für die weitere Darstellung

Die weitere Darstellung orientiert sich an der oben[154] getroffenen Differenzierung zwischen erstens einer Publizität bezogen auf die Unternehmenstruktur, die man auch als allgemeine Publizität bezeichen könnte aufgrund der allgemeinen, rechtsformübergreifenden Verpflichtung von Unternehmen, eine Registeranmeldung von allgemeinen, statischen Unternehmensdaten wie Gründung, Sitz, Vertretungsverhältnissen usw. vorzunehmen und zweitens der Rechnungslegungspublizität, die teilweise als Publizität im engeren Sinne oder besondere Publizität

---

[152] Vgl. *Böcking/Orth*, Wpg 1998, S.351, 354.

[153] Vgl. für Kapitalgesellschaften § 264 Abs.2 HGB, für Einzelkaufleute und Personengesellschaften kann dies aus dem Grundsatz der Bilanzwahrheit und -klarheit gefolgert werden (*Baumbach/Hopt*, HGB, § 264 Rdnr.9); vgl. i.ü. *Schmolke/Deitermann*, Industrielles Rechnungswesen, 26.Aufl., 1998, S.184; *Bitz/Schneeloch/Wittstock*, Der Jahresabschluß, S.436.

[154] S. 23/24.

bezeichnet worden ist, sowie drittens der Publizität bezogen auf weitere Gegenstände, wie z.B. der Ad-hoc-Publizittät nach WpHG.

Während die Rechnungslegungspublizität die in jedem Geschäftsjahr anders lautenden und damit dynamischen ökonomischen Unternehmensdaten zum Gegenstand hat, bezieht sich die Publizität der Unternehmensstrukur in Form der Pflicht zur Registeranmeldung auf Daten, die eher als statisch bezeichnet werden können. Diese allgemeine Publizitätspflicht zur Registeranmeldung wird im folgenden Abschnitt B. behandelt. Die besondere Publizität der Rechnungslegung wird dann unter C. dargestellt. Die genannte Ad-hoc-Publizität nach WpHG findet Eingang in Abschnitt D., in welchem weitere Gegenstände von Publizitätspflichten untersucht werden, wobei auch geprüft wird, ob und gegebenenfalls welche weiteren Transparenz-und Publizitätspflichten im Sinne dieser Arbeit das deutsche Recht für Unternehmen vorsieht.

B. Unternehmensstrukur

Transparenz- und Publizitätspflichten deutscher Unternehmen ergeben sich zunächst aus ihrer Verpflichtung zur Anmeldung und Eintragung[155] in öffentliche Register nach Handels- und Gesellschaftsrecht.

I. Grundlagen

Unternehmenstransparenz und -publizität erfordern eine Pflichtinformation der Öffentlichkeit über Unternehmen. Dies erfolgt durch die Führung öffentlicher Bücher, die als Register bezeichnet werden.

---

[155] *Baums*, Eintragung und Löschung von Gesellschafterbeschlüssen, weist in seiner grundlegenden Arbeit auf die fehlende ausdrückliche Aufzählung aller Eintragungsvoraussetzungen durch das Gesetz hin (S.13). *Baums* ersetzt die Frage nach dem materiellen Prüfungsrecht des Registerrichters durch die Frage, welche Eintragungsvoraussetzungen jeweils bestehen. Er beschränkt seine Untersuchung dabei auf die Eintragung eines Beschlusses bzw. der auf einem Beschluß beruhenden Regelung in das Handels- oder Genossenschaftsregister (S.20). Dabei nimmt er eine exemplarische Behandlung der wichtigsten Einzelfragen vor.Auf die Frage nach dem materiellen Prüfungsrecht des Registerrichters, oder, um mit *Baums* zu sprechen, dem Inhalt und Umfang der materiell-rechtlichen Eintragungsvoraussetzungen, kann hier nur am Rande und in Einzelfällen eingegangen werden.

1. Überblick über die verschiedenen Register

Oben bereits genannt wurden Grundbuch, Güterrechtsregister und Handelsregister. Daneben gibt es noch das Genossenschaftsregister und das Vereinsregister sowie seit 1.7.1995 das Partnerschaftsregister.

Die Einführung eines Stiftungsregisters war bereits in den sechziger Jahren in der Diskussion.[156] Im Jahre 1979 sah ein interfraktioneller Gesetzesentwurf ein Stiftungsregister vor gemäß einem neu in das BGB einzufügenden § 88a BGB.[157] Der Gesetzesbeschluß wurde jedoch bis zum Ablauf der 8. Wahlperiode nicht umgesetzt und in den folgenden Wahlperioden nicht wieder eingebracht.[158] 1997 hat die Fraktion Bündnis 90/Die Grünen einen Gesetzentwurf eingebracht, der in einem neuen § 80 BGB die Einführung eines Stiftungsregisters vorsieht.[159] Der Entwurf fand Eingang in die Koalitionsvereinbarung vom Oktober 1998 und ist Grundlage des Regierungsentwurfes.[160] Auch ein Ende Januar 1999 von der F.D.P. vorlegter Entwurf eines Gesetzes zur Reform des Stiftungsrechts[161] sieht die Einführung eines Stiftungsregisters vor, verzichtet jedoch auf die Einführung einer konstitutiven Registereintragung und überläßt die Ausgestaltung des Registers im Einzelnen dem Landesrecht.[162]

2. Die Einrichtung und Führung des Handelsregisters

Die meisten und wichtigsten Verpflichtungen von Unternehmen zur Registeranmeldung und -eintragung betreffen das Handelsregister. Die Vorschriften über die Einrichtung und Führung des Handelsregisters finden gem. §§ 156 Abs.1 S.1 GenG, 5 Abs.2 PartGG auch auf das Genossenschafts- und das Partnerschaftsregister Anwendung. Sie können als grundlegend für die Registerpflichten insgesamt angesehen werden.

---

[156] Seifart/v. Campenhausen-*Orth*, StiftungsR Hdb § 38 Rdnr. 21ff.

[157] BT-Drucksache 8/2612.

[158] Grundsatz der Diskontinuität der Wahlperioden gem. § 132 GeschO-BT; danach sind Gesetzesvorlagen, die bis Ablauf der Wahlperiode nicht umgesetzt sind, erledigt und müssen in einer neuen Wahlperiode erneut eingebracht werden.

[159] BT-Drucks. 13/9320.

[160] *Crezelius*, ZIP 1999, S.337.

[161] BT-Drucks. 14/336.

[162] *Crezelius*, ZIP 1999, S.337, 342, 344, der auch eine Gesamtwürdigung der Entwürfe vornimmt.

a) § 8 HGB i.V.m. HRV - Führung des Handelsregisters

Das Handelsregister ist ein öffentliches Verzeichnis und wird gem. § 8 HGB in Verbindung mit der Verfügung über die Einrichtung und Führung des Handelsregisters (Handelsregisterverfügung-HRV)[163] zur Zeit noch bei den Amtsgerichten geführt über diejenigen kaufmännischen Unternehmen, die ihren Sitz im Amtsgerichtsbezirk haben. Ab dem Jahre 2002 werden die Handelsregister gemäß den entsprechenden Bestimmungen des Handelsrechtsreformgesetzes nur noch zentral bei Amtsgerichten an Landgerichtsorten geführt.[164] Zusätzlich besteht für die Landesregierungen die Möglichkeit, auch andere Amtsgerichte damit zu betrauen.[165] Von Bestrebungen, die Registerführung versuchsweise auf die IHK zu übertragen (Handelsregister-Modellversuchsgesetz)[166], wurde nach Scheitern eines entsprechenden Referentenentwurfes[167] im Vermittlungsausschuß in der zweiten Hälfte des Jahres 1998 wieder abgesehen.[168]

Geführt wird das Handelsregister über alle Kaufleute und die Handelsgesellschaften. Gem. § 3 HRV besteht es aus zwei Abteilungen: In Abteilung A werden insbesondere Einzelkaufleute, OHG, KG und EWIV geführt.[169] In Abteilung B finden sich die AG, KGaA, GmbH und Versicherungsvereine aG.[170]

Die Eintragungsverpflichtung selbst ergibt sich nicht aus den Vorschriften der §§ 8-16 HGB über das Handelsregister. Vielmehr sind die gesetzlichen Grundlagen und die nähreren Inhalte der Eintragungs- und Einreichungsverpflichtungen[171]

---

163 Abgedruckt bei *Baumbach/Hopt*, HGB, unter Handelsrechtliche Nebengesetze, Ordnungsnummer (4).

164 Art. 20 Nr. 1 Buchstabe a), b) HRefG zur Änderung von § 125 FGG; Art.29 Abs.3 HRefG hinsichtlich des Inkrafttretens der Zentralisierung, BGBl I 1998, S.1474, 1480, 1482.

165 Art. 20 Nr. 1 Buchstabe b) HRefG: "die Führung des Handelsregisters anderen oder zusätzlichen Amtsgerichten zu übertragen und die Bezirke der Registergerichte abweichend von Absatz 1 festzulegen." Für NRW ist nach einer informellen Auskunft aus dem Justizministerium die entsprechende Entscheidung bereits gefallen, wird aber derzeit noch nicht veröffentlicht.

166 Centrale für GmbH, GmbHR 1999, S.2, vgl. dazu auch: *Schöpe*, Rechtliche Probleme der Reorganisation des Handelsregisters; *ders*, ZRP 1999, S. 449ff.; *Stober*, Handelsregister und Selbstverwaltungskörperschaften der Wirtschaft; *Diekmann*, ZRP 2000, S. 44-47; *Ulmer*, ZRP 2000, S. 47-52.

167 Kritisch: *Gustavus*, GmbHR 1998, S. 528-530.

168 Informelle Auskunft des BMJ v. 16.2.1999.

169 Besondere Eintragungsvorschriften über Art und Weise der Eintragung: §§ 40-42 HRV.

170 Besondere Eintragungsvorschriften über Art und Weise der Eintragung: §§ 43-47 HRV.

171 Einzureichen sind z.B. Gesellschaftsverträge oder der Jahresabschluß.

in zahlreichen Einzelvorschriften niedergelegt. Diese werden nachfolgend unter II. bis IX. im einzelnen näher dargestellt.

b) Bekanntmachung im Bundesanzeiger und einem weiteren Organ gem. §§ 10, 11 HGB

Die Eintragungen in das Handelsregister werden gem. § 10 HGB zusätzlich im Bundesanzeiger und mindestens noch in einem weiteren Publikationsorgan veröffentlicht.[172] Dabei handelt es sich meist um die örtliche Tagespresse. Dieses weitere Publikationsorgan wird gem. § 11 HGB jährlich im Dezember für das nächste Jahr durch den bzw. die Registerrichter[173] bestimmt. Ein Beschwerderecht gegen diese Festlegung besteht nicht.[174] Die zusätzlichen Bekanntmachungen im Bundesanzeiger und in einem weiteren Blatt erfolgen grundsätzlich in demselben Umfang wie im Handelsregister, sofern nicht anderweitig gesetzliche Erleichterungen vorgesehen sind, wie beispielsweise in § 325 Abs.1 S.2 HGB.

c) Form der Anmeldung, § 12 HGB

Anmeldungen zur Eintragung in das Handelsregister müssen gem. § 12 HGB in öffentlich beglaubigter Form eingereicht werden.

d) Vollelektronische Handelsregister gem. § 8a HGB

Neben der "konventionellen Handelsregisterführung in Papierform"[175] ist nach § 8a HGB die Möglichkeit gegeben, daß die Landesregierungen durch Rechtsverordnung die Führung des Handelsregisters als automatisierte, vollelektronische Datei zulassen. Entsprechende Rechtsverordnungen der Länder sind in Vorbereitung und gehen einher mit der Entwicklung einer passenden Software für ein vollelektronisches Handelsregister.[176] Zur Anwendung kommen soll das

---

[172] *Langenfeld* in: Wurm/Wagner/Zartmann, Kap. 107 III.

[173] Können diese sich nicht einigen, entscheidet das im Rechtszuge vorgeordnete Landgericht, § 11 Abs.2 HGB.

[174] *Baumbach/Hopt*, HGB, § 11 Rdnr.1.

[175] *Baumbach/Hopt*, HGB, § 8a Rdnr.1.

[176] Die Planungen der einzelnen Bundesländer sind unterschiedlich weit fortgeschritten.

"elektronische Handelsregister" spätestens im Jahre 2002 zusammen mit der dann auch in Kraft tretenden Zentralisierung der Handelsregisterführung. Unabhängig davon wird bereits jetzt bei einigen Amtsgerichten im Rahmen der bisherigen konventionellen Führung des Handelsregisters ein EDV-Unterstützungssystem eingesetzt.[177]

e) Einsichtsrecht nach § 9 HGB und "On-line"-Abruf

Nach § 9 HGB kann das Handelsregister jedermann ohne weiteres einsehen und Abschriften der dort gemachten Eintragungen und eingereichten Schriftstücke verlangen. Es muß im Gegensatz zur Einsichtnahme in das Grundbuch[178] für den Blick in das Handelsregister kein berechtigtes Interesse geltend gemacht werden.[179]

Nach der Einführung eines vollautomatisierten, elektronischen Handelsregisters ist auch ein automatisierter "On-line-Abruf" beim Handelsregister unter den Voraussetzungen des § 9a HGB möglich. Ein automatisierter Abruf von Informationen aus dem Handelsregister erfordert eine Genehmigung der Landesjustizverwaltung. Diese soll nur streng zweckgerichtet erteilt werden, und zwar in erster Linie öffentlichen Stellen, wie Gerichten, Notaren oder der Industrie- und Handelskammer, vgl. § 9a Abs.2 Nr. 1 HGB. Zur Wahrnehmung eines berechtigten beruflichen oder gewerblichen Interesses ist unter den Voraussetzungen von § 9a Abs.2 Nr.2 HGB auch die Erteilung einer Genehmigung an Private möglich. Zu denken ist hier insbesondere an Banken oder Auskunfteien.[180] Weitere Voraussetzungen für die Genehmigungserteilung sind eine Vielzahl der Übermittlungen oder eine besondere Eilbedürftigkeit sowie eine ordnungsgemäße Datenverarbeitung, bei der speichernden Stelle keine Störung des Geschäftsbetriebs sowie die dortige technische Abwicklungsmöglichkeit, vgl. im einzelnen Absätze 3 bis 6 von § 9a HGB.

Im Gegensatz zum Einsichtsrecht nach § 9 HGB ist also der on-line-Abruf nach § 9a HGB prinzipiell nicht für jedermann vorgesehen. Ferner soll auch bei erteilter Genehmigung zum on-line-Abruf nur auf die eigentlichen Eintragungen im

[177] Informelle Anfrage beim Justizministerium des Landes NRW v. 16.02.1999.
[178] § 12 Abs.1 S.1 GBO.
[179] *Baumbach/Hopt*, HGB, § 9 Rdnr.1.
[180] *Baumbach/Hopt*, HGB, § 9a Rdnr.2.

Handelsregister zugegriffen werden können, nicht aber auf die in Sonderbänden beim Registergericht geführten Unterlagen, wie Gesellschaftsverträge, Gesellschafterlisten oder Jahresabschlüsse. Dadurch soll das Kopieren des gesamten Handelsregisters durch on-line-Abrufen verhindert werden.[181]

Nach höchstrichterlicher Rechtsprechung[182] besteht auch unter Berücksichtigung des umfassenden Einsichtsrechtes für jedermann kein Anspruch nach § 9 HGB, ein privates, kommerzielles Handelsregisters in Konkurrenz zum registergerichtlichen Handelsregister aufzubauen.[183] Gleichwohl kann man bereits heute den Bundesanzeiger in seiner vollständigen, bisher erschienen Fassung - allerdings ohne den Teil mit den einzureichenden Jahresabschlüssen[184] - auf CD-rom erhalten.[185] Angesichts dessen fragt man sich mit Recht, ob die in § 9a HGB vorgesehene Beschränkung des Handelsregister-on-line-Abrufs Sinn macht. Ebenso bleibt abzuwarten, ob angesichts der Bundesanzeiger CD-Rom das genannte höchstrichterliche Verbot des Aufbaus privater, kommerzieller Handelsregisterdateien weiterhin aufrecht erhalten werden wird.[186]

f) § 15 HGB - Wirkungen der Registerbekanntmachung

In § 15 HGB[187] ist geregelt, welche Rechtswirkungen die Bekanntmachung von Eintragungen in das Handelsregister nach sich zieht. Ausgangspunkt ist dabei der umgekehrte Fall: Solange eine eintragungspflichtige Tatsache[188] nicht eingetragen und bekanntgemacht ist, entfaltet sie gegenüber einem unwissenden Geschäftspartner keine Rechtswirkungen. Dieser kann sich gem. § 15 Abs. 1 HGB

---

[181] *Baumbach/Hopt*, HGB, § 9a Rdnr.1.

[182] BGHZ 108, 32.

[183] Kritisch: *Hirte*, CR 1990, S. 631; *Gustavus*, GmbHR 1990, 197, 198f.; vgl. auch bereits *Windbichler*, CR 1988, 447; *Kollhosser*, NJW 1988, 2409, 2416; umfassend: *Kassau*, Das Recht auf kommerzielle Nutzung des Handelsregisters; siehe auch Teil 2, D IV. dieser Arbeit.

[184] Es wird diskutiert, den ganzen Bundesanzeiger - mit den Jahresabschlüssen ! - ins Internet einzustellen.

[185] Anfrage beim Bundesanzeigerverlag vom 11. März 1999.

[186] Dazu auch Teil 2, D IV.

[187] "Schwierige und in Einzelheiten streitige Vorschrift", *Langenfeld*, in: Wurm/Wagner/Zartmann, Kap. 107 III.

[188] Z.B. das Erlöschen der Prokura, die Kaufmannseigenschaft, die Auflösung einer Gesellschaft, das Ausscheiden eines Gesellschafters, die Entziehung der Vertretungsmacht, Geschäftsübergang.

auf das Schweigen des Handelsregisters zum maßgeblichen Zeitpunkt[189] berufen. Dies wird als sog. "negative Publizität" des Handelsregisters bezeichnet.[190] In das Handelsregister eingetragene und bekanntgemachte Tatsachen hingegen müssen Dritte gegen sich gelten lassen, § 15 Abs.2 HGB[191]. Sie können sich im Rechtsverkehr nach Ablauf von 15 Tagen nach der Bekanntmachung nicht darauf berufen, daß ihnen die eingetragene und bekanntgemachte Tatsache persönlich nicht bekannt war. Eine "positive Publizität" des Handelsregisters besteht lediglich dahingehend, daß das Vertrauen in die Richtigkeit einer Registerbekanntmachung nur gegenüber demjenigen geschützt wird, in dessen Angelegenheiten eine Tatsache eingetragen wurde, § 15 Abs. 3 HGB[192]. Dieser muß die unrichtige Bekanntmachung veranlaßt haben, wofür die Anmeldung ausreichen soll.[193] Im übrigen besteht - anders als beim Grundbuch (vgl. § 891 BGB) - prinzipiell[194] keine rechtliche Vermutung für die Richtigkeit der Handelsregistereintragungen. Lediglich als Beweis des ersten Anscheins[195] können diese gem. § 9 Abs.3 HGB gegenüber Behörden herangezogen werden.[196]

---

[189] Bei erloschener (Einzel-) Prokura wäre maßgeblich, ob beim Geschäftsabschluß mit dem nicht mehr handlungsbefugtenProkuristen das Erlöschen der Prokura (noch) nicht ins HR eingetragen war. Gegenüber dem unwissenden Geschäftspartner könnte sich dann das Unternehmen nicht auf das Erlöschen der Prokura berufen und müßte das vom Ex-Prokuristen unberechtigterweise geschlossene Geschäft gegen sich gelten lassen.

[190] *Baumbach/Hopt*, HGB, § 15 Rdnr.2; *Roth* in: Koller/Roth/Morck, HGB, 2. Aufl., 1999, § 15 Rdnr.5.

[191] Zum Verhältnis zwischen allgemeiner Rechtsscheinhaftung und § 15 Abs.2 HGB ausführlich: *Zimmer*, § 15 Abs.2 HGB und die allgemeine Rechtsscheinhaftung.

[192] Der allgemeinen Rechtsscheinhaftung kommt im Verhältnis zu § 15 Abs.3 HGB nur noch begrenzte Auffangfunktion zu. *Baumbach/Hopt*, HGB, § 15 Rdnr.17. Bis zur Einführung des § 15 Abs.3 im Jahre 1969 kamen die Grundsätze der Rechtsscheinhaftung als "gewohnheitsrechtliche Ergänzungssätze" zum Tragen, *Roth* in: Koller/Roth/Morck, HGB, 2. Aufl., 1999, § 15 Rdnr. 25.

[193] *Roth* in: Koller/Roth/Morck, HGB, 2. Aufl., 1999, § 15 Rdnr. 29; *Karsten Schmidt*, Handelsrecht, § 14 III. 2. d); *Baumbach/Hopt*, HGB, § 15 Rdnr.19.

[194] Ausnahme: § 15 Abs.3 HGB und allgemeine Rechtsscheinhaftung, s.o.

[195] Der Anscheinsbeweis (prima facie) kann durch Behaupten und nötigenfalls Beweisen konkreter Tatsachen erschüttert werden, aus denen sich die ernsthafte Möglichkeit des Gegenteils ergibt, vgl *Thomas/Putzo*, § 286 Rdnr. 12 m.w.N.

[196] Siehe auch § 32 GBO für den Nachweis der Vertretungsberechtigung bei Handelsgesellschaften, vgl. *Baumbach/Hopt*, HGB, § 9 Rdnr.4.

II. Anmelde- und Eintragungsverpflichtungen nach dem Ersten Buch des HGB

Das erste Buch des HGB (§§ 1-104 HGB) enthält im wesentlichen Anmelde- und Eintragungverpflichtungen für Unternehmen in der Rechtsform des Einzelkaufmanns. Darüberhinaus finden sich hier aber auch rechtsformübergreifende Regelungen, aus denen sich allgemein Anmelde- und Eintragungsverpflichtungen ergeben. Diese sind sozusagen ein "allgemeiner Teil des Registerrechts" und gelten für alle eintragungspflichtigen Unternehmen, unabhängig von ihrer Rechtsform. Zu nennen ist insoweit die "Zweigniederlassungspublizität" gem. §§ 13ff. und die "Prokuristenpublizität" gem. § 53 HGB.

1. "Betriebsbeginnpublizität", §§ 29, 1 HGB

Die Verpflichtung, mit Beginn der Aufnahme eines Gewerbebetriebes sein Unternehmen beim Handelsregister anzumelden[197], ergibt sich allgemein[198] aus § 29 i.V.m. § 1 HGB, und zwar nach dem Handelsrechtsreformgesetz vom 22.06.1998[199] in der Regel für alle Gewerbetreibenden.[200]

Aus § 29 HGB ergibt sich für alle Kaufleute[201] die Verpflichtung, überhaupt eine Anmeldung zum Handelsregister vorzunehmen unter Angabe des Unternehmensnamens (der "Firma"[202]) und des Ortes der Niederlassung. Diese Verpflichtung trifft nach der gesetzlichen Vermutung des § 1 Abs.2 HGB in der Neufassung durch das Handelsrechtsreformgesetz[203] zunächst jeden Gewerbetreibenden. Ausgenommen sind lediglich Gewerbetreibende, deren Unternehmen nach Art und Umfang keinen kaufmännisch organisierten Geschäftsbetrieb erfordert

[197] Es erfolgen eine entsprechende Eintragung und die Bekanntmachung in Bundesanzeiger und örtlicher Tagespresse.
[198] Dies gilt gem. § 6 Abs. 1 HGB damit auch für alle Handelsgesellschaften (§§ 105, 161 HGB, § 3 AktG, § 13 GmbHG, § 16 VAG), ist aber in §§ 106 HGB, 36ff. AktG, 7 ff. GmbHG, § 16 VAG nochmals ausdrücklich im Zusmmenhang mit weiteren Anforderungen festgehalten.
[199] BGBl. I 1998, 1474.
[200] Nur wer noch nicht in das Handelsregister eingetragen ist (§ 5 HGB) und das Vorliegen eines sog. Kleingewerbes darlegt und beweist, ist davon ausgenommen.
[201] Kritisch *Pfeiffer*, NJW 1999, S.169, der nicht an der Kaufmanns-, sondern Unternehmenseigenschaft anknüpfen will).
[202] § 17 HGB.
[203] BGBl. 1998 I, S.1474, in Kraft seit 1.7.1998.

(Kleingewerbe). Ferner dürfen sie noch nicht im Handelsregister eingetragen sein[204]. Bis auf diese Kleingewerbetreibenden werden somit nach der allgemein anerkannten Definition des Gewerbes[205] beim Handelsregister alle geführt, die eine auf dem Markt nach außen gerichtete, selbständige, auf Dauer angelegte, planmäßig betriebene Tätigkeit mit Gewinnerzielungsabsicht[206] ausüben, die nicht gesetzes- oder sittenwidrig ist und nicht der Urproduktion dient[207]. Herkömmlicherweise fallen die sog. freien Berufe[208] nicht unter den Gewerbebegriff. Sie sind damit keine Kaufleute und unterliegen nicht der Führung im Handelsregister. Wenn sie sich aber in Kapitalgesellschaften organisieren, wie dies etwa bei Steuerberatungs- und Wirtschaftsprüfungsgesellschaften mbH oder entsprechenden Aktiengesellschaften der Fall ist, so sind diese kraft Gesetzes gem. §§ 13 Abs.3 GmbHG bzw. § 3 AktG Handelsgesellschaften. Auch wenn sich dann ihre Eintragungsverpflichtung dem Grunde nach bereits aus den §§ 6 Abs.1, 29 HGB ergibt, ist diese in den §§ 7, 10 GmbHG bzw. den §§ 36, 39 AktG nochmals ausdrücklich erwähnt.

2. "Zweigniederlassungspublizität" inländischer Unternehmen, §§ 13-13c, 13h HGB

Wenn deutsche Unternehmen Zweigniederlassungen[209] im Inland[210] errichten oder schließen, muß dies gem. § 13 HGB beim Registergericht der "Zentrale" zur Eintragung in das Handelsregister des Gerichts der Zweigniederlassung angemeldet werden Beim Einzelkaufmann und der juristischen Person ist insoweit vom Gericht der Hauptniederlassung die Rede, bei der Handelsgesellschaft vom Ge-

---

[204] § 5 HGB.

[205] Vgl. *Ring*, Das neue Handelsrecht, § 2 Rdnr.7.

[206] Lediglich dieses, von der Rechtsprechung bejahte Begriffsmerkmal ist umstritten, siehe etwa *Baumbach/Hopt*, HGB, 29.Aufl., § 1 Rdnr. 2, vgl. ferner *Ring*, Das neue Handelsrecht, § 2, Rdnr.8. Der Gesetzgeber sieht keinen Grund, dieses Begriffsmerkmal ausdrücklich auszuschließen, BT-Dr. 13/8444, S.24.

[207] Zu den einzelnen Begriffsmerkmalen eingängig und knapp: *Wörlen*, Handelsrecht, 3.Aufl., S.7-9.

[208] Eine Definition der freien Berufe findet sich in § 1 Abs.2 Satz 1 des PartGG; in Satz 2 der Vorschrift sind Berufe genannt, deren Ausübung unter einen freier Beruf im Sinne des PartGG fällt, siehe dazu auch unten 2. d).

[209] Zu Begriff und Merkmalen der Zweigniederlassung auch (Beispiele): *Baumbach/Hopt*, HGB, § 13 Rdnr. 3.

[210] Zweigniederlassungen deutscher Unternehmen im Ausland können nicht im deutschen Handelsregister eingetragen werden, sondern sind im Ausland anzumelden, *Baumbach/Hopt*, HGB, § 13 Rdnr. 10 mit Verweis auf LG Köln, DB 1979, S.984.

richt des Sitzes der Gesellschaft (vgl. § 13 Abs.1 S.1). Aus Vereinfachungsgründen wird hier einheitlich der Ausdruck "Zentrale" verwendet. Beim Handelsregister der Zweigniederlassung sind gem. § 13c HGB Informationen, die auch die Zweigniederlassung betreffen, eingetragen, nicht aber die Informationen, die nur die Zentrale oder eine andere Zweigniederlassung betreffen. Das für die Zentrale zuständige Register enthält alle Informationen, auch diejenigen, die nur eine Zweigniederlassung betreffen. In jedem Falle sind auch sämtliche Anmeldungen beim Gericht der Zentrale vorzunehmen.[211] Entscheidend für die Wirkungen der Handelsregistereintragungen im Rechtsverkehr nach § 15 HGB (s.o. 1.f.) sind gem. § 15 Abs.4 HGB die Eintragungen und Bekanntmachung durch das Gericht der Zweigniederlassung. Die Verlegung der Hauptniederlassung bzw. des Sitzes des Unternehmens ist gem. § 13h HGB anzumelden. Ergänzende Vorschriften für Zweigniederlassungen von AG und GmbH enthalten die §§ 13a und 13b HGB.

Deutlich getrennt von den Vorschriften über Zweigniederlassungen inländischer Unternehmen sind die Regelungen über solche ausländischer Unternehmen[212]. Sie finden sich in den §§ 13d bis 13g HGB. Da hier nur die Transparenz- und Publizitätspflichten von deutschen Unternehmen untersucht werden sollen, ist auf die Regelungen der §§ 13d bis 13g HGB zunächst nicht näher einzugehen. Zweigniederlassungen werden allerdings noch an späterer Stelle im Rahmen der Rechnungslegungspublizität Erwähnung finden, ferner, wenn es um die Frage geht, ob eine Konstellation denkbar ist, in der in Deutschland ein haftungsbeschränktes Unternehmen betrieben wird, das trotz der Haftungsbeschränkung nicht zur Rechnungslegungspublizität verpflichtet ist.

3. "Änderungs- und Erlöschenspublizität", § 31 HGB

Änderungen der im Handelsregister eingetragenen Pflichtangaben müssen gem. § 31 Abs.1 HGB ebenfalls zum Handelsregister angemeldet werden. Das gleiche gilt gem. § 31 Abs.2 HGB für die Beendigung der Unternehmenstätigkeit.

---

[211] *Baumbach/Hopt*, HGB, § 13 c Rdnr. 1.

[212] Für diese gelten deutsche Zweigniederlassungen angesichts des GmbH-Konzernhaftungsrechts als "ernsthafte gestalterische Alternativen zur Gründung einer Tochtergesellschaft" (*Kindler*, NJW 1993, S.3301).

4. "Insolvenzpublizität", § 32 HGB

Gem. § 32 Abs. 1 HGB werden die Eröffnung eines Insolvenzverfahrens über das Unternehmensvermögen und die diesbezüglichen Verfahrensschritte (§ 32 Abs.1 Satz 2 HGB) von Amts wegen in das Handelsregister eingetragen. Die Eintragunen werden jedoch gem. § 32 Abs. 2 HGB nicht bekanntgemacht. § 15 HGB kommt nicht zur Anwendung.

5. "Prokuristenpublizität", § 53 HGB

Anders als bei der bloßen Handlungsvollmacht (§ 54 HGB) muß die Erteilung der Prokura gem. § 53 HGB zum Handelsregister angemeldet werden. Der Inhaber des Handelsgeschäftes hat die Anmeldung persönlich vorzunehmen. Bei OHG und KG trifft diese persönliche Verpflichtung die vertretungsberechtigten Gesellschafter und bei AG und GmbH deren gesetzliche Vertreter. Bei gemischter Gesamtvertretung mit einem Prokuristen (§§ 125 Abs.3 HGB, 78 Abs.3 AktG) darf derjenige, dessen Prokura einzutragen ist, an der Anmeldung nicht beteiligt sein.[213] Ebenso wie die Prokuraerteilung ist gem. § 53 Abs.3 HGB auch das Erlöschen der Prokura zur Eintragung anzumelden. Die Wirksamkeit von Erteilung oder Erlöschen der Prokura hängt zwar nicht von der Handelsregistereintragung ab. Diese ist, wie die meisten Handelsregistereintragungen[214], nur deklaratorisch[215]. Jedoch kann sich das Unternehmen gem. § 15 HGB (s.o. 1.f.) nur darauf berufen, wenn Eintragung und Bekanntmachung erfolgt sind.

6. "Haftungsausschlußpublizität" bei Firmenfortführung und Eintritt in Einzelfirma, §§ 25 Abs.2, 28 Abs.2 HGB

Wer ein Unternehmen übernimmt[216] und unter dem bisherigen Unternehmensnamen mit oder ohne Nachfolgezusatz fortführt, haftet gem. § 25 Abs.1 HGB für die Altschulden des Unternehmens. Ebenso haftet gem. § 28 Abs.1 HGB derjenige, der sich als Gesellschafter an der Einzelfirma eines anderen beteiligt.

---

[213] BayObLG Beschl. v. 19.6.1973 - BReg. 2 Z 21/73, BB 1973, S.912f.
[214] Übersicht bei: *Baumbach/Hopt*, HGB, § 8 Rdnr.11.
[215] *Baumbach/Hopt*, HGB, § 53 Rdnr. 1, § 8 Rdnr.11.
[216] Instruktives Beispiel bei *Wörlen*, S. 30: Pacht einer Buchhandlung, Haftung für Schulden des Vorpächters.

Wenn eine Haftung für die Altschulden rechtswirksam gegenüber Dritten ausgeschlossen werden soll[217], so muß dies gem. §§ 25 Abs.2, 28 Abs.2[218] HGB unverzüglich[219] nach Geschäftsübernahme bzw. -eintritt zum Handelsregister zwecks Eintragung und Bekanntmachung angemeldet werden. Deshalb heißt es auch, daß diese Eintragungen "in gewisser Hinsicht...rechtsbegründend wirken"[220] Denn nur, wenn der Haftungsausschluß für Altschulden eingetragen ist, kann er Rechtswirkungen entfalten, sieht man von der Möglichkeit ab, jeden einzelnen Gläubiger rechtzeitig persönlich zu informieren.[221] Die §§ 15 Abs.1 bis 3 HGB werden insoweit verdrängt.[222] Wird der Haftungsauschluß nicht rechtzeitig angemeldet, eingetragen und bekanntgemacht, wirkt er nicht gegenüber Gläubigern, die nicht persönlich informiert wurden, auch wenn diese den Haftungsauschluß kennen.[223]

III. Anmelde- und Eintragungsverpflichtungen für OHG und KG

1. "Betriebsbeginnpublizität", §§ 106, 108, 123 HGB

Mit Geschäftsbeginn einer OHG bzw. einer KG[224] sind gem. § 108 HGB ihre Gesellschafter verpflichtet, gem. § 106 HGB die Gesellschaft beim Registergericht ihres Sitzes zur Eintragung in das Handelsregister anzumelden. Außer bei Kleingewerbetreibenden und Vermögensverwaltungsgesellschaften ist für die Wirksamkeit der Gesellschaft nach außen gem. § 123 HGB der Geschäftsbeginn und nicht die Eintragung in das Handelsregister maßgeblich. Die Eintragung ist also für diese Gesellschaften nur deklaratorisch. Konstitutiv ist sie hingegen für die Kleingewerbetreibenden nach § 2 HGB i.V.m. § 105 Abs.2 1.Fall HGB und für Vermögensverwaltungsgesellschaften nach § 105 Abs.2 2.Fall HGB.

---

[217] Rechtspolitisch gegen eine solche Möglichkeit: *K. Schmidt*, Handelsrecht, § 8 I 5.
[218] Gegen den Haftungsausschluß nach § 28 Abs.2 HGB wendet sich *Lieb*, in: FS Westermann (1974), S. 309, 324, da dieser sinnwidrig sei.
[219] Grundlegend: BGHZ 29, 1.
[220] *Baumbach/Hopt*, HGB, § 8 Rdnr.11.
[221] GK-*Nickel*, § 25 Rdnr. 14.
[222] BGHZ 29, 1, 4; *Baumbach/Hopt*, HGB, § 25 Rdnr.13.
[223] GK-*Nickel*, § 25 Rdnr. 14.
[224] § 161 Abs.2 HGB.

2. "Änderungspublizität", §§ 107, 143 Abs.2 HGB

Veränderungen, die die Gesellschaft betreffen, wie Namensänderungen, Sitzverlegung oder Eintritt eines neuen Gesellschafters, sind gem. § 107 HGB anzumelden. Gem. § 143 Abs.2 HGB ist auch der Austritt eines Gesellschafters anzumelden.[225] Mitteilungen über Änderungen der Personalien der Gesellschafter (Name, Vorname, Stand und Wohnort), die gem. § 106 Abs.2 Nr.1 HGB bei Anmeldung der Gesellschaft angegeben werden müssen, sind wünschenswert, nicht aber zwingend.[226]

3. "Besondere Vertretungspublizität", § 125 Abs.4 HGB

Gem. § 125 Abs. 1 HGB wird die OHG durch jeden ihrer Gesellschafter alleinvertretungsberechtigt vertreten. Dabei gilt das Selbstkontrahierungsverbot des § 181 BGB, wonach ein Gesellschafter nicht als Vertreter der Gesellschaft Verträge zwischen der Gesellschaft und sich selbst als Privatperson abschließen darf. Jede Abweichung von diesem gesetzlichen Leitbild durch den Gesellschaftsvertrag bzw. spätere Gesellschafterbeschlüsse muß gem. § 125 Abs.4 HGB von sämtlichen Gesellschaftern zur Eintragung in das Handelsregister angemeldet werden. Insbesondere gilt dies für die Vereinbarung einer Gesamtvertretung sowie für eine Befreiung vom Verbot des Selbstkontrahierens. Ebenso muß jede spätere Änderung in der Vertretungsmacht, auch die Rückkehr zur Einzelvertretungsmacht, angemeldet werden.

4. "Auflösungspublizität", §§ 143, 159 Abs.2 HGB

Wenn die OHG bzw. die KG aufgelöst wird, müssen dies alle Gesellschafter gem. § 143 Abs.1 Satz 1 HGB zur Eintragung in das Handelsregister anmelden. In den Fällen eines Insolvenzverfahrens über das Vermögen der Gesellschaft (§ 131 Abs.1 Nr.3, Abs.2 Nr.1 HGB) erfolgt die Eintragung von Amts wegen durch das Gericht gem. § 143 Abs.1 Sätze 2 und 3 HGB.

---

[225] Daß dies nicht auch in § 106 HGB erwähnt ist, dürfte auch damit zusammenhängen, daß erst seit dem HRefG der Austritt eines Gesellschafters nicht zur Auflöusung der Gesellschaft führt, vgl. § 131 Abs. 3 Nr.3 HGB i.d.F. d. HRefG, dagegen § 131 Nr.6 HGB a.F.

[226] GK-*Ensthaler*, § 107 Rdnr. 2.

Die Eintragung der Auflösung der Gesellschaft in das Handelsregister ist gem. § 159 Abs.2 HGB wichtig für die Haftung der vormaligen Gesellschafter für Verbindlichkeiten der Gesellschaft. Denn die fünfjährige Verjährung nach Auflösung der Gesellschaft (§ 159 Abs.1 HGB) beginnt gem. § 159 Abs.2 HGB erst mit Eintragung der Auflösung im Handelsregister.[227]

5. "Fortsetzungsbeschlußpublizität" § 144 HGB

Wenn das Insolvenzverfahren über das Vermögen der Gesellschaft auf Antrag eingestellt oder nach Bestätigung eines Insolvenzplanes aufgehoben wird und die Gesellschafter die Fortsetzung der Gesellschaft beschließen, so ist dies von sämtlichen Gesellschaftern zur Eintragung in das Handelsregister gem. § 144 Abs.2 HGB anzumelden. Aus § 144 Abs.2 HGB wird gefolgert, daß auch in anderen Fällen, in denen eine in der Auflösung befindliche Gesellschaft fortgesetzt werden soll, eine Anmeldung zum Handelsregister erfolgen muß.[228]

6. "Liquidatoren- und Liquidationspublizität", §§ 148, 150, 157 HGB

Bei Liquidation der Gesellschaft sind die Liquidatoren gem. § 148 Abs.1 HGB von sämtlichen Gesellschaftern zum Handelsregister anzumelden. Ebenso ist jede Änderung der Personen der Liquidatoren oder in ihrer Vertretungsmacht anzumelden. Gerichtliche Bestellungen oder Abberufungen von Liquidatoren werden gem. § 148 Abs.2 HGB von Amts wegen eingetragen. Bei mehreren Liquidatoren können diese nur gemeinschaftlich handeln. Wenn einzelnen Liquidatoren eine generelle und umfassende Einzelhandlungsbefugnis eingeräumt wird, ist dies gem. § 150 Abs.1 HGB zur Eintragung in das Handelsregister anzumelden. Unabhängig davon sind auf den Einzelfall beschränkte Ermächtigungen zur alleinigen Vornahme bestimmter Geschäfte gem. § 150 Abs.2 HGB nicht anmeldepflichtig.

Wenn die Liquidation beendet ist, müssen die Liquidatoren das Erlöschen der Firma gem. § 157 HGB zur Eintragung in das Handelsregister anmelden.

---

[227] Bei Fälligkeit des Anspruch erst nach Eintragung: § 159 Abs.3 HGB.
[228] *Baumbach/Hopt*, HGB, § 132 Rdnr.22.

7. Ergänzende Regelungen für die KG, §§ 162, 175 HGB

Nach § 161 Abs.2 HGB gelten die obigen allgemeinen Publizitätspflichten der OHG auch für die KG. Zusätzlich sind bei der KG weitere Eintragungsverpflichtungen zu beachten. Diese sind insbesondere für die Begrenzung der Haftung des Kommanditisten auf die Höhe seiner Kommanditeinlage wichtig. Denn solange der Kommanditist nicht als solcher im Handelsregister eingetragen ist, haftet er gem. § 176 HGB[229] unbegrenzt mit seinem gesamten Privatvermögen gegenüber den Gläubigern der Gesellschaft, die seine Kommanditistenstellung nicht kennen. Im einzelnen sind folgende Eintragungsverpflichtungen bei der KG zu beachten:

a) Anmeldung, Bekanntmachung der Kommanditisten bei Anmeldung einer KG, § 162 Abs.1 und 2 HGB

Gem. § 162 Abs.1 HGB sind bei Anmeldung einer KG zum Handelsregister auch die Kommanditisten und der Betrag ihrer jeweiligen Einlagen anzugeben. Bekanntgemacht wird gem. § 162 Abs. 2 HGB nur die Zahl der Kommanditisten. Namen, Geburtsdaten und Wohnort der Kommanditisten sowie ihre Einlagenhöhe können nur durch den Gang zum Registergericht in Erfahrung gebracht werden.[230] Auf Wunsch der Gesellschaft kann aber eine Bekanntmachung der Person des Kommanditisten und der Einlagenhöhe stattfinden. Wird dabei die Haftsumme unrichtig bekanntgemacht, greift § 15 Abs.2 HGB nicht ein.[231]

---

[229] § 176 Abs.1 HGB: unbegrenzte Haftung des Kommanditisten für Geschäfte der KG vor ihrer Eintragung, § 176 Abs.2 HGB: unbegrenzte Haftung des neu in bestehende Gesellschaft eintretenden Kommanditisten für Verbindlichkeiten, die zwischen Eintritt und Eintragung ins Handelsregister begründet werden. Entgegen BGH NJW 1983, 2259 will die Lehre den Anteilserwerb eines bestehenden und eingetragenen Kommanditanteils von der Anwendung des Abs.2 ausnehmen, vgl. *Horn*, in: Heymann/Emmerich, HGB, § 176 Rdnr. 14 mit zahlreichen weiteren Nachweisen.

[230] GK-*Fahse*, § 162 Rdnr. 8.

[231] *Baumbach/Hopt*, HGB, § 162 Rdnr. 5.

b) Eintreten und Ausscheiden eines Kommanditisten, § 162 Abs. 3 HGB (ohne Übertragung der Kommanditbeteiligung)

Bei Eintreten oder Ausscheiden eines Kommanditisten ist dies gem. § 162 Abs.3 HGB nach den Absätzen 1 und 2 anzumelden und einzutragen. Bekanntgemacht wird nur, daß ein Kommanditist ein- oder ausgetreten ist.[232] Bei dem vom Gesetz in § 162 Abs.3 HGB ausdrücklich geregelten Fall geht es um den Eintritt oder Austritt eines Kommanditisten, ohne daß eine Anteilsübertragung stattfindet. [233]

Wenn durch den Ein- oder Austritt eines Kommanditisten die Rechtsform der Gesellschaft geändert wird[234] von der OHG zur KG bzw. umgekehrt, so ist dies anzumelden, einzutragen und bekanntzugeben.[235]

Falls ein bislang persönlich haftender Gesellschafter Kommanditist wird, liegt - genauso wie im umgekehrten Falle - weder ein Eintritt noch ein Austritt, sondern eine Umwandlung der Beteiligung vor. Anzumelden und einzutragen ist dann, daß ein zu benennender Gesellschafter Kommanditist mit anzugebender Einlage geworden ist. Bekanntgemacht wird, daß ein bisheriger Gesellschafter nicht mehr Gesellschafter und ein Kommanditist eingetreten ist[236]. Im umgekehrten Falle genügt die Anmeldung, daß ein namentlich zu bezeichnender Kommanditist die Stellung eines Komplementärs erlangt hat; Ammeldung und Eintragung des Ausscheidens dieser Person als Kommanditist und des Eintritts als Komplementär sind überflüssig.[237]

---

[232] GK-*Fahse*, § 162 Rdnr. 11.
[233] *K. Schmidt*, GmbHR 1981, S. 253, 254.
[234] In dem Falle handelt es sich um den einzigen Kommanditisten.
[235] GK-*Fahse*, § 162 Rdnr.15; nach *Martens*, in: Schlegelberger, HGB, § 162 Rdrn. 14 ist bei Wegfall des Kommanditisten die entstehende OHG nach § 106 HGB anzumelden.
[236] GK-*Fahse*, § 162 Rdnr. 14.
[237] OLG Düsseldorf, Beschl. v. 26.5.1976 - 3 W 62/76, DB 1976, S.1759f.; BayObLG, Beschl. v. 21.5.1970 - BReg 2 Z 24/70, BB 1970, S. 940f.

c) Eintritt und/oder Austritt eines Kommanditisten durch rechtsgeschäftliche Anteilsübertragung

Im HGB ist keine direkte Regelung[238] für den Fall vorgesehen, daß ein Kommanditist ein- oder austritt, weil eine rechtsgeschäftliche Übertragung seiner Kommanditbeteiligung oder eines Teils derselben erfolgt ist[239]. In diesem Falle müssen die Gesellschafter[240] entsprechend § 163 Abs.3 HGB das Ausscheiden des alten und den Eintritt des neuen Kommanditisten anmelden und eintragen lassen. Darüber hinaus ist folgendes zu beachten:

aa) Eintragung eines Nachfolgevermerks bei Abgabe entsprechender Versicherung

Bei der Anmeldung ist darauf hinzuweisen, daß an die Stelle des ausgeschiedenen ein neuer Kommanditist getreten ist.[241] Es wird dann auch ein entsprechender sog. "Nachfolgevermerk"[242] in das Handelsregister eingetragen und bekanntgemacht.[243] Voraussetzung für diese Eintragung eines Nachfolgevermerks ist gemäß dem Grundlagenurteil des RG GSZ vom 30.09.1944[244], daß mit der Anmeldung versichert wird, daß der Veräußerer keinerlei Abfindung von der Gesellschaft erhalten habe.[245]

---

[238] *K. Schmidt*, GmbHR 1981, S. 253, 254: "geeignete gesetzliche Grundlage fehlt"; rechtshistorischer Grund für dieses Fehlen ist die ursprüngliche Nichtübertragbarkeit der höchstpersönlich konzipierten Gesellschafterposition.

[239] Nach heute einhelliger Ansicht ist die Übertragung sowohl der gesamten Gesellschaftsbeteiligung (vgl. *K. Schmidt*, GmbHR 1981 S. 253, 254 m. zahlr. w. N. dort in Fn 16 u.17) als auch eines Teils derselben mit Zustimmung der anderen Gesellschafter zulässig und in der Praxis gang und gäbe, vgl. *v.Falkenhausen*, in: Münchner Handbuch des Gesellschaftsrechts, Bd. 2, § 23 Rdnr. 2; *Piehler*, daselbst § 33 Rdnr.9.

[240] *Baumbach/Hopt*, HGB, § 162 Rdnr.7.

[241] Formulierungsbeispiele für einen entsprechenden Hinweis in der Anmeldung bei *K. Schmidt*, GmbHR 1981, S. 253, 255.

[242] GK-*Fahse*, § 162 Rdnr.13; *Baumbach/Hopt*, HGB, § 162 Rdnr.8.

[243] *Baumbach/Hopt*, HGB, § 162 Rdnr.8.

[244] RG GSZ DNotZ 1944, 195 = WM 1964, 1130.

[245] Die Versicherung selbst ist nicht eintragungsfähig, *Baumbach/Hopt*, HGB, § 162 Rdnr.8.

bb) Rechtsscheinhaftung bei Nichteintragung des Nachfolgevermerkes

Welche Auswirkungen das Fehlen des Nachfolgevermerkes hat, war bis zu einer diesbezüglichen Entscheidung des Bundesgerichtshofes vom 29.06.1981[246] umstritten.[247] Die überwiegende Lehre nahm an, der Neukommanditist erwecke bei fehlendem Nachfolgevermerk den Anschein, er sei mit einem neuen Anteil und nicht als Nachfolger des Altkommanditisten eingetreten. Deshalb hafte er so, wie wenn er mit einer neuen Einlage eingetreten sei.[248] Der BGH indessen ließ den Altkommanditisten für den der wahren Rechtslage nicht entsprechenden zusätzlichen Betrag haften. Denn, so der BGH, "die Haftung des früheren Kommanditisten" lebe "im Abtretungsfall wieder auf, weil mit der Übertragung der Rechtsposition auf den neuen Kommanditisten auf diesen auch das Recht übergegangenJ" sei, "sich auf die Einlageleistung seines Rechtsvorgängers und die Wirkung des § 171 Abs.1 Halbs. 2 HGB zu berufen, so daß die im Handelsregister weiter eingetragene Haftsumme des früheren Kommanditisten durch seine frühere Eigenleistung nicht mehr gedeckt" sei.[249] Das mit dem Erfordernis eines Nachfolgevermerkes bestehende Haftungsrisiko gem. § 15 HGB Abs.1 HGB ergibt sich also für den Veräußerer und nicht für den Erwerber des Kommanditanteils.[250]

cc) Übertragung des Kommanditanteils auf Komplementär

Anders liegt der Fall, wenn der Kommanditanteil des Altkommanditisten auf einen persönlich haftenden Gesellschafter übertragen wird. Es liegt dann keine Einzelrechtsnachfolge in die Kommanditbeteiligung vor, weil die Kommanditbeteiligung als solche erlischt und nur im Innenverhältnis der verbleibenden Gesellschafter die Kapitaleinlage des Erwerbers erhöht wird.[251] Deshalb geht in diesem Falle das Recht, sich auf die Haftungsbegrenzung infolge der geleisteten Kommanditeinlage zu berufen, nicht auf den Erwerber über, sondern verbleibt beim ehemaligen Kommanditisten. Dieser muß also nicht durch die Eintragung eines besonderen "Nachfolgevermerkes" geschützt werden. Ein Nachfolgevermerk ist

---

[246] BGH Urt. v.29.6.1981 - II ZR 142/80 -, BGHZ 81, 82 =GmbHR 1981, S.262 = BB 1981, S. 1483 = WM 1981, S. 841 = JZZ 1981, S. 713.
[247] Einen Überblick über den Meinungsstand gibt das Urteil des BGH, BGHZ 81, 82, 86 sowie *K. Schmidt*, GmbHR 1981, S. 253, 257.
[248] *K. Schmidt*, GmbHR 1981, S. 253, 257.
[249] BGHZ 81, 82, 89.
[250] *K. Schmidt*, GmbHR 1981, S. 253, 258.
[251] OLG Köln, Beschl. v. 24.06.1992 - 2 Wx 43/91, BB 1992, S. 1742, m.w.N.

auch für den Erwerber des Kommanditanteils entbehrlich, weil dieser als Komplementär ohnehin unbeschränkt haftet. Auch der Schutz der Gesellschaftsgläubiger gebietet nicht die Eintragung eines Nachfolgevermerks. Denn aus der Mitteilung des Ausscheidens eines Kommanditisten läßt sich nie schließen, ob die Einlage geleistet oder zurückgezahlt wurde[252], unabhängig davon, ob ein Nachfolgevermerk eingetragen wird oder nicht. Mithin kann die Eintragung eines Nachfolgevermerkes bei der Übertragung eines Kommanditanteils auf einen Komplementär entfallen.[253]

d) Eintritt und/oder Austritt eines Kommanditisten durch Erbfolge

Wenn ein Kommanditist verstirbt und seine Kommanditbeteiligung mangels anderweitiger Regelung gem. § 177 HGB auf einen oder mehrere Erben als neue Kommanditisten übergeht[254], sind das Ausscheiden eines Kommanditisten und der Eintritt eines anderen bzw. mehrerer anderer mit einem Hinweis auf den Eintritt als Erbe(n) anzumelden, einzutragen und bekanntzumachen.[255] Die Anmeldepflicht trifft alle Gesellschafter sowie sämtliche Erben einschließlich der nicht eintrittsberechtigten[256] Erben[257]. Für die Erben entfällt die Anmeldepflicht im Sonderfall des § 143 Abs.3 HGB.[258]

Wichtig ist, daß auch bei Übergang der Kommanditbeteiligung durch Erbgang ein Nachfolgevermerk, daß der Eintritt als Erbe erfolgt, einzutragen und bekanntzumachen ist.[259] Denn ohne Nachfolgevermerk besteht der Rechtsschein, daß sowohl die Haftsumme des ausgeschiedenen Kommanditisten als auch die

---

[252] Ob Einlagen geleistet oder gezahlt sind, ist keine im Handelsregister eintragungsbedürftige oder auch nur eintragungsfähige Tatsache, OLG Köln, Beschl. v. 24.06.1992 - 2 Wx 43/91 -, BB 1992, S. 1742.

[253] OLG Köln, Beschl. v. 24.06.1992 - 2 Wx 43/91 -, BB 1992, S. 1742.

[254] Mangels anderweitiger Regelung in letztwilliger Verfügung oder Gesellschaftsvertrag erwerben die Erben den Kommanditanteil nicht als Gesamthand, sondern nach dem Prinzip der Sonderrechtsnachfolge in getrennten Anteilen entsprechend ihren Erbquoten, Heymann/*Horn*, HGB, § 177 Rdnr.11.

[255] *Baumbach/Hopt*, HGB, § 162 Rdnr.9.

[256] Durch eine sog. qualifizierte Nachfolgeklausel kann ein Miterbe (auch mehrere) zur alleinigen Nachfolge in den Kommanditanteil berufen sein. Die anderen Miterben sind dann von der Sonderrechtsnachfolge in die Kommanditbeteiligung ausgeschlossen und haben einen Ausgleichsanspruch im Verhältnis der Erbquoten, vgl. Heymann/*Horn*, HGB, § 177 Rdnrn. 11, 6.

[257] BayObLG Beschl. v. 22.12.1992 - 3 Z BR 170/92, BB 1993, S. 385.

[258] *Baumbach/Hopt*, HGB, § 162 Rdnr.9.

[259] *Baumbach/Hopt*, HGB, § 173 Rdnr.15.

Haftsumme des bzw. der neuen Kommanditisten zur Verfügung stünden. Zwar wären die Erben als Neukommanditisten durch die auf sie übergegangene Einlageleistung des ausgeschiedenen Kommanditisten hinsichtlich ihrer Haftung als Neukommanditisten abgesichert. Gleichzeitig entfällt aber der Haftungsauschluß nach § 171 Abs.1 2.Halbs. HGB für den Altkommanditisten. Da dies hier der Erblasser ist, haften für ihn die Erben gem. § 1967 BGB. Ohne die Eintragung eines Nachfolgevermerkes würde sich also im Ergebnis die Haftung der Erben verdoppeln.[260]

Ferner wird gefordert, bei mehreren als Kommanditisten eintretenden Erben müsse auch angemeldet und eingetragen (nicht aber bekanntgemacht) werden, wie sich die Einlage des Erblassers auf die einzelnen Erben verteile.[261] Dies macht Sinn, wenn man mit der heute wohl überwiegenden Meinung annimmt, daß jeder Erbe auch nur bis zur Höhe des auf ihn entfallenden Anteils der Kommanditbeteiligung gem. § 173 HGB hafte.[262]

e) Erhöhung und Herabsetzung der Kommanditeinlage, § 175 HGB

Eine Erhöhung sowie eine Herabsetzung der Einlage eines Kommanditisten ist gem. § 175 HGB durch sämtliche Gesellschafter zur Eintragung in das Handelsregister anzumelden. Bekanntgemacht wird gem. § 175 Satz 2 HGB nur, daß eine Änderung der Kommanditbeteiligung stattgefunden hat. Wirksam wird eine Herabsetzung der Kommanditisteneinlage gem. § 174 i.V.m. § 15 HGB gegenüber unwissenden[263] Gläubigern nur, wenn diese eingetragen und bekanntgemacht worden ist.

---

260 Heymann/*Horn*, HGB, § 173 Rdnr. 11.

261 *Martens*, in: Schlegelberger, HGB, § 162 Rdnr. 21.

262 *Martens*, in: Schlegelberger, HGB, § 162 Rdnr. 21; *Baumbach/Hopt*, HGB, § 173 Rdnr.15.

263 GK-*Fahse*, § 175 Rdnr.2 m.w.N.

IV. Anmelde- und Eintragungsverpflichtungen der EWIV

Die Europäische wirtschaftliche Interessenvereinigung (EWIV)[264] ist in Deutschland als Sonderform der OHG zu behandeln gem. § 1 Halbs. 1 a.E. des EWIV-Ausführungsgesetzes.[265] Demgemäß wird eine EWIV mit Sitz in Deutschland in Abteilung A des Handelsregisters geführt.[266]

Gem. § 2 Abs.1 EWIV-AusführungsG[267], der insoweit § 106 HGB verdrängt[268], ist die EWIV beim Registergericht ihres im Gründungsvertrag angegebenen Sitzes anzumelden[269]. Der Inhalt der Anmeldeverpflichtung ergibt sich aus § 2 Abs.2 Nrn. 1-6 EWIV-AusführungsG. Weitere Anmeldeverpflichtungen nach Eintragung der EWIV ergeben sich aus § 2 Abs.3 Nr.1-7 des Ausführungsgesetzes.

Eine Besonderheit der EWIV gegenüber der OHG ist die Möglichkeit einer Fremdorganschaft[270] ähnlich dem Geschäftsführer einer GmbH[271] (Art. 16 Abs. 1 EWIV-VO[272], §§ 5-7 EWIV-AusführungsG). Das erklärt, daß anders als bei der OHG die Anmeldungen zum Handelsregister nicht durch die Mitglieder, sondern gem. § 3 EWIV-AusführungsG durch die Geschäftsführer der EWIV zu bewirken sind.[273]

Zusätzlich zu der generell in Deutschland praktizierten Bekanntmachung von Handelsregistereintragungen gem. § 10 HGB (s.o. S. 31) erfolgt gem. Art.11 EWIV-VO[274] für die EWIV eine Bekanntmachung auf Europäischer Ebene im

---

264 Grundlage für diese relativ neue Unternehmensform ist die Verordnung (EWG) Nr.2137/85 vom 25. Juli 1985 über die Schaffung einer Europäischen Wirtschaftlichen Interessenvereinigung (EWIV), ABl. EG Nr. L 199, S.1.

265 Gesetz zur Ausführung der EWG-Verordnung über die Europäische Wirtschaftliche Interessenvereinigung (EWIV-Ausführungsgesetz) vom 14.April 1988 , BGBl. 1988 I, S. 14, § 1 Halbs. 1 a.E.: „Im übrigen (sind) entsprechend die für eine offene Handelsgesellschaft geltenden Vorschriften anzuwenden;" (Einfügung in Klammer nur hier).

266 *Ganske*, S.40.

267 BGBl. 1988 I, S. 14.

268 Bei der OHG kommt es auf den tatsächlichen Verwaltungssitz auch bei abweichendem Gesellschaftsvertrag an, *Baumbach/Hopt*, § 106, Rdnr.8 m.w.N.

269 Vgl. *Ganske*, S.39.

270 *Wörlen*, S.111.

271 *Baumbach/Hopt*, Anh § 160, Rdnr.1.

272 Verordnung (EWG) Nr.2137/85 des Rates vom 25. Juli 1985 über die Schaffung einer Europäischen Wirtschaftlichen Interessenvereinigung (EWIV), ABl. EG Nr. L 199, S.1, 8.

273 *Ganske*, S.59, 40 - Im Abwicklungsfalle trifft die Abwickler diese Verpflichtung.

274 S. Fn 272.

"Amtsblatt der Europäischen Gemeinschaften". Die dazu erforderlichen Angaben übermittelt gem. § 4 Abs.2 EWIV-AusführungsG das Registergericht binnen eines Monats nach der Bekanntmachung im Bundesanzeiger an das "Amt für amtliche Veröffentlichungen der Europäischen Gemeinschaften" mit Sitz in Luxemburg. Ein entsprechendes - nicht verbindliches - Formblatt hat die EG - Kommission dazu entworfen.[275]

V. Anmelde- und Eintragungsverpflichtungen der Partnerschaftsgesellschaft nach dem PartGG

Seit Inkrafttreten des Partnerschaftsgesellschaftsgesetzes[276] zum 1.7.1995 steht für natürliche Personen zur Ausübung bestimmter freier Berufe[277] ohne Betrieb eines Handelsgewerbes neben der GbR die Partnerschaft nach dem PartGG zur Verfügung.[278] Gem. § 4 Abs.1 PartGG ist diese in entsprechender Anwendung von § 106 Abs.1 und § 108 Abs.1 HGB zur Eintragung in das beim Handelsregister geführte Partnerschaftsregister anzumelden. Seit 1998 korrespondiert die Publizität der Partnerschaftsgesellschaft mit dem Haftungsprivileg des § 8 Abs. 2 PartGG (siehe dazu 4.a), S.118) Die näheren Einzelheiten der Anmeldung ergeben sich aus § 4 PartGG. Gem. § 7 PartGG wird die Partnerschaft im Verhältnis zu Dritten ihrer Eintragung in das Partnerschaftsregister wirksam. Der Inhalt der Eintragung ergibt sich aus § 5 i.V.m. § 3 Abs.2 PartGG. Bekanntmachungen erfolgen gem. §§ 10,11 HGB, wie sich aus der generellen Verweisung in § 5 Abs.2 PartGG auf die allgemeinen Vorschriften des HGB über das Handelsregister ergibt. Nähere Einzelheiten sind ergänzend in der Partnerschaftsregisterverordnung vom 16.6.1995[279] geregelt.

VI. Anmelde- und Eintragungsverpflichtungen der GmbH

Die meisten Unternehmen werden in der Rechtsform des Einzelunternehmens, einer Offenen Handelsgesellschaft, einer Kommanditgesellschaft mit einer natür-

---

[275] *Ganske*, S. 42, Abdruck des Formblattes im Anhang III bei *Ganske*, S.129f.
[276] BGBl. 1994 I. S.1744, abgedruckt bei *Schönfelder*, Deutsche Gesetze, unter der Ordnungsnummer 50b.
[277] Eine nicht abschließende Aufzählung enthält § 1 Abs.2 Satz 2 PartGG.
[278] Palandt-*Thomas*, BGB, 58. Aufl., 1999, § 705 Rdnr.50.
[279] BGBl. 1995 I S.808.

lichen Person als Komplementär oder als GmbH bzw. GmbH & Co KG geführt. Insbesondere die beiden letztgenannten Unternehmensformen erfreuen sich vor allem im Mittelstand in der jüngeren Vergangenheit großer Beliebtheit.[280] Hier werden zunächst die allgemeinen Eintragungsverpflichtungen von GmbH in gleicher Weise wie zuvor diejenigen von OHG und KG ausführlicher behandelt, um danach auf die Besonderheiten der GmbH & Co KG näher einzugehen.

Die allgemeinen Eintragungsverpflichtungen für eine deutsche GmbH sind, von der Zweigniederlassungspublizität der §§ 13, 13b, 13 h HGB abgesehen, umfassend im GmbHG geregelt.[281] Dies hängt damit zusammen, daß der Reichsgesetzgeber, als er die juristische Person der GmbH erschaffen hat, zugleich auch ihre Rechtsverhältnisse in einer selbständigen und umfassenden[282] dazugehörigen gesetzlichen Kodifizierung geregelt hat,[283] dem GmbH-Gesetz.

1. Existenzbegründende Betriebsbeginnpublizität gem. §§ 7, 8, 9c, 10, 11 Abs.1 GmbHG

a) Anmeldepflicht gem. § 7 Abs.1 GmbHG

Wenn ein Unternehmen in der Rechtsform einer GmbH betrieben werden soll, so ist die Gesellschaft gem. § 7 Abs.1 GmbHG zur Eintragung beim Handelsregister anzumelden. Erst mit Eintragung in das Handelsregister kann gem. § 11 Abs.1 HGB - im Unterschied zu OHG und KG[284] - die GmbH als juristische Person i.S.v. § 13 GmbHG Wirksamkeit erlangen. Allerdings existiert die GmbH nach notarieller Gründung und Satzungsgebung auch vor ihrer Handelsregistereintragung bereits als Vorgesellschaft, auch "Vor-GmbH" genannt[285]. Die Vor-GmbH ist eine Rechtsform sui generis, eine Personenvereinigung eigener Art, auf die nach fast einhelliger Ansicht[286] neben dem Gesellschaftsvertrag das GmbH-Recht

---

[280] Die Anzahl angemeldeter GmbH stieg von 465.660 im Jahre 1990 auf 800.000 (1.Quartal 1998), Angabe nach *Schmidt-Leithoff*, ZGR 1999, S.118.
[281] Rowedder-*Rittner/Schmidt-Leithoff*, GmbHG, Einl., Rdnr.19.
[282] Nicht alles ist hinreichend geregelt, vgl. etwa nur die Problematik der Versicherung freier Verfügbarkeit nach § 8 Abs.2 GmbHG im Folgenden.
[283] Rowedder-*Rittner/Schmidt-Leithoff*, GmbHG, Einl., Rdnr.1.
[284] §§ 123 Abs.2, 161 Abs. 2 HGB.
[285] Rowedder-*Rittner/Schmidt-Leithoff*, GmbHG, § 11, Rdnr.4f.
[286] Überblick bei *Hueck*, in: Baumbach/Hueck, GmbHG, § 11 Rdnr. 6 mit zahlreichen Nachweisen.

anzuwenden ist mit Ausnahme der Vorschriften, die gerade die Rechtsfähigkeit des Gebildes voraussetzen oder mit dem bloßen Gründungsstadium nicht vereinbar sind. Vor-GmbH und GmbH sind identisch. Mit der Handelsregistereintragung ändert sich das Rechtsregime des Verbandes, der mit der Eintragung als GmbH zur juristischen Person wird.

b) Anmeldevoraussetzungen gem. § 7 Abs.2 GmbHG

Voraussetzung für die Anmeldung der GmbH zur Eintragung in das Handelsregister ist gem. § 7 Abs.2 GmbHG, daß die Hälfte des Mindeststammkapitals[287] als greifbarer Vermögenswert der Gesellschaft tatsächlich vorhanden ist. Dabei müssen die Sacheinlagen vor der Anmeldung gem. § 7 Abs.3 GmbHG der Gesellschaft vollständig zur Verfügung gestellt werden.[288] Bareinlagen müssen gem. § 7 Abs.2 S.1 GmbHG mindestens zu einem Viertel eingezahlt worden sein. Bei einer reinen Bargründung ohne Sacheinlage müssen also bei Altgesellschaften[289] mindestens 25.000,- DM und bei Neugesellschaften wenigstens 12.500,- EURO einbezahlt worden sein. Bei einer Einmann-Gründung[290] ist darüber hinaus für den nicht eingezahlten Anteil der Bareinlage vor der Anmeldung eine Sicherung[291] zu bestellen.

c) Inhalt der Anmeldung gem. § 8 GmbHG

Der Inhalt der Anmeldung ergibt sich aus § 8 GmbHG. Anmeldepflichtig sind gem. § 78 GmbHG sämtliche Geschäftsführer, auch die stellvertretenden, § 44 GmbHG. Eine Vertretung ist unzulässig.[292] In § 8 Abs.1 GmbHG werden die Unterlagen aufgezählt, die der Anmeldung beigefügt werden müssen.

---

[287] 50.000,- DM bei vor dem 1.1.1999 eingetragenen Gesellschaften, § 86 Abs.1 GmbHG n.F. i.V.m. § 5 Abs.1 GmbHG a.F.; ansonsten 25.000 Euro gem. § 5 Abs.1 GmbHG n.F. bzw. für zwischen 1.1.1999 und 31.12.2001 eingetragene Gesellschaften wahlweise auch der korrespondierende DM-Betrag gem. § 86 Abs.2 GmbHG.

[288] *Hueck*, in: Baumbach/Hueck, GmbHG, § 7 Rdnr. 9.

[289] S.o. Fn 287.

[290] Rowedder-*Rittner/Schmidt-Leithof*, GmbHG, § 7 Rdnr.30.

[291] § 232 BGB; dazu: *John*, Die Gründung der Einmann-GmbH, S. 10; *Kleberger*, Die rechtliche Behandlung von Sicherungen bei der Einmann-GmbH, S. 31ff.

[292] Rowedder-*Rittner/Schmidt-Leithof*, GmbHG, § 8 Rdnr.15.

aa) Versicherung freier Verfügbarkeit gem. § 8 Abs.2 S.1 GmbHG

Gem. § 8 Abs.2 S. 1 GmbHG müssen die Geschäftsführer bei der Anmeldung die Versicherung abgeben, daß die Mindestleistungen auf die Stammeinlagen gem. § 7 Abs.2 und 3 GmbHG bewirkt worden sind und "daß der Gegenstand der Leistungen sich endgültig in der freien Verfügung der Geschäftsführer befindet". Ob dies tatsächlich der Fall ist, ist eine materiell-rechtliche Frage, die das Registergericht im Rahmen der Prüfung der Eintragungsvoraussetzungen gem. § 9c GmbHG[293] anhand der zugrundeliegenden materiellen Rechtslage zu beurteilen hat.[294]

bb) Die weiteren Absätze von § 8 GmbHG

§ 8 Abs.3 bis 5 GmbHG betrifft Angaben hinsichtlich der Geschäftsführer (keine Geschäftsführerausschlußgründe gem. § 6 Abs.2 S.3 u. 4 GmbHG, Belehrung über Auskunftspflicht, Vertretungsbefugnis, Unterschriftsprobe).

d) Registergerichtliche Prüfung nach § 9c GmbHG

Eingetragen wird die GmbH gem. § 9c Abs.1 GmbHG nur dann, wenn sie ordnungsgemäß errichtet und angemeldet wurde. In der alten Fassung des § 9c GmbHG[295] waren nach h.M. alle formellen und materiellen gesetzlichen Eintragungsvoraussetzungen in die Prüfung miteinzubeziehen. Dabei war nach Rechtsprechung und Lehre auch eine umfassende Prüfung des Gesellschaftsvertrages durch das Registergericht angezeigt.[296] Nunmehr ist durch die Ergänzung des § 9c mit dem neuen Abs.2 insoweit eine Klarstellung erfolgt.

e) Eintragung und Bekanntmachung, § 10 GmbHG

---

[293] Siehe dazu auch auf dieser Seite nachfolgend Abschnitt d).

[294] Die materiell-rechtlichen Anforderungen, die an die endgültig freie Verfügbarkeit über die Einlage zu stellen sind, beeinflussen nicht die Publizitätspflicht und berühren daher nicht den Untersuchungsgegenstand dieser Arbeit. Es wird deshalb an dieser Stelle nicht weiter untersucht, wann eine endgültig freie Verfügbarkeit i.S.d. § 8 Abs.2 S.1 GmbHG gegeben ist.

[295] Änderungen des § 9c GmbHG erfolgten mit Wirkung zum 01.07.1998 gemäß Art.9 Nr.4 i.V.m. Art. 29 HRefG.

[296] *Ring*, Das neue Handelsrecht, § 5 Rdnr. 47 m.w.N.

Erst bei Vorliegen der Anmeldungsvorraussetzungen nach § 7 Abs.2, 3 GmbHG und ordnungsgemäßer Anmeldung kann also die Eintragung erfolgen, die gem. § 11 HGB Voraussetzung für die Existenz der GmbH ist. Der Inhalt der Eintragung ergibt sich aus § 10 Abs.1 und 2 GmbHG. Bekanntgemacht wird gem. § 10 Abs.3 GmbHG der Inhalt der Eintragung sowie Festsetzungen im Gesellschaftsvertrag über Sacheinlagen (§ 5 Abs.4 Satz 1 GmbHG) und Bestimmungen über die Form öffentlicher Bekanntmachungen der Gesellschaft.

2. Nachschußrückzahlungspublizität, § 30 Abs.2 GmbHG

Bei der in der Praxis relativ seltenen Möglichkeit[297], im Gesellschaftsvertrag eine Nachschußpflicht nach § 26 GmbHG vorzusehen, muß im Falle einer Zurückzahlung von eingezahlten Nachschüssen ein entsprechender Rückzahlungsbeschluß gem. § 30 Abs.2 S.2 GmbHG bekanntgemacht werden. Auf freiwillige Zuschüsse, die ohne satzungsmäßige Verpflichtung erbracht wurden, findet § 30 Abs.2 GmbHG keine Anwendung. Ein Beschluß über die Rückzahlung von Nachschüssen, die aufgrund einer gem. § 26 GmbHG bestehenden Nachschußpflicht geleistet wurden, ist unter Angabe des Betrages und des Zeitpunktes der Rückzahlung[298] in den in der Satzung genannten Bekanntmachungsblättern der Gesellschaft zu veröffentlichen. Wenn die Satzung keine besonderen Bekanntmachungsblätter für die Gesellschaft vorsieht, erfolgt die übliche Bekanntmachung gem. §§ 10, 11 HGB in Bundesanzeiger und örtlicher Tagespresse. Erst drei Monate nach Bekanntmachung des Rückzahlungsbeschlusses darf die Zurückzahlung erfolgen. Bei einem Verstoß gegen diese Regelungen sind die zurückgezahlten Nachschüsse gem. § 31 Abs.1 GmbHG zurückzuerstatten. Ist dies nicht möglich, haften die Gesellschafter nach § 31 Abs.3 GmbHG, soweit dies zur Befriedigung der Gesellschaftsgläubiger erforderlich ist. Gem. § 31 Abs.5 GmbHG trifft die Geschäftsführer bei Verschulden insoweit eine Erstattungspflicht.

---

[297] Rowedder-*Rowedder*, GmbHG, § 26 Rdnr.2.

[298] Rowedder-*Rowedder*, GmbHG, § 30 Rdnr.37.

3. "Geschäftsführerpublizität", § 39 GmbHG

Entsprechend der Geschäftsführerangabe gem. § 8 Abs.1 Nr.2 GmbHG bei Anmeldung der Gesellschaft ist auch jede Änderung in der Person eines Geschäftsführers oder in der Vertretungsberechtigung gem. § 39 GmbHG anmeldepflichtig und wird eingetragen und bekanntgemacht. Die Anmeldepflicht trifft die Gesellschaft, zu erfüllen ist sie von allen Geschäftsführern. Neubestellte Geschäftsführer sind anmeldungsbefugt.[299] Ausgeschiedene Geschäftsführer können ihr Ausscheiden nicht selbst anmelden[300], haben aber einen schadenersatzgewährenden Anspruch gegen die Gesellschaft auf unverzügliche Anmeldung, der auch mit einer Erfüllungsklage verfolgt werden kann.[301] Auch ein Zwangsverfahren durch das Registergericht (vgl. § 14 HGB) kann angeregt werden.[302] Als Lösung bietet sich an, das Ausscheiden bzw. die Amtsniederlegung auf den Zeitpunkt der Eintragung festzulegen.[303]

4. Gesellschafterliste, §§ 40 Abs.1, 8 Abs.1 Nr. 3 GmbHG

Die gem. §§ 40 Abs.1, 8 Abs.1 Nr.3 GmbHG ständig zu aktualisierende Gesellschafterliste wird nicht eingetragen und bekanntgemacht. Sie entfaltet keine Rechtsscheinwirkung im Sinne von § 15 HGB.[304] Weitere Einzelheiten zur Gesellschafterliste werden im 2. Teil unter A. I. 1. d) bb) behandelt.

5. Gerichtsbeschluß über Auskunfts- und Einsichtsrecht, § 51b GmbHG i.V.m. §§ 132 Abs.3, 99 Abs.5 S. 3 AktG

Gem. § 51a GmbHG haben die Gesellschafter gegenüber den Geschäftsführern ein Auskunfts- und Einsichtsrecht hinsichtlich aller Geschäftsangelegenheiten und -unterlagen.[305] Die Gesellschafter können ihren Informationsanspruch in einem

---

[299] Rowedder-*Koppensteiner*, GmbHG, § 39 Rdnr.7.
[300] BayObLG GmbHR 1982, S.214; a.A. für Amtsniederlegung durch AlleinGF: LG Berlin GmbHR 1993, S. 291.
[301] *Zöllner*, in: Baumbach/Hueck, GmbHG, § 39 Rdnr.6.
[302] Rowedder-*Koppensteiner*, GmbHG, § 39 Rdnr.7.
[303] *Zöllner*, in: Baumbach/Hueck, GmbHG, § 39 Rdnr.6.
[304] *Zöllner*, in: Baumbach/Hueck, GmbHG, § 40 Rdnr.10.
[305] Umstitten ist, ob und in welchem Umfang ein Informationsbedürfnis vorliegen muß, Übersicht bei *Zöllner*, in: Baumbach/Hueck, GmbHG, § 51a Rdnr. 20 ff.

gerichtlichen Beschlußverfahren nach § 51b GmbHG durchsetzen. Gemäß § 51b S.1 GmbHG i.V.m. §§ 132 Abs.3, 99 Abs.5 S.3 AktG müssen die Geschäftsführer die rechtskräftige Entscheidung zum Handelsregister einreichen. Bekanntgemacht wird sie nicht.[306]

6. Aufsichtsratspublizität, § 52 GmbHG

Eine GmbH muß nur in bestimmten Fällen einen Aufsichtsrat haben. Für die Publizitätsanforderungen ergeben sich Unterschiede zwischen fakultativem und obligatorischem Aufsichtsrat. Wenn der Aufsichtsrat nicht gesetzlich vorgeschrieben ist, kann er aber vom Gesellschaftsvertrag vorgesehen sein. Dies ist häufig bei Betriebs-GmbH von öffentlich-rechtlichen Körperschaften der Fall (z.B. Krankenhaus-GmbH)[307].

a) Fakultativer Aufsichtsrat

Wenn der Aufsichtsrat vor Eintragung der Gesellschaft bestellt werden soll, ist § 52 Abs.2 S.1 GmbHG zu beachten. Nach dieser Vorschrift gelten die aktienrechtlichen Bestimmungen gem. § 37 Abs.4 Nr.3 und § 40 Abs.1 Nr.4 AktG entsprechend. Danach müssen bei Anmeldung der GmbH zur Eintragung in das Handelsregister die Urkunden über die Bestellung des Aufsichtsrates als Anlage beigefügt werden, § 37 Abs.4 Nr.3 AktG. Das Registergericht nimmt dann die Bekanntmachung der Mitglieder des ersten Aufsichtsrates (Name, Beruf, Wohnort) vor, § 40 Abs.1 Nr.4 AktG.

Wenn die Aufsichtsratsmitglieder erst nach Eintragung der GmbH bestellt werden oder wenn sie wechseln, müssen die Geschäftsführer der GmbH gem. § 52 Abs.2 S.2 GmbHG die Bekanntmachung im Bundesanzeiger und den weiteren Publikationsorganen vornehmen. Die Bekanntmachung ist zum Handelsregister einzureichen.

---

[306] *Zöllner*, in: Baumbach/Hueck, GmbHG, § 51b Rdnr. 7.

[307] § 108 Abs. 1 Nr.6 GO NW sieht ausdrücklich vor, daß in Nordrhein-Westfalen Gemeinden Unternehmen und Einrichtungen in einer Rechtsform des privaten Rechts nur gründen oder sich daran beteiligen dürfen, wenn die Gemeinde einen angemessenen Einfluß, insbesondere in einem Überwachungsorgan, erhält und dieser durch Gesellschaftsvertrag, Satzung oder in anderer Weise gesichert wird.

b) Obligatorischer Aufsichtsrat

Die gesetzliche Pflicht zur Errichtung eines Aufsichtsrates ergibt sich im wesentlichen aus dem Mitbestimmungsrecht. Dabei liefern vier Gesetze (jeweils verschiedene) Vorgaben für die Bildung eines obligatorischen Aufsichtsrates bei einer GmbH, nämlich

1. die §§ 76 ff des BetrVG von 1952, die gem. § 129 des aktuellen BetrVG weitergelten, wonach ein Aufsichtsrat bei GmbH mit mehr als 500 Arbeitnehmern zu bilden ist,
2. die §§ 6-24 MitbestG über die Bildung eines Aufsichtsrates bei GmbH mit mehr als 2000 Arbeitnehmern,
3. das MontanMitbestG für GmbH des Bergbaus und der Eisen und Stahl erzeugenden Industrie mit mindestens 1000 Arbeitnehmern,
4. das Mitbestimmungsergänzungsgesetz für herrschende GmbH eines Konzerns, die zwar selbst nicht dem MontanMitbestG unterfallen, aber mindestens ein montanmitbestimmtes Unternehmen mit wenigstens 2000 Arbeitnehmern beherrschen oder einen Montanumsatz von mindestens 20 % des Konzernumsatzes erzielen.

aa) Anmeldung bei bereits eingetragener GmbH

Die Bekanntmachungs- und Einreichungsverpflichtung des § 52 Abs.2 S.2 GmbH gilt auch für einen obligatorischen Aufsichtsrat. Die sich daraus ergebende Bekanntmachungs- und Einreichungsverpflichtung kommt für eine bereits bestehende GmbH beispielsweise zum Tragen, wenn infolge eines Anstiegs der Arbeitnehmerzahl auf über 500 bzw. 2000 ein Aufsichtsrat zu bilden ist oder wenn sich Veränderungen im bestehenden Aufsichtsrat ergeben.[308] Nach der Wahl des Aufsichtsratsvorsitzenden und der Stellvertreter sind diese durch die Geschäftsführer der GmbH gem. § 107 Abs.1 S.2 AktG i.V.m. § 77 Abs.1 BetrVG 1952 zum Handelsregister anzumelden. Eintragung oder Bekanntmachung erfolgen nicht.[309]

---

[308] Rowedder-*Koppensteiner*, GmbHG, § 52 Rdnr. 23.
[309] *Zöllner*, in: Baumbach/Hueck, GmbHG, § 52 Rdnr.126.

bb) Anmeldung bei noch nicht eingetragener GmbH

(1) Meinungsstreit

Umstritten ist, wie die Bildung eines obligatorischen Aufsichtsrates bei einer noch nicht in das Handelsregister eingetragenen GmbH zu behandeln ist. Diese Situation entsteht beispielsweise, wenn eine GmbH gegründet werden soll, bei der ein Unternehmen mit mehr als 500 bzw. 2000 Arbeitnehmern als Sacheinlage eingebracht wird.[310] Hier besteht eine bislang nicht durch Richterrecht ausgefüllte Gesetzeslücke.[311] In der Literatur[312] wird teilweise angenommen, die Vorschriften über einen obligatorischen Aufsichtsrat seien auf eine noch nicht in das Handelsregister eingetragene GmbH ("Vor-GmbH") nicht anzuwenden. Erst nach Eintragung der GmbH sei der mitbestimmte Aufsichtsrat bilden. Andere wiederum wollen § 77 BetrVG und das MitbestG unmittelbar auf die Vor-GmbH anwenden. Eine dritte Ansicht schlägt eine analoge Anwendung der §§ 30 und 31 AktG vor.[313] Dabei soll jedoch § 52 Abs.2 S.1 GmbHG nicht zur Anwendung kommen, bei Anmeldung der GmbH auch die den Aufsichtsrat betreffenden Unterlagen mit einreichen zu müssen. Begründet wird dies damit, daß die Eintragung der GmbH nicht durch das Wahlverfahren der Arbeitnehmervertreter im Aufsichtsrat verzögert werden solle.[314]

(2) Stellungnahme

Dazu ist folgendes zu sagen: Zwar könnte man an eine analoge Anwendung von § 31 Abs.1 AktG[315] in der Weise denken, daß zunächst nur ein unvollständiger Aufsichtsrat ohne Arbeitnehmervertreter zu benennen ist und entsprechende Unterlagen der Anmeldung der GmbH als Anlage beizufügen sind. Auf diese Weise käme es zur Anmeldung und Eintragung der GmbH gem. § 52 Abs.2 Satz 1 GmbHG, ohne daß die Eintragung der GmbH durch die Anwendung des Mitbe-

---

[310] Rowedder-*Koppensteiner*, GmbHG, § 52 Rdnr. 22; Rowedder-*Rittner/Schmidt-Leithoff*, GmbHG, § 11 Rdnr.49ff.)
[311] Rowedder-*Rittner/Schmidt-Leithoff*, GmbHG, § 11 Rdnr.50.
[312] Überblick über den Meinungsstand bei Rowedder-*Rittner/Schmidt-Leithoff*, GmbHG, § 11 Rdnr.50.
[313] Rowedder-*Rittner/Schmidt-Leithoff*, GmbHG, § 11 Rdnr.50.
[314] Rowedder-*Koppensteiner*, GmbHG, § 52 Rdnr. 23.
[315] Gegen eine analoge Anwendung von § 31 AktG *Deutler*, DB 1969, S.691, 694, zustimmend Rowedder-*Rittner/Schmidt-Leithoff*, GmbHG, § 11 Rdnr.54.

stimmungsrechts im Gründungsstadium verzögert würde. Gegen eine solche analoge Anwendung von § 31 Abs.1 AktG spricht jedoch, daß im Gegensatz zur GmbH bei der AG stets ein Aufsichtsrat zu bilden ist. Unterlagen über den Aufsichtsrat sind also stets als Anlage der Anmeldung einer AG zum Handelsregister beizufügen. Daraus folgt die Regelung des § 31 Abs.1 AktG, daß bei Gründung einer AG, die einen mitbestimmten Aufsichtsrat erfordert, der Aufsichtsrat zunächst unvollständig, d.h. ohne die noch zu wählenden Arbeitnehmervertreter, anzumelden ist. Die Arbeitnehmervertreter im Aufsichtsrat spielen also für die Anmeldung der mitbestimmten AG zum Handelsregister noch keine Rolle. Übertragen auf die GmbH heißt das: Wenn auch bei der GmbH die Arbeitnehmervertreter im Aufsichtsrat für die Anmeldung der Gesellschaft zum Handelsregister noch keine Rolle spielen, so kann bei der Anmeldung der GmbH der Aufsichtsrat ganz unberücksichtigt bleiben, weil dieser überhaupt nur wegen der Arbeitnehmervertreter einzurichten ist.[316] Folglich ist § 52 Abs.2 S.1 GmbHG bei einem obligatorischen Aufsichtsrat nicht zur Anwendung zu bringen.

7. Satzungsänderungspublizität, § 54 GmbHG

Eine Änderung des Gesellschaftsvertrages ist gem. § 54 GmbHG zur Eintragung in das Handelsregister anzumelden. Dabei sind die der Änderung zugrundeliegenden Unterlagen, insbesondere das Beschlußprotokoll, mit einzureichen.[317] Die Anmeldung und Eintragung müssen gem. § 54 Abs.2 GmbHG den Inhalt der Satzungsänderung wiedergeben, wenn diese die gem. § 10 Abs.1 und 2 GmbHG einzutragenden Tatsachen betrifft. Ansonsten genügen die Anmeldung und Eintragung, daß der Gesellschaftsvertrag geändert worden ist, versehen mit einem Hinweis auf die der Änderung zugrundeliegenden Unterlagen (insbesondere das Beschlußprotokoll).[318] Die Eintragung erfolgt nach einer Prüfung der Ordnungsmäßigkeit der Anmeldung durch das Registergericht.[319] Gem. § 54 Abs.3 GmbHG erlangt die Satzungsänderung erst mit Eintragung in das Handelsregister Wirksamkeit. Die noch erforderliche Bekanntmachung spielt für die Wirksamkeit der Satzungsänderung keine Rolle.[320]

---

[316] *Deutler*, DB 1969, S.691, 693,
[317] *Zöllner*, in: Baumbach/Hueck, GmbHG, § 54 Rdnr.5.
[318] *Zöllner*, in: Baumbach/Hueck, GmbHG, § 54 Rdnr.4 ff., 21ff.
[319] *Zöllner*, in: Baumbach/Hueck, GmbHG, § 54 Rdnr.17f.
[320] *Zöllner*, in: Baumbach/Hueck, GmbHG, § 54 Rdnr.29.

8. Stammkapitalerhöhungspublizität, §§ 57, 57i GmbHG

Eine Sonderform der Satzungsänderung ist die Stammkapitalerhöhung.[321] Zusätzlich zu den oben unter 7. genannten Anforderungen sind für die Anmeldung, Eintragung und Bekanntmachung einer Stammkapitalerhöhung die §§ 57, 57b und 57i GmbHG zu beachten.

a) Übernahme des Stammkapitals als Anmeldevoraussetzung, § 57 Abs.1 GmbHG

Gem. § 57 Abs.1 GmbHG ist die Anmeldung erst möglich, wenn das erhöhte Stammkapital voll übernommen worden ist.[322] Die Übernahmeerklärungen sind gem. § 57 Abs.3 Nr.1 GmbHG der Anmeldung beizufügen (soweit sie nicht schon im Kapitalerhöhungsbeschluß enthalten sind).[323]

b) Versicherung freier Verfügbarkeit gem. § 57 Abs.2 S.1 GmbHG

Gem. § 56a GmbHG müssen entsprechend § 7 Abs.2 und 3 GmbHG Mindesteinlagen auf das neugeschaffene Stammkapital geleistet worden sein. Gem. § 57 Abs.2 S.1 GmHG müssen die Geschäftsführer[324] bei der Anmeldung versichern, daß die Mindesteinzahlungen auf das das neue Stammkapital bewirkt sind und daß der "Gegenstand der Leistungen sich endgültig in der freien Verfügung der Geschäftsführer befindet." Es handelt sich insoweit um die deckungsgleiche Formulierung wie bei § 8 Abs.2 S.1 GmbHG für die Kapitalaufbringung bei Gründung der GmbH. Auch im Rahmen einer Stammkapitalerhöhung ist die Frage der freien Verfügbarkeit der neuen Einlage nach den Kriterien der materiellen Rechtslage vom Registergericht vor der Eintragung zu prüfen. Die Publizitätspflicht als solche wird dadurch nicht beeinflußt, weswegen auf die Anforderun-

---

[321] Rowedder-*Zimmermann*, GmbHG, § 57 Rdnr. 1.

[322] Anders im Aktienrecht, in dem eine getrennte Anmeldung des Erhöhungsbeschlusses (§ 184 AktG) und der Durchführung der Kapitalerhöhung (§ 188 AktG) erfolgen, vgl. Rowedder-*Zimmermann*, GmbHG, § 57 Rdnr. 1.

[323] Die Übernahmeerklärungen müssen von der Gesellschaft angenommen worden sein, weil erst dann der Übernahmevertrag mit der Einlageverpflichtung zustandegekommen ist. Die Annahme kann aber formlos geschehen und auch in der Anmeldung zum Handelsregister gesehen werden; Rowedder- *Zimmermann*, GmbHG, § 57 Rdnr. 3, 14.

[324] § 78 GmbHG.

gen, die an die freie Verfügbarkeit i.S.d. § 57 Abs.2 S.1 GmbHG zu stellen sind, hier nicht näher eingegangen wird.

c) Weitere Anforderungen gem. §§ 54, 57b, 57c GmbHG

Da die Kapitalerhöhung ein Sonderfall einer Satzungsänderung ist, gelten die Bestimmungen der Satzungsänderung entsprechend. Insbesondere tritt die Wirksamkeit der Kapitalerhöhung erst mit ihrer Eintragung in das Handelsregister ein (§ 54 Abs.3 GmbHG). Ferner bedarf die Kapitalerhöhung einer genauen inhaltlichen Eintragung und entsprechenden Bekanntmachung, weil sie eine der in § 10 Abs.1 GmbHG genannten Angaben (Höhe des Stammkapitals) betrifft.[325]

Im Falle der Erhöhung durch Sacheinlagen (§ 56 GmbHG) muß gem. § 57b GmbHG aus der Bekanntmachung hervorgehen, daß Sacheinlagen geleistet werden.[326]

Wenn eine Kapitalerhöhung aus Gesellschaftsmitteln erfolgen soll (§ 57c GmbHG), ist bei der Anmeldung der Stammkapitalerhöhung zur Eintragung ins Handelsregister die der Kapitalerhöhung zugrundegelegte Bilanz mit Bestätigungsvermerk gem. § 57i GmbHG beizufügen. Falls (nur) eine Zwischenbilanz zugrundegelegt wird (§ 57f GmbHG), ist auch der letzte Jahresabschluß beizufügen.

9. Kapitalherabsetzungspublizität, §§ 58, 58e, 58f GmbHG

a) Anmeldevoraussetzungen gem. § 58 Abs.1 GmbHG

Bei einer Herabsetzung des Stammkapitals müssen die Geschäftsführer zunächst dreimal in den Publikationsorganen der Gesellschaft, also regelmäßig im Bundesanzeiger und in der örtlichen Tagespresse,[327] den Beschluß auf Herabsetzung des Stammkapitals bekanntmachen, § 58 Abs.1 Nr.1 Halbs.1 GmbHG. Zugleich sind

---

[325] *Zöllner*, in: Baumbach/Hueck, GmbHG, § 57 Rdnr.15.
[326] Beispiel bei *Zöllner*, in: Baumbach/Hueck, GmbHG, § 57b Rdnr.3.
[327] S.o. B. I. 2. b).

die Gläubiger der GmbH aufzufordern, sich zu melden, bekannte Gläubiger anzuschreiben. Gläubiger, die der Herabsetzung nicht zustimmen, sind wegen ihrer erhobenen Ansprüche gem. § 58 Abs.1 Nr.2 GmbHG zu befriedigen oder es ist ihnen eine Sicherheit zu gewähren. Frühestens ein Jahr nach der letzten der drei Bekanntmachungen des Herabsetzungsbeschlusses kann dieser gem. § 58 Abs.1 Nr. 3 GmbHG zum Handelsregister angemeldet werden. Gem. § 58 Abs.1 Nr.4 GmbHG sind die Bekanntmachungen des Beschlusses mit einzureichen. Ferner haben die Geschäftsführer die Versicherung abzugeben, daß die Gläubiger befriedigt worden sind oder ihnen eine Sicherheit gewährt wurde.[328]

b) Eintragung und Bekanntmachung der Kapitalherabsetzung

Für die Eintragung und Bekanntmachung der Kapitalherabsetzung ist § 54 Abs.2 GmbHG maßgebend, weil auch die Herabsetzung ein Sonderfall der Satzungsänderung ist.[329] Es wird eingetragen und bekanntgemacht, daß und auf welchen Betrag das Stammkapital herabgesetzt worden ist.[330]

c) Vereinfachte Kapitalherabsetzung, §§ 58a- 58f GmbHG

Seit 19.10.1994 gelten die Regeln über die vereinfachte Kapitalherabsetzung zur Beseitigung einer Unterbilanz gem. §§ 58a - 58 f GmbHG.[331] Bei der vereinfachten Kapitalherabsetzung ist die Einhaltung des o.g. Sperrjahres nicht erforderlich.[332] Gem. § 58e GmbHG besteht die Möglichkeit, den Kapitalherabsetzungsbeschluß auf den letzten, davor liegenden Jahresabschluß zurückzubeziehen. In diesem Falle sind gem. § 58e Abs.3 GmbHG sowohl der Kapitalherabsetzungsbeschluß als auch der Beschluß über die Feststellung des Jahresabschlusses nichtig, wenn der Beschluß über die Kapitalherabsetzung nicht binnen drei Monaten nach der Beschlußfassung in das Handelsregister eingetragen worden ist. Eine rechtzeitige Anmeldung reicht zur Fristwahrung nicht aus. Deshalb emp-

---

[328] Lediglich aus Sicht der Geschäftsführer offensichtlich unbegründete Forderungen sind insoweit nicht zu berücksichtigen, vgl. Rowedder-*Zimmermann*, GmbHG, § 58 Rdnr. 26; *Zöllner*, in: Baumbach/Hueck, GmbHG, § 58 Rdnr.31.

[329] Rowedder-*Zimmermann*, GmbHG, § 58 Rdnr. 1; *Zöllner*, in: Baumbach/Hueck, GmbHG, § 58 Rdnr.40.

[330] *Zöllner*, in: Baumbach/Hueck, GmbHG, § 58 Rdnr.40.

[331] Rowedder-*Zimmermann*, GmbHG, § 58 Rdnr. 6.

[332] Rowedder-*Zimmermann*, GmbHG, § 58 Rdnr. 32.

fiehlt es sich, bereits im Kapitalherabsetzungsbeschluß auf die Rückbeziehung hinzuweisen, wenn sie beabsichtigt ist. Wenn bereits im Kapitalherabsetzungsbeschluß bestimmt wird, daß der Beschluß unabhängig von der Rückwirkung Bestand haben soll, entfällt im Falle einer Fristüberschreitung die Nichtigkeit des Kapitalherabsetzungsbeschlusses.[333]

Gem. § 58f GmbHG kann mit der Kapitalherabsetzung eine gleichzeitige Erhöhung des Stammkapitals als Sanierungsmaßnahme bei drohender oder eingetretener Überschuldung verbunden werden. Die Kapitalherabsetzung dient dann der Beseitigung einer Unterbilanz, die Kapitalerhöhung der Zuführung neuer Eigenmittel.[334] Eine Rückwirkung auf den letzten Jahresabschluß ist auch hier möglich. Es können beide Maßnahmen zurückwirken oder nur die Kapitalherabsetzung. Die Kapitalerhöhung allein kann nicht zurückwirken, weil nach eine rückwirkende Kapitalerhöhung nur zur Ergänzung einer rückwirkenden Kapitalherabsetzung zulässig ist. Wenn weder Kapitalherabsetzung noch Kapitalerhöhung zurückwirken, sind sie jeweils in den Jahresabschlüssen der Geschäftsjahre auszuweisen, in denen die Beschlüsse Wirksamkeit erlangen.[335] Gem. § 58f Abs.2 GmbHG muß die Eintragung von Kapitalherabsetzung und Stammkapitalerhöhung in gleicher Weise wie bei § 58e Abs.3 GmbHG binnen drei Monaten nach der Beschlußfassung erfolgt sein. Andernfalls sind die Beschlüsse nichtig. Eine fristgerechte Anmeldung wirkt insoweit nicht fristwahrend. Das Registergericht soll gem. § 58f. Abs.2 S.3 GmbHG den Kapitalherabsetzungs- und den Erhöhungsbeschluß gemeinsam eintragen. Ein Verstoß hiergegen berührt die Wirksamkeit aber nicht.[336]

10. Auflösungs- und Fortsetzungspublizität, § 65 GmbHG

Die Auflösung der GmbH ist gem. § 65 GmbHG von den Liquidatoren (§ 78 GmbHG) zur Eintragung in das Handelsregister anzumelden. Im Falle der Eröffnung oder der Ablehnung der Eröffnung eines Insolvenzverfahrens über das Vermögen der Gesellschaft erfolgt die Eintragung von Amts wegen, so daß eine Anmeldung entbehrlich ist, § 65 Abs.1 Sätze 2 und 3 GmbHG. Im Falle der Löschung der Gesellschaft gem. § 60 Abs.1 Nr.7 entfällt die Eintragung der Auflösung. Unabhängig von der Bekanntmachung der Eintragung gem. § 10 HGB ist

---

333 Rowedder-*Zimmermann*, GmbHG, § 58e Rdnr. 7.
334 Rowedder-*Zimmermann*, GmbHG, § 58 Rdnr. 42.
335 Rowedder-*Zimmermann*, GmbHG, § 58f Rdnr. 4-7.
336 Rowedder-*Zimmermann*, GmbHG, § 58f Rdnr. 14.

die Löschung gem. § 65 Abs.2 i.V.m. § 30 Abs.2 GmbHG dreimal hintereinander von den Liquidatoren in den vom Gesellschaftsvertrag für die Bekanntmachung der Gesellschaft vorgesehenen Blättern und in Ermangelung solcher im Bundesanzeiger sowie über die Handelsregistermitteilungen in der örtlicher Tagespresse besonders bekanntzumachen.[337] Auch ein etwaiger Beschluß über die Fortsetzung der Gesellschaft nach ihrer Auflösung ist anzumelden, einzutragen und bekanntzugeben.[338] Die Eintragung ist allerdings nicht Wirksamkeitsvoraussetzung für den Fortsetzungsbeschluß.[339] Die Eintragung der Auflösung der Gesellschaft erfolgt gem § 43 Nr.6 k HRV in Spalte 6 des Handelsregisters.

11. Liquidatorenpublizität, § 67 GmbHG

Gem. § 67 GmbHG sind die Liquidatoren einer GmbH zur Eintragung in das Handelsregister anzumelden. Gem. § 43 Nr.4 HRV sind sie mit Vor- und Zunamen, Beruf und Wohnort einzutragen. Eintragung und Bekanntmachung haben nur deklaratorische Bedeutung und sind für Amtsantritt und -beendigung ohne Einfluß. Bei unterlassener Eintragung gilt § 15 Abs.1 und 2 GmbHG, bei unrichtiger Bekanntmachung § 15 Abs.3 GmbHG.[340]

12. Löschungspublizität, § 74 GmbHG

Die Beendigung der Liquidation ist gem. § 74 GmbHG zur Eintragung in das Handelsregister von den Liquidatoren (vgl. § 78 GmbHG) anzumelden. Darin liegt zugleich die gem. § 67 Abs.1 GmbHG erforderliche Anmeldung, daß das Liquidatorenamt erloschen ist.[341] Das Gericht prüft dann, ob die Liquidation tatsächlich beendet ist und ob Bücher und Geschäftsunterlagen der Gesellschaft nach § 74 Abs.2 GmbHG verwahrt sind. Es kommt dann zur Löschung der GmbH. Die Eintragung der Löschung wird nach § 10 HGB bekanntgemacht.[342]

---

[337] *Schulze-Osterloh*, in: Baumbach/Hueck, GmbHG, § 65 Rdnr.15.
[338] *Schulze-Osterloh*, in: Baumbach/Hueck, GmbHG, § 65 Rdnr.18.
[339] *Schulze-Osterloh*, in: Baumbach/Hueck, GmbHG, § 60 Rdnr.47.
[340] *Schulze-Osterloh*, in: Baumbach/Hueck, GmbHG, § 67 Rdnr.18.
[341] *Schulze-Osterloh*, in: Baumbach/Hueck, GmbHG, § 74 Rdnr.4. m. zahlr. weit. Nachw.
[342] *Schulze-Osterloh*, in: Baumbach/Hueck, GmbHG, § 74 Rdnr.5

13. Nichtigkeitsklagenpublizität, § 75 GmbHG

Wenn wegen Fehlern im Gesellschaftsvertrag Klage gem. § 75 Abs.1 GmbHG erhoben wird, die Gesellschaft für nichtig zu erklären, müssen die Geschäftsführer gem. § 75 Abs.2 GmbHG i.V.m. §§ 246, 248 AktG die Klageerhebung und den Termin zur mündlichen Verhandlung unverzüglich in den Gesellschaftsblättern bekanntmachen. Wenn es keine Gesellschaftsblätter gibt, hat eine Bekanntmachung in Bundesanzeiger und örtlicher Tagespresse gem. §§ 10,11 HGB zu erfolgen.[343] Indessen erscheint eine Bekanntmachung im Bundesanzeiger stets geboten. Denn § 75 Abs.2 GmbHG verweist direkt auf 246 Abs.4 AktG. § 246 Abs.4 AktG kann aber nur unter Beachtung von § 25 Satz 1 AktG befolgt werden. Nach § 25 Satz 1 AktG ist eine Bekanntmachung der Gesellschaft, die nach Gesetz oder Satzung durch die Gesellschaftsblätter erfolgen soll, in den Bundesanzeiger einzurücken. Eine ausdrücklich vom Regelungsgehalt des § 25 AktG abweichende Vorschrift enthält das GmbHG nicht. Vielmehr erscheint § 10 Abs.3 Halbs.2 GmbHG mit dem Regelungsgehalt der §§ 23 Abs.4, 25 S.2 AktG vergleichbar.[344] Sowohl nach AktG als auch nach GmbHG hat ein besonderer Hinweis auf weitere, fakultative Publikationsorgane ("Gesellschaftsblätter") zu erfolgen, die ergänzend neben den Bundesanzeiger treten. Sowohl AktG als auch GmbH betrachten also den Bundesanzeiger als sozusagen "oberstes Gesellschaftsblatt". Es ist deshalb nicht ersichtlich, warum beim gesetzlichen Verweis auf § 246 Abs.4 AktG die mit § 246 AktG einhergehende Regelung des § 25 AktG von diesem Verweis ausgeschlossen sein sollte.

14. Urteilspublizität bei der Beschlußanfechtungsklage, § 248 Abs.1 S.2-4 AktG analog

Bei einer Anfechtung von Gesellschafterbeschlüssen durch eine gesellschaftsrechtliche Anfechtungsklage[345] vor einem Zivilgericht besteht keine Verpflichtung für die Geschäftsführer, die Klageerhebung allgemein bekanntzumachen, wie dies § 246 Abs.4 AktG vorsieht.[346] Eine Information der Gesellschafter ist allerdings

---

[343] Rowedder-*Zimmermann*, GmbHG, § 75 Rdnr.30.

[344] *Hueck*, in: Baumbach/Hueck, GmbHG, § 10 Rdnr.5.

[345] Im Hinblick auf die Geltendmachung der Nichtigkeit von Gesellschafterbeschlüssen sind die Streitgegenstände einer Anfechtungs- und einer Nichtigkeitsklage identisch, so *Zöllner*, in: Baumbach/Hueck, GmbHG, Anh 47, Rdnr.83 m.w.N.

[346] *Zöllner*, in: Baumbach/Hueck, GmbHG, Anh 47, Rdnr.86.

geboten.[347] Das den Anfechtungsprozeß abschließende Urteil ist dann in entsprechender Anwendung von § 248 Abs.1 S.2 AktG zum Handelsregister einzureichen. Wenn der angefochtene Beschluß eingetragen war, wird gem. § 248 Abs.1 S.3 AktG analog auch das Urteil eingetragen und ist analog in gleicher Weise wie der Beschluß bekanntzumachen gem. § 248 Abs.1 S.4 AktG .[348]

VII. Anmelde- und Eintragungsverpflichtungen der GmbH & Co KG

Auf die Besonderheiten, die sich für die GmbH & Co KG bei der Anmeldung zum Handelsregister ergeben, wurde oben bei der Darstellung der allgemeinen Eintragungsverpflichtungen der KG nicht eingegangen. Zwar ist die GmbH & Co KG eine Sonderform der KG. Sie hat jedoch auch eine Vergleichbarkeit mit der GmbH aufgrund ihrer beschränkten Haftung auf das Haftungsvermögen der Komplementär-GmbH.

Für die Anmeldung und Eintragung einer GmbH & Co KG zum Handelsregister und die nachfolgende Bekanntmachung gelten prinzipiell die oben dargestellten Regeln über die KG unter Berücksichtigung der Besonderheiten, die sich dadurch ergeben, daß persönlich haftender Gesellschafter eine GmbH ist. In der Regel wird die Anmeldung der GmbH & Co KG erst nach Eintragung der GmbH erfolgen, weil diese gem. § 11 Abs.1 GmbHG vorher nicht besteht.

1. Anmeldung mit Vor-GmbH als Komplementärin

Wenn die KG bereits vor Eintragung der GmbH eingetragen werden soll, wird es heute als möglich angesehen, die mit Abschluß des GmbH-Vertrages entstehende, aber selbst nicht eingetragene Vor-GmbH als persönlich haftende Gesellschafterin der GmbH & Co KG einzutragen.[349] Früher hingegen ging die herrschende Meinung in Rechtsprechung und Schrifttum davon aus, daß bis zur Eintragung der Komplementär-GmbH im Handelsregister weder der Kommanditgesellschaftsvertrag Wirksamkeit erlangen, noch die KG zum Handelsregister angemeldet werden könne. Bis zur Eintragung der Komplementär-GmbH sei der

---

[347] BGHZ 97, 28 31.
[348] *Zöllner*, in: Baumbach/Hueck, GmbHG, Anh 47, Rdnr.90.
[349] GK-*Fahse*, § 161 Rdnr. 65.

Kommanditgesellschaftsvertrag schwebend unwirksam.[350] Diese Auffassung hat der BGH jedoch in seinem Grundsatzurteil vom 9.3.1981[351] aufgegeben und ausdrücklich anerkannt, daß die Vor-GmbH persönlich haftende Gesellschafterin einer (Vor-) GmbH & Co KG sein könne.[352] Dahingehende Argumentationen fanden sich bereits zuvor im Schrifttum.[353] Ernsthafte Zweifel an der Eintragungsfähigkeit der Vor-GmbH als Komplementärin der (Vor-) GmbH & Co KG sind heute nicht mehr zu verzeichnen.[354]

Vielfach wird empfohlen, von dieser Möglichkeit einer frühzeitigen Eintragung der GmbH & Co KG Gebrauch zu machen,[355] weil bei Aufnahme der Geschäfte der KG vor ihrer Registereintragung die von der Rechtsprechung[356] angenommene unbeschränkte Haftung der Kommanditisten gem. § 176 HGB drohe. Bei einer entspechenden Anmeldung der GmbH & Co KG vor Eintragung der GmbH ist die als Komplementärin fungierende Vor-GmbH als solche durch einen Zusatz, etwa "i.G." kenntlich zu machen. Nach Eintragung der GmbH in das Handelsregister wird dann der Zusatz gelöscht.[357]

2. Sonderfragen für Anmeldung und Eintragung der Komplementär-GmbH

Für Anmeldung und Eintragung der Komplementär-GmbH stellt sich in der Praxis die Frage, was als Gegenstand des Unternehmens der Komplementär-GmbH anzugeben ist. Es erscheint naheliegend, die Übernahme der persönlichen Haftung

[350] OLG Hamm, Beschl. v. 16.6.1976 - 15 W 195/76 - DB 1976, S.1859f. m. zahlr. weit. Nachw.; BayObLG BReg. 2 Z 63/68 v. 8.11.1968, GmbHR 1969, S.22f; zunächst auch BGH Urt. v. 8.7.1974 - II ZR 180/72 - BGHZ 63, 45, 47.

[351] BGH Urt. v. 9.3.1981 - II ZR 54/80 - BGHZ 80, 129, 130 Leitsatz f.

[352] Im übrigen hatte der BGH in dem Urteil den Übergang sämtlicher Aktiva und Passiva der Vor-GmbH auf die GmbH für möglich erklärt und eine daraus resultierende Vorbelastungshaftung der Gründer entwickelt.

[353] Vgl. *Binz*, GmbHR 1976, S. 29, 31; Hachenburg-*Ulmer*, GmbHG, § 11 Rdnr. 102. Das OLG Hamm (s. Fn. 350) meinte noch 1976, die Argumentation von *Binz* liege neben der Sache. Gut viereinhalb Jahre später folgte ihr indessen der BGH.

[354] Stellenweise wird die Eintragungsfähigkeit der Vor-GmbH als Komplementärin als strittig vermerkt, was wohl auf die frühere entgegengesetzte Rechtsprechung zurückzuführen sein dürfte, vgl. *Baumbach/Hopt*, HGB, 29. Aufl., 1995, Anh § 177a Rdnr.13, 15.

[355] *Baumbach/Hopt*, HGB, 29. Aufl., 1995, Anh § 177a Rdnr.13; GK-*Fahse*, § 161 Rdnr. 62.

[356] Dagegen wird im Schrifttum die Geltung des § 176 HGB für die GmbH & Co KG verneint, weil dort üblicherweise alle Gesellschafter außer der Komplementär-GmbH Kommanditisten seien und der Rechtsverkehr dies wisse, *Baumbach/Hopt*, HGB, 29. Aufl., 1995, Anh § 177a Rdnr.19 m.w.N., § 176 Rdnr. 2.

[357] *Baumbach/Hopt*, HGB, 29. Aufl., 1995, Anh § 177a Rdnr.13.

in der KG als Geschäftszweck der GmbH anzugegeben. Dies entspricht dem Stand im Schrifttum[358]. Dem ist zuzustimmen, weil damit genau die tatsächlichen Verhältnisse exakt widergegeben sind. Zum Teil wurde aber auch in der Rechtsprechung gefordert, als Gegenstand des Unternehmens der Komplementär-GmbH müsse der Tätigkeitsbereich der GmbH & Co KG angegeben werden.[359]

3. Sonderfragen für die Anmeldung der KG

§ 108 Abs.2 HGB bestimmt, daß die vertretungsberechtigten Gesellschafter "ihre Namensunterschrift unter Angabe der Firma zur Aufbewahrung bei dem Gericht zu zeichnen" haben.[360] Gemeint ist, daß bei der Handelsregisteranmeldung einer KG gem. § 108 Abs.2 HGB i.V.m. §§ 12 HGB, 41 BeurkG die vertretungsberechtigten Gesellschafter einer KG ihre Namensunterschrift in öffentlich beglaubigter Form, regelmäßig also vor einem Notar, persönlich handschriftlich zu bewirken haben und diese dann beim Gericht zu hinterlegen ist.[361] Fraglich ist, wie insoweit bei der GmbH & Co KG mit der GmbH als vertretungsberechtigter Gesellschafterin zu verfahren ist.

---

358 Statt vieler: Hachenburg-*Ulmer*, GmbHG, § 3 Rdnr.24 m.w.N.

359 Hanseat. OLG Hamburg, Beschl. v. 18.7.1968 - 2 W 125/67, BB 1968, S. 267 mit zustimmender Anm. *Grobe*; BayObLG, Beschl. v. 15.12.1975 - 2 Z 53/75, NJW 1976, S. 1694.

360 Angesichts der Formulierung des Gesetzgebers könnte man sich fragen, wie eine Namensunterschrift gezeichnet werden kann.

361 *Ring*, Das neue Handelsrecht, § 5 Rdnr. 9; *Baumbach/Hopt*, HGB, 29. Aufl., 1995, § 108 Rdnr. 7 i.V.m. § 35 Rdnr. 1. Für die alte Rechtslage vor Inkrafttreten des HRefG, wonach bei Handelsregisteranmeldungen nicht nur die Namensunterschrift, sondern auch die Firma zu "zeichnen" war, wird bei *Baumbach/Hopt*, HGB, 29. Aufl., 1995, § 29 Rdnr. 3 auf die Sicherung einer Schriftprobe zur Erleichterung der Prüfung von Unterschriften im Geschäftsverkehr auf Echtheit hingewiesen. Nach altem Recht mußten deshalb die Firma und die eigene Unterschrift "gezeichnet", d.h. in öffentlich beglaubigter Form bewirkt und eingereicht werden, wobei dies nach *Baumbach/Hopt*, HGB, 29. Aufl., 1995, § 29 Rdnr. 3 nicht Vorausssetzung für die Eintragung, aber nachträglich erzwingbar sei. Nach dem HRefG ist die Zeichnung der Namensunterschrift unter Angabe der Firma ausreichend, aber auch erforderlich *Ring*, Das neue Handelsrecht, § 5 Rdnr. 12 i.V.m. Rdnr. 9 a.E.

a) Rechtslage und Meinungsstand bis zum Inkrafttreten des Handelsrechtsreformgesetzes

Bis zum Inkrafttreten des Handelsrechtsreformgesetzes[362] ging man überwiegend davon aus, daß bei der Anmeldung der KG alle Geschäftsführer der Komplementär-GmbH ihre eigene Unterschrift sowie zusätzlich die von ihnen ebenfalls handschriftlich geschriebenen Namen[363] von KG und GmbH beim Registergericht einzureichen hatten.[364] Teilweise wurde allerdings auch vertreten, der Name der GmbH müsse nicht handschriftlich[365] eingereicht werden. Die Firma der GmbH könne handschriftlich, maschinenschriftlich oder durch Stempel vor die Namensunterschriften der GmbH-Geschäftsführer gesetzt werden, um zu verdeutlichen, daß diese nicht für sich persönlich, sondern für die GmbH zeichnen.[366] Darüber hinaus wurde vereinzelt in der Rechtsprechung sogar ganz darauf verzichtet, bei der Anmeldung der KG die Firma der Komplementär-GmbH neben den Unterschriften ihrer Geschäftsführer überhaupt noch nennen zu müssen.[367] Begründet wurde dies damit, daß für alle Arten von Kapitalgesellschaften das Gesetz nur vorschreibe, daß die zu ihrer Vertretung berufenen Personen ihre Unterschriften, nicht aber auch die Firma zur Aufbewahrung beim Registergericht handschriftlich zu zeichnen hätten (siehe z.B. § 8 Abs.5 GmbHG).

---

[362] Gesetz zur Neuregelung des Kaufmanns- und Firmenrechts und zur Änderung anderer handels- und gesellschaftsrechtlicher Vorschriften (Handelsrechtsreformgesetz - HRefG), BGBl. I 1998, S. 1474.

[363] *Baumbach/Hopt*, HGB, 29. Aufl., 1995, Anh § 177a, Rdnr. 13.

[364] GK-*Fahse*, § 161 Rdnr.64; BayObLG, Beschl. v. 12.11.1987 - BReg 3 Z 130/87, NJW 1988, S.2051 m.w.N..

[365] Staub-*Ulmer*, § 108 Rdnr. 21; Staub-*Schilling*, § 162 Rdnr.7.

[366] Staub-*Schilling*, § 162 Rdnr.7; OLG Hamm, Beschl. v. 3.3.1983 - 15 W 1/82 - GmbHR 1985, S.158 fordert unter Hinweis auf § 35 Abs.3 GmbHG die Angabe der Firma der GmbH, läßt aber offen, ob diese handschriftlich gezeichnet werden muß.

[367] OLG Celle, Beschl. v. 3.5.1979 - 1 Wx 3/79 - BB 1980, S.223f.

b) Eigene Stellungnahme angesichts der Rechtslage nach Inkrafttreten des Handelsrechtsreformgesetzes

Nach Inkrafttreten des Handelsrechtsreformgesetzes müssen nunmehr gem. § 108 Abs.2 HGB i.d.F. d. HRefG die Gesellschafter einer KG, die diese vertreten sollen, nicht mehr zusätzlich zu ihrer eigenen Unterschrift auch noch handschriftlich den Namen der KG beim Registergericht hinterlegen. Es genügt gem. § 108 Abs.2 HGB die Einreichung der (notariell beglaubigten)[368] Namensunterschrift unter einfacher Angabe der Firma, etwa durch einen Firmenstempel oder eine maschinenschriftliche oder auch handschriftliche Angabe des KG-Namens. Bislang war aus der alten Fassung des § 108 Abs.2 HGB, wonach die vertretungsberechtigten Gesellschafter auch "die Firma handschriftlich zu zeichnen"[369] hatten, gefolgert worden, daß bei der GmbH & Co KG nicht nur die Firma der KG, sondern auch diejenige der GmbH handschriftlich gezeichnet werden müßte.[370] Da nunmehr für die KG die bloße Angabe der Firma als Zusatz zur Unterschrift der vertretungsberechtigten Gesellschafter bei der Anmeldung ausreicht, erscheint es sytemgerecht, dies auch für die GmbH ausreichen zu lassen. Entgegen der Ansicht, die GmbH müsse überhaupt nicht erwähnt werden,[371] sollte aber in jedem Falle aus Klarstellungsgründen durch einen Firmenstempel der GmbH oder einen sonstigen Zusatz ein Hinweis darauf erfolgen, daß die Geschäftsführer der Komplementär-GmbH nicht für sich selbst, sondern für diese handeln. Denn auch die insoweit abweichende Auffassung meint, daß es "wenig sinnvoll" wäre, wenn "die Firma beim Gericht in anderer Form hinterlegt wird, als sie im Geschäftsverkehr tunlichst verwendet werden soll."[372] Gem. § 35 Abs.3 GmbHG erfolgt aber die Zeichnung einer GmbH gerade durch die Unterschrift ihrer Geschäftsführer nebst einem Hinweis auf die Firma. Wenn also § 108 Abs.2 HGB verlangt, daß die vertretungsberechtigten Gesellschafter ihre Namensunterschrift unter Angabe der Firma der KG zur Aufbewahrung bei dem Gericht zu zeichnen haben, so heißt dies für die vertretungsberechtigte Komplementär-GmbH, daß für diese so zu zeichnen ist, wie dies üblicherweise der Fall ist, nämlich durch Namensunterschrift ihrer Geschäftsführer der GmbH nebst Angabe der Firma der GmbH, § 35 Abs.3 GmbH. § 8 Abs.5 GmbHG ist in diesem Zusammenhang m.E. entgegen der zuvor genannten anderen Auffassung nicht einschlägig, weil es hier um die Re-

---

[368] §§ 12 HGB, 41 BeurkG.

[369] *Ring*, Das neue Handelsrecht, § 5 Rdnr. 12.

[370] BayObLG, Beschl. v. 12.11.1987 - BReg 3 Z 130/87, NJW 1988, S.2051.

[371] OLG Celle, Beschl. v. 3.5.1979 - 1 Wx 3/79 - BB 1980, S.223f.

[372] OLG Celle, Beschl. v. 3.5.1979 - 1 Wx 3/79 - BB 1980, S.223, 224.

gisteranmeldung der KG und nicht um diejenige der GmbH geht. Die GmbH ist lediglich an der Anmeldung der KG beteiligt und muß deshalb bei der Anmeldung der KG in der gleichen Weise, wie sonst auch bei einer Beteiligung am Rechtsverkehr gem. § 35 Abs.3 GmbHG zeichnen.

Der Anmeldung der GmbH & Co KG müssen demzufolge die Unterschriften aller[373] GmbH-Geschäftsführer nebst maschinen- oder handschriftlicher Angabe der GmbH oder durch Stempelaufdruck sowie die Angabe der Firma der KG (durch Stempel, Maschinenschrift oder handschriftlich) zur Aufbewahrung beim Registergericht beigefügt sein. Ferner müssen auch die Kommanditisten die Anmeldung mitunterschreiben, weil sie gem. § 108 Abs.1 i.V.m. § 161 Abs.2 HGB ebenfalls anmeldepflichtig sind.

4. "Zweigleisigkeit" der Anmeldung in der GmbH & Co. KG

Somit müssen bei einer GmbH & Co KG sowohl für die Komplementär-GmbH als auch für die KG die jeweiligen allgemeinen Anmeldeverpflichtungen beachtet werden. Diese wurden bereits einzeln für die Urformen der "klassischen" KG bzw. GmbH zuvor dargestellt. Die bei der GmbH & Co KG zu beachtende Zweigleisigkeit hinsichtlich der Willensbildung in beiden Gesellschaften[374] setzt sich auch bei den allgemeinen Registerpflichten fort: Wenn Gesellschaftsbeteiligungen verkauft oder neue Gesellschafter aufgenommen werden sollen, erfolgt die Beschlußfassung zweigleisig, nämlich sowohl in der Komplementär-GmbH durch deren Gesellschafter, als auch in der KG durch die Kommanditisten und die Komplementär-GmbH, die wiederum durch ihre Geschäftsführer vertreten wird. Die Beschlüsse in beiden Gesellschaften bilden dann die jeweilige Grundlage für die dann auch zweigleisig, nämlich für GmbH und KG jeweils gesondert vorzunehmende Anmeldung. Auch die Eintragung erfolgt dann zweigleisig, nämlich in den Abteilungen A und B des Handelsregisters, bei Mitteilungen über Eintragungen im Handelsregister kurz HRA und HRB genannt. Diese Zweigleisigkeit bei der Registeranmeldung laufender Maßnahmen ist in jedem Falle zu beachten, auch wenn für die Beschlußfassung in der besonders praxisrelevanten personen-

---

[373] Dies ergibt sich aus § 35 Abs.2 S.2 GmbHG. Besteht bei mehreren Geschäftsführern Alleinvertretungsberechtigung, sollten m.E. aufgrund des Normzwecks von § 108 Abs.2 HGB ebenfalls die Unterschriften aller Geschäftsführer der Komplementär-GmbH hinterlegt werden.
[374] *K. Schmidt*, Gesellschaftsrecht, § 56 IV 2.

und beteiligungsgleichen GmbH & Co KG (echte GmbH & Co KG)[375] nach Ansicht der Literatur bei Schaffung entsprechender Voraussetzungen[376] jeder in GmbH-Zuständigkeit gefaßte Beschluß als GmbH-Beschluß und jeder in KG-Zuständigkeit gefaßter Beschluß als Kommanditistenbeschluß angesehen werden kann, ohne daß die Gesellschafter um eine richtige Zuordnung der Beschlüsse besorgt sein müßten.[377]

5. Exkurs: Die Firmierung als GmbH & Co KG nach neuem Recht

Im Zuge der Änderungen durch das Handelsrechtsreformgesetz[378] hat der Gesetzgeber nunmehr auch den Streit entschieden, wann bei einer mehrstufigen GmbH & Co KG ein Hinweis auf die Haftungsbeschränkung durch eine entsprechende Kennzeichnung in der Firmierung erfolgen muß. Nach § 19 Abs.2 HGB i.d.F d. HRefG muß ein solcher Hinweis nur dann erfolgen, wenn letztlich keine natürliche Person für die Verbindlichkeiten der Gesellschaft persönlich haftet. Unabhängig davon gelten die bisherigen Leitlinien weiter, in welcher Reihenfolge und Anordnung die Rechtsformzusätze in der Firma einer GmbH & Co KG angegeben werden müssen, damit diese nicht täuschend und damit unzulässig sind.[379]

VIII. Anmelde- und Eintragungsverpflichtungen für Aktiengesellschaft und Kommanditgesellschaft auf Aktien

1. Anmelde- und Eintragungsverpflichtungen der AG

Handelsrechtliche Anmelde- und Eintragungsverpflichtungen der AG sind nach der Herausnahme des Aktienrechts aus dem Handelsgesetzbuch im Jahre 1937 im

---

375 *Baumbach/Hopt*, HGB, 29. Aufl., 1995, Anh § 177 Rdnr.6.

376 Nach *K. Schmidt*, Gesellschaftsrecht, § 56 IV 2. sind dies:
1. dauerhafte personelle Verzahung beider Gesellschaften durch stets gleiche Beteiligungsverhältnisse,
2. Ausschluß der GmbH vom Stimmrecht in der KG,
3. gleiche Mehrheitserfordernisse bei GmbH- und KG-Beschlüssen,
4. einheitliches Einberufungs- und Beschlußverfahren in GmbH und KG.

377 *K. Schmidt*, Gesellschaftsrecht, § 56 IV 2.

378 Gesetz zur Neuregelung des Kaufmanns- und Firmenrechts und zur Änderung anderer handels- und gesellschaftsrechtlicher Vorschriften (Handelsrechtsreformgesetz - HRefG), BGBl. I 1998, S. 1474.

379 *Ring*, Das neue Handelsrecht, § 3 Rdnr. 37, m.w.N., auch zum alten Meinungsstreit.

eigenständigen Aktiengesetz geregelt. Eine Ausnahme bilden die Vorschriften über Zweigniederlassungen in den §§ 13e, 13f HGB. Für die Aktiengesellschaft wurden die Grundmuster handelsregisterlicher Anmelde- und Eintragungsverpflichtungen gebildet, hieß es doch seit der Aktienrechtsnovelle von 1870 bereits im Vorläufer des HGB, dem ADHGB in dessen Art. 211 Abs.1: "Vor erfolgter Eintragung in das Handelsregister besteht die Aktiengesellschaft als solche nicht."[380]

Für den Rechtsverkehr erhebliche Tatsachen[381] bei Gründung und Geschäftstätigkeit einer AG unterfallen den allgemeinen handelsrechtlichen Anmelde- und Eintragungsverpflichtungen der AG in gleicher Weise, wie dies zuvor für die "kleine Schwester" GmbH ausführlicher dargestellt wurde. Im Überblick ergeben sich folgende allgemeine handelsrechtliche Transparenz- und Publizitätspflichten für die AG.

a) "Entstehungspublizität", §§ 36-42 AktG, 219, 245 Abs.1 UmwG

Da Aktiengesellschaften häufiger als andere Unternehmensformen nicht mit Betriebsbeginn entstehen, sondern dieser nicht selten viel früher liegt und später die Rechtsform der AG für das Unternehmen rechtliche Handlungs- und Organisationsform wird, soll nicht von Betriebsbeginnpublizität, sondern von "Entstehungspublizität" gesprochen werden.

aa) Anmeldungsverpflichtete, § 36 Abs.1 AktG i.V.m. §§ 219, 245 Abs.1 UmwG

Gem. § 36 AktG ist die AG von allen Gründern und Vorstands- sowie Aufsichtsratsmitgliedern zur Eintragung in das Handelsregister anzumelden. Diese handeln dabei nicht in eigenem Namen, sondern im Namen der teilrechtsfähigen Vor-AG, die weder Gesellschaft bürgerlichen Rechts noch Verein, sondern Gesamthandsgesellschaft eigener Art ist[382]. Gegenüber echten Neugründungen von Aktienge-

---

[380] *K. Schmidt*, Gesellschaftsrecht, § 26 II 2.

[381] Gleichwohl wird nicht alles, was für den Rechts- und Handelsverkehr bedeutsam ist, eingetragen, z.B. bei der GmbH nichts über Mitgliedschaft und Beteiligungsverhältnisse, MüKo-*Bokelmann*, HGB, § 8 Rdnr. 27.

[382] *Hüffer*, AktG, 3. Aufl., 1997, § 36 Rdnr. 3, § 41 Rdnr.4, jeweils m. zahlr. w. N.

sellschaften überwiegen heute in der Praxis die Fälle, in denen eine AG durch eine Umwandlung von einem Unternehmen einer anderen Rechtsform in eine Aktiengesellschaft nach dem Umwandlungsgesetz entsteht,[383] also durch einen gesetzlich ermöglichten Rechtsformwechsel einer anderen Rechtsform in eine AG. Der umzuwandelnde Rechtsträger wird unter Fortbestand seiner Identität in einer anderen Rechtsform - in diesem Falle als AG - fortgeführt, §§ 190 ff. UmwG, insb. § 202 UmwG. Wenn eine AG durch Umwandlung aus einer GmbH nach dem UmwG entsteht, treten an die Stelle der Gründer gem. § 245 Abs.1 UmwG die GmbH-Gesellschafter, die für den Formwechsel gestimmt haben. Wird eine KGaA in eine AG umgewandelt, treten die persönlich haftenden Gesellschafter an die Stelle der Gründer, § 245 Abs.3 UmwG. Werden Personenhandelsgesellschaften in eine AG umgewandelt, treten an die Stelle der Gründer gem. § 219 UmwG die Gesellschafter, die für den Formwechsel gestimmt haben.

bb) Inhalt der Anmeldung, § 37 i.Vm. §§ 36 Abs.2, 36a AktG

Der Inhalt der Anmeldeverpflichtung ergibt sich im einzelnen aus § 37 AktG. Insbesondere ist die Erklärung abzugeben, daß die erforderlichen Einlageleistungen gem. §§ 36 Abs.2, 36a AktG erbracht sind. Ferner ist nachzuweisen, daß der eingezahlte Betrag nach Abzug der für die Gründung gezahlten Steuern und Gebühren[384] "zur endgültig freien Verfügung des Vorstandes" steht. Ob dies tatsächlich der Fall ist, ist eine vom Gericht gem. § 38 AktG zu prüfende materiellrechtliche Frage, auf die hier entsprechend dem oben zur GmbH Gesagten[385] nicht näher eingegangen wird.

In der Anmeldung ist weiterhin anzugeben, welche Vertretungsbefugnis die Vorstandsmitglieder haben, § 37 Abs.3 AktG. Ferner sind die in § 37 Abs.4 Nr.1-5 AktG aufgeführten Unterlagen sowie gem. Absatz 5 die Unterschriften der Vorstandsmitglieder einzureichen.

---

[383] *K.Schmidt*, Gesellschaftsrecht, § 27 I. 1.
[384] § 36 Abs.2 S.1 Halbs 2 AktG.
[385] B. VI. 1. c) aa).

cc) Prüfung der Anmeldung durch das Gericht gem. § 38 AktG

Gem. § 38 AktG erfolgt eine umfassende Prüfung der Eintragungsvoraussetzungen in formeller und materieller Hinsicht. Prüfungsgegenstände sind die ordnungsgemäße Anmeldung und Errichtung der AG, wobei nur Nichtigkeitsgründe gem. § 241 AktG zu beachten sind.[386] Ferner ist der Gründungs- und Prüfungsbericht auf Vollständigkeit und Richtigkeit zu überprüfen. Die Deckungsgleichheit von Nennbetrag und Sacheinlagen bzw. -übernahmen sowie Vorbelastungen sind ebenfalls zu berücksichtigen.[387] Eine die Eintragung hindernde Unterkapitalisierungskontrolle findet hingegen nicht statt.[388]

dd) Eintragung und Bekanntmachung, §§ 39-41 AktG

Eingetragen werden gem. § 39 AktG die Firma und der Sitz der Gesellschaft, der Gegenstand des Unternehmens, die Höhe des Grundkapitals, der Tag der Feststellung der Satzung sowie die Vorstandsmitglieder nebst ihrer Vertretungsbefugnis. Die Bekanntmachung erfolgt gem. § 40 AktG i.V.m. §§ 10,11 HGB. Der Bundesanzeiger ist gem. § 25 AktG zugleich Pflichtgesellschaftsblatt[389] für durch Gesetz und Satzung vorgeschriebene Publikationen. Die Satzung kann gem. § 25 S.2 AktG andere Blätter als Gesellschaftsblätter bezeichnen, muß aber - im Gegensatz zur GmbH-Satzung - gem. § 23 Abs.4 AktG in jedem Falle Bestimmungen über Bekanntmachungsformen enthalten.[390] Erst mit der Eintragung entsteht aus der Vor-AG die juristische Person der Aktiengesellschaft, § 41 Abs.1 S.1 AktG.

---

[386] *Hüffer*, AktG, 3. Aufl., 1997, § 38 Rdnr. 3.

[387] *Hüffer*, AktG, 3. Aufl., 1997, § 38 Rdnr. 7 ff. mit näheren Einzelheiten (Rdnrn. 7: Anmeldung, 8: Errichtung, 9: Nichtigkeitsgründe, 11: Gründungs- und Prüfungsbericht, 12: Sacheinlagen und -übernahmen, 13: Vorbelastungen.

[388] *K.Schmidt*, Gesellschaftsrecht, § 27 II 3. f), Bsp.2., sowie *Hüffer*, AktG, 3. Aufl., 1997, § 38 Rdnr. 10.

[389] *Hüffer*, AktG, 3. Aufl., 1997, § 25 Rdnr. 1

[390] Die Satzung kann sich darauf beschränken, das Gesetz zu wiederholen und die Einrückung im Bundesanzeiger und einem weiteren Publikationsorgan vorzusehen. Sinn macht § 23 Abs.4 AktG insbesondere dann, wenn die Satzung weitere, gesetzlich nicht vorgesehene Publikationspflichten begründet oder wenn bei Namensaktien die persönliche postalische Unterrichtung der Aktionäre als weitere Publikaitonsform festgelegt werden soll, vgl. Geßler-*Eckardt*, AktG, Bd.I, § 23 Rdnr. 98f.

b) Beteiligungspublizität, § 20 Abs.6 AktG

Eine allgemeine handelsrechtliche Transparenz- und Publizitätspflicht eigener Art[391] besteht bei der AG darin, daß sie gem. § 20 Abs.6 AktG in den Gesellschaftsblättern, also gem. § 25 AktG jedenfalls auch im Bundesanzeiger, bekanntmachen muß, wenn ihr gem. § 20 Abs.1, 4 AktG mitgeteilt wurde, daß eine Mehrheitsbeteiligung gem. §§ 20 Abs.4, 16 Abs.1 AktG oder eine mehr als 25 %-ige Minderheitsbeteiligung gem. § 20 Abs.1 AktG besteht oder in der mitteilungspflichtigen Höhe nicht mehr besteht.

Noch erheblich erweitert wird die Verpflichtung zur Offenlegung der Beteiligungsverhältnisse[392] durch die §§ 21 WpHG, worauf unten unter D. noch näher eingegangen wird.

c) Einpersonen-Publizität, § 42 AktG

Bei einer Einpersonen-AG ist eine Mitteilung an das Handelsregister gem. § 42 AktG zu machen, daß alle Aktien allein oder neben der Gesellschaft einem Aktionär gehören. Eine Eintragung in das Handelsregister erfolgt jedoch nicht.[393]

d) "Veränderungspublizität" hinsichtlich Sitz, Vorstand und Aufsichtsrat gem. §§ 45, 81 Abs.1, 106 AktG

aa) Sitz, § 45 AktG

Eine Verlegung des Sitzes der AG ist gem. § 45 AktG zur Eintragung in das Handelsregister anzumelden. Das Gericht informiert das für den neuen Sitz zuständige Registergericht. Dieses prüft, ob die Sitzverlegung ordnungsgemäß beschlossen und sichergestellt ist, daß sich an dem Ort oder in der Gemeinde des neuen Sitzes der AG die Firma der AG von allen in das Handels- oder Genossenschaftsregister eingetragenen Firmen deutlich unterscheidet (§ 30 HGB). Die vor-

---

[391] Über die Beteiligungsverhältnisse an GmbH schweigen sich hingegen Handelsregister, Bundesanzeiger und Publikationsorgane aus, vgl. MüKo-*Bokelmann*, HGB, § 8 Rdnr. 27.
[392] *Hüffer*, AktG, 3. Aufl., 1997, § 20 Rdnr.1.
[393] *Hüffer*, AktG, § 42 Rdnr. 6.

herigen Eintragungen werden ohne weitere Prüfung vom bisherigen Registergericht übernommen. Wirksam wird die Sitzverlegung mit der Eintragung. Die Bekanntmachung gem. § 10 HGB ist nach § 45 Abs.3 AktG umfassender, wenn die Sitzverlegung in einen anderen Handelsregisterbezirk in den ersten beiden Jahren nach der ursprünglichen Eintragung der AG erfolgt. In diesem Falle sind dann auch alle Angaben gem. § 40 Abs.1 AktG miteinzutragen.

bb) Vorstand, § 81 AktG

Ein Wechsel der Vorstandsmitglieder oder ihrer Vertretungsmacht ist gem. § 81 Abs.1 AktG zur Eintragung in das Handelsregister anzumelden. Die näheren Einzelheiten ergeben sich aus § 81 AktG.

cc) Aufsichtsrat, § 106 AktG

Veränderungen im Aufsichtsrat sind vom Vorstand gem. § 106 AktG in den Gesellschaftsblättern - also gem. § 25 S.1 AktG mindestens im Bundesanzeiger - bekanntzumachen. Belegexemplare[394] sind zum Handelsregister einzureichen.

e) "Hauptversammlungspublizität" hinsichtlich Einberufung, Tagesordnung und Beschlußniederschrift gem. §§ 121 Abs.3, 124 Abs.1 und 130 Abs.5 AktG

Die Einberufung einer Hauptversammlung muß gem. § 121 Abs.3 AktG durch Bekanntmachung in den Gesellschaftsblättern erfolgen, also wenigstens in den Bundesanzeiger eingerückt werden, § 25 S.1 AktG. Dies gilt gem. § 121 Abs.4 AktG nicht, wenn der Gesellschaft alle Aktionäre namentlich bekannt sind. Bei der Einberufung ist gem. § 124 Abs.1 die Tagesordnung mitbekanntzumachen. Nach der Hauptversammlung muß der Vorstand unverzüglich eine öffentlich beglaubigte[395] Abschrift des Sitzungsprotokolls[396] nebst den in § 130 AktG genann-

---

[394] *Hüffer*, AktG, § 106 Rdnr. 3.

[395] Bei nicht börsennotierten AG genügt die Unterschrift des Vorsitzenden des Aufsichtsrates, § 130 Abs.5 2. Halbs. AktG.

[396] Dabei handelt es sich grundsätzlich um eine notariell aufgenommene Niederschrift, für Gesellschaften ohne Börsenzulassungm gelten aber Erleichterungen, § 130 Abs.1 AktG.

ten Anlagen zum Handelsregister einreichen, § 130 Abs.5 AktG. Dort werden die eingereichten Schriftstücke gem. § 8 Abs.2 HRV für jedes Registerblatt gesondert in einem separaten Aktenband zusammengefaßt.[397] Eine Bekanntmachung erfolgt nicht. Jedoch kann jedermann gem. § 9 Abs.1 HGB gebührenfrei Einsicht nehmen, ohne daß ein berechtigtes Interesse dargelegt werden muß.[398]

f) Sonderprüferpublizität gem. §§ 145 Abs. 4 Satz 3, 259 Abs.1 Satz 3, 260 Abs. 3 Satz 2 AktG

Das AktG sieht in den §§ 258 ff. AktG die Bestellung von Sonderprüfern wegen Unterbewertung und mangelhafter Berichterstattung vor. Darüber hinaus sieht das Gesetz eine allgemeine Sonderprüfung vor, § 142 ff. AktG, die allerdings nur subsidiär ist. Sie dient vorwiegend dazu, die tatsächlichen Grundlagen für Ersatzansprüche der AG gegen ihre Gründer und Verwaltungsmitglieder aufzuhellen.[399] Die Sonderprüfer müssen den von ihnen erstellten Prüfungsbericht[400] gem. §§ 145 Abs.4 S.3, 259 Abs.1 S.3 AktG unverzüglich nicht nur dem Vorstand, sondern zugleich auch zum Handelsregister einzureichen. Dort ist der Bericht gem. § 9 HGB für jedermann einsehbar. Auf Anforderung werden Abschriften erteilt.[401] Wenn die abschließenden Feststellungen der Sonderprüfer zur Unterbewertung gerichtlich angegriffen werden, hat das Gericht seine Entscheidung ohne die Gründe in den Gesellschaftsblättern[402] bekanntzumachen, § 260 Abs.3 S.3 AktG

g) Satzungsänderungspublizität gem. § 181 AktG

Satzungsänderungen sind vom Vorstand gem. § 181 Abs.1 AktG zur Eintragung in das Handelsregister anzumelden. Gem. § 181 Abs.5 AktG werden sie erst mit Eintragung wirksam. Die gem. §§ 10, 11 HGB im Bundesanzeiger und mindestens einem weiteren Blatt vorzunehmende Bekanntmachung ist kein Wirksamkeitserfordernis[403], erlangt aber über § 15 HGB rechtliche Bedeutung.

---

[397] *Hüffer*, AktG, § 130 Rdnr. 28.
[398] *Hüffer*, AktG, § 130 Rdnr. 29.
[399] *Hüffer*, AktG, § 142 Rdnr. 1
[400] §§ 145 Abs.4 S.1, 259 Abs.1 S.1 AktG.
[401] *Hüffer*, AktG, § 145 Rdnr. 8.
[402] S. § 25 AktG.
[403] OLG Celle v. 28.09.1988 - 9 U 78/87, AG 1989, 209, 211.

h) Kapitalerhöhungspublizität gem. §§ 184, 188, 189, 195, 196, 201, 203, 207, 210, 211 AktG

aa) Kapitalerhöhung gegen Einlagen, §§ 184, 188, 189 AktG

Bei einer Kapitalerhöhung gegen Einlagen (effektive Kapitalerhöhung)[404] müssen der Vorstand und der Aufsichtsratsvorsitzende gem. § 184 AktG den Beschluß über die Erhöhung des Grundkapitals zur Eintragung in das Handelsregister anmelden. Zusätzlich müssen sie gem. § 188 AktG die Durchführung der Erhöhung des Grundkapitals zur Eintragung in das Handelsregister anmelden. Dabei ist Bezug auf den Kapitalerhöhungsbeschluß zu nehmen und mitzuteilen, daß und in welcher Höhe er durchgeführt ist.[405] Gem. § 188 Abs.2 i.V.m. § 36 Abs.2 AktG müssen die Mindesteinlagen bei der Anmeldung endgültig geleistet sein und zur freien Verfügung des Vorstandes stehen.

Gem. § 188 Abs. 4 AktG können die Anmeldung des Kapitalerhöhungsbeschlusses (§ 184 AktG) und die Anmeldung seiner Durchführung (§ 188 AktG) miteinander verbunden werden. Gem. § 189 AktG wird die Kapitalerhöhung erst mit Eintragung ihrer Durchführung (§ 188 AktG) wirksam.

bb) bedingte Kapitalerhöhung, §§ 195, 196, 201 AktG

Der Beschluß über eine bedingte Kapitalerhöhung i.S.d. §§ 192 ff. AktG ist vom Vorstand und vom Aufsichtsratsvorsitzenden gem. § 195 AktG zur Eintragung in das Handelsregister anzumelden. Die Ausgabe von Bezugsaktien ist gem. § 201 AktG vom Vorstand[406] zur Eintragung in das Handelsregister anzumelden. Anders als bei der regulären Kapitalerhöhung ist eine Verbindung beider Anmeldungen nicht möglich, was aus § 197 S.1 AktG folgt.[407] Bei ordnungsgemäßer Anmeldung entsprechend den Vorgaben des § 195 AktG und nach einer positiven materiellen Prüfung, ob die gesetzlichen und satzungsmäßigen Voraussetzungen

---

[404] Vgl. *Karsten Schmidt*, GesR, § 29 III.: Bei der effektiven Kapitalerhöhung (Kapitalerhöhung gegen Einlagen), §§ 182-191 AktG wird der AG neues Eigenkapital zugeführt. Bei einer nominellen Kapitalerhöhung (§§ 207-220 AktG) hingegen werden vorhandene Rücklagen in Grundkapital umgewandelt.

[405] *Hüffer*, AktG, § 188 Rdnr. 3.

[406] Abweichend von den §§ 195 Abs.1, 188 Abs.1 und 184 Abs.1 meldet der Vorstand ohne Beteilung des Aufsichtsratsvorsitzenden an, vgl. *Hüffer*, AktG, § 201 Rdnr.3.

[407] Vgl. *Hüffer*, AktG, § 195 Rdnr.1.

der bedingten Kapitalerhöhung vorliegen, verfügt der Registerrichter, den Beschluß über die bedingte Kapitalerhöhung einzutragen.[408] Für die Bekanntmachung der Eintragung ist § 196 AktG zu beachten. Die Ausgabe der Bezugsaktien wird nach ordnungsgemäßer Anmeldung gem. § 201 AktG und einer materiellen Prüfung, die sich im wesentlichen auf die Befolgung von § 199 AktG konzentriert,[409] eingetragen und bekanntgemacht.

cc) Ausgabe neuer Aktien, § 203 AktG

Für die Ausgabe neuer Aktien aufgrund genehmigten Kapitals verweist § 203 AktG auf die §§ 185 bis 191 AktG. Der Beschluß über die Erhöhung des Grundkapitals ist insoweit gem. § 203 Abs.1 S.2 AktG zu ersetzen durch die Satzungsermächtigung zur Ausgabe neuer Aktien, so daß es auf deren Eintragung im Handelsregister ankommmt.[410] Gem. § 203 Abs.1 S.1 i.V.m. § 188 Abs.1 AktG haben Vorstand und Aufsichtsratsvorsitzender gemeinsam die Durchführung der Aktienausgabe zur Eintragung in das Handelsregister anzumelden. Bei der Anmeldung ist gem. § 203 Abs.3 S.4 AktG anzugeben, welche Einlagen auf das bisherige Grundkapital noch nicht geleistet worden sind, es sei denn, die Aktien werden an Arbeitnehmer der Gesellschaft ausgegeben, § 203 Abs.4 AktG. Falsche Angaben sind mit Freiheitsstrafe bis zu drei Jahren oder Geldstrafe strafbewehrt gem. § 399 Abs.1 Nr.4 AktG. Im übrigen gilt aufgrund der Verweisung in § 203 AktG das zuvor unter aa) zu den §§ 188, 189 AktG Gesagte entsprechend.

dd) Kapitalerhöhung aus Gesellschaftsmitteln, §§ 207, 210, 211 AktG

Ein Hauptversammlungsbeschluß gem. § 207 AktG, das Grundkapital durch Umwandlung von Rücklagen zu erhöhen (nominelle Kapitalerhöhung)[411], ist gem. § 207 Abs.2 i.V.m. § 184 AktG von Vorstand und Aufsichtsratsvorsitzendem zur Eintragung in das Handelsregister anzumelden. Gem. § 210 Abs.1 S.1 AktG ist der Anmeldung die letzte Jahresbilanz mit Bestätigungsvermerk beizufügen, wenn diese dem Erhöhungsbeschluß zugrundeliegt (§ 207 Abs.4 AktG) und nicht älter als acht Monate ist (§§ 209 Abs.1, 210 Abs.2 1. Halbs. AktG). Wenn dagegen

---

[408] *Hüffer*, AktG, § 195 Rdnr.9,10.
[409] *Hüffer*, AktG, § 201 Rdnr.7.
[410] *Hüffer*, AktG, § 203 Rdnr.2.
[411] S. Fn. 404.

eine besondere Erhöhungsbilanz (§ 209 Abs.2-4 AktG) zugrundegelegt wurde, sind gem. § 210 Abs.1 S.1 AktG diese und der letzte Jahresabschluß bei der Anmeldung miteinzureichen. Ferner ist die Erklärung gem. § 210 Abs.1 S.2 AktG über Vermögensminderungen abzugeben. Auch hier ist die Strafvorschrift gem. § 399 AktG zu beachten.[412] Bei der Eintragung ist gem. § 203 Abs.4 AktG anzugeben, daß eine Kapitalerhöhung aus Gesellschaftsmitteln vorliegt. Die Bekanntmachung erfolgt gem. § 10 HGB durch Veröffentlichung der gesamten Eintragung unter Beachtung der §§ 181 Abs.2 S.2, 40 Abs.1 Nr.1 und 23 Abs.3 Nr.4 AktG. Gem. § 211 AktG wird die Kapitalerhöhung aus Gesellschaftsmitteln mit ihrer Eintragung wirksam.

i) Kapitalherabsetzungspublizität gem. §§ 223, 224, 227,228, 229, 235 Abs.2, 236, 239 AktG

aa) Kapitalherabsetzung, §§ 223, 224, 227 AktG

Der Beschluß über eine Kapitalherabsetzung ist gem. § 223 AktG zur Eintragung in das Handelsregister von Vorstand und Aufsichtsratsvorsitzendem anzumelden. Anders als bei der Kapitalerhöhung wird die Kapitalherabsetzung bereits mit Eintragung des Herabsetzungsbeschlusses gem. § 224 AktG wirksam. Dies erklärt sich aus den unterschiedlichen Sachlagen. Bei der Kapitalherabsetzung ist nämlich keine Sicherung der Kapitalaufbringung wie bei der Erhöhung nötig. Auch wenn der Beschluß mit der Eintragung wirksam wird, dürfen Auszahlungen an Aktionäre erst sechs Monate danach geleistet werden und auch nur dann, wenn für Befriedigung oder Sicherung der Altgläubiger gesorgt ist. In der Praxis ist die effektive Kapitalherabsetzung weitgehend bedeutungslos.[413]

Die Durchführung der Kapitalherabsetzung ist gem. § 227 Abs.1 AktG vom Vorstand zur Eintragung in das Handelsregister anzumelden, was gem. § 227 Abs.2 AktG mit der Anmeldung und Eintragung des Herabsetzungsbeschlusses verbunden werden kann.

---

[412] Siehe § 399 Abs.2 AktG.

[413] *Karsten Schmidt*, Gesellschaftsrecht, 4. Aufl., § 29 III. 4.

bb) Verbindung von Kapitalherabsetzung und -erhöhung, §§ 228 AktG

Wenn durch eine Kapitalherabsetzung der Mindestnennbetrag des Grundkapitals unterschritten wird, ist diese mit einer Kapitalerhöhung zu verbinden gem. § 228 Abs.1 AktG. Nach Absatz 2 der Vorschrift müssen die entsprechenden Beschlüsse und die Durchführung der Erhöhung gemeinsam binnen sechs Monaten nach der Beschlußfassung in das Handelsregister eingetragen werden. Andernfalls sind die Beschlüsse nichtig.

cc) vereinfachte Kapitalherabsetzung, § 229 AktG

Für eine vereinfachte Kapitalherabsetzung verweist § 229 Abs.3 AktG auf die Vorschriften über die ordentliche Kapitalherabsetzung.

dd) Rückwirkung einer Kapitalherabsetzung sowie einer gleichzeitigen Kapitalerhöhung, §§ 234, 235 AktG

Wenn eine Kapitalherabsetzung bzw. mit dieser auch eine gleichzeitige Kapitalerhöhung auf den letzten Jahresabschluß des vor der Beschlußfassung liegenden Geschäftsjahres zurückwirken soll, so müssen der Beschluß über die vereinfachte Kapitalherabsetzung und der Beschluß über die Feststellung des Jahresabschlusses sowie gegebenenfalls der Beschluß über die Rückwirkung einer gleichzeitigen Kapitalerhöhung gem. § 234 Abs.3 S.1 bzw. gem. § 235 Abs.2 S.1 AktG binnen drei Monaten nach Beschlußfassung in das Handelsregister eingetragen worden sein. Andernfalls sind sie nichtig. Eine rechtzeitige Anmeldung wirkt nicht fristwahrend.[414] Ferner darf nach § 236 AktG die Offenlegung des Jahresabschlusses gem. § 325 HGB erst nach Eintragung der Beschlüsse über Kapitalherabsetzung, -erhöhung und Durchführung der Erhöhung erfolgen.

ee) Kapitalherabsetzung durch Aktieneinziehung, § 239 AktG

Die Durchführung einer Kapitalherabsetzung durch Aktieneinziehung ist gem. § 239 Abs.1 AktG vom Vorstand zur Eintragung in das Handelsregister anzumel-

---

[414] *Hüffer*, AktG, § 234 Rdnr.7.

den. Gem. § 239 Abs.2 AktG kann dies mit der Anmeldung des Kapitalherabsetzungsbeschlusses verbunden werden.

j) Anfechtungs- und Nichtigkeitsklagenpublizität, §§ 246 Abs.4, 249 Abs.1 i.V.m. §§ 251 Abs.3, 255 Abs.3, 256 Abs.7, 257, 275 AktG

Die Erhebung einer gegen die AG gerichteten Anfechtungsklagesowie den Termin zur mündlichen Verhandlung hat der Vorstand gem. § 246 Abs.4 AktG unverzüglich in den Gesellschaftsblättern, mindestens also im Bundesanzeiger (§ 25 S.1 AktG) bekanntzumachen. Auf die Erhebung einer Nichtigkeitsklage findet dies gem. § 249 Abs.1 AktG sinngemäß Anwendung. Gleiches gilt gem. § 251 Abs.3 AktG, wenn die Wahl von Aufsichtsratsmitgliedern angefochten wird, ferner gem. § 255 Abs.3 AktG wenn eine Kapitalerhöhung gegen Einlagen angefochten wird, sowie bei einer Klage gegen die AG auf Feststellung der Nichtigkeit des Jahresabschlusses, § 256 Abs.7 AktG, und gem. § 257 Abs.2 S.1 AktG im Falle einer Anfechtung der Feststellung des Jahresabschlusses durch die Hauptversammlung. Für die besondere Nichtigkeitsklage nach § 275 AktG gilt § 246 Abs.4 AktG ebenfalls sinngemäß, § 275 Abs.4 S.1 AktG.

k) Auflösungspublizität gem. §§ 263, 266, 273 AktG

Jede Auflösung der AG, soweit sie nicht von Amts wegen einzutragen ist, ist gem. § 263 AktG zur Eintragung in das Handelsregister anzumelden. Nach Auflösung der AG findet außer im Insolvenzfall die Abwicklung statt, § 264 Abs.1 AktG. Die Abwickler und jeder Wechsel in ihrer Person oder den Vertretungsverhältnissen sind zur Eintragung in das Handelsregister vom Vorstand bzw. den Abwicklern anzumelden, § 266 AktG. Der Schluß der Abwicklung ist gem. § 273 AktG von den Abwicklern anzumelden.

l) Unternehmensvertragspublizität gem. §§ 294, 295, 298 AktG

Unternehmensverträge i.S.d. §§ 291 ff. AktG sind vom Vorstand gem. § 294 Abs.1 AktG unter Angabe der dort aufgeführten Einzelheiten zur Eintragung in das Handelsregister anzumelden. Gem. § 294 Abs.2 AktG erlangen sie erst mit

Eintragung in das Handelsregister Wirksamkeit. Dies gilt gem. § 295 Abs.1 S.2 AktG auch für Änderungen sowie gem. § 298 AktG auch für die Beendigung von Unternehmensverträgen entsprechend. Das Gericht prüft jeweils die Anmeldung in formeller und materieller Hinsicht, wobei sich dies auf die Wirksamkeit des Unternehmensvertrages erstreckt.[415]

m) Eingliederungspublizität gem. §§ 319 Abs. 4-7, 321 Abs.1 S.2, 327 Abs.3 AktG

Im Falle der Eingliederung einer Aktiengesellschaft in eine andere Aktiengesellschaft mit Sitz im Inland (Hauptgesellschaft) hat der Vorstand der einzugliedernden Gesellschaft die Eingliederung und die Firma der Hauptgesellschaft gem. § 319 Abs.4 S.1 AktG zur Eintragung in das Handelsregister anzumelden. Strittig ist, ob zusätzlich auch eine Anmeldung zum Handelsregister der Hauptgesellschaft zu erfolgen hat.[416] Gem. § 319 Abs.4 S.2 AktG sind die Hauptversammlungsbeschlüsse nebst Anlagen in öffentlich beglaubigter Abschrift oder Ausfertigung der Anmeldung beizufügen. Für die Bekanntmachung der Eingliederung als Gegenstand der Tagesordnung der Hauptversammlung der einzugliedernden Gesellschaft ist § 320 Abs.2 AktG zu beachten. Wirksam wird die Eingliederung gem. § 319 Abs.7 AktG mit Eintragung in das Handelsregister der einzugliedernden Gesellschaft. Der insoweit eindeutige Wortlaut des Gesetzes spricht gegen die Ansicht, die Eingliederung müsse auch zum Handelsregister der Hauptgesellschaft angemeldet werden. Die Eintragung erfolgt jedoch nach § 319 Abs.5 AktG nur, wenn der Vorstand bei der Anmeldung die sog. Negativerklärung[417] abgegeben hat, daß kein aktuelles Klageverfahren gegen die Eingliederung anhängig ist. Gegebenenfalls ist darüber auch nach der Anmeldung Mitteilung zu machen, § 319 Abs.5 S.1 2.Halbs. AktG. Gem. § 319 Abs.6 AktG kann die Eintragung jedoch auch erfolgen, wenn dies von dem mit der Klage befaßten Gericht auf Antrag der Gesellschaft festgestellt wird. Das ist allerdings mit einem Schadensersatzrisiko für die Gesellschaft verbunden, § 319 Abs.6 S.6 AktG.

---

[415] *Hüffer*, AktG, § 298 Rdnr.5; § 295 Rdnr.9; § 294 Rdnr.11 m. näheren Einzelheiten.

[416] Bejahend: *Hommelhoff*, Die Konzernleitungspflicht, S. 359; Ablehnend: *Hüffer*, AktG, § 319 Rdnr. 13; *Koppensteiner*, in: Kölner Kommentar, § 319 Rdnr. 13; *Semmler/Grundewald*, in: Geßler/Hefermehl, § 319 Rdnr. 15; Stellungnahme weiter unten im Text.

[417] *Hüffer*, AktG, § 319 Rdnr.14.

Bei der Bekanntmachung des vollen Wortlauts der Eintragung gem. §§ 10,11 HGB sind gem. § 321 Abs.1 S.2 AktG die Gläubiger auf ihr Recht hinzuweisen, binnen sechs Monaten nach der Bekanntmachung zumindest eine Sicherheitsleistung zu erhalten für ihre vor der Eintragung begründeten Forderungen.

Bei Beendigung der Eingliederung ist dies vom Vorstand der bisher eingegliederten Gesellschaft unter Angabe von Grund und Zeitpunkt der Beendigung gem. § 327 Abs.3 AktG zur Eintragung in das Handelsregister anzumelden. Entsprechend der Anmeldung der Eingliederung ist auch die Beendigung der Eingliederung nicht zum Handelsregister der Hauptgesellschaft anzumelden.[418]

n) Eintragung gerichtlicher Auflösung gem. § 398 AktG

Im Falle der gerichtlichen Auflösung der AG gem. § 396 ff. AktG werden Entscheidungen des über die beantragte Auflösung befindenden Gerichts, soweit sie eintragungspflichtige Rechtsverhältnisse betreffen, vom Registergericht gem. § 398 AktG von Amts wegen eingetragen. Das Registergericht wird insoweit vom mit dem Auflösungsantrag befaßten Gericht informiert.

2. Anmelde- und Eintragungsverpflichtungen der Kommanditgesellschaft auf Aktien

Auf die KGaA finden gem. § 278 Abs.3 AktG die Vorschriften des ersten Buches des AktG (§§ 1 - 277 AktG) entsprechend Anwendung, soweit sich nicht aus den §§ 278 - 290 AktG und dem Fehlen eines Vorstandes etwas anderes ergibt.

Anstelle des bei der AG für den Kontakt mit dem Handelsregister zuständigen Vorstandes trifft diese Verpflichtung bei der KGaA gem. § 283 Nr.1 AktG den Komplementär oder die Komplementäre. Sie unterliegen insoweit den Anmelde-, Einreichungs-, Erklärungs- und Nachweispflichten des ersten Buches des AktG

---

[418] *Hüffer*, AktG, § 327 Rdnr.6; die insoweit abweichende Ansicht von *Hommelhoff* (s.o. Fn. 416) erfordert konsequenterweise eine Anmeldung der Beendigung auch beim Handelsregister der Hauptgesellschaft.

nach den §§ 36, 37, 81, 42[419], 45, 106, 130 Abs.5, 145 Abs.4 S.3, 181, 184, 223, 227, 246 Abs.4, 263, 266 AktG. Ferner müssen sie gem. § 283 Nr.1 AktG die Bekanntmachungen der Gesellschaft veranlassen gemäß den §§ 106, 121 Abs.3, 124, 125 AktG. Von der Geschäftsführung ausgeschlossene Komplementäre wirken nur bei der ersten Anmeldung mit.[420] Im Falle der Auflösung der KGaA und des Ausscheidens eines Komplementärs ist dies von allen Komplementären, auch vom Betroffenen,[421] zur Eintragung in das Handelsregister anzumelden gem. § 289 Abs. 6 S.1 AktG.

IX. Anmelde- und Eintragungsverpflichtungen gem. §§ 33-35 HGB für gewerbetreibende juristische Personen, die keine Handelsgesellschaften sind

Juristische Personen, die keine Handelsgesellschaften oder eingetragene Genossenschaften sind, gleichwohl aber ein Handelsgewerbe betreiben, sind gem. § 33 Abs.1 HGB von sämtlichen Mitgliedern des Vorstandes zur Eintragung in das Handelsregister anzumelden. Mit der Neufassung des § 1 Abs.2 HGB durch das HRefG[422] ist außer den Kleingewerbetreibenden jeder Gewerbebetrieb Handelsgewerbe. Somit sind eingetragene Vereine i.S.d. §§ 21ff. BGB[423], Stiftungen nach § 80 BGB sowie öffentlich-rechtliche Körperschaften, Stiftungen und Anstalten i.S.v. § 89 BGB, die ein Handelsgewerbe betreiben, zur Eintragung in das Handelsregister anzumelden. Der Inhalt der Anmeldung und die beizufügenden Unterlagen sind in § 33 Abs.2 HGB festgelegt. Die Errichtung einer Zweigniederlassung ist nach § 33 Abs.3 HGB anmeldepflichtig. Veränderungen der einzutragenden Tatsachen oder der Satzung sowie die nicht auf der Eröffnung eines Insolvenzverfahrens beruhende Auflösung der juristischen Person, die Liquidatoren und deren Vertretungsmacht sind gem. § 34 HGB vom Vorstand bzw. nach An-

---

[419] Eine "Einmann-KGaA", bei der nur ein Aktionär neben den Komplementären existiert - u.U. ist dieser auch einziger Komplementär - ist theoretisch denkbar, praktisch aber wohl eher selten.

[420] *Hüffer*, AktG, § 283 Rdnr.2.

[421] *Hüffer*, AktG, § 289 Rdnr.9.

[422] Gesetz zur Neuregelung des Kaufmanns- und Firmenrechts und zur Änderung anderer handels- und gesellschaftsrechtlicher Vorschriften (Handelsrechtsreformgesetz - HRefG) v. 22.6.1998, BGBl. I S. 1474.

[423] Nichtwirtschaftliche Vereine gem. § 21 BGB ("Idealverein") können trotz ihrer Qualifizierung als "nichtwirtschaftlicher" Verein im Rahmen des sog. Nebentätigkeitsprivilegs ein Handelsgewerbe betreiben und so der Handelsregistereintragungspflicht unterfallen, vgl. *Hüffer*, in: Großkomm. HGB § 33 Rdnr. 4 m.w.N.

meldung der Liquidatoren von diesen anzumelden. Gerichtlich bestellte Vorstandsmitglieder oder Liquidatoren werden gem. § 34 Abs.4 HGB von Amts wegen eingetragen. Für das Insolvenzverfahren verweist § 34 Abs.5 HGB auf § 32 HGB.

X. Anmelde- und Eintragungsverpflichtungen für den Versicherungsverein auf Gegenseitigkeit (VVaG)

Der VVaG ist eine Sonderform des wirtschaftlichen Vereins und unterliegt - abgesehen von den "kleineren"[424] Vereinen i.S.v. § 53 VAG[425] - gem. § 16 VA dem Handelsrecht.[426] Aufgrund der Verweisung in § 16 VAG finden die für alle Kaufleute gültigen handelsregisterlichen Verpflichtungen und Regelungen auf den VVaG Anwendung. Darüber hinaus enthält das VAG Spezialvorschriften[427], die an Stelle der §§ 29, 31 und 33-35 HGB treten oder sie ersetzen.

1. Betriebsbeginnpublizität, §§ 30 - 33 VAG

Der VVaG ist von sämtlichen Vorstands- und Aufsichtsratsmitgliedern gem. § 30 Abs.1 VAG zur Eintragung in das Handelsregister anzumelden. Rechtsfähigkeit erlangt der VVaG jedoch nicht durch die Eintragung in das Handelsregister wie die GmbH und die AG, sondern gem. § 15 VAG durch die Erlaubnis der Aufsichtsbehörde. Diese hat gem. § 30 Abs.2 VAG jede Erlaubnis zum Geschäftsbetrieb dem Registergericht mitzuteilen. In § 31 VAG ist geregelt, welche Unterlagen der Anmeldung beizufügen sind. § 32 VAG bestimmt den Inhalt der Eintragung. Dieser wird gem. §§ 10, 11 HGB mit zusätzlichen Angaben laut § 33 VAG bekanntgemacht, auf die jedoch § 15 HGB keine Anwendung findet.[428]

---

[424] § 53 Abs.1 S.1 VAG enthält eine Legaldefinition der Vereine, die sog. "kleinere Vereine" sind, siehe dazu unten XIII. 3.
[425] Versicherungsaufsichtsgesetz.
[426] *K. Schmidt*, Gesellschaftsrecht, 4. Aufl., § 42 II.1.a), b).
[427] *Prölss*, VAG, § 16 Rdnr. 3.
[428] *Prölss*, VAG, § 33 Rdnr. 1.

2. Aufsichtsratspublizität, § 35 VAG i.V.m. § 106 AktG

Neben der Bekanntmachung der Zusammensetzung des Aufsichtsrates nach § 33 Nr.4 VAG bei Betriebsbeginn sind Veränderungen im Aufsichtsrat gem. § 35 VAG i.V.m. § 106 AktG in der in der Satzung vorgesehenen Form (§ 28 VAG) bekanntzumachen.

3. Änderungspublizität, §§ 40, 41 VVG

Satzungsänderungen sind gem. § 40 Abs.1 VAG zur Eintragung in das Handelsregister anzumelden und werden gem. § 40 Abs.3 VAG erst mit Eintragung wirksam. Änderungen der allgemeinen Versicherungsbedingungen werden, sofern diese außerhalb der Satzung geregelt sind, mit der Bekanntmachung nach § 28 VAG wirksam.[429]

4. Auflösungspublizität, §§ 43 Abs.2, 45 VAG

Im Falle der Auflösung des VVaG ist die dafür erforderliche Genehmigung der Aufsichtsbehörde von dieser gem. § 43 Abs.2 VAG dem Registergericht mitzuteilen. Gem. § 45 VAG hat der Vorstand außer im Insolvenzfall die Auflösung des Vereins zur Eintragung in das Handelsregister anzumelden.

5. Abwicklungspublizität, § 47 Abs.3 VAG i.V.m. §§ 266, 273 AktG

Für die Abwicklung gelten gem. § 47 Abs.3 VAG die Anmeldeverpflichtungen der §§ 266, 273 AktG.

6. Fortsetzungpublizität, § 49 VAG

Die Aufsichtsbehörde muß ihre Genehmigung zur Fortsetzung des VVaG nach Auflösung gem. § 49 Abs.1 VAG dem Registergericht mitteilen. Die Abwickler haben die Fortsetzung gem. § 49 Abs.3 zur Eintragung in das Handelsregister an-

---

[429] *Prölss*, VAG, § 41 Rdnr. 6.

zumelden und dabei nachzuweisen, daß noch nicht mit der Verteilung des Vermögens des Vereins unter die Anfallberechtigten begonnen worden ist.

XI. Anmelde- und Eintragungsverpflichtungen der eingetragenen Genossenschaft (e.G.)

Gem. § 10 Abs.2 GenG wird bei dem zur Führung des Handelsregisters zuständigen Gericht ein Genossenschaftsregister geführt. Es ist eine besondere Form des Handelsregisters für eingetragene Genossenschaften und tritt für Genossenschaften[430] grundsätzlich an die Stelle des Handelsregisters. Neben den Vorschriften des GenG und der GenRegVO[431] finden ergänzend die Vorschriften der §§ 8 ff. HGB Anwendung.[432]

Anders als beim Handelsregister erfolgt eine Bekanntmachung der Eintragungen im Genossenschaftsregister durch das Registergericht nur eingeschränkt, § 156 GenG. Zum einen ist nämlich eine gerichtliche Bekanntmachung der Eintragungen im Genossenschaftsregister grundsätzlich nur im Bundesanzeiger vorgesehen und nicht wie beim Handelsregister (§§ 10, 11 HGB) in einem weiteren Blatt. Nur auf Antrag des Vorstandes bestimmt gem. § 157 Abs.1 Satz 3 GenG das Genossenschaftsregistergericht noch andere Blätter neben dem Bundesanzeiger für gerichtliche Bekanntmachungen der Eintragungen.[433] Darüber hinaus sind diese auch nicht die Regel wie beim Handelsregister gem. § 10 Abs.1 S.1 HGB, sondern erfolgen gem. § 156 Abs.1 S.3 GenG nur in den Fällen der §§ 12, 16 Abs.5, 28 Abs.1 S.3, 42 Abs.1 S.3, 51 Abs.5, 22 Abs.1, 22a Abs.1, 82 Abs.1 und § 97 GenG.

Die Wirkungen der Eintragungen in das Genossenschaftsregister sind in § 29 GenG als Parallelvorschrift zu § 15 HGB geregelt.

---

[430] Zur Stellung und Bedeutung der eingetragenen Genossenschaft in der Gegenwart einführend: *Steding*, NZG 1999, S.282-286.

[431] Verordnung über das Genossenschaftsregister (GenRegVO) v. 23.11.1923 (RGBl. I S. 1123) i.d.F. der VO v. 10.12.1973 (BGBl. I S.1894).

[432] Lang/Weidmüller-*Metz*, GenG, § 10 Rdnr.1.

[433] Die diesbezüglichen Einzelheiten sind in § 5 GenRegVO geregelt.

1. "Betriebsbeginnpublizität", §§ 10-13, 156 GenG

Gem. § 10 Abs.1 GenG werden Satzung und Vorstandsmitglieder in das Genossenschaftsregister eingetragen. Vor Eintragung der Satzung prüft das Registergericht gem. § 11a GenG, ob die Genossenschaft ordnungsgemäß errichtet[434] und angemeldet ist. Zur Anmeldung verpflichtet ist gem. § 11 Abs.1 GenG der Vorstand der Vorgenossenschaft (nicht rechtsfähige Genossenschaft), die mit Unterzeichnung der Gründungssatzung durch mindestens sieben Gründungsmitglieder[435] entsteht.[436] Die weiteren Anforderungen an die Anmeldung ergeben sich im einzelnen aus § 11 Abs.2-5 GenG. Mit Eintragung der Genossenschaft wird diese gem. § 13 GenG zur juristischen Person der eingetragenen Genossenschaft, einer "Sonderform des rechtsfähigen Wirtschaftsvereins"[437]. Gem. §§ 12, 156 GenG hat das Registergericht die Eintragung im Bundesanzeiger bekanntzumachen.

2. Zweigniederlassungspublizität, §§ 14, 14a GenG

Gem. §§ 14, 14a GenG gelten für Zweigniederlassungen von Genossenschaften Anmelde- und Eintragungsverpflichtungen zum Genossenschaftsregister entsprechend den handelsregisterlichen Regelungen in den §§ 13 ff. HGB über die Anmeldung von Zweigniederlassungen.

3. Statutsänderungspublizität, § 16 Abs. 5, 6 GenG

Änderungen des Statuts der Genossenschaft sind gem. § 16 Abs.5 i.V.m. § 11 GenG zur Eintragung in das Genossenschaftsregister anzumelden unter Beifügung von zwei Abschriften des Änderungsbeschlusses. Dieser erlangt gem. § 16 Abs. 6 GenG erst mit Eintragung in das Register Wirksamkeit. Veröffentlicht wird der Satzungsänderungsbeschluß nur, wenn er einen der in § 12 Abs.2 GenG genannten Punkte betrifft (Datum des Status, Firma und Sitz der Gesellschaft, Gegenstand des Unternehmens, Mitglieder des Vorstandes und deren Vertretungsbefugnis, Zeitdauer der Genossenschaft, sofern diese unbeschränkt ist).

---

[434] Gem. § 5 GenG ist insoweit Schriftform ausreichend. Der notwendige Satzungsinhalt ergibt sich aus § 6 GenG. Der Zweck der Genossenschaft muß mit § 1 GenG übereinstimmen.

[435] § 4 GenG.

[436] Lang/Weidmüller-*Metz*, GenG, § 5 Rdnr.9.

[437] *K.Schmidt*, Gesellschaftsrecht, 4. Aufl., § 41 I 2. a).

4. Die Publizität besonderer Satzungsänderungen gem. §§ 22 und 22a GenG

Die in den §§ 22 und 22a GenG geregelten besonderen Satzungsänderungen unterliegen einer gesteigerten Publizität: Bei einer Herabsetzung des Geschäftsanteils oder der auf ihn zu leistenden Einzahlungen sowie bei einer Fristverlängerung für die Einzahlung muß gem. § 22 Abs.1 GenG der wesentliche Beschlußinhalt bei der Bekanntmachung der Eintragung durch das Genossenschaftsregister angegeben werden. Ferner ist gem. § 22 Abs.2 GenG auf das Recht der Gläubiger der Genossenschaft hinzuweisen, binnen sechs Monaten nach der Bekanntmachung wenigstens Sicherheitsleistung zu verlangen.

Diese Regelung des § 22 Abs. 1 und 2 GenG ist gem. § 22a GenG entsprechend anzuwenden, wenn die Verpflichtung der Genossen, Nachschüsse zur Insolvenzmasse zu leisten, aufgehoben oder auf eine Haftsumme beschränkt wird.

5. Vorstands- und Prokuristenpublizität, §§ 28, 29, 42 GenG

Veränderungen im Vorstand hinsichtlich seiner Zusammensetzung oder der Vertretungsverhältnisse sind gem. § 28 GenG anzumelden, einzutragen und bekanntzumachen. Für die Prokura gilt dies gem. § 42 GenG entsprechend.

6. "Auslegungspublizität" der Vertreterversammlung gem. § 43 Abs. 6 S. 3 GenG

Bei Wahl einer Vertreterversammlung, die an die Stelle der Generalversammlung tritt, ist gem. § 43 Abs. 6 S.3 GenG in einem öffentlichen Blatt die Auslegung der Liste der gewählten Vertreter und Ersatzvertreter in den Geschäftsräumen der Genossenschaft zur Einsicht bekanntzumachen.

7. Anfechtungsklagenpublizität, § 51 Abs. 4, 5 GenG

Wenn ein Beschluß der Hauptversammlung im Wege der Klage angefochten wird, sind die Klageerhebung und der Termin zur mündlichen Verhandlung gem. § 51 Abs. 4 GenG in den für die Bekanntmachung der Genossenschaft bestimmten Blättern (§ 28 GenG) zu veröffentlichen. War der angefochtene Beschluß eingetragen, ist das Urteil gem. § 51 Abs. 5 S.2 GenG vom Vorstand zur Eintragung einzureichen. Soweit der angefochtene Beschluß veröffentlicht war, erfolgt gem. § 51 Abs. 5 S.3 GenG eine Bekanntmachung der Eintragung.

8. Prüfungsverbandspublizität, § 63 d GenG

Gem. § 54 GenG muß jede Genossenschaft einem sog. Prüfungsverband angehören, der die ihm angehörenden Genossenschaften hinsichtlich ihrer wirtschaftlichen Verhältnisse und einer ordnungsgemäßen Geschäftsführung regelmäßig gem. § 53 GenG prüft. Gem. § 63d GenG muß der Verband den Registergerichten der ihm angehörenden Genossenschaften seine Satzung nebst beglaubigter Abschrift der Verleihungsurkunde sowie jedes Jahr im Januar ein Verzeichnis der ihm angehörenden Genossenschaften einreichen. Bei einer Entziehung des Prüfungsrechtes ist gem, §§ 64 a., 63 d. entsprechend Mitteilung zu machen.

9. Auflösungs-, Fortsetzungs- und Liquidatorenpublizität, §§ 78 Abs.2, 79 Abs.2, 79a Abs. 5 S.1, 82 Abs.2, 84, 89, 117 GenG

Die Auflösung der e.G. ist gem. § 78 Abs.2 GenG vom Vorstand unverzüglich zum Genossenschaftsregister anzumelden. Dies gilt für die Auflösung durch Beschluß der Generalversammlung und für die Auflösung durch Zeitablauf, § 79 Abs.2 GenG. Keine Anmeldeverpflichtung besteht bei Auflösung der Gesellschaft durch Herabsinken der Zahl der Genossen unter sieben (§ 80 GenG), wegen gesetzwidriger Handlungen (§ 81 GenG) und im Insolvenzfall (§§ 81a, 101 GenG).

Die Eintragung der Auflösung der Genossenschaft (§ 82 Abs.1 GenG) wird gem. § 156 Abs.1 S.3 Gen durch das Gericht im Bundesanzeiger und gem. § 82 Abs.2 GenG von den Liquidatoren in den für die Bekanntmachung der Genossenschaft bestimmmten Blätter (§ 28 GenG) bekanntgemacht.

Die Liquidatoren und ihre Vertretungsbefugnisse sind gem. § 84 Abs.1 GenG vom Vorstand, entsprechende Veränderungen von den Liquidatoren zur Eintragung in das Genossenschaftsregister anzumelden nebst Beifügung der jeweils zugrundeliegenden Urkunden. § 86 GenG verweist hinsichtlich der Rechtswirkungen der Eintragungen auf § 29 GenG.

Im Falle der Fortsetzung der Genossenschaft ist dies gem. § 79a Abs. 5 S.1, 117 Abs.3 GenG vom Vorstand zur Eintragung in das Genossenschaftsregister anzumelden. Im Falle der Fortsetzung nach Einstellung eines Insolvenzverfahrens (siehe dazu auch unten 11.) erfolgt die Anmeldung zusammen mit dem Beschluß über die Nachschußpflicht der Genossen. In den übrigen Fällen ist bei der Anmeldung gem. § 79a Abs.5 S.2 GenG die Versicherung abzugeben, daß der Fortsetzungsbeschluß vor Verteilung des Restvermögens gefaßt wurde.

10. Nichtigkeitsklagepublizität, §§ 96, 97 GenG

Im Falle einer Klage auf Nichtigkeitserklärung ist die Klageerhebung in den für die Bekanntmachungen der Genossenschaft bestimmten Blättern gem. § 96 i.V.m. § 51 Abs. 4 GenG zu veröffentlichen. Das die Nichtigkeit aussprechende Urteil ist gem. § 96 i.V.m. § 51 Abs.5 S.1 zum Genossenschaftsregister einzureichen zwecks Eintragung der Nichtigkeit der Genossenschaft. Gem. § 156 Abs.1 S.2 GenG findet dann auch eine Bekanntmachung der Eintragung im Bundesanzeiger statt. Wenn die Nichtigkeit im Register eingetragen ist, ist gem. § 97 GenG die Genossenschaft nach Liquidationsgrundsätzen gem. §§ 83ff. GenG abzuwickeln.[438] § 97 GenG kommt auch zur Anwendung, wenn eine Löschung der Genossenschaft von Amts wegen nach § 147 FGG erfolgt.[439] Ferner gilt § 97 GenG auch, wenn ein Nichtigkeitsgrund vorliegt, die Genossenschaft aber bereits aufgelöst ist und sich in Liquidation befindet. Eine Nichtigkeitsklage scheidet in diesen Fällen aufgrund fehlenden Rechtsschutzinteresses aus.[440]

11. Insolvenzpublizität, § 102 GenG

Im Insolvenzfall erfolgen die Eintragungen im Genossenschaftsregister von Amts wegen, § 102 Abs.1 (i.V.m. §§ 81a Nr.1, 82 Abs.1) GenG.[441] Das genossenschaftlich organisierte Unternehmen trifft insoweit also keine Anmeldeverpflich-

---

438 Lang-*Schaffland*, GenG, § 97 Rdnr.1.
439 Lang-*Schaffland*, GenG, § 97 Rdnr.3.
440 Lang-*Schaffland*, GenG, § 97 Rdnr.4.
441 Zur Fortsetzung nach eingestelltem Insolvenzverfahren s.o. Abschnitt 9.

tung. Eine Bekanntmachung der Eintragungen. erfolgt bei Insolvenzeröffnung gem. § 102 Abs.2 GenG nicht. Wird die Eröffnung des Insolvenzverfahrens abgelehnt, erfolgt gem. § 81a Nr. 1 die Auflösung der Genossenschaft. Die in diesem Falle von Amts wegen vorzunehmende Registereintragung (§ 82 Abs.1 GenG) ist gem. § 82 Abs.2 GenG in den Genossenschaftsblättern bekanntzumachen.

XII. Registerpflicht für Unternehmen von Gebietskörperschaften - Abschaffung der Privilegierung durch § 36 HGB a.F.

Bis zum Inkrafttreten des Handelsrechtsreformgesetzes[442] waren rechtlich unselbständig betriebene Unternehmen der Gebietskörperschaften (Bund, Länder, Kreise, Städte und Gemeinden sowie kommunale Zweckverbände), also Eigenbetriebe und Regieunternehmen[443], die einen vollkaufmännischen Geschäftsbetrieb unterhielten und somit materiell-rechtliche Kaufleute waren, gem. § 36 HGB a.F. von der Verpflichtung zur Handelsregisteranmeldung und -eintragung befreit. Auf freiwilligen Antrag konnten sie aber in das Handelsregister eingetragen werden.

Auf Unternehmen, die nicht von Gebietskörperschaften, aber von anderen juristischen Personen des öffentlichen Rechts getragen wurden, war § 36 HGB a.F. nicht anwendbar. Nach dem Wortlaut von § 36 HGB a.F. bezog sich die Registerfreiheit ausdrücklich auf Unternehmen von Gebietskörperschaften. Andere öffentlich-rechtliche Körperschaften, öffentlich-rechtliche Stiftungen sowie öffentlich-rechtliche Anstalten, soweit diese nicht, wie z.B. die Sparkassen, von einer Gebietskörperschaft getragen wurden, waren beim Betrieb eines Vollhandelsgewerbes registerpflichtig gem. § 33 HGB.[444]

Durch das Handelsrechtsreformgesetz[445] wurde § 36 HGB a.F. ersatzlos gestrichen und die handels- und registerrechtliche Privilegierung von Unternehmen der Gebietskörperschaften abgeschafft. Zugunsten eines einheitlichen Kaufmannstat-

---

[442] Gesetz zur Neuregelung des Kaufmanns- und Firmenrechts und zur Änderung anderer handels- und gesellschaftsrechtlicher Vorschriften (Handelsrechtsreformgesetz - HRefG), BGBl. I 1998, S. 1474.

[443] *Roth*, in: Koller/Roth/Morck, HGB, 2. Aufl., 1999, § 36 Rdnr. 1.

[444] *Baumbach/Hopt*, HGB, 29. Aufl., 1995, § 33 Rdnr. 1.

[445] Gesetz zur Neuregelung des Kaufmanns- und Firmenrechts und zur Änderung anderer handels- und gesellschaftsrechtlicher Vorschriften (Handelsrechtsreformgesetz - HRefG), BGBl. I 1998, S. 1474.

bestandes und einer einheitlichen Handelsregisterpflicht[446] müssen nunmehr auch Unternehmen von Gebietskörperschaften, die sich gewerblich betätigen und am Wirtschaftsverkehr teilnehmen, in gleicher Weise wie ihre privaten Wettbewerber die allgemeinen handelsrechtlichen Anmelde- und Eintragungsverpflichtungen befolgen. Eine entsprechende nachträgliche Anmeldung der bislang nach § 36 HGB a.F. nicht eingetragenen Unternehmen von Gebietskörperschaften zur Eintragung[447] in das Handelsregister sieht Art. 38 Abs.3 Satz 1 EGHGB bis 31. März 2000 vor.

Die Registerpflicht gilt auch für Unternehmen, die zwar nach dem Wortlaut von § 36 HGB a.F. nicht von der Handelsregisterfreiheit erfaßt waren, denen diese Privilegierung jedoch in der Vergangenheit von der Praxis ebenfalls zugebilligt wurde, wie etwa den bereits erwähnten Sparkassen. Nach dem Wortlaut von § 36 HGB a.F. galt nämlich die Befreiung von der Registerpflicht nur für diejenigen Unternehmen, die als rechtlich unselbständige Unternehmen (Eigen- oder Regiebetriebe) geführt wurden, bei denen also die Gebietskörperschaft selbst Rechtsträger des Unternehmens war.[448] Dies sind z.B. die Bundesdruckerei, staatliche Porzellanmanufakturen und Mineralquellenunternehmen, das Bayrische Hofbräuhaus, sowie als Eigenbetrieb geführte städtische Verkehrs-, Energie- und Wasserversorgungsunternehmen[449] und das nunmehr als Eigenbetrieb geführte ehemalige Rechenzentrum der bremischen Stadtverwaltung.[450] In der Praxis wurde jedoch die Registerfreiheit des § 36 HGB a.F. auch rechtlich selbständigen juristische Personen des öffentlichen Rechts zuteil, deren Träger Gebietskörperschaften sind, insbesondere Sparkassen und Landesbanken[451]. Grundlage dafür ist eine Reichsgerichtsentscheidung[452], welche die Sparkassen in die Anwendung des § 36 HGB a.F. miteinbezog. Zur Begründung führte das Reichsgericht aus, daß auf kommunale Sparkassen die Gründe, die zur Schaffung der Ausnahmevorschrift geführt hätten, voll zuträfen. Ein Bedürfnis für die Eintragung bestünde nicht. Für die Öffentlichkeit der Rechtsverhältnisse der Sparkassen sei in anderer Weise hinreichend gesorgt.[453] Demgegenüber wurde in der Literatur darauf hin-

---

[446] *Ring*, Das neue Handelsrecht, § 2 Rdnr.60.
[447] Eine Gebühr darf dafür nach Art. 38 Abs.3 Satz 2 EGHGB nicht erhoben werden.
[448] *Hüffer*, in: Großkomm. HGB, 4. Aufl., § 36 Rdrn.6.
[449] Beispiele nach *Hüffer*, in: Großkomm. HGB, 4. Aufl., § 36 Rdrn.7.
[450] *Golasowski*, VOP 1997, S.24f.
[451] *Baumbach/Hopt*, HGB, 29.Aufl., 1995, § 36 Rdnr.1; *Ring*, Das neue Handelsrecht, § 2 Rdnr.59.
[452] Beschl. v. 19.4.1941 - II B 3/41, RGZ 166, 334-341.
[453] Beschl. v. 19.4.1941 - II B 3/41, RGZ 166, 334, 339.

gewiesen, daß rechtlich selbständige Unternehmen der Anmeldepflicht des § 33 HGB unterlägen, weil sie juristische Personen im Sinne dieser Bestimmung seien.[454]

Zur Argumentation des Reichsgerichts ist anzumerken, daß sich diese auch auf andere öffentlich-rechtlich organisierte Unternehmen übertragen läßt, weil bei öffentlich-rechtlichen Unternehmen regelmäßig die Öffentlichkeit der Rechtsverhältnisse durch entsprechende Statuten sichergestellt ist. Die Frage, ob deshalb auch anderen öffentlich-rechtlich organisierten Unternehmen die auf die Sparkassen und Landesbanken ausgedehnte Privilegierung des § 36 HGB a.F. hätte zuteil werden sollen, wurde, soweit ersichtlich, nicht näher diskutiert. Durch die ersatzlose Streichung von § 36 HGB a.F. wurde diese Frage Rechtsgeschichte und kann daher hier dahinstehen.

Die nunmehr bestehende Registerpflicht für Regieunternehmen und Eigenbetriebe von Gebietskörperschaften hat den Nebeneffekt, daß diese Unternehmen fortan Prokura erteilen können.[455] § 53 HGB setzt nämlich voraus, daß die Prokura eingetragen werden kann, wofür die Existenz des Unternehmens selbst im Handelsregister dokumentiert sein muß.[456] Dies dürfte u.a. auch wesentlicher Grund dafür sein, warum das Hofbräuhaus, ein Regiebetrieb des Bayrischen Staates, bereits mehrere Jahre vor Streichung des § 36 HGB a.F. - damals freiwillig - zur Eintragung in das Handelsregister angemeldet wurde.[457]

Fraglich ist, nach welcher Rechtsgrundlage die Anmeldung öffentlicher Unternehmen zur Eintragung in das Handelsregister nunmehr vorzunehmen ist.

Unproblematisch ist dies für Unternehmen der öffentlichen Hand, die nicht als Handelsgesellschaften[458] betrieben werden und selbst eine juristische Person sind, also Körperschaften, Stiftungen und Anstalten des öffentlichen Rechts,[459] insbe-

---

[454] *Hüffer*, in: Großkomm. HGB, 4. Aufl., § 36 Rdnr.6.
[455] *Weber*, Spk 1999, S. 140, 143.
[456] *Hüffer*, in: Großkomm. HGB, 4. Aufl., § 36 Rdnr.9.
[457] Handelsregister des Amtsgerichts München, HRA 49570.
[458] Für Unternehmen der Öffentlichen Hand, die in einer Rechtsform des Privatrechts, also als GmbH, AG, KGaA, OHG, KG, e.V. oder GbR betrieben werden, sind die für diese gültigen Anmeldeverpflichtungen einschlägig.
[459] *Hüffer*, in: Großkomm. HGB, 4. Aufl., § 33 Rdnr.3.

sondere also auch die Sparkassen[460]. Für diese Unternehmen gilt § 33 HGB, siehe dazu oben IX .

Nicht eindeutig geklärt ist die Frage, wie es sich mit der Anmeldeverpflichtung von Eigenbetrieben und Regieunternehmen verhält. Manche Registergerichte halten diese nicht für eintragungsfähig. Denn die Eigen- bzw. Regiebetriebe würden ja gerade nicht in einer eigenständigen und damit dem Handelsregister zugänglichen Rechtsform geführt und könnten daher vom Handelsregister nicht erfaßt werden.[461]

Dem dürfte jedoch bereits das Beispiel des Bayerischen Hofbräuhauses entgegenstehen, das bereits seit vielen Jahren in das Handelsregister des Amtsgerichts München (freiwillig) eingetragen ist.[462]

Für die Frage, nach welcher Rechtsvorschrift Eigen- oder Regiebetriebe[463] zur Eintragung in das Handelsregister anzumelden sind, gilt: Wenn Bund, Länder oder Kommunen ein Regieunternehmen oder einen Eigenbetrieb führen und dabei eine selbständige, außengerichtete und planmäßige Tätigkeit in Gewinnerzielungsabsicht ausüben, liegen die Merkmale eines Gewerbebetriebs[464] vor. Wenn dieser kein Kleingewerbe darstellt, handelt es sich nach § 1 Abs.2 HGB um ein Handelsgewerbe. Die den Regie- oder Eigenbetrieb führende Gebietskörperschaft

---

[460] Zur Registerpflicht der Sparkassen gem. § 33 HGB nach HRefG: *Weber*, Spk 1999, S. 140, 143.

[461] Auf eine informelle Anfrage des Verfassers hin geäußerte Überlegungen der Handelsregisterbeamten des Amtsgerichts Bonn, bei dem nach der Registerpraxis nachgefragt wurde aufgrund seiner Zuständigkeit für Eigenbetriebe, die von in Bonn verbliebenen Ministerien geführt werden.

[462] Handelsregisterauszug des Amtsgerichts München vom 17.06.1999, HRA 49570.

[463] Kommunalrechtlich ist der Begriff des Regiebetriebs ohne besondere Bedeutung. Im staatlichen Bereich wird der Begriff Regiebetrieb für solche Betriebe des Bundes oder eines Landes verwendet, für die eine kaufmännische Buchführung eingerichtet ist und die entweder voll in die Verwaltung eingegliedert sind und mit allen Ausgaben und Einnahmen im Haushalt erscheinen (sog. Bruttobetrieb) oder organisatorisch verselbständigt als (nicht-rechtsfähige) Regieanstalt nur mit ihrem kaufmännischen Endergebnis in den Haushaltsplan eingehen (sog. Nettobetrieb), *Seewald*, in: Steiner (Hrsg.), Besonderes Verwaltungsrecht, I B, Rdnr. 235g. Vorschriften zu den Regiebetrieben, die das Gesetz als Betriebe des Bundes oder Betriebe des Landes oder Bundes- oder Landesbetriebe bezeichnet, finden sich in den §§ 26, 74, 87 BHO, § 18 HGrG, § 87 LHO NW. Diese Regelungen entsprechen denjenigen für Eigenbetriebe. Deren Rechtsverhältnisse sind in den Vorschriften der Gemeindeordnung und sowie in eigenständigen Eigenbetriebsverordnungen geregelt. Z. T. entsprechen die Nettobetriebe und bestimmte Sondervermögen den Eigenbetrieben auf kommunaler Ebene.

[464] *Roth*, in: Koller/Roth/Morck, HGB, 2.Aufl., 1999, § 1 Rdnr.4.

ist damit im Hinblick auf ihre geschäftliche Tätigkeit gem. § 1 Abs. 1 HGB Kaufmann[465]. Auch Gebietskörperschaften kann die Kaufmannseigenschaft zukommen, solange die Tätigkeit auf die Erzielung laufender Einnahmen gerichtet ist.[466] Der Eigen- und Regiebetrieb als solcher ist dabei mangels eigener Rechtspersönlichkeit[467] selbst nicht eintragungsfähig. Da die Gebietskörperschaft unter dem Namen des Eigen- oder Regiebetriebs ihre Geschäfte führt, könnte man in Anlehnung an § 17 HGB den Eigen- oder Regiebetrieb als "Firma" der Gebietskörperschaft ansehen. Nach der Grundvorschrift des § 29 HGB wäre dementsprechend die Gebietskörperschaft zur Anmeldung "ihrer Firma"[468] , d.h. des Eigen- oder Regiebetriebs, verpflichtet. Zu § 29 HGB gibt es jedoch als lex specialis für juristische Personen § 33 HGB.[469] Die Gebietskörperschaft ist eine juristische Person. In direkter Anwendung von § 33 HGB wäre gem. § 33 Abs.1 S.1 HGB die den Gewerbebetrieb führende Gebietskörperschaft selbst zur Eintragung in das Handelsregister anzumelden. Nach hier vertretener Ansicht erscheint es jedoch sachgerechter, die Handelsregisteranmeldung nur in entsprechender Anwendung von § 33 HGB vorzunehmen, indem - vergleichbar § 29 HGB - nicht die Gebietskörperschaft selbst, sondern ihr Regie- oder Eigenbetrieb zur Eintragung anzumelden ist. [470] Als Firma wird in Spalte 2 des Handelsregisters der Name des Regie- oder Eigenbetriebes eingetragen; bei den Rechtsverhältnissen wird in Spalte 5 des Handelsregisters vermerkt, daß es sich um ein Unternehmen der dort angegebenen Gebietskörperschaft handelt.[471] Entsprechend der Verpflichtung gem. § 33 Abs.2 S.1 HGB, die Satzung der juristischen Person der Anmel-

---

[465] Der Normtyp des Einzelkaufmanns i.S.d. § 1 Abs.1 HGB ist nicht nur auf natürliche Personen beschränkt, sondern erstreckt sich auf eine natürliche oder eine juristische Person, *Roth*, in: Koller/Roth/Morck, HGB, 2.Aufl., 1999, § 1 Rdnr.1; GK-HGB/*Nickel* vor §§ 1-7 Rdnr.4; *Brüggemann*, in: Großkomm. HGB § 105 Rdnr. 82.

[466] *Roth*, in: Koller/Roth/Morck, HGB, 2.Aufl., 1999, § 1 Rdnr. 30 m.w.N.

[467] Eigenbetriebe sind nach der Legaldefiniton des § 114 GO NW gemeindliche wirtschaftliche Unternehmen ohne eigene Rechtspersönlichkeit. Für Regiebetriebe des Bundes oder der Länder ist die fehlende Rechtspersönlichkeit, soweit ersichtlich, nicht ausdrücklich gesetzlich festgehalten. Es entspricht jedoch gerade dem Wesen eines Regiebetriebs (s.o. Fn. 463) , daß dieser keine eigene Rechtspersönlichkeit hat.

[468] Gem. § 17 HGB ist die Firma - anders als im Sprachgebrauch - der Handelsname des Kaufmanns als Unternehmensträger, nicht das Unternehmen selbst, *Roth*, in: Koller/Roth/Morck, HGB, 2. Aufl., 1999, § 17 Rdnr. 2.

[469] *Roth*, in: Koller/Roth/Morck, HGB, 2. Aufl., 1999, § 29 Rdnr. 1.

[470] Ohne diese Differenzierung generell für eine Anwendbarkeit von § 33 HGB: *Hüffer*, in: Großkomm. HGB, 4. Aufl., § 33 Rdnr.3.

[471] So ist im Handelsregister des Amtsgerichts München unter HRA 49570 in Spalte 2 unter a) für die Firma "Staatliches Hofbräuhaus in München" eingetragen und in Spalte 5 zu den Rechtsverhältnissen: "Unternehmen des Landes Bayern, vertreten durch das Bayer. Staatsministerium der Finanzen."

dung beizufügen, sollte bei der Anmeldung eines Eigenbetriebs dessen Betriebssatzung[472] beigefügt werden sowie beim Regiebetrieb, sofern vorhanden[473], dessen Satzung. Hinsichtlich der von § 33 Abs.2 S.2 HGB geforderten Angabe des Sitzes der jurischen Person und eines davon etwa abweichenden Ortes der Handelsniederlassung können der Sitz von Gebietskörperschaft und Eigen- bzw. Regiebetrieb angegeben werden.[474] Im Hinblick auf die gem. § 33 Abs.2 S. 2 HGB vorgesehene Angabe des Unternehmensgegenstandes und der Mitglieder des Vorstandes sollten beim Eigenbetrieb dessen Geschäftsgegenstand gemäß Betriebssatzung[475] und die Zusammensetzung der zur Vertretung des Eigenbetriebs gem. §§ 2, 3 Eigenbetriebsverordnung NW berechtigten Werkleitung angegeben werden, beim Regiebetrieb entsprechend dessen Geschäftszweck und -leitung. Die Anmeldungen entsprechend der Anmeldepflicht gem. § 33 Abs.1 HGB erfolgen dann durch den jeweiligen Geschäftsleiter[476] des Regie- oder Eigenbetriebs als Bevollmächtigtem des vertretungsberechtigten Organs der Gebietskörperschaft.[477]

---

[472] Nach § 114 GO NW haben in Nordrhein-Westfalen Eigenbetriebe eine Betriebssatzung.

[473] Für Regiebetriebe gibt es, soweit ersichtlich, keine einheitliche Regelung, wonach entsprechend den Gemeindeordnungen i.V.m. den Eigenbetreibsverordnungen zwingend eine Satzung vorgeschrieben wäre.

[474] *Hüffer*, in: Großkomm. HGB, 4. Aufl., § 33 Rdnr. 11.

[475] *Hüffer*, in: Großkomm. HGB, 4. Aufl., § 33 Rdnr. 11.

[476] Schreiben des Amtsgerichts München vom 17.06.1999 betreffend das unter HRA 49570 in das Handesrgeister eingetragene Staatliche Hofbräuhaus in München. Der "Geschäftsleiter" hat in diesem Falle den Titel eines Direktors. Im Falle des Staatlich Bayerischen Hofbräuhauses werden gemäß dem genannten Schreiben Handelsregisteranmeldungen von einem Bevollmächtigten dessen Direktors vorgenommen, der wiederum als Bevollmächtigter des Bayrischen Finanzministers anzusehen ist.

[477] Bei den Kommunen ist dies vorbehaltlich der Vertretung in Organen von juristischen Personen oder Personenvereinigungen (§ 113 GO NW) der Bürgermeister, § 63 GO NW, bzw. bei der Doppelspitze der (Ober-) Stadt- oder Gemeindedirektor. Eine einheitliche Vertretungsbehörde des Bundes existiert nicht. Aus Art. 65 Abs.1 S.2 GG wird eine Vertretungsbefugnis der einzelnen Bundesminister innerhalb ihrer Ressorts abgeleitet, Müko-ZPO-*Patzina*, § 18 Rdnr. 7. Dabei muß beachtet werden, daß die rechtsgeschäftliche und die prozessuale Vertretung unter Umständen verschieden zu beurteilen sind, Baumbach/Hefermehl-*Hartmann*, § 18 Rdnr. 5. In den Ländern bestehen unterschiedliche Regelungen, wobei die Vertretungsfrage teilweise explizit geregelt ist (Überblick bei Müko-ZPO-*Patzina*, § 18 Rdnr. 23ff.).

XIII. Unternehmen in Rechtsformen, für die keine Anmelde- und Eintragungsverpflichtungen bestehen

Nach dem Gesagten verbleiben nur wenige Rechtsformen, die nicht der allgemeinen handelsrechtlichen Registerpublizität unterliegen, nämlich die BGB-Gesellschaft, die Partenreederei, der kleinere VVaG und die stille Gesellschaft.

1. Gesellschaft bürgerlichen Rechts gem. §§ 705 ff. BGB

Gesellschaften bürgerlichen Rechts gem. § 705ff. BGB werden in das Handelsregister nicht eingetragen. Entsprechende Anmeldeverpflichtungen bestehen also nicht. Dies hängt damit zusammen, daß das Handelsregister Auskunft gibt über die für den Rechtsverkehr erheblichen[478] Tatsachen und Rechtsverhältnisse der Kaufleute und Handelsgesellschaften,[479] die Gesellschaft bürgerlichen Rechts aber gerade keine Handelsgesellschaft ist. Bis zum Inkrafttreten des Handelsrechtsreformgesetzes[480] wandelte sich eine Gesellschaft bürgerlichen Rechts durch Rechtsformwechsel unter Wahrung ihrer Identität dann in eine Personenhandelsgesellschaft um, wenn sie ein Grundhandelsgewerbe[481] betrieb[482], und wurde damit eintragungspflichtig. Durch die Änderungen aufgrund des Handelsrechtsreformgesetzes[483] ist nunmehr jede Personengesellschaft, die ein Gewerbe betreibt, das nicht auf einen in kaufmännischer Weise eingerichteten Geschäftsbetrieb verzichten kann, kraft Gesetzes Personenhandelsgesellschaft[484] und damit, da nicht mehr Gesellschaft bürgerlichen Rechts, anmeldepflichtig. Dies gilt also beispielsweise auch für die früher nicht unter die Grundhandelsgewerbe fallenden

---

[478] Gleichwohl wird nicht alles, was für den Rechts- und Handelsverkehr bedeutsam ist, eingetragen, z.B. bei der GmbH nichts über Mitgliedschaft und Beteiligungsverhältnisse, MüKo-*Bokelmann*, HGB, § 8 Rdnr. 27.

[479] MüKo-*Bokelmann*, HGB, § 8 Rdnr. 3.

[480] Gesetz zur Neuregelung des Kaufmanns- und Firmenrechts und zur Änderung anderer handels- und gesellschaftsrechtlicher Vorschriften (Handelsrechtsreformgesetz - HRefG), BGBl. I 1998, S. 1474.

[481] Es sei denn, der Gewerbebetrieb erforderte nach Art und Umfang keinen in kaufmännischer Weise eingerichteten Geschäftsbetrieb, § 4 HGB a.F.

[482] Palandt-*Sprau*, BGB, 58. Aufl., 1999, § 705 Rdnr.3a.

[483] Gesetz zur Neuregelung des Kaufmanns- und Firmenrechts und zur Änderung anderer handels- und gesellschaftsrechtlicher Vorschriften (Handelsrechtsreformgesetz - HRefG), BGBl. I 1998, S. 1474.

[484] Palandt-*Sprau*, BGB, 58. Aufl., 1999, § 705 Rdnr.3a.

Gewerbebetriebe, wie z.B. Bauhandwerker-, Kfz- oder andere Reperatur-Gesellschaften bürgerlichen Rechts.

Weiterhin bleiben die Zusammenschlüsse der nicht dem Gewerbebegriff unterfallenden freien Berufe BGB-Gesellschaften. Dazu zählen insbesondere die Zusammenschlüssen von Rechtsanwälten, Steuerberatern und/oder Wirtschaftsprüfern zu einer Gesellschaft bürgerlichen Rechts, aber auch ärztliche und zahnärztliche Gemeinschaftspraxen in der Rechtsform einer Gesellschaft bürgerlichen Rechts. Die genannten Freiberufler-Sozietäten unterfallen somit keiner Registerpflicht. Der fehlenden Registerpflicht der Gesellschaft bürgerlichen Rechts auf der einen Seite steht dabei eine unumschränkte, allumfassende, allgemeine persönliche Haftung eines jeden Mitglieds der Gesellschaft bürgerlichen Rechts für jedwede Geschäftstätigkeit[485] der Gesellschaft gegenüber. Mit der Registerfreiheit der "Freiberufler"-GbR hängt es möglicherweise auch zusammen, daß von der Möglichkeit, sich in einer Partnerschaftsgesellschaft nach dem PartGG zusammenzuschließen, nach wie vor eher zurückhaltend Gebrauch gemacht wird. Denn dies würde die Anmelde- und Eintragungsverpflichtungen zum Partnerschaftsregister nach sich ziehen. Allerdings bestünde auch das mit der Publizität der Partnerschaftsgesellschaft korrelierende Haftungsprivileg des § 8 Abs.2 PartGG, das 1998[486] in das PartGG eingefügt wurde. Danach haften bei Partnerschaftsgesellschaften für berufliche Fehler neben der Partnerschaft nur die mit der Bearbeitung des Auftrags befaßten Partner (gesetzliche Handelndenhaftung).[487]

Die bisher nicht eintragungsfähigen, reinen Vermögensverwaltungsgesellschaften in der Rechtsform der Gesellschaft bürgerlichen Rechts haben nunmehr durch die Neufassung des § 105 Abs. 2 HGB die Möglichkeit, durch eine Eintragung der Firma ihres Unternehmens in das Handelsregister die Rechtsform einer Personenhandelsgesellschaft zu erzielen. Fortan unterliegen sie dann allerdings auch den zuvor dargestellten allgemeinen Anmelde- und Eintragungsverpflichtungen für

---

[485] "Grundsätzliche Mithaftung der Gesellschafter jedenfalls für *rechtsgeschäftliche* Verbindlichkeiten der GbR", auch nach von der Rechtsprechung vertretener Doppelververpflichtungstheorie, *Ulmer*, ZIP 1999, S. 554, 555; der Beitrag liefert einen aktuellen Überblick der Entwicklung in Rechtsprechung und Lehre zur Gesellschafterhaftung in der GbR vor dem Hintergrund der Neufassung des § 105 Abs.2 HGB , vgl. auch die Habilitationsschriften von *Dauner-Lieb*, Unternehmen in Sondervermögen - Haftung und Haftungsbeschränkung, 1998 sowie von *Reiff*, Die Haftungsverfassungen nichtrechtsfähiger unternehmenstragender Verbände, 1996.

[486] Gesetz zur Änderung des Umwandlungsgesetzes, des Partnerschaftsgesetzes und anderer Gesetze vom 22.7.1998, BGBl. I, S.1878.

[487] *Grunewald/Müller*, JZ 1999, S. 442.

Personenhandelsgesellschaften. Indessen hat sich in der Rechtspraxis gezeigt, daß insbesondere die Kommanditgesellschaft wegen ihrer Möglichkeit, eine Firma zu bilden, sowie aus haftungs- und steuerrechtlichen Gründen und aufgrund ihrer im Gegensatz zur Gesellschaft bürgerlichen Rechts bestehenden Rechts- und Verkehrsfähigkeit[488] für Vermögensverwaltungsgesellschaften eine attraktive Rechtsform darstellt.[489]

2. Partenreederei gem. § 489 HGB

Die Partenreederei gem. § 489 Abs.1 HGB als "eigentümliche Gesellschaftsform des Seehandelsrechts"[490] ist als solche nach ganz herrschender Auffassung kein Kaufmann im Sinne des Handelsrechts und ist auch nicht beim Handelsregister anzumelden und einzutragen.[491] Die Mitreeder, die gemeinsam das oder die Schiffe erwerben und halten[492], ohne eine Handelsgesellschaft zu gründen,[493] sind Kaufleute, für die die dargestellten allgemeinen handelsrechtlichen Anmelde- und Eintragungsverpflichtungen gelten.

3. Kleinere VVaG i.S.v. § 53 VAG

Auf den sog. kleineren Verein i.S.v. § 53 VAG werden die Vorschriften von HGB und VAG über Eintragungen in das Handelsregister nicht angewandt[494], wie sich aus § 53 Abs.1 VAG ergibt. Ob ein kleinerer Verein i.S.v. § 53 Abs.1 VAG vorliegt, entscheidet gem. § 53 Abs.4 VAG das Bundesaufsichtsamt für das Versicherungswesen bzw. bei "geringer wirtschaftlicher Bedeutung" gem. § 3 Abs.1 BAG u.U. die zuständige Landesaufsichtsbehörde[495]. Eine Ausnahme von der Registerfreiheit der kleineren VVaG besteht gem. §§ 118, 119, 187 UmwG für

[488] Im Gegensatz zur Gesellschaftr bürgerlichen Rechts können Personenhandelsgesellschaften im Grundbuch eingetragen werden, §§ 124 Abs.1, 161 Abs.2 HGB.
[489] *Ring*, Das neue Handelsrecht, § 4 Rdnr. 20f.
[490] *K. Schmidt*, Gesellschaftsrecht, § 64 I 1. a).
[491] *K. Schmidt*, Gesellschaftsrecht, § 64 I 3. c).
[492] Der von jedem der Mitreeder gehaltene Anteil am Schiff ist die sog. "Schiffspart", vgl. *K. Schmidt*, Gesellschaftsrecht, § 64 I 1. a).
[493] Im Gegensatz dazu sind die meisten Schiffahrtsunternehmen heute Handelsgesellschaften, die sich auch "Reederei" nennen (dürfen), ohne freilich in der Rechtsform der Patentreederei gem. § 489 Abs.1 HGB betrieben zu werden, vgl. *K. Schmidt*, Gesellschaftsrecht, § 64 I 1. a).
[494] *Goldberg/Müller*, VAG, § 53 Rdnr. 5.
[495] *Prölss*, VAG, § 53 Rdnr. 39.

den Fall, daß diese an einer Umwandlung nach dem UmwG beteiligt sind (siehe nachfolgend Abschnitt XIV.).

4. Stille Gesellschaft, §§ 230 ff. HGB

Eine Eintragung der Stillen Gesellschaft in das Handelsregister findet nicht statt.[496] Dies folgt aus ihrer Natur als reine Innengesellschaft, die nach außen nicht in Erscheinung tritt.

XIV. Pflicht zur Anmeldung und Eintragung in das Handelsregister bei der Umwandlung von Unternehmen nach dem Umwandlungsgesetz

Zahlreiche Anmelde- und Eintragungsverpflichtungen enthält das Umwandlungsgesetz für Unternehmen, die nach diesem Gesetz umgewandelt werden. Die Verschmelzung, Spaltung, Vermögensübertragung und der Formwechsel (vgl. § 1 Abs.1 UmwG)[497] von Unternehmen müssen zur Eintragung in das jeweilige Register angemeldet werden, bei dem die an der Umwandlung beteiligten Rechtsträger geführt werden (Handelsregister, Partnerschaftsregister, Genossenschaftsregister oder Vereinsregister, vgl. § 16 Abs.1 Satz 1 UmwG). Aufgrund der Vielzahl der umwandlungsrechtlichen Anmelde-, Eintragungs- und Bekanntmachungsvorschriften werden diese im Folgenden nur im Überblick dargestellt. Dies erscheint auch deshalb vertretbar, weil sich die jeweilige Regelung in den meisten Fällen unmittelbar aus dem Gesetz selbst erschließt.

1. Gemeinsame grundlegende Vorschriften für den Registervollzug von Verschmelzung, Spaltung und Vermögensübertragung gegenüber eigenständigen Regelungen beim Formwechsel

Grundlage für den registerrechtlichen Vollzug einer Umwandlung sind bei Verschmelzung, Spaltung und Vermögensübertragung die Regelungen für die Verschmelzung, die gem. §§ 125, 176 UmwG auch auf Spaltung und Vermögens-

---

[496] *K. Schmidt*, Gesellschaftsrecht, § 62 I 1 b.

[497] Abgesehen von anderen gesetzlich ausdrücklich vorgesehenen Möglichkeiten (§ 1 Abs.2 UmwG) ist die Aufzählung in § 1 Abs.1 entsprechend dem gesellschaftsrechtlichen Prinzip des Typenzwangs abschließend, vgl. *Ganske*, UmwR, S.43.

übertragung Anwendung finden. Beim Formwechsel dagegen sind die Anmeldung (§ 198 UmwG) nebst Anlagen (§ 199 UmwG), die Wirkungen der Eintragung (§ 202 UmwG) und die Bekanntmachung (§ 201 UmwG) eigenständig geregelt.

Für den Registervollzug von Verschmelzung, Spaltung und Vermögensübertragung gelten die grundlegenden Vorschriften der §§ 16 (Anmeldung), 17 (Anlagen zur Anmeldung)[498], 19 (Eintragung und Bekanntmachung) und 20 (Wirkungen der Eintragung) des Umwandlungsgesetzes. Sie beziehen sich unmittelbar auf die Verschmelzung durch Aufnahme. Bei Verschmelzungen durch Neugründung gelten sie gem. § 36 UmwG entsprechend und werden durch § 38 UmwG ergänzt.

Als zentrale Vorschrift ist § 20 UmwG anzusehen: Danach treten die mit der Verschmelzung beabsichtigten Rechtsfolgen (Vermögensübergang, Erlöschen der übertragenden Rechtsträger, Anteilsübergang, Heilung notarieller Beurkundungsmängel) mit der Eintragung der Umwandlung in das Register des übernehmenden Rechtsträgers ein.[499] Für den Fall, daß dies ein Minderkaufmann ist und deshalb keine Registereintragung beim übernehmenden Rechtsträger stattfinden kann, treten nach dem neueingefügten[500] § 122 Abs.2 UmwG die in § 20 UmwG genannten Wirkungen durch die Eintragung der Umwandlung in das Register des Sitzes der übertragenen Gesellschaft ein.[501]

Die Vorschrift des § 20 UmwG ist im Zusammenhang mit § 16 UmwG zu sehen: Eingetragen und damit umgesetzt wird die Umwandlung nur, wenn eine Klage gegen die Wirksamkeit des Verschmelzungsbeschlusses unzulässig (§ 16 Abs.3 S.2 1.Fall UmwG) oder "offensichtlich unbegründet" (§ 16 Abs.3 S.2 2.Fall UmwG) ist oder das alsbaldige Wirksamwerden der Verschmelzung vorrangig erscheint (§ 16 Abs.3 S.2 3.Fall UmwG).

---

[498] Verschmelzungsvertrag und nachfolgende Verschmelzungsbeschlüsse können zusammen durch Schnur und Prägesiegeldes Notars verbunden eingereicht werden, OLG Karlsruhe, Beschl. v. 2.3.1998 - 11 Wx 6/98 - DB 1998, S.714f.

[499] *Körner/Rodewald*, BB 1999, S. 853/855 weisen zu Recht darauf hin, daß die Eintragung nicht die Wirksamkeit des Umwandlungsvertrages, sondern die Wirkungen der Umwandlung zur Folge hat.

[500] Angefügt durch Art. 7 HRefG v. 22.6.1998 (BGBl. I, S. 1474).

[501] Bevor die bis dahin insoweit bestehende Gesetzeslücke durch den Gesetzgeber geschlossen wurde, erfolgte dies durch eine Modifizierung der Auslegung der §§ 19, 20 UmwG, *Raiser*, BB 1998, S. 1604, s.. auch BGH, Beschl. v. 4.5.1998 - II ZB 18/97.

2. Weitere gemeinsame Vorschriften für den Registervollzug von Verschmelzung, Spaltung und Vermögensübertragung

Zusätzlich zu den genanten allgemeinen Vorschriften sind beim Registervollzung einer Verschmelzung weitere Vorschriften zu beachten, die gem. §§ 125 Abs.1[502] und 176 UmwG auch bei Spaltung und Vermögensübertragung entsprechende Anwendung finden:

Es handelt sich hierbei um die §§ 52, 53, 55 Abs.2, 56 UmwG für die Verschmelzung unter Beteiligung einer GmbH. Bei Verschmelzungen unter Beteiligung von Aktiengesellschaften gelten die §§ 61, 62, 66, 69 Abs.2 UmwG für eine Verschmelzung durch Aufnahme und die §§ 73, 76 und 77 UmwG für eine Verschmelzung durch Neugründung. Für die KGaA sieht § 78 UmwG eine entsprechende Anwendung vor. Für den Registervollzug einer Verschmelzung unter Beteiligung einer eingetragenen Genossenschaft sind die besonderen Vorschriften der §§ 86, 96 UmwG zu beachten. Bei der Verschmelzung genossenschaftlicher Prüfungsverbände gilt die besondere Anmeldevorschrift des § 105 UmwG, bei der Verschmelzung unter Beteiligung rechtsfähiger Vereine § 104 UmwG. Besondere Vorschriften für Versicherungsvereine auf Gegenseitigkeit enthalten die §§ 111, 118 und 119 UmwG. Die beiden letztgenannten Vorschriften betreffen die Verschmelzung kleinerer Vereine. Entgegen der sonstigen Registerfreiheit der kleineren Vereine (s.o. XIII. 4.) erfolgt bei einer Verschmelzung kleinerer Vereine gem. §§ 118, 119 UmwG eine Bekanntmachung im Bundesanzeiger und einem weiteren Blatt. Bei Verschmelzungen von Kapitalgesellschaften mit dem Vermögen eines Alleingesellschafters gelten die §§ 121, 122 UmwG. Da der Gesetzgeber den besonderen Fall einer Verschmelzung auf den minderkaufmännischen Alleingesellschafter übersehen hatte,[503] erfolgte im Handelsrechtsreformgesetz[504] eine entsprechende Klarstellung in § 122 Abs.2 UmwG. Vor Inkrafttreten dieser Regelung hatte der BGH die bis dahin bestehende Gesetzeslücke durch eine entsprechende lückenfüllende Auslegung geschlossen.[505]

[502] § 125 UmwG verweist auf die gesamten Verschmelzungsvorschriften, d.h. sowohl auf die allgemeinen des zweiten Abschnitts des zweiten Buches als auch auf die im dritten Buch befindlichen besonderen.

[503] *Raiser*, BB 1998, S.1604.

[504] BGBl. I 1998, S.1470ff.

[505] BGH, Beschl. v. 4.5.1998 - II ZB 18/97 -, BB 1998, S.1602.

3. Weitere Vorschriften für den Registervollzug bei der Spaltung

a) Allgemeine weitere Vorschriften für den Registervollzug bei der Spaltung

Über die gemeinsamen allgemeinen und besonderen Vorschriften für Verschmelzung, Spaltung und Vermögensübertragung hinaus gelten beim Registervollzug der Spaltung zusätzliche allgemeine Vorschriften, nämlich die §§ 129-131 UmwG für die Spaltung zur Aufnahme und § 137 UmwG für die Spaltung zur Neugründung.

b) Besondere weitere Regelungen für den Registervollzug bei der Spaltung

Besondere Regelungen finden sich ferner in § 140 UmwG für eine Spaltung unter Beteiligung einer übertragenden GmbH, in den §§ 141, 146 UmwG für eine Spaltung unter Beteiligung von AG und KGaA, in § 148 UmwG für eine Spaltung unter Beteiligung einer e.G. und in den §§ 154, 155 und 160 UmwG für die Ausgliederung aus dem Vermögen eines Einzelkaufmanns. Für die Eintragung der Ausgliederung aus dem Vermögen einer rechtsfähigen Stiftung gilt § 164 Abs.2 UmwG, bei der Beteiligung von Gebietskörperschafen § 171 UmwG.

4. Weitere Vorschriften für den Registervollzug bei der Vermögensübertragung

Für den Registervollzug der Vermögensübertragung wird in zahlreichen Vorschriften auf die Regelungen bei Verschmelzung und Spaltung verwiesen (§§ 176, 177, 178, 179, 180, 184, 186, 188, 189 UmwG). Daneben besteht die Sondervorschrift des § 187 UmwG für die Bekanntmachung der Vermögensübertragung eines kleinen Versicherungsvereins auf Gegenseitigkeit auf eine Aktiengesellschaft oder auf ein öffentlich-rechtliches Versicherungsunternehmen. Auch hier besteht wieder abweichend von der generellen Registerfreiheit des kleineren Vereins (s.o. XIII. 4.) eine Bekanntmachungspflicht.

5. Vorschriften für den Registervollzug beim Formwechsel

Die Anmeldung, Eintragung und Bekanntmachung eines Wechsels der Rechtsform eines Unternehmens ist eigenständig in den §§ 190ff. UmwG geregelt. Nach den allgemeinen Vorschriften zur Anmeldung (§ 198 UmwG) nebst Anlagen (§ 199 UmwG), Bekanntmachung (§ 201 UmwG) und den Wirkungen der Eintragung (§ 202 UmwG) sind besondere Vorschriften zu beachten:

Die Anmeldung des Formwechsels einer Personenhandelsgesellschaft, die gem. § 214 UmwG - wie auch die Partnerschaftsgesellschaft gem. § 225a UmwG - nur zur Kapitalgesellschaft oder Genossenschaft werden kann, ist in § 222 UmwG sowie in § 223 UmwG hinsichtlich der beizufügenden Anlagen geregelt. Diese Vorschriften werden auf die Partnerschaftsgesellschaft entsprechend angewandt, § 225c UmwG.

Hinsichtlich des Formwechsels einer Kapitalgesellschaft sind für den Registervollzug nach dem UmwG § 235 für den Formwechsel in eine Personengesellschaft, § 246 für den Formwechsel in eine Kapitalgesellschaft anderer Rechtsform, und § 254 für denjenigen in eine eingetragene Genossenschaft zu beachten.

Auf den Formwechsel eingetragener Genossenschaften und eingetragener Vereine in eine Kapitalgesellschaft findet § 222 Abs.1 und 3 UmwG entsprechende Anwendung gem. §§ 265 bzw. 278 UmwG hinsichtlich der Anmeldung. Ein Formwechsel in andere Rechtsform als eine Kapitalgesellschaft besteht für die eingetragene Genossenschaft (s. § 258 Abs.1 UmwG) nicht. Der eingetragene Verein kann lediglich noch in eine eingetragene Genossenschaft umgewandelt werden (s. § 272 Abs.1 UmwG). Für die Anmeldung sind dann nach § 286 UmwG die §§ 254 und 278 Abs.2 UmwG entsprechend anzuwenden. Für die Bekanntmachung gilt die Sondervorschrift des § 287 UmwG.

Für die Anmeldung des Formwechsels von Versicherungsvereinen auf Gegenseitigkeit, die keine kleineren Vereine sind und nur in Aktiengesellschaften umgewandelt werden können (s. § 291 Abs.1 UmwG), verweist § 296 UmwG auf § 246 Abs.1 und 2 UmwG. Bei der Bekanntmachung ist die Sondervorschrift des § 297 UmwG zu beachten.

Für den Formwechsel von Körperschaften und Anstalten des Öffentlichen Rechts in eine Kapitalgesellschaft - insoweit grundsätzlich die einzige Möglichkeit eines Formwechsels von Körperschaften und Anstalten des Öffentlichen Rechts, § 301 Abs.1 UmwG - ist in § 304 UmwG ausdrücklich festgehalten, daß dieser (erst) mit der Eintragung der Kapitalgesellschaft in das Handelsregister wirksam wird.

6. Publizität des Spruchverfahrens, § 307 UmwG

Ein Antrag auf gerichtliche Entscheidung im Spruchverfahren nach den §§ 14, 34, 176 bis 181, 184, 186 oder 212 UmwG ist vom Landgericht gem. § 307 Abs.3 im Bundesanzeiger bekanntzumachen sowie in den vom jeweiligen Unternehmen vorgesehenen weiteren Blättern.

XV. Sanktionen bei Verletzung der Transparenz- und Publizitätspflichten zur Unternehmensstruktur

1. § 14 HGB

Die oben unter II. bis XIII. dargestellte allgemeine handels- und gesellschaftsrechtliche Verpflichtung, die Grundlagen und Veränderungen der Unternehmensstruktur zur Eintragung in das Handelsregister anzumelden, ist gem. § 14 Abs.1 S.1 HGB durch ein Zwangsgeld vom Registergericht zu erzwingen. Das entsprechende Zwangsgeldverfahren wird nach den Vorschriften der §§ 132-139 FGG durchgeführt. Sobald das Gericht glaubhaft Kenntnis von einem Sachverhalt erhält, der sein Einschreiten rechtfertigt, ist es verpflichtet, den Beteiligten unter Androhung eines bezifferten Zwangsgeldes aufzugeben, innerhalb einer bestimmten Frist der genau zu bezeichnenden Verpflichtung nachzukommen oder die Unterlassung mittels Einspruchs zu rechtfertigen, § 132 FGG. Wenn daraufhin weder die Handelsregisteranmeldung vorgenommen noch Einspruch eingelegt wird, ist das angedrohte Zwangsgeld festzusetzen und die frühere Verfügung unter Androhung eines bezifferten Zwangsgeldes bis DM 10.000,00 zu wiederholen.[506]

---

[506] *Roth*, in: Koller/Roth/Morck, HGB, 2.Aufl., § 14 Rdnr.5.

2. § 316 Abs.2 UmwG

Nach Maßgabe des § 316 Abs.2 wird die oben unter XIV. dargestellte Pflicht zur Registeranmeldung einer Umwandlung nach dem Umwandlungsgesetz nicht durch die Festsetzung von Zwangsgeld erzwungen. Dieser Sanktion bedarf es nicht, weil die mit der Umwandlung beabsichtigten Rechtswirkungen erst mit der Eintragung im jeweiligen Register eintreten, §§ 20, 202 Abs.2, 304 UmwG.

C. Transparenz und Publizität der Rechnungslegung

Zentraler Betrachtungsgegenstand von Transparenz- und Publizitätspflichten ist die Rechnungslegung.[507] Eine Definition des Begriffs "Rechnungslegung" findet sich nicht im Gesetz. Auch im rechtswissenschaftlichen Schrifttum wird zur Erfassung des Begriffes keine Definition geliefert, sondern auf den Sinn und Zweck der Rechnungslegung abgestellt durch die prägnante Formel, "daß Rechnungslegung der Dokumentation der Geschäftsverhältnisse dient."[508]

Transparenz und Publizität der Rechnungslegung betreffen somit die Durchsichtigkeit und die Offenkundigkeit der Geschäftsverhältnisse des Unternehmens. Denn die Rechnungslegung ist das Mittel zur Dokumentation der Geschäftsverhältnisse eines Unternehmens. Transparenz- und Publizitätspflichten, die sich auf die Rechnungslegung beziehen, haben damit zum Ziel, die gesamten durch die Rechnungslegung dokumentierten Geschäfte des Unternehmens durchsichtig und offenkundig zu machen, mithin die gesamte Geschäftstätigkeit des Unternehmens und damit das Unternehmen selbst.

I. Rechnungslegungsverpflichtungen

Zur "Dokumentation der Geschäftsverhältnisse" ist jeder Kaufmann gesetzlich verpflichtet. Die entsprechenden Rechnungslegungsverpflichtungen sind in den §§ 238-340o HGB, dem Dritten Buch des HGB geregelt. Die Überschrift des dritten Buches des HGB - "Handelsbücher" - sagt im Kern bereits aus, was

---

[507] Siehe oben S. 24.
[508] *Karsten Schmidt*, Handelsrecht, § 15.

Grundlage der Rechnungslegung[509] ist: Alle Kaufleute - und damit faktisch alle, die ein gewerbliches Unternehmen betreiben, sowie alle Gesellschaften mit beschränkter Haftung und alle Aktiengesellschaften[510] - sind zu einer ordnungsgemäßen Buchführung verpflichtet, § 238 HGB. Buchführung ist die laufende, systematische und in Geldgrößen vorgenommene Dokumentation von Geschäftsvorfällen.[511] Gem. § 238 Abs.2 HGB sind Kopien des die Geschäftsvorfälle betreffenden laufenden Schriftverkehrs zu erstellen und zu verwahren. Weitere Einzelheiten, wie die Führung der Handelsbücher und sonstigen Aufzeichnungen zu erfolgen hat, sind in § 239 HGB geregelt. Ferner sind die sog. "Grundsätze ordnungsgemäßer Buchführung" (GoB) zu beachten.[512]

Unternehmen, auf die das Handelsrecht Anwendung findet, müssen gem. § 240 Abs.1 HGB bei Aufnahme ihres Geschäftsbetriebs und fortan am Ende eines jeden Geschäftsjahrs ein Verzeichnis ihrer gesamten Vermögensgegenstände und Schulden (Inventar, § 240 Abs.2 S.1 HGB) erstellen. Die dafür erforderliche Erfassung aller im Betrieb befindlichen körperlichen Vermögensgegenstände erfolgt

---

509 *K. Schmidt*, Handelsrecht, 4. Aufl. § 15 I 1., zählt zur Rechnungslegung Handelsbücher (§ 238 Abs.1 HGB), Handelsbriefe (§ 238 Abs.2 HGB), das Inventar (§ 240 HGB), die Bilanz (§ 242 Abs.1 S. 1 HGB) sowie die Gewinn- und Verlustrechnung (§ 242 Abs.2 HGB).

510 §§ 1, 238 HGB i.V.m. §§ 13 Abs.3 GmbHG, 3 Abs.1 AktG.

511 *Budde/Kunz* in: Beck Bil.-Komm, § 238 Rdnr. 59; *dort* auch unter Rdnr. 65-88 zu den allgemeinen Anforderungen an die Buchführung.

512 Die Beachtung der Grundsätze ordnungsgemäßer Buchführung ist im Gesetz ausdrücklich für die Aufstellung des Jahresabschlusses vorgeschrieben, § 243 Abs.1 HGB. Da der Jahresabschluß aus der laufenden Buchführung zu entwickeln ist, sind die Grundsätze ordnungsgemäßer Buchführung deshalb auch bei der laufenden Buchführung zu beachten. Eine gesetzliche Definition des Begriffs der "Grundsätze ordnungsgemäßer Buchführung" gibt es nicht. Allgemein wird darunter ein "System von Regeln, das die gesamte Rechnungslegung umfaßt" (*Budde/Raff* in: Beck Bil.-Komm, § 243 Rdnr. 11) verstanden. Bei den Grundsätzen ordnungsgemäßer Buchführung handelt es sich um gerichtlich überprüfbare unbestimmte Rechtsbegriffe (*Morck*, in: Koller/Roth/Morck, HGB, 2.Aufl., 1999, § 243 Rdnr. 1). Einige dieser Grundsätze wurden ausdrücklich in das HGB übernommen, nämlich der Grundsatz der Klarheit und Übersichtlichkeit (§ 243 Abs.2 HGB), der Grundsatz der Vollständigkeit (§ 246 Abs.1 HGB), der Grundsatz der Bilanzkontinuitiät (§ 252 Abs.1 Nr.1 HGB), das Stichtagsprinzip (§§ 242 Abs.1 und 2, 252 Abs.1 Nr.5 HGB), das Verrechnungsverbot (§ 246 Abs.2 HGB), das Going-Konzern-Prinzip (§ 252 Abs.1 Nr.2 HGB), der Grundsatz der Einzelbewertung (§ 252 Abs.1 Nr.3 HGB), der Grundsatz der Vorsicht mit den Ausprägungen Imparitätsprinzip (§ 252 Abs.1 Nr. 4 1.Hs HGB), Realisationsprinzip (§ 252 Abs.1 Nr.4 2. Hs HGB) und Niederstwertprinzip (§ 253 Abs.2 und 3 HGB), der Grundsatz der Periodenabgrenzung (§ 252 Abs. 1 Nr. 5 HGB), Bewertungsstetigkeit (§ 252 Abs.1 Nr.6 HGB) und das Anschaffungswertprinzip, Zusammenstellung nach *Morck*, in: Koller/Roth/Morck, HGB, 2.Aufl., 1999, § 243 Rdnr. 2.

durch eine körperliche Bestandsaufnahme zum jeweiligen Stichtag und wird Inventur genannt.[513]

Am Schluß eines jeden Geschäftsjahres müssen alle Kaufleute eine Bilanz sowie eine Gewinn- und Verlustrechung aufstellen, § 242 HGB. Zu Beginn der Geschäftstätigkeit ist zusätzlich eine sog. Eröffnungsbilanz aufzustellen. Die Bilanz des Unternehmens ist nach dem Gesetz ein "das Verhältnis seines Vermögens und seiner Schulden darstellender Abschluß" (§ 242 Abs.1 S.1 HGB). Die Gewinn- und Verlustrechung (GuV) definiert das Gesetz als eine "Gegenüberstellung der Aufwendungen und Erträge des Geschäftsjahres" (§ 242 Abs. 2 HGB). Bilanz und Gewinn- und Verlustrechnung bilden zusammen gemäß § 242 Abs.3 HGB den Jahresabschluß. Am Ende eines jeden Geschäftsjahres sind damit alle gewerbetreibenden Unternehmen sowie alle Gesellschaften mit beschränkter Haftung und alle Aktiengesellschaften verpflichtet, einen aus Bilanz und Gewinn- und Verlustrechnung bestehenden Jahresabschluß zu erstellen[514], unabhängig davon, aufgrund welcher Rechtsform der Unternehmensträger die Kaufmannseigenschaft erlangt hat.[515]

Bei Kapitalgesellschaften und besonderen Personenhandelsgesellschaften i.S.d. § 264a Abs.1 HGB[516] ist der Jahresabschluß gem. §§ 264 Abs.1, 264a Abs.1 HGB um einen Anhang zu erweitern. Dieser bildet mit Bilanz und Gewinn- und Verlustrechnung eine Einheit. Der Anhang erläutert Bilanz und Gewinn- und Verlustrechnung durch Angaben zu den einzelnen Posten von Bilanz und Gewinn- und Verlustrechnung, § 284 Abs.1. In den §§ 284 Abs.2 und 285 sowie in § 264 Abs.2 S.2 HGB werden Pflichtangaben genannt, die der Anhang enthalten muß. Erleichterungen und Befreiungen sind nach den §§ 286-288 HGB vorgesehen.

Zusätzlich zur Erweiterung des Jahresabschlusses um den Anhang müssen Kapitalgesellschaften und besondere Personenhandelsgesellschaften i.S.d. § 264a HGB gem. §§ 264 Abs.1, 264a Abs.1 HGB einen Lagebericht aufstellen. Der Lagebericht muß gem. § 289 Abs.1 HGB den Geschäftsverlauf und die Lage der Kapitalgesellschaft wirklichkeitsgemäß wiedergeben. Dabei ist auf Risiken der

---

[513] *Morck*, in: Koller/Roth/Morck, HGB, 2.Aufl., 1999, § 240 Rdnr. 2.
[514] *Morck*, in: Koller/Roth/Morck, HGB, 2.Aufl., 1999, § 264 Rdnr. 2.
[515] *Morck*, in: Koller/Roth/Morck, HGB, 2.Aufl., 1999, § 242 Rdnr. 1.
[516] Personenhandelsgesellschaften ohne eine natürliche Person als persönlich haftendem Gesellschafter.

künftigen Entwicklung einzugehen. Insbesondere Vorgänge von besonderer Bedeutung nach Schluß des Geschäftsjahres, die voraussichtliche Entwicklung der Gesellschaft, Forschung und Entwicklung sowie bestehende Zweigniederlassungen müssen gem. § 289 Abs.2 HGB besonders angesprochen werden. Weitere Aspekte der Unternehmenstätigkeit müssen nicht ebenso zwingend angegeben werden.[517]

Für die Rechnungslegung im Konzern gelten besondere Regelungen gemäß den §§ 290-315 HGB über Konzernabschluß und Konzernlagebericht. Dies gilt jedoch nur ab einer bestimmten Größenordnung: Gem. § 293 HGB besteht keine Konzernabschlußpflicht, wenn am Jahresabschlußstichtag und am davorliegenden Stichtag mindestens zwei der drei nachfolgenden Kriterien erfüllt sind:

1. Die Konzernunternehmen haben im Jahresdurchschnitt zusammen nicht mehr als 250 Beschäftigte.
2. Der Jahresumsatz beträgt bei konsolidierter Berechnung nicht mehr als 53,78 Mio. DM oder bei addierter nicht mehr als 64,54 Mio DM.
3. Die Bilanzsumme ist bei konsolidierter Berechnung nicht höher als 26,89 Mio. DM oder bei addierter Berechnung nicht höher als 32,27 Mio DM

§ 292a HGB ermöglicht ferner eine Anpassung an internationale Standards.[518]

Tochterunternehmen eines nach § 290 HGB zur Aufstellung eines Konzernabschlusses verpflichteten Mutterunternehmens sind von der Erweiterung des Jahresabschlusses um Anhang und Lagebericht befreit, wenn die in § 264 Abs. 3 Nummern 1 bis 5 HGB genannten Voraussetzungen kumulativ vorliegen.

Die Verpflichtung, einen Lagebericht aufzustellen, gilt gem. § 264 Abs.1 S.3 HGB nicht für die sogenannten kleinen Kapitalgesellschaften im Sinne des § 267 Abs.1 HGB[519]. Das sind solche, die zwei der drei nachfolgenden Kriterien in mindestens zwei aufeinanderfolgenden Geschäftsjahren erfüllen:

1. höchstens 50 Arbeitnehmer im Jahresdurchschnitt,
2. Bilanzsumme bis DM 6,72 Mio,
3. Umsatz bis DM 13,44 Mio im Abschlußjahr.

---

[517] *Morck*, in: Koller/Roth/Morck, HGB, 2.Aufl., 1999, § 289 Rdnr. 3.
[518] *Strobel*, DB 1999, S. 1025.
[519] *Strobel*, DB 1999, S. 1025 faßt die an § 267 HGB geknüpften Rechtswirkungen prägnant zusammen: "Für den Einzelabschluß gibt es das Klein-, Mittel- und Großformat. Dem Kleinformat werden Aufstellungs- und Offenlegungserleichterungen sowie eine Prüfungsbefreiung gewährt; beim Großformat kommt zur Registeroffenlegung die Bundesanzeigerpflicht dazu."

Die gesetzlichen Vertreter kleiner Kapitalgesellschaften haben sechs Monate nach Abschluß des Geschäftsjahres Zeit, den Jahresabschluß aufzustellen, was ansonsten in drei Monaten zu geschehen hat, § 264 Abs. 1 Sätze 2 und 3 HGB. Ferner genießen kleine Kapitalgesellschafte auch größenabhängige Erleichterungen hinsichtlich des Anhangs, § 288 HGB. Gewisse Erleichterungen sind dort auch für mittelgroße (mittlere) Kapitalgesellschaften vorgesehen. Das sind solche, die mindestens zwei der oben genannten Merkmale kleiner Kapitalgesellschaften überschreiten, aber gleichzeitig jeweils mindestens zwei der drei nachfolgenden Merkmale nicht überschreiten:

1. 250 Arbeitnehmer im Jahresdurchschnitt,
2. DM 26,89 Mio Bilanzsumme,
3. DM 53,78 Mio Umsatzerlöse im Abschlußjahr.

Nach dem KapCoRiLiG gelten nach einem neuen § 264a HGB die für Kapitalgesellschaften bestehenden Regelungen über Anhang und Lagebericht sowie die Größenerleichterungen auch für solche OHG und KG, bei denen letztlich keine natürliche Person als persönlich haftender Gesellschafter verbleibt. Namentlich auf GmbH & Co. KG werden also die genannten Regelungen über die Ergänzung des Jahresabschlusses durch Anhang und Lagebericht Anwendung finden. Die genannten Größenerleichterungen kommen dabei entsprechend zur Anwendung.

Zu einer Erweiterung des Jahresabschlusses um einen Anhang sowie zur Aufstellung eines Lageberichtes können auch Unternehmen verpflichtet sein, die nicht in der Rechtsform einer Kapitalgesellschaft oder als haftungsbeschränkte Personengesellschaft i.S.d. § 264a HGB betrieben werden. Dies ist nach § 5 Abs. 2 Publizitätsgesetz[520] (PublG) für diejenigen Unternehmen der Fall, auf die das Publiztätsgesetz anwendbar ist. Unternehmen fallen unter das Publizitätsgesetz, wenn sie mindestens zwei der drei nachfolgenden Kriterien erfüllen[521]:

1. mehr als 5000 Arbeitnehmer,
2. mehr als DM 250 Mio Umsatz
3. mehr als DM 125 Mio Bilanzsumme.

Der Geltungsbereich des Publizitätsgesetzes ist allerdings gem. § 3 PublG eingeschränkt auf die dort in Absatz 1 genannten Rechtsformen und ausdrücklich aus-

---

[520] Gesetz über die Rechnungslegung von bestimmten Unternehmen und Konzernen vom 15. August 1969 (BGBl. I S.1169, 1970 I, S.1113), zuletzt geändert durch Art. 3 des Gesetzes vom 27. April 1998 (BGBl. I S. 786). Die für das Gesetz gebräuchliche Abkürzung "PublG" ist nunmehr durch das KapCoRiLiG amtlich gem. Art. 2 Nr.1 KapCoRiLiG durch die Kurzbezeichnung und Abkürzung "Publizitätsgesetz - PublG").

[521] Siehe § 1 PublG.

geschlossen für die in den Absätzen 2 und 3 aufgeführten Unternehmen. Anwendbar ist das Publizitätsgesetz auf Personenhandelsgesellschaften mit mindestens einer natürlichen Person als Komplementär sowie auf Einzelkaufleute, bergrechtliche Gewerkschaften und diejenigen Vereine, rechtsfähigen bürgerlichrechtlichen Stiftungen sowie Körperschaften, Stifungen oder Anstalten Öffentlichen Rechts, die auf einen wirtschaftlichen Geschäftsbetrieb gerichtet sind bzw. ein Gewerbe betreiben.

Die Verpflichtung von dem Publizitätsgesetz unterfallenden Unternehmen, ihren Jahresabschluß um einen Anhang zu erweitern und einen Lagebericht aufzustellen, gilt nach § 5 Abs.2 Satz 1 Halbsatz 1 PublG nicht für Personenhandelsgesellschaften und Einzelkaufleute.

II. Transparenz der Rechnungslegung

Die Transparenz der Rechnungslegung ergibt sich insbesondere aus den Anforderungen des HGB an den Aufbau von Bilanz und Gewinn- und Verlustrechnung. Für die Bilanz ergeben sich diese aus den §§ 266ff. HGB und für die Gewinn- und Verlustrechnung aus den §§ 275 HGB.

Durch den gesetzlich vorgeschriebenen Aufbau der Bilanz wird auf der Aktivseite die Mittelverwendung transparent, während dies auf der Passivseite für die Mittelherkunft der Fall ist.[522]

III. Publizität der Rechnungslegung

Die Transparenz der Rechnungslegung wird im wesentlichen erzeugt, wenn die Rechnunglegung jedermann zugänglich ist und von jedem Interessierten ohne weiteres eingesehen werden kann.[523] Die Publizität der Rechnungslegung ist daher für die Stellung des Unternehmens in Gesellschaft und Wirtschaftsleben, nicht zuletzt für seine Stellung am Markt gegenüber Mitbewerbern, Lieferanten und Kunden von entscheidender Bedeutung.

---

[522] *K. Schmidt*, HandelsR, § 15 III 3. a).

[523] Umgekehrt nutzt ein Einsichtsrecht wenig, wenn es nicht viel zu sehen gibt.

Nicht alle Unternehmen sind zur Offenlegung ihrer Rechnungslegung verpflichtet. Die Frage, ob ein Unternehmen seine Jahresbschlüsse veröffentlichen muß, richtet sich im wesentlichen nach der Rechtsform, in der das Unternehmen betrieben wird. Darüber hinaus spielt auch die Größe des Unternehmens eine Rolle.

1. Einzelabschlußpublizität von Kapitalgesellschaften nach HGB

Für Kapitalgesellschaften besteht die gesetzliche Verpflichtung, ihren Jahresabschluß nebst weiteren Unterlagen offenzulegen. Der Umfang der Offenlegungsverpflichtung und die Art der Bekanntmachung hängen von der Größe der Kapitalgesellschaft ab.

a) Grundsatz

aa) Einzureichende Unterlagen

Grundsätzlich sind gemäß § 325 HGB Kapitalgesellschaften verpflichtet, den aus Bilanz, Gewinn- und Verlustrechnung und Anhang bestehenden Jahresabschluß sowie den Lagebericht und den Bestätigungs- bzw. Versagungsvermerk des Abschlußprüfers zum Handelsregister einzureichen. Bei Kapitalgesellschaften, in denen ein Aufsichtsrat besteht, ist auch dessen Bericht einzureichen.

Soweit sich der Vorschlag und der Beschluß über die Verwendung des Jahresergebnisses nicht aus dem Jahresabschluß selbst ergeben, sind diese ebenfalls unter Angabe des Jahresergebnisses einzureichen.

Teilweise wird vertreten, bei einer GmbH sei der Vorschlag über die Gewinnverwendung nur offenzulegen, wenn ein Aufsichtsrat bestehe und § 170 AktG zur Anwendung gelange[524]. Denn nur in diesem Falle sei die Geschäftsführung zur Abgabe eines Gewinnverwendungsvorschlages verpflichtet, der dann offenzulegen sei. Mache hingegen in den übrigen Fällen die Geschäftsführung der GmbH freiwillig oder aufgrund des Gesellschaftsvertrages einen Gewinnverwen-

---

[524] Bei einem obligatorischen Aufsichtsrat ist dies nach den Verweisungsvorschriften des GmbH-Gesetzes auf das Aktienrecht nicht vorgesehen. Für einen fakultativen Aufsichtsrat kommt gem. § 52 Abs.1 die Bestimmung des § 170 AktG zur Anwendung, es sei denn, dies ist in der GmbH-Satzung ausgeschlossen, *Ellrott/Spreemann*, in: Beckscher Bilanzkommentar, 4. Aufl., 1999, § 325 Rdnr. 14.

dungsvorschlag, so sei dieser nicht offenzulegen. Nach anderer Ansicht sollen die Geschäftsführer stets zur Abgabe eines Gewinnverwendungsvorschlages verpflichtet sein[525].

Bei etwaigen Änderungen des Jahresabschlusses infolge nachträglicher Prüfung oder Feststellung ist der entsprechend geänderte Jahresabschluß nachzureichen.

bb) Adressaten der Publizitätsverpflichtung

Adressaten der Verpflichtung, den Jahresabschluß und die genannten weiteren Unterlagen beim Handelsregister einzureichen, sind die gesetzlichen Vertreter der Kapitalgesellschaft, also die Geschäftsführer bei der GmbH und der Vorstand bei der AG.

cc) "Abgabefrist"

Gem. § 325 HGB sind der Jahresabschluß und die weiteren Unterlagen spätestens zwölf[526] Monate nach dem betreffenden Geschäftsjahr zum Handelsregister einzureichen.

dd) Form der Bekanntmachung

Grundsätzlich sieht § 325 HGB gem. § 325 Abs.1 S.2 HGB die sogenannte "Hinweisbekanntmachung"[527] vor. Dies bedeutet, daß zunächst der Jahresabschluß und die weiteren Unterlagen zum Handelsregister einzureichen sind. Danach müssen die gesetzlichen Vertreter der Gesellschaft unverzüglich im Bundesanzeiger bekanntmachen, bei welchem Handelsregister der Jahresabschluß und die weiteren Unterlagen eingereicht wurden bzw. eingesehen werden können. Dabei ist auch die Handelsregister-Nummer der Gesellschaft anzugeben, unter der diese beim zuständigen Handelsregister geführt wird.

---

525 *Lutter/Hommelhoff*, GmbHG, § 42a Anm.7. Konsequenz wäre eine generelle Veröffentlichungspflicht.

526 Einheitlich zwölf Monate durch das KapCoRiLiG.

527 *Apelt*, S. 29 - Gegenbegriff ist die sog. "Bekanntmachungspublizität", siehe dazu unten b cc.

Darüber hinaus erfolgt keine weitere Bekanntmachung. Insbesondere wird das Einreichen des Jahresabschlusses zum Handelsregister nicht in der örtlichen Tagespresse bekanntgemacht. Dies ergibt sich daraus, daß zusätzlich zur Bundesanzeigerbekanntmachung gem. §§ 10, 11 HGB nur Eintragungen in das Handelsregister in der örtlichen Tagespresse bekanntzumachen sind,[528] nicht aber das bloße Einreichen von Unterlagen[529] zum Handelsregister, bei dem keine Registereintragung stattfindet. Der örtlichen Tageszeitung kann man also weder den Inhalt des Jahresabschlusses, noch die Tatsache seiner Veröffentlichung entnehmen.

b) Größen- und rechtsformabhängige Besonderheiten

Für Kapitalgesellschaften bestehen rechtsform- und größenabhängige Besonderheiten bei der Rechnungslegungspublizität. Rechtsformabhängige Besonderheiten bestehen für GmbH.

Größenabhängige Besonderheiten bestehen für große Kapitalge-sellschaften hinsichtlich der Bekanntmachung von Jahresabschluß und Annexunterlagen. Kleine und mittelgroße Kapitalgesellschaften genießen als Besonderheit Offenlegungserleichterungen hinsichtlich der einzureichenden Unterlagen.

aa) Offenlegungserleichterungen hinsichtlich der einzureichenden Unterlagen

Offenlegungserleichterungen für kleine und mittlere Kapitalgesellschaften hinsichtlich der von diesen einzureichenden Unterlagen können unterschieden werden in solche primärer und sekundärer Art.[530]

---

[528] Siehe oben Teil B.I.2.b .

[529] Auch das Einreichen der GmbH-Gesellschafter-Liste zum Handelsregister gem.§ 40 GmbH ist nicht in der örtlichen Presse bekanntzumachen, siehe oben Teil B.VI.4.

[530] *Ehlig*, Wpg 1997, 513, 514.

(1) Offenlegungserleichterungen primärer Art

Primäre Offenlegungserleichterungen bestehen darin, daß kleine und mittlere Kapitalgesellschaften gem. §§ 326, 327 HGB weniger Unterlagen zum Handelsregister einzureichen haben, als grundsätzlich in § 325 HGB vorgesehen:

Gem. § 326 HGB müssen kleine Kapitalgesellschaften i.S.d. § 267 Abs. 1 HGB[531] lediglich die Bilanz[532] und den Anhang zum Registergericht einreichen, wobei der Anhang lediglich Angaben zur Bilanz enthalten muß. Die Gewinn- und Verlustrechnung und die diesbezüglichen Angaben im Anhang müssen nicht zum Handelsregister eingereicht werden. Gleiches gilt - sofern überhaupt vorhanden[533] - für Lage- und Aufsichtsratsbericht.

Mittelgroße Kapitalgesellschaften[534] müssen gem. § 327 HGB ihre Bilanz lediglich in der für kleine Kapitalgesellschaften vorgesehenen Form[535] offenlegen. In diesem Falle müssen jedoch in der Bilanz oder im Anhang zu bestimmten Positionen weitere Angaben gemacht werden, nämlich zu Geschäfts- oder Firmenwert, Grundstücken, grundstücksgleichen Rechten und Bauten einschließlich Bauten auf fremden Grundstücken, technischen Anlagen und Maschinen, anderen Anlagen, Betriebs- und Geschäftsausstattung, geleisteten Anzahlungen und Anlagen im Bau, Anteilen an verbundenen Unternehmen, Ausleihungen/Forderungen/Verbindlichkeiten gegenüber verbundenen Unternehmen, Beteiligungen, Ausleihungen/Forderungen/Verbindlichkeiten gegen Unternehmen, mit denen ein Beteiligungsverhältnis besteht, Anteilen an verbundenen Unternehmen und eigene

---

531 Also solche, die zwei der drei nachfolgenden Größenkriterien nicht überschreiten:
- 50 Arbeitnehmer im Jahresdurchschnitt
- 6,72 Mio DM Bilanzsumme
- 13,44 Mio DM Umsatzerlöse.

532 Ohnehin verkürzte Bilanz für kleine Kapitalgesellschaften, § 266 Abs.1 S.3 (Zusammenfassung arabischer Zahlen, nur römische Zahlen) - hier als sekundäre Offenlegungserleichterung erfaßt, siehe unten.

533 Nach § 264 Abs.1 S.3 Halbsatz 1 HGB sind kleine Kapitalgesellschaften nicht zur Aufstellung eines Lageberichts verpflichtet.

534 Also solche, die keine kleinen Kapitalgesellschaften sind, aber mindestens zwei der drei Größenkriterien großer Kapitalgesellschaften nicht überschreiten (und nicht börsennotiert sind):
- 250 Arbeitnehmer im Jahresdurchschnitt,
- 26,89 Mio DM Bilanzsumme
- 53,78 Mio DM Umsatzerlöse.

535 S.o. FN 534.

Anteile, Anleihen unter Angabe der konvertiblen Anleihen, Verbindlichkeiten gegenüber Kreditinstituten.

Nach § 327 S.2 HGB kann bei mittelgroßen Kapitalgesellschaften ferner im Anhang die Aufgliederung der Verbindlichkeiten mit einer Restlaufzeit von mehr als 5 Jahren unterbleiben, ebenso wie die Auswirkung steuerlicher Vergünstigungsvorschriften und der Materialaufwand beim Umsatzkostenverfahren sowie die Erläuterung der nicht gesondert ausgewiesenen sonstigen Rückstellungen.

(2) Offenlegungserleichterungen sekundärer Art

Offenlegungserleichterungen sekundärer Art hinsichtlich der einzureichenden Unterlagen ergeben sich dadurch, daß für kleine und mittlere Kapitalgesellschaften bereits bei der Aufstellung des Jahresabschlusses Erleichterungen gelten:

Gemäß § 264 Abs.1 S.3 HGB müssen kleine Kapitalgesellschaften keinen Lagebericht und nach § 266 Abs.1 S.3 HGB nur eine verkürzte Bilanz aufstellen. Ferner sind kleine Kapitalgesellschaften gem. § 274a HGB bei der Aufstellung des Jahresabschlusses davon befreit, ein Anlagengitter zu erstellen und sonstige Vermögensgegenstände und Verbindlichkeiten zu erläutern, die erst nach Bilanzstichtag rechtlich entstehen. Es erfolgt zudem kein gesonderter Ausweis eines Disagios in Rechnungsabgrenzungsposten sowie keine Erläuterung aktivierter Aufwendungen für Ingangsetzung und Erweiterung des Geschäftsbetriebs[536].

Für kleine und mittelgroße Kapitalgesellschaften besteht zudem noch nach § 276 HGB eine Erleichterung für die Gliederung der Gewinn- und Verlustrechnung durch die Möglichkeit, Umsatzerlöse mit bestimmten Aufwendungen zu saldieren und die Differenz als "Rohergebnis" auszuweisen; ferner entfällt nach § 276 HGB bei kleinen und mittleren Kapitalgesellschaften die Erläuterung außerordentlicher Erträge und Aufwendungen.

Nach § 288 S.2 HGB dürfen mittelgroße Kapitalgesellschaften im Anhang auf die Aufgliederung der Umsatzerlöse nach Tätigkeitsbereichen und geographisch bestimmten Märkten verzichten. Kleine Kapitalgesellschaften können gem. § 288

[536] Zusammenfassung des Gesetzestextes nach *Morck*, in: Koller/Roth/Morck, HGB, 2.Aufl., 1999, § 274a.

S.1 HGB darüberhinaus bei der Aufstellung des Anhangs Folgendes weglassen: die Angabe des Unterschiedsbetrages bei Bewertungsvereinfachungsverfahren im Vergleich zur Bewertung nach Börsen- oder Marktpreis sowie die Aufgliederung des Gesamtbetrages der Verbindlichkeiten.

bb) Erleichterungen für GmbH hinsichtlich Rückschlüssen auf Gesellschafter

Generell können bei allen GmbH gem. § 325 Abs.1 S.1 Halbsatz 3 HGB unabhängig von ihrer Größe Angaben zur Ergebnisverwendung unterbleiben, wenn sich anhand dieser Angaben die Gewinnanteile von natürlichen Personen, die Gesellschafter sind, feststellen lassen.[537]

cc) Form der Bekanntmachung bei großen Kapitalgesellschaften

Im Gegensatz zur "Hinweisbekanntmachung"[538] gem. § 325 Abs.1 S.2 HGB sind große Gesellschaften i.S.d. § 267 Abs.3 HGB gem. § 325 Abs.2 HGB zur "Bekanntmachungspublizität"[539] verpflichtet, d.h. zu einer "Bundesanzeigerpublizität mit anschließender Registerpublizität"[540]. Große Gesellschaften i.S.d. § 267 Abs.3 HGB sind solche, die von den drei Schwellenwerten mittlerer Gesellschaften (250 Arbeitnehmer, DM 26,89 Mio Bilanzsumme, DM 53,78 Mio Umsatzerlöse) mindestens zwei überschreiten. Zu den großen Kapitalgesellschaften zählen ferner gem. § 267 Abs.3 Satz 2 HGB alle Kapitalgesellschaften, deren Aktien oder andere von ihr ausgegebene Wertpapiere (Options-, Wandelanleihen, Genußscheine) zum amtlichen Handel oder zum geregelten Markt an einer Börse in einem Mitgliedstaat der Europäischen Wirtschaftsgemeinschaft zugelassen sind oder für die eine entsprechende Zulassung beantragt wurde.[541]

Die Bekanntmachungspublizität für große Kapitalgesellschaften besagt, daß diese den Jahresabschluß und die weiteren Unterlagen zunächst im Bundesanzeiger bekanntmachen müssen, § 325 Abs.2 HGB. Diese Veröffentlichung im Bundesan-

---

537 *Ellrott/Spreemann*, in: Beckscher Bilanzkommentar, 4.Aufl., 1999, § 325 Rdnr. 22.
538 Siehe oben D. III. 1. a dd.
539 *Apelt*, s. 29.
540 *Ellrott/Spreemann*, in: Beckscher Bilanzkommentar, 4. Aufl., 1999, § 325 Rdnr. 50.
541 *Morck*, in: Koller/Roth/Morck, HGB, 2.Aufl., 1999, § 267Rdnr. 4.

zeiger ist dann zusammen mit dem Jahresabschluß und den weiteren Unterlagen zum Handelsregister einzureichen (Bundesanzeigerpublizität mit anschließender Registerpublizität[542]). Der Hinweis im Bundesanzeiger auf das jeweilige Handelsregister, wo die Unterlagen geführt werden, kann dann unterbleiben. Die Aufstellung des Anteilsbesitzes nach § 287 HGB muß nicht im Bundesanzeiger bekannt gemacht werden.

dd) Form der Bekanntmachung bei Unternehmen, an denen Gebietskörperschaften beteiligt sind

Im Zusammenhang mit den größenklassenabhängigen Erleichterungen für kleine und mittelgroße Kapitalgesellschaften wird darauf hingewiesen, daß Unternehmen, an denen Gebietskörperschaften beteiligt sind, grundsätzlich ebenfalls die Vorschriften für große Kapitalgesellschaften anzuwenden hätten, soweit nicht weitergehende gesetzliche Vorschriften gelten oder andere gesetzliche Vorschriften entgegenstehen.[543] Es wird insoweit verwiesen auf § 65 Abs.1 Nr.4 BHO bzw. die entsprechenden Vorschriften der jeweiligen Landeshaushaltsordnungen.[544] Diese Vorschriften ordnen an, daß sich eine Gebietskörperschaft an einem Unternehmen in einer Rechtsform des privaten Rechts nur beteiligen soll, wenn gewährleistet ist, daß Jahresabschluß und Lagebericht "in entsprechender Anwendung der Vorschriften des dritten Buches des Handelsgesetzbuches für große Kapitalgesellschaften aufgestellt und geprüft werden".

Fraglich ist, ob damit Unternehmen, an denen Gebietskörperschaften beteiligt sind, auch hinsichtlich der Offenlegung von Jahresabschluß und Lagebericht in jedem Falle wie große Kapitalgesellschaften zu behandeln sind.

Der Gesetzeswortlaut spricht dagegen. Eine Pflicht zur Offenlegung der Jahresabschlüsse nach den Vorschriften für große Kapitalgesellschaften sieht er nicht vor.

Auch aus der Entstehungsgeschichte der haushaltsrechtlichen Bestimmungen ergibt sich nichts anderes: § 65 Abs.1 Nr. 4 BHO hat seine heutige Fassung durch

---

[542] *Ellrott/Spreemann*, in: Beckscher Bilanzkommentar, 4. Aufl., 1999, § 325 Rdnr. 50.
[543] *W.D.-Gelhausen*, in: WP-Hdb. I, 1996, Teil F, Rdnr. 31.
[544] In Nordrhein-Westfalen ist dies § 65 Abs.1 Nr.4 LHO NW.

Art. 10 Abs. 30 BiRiLiG erhalten. Im Bericht des Rechtsausschusses des Deutschen Bundestages zu Art. 10 Abs. 30 BiRiLiG wird klargestellt, daß Gesellschaften mit beschränkter Haftung und kleine Aktiengesellschaften, an denen der Bund beteiligt ist, weiterhin zur Prüfung des Jahresabschlusses verpflichtet sein sollen.[545] Im übrigen enthalten der Bericht des Rechtsausschusses und die Regierungsbegründung zur Neufassung von § 65 Abs.1 Nr.4 BHO durch das BiRiLiG keine Aussagen. Es handelte sich nämlich um eine Änderung eher redaktioneller Natur. Inhaltlich sollte die alte Regelung[546] weitergelten. Durch das BiRiLiG wurde lediglich angeordnet, daß statt der aktienrechtlichen Vorschriften nunmehr die neugeschaffenen handelsrechtlichen Vorschriften für große Kapitalgesellschaften hinsichtlich Aufstellung und Prüfung des Jahresabschlusses zur Anwendung kommen sollen. Die Offenlegung wurde dabei weiterhin bewußt nicht genannt. Auch dadurch, daß der Verweis auf das Aktienrecht nunmehr durch den Verweis auf die handelsrechtlichen Vorschriften für große Kapitalgesellschaften ersetzt wurde, hat sich für die Offenlegung keine Änderung ergeben. Die erweiterte Offenlegung nach altem Aktienrecht bzw. nach den Vorschriften für große Kapitalgesellschaften ist keine zwingende Vorausssetzung dafür, daß sich Bund oder Länder an Privatunternehmen beteiligen können. Die (neuen) handelsrechtlichen Vorschriften für große Kaptialgesellschaften entsprechen im Prinzip den aktienrechtlichen Vorschriften auch hinsichtlich der Offenlegung des Jahresabschlusses: Der Jahresabschluß war nach Aktienrecht gem. §§ 177 Abs.2, 25 S.1 AktG a.F. im Bundesanzeiger zu veröffentlichen[547], so wie dies heute gem. § 325 Abs. 2 HGB für große Kaptialgesellschaften auch der Fall ist. Es bestehen also nach den handelsrechtlichen Vorschriften für große Kapitalgesellschaften im Prinzip keine strengeren Offenlegungsverpflichtungen als nach Aktienrecht, so daß sich durch den Übergang vom Verweis auf das Aktienrecht zu einem Verweis auf die handelsrechtlichen Vorschriften für große Kapitalgesellschafen keine Veränderung hinsichtlich der Form der Bekanntmachung ergibt.

Auch aus dem Zweck der genannten haushaltsrechtlichen Bestimmungen ergibt sich, daß die Vorschriften für große Kapitalgesellschaften hinsichtlich der Offenlegung bei Unternehmen, an denen sich Bund oder Länder beteiligen wollen, nicht beachtet sein müssen. Denn die Bestimmung in den Haushaltsgesetzen, daß

[545] *Biener/Bernecke*, BiRiLiG, S. 719.

[546] § 65 Abs.1 Nr.4 a.F.: "...Jahresabschluß ... entsprechend den aktienrechtlichen Vorschriften aufgestellt und geprüft wird."

[547] Der Jahresabschluß war in den Gesellschaftsblättern zu veröffentlichen. Gesellschaftsblatt ist nach § 25 S.1 AktG immer der Bundesanzeiger.

Jahresabschluß und Lagebericht nach den Vorschriften für große Kapitalgesellschaften aufgestellt und geprüft sein müssen, ist ihrem Zweck nach im Zusammenhang mit ihrer Bedeutung für die Beteiligungsprüfung durch die Rechnungshöfe und für die Wahrnehmung der sich aus § 53 HGrG ergebenden Befugnisse des Bundes bzw. der Länder zu sehen.[548] Für diesen Zweck ist aber eine Offenlegung nach den Vorschriften für große Kapitalgesellschaften nicht erforderlich, weil Bund oder Länder aufgrund ihrer Beteiligung als Gesellschafter die Möglichkeit haben, Jahresabschluß und Lagebericht einzusehen, §§ 42a GmbHG, 175 Abs.2 AktG.

Nach alledem sind § 65 Abs.1 BHO und die entsprechenden Bestimmungen der Landeshaushaltsordnungen dahingehend wörtlich zu verstehen, daß die Vorschriften für große Kapitalgesellschaften auf Unternehmen, an denen sich Bund oder Länder beteiligen wollen, für die Aufstellung und Prüfung des Jahresabschlusses anzuwenden sind, nicht aber auch hinsichtlich der Offenlegung.[549]

Bei einer Beteiligung von kommunalen Gebietskörperschaften an privatrechtlichen Unternehmen besteht die Besonderheit, daß hier gewährleistet sein muß, daß die Jahresabschlüsse "...in entsprechender Anwendung der Vorschriften des dritten Buches für große Kapitialgesellschaften aufgestellt und ebenso oder in entsprechender Anwendung der für Eigenbetriebe geltenden Vorschriften geprüft werden" (§ 108 Abs.1 Satz 1 Nr.8 GO NW). Diese Modifizierung des Gesetzestextes ist im übrigen auch ein Beleg dafür, daß die entsprechenden haushaltsrechlichen Bestimmungen wörtlich zu verstehen sind.

2. Einzelabschlußpublizität nach KapCoRiLiG für GmbH & Co KG und andere Personengesellschaften ohne persönlich haftende natürliche Personen

Nach dem durch das KapCoRiLiG neu in das HGB eingefügten § 264a HGB finden die oben dargestellten Regelungen für Kapitalgesellschaften auch auf solche OHG und KG Anwendung, bei denen nicht wenigstens eine natürliche Person letztlich persönlich haftender Gesellschafter ist.

---

[548] *Patzig*, Haushaltsrecht, C/65/16.

[549] *Soldner*, in: Heuer, Kommentar zum Haushaltsrecht, § 65 BHO Anm. 25 a.E.

3. Einzelabschlußpublizität nach dem Publizitätsgesetz

Nach dem Publizitätsgesetz[550] (PublG)[551] sind auch andere Unternehmen als Kapitalgesellschaften und besondere Personenhandelsgesellschaften i.S.d. § 264a HGB zur öffentlichen Rechenschaftslegung verpflichtet.[552]

a) Anwendungsbereich

aa) Größenmerkmale

Die Offenlegungsverpflichung nach Publizitätsgesetz ergibt sich nur dann, wenn das Unternehmen aufgrund seiner Größe gem. § 1 Abs.1 PublG zur Rechnungslegung nach Publizitätsgesetz verpflichtet ist.[553]

bb) Rechtsformen

In den Anwendungsbereich des für die Offenlegung des Einzelabschlusses maßgeblichen ersten Abschnitts des Publizitätsgesetzes[554] fallen gem. § 3 Abs.1 PublG Unternehmen in der Rechtsform

- des Einzelkaufmanns,
- des Vereins, dessen Zweck auf einen wirtschaftlichen Geschäftsbetrieb gerichtet ist (§ 22 BGB),
- der rechtsfähigen Stiftung des bürgerlichen Rechts (§§ 80ff. BGB), wenn sie ein Gewerbe betreibt,
- der Körperschaft, Stiftung oder Anstalt öffentlichen Rechts, die ein Gewerbe betreiben,

---

[550] "Gesetz über die Rechnungslegung von bestimmten Unternehmen und Konzernen" v. 15.8.1969 (BGBl. I S.1189, 1970 I S. 1113), zuletzt geändert durch Art. 3 des Gesetzes vom 27.04.1998 (BGBl. I S. 786).

[551] "Publizitätsgesetz - PublG" sind nunmehr nach Art.2 Nr. 1 des KapCoRiLiG-E die offizielle Kurzbezeichnung und Abkürzung.

[552] *W.D. Gelhausen* in: WP-Hdb. 1996, Bd.I, Abschnitt H., Rdnr.1.

[553] Siehe oben Seite 111 (mindestens zwei der drei nachstehenden Schwellenwerte werden überschritten: 5000 Arbeitnehmer, DM 250 Mio Umsatzerlöse, DM 125 Bilanzsumme), Einzelheiten: *W.D. Gelhausen* in: WP-Hdb. 1996, Bd.I, Abschnitt H., Rdnr.9, 13-26.

[554] Hingegen findet der die Konzernrechnungslegung betreffende zweite Abschnitt des PublG auf alle Unternehmen Anwendung, s. auch unten Teil 1 D. III. 5. sowie Teil 2 C.

- der Personenhandelsgesellschaft mit mindestens einer natürlichen Person als Komplementär.

Nach dem KapCoRiLiG[555] werden Personengesellschaften, bei denen keine natürliche Person letztlich persönlich haftender Gesellschafter ist, also insbesondere GmbH & Co. KG, aus dem Anwendungsbereich des PublG herausgenommen. Wie oben ausgeführt, gelten nämlich für diese nach dem neuen § 264a HGB i.d.F. des KapCoRiLiG die genannten Rechnungslegungsvorschriften für Kapitalgesellschaften.

b) Inhalt der Offenlegungsverpflichtung nach dem PublG

Nach dem Publizitätsgesetz ergibt sich gem. § 5 PublG für die dem Gesetz unterfallenden Unternehmen die Verpflichtung, einen Jahresabschluß nach den im PublG genannten Gliederungs-, Ansatz- und Bewertungsbestimmungen aufzustellen, diesen um einen Anhang zu erweitern und einen Lagebericht aufzustellen.[556] Personenhandelsgesellschaften und Einzelkaufleute sind gem. § 5 Abs.2 PublG nicht zur Erstellung von Anhang und Lagebericht verpflichtet.

Gemäß § 9 PublG sind in sinngemäßer Anwendung der handelsrechtlichen Offenlegungsvorschriften des § 325 sowie des § 328 HGB der Jahresabschluß und die sonst in § 325 Abs.1 HGB bezeichneten Unterlagen offenzulegen. Dabei ist nach der Bekanntmachungspublizität[557] entsprechend § 325 Abs.2 HGB der Jahresabschluß mit den weiteren Unterlagen zunächst im Bundesanzeiger zu veröffentlichen und sodann nebst dieser Veröffentlichung zum Handelsregister einzureichen. Dies ergibt sich daraus, daß Unternehmen nur dann dem PublG unterfallen, wenn sie die genannten Größenmerkmale des § 1 PublG übertreffen, dann aber in jedem Falle auch die Größenmerkmale großer Kapitalgesellschaften i.S.d. § 267 Abs.2, 3 HGB erfüllt sind und damit die Bekanntmachung nach § 325 Abs.2 HGB zu erfolgen hat.

Offenlegungserleichterungen bestehen für Personenhandelsgesellschaften und Einzelkaufleute nach § 9 Abs.2 und 3 i.V.m. § 5 Abs. 4 und 5 PublG: Die Gewinn- und Verlustrechnung sowie der Ergebnisverwendungsbeschluß müssen

---

[555] Art. 2 Nr. 1 KapCoRiLiG.
[556] *W.D. Gelhausen* in: WP-Hdb. 1996, Bd.I, Abschnitt H., Rdnr.1.
[557] Siehe oben D. III. 1. b cc.

nicht offengelegt werden, wenn in einer Anlage zur Bilanz Angaben gemacht werden zu den Umsatzerlösen i.S.d. § 277 HGB, den Erträgen aus Beteiligungen, Löhnen, Gehältern, sozialen Abgaben sowie Aufwendungen für Altersversorgung und Unterstützung, Bewertungs- und Abschreibungsmethoden einschließlich wesentlicher Änderungen dieser Methoden und der Zahl der Beschäftigten. Ferner dürfen in der Bilanz von Personengesellschaften bei der Offenlegung die Kapitalanteile der Gesellschafter, die Rücklagen, ein Gewinnvortrag und ein Gewinn unter Abzug der nicht durch Vermögenseinlagen gedeckten Verlustanteile von Gesellschaftern, eines Verlustvortrages und eines Verlustes als "Eigenkapital" in einem Posten ausgewiesen werden.

4. Rechnungslegungspublizität von Zweigniederlassungen

Eine eigene Rechnungslegungspublizität ist für deutsche Zweigniederlassungen ausländischer Kapitalgesellschaften gesetzlich nicht vorgesehen. Jedoch hat die deutsche Niederlassung einer Kapitalgesellschaft mit Sitz im Ausland die Unterlagen der Rechnungslegung der (ausländischen) Hauptniederlassung offenzulegen.[558] Dabei ist zu unterscheiden zwischen Zweigniederlassungen von ausländischen Kapitalgesellschaften mit Sitz in der Europäischen Union[559] oder im Europäischen Wirtschaftsraum[560] einerseits und solchen mit Sitz in Drittstaaten andererseits.

---

[558] *Seibert*, DB 1993, S.1705,1706.

[559] Mitgliedstaaten der Europäischen Union und damit auch der EG (vgl. zur im Detail begrifflich schwierigen Terminolgie und Abgrenzung zwischen EU und EG: *Wichard*, in: Callies//Ruffert (Hrsg.), EUV/EGV, 1999, Art. 1 EGV, Rdnr. 26ff., 15ff.) sind die Gründungsmitglieder Belgien, Dänemark, Deutschland, Griechenland, Spanien, Frankreich, Irland, Italien, Luxemburg, Niederlande, Portugal, und Großbritannien gemäß der Präambel des Vertrages über die Europäische Union sowie die gem. Art 49 EUV beigetretenen Mitglieder Finnland, Schweden und Österreich, *Cremer*, in: Callies/Ruffert (Hrsg.), EUV/EGV, 1999, rt. 49 EUV Rdnr.1.

[560] Bei dem sog. EWR-Abkommen handelt es sich um ein zwischen der EG und den EFTA-Staaten außer der Schweiz am 1.1.1994 abgeschlossenes Freihandelsabkommen mit einer weitgehenden Übernahme des EG-Binnenmarktrechts (freier Waren-, Dienstleistungs- und Kapitalverkehr, Freizügigkeit).Vertragspartner sind seit dem 1.1.1995 nur noch Liechtenstein, Norwegen und Island.

a) Deutsche Zweigniederlassungen ausländischer Kapitalgesellschaften mit Sitz in der EU oder im EWR

Die "Zweigniederlassungsleiter"[561] oder, wenn solche für die deutsche Zweigniederlassung nicht angemeldet sind, die gesetzlichen Vertreter einer ausländischen Kapitalgesellschaft mit Sitz in der EU oder im EWR sind gem. § 325a HGB verpflichtet, die nach ausländischem Recht zu erstellenden und offenzulegenden Rechnungslegungsunterlagen der Hauptniederlassung zum Handelsregister der deutschen Zweigniederlassung einzureichen; eine Bekanntmachung erfolgt entsprechend den §§ 325, 328, 329 Abs. 1 HGB.[562] Bei mehreren deutschen Zweigniederlassungen ist nur zu dem Handelsregister einzureichen, zu dem bereits die Satzung bzw. der Gesellschaftsvertrag der ausländischen Kapitalgesellschaft eingereicht wurden. Die Rechnungslegungsunterlagen der ausländischen Hauptniederlassung sind zum Handelsregister der deutschen Zweigniederlassung in deutscher Sprache einzureichen. Es besteht aber auch die Möglichkeit, eine Abschrift der Rechnungslegungsunterlagen, die beim ausländischen Register der Hauptniederlassung vorliegen, zum Handelsregister der deutschen Zweigniederlassung einzureichen. In diesem Falle muß die Abschrift vom ausländischen Register beglaubigt werden. Die Beglaubigung ist auf deutsch zu übersetzen, wobei die Übersetzung ebenfalls in beglaubigter Form zum Handelsregister eingereicht werden muß.[563]

Nach dem Wortlaut von § 325a Abs.1 S.1 HGB müssen die deutschen Zweigniederlassungen von EG- bzw. EWR-Kapitalgesellschaften die Rechnungslegungsunterlagen ihres Hauptsitzes zum Handelsregister einreichen, "die nach dem für die Hauptniederlassung maßgeblichen Recht erstellt, geprüft und offengelegt worden sind". Es stellt sich also die Frage, wie zu verfahren ist, wenn die Rechnungslegungsunterlagen des Hauptsitzes dort noch nicht offengelegt worden sind. Nach dem Wortlaut des Gesetzes kann man sich auf den Standpunkt stellen, daß die Rechnungslegungsunterlagen der Hauptniederlassung zunächst nach den ausländischen Vorschriften dort offengelegt sein müssen, ehe die Offenlegung nach deutschem Recht eingreift. Hierin kann ein Anknüpfungspunkt gesehen werden,

---

[561] § 325a Abs.1 S.1 i.V.m. § 13e Abs. 2 S.4 Nr.3 HGB: Personen, die befugt sind, als ständige Vertreter für die Tätigkeit der Zweigniederlassung die Gesellschaft gerichtlich und außergerichtlich zu vertreten.

[562] *Kindler*, NJW 1993, S. 3301, 3305.

[563] *Zimmer*, Internationales Gesellschaftsrecht, S. 179.

eine u.U. unliebsame Offenlegung für die deutsche Zweigniederlassung zu vermeiden.

Zwar sind innerhalb der EG aufgrund der Publizitätsrichtlinie prinzipiell gleichartige Vorschriften für die Aufstellung, Prüfung und Offenlegung von Jahresabschlüssen und den sonstigen Unterlagen vorgesehen. Ähnliches gilt für die EWR-Staaten. Dies bedeutet jedoch nicht, daß diese Vorschriften auch überall in der EG bzw. im EWR gleich streng befolgt und überwacht werden. Denkbar ist es daher, daß speziell Zweigniederlassungen von Kapitalgesellschaften mit Sitz in EG-Mitgliedstaaten, welche die Offenlegungsverpflichtungen weniger streng überwachen, sich in Deutschland darauf berufen, die Rechnungslegungsunterlagen der Hauptniederlassung seien dort noch nicht offengelegt.

b) Deutsche Zweigniederlassungen von Kapitalgesellschaften mit Sitz in Staaten außerhalb von EU und EWR

Die zuvor dargestellte Zweigniederlassungspublizität für deutsche Zweigniederlassungen ausländischer Kapitalgesellschaften war ursprünglich auch für deutsche Zweigniederlassungen von Kapitalgesellschaften mit Sitz in Staaten außerhalb von EU und EWR vorgesehen.[564] Der Regierungsentwurf zur Durchführung der Zweigniederlassungsrichtlinie[565] sah in § 325a Abs.1 HGB-E die genannte Zweigniederlassungspublizitiät allgemein "bei inländischen Zweigniederlassungen von Kapitalgesellschaften mit Sitz im Ausland" vor.[566] Demgegenüber sind nunmehr nach dem Wortlaut von § 325a HGB Zweigniederlassungen von ausländischen Kapitalgesellschaften, die ihren Sitz nicht in EU/EWR-Staaten haben, von der Zweigniederlassungspublizität ausgenommen.[567] Nach dem Wortlaut von § 325a HGB besteht damit für deutsche Zweigniederlassungen von Kapitalgesellschaften mit Sitz außerhalb von EU und EWR keine Verpflichtung, die Unterlagen der Rechnungslegung der Hauptniederlassung offenzulegen.

---

[564] *Seibert*, DB 1993, S. 1705, 1706.

[565] Entwurf eines Gesetzes zur Durchführung der Elften Richtlinie des Rates der Europäischen Gemeinschaften auf dem Gebiet des Gesellschaftsrechts über die Offenlegung von Zweigniederlassungen, die in einem Mitgliedstaat von Gesellschaften bestimmter Rechtsformen errichtet wurden, die dem Recht eines anderen Staates unterliegen, und zur Änderung des Handelsvertreterrechts, BT-Drucks. 12/3908 v. 03.12.1992.

[566] BT-Drucks. 12/3908, S. 7.

[567] *Ellrott/Spreemann*, in: Beckscher Bilanzkommentar, 4.Aufl., 1999, § 325a Rdnr 2.

Allerdings ist Folgendes zu beachten: § 325a HGB wurde zur Umsetzung der Zweigniederlassungsrichtlinie[568] der EU in das HGB eingefügt. Die Zweigniederlassungsrichtlinie ist so zu verstehen, daß für Zweigniederlassungen von Kapitalgesellschaften außerhalb der EU entweder die Rechnungslegungsunterlagen der Hauptniederlassung von der Zweigniederlassung offenzulegen sind oder aber die Zweigniederlassung selbst ihre Rechnungslegung offenlegen muß.[569] Demnach wäre also die Zweigniederlassungsrichtlinie in Deutschland durch § 325a HGB nicht korrekt umgesetzt. Für deutsche Zweigniederlassungen ausländischer Kapitalgesellschaften mit Sitz außerhalb von EU und EWR sieht § 325a HGB weder eine Offenlegungsverpflichtung für die Rechnungslegungsunterlagen der Hauptniederlassung vor noch eine Offenlegung der Rechnungslegungsunterlagen der Zweigniederlassung selbst. Bislang ist allerdings nicht bekannt, daß die EG-Kommission einen Verstoß des deutschen Rechts, insbesondere von § 325a HGB, gegen die Zweigniederlassungsrichtlinie im Hinblick auf Drittstaaten moniert hätte. Auch sind Bestrebungen des deutschen Gesetzgebers, unabhängig davon § 325a HGB an die Vorgaben der Zweigniederlassungsrichtlinie auch für Drittstaaten anzupassen, nicht bekannt.

Aus der Zweigniederlassungsrichtlinie selbst kann sich keine unmittelbare Verpflichtung für Zweigniederlassungen von ausländischen Kapitalgesellschaften mit dem Hauptsitz in Drittstaaten ergeben, die Rechnungslegung der deutschen Zweigniederlassung oder die Rechnungslegungsunterlagen der ausländischen Hauptniederlassung offenzulegen. Denn nach ständiger Rechtsprechung des EuGH[570], der in der Literatur überwiegend gefolgt wird[571], können belastende EU-Richtlinien dem einzelnen keine unmittelbare Verpflichtung auferlegen, sondern lediglich die EG-Mitgliedstaaten zu ihrer gesetzlichen Umsetzung verpflichten.

Damit besteht für deutsche Zweigniederlassungen ausländischer Kapitalgesellschaften mit Sitz außerhalb von EU und EWR keine Pflicht zur Rechnungslegungslegungspublizität.

---

[568] Elfte Richtlinie 89/666/EWG, ABl. EG Nr. L 395/36 v. 1989.

[569] *Seibert*, DB 1993, S. 1705, 1706.

[570] EuGH, Urt. v. 26.2.1986, Rs 152/784, "Marshall", Slg. 1986, S. 723, 724; Rs. 14/86, "Pretore di Salo/X", Slg. 1987, S. 2545, 2570; Rs 80/86, "Kolpinghaus Nijmegen", Slg. 1987, 3969 = RIW 1988, S. 826).

[571] *Oppermann*, Europarecht, 2.Aufl., 1999, Rdnr. 556, 550; *Streinz*, Europarecht, Rdnr. 401; *Grabitz/Hilf*, Art. 189 Rdrn. 61; *Geiger*, EGV, 2. Aufl., 1995, Art. 189 Rdnr. 15; a.A. *Bleckmann*, RIW 1984, S. 774, 776.

5. Konzernabschlußpublizität nach HGB und PublG

Ein Konzern ist bei Überschreiten einer bestimmten Größe zur Aufstellung und Offenlegung eines Konzernabschlusses verpflichtet. Grundlage sind die §§ 290ff. HGB. Greifen diese nicht ein, besteht bei Überschreiten der Schwellenwerte des PublG eine Pflicht zur Konzernpublizität gem. §§ 11ff. PublG.[572]

a) Grundsatz

Die Konzernrechnungslegungspflicht trifft nicht "den Konzern" als solchen.

Der Konzern ist weder juristische Person, noch als einheitlicher Unernehmensträger anerkannt.[573] Auch wird der Begriff des Konzerns im HGB zwar genannt, aber nicht definiert.[574] Streitig ist, ob sich ohne weiteres an die aktienrechtliche Definition des § 18 Abs.1 AktG anknüpfen läßt.[575]

Ausgangsspunkt für die Verpflichtung zur Aufstellung und Offenlegung eines Konzernabschlusses ist das Bestehen eines "Mutterunternehmens". Nach der Legaldefinition der §§ 290 Abs.1 HGB, 11 Abs.1 PublG wird ein Mutterunternehmen dadurch gekennzeichnet, daß zumindest ein anderes Unternehmen (Tochterunternehmen) unter der einheitlichen Leitung des Mutterunternehmens steht.

Die Voraussetzungen für eine einheitliche Leitung sind gesetzlich nicht festgelegt. Dabei genügt es, wenn das Mutterunternehmen die Grundzüge der Geschäftspolitik der Konzernunternehmen bestimmt, also einheitliche Unternehmensziele vorgibt, die Organisationen und die Finanzierungen aufeinander abstimmt und

---

[572] Für Kredit- und Versicherungsunternehmen greifen unabhängig von deren Größe die Sondervorschriften der §§ 340i ff., 341i f. HGB ein. Das Zusammenspiel von HGB und PublG wird hinsichtlich der Konzernrechnungslegungspflicht aus § 11 Abs.5 S.1 PublG deutlich. Dabei wird der Geltungsbereich der §§ 11ff. PublG nicht durch § 3 PublG eingeschränkt, da dieser ausdrücklich nur den ersten Abschnitt des PublG begrenzt.

[573] *K. Schmidt*, Handelsrecht, § 5 2. d).

[574] *Morck* in: Koller/Roth/Morck, HGB, 2. Aufl., 1999, § 290, Rdnr. 1, in Erwartung einheiticher EG-weiter Regelungen sei bislang auf eine Definition verzichtet worden; *Wiedmann*, Bilanzrecht, § 290 Rdnr. 9 bezeichnet die einheitliche Leitung als "entscheidendes Tatbestandsmerkmal".

[575] *K. Schmidt*, Handelsrecht, § 5 2. d); *Morck* in: Koller/Roth/Morck, HGB, 2. Aufl., 1999, § 290 Rdnr. 1; *Wiedmann*, Bilanzrecht, § 290 Rdnr. 9, sieht im Handelsrecht kein vom Aktienrecht abweichendes Begriffsverständnis, was zur Anwendbarkeit der "Vermutungskette" der §§ 17 Abs.2 und 18 Abs.1 S.3 AktG führe.

eine Gesamtpersonalplanung durchsetzt; ein unmittelbares Weisungsrecht ist nicht erforderlich.[576]

Voraussetzung für eine Konzernabschlußpflicht nach den §§ 290 ff. HGB. ist, daß das Mutterunternehmen eine Kapital- oder besondere Personengesellschaft i.S.d. § 264a HGB ist.[577] Wird das Mutterunternehmen in einer anderen Rechtsform geführt, greift (nur) bei Überschreiten der Schwellenwerte des Publizitätsgesetzes die Konzernabschlußpflicht nach den §§ 11 PublG ein.

Die Konzernabschlußpficht nach HGB kann sich aus § 290 Abs.1 oder § 290 Abs.2 HGB ergeben.

Nach § 290 Abs.1 HGB besteht eine Konzernabschlußpflicht, wenn neben der einheitlichen Leitung durch das Mutterunternehmen diesem am Tochterunternehmen eine Beteiligung im Sinne von § 271 Abs.1 HGB gehört. Nach § 271 Abs.1 S.1 HGB sind Beteiligungen "Anteile an anderen Unternehmen, die bestimmt sind, dem eigenen Geschäftsbetrieb durch Herstellung einer dauernden Verbindung zu jenen Unternehmen zu dienen". Nach § 271 Abs.1 S.3 HGB wird dabei eine solche Beteiligung vermutet, wenn bei einer Kapitalgesellschaft mehr als ein Fünftel der Anteile gehalten werden. Daraus kann jedoch nicht geschlossen werden, daß nach § 290 Abs.1 HGB keine Beteiligung i.S.d. § 271 Abs.1 HGB vorliegt, wenn keine kapitalmäßige Beteiligung von mehr als 20 % am Tochterunternehmen besteht. Vielmehr führen auch Mitgliedschaftsrechte, die sowohl Vermögensrechte (Gewinnbezugsrecht, Liquidationserlös) als auch Verwaltungsrechte (Stimmrecht, Informationsrecht, Mitspracherecht) umfassen, zur Annahme einer Beteiligung i.S.d. §§ 290 Abs.1, 271 Abs.1 HGB.[578] Dabei soll die Erbringung einer Einlage nicht zwingende Voraussetzung für das Vorliegen einer Beteiligung i.S.d. § 290 Abs.1 HGB sein.[579]

---

576 *Morck* in: Koller/Roth/Morck, HGB, 2. Aufl., 1999, § 290 Rdnr.2.

577 Bei den Tochterunternehmen spielt die Rechtsform keine Rolle, sie müssen nur unter der einheitlichen Leitung des Mutterunternehmens stehen.

578 *Morck* in: Koller/Roth/Morck, HGB, 2. Aufl., 1999, § 271 Rdnr. 2, 3.; *Wiedmann*, Bilanzrecht, § 271 Rdnr. 2.

579 *Strobel*, GmbHR 1999, S. 1117, 1118; demgegenüber stellen *Morck* in: Koller/Roth/Morck, HGB, 2. Aufl., 1999, § 271 Rdnr. 2, 3. und *Wiedmann*, Bilanzrecht, § 271 Rdnr. 2 ausdrücklich auf die "Komplementäreinlage" (*Morck*) bzw."Kapitaleinlage als persönlich haftender Gesellschafter" (*Wiedmann*) ab; siehe dazu unten d.

Nach § 290 Abs.2 HGB besteht - unabhängig von § 290 Abs.1 HGB - eine Konzernabschlußpflicht , wenn eins der drei folgenden Kriterien erfüllt ist:

- Das Mutterunternehmen hat beim Tochterunternehmen die Mehrheit der Stimmrechte (Stimmrechtsbeherrschung).

- Das Mutterunternehmen hat das Recht, die Mehrheit der Mitglieder von Vorstand oder Geschäftsführung oder des Aufsichtsrates zu bestellen oder abzuberufen (personelle Beherrschung).

- Das Mutterunternehmen hat einen beherrschenden Einfluß aufgrund eines Beherrschungsvertrages oder einer Satzungsbestimmung (vertragsmäßige Beherrschung).

Demgegenüber setzt die alternativ zur Konzernabschlußpflicht nach HGB mögliche Konzernabschlußpflicht nach PublG allein eine einheitliche Leitung, also das Vorliegen eines Mutterunternehmens voraus.

Der Konzernabschluß[580] ist durch die gesetzlichen Vertreter des Mutterunternehmens aufzustellen, prüfen und offenlegen zu lassen. Gem. § 325 Abs.3 HGB, § 15 Abs.1 PublG[581] ist der Konzernabschluß nebst Lagebericht und Bestätigungsvermerk im Bundesanzeiger bekanntzumachen und die Bekanntmachung unter Beifügung der bezeichneten Unterlagen zum Handelsregister des Mutterunternehmens einzureichen.

b) Befreiungen von der Konzernabschlußpflicht

Eine Konzernabschlußpflicht besteht nicht unterhalb einer gewissen Konzerngröße. Ferner können EU/EWR-Konzernabschlüsse sowie nach internationalen

---

[580] Gem. § 297 Abs.1 HGB besteht der Konzernabschluß wie ein Jahresabschluß aus der (Konzern-) Bilanz, der (Konzern-) Gewinn- und Verlustrechnung und dem (Konzern-) Anhang, die eine Einheit bilden. Dabei sind gemäß § 297 Abs.3 HGB die in den Konzernabschluß einbezogenen Unternehmen so darzustellen, als ob sie insgesamt ein einziges Unternehmen wären.

[581] Die erheblichen Erleichterungen des § 9 Abs. 2, 3 PublG für die Offenlegung des Einzelabschlusses von Einzelkaufleuten und "echte" Personenhandelsgesellschaften nach Publizitätsgesetz finden nach dem Wortlaut des PublG auf die Konzernabschlußpflicht nach PublG keine Anwendung. Nach dem Gesetzeswortlaut kommen lediglich die Aufstellungserleichterungen des § 5 Abs. 5 S. 1 u. 2. PublG gem. § 13 Abs. 3 S.2 PublG zur Anwendung. Es ist jedoch eine verfassungskonforme Auslegung vorzunehmen, s. dazu unten im 2. Teil C.

Rechnungslegungsgrundsätzen aufgestellte Konzernabschlüsse von der Aufstellungspflicht nach HGB und PublG befreien.

aa) Größenabhängige Befreiungen, § 293 HGB

§ 293 HGB sieht größenabhängige Befreiungen von der Verpflichtung zur Aufstellung eines Konzernabschlusses vor. Diese greifen ein, wenn am Abschlußstichtag des Jahresabschlusses und am davorliegenden Jahresabschlußstichtag zwei der drei nachfolgenden Schwellenwerte[582] nicht überschritten werden:[583]

Schwellenwerte		1999	2000
Bilanzsumme[584] (DM)	addiert:	80 670 000	32 270 000
	konsolidiert:	67 200 000	26 890 000
Umsatzerlöse (DM)	addiert:	161 330 000	64 540 000
	konsolidiert:	134 400 000	53 780 000
Arbeitnehmer im Jahresdurchschnitt:		500	250

bb) Befreiende Konzernabschlüsse, § 291 HGB (EU/EWR-Mutter), § 292a HGB (Kapitalmarkt), § 11 Abs.6 PublG

Ist das Mutterunternehmen wiederum Tochter einer ausländischen Mutter, kann deren Konzernabschluß nach § 291 (Sitz der Mutter in EU/EWR), § 292 (Sitz

582 Das Erreichen der Schwellenwerte kann wahlweise nach zwei Methoden ermittelt werden: der sog. Brutto- oder der Nettomethode. Bei der Bruttomethode werden Bilanzsummen und Umsatzerlöse des Mutterunternehmens und der einzubeziehenden Tochterunternehmen ohne Konsolidierungsmaßnahmen einfach zusammengerechnet, deshalb auch spricht man auch von einem "addierten Konzernabschluß". Anders als bei der Bruttomethode erfolgt bei der Nettomethode kein einfache Addition. Vielmehr ist eine Konsolidierung notwendig. Zu den Konsolidierungsmethoden zählt insbesondere die Konsolidierung von Kapital (Verrechnung gem. §§ 301, 302, 307, 309 HGB) und Schulden (Weglassen von Ausleihungen u.a. Ford., § 303 HGB), eine Aufwand- und Ertragskonsolidierung (Verrechnung von zwischen den Konzernunternehmen anfallenden Aufwendungen und Erträgen, § 305 HGB) sowie eine Zwischenergebniselimierung (§ 304 HGB), vgl. *Wiedmann*, Bilanzrecht, § 297 Rdnr. 24.

583 Aufgrund des KapCoRiLiG ergeben sich dabei abweichende Schwellenwerte für Geschäftsjahre, die nach dem 31.12.1998 beginnen und spätestens am 31.12.1999 enden ("1999") gegenüber den künftigen Schwellenwerten ("2000"). Haftungsbeschränkte Personengesellschaften unterliegen gem. Art. 48 EGHGB erst für nach dem 31.12.1999 beginnende Geschäftsjahre der Konzernabschlußpflicht, so daß dann auch die niedrigeren Schwellenwerten für sie gelten.

584 Nach Abzug von in Bilanzsummen auf der Aktivseite ausgewiesenen Fehlbeträgen.

außerhalb EU/EWR) HGB, § 11 Abs. 6 Nr. 1 PublG von der Konzernabschlußpflicht befreien.

Unternehmen, die einen organisierten Kapitalmarkt in Anspruch nehmen, können nach § 292a HGB, § 11 Abs.6 Nr.2 PublG von der Konzernabschlußpflicht befreit werden, wenn sie einen Konzernabschluß nach international anerkannten Rechnungslegungsgrundsätzen aufstellen, der den Anforderungen des § 292a Abs.2 Nr.1 bis 5 HGB genügt.

c) Befreiungswirkung für Tochterunternehmen gem. §§ 264 Abs. 3, 4 HGB, 264b HGB, 5 Abs.6 PublG

Bei Tochterunternehmen, die Kapitalgesellschaften sind, befreit die Aufstellung und Offenlegung des Konzernabschlusses durch das Mutterunternehmen unter den Voraussetzungen des § 264 Abs.3 Nr.1-5 HGB die Tochterunternehmen von ihrer Verpflichtung zur Aufstellung und Offenlegung eines eigenen Jahresabschlusses. Nach § 264 Abs.4 HGB gilt dies bei Kapitalgesellschaften entsprechend, deren Mutterunternehmen nach § 11 PublG zur Aufstellung eines Konzernabschlusses verpflichtet ist.

Tochterunternehmen, die Personenhandelsgesellschaften im Sinne des § 264a Abs.1 HGB sind, sind unter den Voraussetzungen des § 264b HGB von der Aufstellung eines Konzernabschlusses befreit. Der Anwendungsbereich des § 264b HGB ist erheblich weiter gefaßt als der des § 264 Abs.3 HGB.[585] Insbesondere ist keine Verpflichtung des Mutterunternehmens zur Verlustübernahme erforderlich. Ferner bedarf es keines Zustimmungsbeschlusses der Gesellschafter des Tochterunternehmens. Bei Erfüllung der in § 264b Nr. 1 bis 4 HGB genannten formalen Voraussetzungen genügt dann die Einbeziehung der Tochtergesellschaft in den Konzernabschluß des Mutterunternehmens für eine Befreiung nach § 264b HGB.[586]

Nach Publizitätsgesetz offenlegungspflichtige Unternehmen sind gem. § 5 Abs.6 PublG von der Anwendung des Publizitätsgesetzes befreit, wenn Sie in den Konzernabschluß eines Mutterunternehmens einbezogen sind und - so der Wortlaut

---

[585] *Bitter/Grashoff*, DB 2000, S. 2285, 2287.
[586] *Bitter/Grashoff*, DB 2000, S. 2285, 2287.

von § 5 Abs. 5 PublG - die entsprechend geltenden Voraussetzungen des § 264 Abs.3 HGB erfüllen.

Nach einer Ansicht in der Literatur soll es sich dabei jedoch insoweit um ein Redaktionsversehen handeln, als daß § 264b HGB und nicht § 264 Abs.3 HGB zur Anwendung zu bringen sei.[587] Denn sowohl rechtssystematisch[588], als auch nach teleologischer sowie nach historischer Auslegung[589] könne man bei Tochter-Personenhandelsgesellschaften nicht fordern, daß gem. § 264 Abs.3 Nr.2 HGB das Mutterunternehmen zur Verlustübernahme verpflichtet sein müsse. Rechtssystematisch sei zu beachten, daß das Publizitätsgesetz gerade für Gesellschaftsformen gelte, die keine Kapitalgesellschaften seien. § 264 Abs.3 HGB, auf den § 5 Abs.6 PublG seinem Wortlaut nach verweise, gelte aber gerade für Kapitalgesellschaften. Eine der Regelung des § 264 Abs.3 HGB entsprechende Befreiungsregelung für Personengesellschaften finde sich indessen in § 264b HGB, so daß rechtssystematisch gesehen auf diese Regelung und nicht auf § 264 Abs.3 HGB in § 5 Abs.6 PublG verwiesen werden müßte.[590] Auch nach Sinn und Zweck der Regelung sei dies geboten: Denn zwischen Mutterunternehmen und Tochter-Personenhandelsgesellschaften sei der Abschluß von Ergebnisabführungsverträgen problematisch. Der Verweis auf § 302 AktG in § 264 Abs.3 HGB beziehe sich aber gerade auf solche Ergebnisabführungsverträge. Die Zulässigkeit vertraglicher Unternehmensverbindungen mit einer beherrschten Personengesellschaft sei jedoch in der Literatur stark umstritten. § 302 AktG sei zwar auf Gesellschaften mit beschränkter Haftung analog anwendbar, nicht aber auf Personenhandelsgesellschaften.[591] In § 5 Abs.6 PublG hätte deshalb statt § 264 Abs.3 HGB die auf Personenhandelsgesellschaften zugeschnittene Regelung zitiert werden müssen, wird argumentiert. Daß stattdessen auf § 264 Abs.3 HGB verwiesen wird, erkläre sich aus der Entstehungsgeschichte der Vorschrift: Aus der Begründung zum Regierungsentwurf des § 5 Abs. 6 PublG zugrundeliegenden KapCoRiLiG wird abgeleitet, daß man bei Schaffung des § 5 Abs.6 PublG allein Kapitalgesellschaften als Tochterunternehmen eines nach § 11 PublG zum Aufstellen eines Konzernabschlusses verpflichteten Unternehmens im Blick gehabt habe. Die Möglichkeit, daß auch Personenhandelsgesellschaften Tochterunternehmen von Unternehmen sein könnten, die nach § 11 PublG konzernabschlußpflichtig

---

[587] *Bitter/Grashoff*, DB 2000, S. 2285, 2287.
[588] *Bitter/Grashoff*, DB 2000, S. 2285, 2286.
[589] *Bitter/Grashoff*, DB 2000, S. 2285, 2287.
[590] *Bitter/Grashoff*, DB 2000, S. 2285, 2286.
[591] *Bitter/Grashoff*, DB 2000, S. 2285, 2286 f.

sind, sei nicht gesehen worden.[592] Ferner wird argumentiert, unter dem Gesichtspunkt des Gleichheitssatzes aus Art.3 Abs.1 GG lasse sich kein sachlicher Grund finden, warum bei § 264 Abs.3 HGB das Überschreiten der sich aus § 293 HGB sich ergebenden Befreiungsgrenzen sowie ein Inlandskonzernabschluß gegeben sein müßten, während dies nach § 264b HGB entbehrlich sei.[593] § 264 Abs.3 HGB sei deshalb im Wege der verfassungskonformen Auslegung dahingehend auszulegen, daß dessen Anwendungsvoraussetzungen das Niveau des § 264b HGB nicht übersteigen dürften.[594] Ferner ergebe sich auch im Verhältnis zwischen § 5 Abs.6 PublG zu § 264b HGB, daß kein sachlicher Grund dafür ersichtlich sei, warum eine Tochter-Personenhandelsgesellschaft, die unter § 5 Abs. 6 PublG fällt, anders zu behandeln sei, als eine Tochter-Personenhandelsgesellschaft, für die § 264b HGB zur Anwendung kommt. Deshalb sei auch § 5 Abs.6 PublG dahingehend verfassungskonform auszulegen, daß nicht auf § 264 Abs.3 HGB, sondern auf § 264b HGB verwiesen werde.[595]

Rechtsprechung zum Verhältnis der §§ 264 Abs. 3 und 264b HGB sowie zur Auslegung von § 5 Abs.6 PublG liegt bislang noch nicht vor, so daß nicht gesagt werden kann, welche Position die Rechtsprechung zu der vorstehend dargesetellten Ansicht einnimmt. Auch Stellungnahmen aus der Literatur sind dazu bislang nicht ersichtlich.

Hier soll dazu Folgendes angemerkt werden: Mit § 264 Abs.3 HGB sollte die Vereinfachungsmöglichkeit des Art. 57 der Vierten EG-Richtlinie (Bilanzrichtlinie) an Tochter-Kapitalgesellschaften weitergegeben werden.[596] Demgegenüber liegt der in § 264b HGB vorgesehenen Privilegierung von Tochter-Personenhandelsgesellschaften die in Art. 1 Nr. 4 der Richtlinie 90/605/EWG ("GmbH & Co KG-Richtlinie") zugrunde. In der Gesetzesbegründung selbst heißt es dazu, die Befreiungsmöglichkeit nach § 264b HGB entspreche im Grundsatz der Befreiungsmöglichkeit des § 264 Abs.3 HGB, sie gehe aber in der Umsetzung der in der Richtlinie 90/605/EWG vorgesehenen Möglichkeiten weiter.[597] Die Tatsache, daß dies in der Gesetzesbegründung ausdrücklich angesprochen

---

[592] *Bitter/Grashoff*, DB 2000, S. 2285, 2287.
[593] *Bitter/Grashoff*, DB 2000, S. 2285, 2287.
[594] *Bitter/Grashoff*, DB 2000, S. 2285, 2287f.
[595] *Bitter/Grashoff*, DB 2000, S. 2285, 2288.
[596] *Wiedmann*, Bilanzrecht, § 264 Rdnr. 30.
[597] Siehe Regierungsbegründung zu § 264b HGB, BR-Drucks. 458/99, S. 34. Eine Übersicht über die für diese Arbeit relevanten Richtlinien findet sich in der Einführung zu dieser Arbeit unter I. 3.

wird, spricht dagegen, daß es sich bei der unterschiedlichen Ausgestaltung von § 264 Abs.3 und § 264b HGB um ein Redaktionsversehen handelt. Ein sachlicher Grund für die Unterscheidung von Tochter-Personenhandelsgesellschaften, die unter § 5 Abs.6 PublG fallen, und solchen, für die § 264b HGB gilt, könnte in der besonderen Unternehmensgröße gesehen werden, die bei den unter § 5 Abs.6 PublG fallenden Tochter-Personenhandelsgesellschaften besteht. Dies könnte der Grund dafür sein, daß nicht auf § 264b HGB, sondern auf die strengere Vorschrift des § 264 Abs.3 HGB verwiesen wird. Hinsichtlich der in § 264 Abs.3 HGB für Personenhandelsgesellschaften problematischen Voraussetzung einer Verlustübernahme ließe argumentieren, daß § 5 Abs.6 PublG lediglich verlangt, daß die "entsprechend geltenden Voraussetzungen des § 264 Abs.3 des Handelsgesetzbuches" erfüllt sein müssen für eine Befreiung. Aufgrund der lediglich entsprechend geltenden Anwendung könnte also eine Verlustübernahme im Wege einer gesellschaftsrechtlichen Vereinbarung auf der Ebene der Tochter-Personengesellschaft ausreichend sein.[598] Es erscheint zumindest zweifelhaft, ob die Verweisung in § 5 Abs.6 PublG auf § 264 Abs.3 HGB als Redaktionsversehen anzusehen ist. Entgegen der dies vertretenden vorgenannten Ansicht ist in der Regierungsbegründung zu Art. 2 Nr. 3 KapCoRiLiG, aus dem sich die Fassung des § 5 Abs.6 PublG ergibt, nicht (nur) von Tochter-Kapitalgesellschaften die Rede, die von der Befreiungsmöglichkeit des § 264 Abs.3 HGB Gebrauch machen können. Vielmehr wird als Beispiel ein Einzelkaufmann ausdrücklich erwähnt. Man könnte daher § 264b HGB als Sondervorschrift mit einer besonderen Priviligierung der unter § 264a HGB fallenden Tochter-Personenhandelsgesellschaften auffassen, während für Tochter-Kapitalgesellschaften und alle Tochterunternehmen, die unter § 3 PublG fallen, die strengere Privilegierungsvorschrift des § 264 Abs.3 HGB zur Anwendung kommt bzw. über § 5 Abs.6 PublG entsprechend anzuwenden ist.

d) Sonderproblem: Die GmbH & Co KG als Bilanzkonzern

Mit der Absenkung der Schwellenwerte des § 293 HGB für Jahresabschlüsse nach dem 31.12.1999 wird sich für die Praxis häufiger als bisher die Frage stellen, ob auch eine "einfache" GmbH & Co KG bei Überschreiten der Schwellenwerte des § 293 HGB zur Aufstellung und Offenlegung eines Konzernabschlusses nach HGB verpflichtet ist. Für den Standardfall, in dem die GmbH einzige Kom-

[598] *Bitter/Grashoff*, DB 2000, S. 2285, 2287.

plementärin, alleinige Geschäftsführerin und gesetzliche Vertreterin der KG ist, wird dies nach der Regierungsbegründung zum KapCoRiLiG anzunehmen sein[599]. Aufgrund ihrer Leitungsfunktion ist die Verwaltungs-GmbH Mutterunternehmen i.S.d. § 290 Abs.1 HGB. Dabei soll ihr eine "Beteiligung" auch ohne Erbringung einer Einlage bereits durch ihre Komplementärstellung gehören[600]. Jedenfalls besteht aber eine personelle Beherrschung i.S.d. § 290 Abs.2 Nr.2 HGB, wodurch eine Verpflichtung zur Aufstellung, Prüfung und Offenlegung eines Konzernabschlusses bei der "Standard-GmbH & Co KG ausgelöst wird.

Allerdings können die Vorschriften über die Pflicht zur Aufstellung eines Konzernabschlusses nach HGB durch die Gestaltung der Konzernstruktur, durch Steuerung der Größenmerkmale und durch die Kombination dieser beiden Gestaltungsmittel umgangen werden.[601]

Eine GmbH & Co KG mit mindestens einer natürlichen Person als weiterem Komplementär neben der Verwaltungs-GmbH ist nicht selbst als Mutterunternehmen konzernabschlußpflichtig nach HGB. Die Konzernabschlußpflicht nach HGB könnte sich aber im Hinblick auf die Leitungsfunktion der Verwaltungs-GmbH ergeben.[602] Um dies zu umgehen, bietet sich die Schaffung einer Einheitsgesellschaft an, d.h. die KG übernimmt alle Anteile der GmbH, so daß diese nicht mehr die Leitung hat. Wenn dies nicht möglich ist, etwa weil verschiedene Beteiligungsverhältnisse in GmbH und KG beibehalten werden müssen, gibt es eine Alternative zur Vermeidung der Konzernabschlußpflicht. Durch eine gesellschaftsvertragliche Regelung ist dafür zu sorgen, daß die Geschäftsführung und Vertretung der KG nicht durch den Geschäftsführer der Verwaltungs-GmbH in seiner Eigenschaft als solcher erfolgt, sondern durch die natürliche Person, welche die persönliche Haftung in der KG übernommen hat, gerade in ihrer Eigenschaft als Komplementärin.. Diese Alternative besteht insbesondere in den Fällen, in denen der Geschäftsführer der GmbH auch die persönliche Haftung in der KG übernommen hat. Es ist dann sicherzustellen, daß er die Geschäftsführung und Vertretung der KG nicht in seiner Eigenschaft als Geschäftsführer der GmbH, sondern in seiner Eigenschaft als Komplementär der KG innehat. Dies wäre erreicht, wenn durch gesellschaftsvertragliche Vereinbarung die GmbH von der Vertretung und Geschäftsführung der KG ausgeschlossen würde, weil ihr in die-

---

[599] BR-Drucks. 458/99, S. 41.
[600] *Strobel*, GmbHR 1999, S. 1117, 1118.
[601] *Meyer*, BBK Fach 15, Seite 1194.
[602] *Strobel*, GmbHR 1999, S. 1117, 1118.

sem Falle keinerlei Leitungsfunktion mehr zukäme, die eine Konzernabschlußpflicht auslösen könnte.[603]

Zu beachten ist bei diesen Gestaltungsüberlegungen, bei denen sowohl die Einzelabschlußpublizität als auch die Konzernabschlußpublizität nach HGB umgangen werden sollen, daß die ab einer gewissen Größe eingreifenden Pflichten nach PublG zur Offenlegung von Einzel- und Konzernabschluß nicht umgangen werden können.[604]

6. Rechnungslegungspublizität für Unternehmen, die in Rechtsform einer eingetragenen Genossenschaft geführt werden, § 339 HGB

Die Aufstellung, Prüfung und Offenlegung von Jahresabschluß und Lagebericht ist für eingetragene Genossenschaften in den §§ 336-339 HGB besonders geregelt. Prinzipiell sind diese aber mit den Vorschriften für Kapitalgesellschaften vergleichbar, auf die teilweise auch verwiesen wird. Den Unterschieden zur Kapitalgesellschaft wird in den Sondervorschriften für eingetragene Genossenschaften Rechnung getragen. Die Offenlegung ist dabei in § 339 HGB geregelt, wobei das Genossenschaftsregister an die Stelle des Handelsregisters tritt. Allerdings erfolgt keine Hinweisbekanntmachung. Lediglich große eingetragene Genossenschaften i.S.d. § 267 Abs.3 HGB haben den Abschluß in den für die Bekanntmachungen der Genossenschaft bestimmten Blättern bekanntzumachen.[605]

7. Rechnungslegungspublizität Öffentlicher Unternehmen

Unter einem öffentlichen Unternehmen versteht man im Gegensatz zu Privatunternehmen alle Unternehmen, auf die ein Träger öffentlicher Verwaltung aufgrund Eigentums, finanzieller Beteiligung, Satzung oder sonstiger Bestimmungen, welche die Tätigkeit des Unternehmens regeln, unmittelbar oder mittelbar einen be-

---

[603] *Strobel*, GmbHR 1999, S. 1117, 1118 mit Hinweis auf die Regierungsbegründung zum KapCoRiLiG, die gesellschaftsrechtliche Gestaltungen zur Meidung einer Konzernabschlußpflicht ausdrücklich zuläßt.
[604] *Bitter/Grashoff*, DB 2000, S. 2285, 2287.50
[605] *Morck* in: Koller/Roth/Morck, HGB, 2. Aufl., 1999, § 293 Rdnr.3.

herrschenden Einfluß ausüben kann.[606] Über die möglichen Organisations- und Erscheinungsformen öffentlicher Unternehmen wird damit jedoch nichts ausgesagt.[607] Insbesondere kann der Staat, wenn er seine wirtschaftliche Betätigung in Form eines öffentlichen Unternehmens ausübt, sich der Rechtsformen des Privatrechts bedienen. Klassische Beispiele sind "Stadtwerke GmbH", "Verkehrsbetriebe AG" oder "Krankenhäuser des Kreises GmbH". Neben den privatrechtlichen Formen stehen öffentlich-rechtliche Organisationsformen zur Verfügung. Öffentlich-rechtliche Organisationsfomen sind der Eigenbetrieb, der Regiebetrieb und die rechtsfähige Anstalt.[608] Eigen- und Regiebetriebe sind rechtlich unselbständige Einrichtungen der Gebietskörperschaften.[609] Auch ein Flughafen kann als Eigenbetrieb geführt werden.[610] Rechtsfähige Anstalten des Öffentlichen Rechts sind nicht Teil eines anderen Verwaltungsträgers, sondern selbst Verwaltungsträger.[611] Rechtsfähige Anstalten werden durch Gesetz oder aufgrund eines Gesetzes geschaffen.[612] Beispiele für die zahlreichen rechtsfähigen Anstalten sind die kommunalen Sparkassen und die Landesrundfunkanstalten.

Wenn öffentliche Unternehmen in privatrechtlichen Organisationsformen geführt werden, also insbesondere als GmbH oder AG, so müssen sie wie jede privatwirtschaftliche GmbH oder AG auch die bestehenden Rechnungslegungspublizitätvorschriften beachten, insbesondere also die §§ 325ff. HGB. Während für öffentliche Unternehmen in privatrechtlicher Organisationsform gem. § 65 BHO und den entsprechenden Bestimmungen der Landeshaushaltsordnungen sowie nach entsprechenden Vorschriften der Gemeindeordnungen (z.B. § 108 Abs.1 Satz 1 Nr. 8 GO NW) für die Aufstellung und Prüfung des Jahresabschlusses die Vorschriften für große Kapitalgesellschaften anzuwenden sind, gilt dies jedoch, wie zuvor gezeigt[613], nicht für die Offenlegung. Diese erfolgt bei kleinen und mittleren[614] privatrechtlich organisierten öffentlichen Unternehmen durch Einrei-

---

[606] Die Definition erfolgt anhand der zu Art. 90 EWGV ergangenen Richtlinie vom 25.6.1980, (80/723/ EWG), ABl. der EG Nr. L 195/35, Art. 2; ähnlich § 98 GWB. *Vahle*, NWB Fach 29, S. 1267,1268.
[607] *Vahle*, NWB Fach 29, S. 1267,1268; *Arndt*, in: Steiner (Hrsg.), Besonderes Verwaltungsrecht, VII B Rdnr. 132.
[608] *Arndt*, in: Steiner (Hrsg.), Besonderes Verwaltungsrecht, VII B Rdnr. 132.
[609] Siehe dazu oben Teil B. XII., dort zu Eigenbetrieben insbesondere FN 467 (S. 96) und zu Regiebetrieben FN 463 (S. 95).
[610] Vgl. BGH Urt. v. 27.10.1972 - KZR 1/72, DVBl. 1974, S. 558.
[611] *Maurer*, Allgemeines Verwaltungsrecht, § 23 Rdnr.48.
[612] *Maurer*, Allgemeines Verwaltungsrecht, § 23 Rdnr.51
[613] Siehe oben C. III. 1.b dd.
[614] Im Sinne des § 267 HGB.

chung zum Handelsregister mit der Hinweisbekanntmachung im Bundesanzeiger (§ 325 Abs.1 S.2 HGB) und bei Überschreiten der Größenkriterien einer großen Kapitalgesellschaft durch volle Bundesanzeigerpublizität (§ 325 Abs.2 HGB).

Für die Offenlegung der Rechnungslegung öffentlicher Unternehmen, die als Eigenbetriebe geführt werden, sind insbesondere die einschlägigen Vorschriften der Gemeindeordnungen der Länder zu beachten sowie Eigenbetriebsgesetze oder -verordnungen. Dabei ist die Haushaltsführung gegenüber dem Gemeindehaushalt verselbständigt mit doppelter Buchführung und angemessenem Rechnungswesen.[615] Nach § 26 Abs.2 der nordrhein-westfälischen Eigenbetriebsverordnung stellt der Rat der Gemeinde den Jahresabschluß und den Lagebericht in der Regel innerhalb eines Jahres nach Ende des Wirtschaftsjahres fest. Gem § 26 Abs. 3 der Eigenbetriebsverordnung NW ist die Feststellung durch den Rat ortsüblich bekanntzumachen. Gleichzeitig sind Jahresabschluß, Lagebericht und ggf. die Erfolgsübersicht an sieben Tagen öffentlich auszulegen, worauf in der Bekanntmachung hinzuweisen ist.

Regiebetriebe der Kommunen sind vollständig in die Verwaltung eingegliedert und erscheinen mit allen Ausgaben und Einnahmen im Gemeindehaushalt[616]. Ihre Rechnungslegung wird folglich im Rahmen der Veröffentlichung des Gemeindehaushaltes über die amtlichen Bekanntmachungen ebenfalls mit veröffentlicht.

Bruttobetriebe[617] des Bundes und der Länder gehen mit allen Ausgaben und Einnahmen in den Bundes- bzw. die Landeshaushalte ein. Eine Rechnungslegungspublizität der Bruttobetriebe erfolgt daher im Wege der amtlichen Bekanntmachung des Bundes- bzw. jeweiligen Landeshaushalts.

Nettobetriebe gehen nur mit ihrem kaufmännischen Endergebnis in den Haushaltsplan ein.[618] Jedoch ist gem. § 26 Abs.1 S.2 BHO und den entsprechenden landesgesetzlichen Vorschriften der für Betriebe des Bundes und der Länder aufzustellende Wirtschaftsplan als Anlage dem Haushaltsplan beizufügen oder in die Erläuterungen aufzunehmen. Bei Sondervermögen sind gem. § 26 Abs.2 S.2 BHO Übersichten über die Einnahmen, Ausgaben und Verpflichtungsermächtigungen der Sondervermögen dem Haushaltsplan als Anlagen beizufügen oder in die Er-

---

615 *Seewald* in: Steiner (Hrsg.), Besonderes Verwaltungsrecht, I Rdnr. 235f.
616 *Arndt* in: Steiner (Hrsg.), Besonderes Verwaltungsrecht, VII B Rdnr. 132.
617 Siehe oben FN 463, S.95.
618 *Seewald* in: Steiner (Hrsg.), Besonderes Verwaltungsrecht, I Rdnr. 235g.

läuterungen mit aufzunehmen. Mit der Veröffentlichung des Haushaltsplans kommt es auf diese Weise auch bei Nettobetrieben zu einer Rechnungslegungspublizität.

Für rechtsfähige Anstalten ist in den ihnen zugrundeliegenden Gesetzen eine Rechnungslegungspublizität durch Veröffentlichung in amtlichen Mitteilungsorganen vorgesehen. So ist beispielsweise der WDR, der gem. § 1 Abs.1 WDRG eine Anstalt öffentlichen Rechts ist, nach § 41 WDRG zur Erstellung eines Jahresabschlusses verpflichtet, der gem. § 44 Abs. 4 WDRG im Ministerialblatt für das Land Nordrhein-Westfalen zu veröffentlichen ist. Darüberhinaus sind Sondervorschriften zu beachten, etwa im Falle der kommunalen Sparkassen, die als Kreditinstitute die Rechnungslegungspublizität gem. § 340 l HGB zu beachten haben.

8. Ergänzende Vorschriften für die Rechnungslegungspublizität von Kredit- und Finanzdienstleistungsinstituten sowie von Versicherungsunternehmen

Die §§ 340-341o HGB enthalten ergänzende Vorschriften für die Aufstellung, Prüfung und Offenlegung der Rechnungslegung von Kredit- und Finanzdienstleistungsinstituten sowie von Versicherungsunternehmen.[619]

a) Kreditinstitute, § 340 l HGB

Kreditinstitute sind gem. § 1 Abs.1 KWG Unternehmen, die Bankgeschäfte gewerbsmäßig oder in einem Umfang betreiben, der einen in kaufmännischer Weise eingerichteten Geschäftsbetrieb erfordert. § 1 Abs.1 S.2 KWG zählt in den Nummern 1 bis 12 auf, was Bankkgeschäfte sind. Für Kreditinstitute handelt sich also um eine rechtsformunabhängige Publizität, die darauf abstellt, daß ein Unternehmen - unabhängig von seiner Rechtsform - Kreditinstitut im Sinne des Kreditwesengesetzes ist. Die besonderen Rechnungslegungsvorschriften der §§ 340 bis 340 o HGB gelten gem. § 340 Abs.1 S.1 HGB für Kreditinstitute im Sinne des

---

[619] In der amtlichen Überschrift des Vierten Abschnitts des Dritten Buchs des HGB werden die in diesem Abschnitt enthaltenen Vorschriften der §§ 340-341o HGB bezeichnet als "Ergänzende Vorschriften für Unternehmen bestimmter Geschäftszweige".

§ 1 Abs.1 KWG[620], soweit für sie nicht die Ausnahmen nach § 2 Abs.1, 4 oder 5 KWG eingreifen. Ferner sind die Vorschriften der §§ 340 bis 340 o HGB gem. § 340 Abs.2 HGB auf private und öffentlich-rechtliche Versicherungsunternehmen und Unternehmen des Pfandleihgewerbes insoweit ergänzend anzuwenden, als sie Bankgeschäfte betreiben, die nicht zu ihrem eigentlichen Geschäftsumfang gehören. Ferner sind die genannten Vorschriften grundsätzlich auch auf Finanzdienstleistungsunternehmen im Sinne des § 1 Abs. 1a KWG anzuwenden.[621] Dies sind gem. § 1 Abs.1a S. 1 KWG Unternehmen, die Finanzdienstleistungen[622] für andere gewerbsmäßig oder in einem Umfang erbringen, der einen in kaufmännischer Weise eingerichteten Geschäftsbetrieb erfordert, und die keine Kreditinstitute sind.

§ 340 l HGB sieht in seinem Absatz 1 Satz 1 für Kreditinstitute grundsätzlich eine Offenlegung nach § 325 Abs.2 HGB vor, insbesondere also Bundesanzeigerpublizität. Jedoch dürfen Kreditinstitute, deren Bilanzsumme am Bilanzstichtag 300 Millionen Deutsche Mark nicht übersteigt, gem. § 340 l Abs.4 S.1 HGB bei der Offenlegung nach § 325 Abs.1 HGB verfahren.

Die Offenlegung bei Kreditinstituten erstreckt sich gem. § 340 l Abs.1 Sätze 2 und 3 HGB auf alle Staaten von EU und EWR, in denen Zweigniederlassungen bestehen. Für deutsche Zweigstellen gilt Absatz 2. Für Kreditinstitute in Rechtsform einer eingetragenen Genossenschaft geht § 340 l HGB nach seinem Absatz 3 der Vorschrift des § 339 HGB vor, wobei das Genossenschaftsregister an die Stelle des Handelsregisters tritt.

Wird die nach § 340 l Abs.1 HGB vorgeschriebene Offenlegung unterlassen, bestehen für Kreditinstitute, deren Wertpapiere an mindestens einer Börse zur amtlichen Notierung zugelassen sind, Verpflichtungen nach § 65 BörsZulV. Danach muß der Emittent der Wertpapiere den Jahresabschluß und den Lagebericht dem Publikum bei den Zahlstellen - in der Regel sind dies Kreditinstitute - zur Verfügung stellen.[623] Im übrigen bestehen neben den handelsrechtlichen Offenlegungspflichten nach § 340 l HGB Verpflichtungen gem. § 26 KWG zur Vorlage von Jahresabschluß, Lagebericht und Prüfungsberichten gegenüber dem Bundesamt für das Kreditwesen und der Deutschen Bundesbank. Die Verpflichtungen nach §§ 65 BörsZulV, 26

---

[620] Gesetz über das Kreditwesen in der Fassung der Bekanntmachung vom 9.9.1998 (BGBl. I S. 2776, zuletzt geändert durch Gesetz vom 8.12.1999 (BGBl. I S. 2384).

[621] *Morck* in: Koller/Roth/Morck, HGB, 2. Aufl., 1999, § 340 Rdnr.3.

[622] § 1 Abs. 1a KWG zählt in Satz 2 in den Nummern 1 bis 7 auf, was Finanzdienstleistungen sind.

[623] *Wiedmann*, § 340 l Rdnr. 22.

KWG fallen nicht unter den Begriff der Publizitätspflichten im Sinne dieser Arbeit[624] und werden daher hier nicht näher untersucht.

b) Versicherungsunternehmen, § 341 l HGB

Sondervorschrift für die Rechnungslegungspubliztät von Versicherungsunternehmen ist § 341 l HGB.

Nach § 341 HGB ist ein Unternehmen Versicherungsunternehmen, wenn es den Betrieb von Versicherungsgeschäften zum Gegenstand hat und weder Sozialversicherungsträger ist, noch als nicht rechtsfähige Einrichtung seine Aufwendungen im Umlageverfahren deckt. Auch "Unterstützungskassen" sind ausgenommen, also wenn durch Gesetz, Tarifvertrag oder Satzung ausschließlich Leistungen an die Mitglieder oder an die durch Gesetz oder Satzung begünstigten Personen erbracht werden. Das Unternehmen darf dabei allerdings nicht in Rechtsform einer AG, eines VVaG oder eines rechtsfähigen kommunalen Schadensversicherungsunternehmens geführt werden.

Versicherungsunternehmen im Sinne des § 341 HGB müssen gem. § 341 l HGB unabhängig von ihrer Größe und Rechtsform ihren Jahresabschluß, Lagebericht, Konzernabschluß und Konzernlagebericht nach den Vorschriften für große Kapitalgesellschaften offenlegen.[625] Dabei verlängert sich gem. § 341 l Abs.1 S. 2 HGB die Offenlegungsfrist für die Einreichung beim Bundesanzeiger auf 15 Monate für Versicherungsunternehmen, die ausschließlich das Rückversicherungsgeschäft betreiben oder deren Beiträge aus in Rückdeckung übernommenen Versicherungen die übrigen Beiträge übersteigen.

Neben den handelsrechtlichen Offenlegungspflichten bestehen für Versicherungsunternehmen gem. § 55 Abs.2 VAG aufsichtsrechtliche Verpflichtungen zur Einreichung von Jahresabschluß und Lagebericht an die Aufsichtsbehörde. Gem. § 55 Abs.3 VAG sind Jahresabschluß und Lagebericht jedem Versicherten auf Verlangen zu übersenden. Gem. § 106 Abs.2 S.4 Nr.1 VAG gilt dies auch für Niederlassungen ausländischer Versicherungsunternehmen, welche die Unterlagen in deutscher Sprache zu übersenden haben.[626] Da die genannten aufsichtsrechtlichen Mitteilungspflichten sind keine Publizitätspflichten im Sinne dieser Arbeit[627] sind, werden diese nicht näher behandelt.

---

[624] Siehe oben Seite 23.
[625] *Morck* in: Koller/Roth/Morck, HGB, 2. Aufl., 1999, § 341 l Rdnr. 1.
[626] Überblick über die aufsichtsrechtlichen Verpflichtungen nach *Wiedmann*, § 340 l Rdnr. 22.
[627] Siehe oben Seite 23.

9. Unternehmen ohne Rechnungslegungspublizität

Für konzernunabhängige Unternehmen, die weder in einer der vorgenannten Rechtsformen oder Geschäftszweige geführt werden, noch aufgrund ihrer Größe dem Publizitätsgesetz unterfallen, besteht keine Rechnungslegungspublizität.

a) Personengesellschaften und Einzelunternehmen

Von der Rechnungslegungspublizität nicht erfaßt sind also insbesondere Unternehmen, die diesen Voraussetzungen genügen und in der Rechtsform einer OHG und KG (mit mindestens einer natürlichen Person als Vollhafter), als Europäische Wirtschaftsgemeinschaft[628], als Partnerschaftsgesellschaft, Gesellschaft bürgerlichen Rechts oder Einzelunternehmen betrieben werden.

b) Stiftungen bürgerlichen Rechts

Auch für privatrechtliche Stiftungen besteht unterhalb der vom Publizitätsgesetz erfaßten Größe[629] keine Rechnungslegungspublizität im Sinne dieser Arbeit. Stiftungen des privaten Rechts, die ein erwerbswirtschaftliches Unternehmen betreiben, sind zwar verpflichtet, einen Jahresabschluß aufzustellen und durch einen Abschlußprüfer prüfen zu lassen, § 10 Abs. 1 StiftG NW. Eine Offenlegung erfolgt jedoch nicht.[630] Dies ist jedoch vor dem Hintergrund zu sehen, daß die Rechtsform der Stiftung des privaten Rechts für die Führung eines erwerbswirtschaftlichen Unternehmens, wenn überhaupt, dann nur in sehr engen Grenzen zur Verfügung steht.[631]

---

[628] *Ganske*, S. 75, 59; s. dazu auch *Hahn*, GmbHR 2000, R 69f.

[629] § 3 Abs.1 Nr. 4 i.V.m. § 1 Abs.1 PublG.

[630] Seifart/v. Campenhausen-*Orth*, StiftungsR Hdb, § 38 Rdnr. 24; *Sandberg*, ZHR 164 (2000), S. 155, 156 allgemein zur Rechnungslegung von Stiftungen, ohne auf die Offenlegung einzugehen; *Dorozala/Söffing*, DStR 2000, S. 1567, 1569., die auch auf die Möglichkeit eingehen, durch die Rechtsformwahl einer Stiftung die Jahresabschlußpublizität zu vermeiden.

[631] Zur Entstehung einer privatrechtlichen Stiftung ist gem. § 80 S.1 BGB eine staatliche Genehmigung erforderlich. Im Land Brandenburg ist diese gem. § 6 Abs.2 lit. d) des brandenburgischen Stiftungsgesetzes zu versagen, wenn die Stiftung ausschließlich dem Wohl einer oder mehrerer bestimmter Familien oder ausschließlich dem privaten Wohl bestimmter oder bestimmbarer Personen dienen soll. In Nordrhein-Westfalen kann gem. § 4 Abs.2 StifG NW die Genehmigung versagt werden, wenn der Hauptzweck der Stiftung in dem Betrieb oder der Verwaltung eines erwerbswirtschaftlichen Unternehmens besteht, das ausschließlich oder

c) eingetragener Verein

Auch der eingetragene Verein, dessen Zweck auf die Führung eines wirtschaftlichen Geschäftsbetriebs gerichtet ist, unterliegt unterhalb der Größenordnung des Publizitätsgesetzes[632] keiner Rechnungslegungspublizität. Für die Führung eines erwerbswirtschaftlichen Unternehmens steht die Rechtform des eingetragenen Vereins allerdings praktisch nicht zur Verfügung, weil nach der Rechtsprechung des Bundesverwaltungsgerichts[633] die gem. § 22 BGB erforderliche Verleihung der Rechtsfähigkeit für die Führung eines wirtschaftlichen Vereins nur zulässig ist, wenn es für die Vereinigung aufgrund besonderer Umstände unzumutbar ist, sich als Aktiengesellschaft, Gesellschaft mit beschränkter Haftung oder Genossenschaft zu organisieren.

Idealvereine, die aufgrund des Nebentätigkeitsprivilegs ein Handelsgewerbe betreiben[634], sind dabei nicht zur Rechnungslegungspublizität verpflichtet.

10. Sanktionen

Bei den Sanktionen, die eingreifen, wenn die gesetzlichen Publizitätspflichten zur Offenlegung der Rechnungslegung nicht befolgt werden, ist zu unterscheiden zwischen der Rechnungslegungspublizität nach HGB und derjenigen des Publizitätsgesetzes.

überwiegend eigennützigen Interessen des Stifters oder seiner Erben dient. Gem. § 4 Abs.1 lit. c) StiftG NW ist die Genehmigung zu versagen, wenn durch die Stiftung Vermögen des Stifters oder seine Verwendung gesetztlich vorgeschriebener Kontrolle oder Publizität entzogen würde. *Crezelius*, ZIP 1999, S. 337, 339, weist darauf hin, daß die Wahl der Rechtsform der Stiftung in Unternehmenszusammenhängen nicht zur Umgehung von Normativ- und Verhaltensbestimmungen des Kapitalgesellschaftsrechts führen dürfe, die dem Schutz von Gläubigern, Arbeitnehmern und allgemeinem Rechtsverkehr dienten. Nach *Karsten Schmidt*, Handelsrecht, § 7 II. 1. b) sei einer Stiftung grundsätzlich die Genehmigung zu verweigern, wenn Selbstzweck der Stiftung die Führung eines erwerbswirtschaftlichen Unternehmens sei. Dem hat auch der Gesetzgeber teilweise Rechnung getragen, indem er im Umwandlungsrecht die Rolle der Stiftung bewußt auf die des übertragenden Rechtsträgers beschränkt und zur Begründung ausgeführt hat, die Rechtsform der Stiftung sei als Unternehmensträger ungeeignet.

[632] § 3 Abs.1 Nr. 3 i.V.m. § 1 PublG.

[633] BVerwGE 58, 26, 31ff. = NJW 1979, S. 2261, 2264f..

[634] Siehe oben FN 423.

Bei Nichtbeachtung der Offenlegungsverpflichtung nach HGB schreitet das Registergericht nur auf Antrag ein (§ 335a S.3 HGB), der allerdings von jedermann ohne den Nachweis eines berechtigten Interesses gestellt werden kann.

Für die Sanktionierung unterlassener Rechnungslegungspubliziät nach Publizitätsgesetz besteht das Antragserfordernis nicht (§ 21 S.1 PublG). Im übrigen handelt es sich bei der Sanktionierung nach § 21 PublG um ein Zwangsgeldverfahren gem. §§ 132 ff. FGG , während § 335a HGB i.V.m. § 140 a Abs.2 FGG ein Ordnungsgeldverfahren vorsieht. Allerdings kommt nach PublG auch die Verhängung eines Ordnungsgeldes in Betracht, wenn die Offenlegungsverpflichtung nach PublG zwar grundsätzlich erfüllt wird, jedoch die Regeln über die Form oder den Inhalt der Offenlegung nicht beachtet werden, §§ 20 Abs.1 Nr. 5, 21 S.1 Nr. 8 PublG.[635] Des weiteren ist nach PublG die Verletzung der Bundesanzeigerpublizität gem. § 21 PublG mit einem Zwangsgeld bis zu 25.000,00 EURO sanktioniert, während der Verstoß gegen die Offenlegungspflicht des Jahresabschlusses im Handelsregister nach PublG § 14 HGB und damit eine Sanktion bis 10.000,00 DM geahndet wird. § 14 HGB wird für die Offenlegung nach PublG nich ausgeschlossen, während dies bei der Offenlegung nach HGB gem. § 335a S.3 2.Hs HGB der Fall ist. Dadurch kommt es beim PublG zwischen der Bundesanzeiger- und der Handelsregisterpublizität zu einer Differenzierung nach Höhe und Währungseinheit.[636]

Adressaten des Zwangsgeldverfahrens nach § 21 PublG i.V.m. §§ 132ff. FGG sind die gesetzlichen Vertreter des zur Offenlegung nach PublG verpflichteten (Mutter-) Unternehmens, beim Einzelkaufmann der Inhaber oder dessen gesetzlicher Vertreter.

Adressaten des Ordnungsgeldverfahrens nach § 335 a HGB i.V.m. § 140 a FGG sind die Mitglieder des vertretungsberechtigten Organs der zur Offenlegung nach HGB verpflichteten Kapitalgesellschaft. Im Falle einer besonderen Personenhandelsgesellschaft i.S.d. § 264 a HGB, für die gem. § 335 b HGB die Sanktionsvorschrift des § 335a HGB ebenfalls gilt, sind Adressaten des Ordnungsgeldverfahrens die Mitglieder des vertretungsberechtigten Organs des vertretungsberechtigten Gesellschafters[637], der die besondere Personenhandelsgesellschaft vertritt.[638]

---

[635] Siehe *Bitter/Grashoff*, DB 2000, S. 2285, 2288.
[636] *Bitter/Grashoff*, DB 2000, S. 2285, 2288.
[637] § 264a Abs.2 HGB spricht davon, daß als gesetzliche Vertreter einer offenen Handelsgesellschaft und Komanditgesellschaft nach Absatz 1 die Mitglieder des vertretungsberechtigten Or-

Die Sanktionierung unterlassener Rechnungslegungspublizität nach HGB wurde erst durch das KapCoRiLiG als Ordnungsgeldverfahren auf Antrag von jedermann ausgestaltet. Dabei wurden die Sanktionen bei Nichtbeachtung der Offenlegungsverpflichtung nach HGB durch das KapCoRilLiG verschärft. An die Stelle eines Zwangsgeldes bis DM 10.000,00[639] ist nunmehr nach dem neuen § 335a S.4 HGB i.d.F. des KapCoRiLiG ein Ordnungsgeld zwischen 2.500,00 und 25.000,00 EURO getreten. Das Ordnungsgeld kann beliebig oft verhängt werden, solange bis die Offenlegungsverpflichtung erfüllt ist. Darüber hinaus kann nunmehr jedermann auch ohne berechtigtes Interesse bei Nichtbeachtung der Offenlegungspflicht das Ordnungsgeldverfahren gegen das Unternehmen beantragen[640], während das Zwangsgeldverfahren bislang nur die Gesellschafter, Gläubiger oder der (Gesamt-)Betriebsrat[641] einleiten konnten. Durch die mit dem KapCoRiLiG eingeführte Verschärfung des Sanktionsmechanismus bei Verstößen gegen die Offenlegungsverpflichtung haftungsbeschränkter Unternehmen besteht nunmehr im Gegensatz zur bisherigen Rechtslage, bei der mehr als 90% aller GmbH keine

---

gans der vertretungsberechtigten Gesellschaften gelten. Die Formulierung "Gesellschaften" ist unscharf, weil etwa bei einer Stiftung & Co KG die besondere Personenhandelsgesellschaft in der Regel durch die Stiftung und deren vertretungsberechtigte Organe vertreten wird, die Stiftung aber strenggenommen keine Gesellschaft ist, vgl. *Karsten Schmidt*, Gesellschaftsrecht, § 7 II. 1. Hier wird deshalb allgemeiner vom vertretungsberechtigten Organ des vertretunsberechtigten Gesellschafters der besonderen Personenhandelsgesellschaft i.S.d. § 264a HGB gesprochen.

[638] *Winkeljohann/Schindhelm*, Das KapCoRiLiG, S. 220 stellen die Frage, ob § 335 b HGB dem Bestimmtheitsgrundsatz des Art. 103 Abs.2 GG genüge. Denn § 264 a Abs.2 HGB bestimme zwar, daß für den gesamten Zweiten Abschnitt des Dritten Buches des HGB als gesetzliche Vertreter einer OHG oder KG die Mitglieder der vertretungsberechtigten Organe der vertretungsberechtigten Gesellschaften gelten. § 335 b HGB enthalte aber keinen Verweis auf die gesetzlichen Vertreter und die §§ 331 ff. HGB verwendeten lediglich den Begriff der Mitglieder der vertretungsberechtigten Organe. *Winkeljohann/Schindhelm* sehen darin eine redaktionelle Lücke, die der Gesetzgeber zur Klarstellung schließen sollte.
Aus folgendem Grund liegt jedoch kein Verstoß gegen den Bestimmheitsgrundsatz vor. § 335 a HGB bestimmt bei der Kapitalgesellschaft die Mitglieder ihres vertretungsberechtigtes Organs zum Adressaten des Ordnungsgeldverfahrens. § 335 b HGB sieht vor, daß die Sanktionsbestimmung des § 335 a auch für besondere Personenhandelsgesellschaften i.S.d. § 264 a HGB gilt. Vertretungsberechtigtes Organ einer besonderen Personenhandelsgesellschaft i.S.d. § 264 a HGB ist das vertretungsberechtigte Organ des zur Vertretung der besonderen Personenhandelsgesellschaft berufenen Komplementärs. Folglich sind dessen Mitglieder die Adressaten des Ordnungsgeldverfahrens nach § 335 b HGB.

[639] § 335 S.1 Nr. 6 i.V.m. S. 8 HGB a.F.

[640] § 335a S.3 1.Hs HGB i.d.F. des KapCoRiLiG.

[641] § 335 S. 2 HGB a.F.

Jahresabschlüsse zum Handelsregister eingereicht haben[642], eine Verpflichtung haftungsbeschränkter Unternehmen zur Offenlegung ihrer Rechnungslegung, der in den überwiegenden Fälle wahrscheinlich auch gefolgt werden dürfte.[643]

D. Weitere Transparenz- und Publizitätspflichten deutscher Unternehmen

Die bislang dargestellten handels- und gesellschaftsrechtlichen Transparenz- und Publizitätspflichten bilden den Schwerpunkt insgesamt bestehender Transparenz- und Publizitätspflichten deutscher Unternehmen.[644] Auf die entsprechenden Verpflichtungen zur Offenlegung von Unternehmensverhältnissen durch die Registerpublizität richtet sich das Hauptinteresse von Unternehmen und Öffentlichkeit. Als weitere Transparenz- und Publizitätspflichten werden in erster Linie die Verpflichtungen nach dem Wertpapierhandelsgesetz (WpHG) genannt.[645] Darüber hinaus ist an Publizitätsanforderungen nach der Insolvenzordnung zu denken. Dabei stellt sich die Frage, ob die Verpflichtungen nach Wertpapierhandelsgesetz und Insolvenzordnung bei genauer Betrachtung Transparenz- und Publizitätspflichten im Sinne dieser Arbeit sind und ob weitere gesetzliche Verpflichtungen bestehen, die Transparenz- und Publizitätspflichten im hier verstandenen Sinne sind.

I. Transparenz- und Publizität nach dem Wertpapierhandelsgestz

Das Wertpapierhandelsgesetz sieht in § 15 WpHG die sog. "Ad-hoc-Publizität" sowie entsprechend dem sog. "Transparenzgebot" des § 21 WpHG Mitteilungs- und Veröffentlichungspflichten vor.

---

[642] Nach *Jansen*, DStR 1999, S. 1490 reichen nur 3,6% aller GmbH jährlich ihren Jahresabschluß zum Handelsregister ein; bei mittleren und großen GmbH sollen die Publizitätsquoten bei 24,7% bzw. 35,8 % liegen, siehe auch für kleine GmbH: *Streck*, GmbHR 1991, S. 407.

[643] *Hempe*, GmbHR 2000, R 121.

[644] *Siekmann*, FS Friauf, S. 647, 651; *Schindhelm/Hellwege/Stein*, StuB 2000, S. 72.

[645] *Siekmann*, FS Friauf, S. 647, 652; *Schindhelm/Hellwege/Stein*, StuB 2000, S. 72.

1. Ad-hoc-Publizität, § 15 WpHG

a) Inhalt

Nach § 15 WpHG muß der Emittent von Wertpapieren, die zum Handel an einer inländischen Börse zugelassen sind, unverzüglich eine neue Tatsache veröffentlichen, die in seinem Tätigkeitsbereich eingetreten ist, wenn diese noch nicht öffentlich bekannt und geeignet ist, den Börsenkurs der zugelassenen Wertpapiere erheblich zu beeinflussen.[646] Kurz gesagt: Unternehmen, die an der Börse sind, müssen nach § 15 WpHG alles bekannt machen, was den Kurs beeinflussen kann. Die vier Tatbestandsvoraussetzungen der Ad-hoc-Publizität nach § 15 WpHG

- neue Tatsache,
- im Tätigkeitsbereich des Emittenten,
- noch nicht öffentlich bekannt,
- geeignet, den Kurs zu beeinflussen,

sind unbestimmte Rechtsbegriffe. Ihre Auslegung ergibt sich aus Verwaltungsrechtspraxis, Rechtsprechung und Fachwissenschaft.[647] Dabei ist es - insbesondere hinsichtlich des Tatbestandsmerkmals der Tatsache - noch nicht zu einer übereinstimmenden Meinungsbildung gekommen.[648]

b) Adressaten

Publizitätspflichtig ist jeder Emittent von Wertpapieren, die im Inland zum amtlichen Handel oder zum geregelten Markt zugelassen sind. Freiverkehrswerte unterliegen nicht der Ad-hoc-Publizität nach § 15 WpHG. Handelt es sich nicht um Freiverkehrswerte, sind alle Arten von Wertpapieren von § 15 WpHG erfaßt, also alle Wertpapiere im Sinne des § 2 Abs. 1 WpHG (Aktien; Zertifikate, die Aktien vertreten; Schuldverschreibungen; Genußscheine; Optionsscheine und andere Wertpapiere, die mit Aktien oder Schuldverschreibungen vergleichbar sind).

---

[646] *Siekmann*, FS Friauf, S. 647, 653; *Pfitzer/Streib*, BB 1995, S. 1447.
[647] *Pfitzer/Streib*, BB 1995, S.1947, 1948.
[648] *Happ/Semmler*, ZGR 1998, S.116, 117; *Gehrt*, Die neue Ad-hoc-Publizität nach § 15 WpHG, S. 13ff.; Insiderhandelsverbote und Ad-hoc-Publizität nach dem Wertpapierhandelsgesetz,, S. 3 ff.; *Burgard*, ZHR 162 (1998), S. 51ff. m. zahlr. weit. Nachweisen; *Kiem/Kotthoff*, DB 1995, S.1999f.; *Nowak*, DB 1999, S.601. 602.

c) Bekanntmachung - "Bereichsöffentlichkeit"

Die Bekanntmachung einer offenlegungspflichtigen Tatsache im Rahmen der ad-hoc Publizität erfolgt gem. § 15 Abs.3 S.1 WpHG in mindestens einem überregionalen Börsenpflichtblatt oder über ein elektronisch betriebenes Informationssystem i.S.d. § 15 Abs.3 WpHG.[649]. Dabei hat der Emittent die kursbeeinflussende Tatsache in deutscher Sprache zu veröffentlichen. Durch die Form der Darstellung müssen die kursrelevante Tatsache und ihre möglichen Auswirkungen auf den Kurs erkannt werden können, ohne daß eine Verpflichtung besteht darzulegen, welche konkreten Auswirkungen auf den Kurs zu erwarten sind.[650]

Hinsichtlich der Bekanntmachungsform für die ad-hoc-Publizität spricht man aufgrund der rein fachspezifischen Bekanntmachungsorgane auch von einer "Bereichsöffentlichkeit".[651] Durch die Börsenpflichtblätter bzw. die elektronischen Informationsverbreitungssysteme erfolgt nämlich in erster Linie die Information der professionellen Marktteilnehmer (Kreditinstitute, Versicherungsunternehmen und Unternehmen, die an einer inländischen Börse zur Teilnahme am Handel zugelassen sind)[652], nicht aber die Unterrichtung eines breiten Anlegerpublikums.[653]

d) Befreiung von der Ad-hoc-Publizitätspflicht

Wenn die Veröffentlichung der an sich publizitätspflichtigen, kursbeeinflussenden Tatsache geeignet ist, den berechtigten Interessen des Emittenten zu schaden, so kann dieser gem. § 15 Abs.1 S.2 WpHG beim Bundesaufsichtsamt für den Wertpapierhandel einen Antrag auf Befreiung von der Veröffentlichungspflicht stellen. Zu denken ist vordringlich an Sanierungsfälle oder Unternehmensübernahmen.[654] Die Veröffentlichung muß im konkreten Einzelfall geeignet sein, den berechtigten

---

[649] Etwa "Reuters direct", "VWD-Public","info 15", "Bloomberg", "Telerate Deutschland", Nachweise und nähere Angaben bei *Claussen*, Insiderhandelsverbot und Ad-hoc-Publizität, Rdnr. 120.

[650] *Pfitzer/Streib*, BB 1995, S.1947, 1949.

[651] *Claussen*, Insiderhandelsverbot und Ad-hoc-Publizität, Rdnr. 123.

[652] *Pfitzer/Streib*, BB 1995, S.1947, 1948, dort Fn 18.

[653] BT-Drucks. 12/6679, S.46; zu einer etwaigen Benachteiligung der Privatanleger: *v. Rosen*, Die Bank 1995, S.12; zum Ausgleich des Informationsnachteils Hinweise bei *Claussen*, Insiderhandelsverbot und Ad-hoc-Publizität, Rdnr. 123.

[654] *Claussen*, Insiderhandelsverbot und Ad-hoc-Publizität, Rdnr. 126.

Interessen des Emittenten zu schaden. Die Befreiungsmöglichkeit wird eng ausgelegt.

2. Beteiligungstransparenz und -publizität gem. §§ 21, 25 WpHG

a) Grundsatz

Nach den §§ 21ff. WpHG besteht ein Transparenz- und Publizitätspflicht hinsichtlich der Beteiligung an börsennotierten Gesellschaften: Wer 5, 10, 25, 50 oder 75 % der Stimmrechte an einer solchen Gesellschaft erreicht, muß dies nach § 21 Abs.1 WpHG unter Mitteilung seiner Anschrift und des Tages, an dem die entsprechende Beteiligungsquote erreicht ist, dem Bundesaufsichtsamt für den Wertpapierhandel und der Gesellschaft spätestens innerhalb von 7 Tagen schriftlich mitteilen. Gemäß § 25 Abs.1 S.1 WpHG muß die börsennotierte Gesellschaft spätestens neun Kalendertage nach Zugang dieser Mitteilung diese in deutsche Sprache in einem überregionalen Börsenblatt veröffentlichen. Der Meldepflichtige ist dabei namentlich unter Angabe seines Sitzes oder Staates seines Wohnortes zu bezeichnen.

Für börsennotierte Gesellschaften mit Sitz im Ausland bestehen Sonderregelungen, auf die hier nicht näher eingegangen werden soll.[655]

b) Befreiungen von der Beteiligungstransparenz

Unternehmen, die Wertpapierhandel treiben und Wertpapierdienstleistungen erbringen, können nach § 23 Abs.1 WpHG von der Beteilungstransparenzverpflichtung auf Antrag befreit werden, wenn sie darlegen, daß sie mit ihren Aktien keinen Einfluß auf die Geschäftsführung der jeweiligen Aktiengesellschaften nehmen. Nach § 23 Abs.2 WpHG gilt dies für Spekulanten entsprechend, wenn diese mit ihren Aktien weniger als 10 % der Stimmrechte einer Aktiengesellschaft halten.

Die börsennotierten Gesellschaften selbst können auf Antrag gemäß § 25 Abs.4 WpHG von der Veröffentlichungspflicht nach § 25 Abs. 1, 2 WpHG befreit

---

[655] Dazu *Pfitzer/Streib*, BB 1995, S.1947, 1952.

werden, wenn das Bundesaufsichtsamt für den Wertpapierhandel "nach Abwägung der Umstände der Auffassung ist, daß die Veröffentlichung dem öffentlichen Interesse zuwiderlaufen oder der Gesellschaft erheblichen Schaden zufügen würde, sofern im letzteren Fall die Nichtveröffentlichung nicht zu einem Irrtum des Publikums über die für die Beurteilung der betreffenden Wertpapiere wesentlichen Tatsachen und Umstände führen kann" (§ 25 Abs.4 WpHG).

c) Sanktionen

Während das im Wertpapierhandelsgesetz geregelte Insiderrecht durch § 38 WpHG strafrechtlich abgesichert ist,[656] werden Verstöße gegen die Transparenz- und Publizitätspflichten des Wertpapierhandelsgesetzes als Ordnungswidrigkeiten mit Geldbußen bis zu 500.000 DM gem. § 39 WpHG sanktioniert.[657] Bei einem Verstoß gegen die Ad-hoc-Publizität nach § 15 Abs.1 bis 3 WpHG sieht § 15 Abs.6 WpHG im übrigen ausdrücklich vor, daß keine Schadensersatzverpflichtungen gegenüber Dritten aus diesem Rechtsgrund bestehen.

3. Stellungnahme

Die Ad-hoc-Publizität nach § 15 WpHG und das Transparenzgebot des § 21 WpHG sind streng genommen keine Publizitätspflichten im Sinne dieser Arbeit. Denn sowohl bei der Ad-hoc-Publizität, also auch beim Transparenzgebot erfolgt nur eine Veröffentlichung in einem überregionalen Börsenpflichtblatt ("Bereichsöffentlichkeit"). Demgegenüber sind Publizitätspflichten im Sinne dieser Arbeit gesetzliche Verpflichtungen, unternehmensbezogene Daten gegenüber der Öffentlichkeit offenzulegen, wobei unter der Offenlegung die Einreichung oder Anmeldung zu einem Register mit einer Bekanntmachung im Bundesanzeiger verstanden wird. Die Verpflichtungen nach WpHG sind aber weder mit einer Registerpublizität, noch mit einer Bekanntmachung im Bundesanzeiger verbunden und sind daher streng genommen keine Publizitätspflichten im Sinne dieser Arbeit.

---

[656] *Claussen*, Insiderhandelsverbot und Ad-hoc-Publizität, Rdnr. 47.
[657] *Pfitzer/Streib*, BB 1995, S.1947, 1953.

II. Wertpapier-Verkaufsprospektgesetz

Es wird geprüft, ob sich aus dem Wertpapier-Verkaufsprospektgesetz Transparenz- und Publizitätspflichten im Sinne dieser Arbeit ergeben. Nach § 1 Wertpapier-Verkaufsprospektgesetz (Verkaufsprospektgesetz) - VerkProspG[658] muß ein Anbieter von bislang nicht zum Handel an einer inländischen Börse zugelassenen Wertpapieren, der diese erstmals in Deutschland anbieten möchte, dazu einen Prospekt (Verkaufsprospekt) veröffentlichen. Ausnahmen ergeben sich aus den §§ 2 - 4 VerkProspG. Auf diese Weise soll das Publikum sich ein zutreffendes Urteil über den Emittenten und die Wertpapiere bilden können, vgl. § 7 Abs.1 VerkProspG. Diese Vorschrift regelt den Prospektinhalt bei Wertpapieren, die nicht zur amtlichen Notierung oder dem geregelten Markt zugelasssen werden sollen, während § 5 den Prospektinhalt für die Zulassung zur amtlichen Notierung oder zum geregelten Markt betrifft. Es erfolgt nicht nur eine Information über die Wertpapiere, sondern auch über den Emittenten selbst, sein Kapital und seine Geschäftstätigkeit, seine Vermögens-, Finanz- und Ertragslage, seine Geschäftsführungs- und Aufsichtsorgane und seine Geschäftsaussichten (§ 7 Abs.2 Nr. 3 VerkProspG, § 5 Abs.1 VerkProspG i.V.m. § 38 Abs.1 Nr.2, Abs.2 Börsengesetz). Durch das Wertpapier-Verkaufsprospektgesetz besteht also gegenüber der Öffentlichkeit eine Offenkundigkeit unternehmensbezogener Tatsachen.

Durch das Wertpapier-Verkaufsprospektgesetz kommt es jedoch nicht zu einer Offenlegung im Sinne dieser Arbeit. Das Wertpapier-Verkaufsprospektgesetz beeinhaltet nämlich nicht die Verpflichtung, etwas zu einem Register anzumelden oder einzureichen. Auch erfolgt keine Bekanntmachung im Bundesanzeiger.

Die Veröffentlichungspflichten nach Wertpapier-Verkaufsprospektgesetz sind sogar noch weiter entfernt von Publizitätspflichten im Sinne dieser Arbeit, als die Verpflichtungen nach Wertpapierhandelsgesetz. Nach Wertpapier-Verkaufsprospektgesetz besteht nämlich gem. § 9 Abs.2 VerkProspG ein Wahlrecht, ob eine der Verkaufsprospekt in den Börsenpflichtblättern, in denen der Zulassungsantrag veröffentlicht wurde, abgedruckt wird, oder ob er lediglich zur kostenlose Ausgabe bei den im Verkaufsprospekt genannten Zahlstellen und bei den Zulassungsstellen oder Zulassungsausschüssen der Börsen, bei denen die Zulassung beantragt ist, zur Abholung bereitgehalten wird. In diesem Falle ist dann lediglich in den Börsenpflichtblättern bekanntzumachen, wo der Prospekt zur Abholung be-

---

[658] BGBl. 1996 I, S. 1047, zuletzt geändert durch Gesetz v. 24.3.1998, BGBl. I, S. 529.

reitgehalten wird. Wäre der Prospekt zu einem Register einzureichen (beispielsweise zum Handelsregister am Sitz des Emittenten) und erfolgte eine entsprechende Bekanntmachung im Bundesanzeiger, sei es, daß der Prospekt dort abgedruckt würde, sei es, daß nur eine Hinweisbekanntmachung im Bundesanzeiger erfolgte, zu welchem Handelsregister der Prospekt eingereicht wurde, könnte von einer Offenlegung und damit Publizitätspflicht im Sinne dieser Arbeit gesprochen werden.

III. Transparenz- und Publizitätspflichten nach der Insolvenzordnung

Fraglich ist, ob sich aus der Insolvenzordnung Transparenz- und Publizitätspflichten im hier verstandenen Sinne ergeben.

Die vorliegende Arbeit versteht unter Transparenz- und Publizitätspflichten von Unternehmen gesetzliche Regelungen, welche die Unternehmen verpflichten, Informationen über das Unternehmensgeschehen für die Öffentlichkeit in verständlicher Weise zugänglich zu machen. Dies erfolgt über öffentliche Register und Bekanntmachungen.[659] Die Insolvenzordnung sieht die öffentliche Bekanntmachung von Vorgängen während eines laufenden Insolvenzverfahrens vor. Bekanntgemacht werden die Anordnung von Verfügungsbeschränkungen (§§ 23, 21 InsO), der Eröffnungsbeschluß (§ 30 InsO), die Einberufung der Gläubigerversammlung (§ 74 Abs.2 S.1 InsO), die Aufhebung oder Einstellung des Insolvenzverfahrens (§§ 200, 258 oder 215 InsO), die Entscheidung über den Insolvenzplan (§ 252), die Überwachung des Insolvenzplans und die Aufhebung der Überwachung (§§ 267, 268 Abs.2 S.1 InsO) sowie die Anordnung der Eigenverwaltung (§ 273 InsO).[660]. Gemäß § 9 InsO erfolgen die öffentlichen Bekanntmachungen nach der InsO durch Veröffentlichungen in dem für amtliche Bekanntmachungen des Insolvenzgerichts bestimmten Blatt. Die jeweiligen Landesjustizverwaltungen legen fest, welches oder welche Publikationsorgan(e) dies ist bzw. sind.[661] Herkömmlicherweise bestimmt das jeweils örtlich zuständige Gericht zu Beginn eines jeden Geschäftsjahres die "Blätter", die in seinen Zuständigkeitsbereich für Veröffentlichungen nach der Insolvenzordnung in Betracht kommen.[662] In der Praxis sind dies zumeist die größeren lokalen Tageszeitungen, in denen

---

[659] Siehe oben Seite 23.
[660] Übersicht nach Kübler/Prütting/*Prütting*, InsO, § 9 Rdnr. 6.
[661] Kübler/Prütting/ *Prütting*, InsO, § 9 Rdnr. 5.
[662] *Kuhn/Uhlenbruck*, KO, § 76 Rdnr.2.

auch die Handelsregisterveröffentlichungen zusätzlich zum Bundesanzeiger erfolgen.[663]

Steht also ein Unternehmen vor oder in einem Insolvenzverfahren, so werden der Öffentlichkeit auf die oben dargestelte Weise entsprechende Informationen über das im Insolvenzverfahren befindliche Unternehmen zugänglich gemacht. Gleichwohl sind die entsprechenden Vorschriften nach der Insolvenzordnung keine Transparenz- und Publizitätspflichten im Sinne dieser Arbeit. Denn Transparenz- und Publizitätsverpflichtungen bedeuten, daß die Unternehmen selbst aufgrund gesetzlicher Bestimmungen verpflichtet sind, Unternehmensdaten offenzulegen. Im Rahmen der Insolvenzordnung ist dies jedoch anders. Die Insolvenzordnung verpflichtet nicht die Unternehmen bzw. deren Organe, das Insolvenzverfahren betreffende Unternehmensdaten etwa zu einem Register anzumelden oder einreichen zu müssen. Vielmehr ist das Insolvenzgericht verpflichtet, für eine entsprechende Information der Öffentlichkeit zu sorgen. Die Veröffentlichungen erfolgen von Amts wegen[664]. Adressat der gesetzlichen Veröffentlichungsverpflichtungen nach der Insolvenzordnung ist also das Insolvenzgericht und nicht das vor oder im Insolvenzverfahren befindliche Unternehmen. Demnach ergeben sich aus der Insolvenzordnung für deutsche Unternehmen keine Transparenz- und Publizitätspflichten im hier verstandenen Sinne.

IV. Sonstige Transparenz- und Publizitätspflichten

Es wird untersucht, ob andere Transparenz- und Publizitätpflichten im Sinne dieser Arbeit bestehen. Etwaige Verpflichtungen könnten sich insbesondere aus dem Umweltinformationsgesetz oder dem brandenburgische Akteneinsichts- und Informationsgesetz ergeben sowie im Rahmen zivilprozessualer Erkenntnisverfahren.

---

663 GK-HGB/*Nickel* § 12 Rdnr.6.

664 Siehe § 30 Abs.1 S.1 InsO: "Die Geschäftsstelle des Insolvenzgerichts hat den Eröffnungsbeschluß sofort öffentlich bekanntzumachen."

1. Umweltinformationsgesetz

Gemäß § 4 Abs.1 des Umweltinformationsgesetzes (UIG) [665] hat jede natürliche und juristische Person des Privatrechts[666] Anspruch auf freien Zugang zu Informationen, die bei einer Behörde (§ 2 Nr.1 UIG) oder bei natürlichen oder juristischen Personen des privaten Rechts vorhanden sind, die öffentlich-rechtliche Aufgaben im Bereich des Umweltschutzes wahrnehmen und die der Aufsicht von Behörden unterstellt sind (§ 2 Nr.2 UIG).[667] Dieser Informationsanspruch erfordert lediglich einen hinreichend bestimmten Antrag gem. § 5 UIG. Ein berechtigtes Interesse oder ein konkretes Verwaltungsverfahren müssen nicht vorliegen.[668] Da die Zielsetzung des Antragstellers keine Rolle spielt, kann sich auch ein Unternehmen auf das Informationsrecht berufen, das Daten über seine Konkurrenten beschaffen möchte.[669] Begrenzt wird dieser generelle Informationsanspruch durch § 8 Abs.1 S.2 UIG. Dort ist ausdrücklich vorgesehen, daß Betriebs- und Geschäftsgeheimnisse nicht unbefugt zugänglich gemacht werden dürfen. Im Wege einer teleologischen Reduktion von § 8 Abs.1 S.2 UIG soll die Behörde, gegen die sich der Informationsanspruch richtet, zur Offenbarung von Betriebs- und Geschäftsgeheimnissen an einen Antragsteller befugt sein, wenn eine Interessenabwägung ergibt, daß die Offenbarung zur materiellen Verbesserung des Umweltschutzes geeignet, erforderlich und verhältnismäßig im engeren Sinne ist.[670]

Durch den dargestellten Informationsanspruch nach dem Umweltinformationsgesetz soll im Verhältnis zwischen Bürger und Behörden zur Verbesserung des Umweltschutzes mehr Transparenz geschaffen werden.[671] Richtig ist, daß dadurch - wenn auch nur mittelbar - Informationen an eine breitere Öffentlichkeit gelangen können. Denn wenn umweltrelevante Informationen über ein Unternehmen im Wege eines Verwaltungsverfahrens zu einer Behörde gelangen - man

---

[665] Eine obligatorische Umweltschutz-Publizität (dazu *Daldrup*, WpG 1999, S. 734-748) im Lagebericht oder Jahresabschluß ist Teil der Rechnungslegungspublizität.

[666] Das UIG spricht von "jeder". Es handelt sich dabei grundsätzlich um Privatrechtssubjekte, während für die Verwaltung die Grundsätze der Amtshilfe zur Verfügung standen. Nur in Ausnahmefällen sollen auch Behörden einen auf § 4 Abs.1 UIG gestützten Informationsanspruch haben, näher *Berg*, GewArchiv 1996, S.177, 180.

[667] *Fluck/Theuer*, GewArch 1995, S. 96.

[668] Dies ist ein Novum im Verwaltungsverfahrensrecht, das ein Akteneinsichtsrecht für nicht am konkreten Verwaltungsverfahren Beteiligte nicht kennt.

[669] *Berg*, GewArchiv 1996, S.177, 181 m.w.N., dort Fn 38; 60% aller Anfragen sollen nach Auslandserfahrungen kommerzieller Natur sein.

[670] *Berg*, GewArchiv 1996, S.177, 183.

[671] *Berg*, GewArchiv 1996, S.177, 180, 183.

denke nur an die zahlreichen Genehmigungsverfahren nach dem Bundesimmissionsschutzgesetz - hat durch das Umweltinformationsgesetz jedermann im Prinzip das Recht, diese Informationen bei der Behörde abzurufen.[672] Mittelbar kann dies zu einer Offenlegung von Unternehmensdaten führen. Zu Recht wird deshalb davon gesprochen, daß durch das Umweltinformationsgesetz Private mit Publizitätspflichten belastet werden.[673] In der Regel handelt es sich dabei jedoch um eine mittelbare Publizität. Denn ein unmittelbarer Informationsanspruch ergibt sich nach dem Umweltinformationsgesetz nur gegen solche Unternehmen, die in Rechtsform einer natürlichen oder juristischen Person des privaten Rechts öffentlich-rechtliche Aufgaben im Bereich des Umweltschutzes wahrnehmen und der Aufsicht von Behörden unterstellt sind, § 2 Nr.2 UIG). In Betracht kommen insoweit in privater Rechtsform betriebene und staatlich kontrollierte Kanal-, Flughafen- oder Forstverwaltungen sowie Energieversorungs- und Abfallentsorgungsunternehmen, Betriebsbeauftragte und die Duale System Deutschland GmbH.[674] Selbst bei diesen Sonderformen stellt sich die Frage, ob eine unmittelbare Offenlegungsverpflichtung für diese Unternehmen besteht. Denn der Auskunftsanspruch soll nicht unmittelbar bei den genannten Unternehmen, sondern bei der zuständigen Aufsichtsbehörde geltend gemacht werden.[675] Für alle übrigen Unternehmen jedenfalls enthält das Umweltinformationsgesetz keine unmittelbare Verpflichtung, umweltbezogene Daten allgemein zugänglich offenzulegen - etwa zu einem für jedermann einsehbaren "Umweltregister". Es besteht durch das Umweltinformationsgesetz keine direkte Offenlegungsverpflichtung für Unternehmen gegenüber der Allgemeinheit. Sie sind im Rahmen von umweltbezogenen Genehmigungsverfahren unmittelbar nur gegenüber der Behörde verpflichtet, Unternehmensdaten mit Umweltbezug offenzulegen. Durch das Umweltinformationsgesetz besteht zwar für die interessierte Öffentlichkeit die Möglichkeit, umweltbezogene Unternehmensdaten durch den Anspruch gem. § 4 Abs.1 UIG aus dem Verwaltungsverfahren zu erhalten. Dieser Anspruch richtet sich jedoch gegen die Behörde, nicht aber gegen das Unternehmen selbst. Transparenz- und

---

[672] Zu den damit verbundenen verfassungsrechtlichen Fragestellungen *Berg*, GewArchiv 1996, S.177, 178f., der das Recht auf informationelle Selbstbestimmung, die Forschungsfreiheit und die Berufsfreiheit sowie die Eigentumsgarantie anspricht.
[673] *Siekmann*, in: FS Friauf, S. 647, 653.
[674] *Turiaux*, NJW 1994, S. 2319, 2322; *Fluck/Theuer*, GewArch 1995, S. 96. Es ist umstritten, welche privatrechtlich betriebenen Umweltunternehmen vom Auskunftsanspruch gem. § 4 Abs.1 UIG erfaßt werden. Nach *Fluck/Theuer*, GewArch 1995, S. 96, 102 sollen nur Informationen, die bei Beliehenen vorhanden sind, dem Informationsanspruchs unterfallen, nicht aber solche bei sonstigen Privaten, insbesondere nicht bei sogenannten Verwaltungshelfern.
[675] *Fluck/Theuer*, GewArch 1995, S.96, 102.

Publizitätspflichten im Sinne dieser Arbeit - also unmittelbare gesetzliche Verpflichtungen, Unternehmensdaten allgemein zugänglich offenzulegen - bestehen deshalb nach dem Umweltinformationsgesetz[676] nicht.

2. Das brandenburgische Akteneinsichts- und Informationsgesetz (AIG)

Dassselbe gilt für das brandenburgische Akteneinsichts- und Informationsgesetz von 1998.[677] Das Gesetz ist bundesweit bislang einzigartig.[678] Sieht man vom Umweltinformationsgesetz[679] ab, existiert über das Akteneinsichtsrecht für Beteiligte gem. § 29 VwVfG hinaus kein bundesweites allgemeines Akteneinsichtsrecht.[680] Wie beim Umweltinformationsgesetz auch, sind die Verpflichteten des brandenburgischen Akteneinsichts- und Informationsgesetzes Behörden, vgl. § 2 BbgAIG. Durch das Brandenburgische Akteneinsichts- und Informationsgesetz wird also wie beim Umweltinformationsgesetz auch nur eine mittelbare Publizität für Unternehmen begründet. Durch den gegenüber der Behörde bestehenden Informationsanspruch können bei der Behörde vorliegende Informationen mittelbar an die Öffentlichkeit gelangen, so daß man wie beim Umweltinformationsgesetz davon sprechen könnte, daß Unternehmen durch das brandenburgische Akteneinsichts- und Informationsgesetz - wenn auch mittelbar - mit "Publizitätspflichten belastet"[681] werden können. Transparenz- und Publizitätspflichten im Sinne dieser Arbeit werden jedoch mangels einer unmittelbaren Verpflichtung von Unternehmen durch das brandenburgische Akteneinsichts- und Informationsgesetz nicht begründet.

3. Gerichtsverfahren

Wenn ein Unternehmen an einem gerichtlichen Verfahren beteiligt ist, unterliegt es zwar dem Öffentlichkeitsgrundsatze des § 169 GVG mit allen Konsequenzen:

---

676 Zur Vereinbarkeit des deutschen Umweltinformationsgesetzes mit den europarechtlichen Vorgaben: *Becker*, NVwZ 1999, S. 1187-1190; EuGH, Urt. v. 9.9.1999 - Rs C- 217/97 (Kommission/Deutschland), NVwZ 1999, S. 1209-1214.
677 GVBl. I, S. 46ff.
678 "Vorbild für die Rechtsentwicklung in Deutschland", *Breidenbach/Palenda*, NJW 1999, S. 1307.
679 *Partsch*, NJW 1998, S. 2349, 2350.
680 *Partsch*, NJW 1998, S. 2349, 2349.
681 *Siekmann*, FS Friauf, 1996, S. 647, 653.

Jeder Interessierte kann sich rechtzeitig über Ort und Zeit anstehender Gerichtsverhandlungen informieren und diesen zuhören und zusehen.[682] Akteneinsicht wird allerdings Dritten gem. § 299 Abs.2 ZPO nur bei glaubhaft gemachtem rechtlichem Interesse gewährt; Urteilsabschriften werden in der Praxis regelmäßig nur mit geschwärzten Parteinamen übersandt. Die Weitergabe von bekannten Parteinamen oder ihre Verwendung zur Kennzeichnung eines Falles, wie es früher in verfassungsrechtlichen Entscheidungen ("Lüth")[683] und Strafurteilen ("Rose-Rosahl")[684] und derzeit noch beim EuGH ("Daihatsu")[685] der Fall ist, steht mehr und mehr in der Kritik.[686]

Der auf diese Weise bereits eingeschränkte Öffentlichkeitsgrundsatz gerichtlicher Verfahren führt nicht zu Transparenz- und Publizitätspflichten von am Verfahren beteiligten Unternehmen. Im Zuge zivilprozessualer Erkenntnisverfahren sind die Parteien nicht verpflichtet, Unterlagen zu Registern oder ähnlichen Stellen einzureichen. Abgesehen von den genannten Sonderfällen ("Anfechtungs- und Nichtigkeitsklagenpublizität")[687] sind Unternehmen, die an einem Zivilprozeß beteiligt sind, auch grundsätzlich nicht verpflichtet, Informationen über diesen Zivilprozeß zum Handelsregister weiterzuleiten. Es kommt auch nicht zu einer Informationspflicht gegenüber dem Gericht. Denn nach der Dispositionsmaxime bzw. dem Beibringungsgrundsatz ist es Sache der Parteien, neue Tatsachen in den Prozeß einzuführen oder davon abzusehen.[688] Die gegebenenfalls faktische Notwendigkeit, dem Gericht und damit der Öffentlichkeit Tatsachen über die Unternehmensverhältnisse mitteilen zu müssen, um dadurch u.U. erst den Prozeß gewinnen zu können, ist nicht mit einer gesetzlichen Verpflichtung gleichzusetzen, im Zuge zivilprozessualer Verfahren Unternehmensdaten offenlegen zu müssen. Eine solche gesetzliche Verpflichtung würde an bestimmte, gesetzlich festgelegte Tatbestandsmerkmale anknüpfen, was aber im Zuge eines Gerichtsverfahrens nicht der Fall ist. Im Rahmen zivilprozessualer Verfahren bestehen somit keine Transparenz- und Publizitätspflichten im Sinne dieser Arbeit.

---

[682] *Kissel*, GVG, § 169 Rdnr. 47, 52.
[683] BVerfGE 7,198.
[684] Preuß. Obertribunal GA 7, 1859, 322 ff.
[685] EuGH Urt. v. 4.12.1997 - Rs. C-97 - EuGH Slg. 1997, I 6843, weitere Nachweise Seite 12 dieser Arbeit, Fn. 70.
[686] *Siekmann*, FS Friauf, S. 647, 654f.
[687] Siehe oben S. 63, 81.
[688] *Hartmann* in: Baumbach/Lauterbach/Albers/Hartmann, ZPO, 53. Aufl., Grundz § 128 Rdnr. 22.

4. Sonstige Bekanntmachungen

Neben den dargestellten Fällen gibt es weitere gesetzliche Bestimmungen, die im Zuge behördlicher oder gerichtlicher Verfahren öffentliche Bekanntmachungen vorsehen. Zwar wurden diese im Falle der Entmündigung und des Schuldnerverzeichnisses im Hinblick auf die Informationsmöglichkeiten für jedermann erheblich eingeschränkt.[689] Gleichwohl sind sie, ebenso wie öffentliche Ladungen und Zustellungen[690] geeignet, der Öffentlichkeit Informationen über Unternehmen zu verschaffen, wenn die Unternehmen an den Verfahren beteiligt sind. Eine derartige "Publizität" im weiteren Sinne ist jedoch nur Konsequenz laufender Verfahren. Es werden auf diese Weise jedoch keine Transparenz- und Publizitätspflichten im Sinne dieser Arbeit für deutsche Unternehmen begründet. Denn im Rahmen der Verfahren, in denen öffentliche Bekanntmachungen, Ladungen oder Zustellungen erfolgen, bestehen keine unmittelbaren gesetzlichen Verpflichtungen für die Verfahrensbeteiligten, also ein am Verfahren beteiligtes Unternehmen, unternehmensbezogene Informationen offenzulegen.

E. Ergebnis des ersten Teils

Transparenz- und Publizitätspflichten deutscher Unternehmen im Sinne dieser Arbeit sind gesetzliche Regelungen, die sich unmittelbar an die Unternehmen richten und diese verpflichten, ihre Unternehmensverhältnisse durchschaubar zu machen und offenzulegen. Dies geschieht, indem die Unternehmen bei Vorliegen gesetzlicher Tatbestandsmerkmale verpflichtet sind, unternehmensbezogene Informationen zu öffentlichen Registern anzumelden oder einzureichen was mit einer entsprechenden Bekanntmachung verbunden ist. Auf diese Weise werden die unternehmensbezogenen Informationen für jedermann zugänglich. Nur die Offenlegung durch das Anmelden oder Einreichen von Unterlagen zu öffentlichen Registern mit einer Bekanntmachung im Bundesanzeiger wird als Offenlegung im Sinne dieser Arbeit verstanden. Publizitätspflichten im Sinne dieser Arbeit sind nur solche, die eine Offenlegung im genannten Sinne vorsehen.

Am wichtigsten und zahlreichsten sind dabei die Transparenz- und Publizitätspflichten des Handels- und Gesellschaftsrechts, also namentlich diejenigen nach

---

[689] *Siekmann*, FS Friauf, S. 647, 654f.
[690] *Siekmann*, FS Friauf, S. 647, 654f.

HGB, GmbHG, AktG, GenG und UmwG. Hierbei kann man unterscheiden zwischen einerseits Anmeldepflichten, die von der Gründung bis zur Beendigung des Unternehmens den Status des Unternehmens und seiner Organe, mithin die Unternehmensstruktur betreffen. Diese Verpflichtungen könnte man auch als "allgemeine Anmeldepflichten" bezeichnen. Andererseits gibt es Transparenz- und Publizitätspflichten, die sich auf die Offenlegung der Geschäftsentwicklung des Unternehmens beziehen.

Anmelde- und Offenlegungsverpflichtungen, die die Statusdaten des Unternehmens betreffen, können konstitutiv oder deklaratorisch für die Wirksamkeit der jeweiligen Veränderung des Unternehmensstatus sein. Besondere Bedeutung haben diese Verpflichtungen bei haftungsbeschränkten juristischen Personen als Unternehmensträger, weil hier die Einhaltung der Anmelde- und Offenlegungsverpflichtung Voraussetzung für die Wirksamkeit der jeweiligen Statusänderung ist.

Transparenz- und Publizitätspflichten nach Handels- und Gesellschaftsrecht, die die Geschäftsentwicklung des Unternehmens betreffen, bestehen nach HGB sowie nach PublG, indem haftungsbeschränkte sowie sehr große Unternehmen verpflichtet sind, ihre Jahresabschlüsse nebst weiteren Unterlagen zu öffentlichen Registern einzureichen.

Den Transparenz- und Publizitätspflichten im Sinne dieser Arbeit ähnliche Verpflichtungen bestehen in Form der Ad-hoc-Publizität und der Beteiligungstransparenz nach dem Wertpapierhandelsgesetz. Faktisch erfolgt dabei nur die Information eines Fachpublikums. Da es weder zu einer Register-, noch zu einer Bundesanzeigerpublizität kommt, fallen die Verpflichtungen nach WpHG streng genommen nicht unter Transparenz- und Publizitätspflichten im Sinne dieser Arbeit.

Über die genannten Transparenz- und Publizitätspflichten nach Handels- und Gesellschaftsrecht sowie dem Publiziätätsgesetz hinaus bestehen für deutsche Unternehmen keine Transparenz- und Publizitätspflichten im Sinne dieser Arbeit. Zwar gibt es weitere gesetzliche Vorschriften, die öffentliche Bekanntmachungen vorsehen, etwa die Insolvenzordnung oder Bestimmungen im Zuge anderer behördlicher oder gerichtlicher Verfahren. Auch kann es durch öffentliche Zustellungen und Ladungen, im Rahmen von Gerichtsverfahren oder durch die Informationsansprüche des Umweltinformationsgesetzes und des brandenburgischen Akteneinsichts- und Informationsgesetzes zu einer mittelbaren Publizitätsbelastung von Unternehmen kommen. Es bestehen jedoch insoweit ebensowenig wie gegenüber den Medien keine gesetzlichen Verpflichtungen, die die Unternehmen unmittelbar selbst zur Herausgabe von unternehmensbezogenen Informationen verpflichten. Erst recht kommt es nicht zu einer Anmeldung oder Einreichung zu Registern mit einer anschließenden Bekanntmachung.

Unter den bestehenden Tranparenz- und Publizitätspflichten deutscher Unternehmen hat die Verpflichtung zur Offenlegung des Jahresabschlusses eine erhöhte wirtschaftliche Relevanz, nicht zuletzt auch hinsichtlich der Stellung des Unternehmens am Markt. Sie ist deshalb von besonderer Bedeutung und nimmt unter den bestehenden Transparenz- und Publizitätspflichten deutscher Unternehmen einen besonderen Stellenwert ein.

2. Teil: Verfassungs- und europarechtliche Fragen im Zusammenhang mit Transparenz- und Publizitätspflichten deutscher Unternehmen

Im zweiten Teil der Arbeit wird untersucht, welche Schlußfolgerungen sich für die im ersten Teil begrifflich erfaßten und dargestellten Transparenz- und Publizitätspflichten deutscher Unternehmen aus den Vorgaben des Europa- und Verfassungsrechts ergeben. Dabei wird in Abschnitt A. zunächst auf die Verfassungsmäßigkeit der Transparenz- und Publizitätspflichten eingegangen, die sich auf die Unternehmensstruktur beziehen. Unter B. wird sodann die Verfassungsmäßigkeit der Rechnungslegungspublizität nach HGB untersucht. In Abschnitt C. schließt sich eine Prüfung der Verfassungsmäßigkeit der nach PublG bestehen Offenlegungspflichten an. Weitere verfassungsrechtliche Fragen im Zusammenhang mit Transparenz- und Publiziätspflichten deutscher Unternehmen werden unter D. kurz angesprochen. Teil E. behandelt europarechtliche Aspekte bestehender Transparenz- und Publiziätspflichten. In Abschnitt F. wird untersucht, ob nach den Vorgaben des Europa- und Verfassungsrechts in Deutschland ein haftungsbeschränktes Unternehmen geführt werden kann, das trotz der Haftungsbeschränkung nicht zur Rechnungslegungspublizität verpflichtet ist.

A. Die Verfassungsmäßigkeit von Transparenz- und Publizitätspflichten hinsichtlich der Unternehmensstruktur

Transparenz- und Publizitätspflichten, die sich auf die Unternehmensstruktur beziehen - mithin die im ersten Teil der Arbeit unter B. dargestellten Verpflichtungen nach HGB, GmbHG, AktG, GenG und UmwG, die Rahmenbedingungen der Unternehmenstätigkeit (Sitz, Kapitalausstattung, Geschäftsführung, Vertretung etc.) zur Eintragung in öffentliche Register anzumelden - , waren bislang im Gegensatz zu anderen Transparenz- und Publizitätspflichten[691] nicht Gegenstand verfassungsrechtlicher Überlegungen.[692] Dies dürfte damit zusammenhängen, daß diese Verpflichtungen auf Daten abzielen, die keine weitreichenden Einblicke in

[691] Zweifel an der Verfassungsmäßigkeit der Rechnungslegungspublizität nach BiRiLiG wurden erhoben durch *Friauf*, GmbHR 1985, S. 245ff; *ders.*, GmbHR 1991, S. 397ff.

[692] Auch die Kritiker der Rechnungslegungspublizität, wie *Friauf*, GmbHR 1985, S. 245ff; GmbHR 1991, S. 397ff. und *Weilbach*, WPK-Mitt. 1992, S. 63ff.; *ders.*, BB 1998, S. 210; *ders.*, BB 1995, S 451ff.; *ders.*, DB 1992, S. 1597ff. haben diese Frage bislang weder angesprochen, geschweige denn problematisiert.

das tatsächliche Unternehmensgeschehen und die Geschäftsentwicklung des Unternehmens zulassen.

Wie der erste Teil dieser Arbeit zeigt, bestehen zahlreiche Verpflichtungen dieser Art. Zwar beziehen sich die auf die Unternehmensstruktur gerichteten Transparenz- und Publizitätspflichten nicht auf hochsensible Daten, weil keine Informationen über die Vermögens- und Ertragslage Gegenstand dieser Verpflichtungen sind. Gleichwohl können das Unternehmen und die hinter ihm stehenden Menschen es als Eingriff in ihre Rechte auffassen, wenn sie verpflichtet sind, die "Statusdaten" des Unternehmens sowie persönliche Daten von Gesellschaftern, Geschäftsführern und Prokuristen durch Registeranmeldungen bekanntzumachen. Hinzu kommt, daß durch die erhebliche Breite dieser Verpflichtungen immer wieder entsprechender Aufwand für die Befolgung der jeweiligen Anmeldeverpflichtung im täglichen Unternehmensgeschehen anfällt.

Aufgrund dieser Beeinträchtigungen soll geprüft werden, ob die im ersten Teil dieser Arbeit unter B. dargestellten Transparenz- und Publizitätspflichten, die sich auf die Unternehmensstruktur beziehen, mit den Anforderungen des Grundgesetzes in Einklang stehen. Zu untersuchen ist dabei, inwieweit diese Verpflichtungen Eingriffe in Grundrechte darstellen und ob diese verfassungsrechtlich gerechtfertigt sind.

In Betracht kommen Beeinträchtigungen der Berufsfreiheit (Art. 12 GG), des Eigentumsschutzes (Art. 14 GG), der negativen Meinungsfreiheit (Art. 5 GG) sowie des Rechts auf informationelle Selbstbestimmung (Art. 2 Abs. 1 i.V.m. Art. 1 Abs.1 S.1 GG).

I. Art. 12 GG

Die genannten Verpflichtungen nach HGB, GmbHG, AktG, GenG und UmwG, die Rahmenbedingungen der Unternehmenstätigkeit (Sitz, Kapitalausstattung, Geschäftsführung, Vertretung etc.) zur Eintragung in öffentliche Register anzumelden, könnten eine Verletzung der durch Art. 12 Abs.1 GG geschützten Berufsfreiheit darstellen.

1. Schutzbereich

Zu prüfen ist dafür, inwieweit der Schutzbereich der Berufsfreiheit durch die genannten Verpflichtungen in sachlicher und personaler Hinsicht betroffen ist.

a) sachlicher Schutzbereich

Seit dem grundlegenden „Apothekenurteil" des Bundesverfassungsgerichts[693] ist Art. 12 Abs.1 GG in ständiger verfassungsgerichtlicher Rechtsprechung[694] und nach überwiegender Ansicht in der Literatur[695] als einheitliches Grundrecht anzusehen. Geschützt wird die Freiheit der Wahl und der Ausübung des Berufes,[696] somit die Freiheit des Einzelnen, seine berufliche Tätigkeit frei von staatlicher Reglementierung durchzuführen.

Unter Beruf ist dabei eine auf Dauer angelegte Tätigkeit zu verstehen, die der Schaffung oder dem Erhalt der Lebensgrundlage zu dienen bestimmt ist.[697]

Transparenz- und Publizitätspflichten, die sich auf die Unternehmensstruktur beziehen, beginnen mit der Aufnahme der Unternehmenstätigkeit[698] und sind fortan bei dessen Führung zu beachten. Gewerbe ist jede selbständige, außengerichtete Tätigkeit in Gewinnerzielungsabsicht.[699] Es handelt sich also um eine auf Dauer angelegte Tätigkeit, die der Schaffung oder dem Erhalt der Lebensgrundlage zu dienen bestimmt ist. Folglich wird der sachliche Schutzbereich der Berufsfreiheit von Transparenz- und Publizitätspflichten, die sich auf die Unternehmensstruktur beziehen, berührt.

---

693 BVerfGE 7, 377ff.
694 BVerfGE 92, 140, 151; 87, 287, 317; 54, 224, 234; 54, 237, 246; 33, 303, 336.
695 Pieroth/Schlink, Grundrechte, Staatsrecht II, 15. Aufl., Rdnr. 874; *Scholz*, in: Maunz/Dürig, Art. 12 Rdnr. 14; *Siekmann/Duttge*, Rdnr. 570; *Jarass*, in: Jarass/Pieroth, Art. 12, Rdnr. 2; a.A.: *Rittstieg*, in: GG-AK, Art.12, Rdnr. 59.
696 BVerfGE 92, 140, 151; 7, 377ff.
697 BVerfGE 7, 377,397; 54, 301.
698 Siehe oben erster Teil, B. II. 1.
699 *Roth*, in: Koller/Roth/Morck, HGB, 2. Aufl., 1999, § 1 Rdnr. 4.

b) personaler Schutzbereich

Deutsche, die ein Unternehmen betreiben und dabei Registeranmeldungen vornehmen müssen, werden vom personalen Schutzbereich des Art.12 Abs.1 GG erfaßt.

Darüber hinaus kommt dies auch für angestellte Geschäftsführer[700] und Vorstandsmitglieder[701] in Betracht, die im Rahmen ihrer Tätigkeit Registeranmeldepflichten unterliegen. Ihre Tätigkeit ist regelmäßig auf eine gewisse Dauer angelegt und wird zumindest auch der Schaffung oder dem Erhalt ihrer Lebensgrundlage dienen. Sieht man also vom eher hypothetischen Fall des „Hobby-Geschäftsführers bzw. -Vorstandsmitglieds"[702] ab, werden auch registeranmeldeverpflichtete Geschäftsführer und Vorstandsmitglieder vom Schutzbereich des Art. 12 Abs.1 GG erfaßt.

Für Prokuristen gilt, daß diese zwar selbst nicht verpflichtet sind, Registeranmeldungen vorzunehmen. Ihre Daten sind aber Gegenstand von Registeranmeldungen.[703] Da die Prokuristenstellung regelmäßig mit der laufendenn Berufstätigkeit einhergeht, unterliegen auch von Registeranmeldungen betroffene Prokuristen dem Schutzbereich des Art.12 Abs.1 GG.

Bei Aufsichtsratsmitgliedern[704] wird in der Regel zumindest von einer Nebentätigkeit auszugehen sein. Auch Nebentätigkeiten dienen der Schaffung oder dem Erhalt der Lebensgrundlage und sind vom Schutzbereich des Art. 12 Abs.1 GG erfaßt.[705] Aufsichtsräte fallen hinsichtlich ihrer Registerverpflichtungen und -erfassung folglich auch in den Schutzbereich von Art.12 Abs.1 GG.

Fraglich ist, ob auch zur Registeranmeldung verpflichtete juristische Personen und Personenhandelsgesellschaften in den Schutzbereich des Art. 12 Abs.1 GG fallen.

---

[700] § 78 GmbHG, siehe oben erster Teil, B. VI. 1. c.

[701] § 36 AktG, siehe oben erster Teil, B. VIII, 1. a.

[702] Nach Rundfunkberichten soll es Fälle geben, in denen Personen, weil sie spaßeshalber eine eigene AG haben wollen, eine Einmann-AG gründen und sich selbst zum Vorstandsvorsitzenden bestellen. Ein solcher Vorstand dürfte vom Schutzbereich des Art. 12 Abs.1 GG nicht erfaßt sein.

[703] § 53 HGB, siehe oben erster Teil B., II . 5.

[704] §§ 36, 106 AktG, siehe oben erster Teil B., VIII., 1., a aa, d cc.

[705] *Siekmann/Duttge*, Rdnr. 578.

Gemäß Art. 19 Abs. 3 GG gelten die Grundrechte auch für inländische juristische Personen, soweit sie ihrem Wesen nach auf diese anwendbar sind.

Nach ständiger Rechtsprechung des Bundesverfassungsgerichts sind die Grundrechte ihrem Wesen nach nicht auf juristische Personen des öffentlichen Rechts anwendbar.[706] Ausnahmen bilden lediglich Universitäten und Fakultäten hinsichtlich der Wissenschaftsfreiheit gem. Art.5 Abs.3 GG[707], Rundfunkanstalten für die Rundfunkfreiheit (Art. 5 Abs.1 S.2 GG)[708] und Religionsgesellschaften und Kirchen für die kollektive Religionsfreiheit (Art. 4 Abs.1, 2, Art. 140 GG)[709]. Ferner stehen auch nach Rechtsprechung des Bundesverfassungsgerichts die justiziellen Grundrechte der Art. 101 Abs.1 und 103 Abs.1 auch juristischen Personen des öffentlichen Rechts ausnahmslos zu.[710]

Das Bundesverfassungsgericht begründet die grundsätzlich mangelnde Grundrechtsfähigkeit juristischer Personen des öffentlichen Rechts im Prinzip damit, daß hinter juristischen Personen des öffentlichen Rechts der Staat selbst stehe. Grundrechte könnten aber nur gegenüber dem Staat und nicht vom Staat gegenüber sich selbst geltend gemacht werden.[711]

Mit dieser Argumentation läßt sich darüber hinaus auch die Grundrechtsfähigkeit von privatrechtlichen juristischen Personen verneinen, wenn deren Anteile vollständig von juristischen Personen des öffentlichen Rechts gehalten werden.[712]

Von Teilen des Schrifttums wird demgegenüber die Grundrechtsfähigkeit von juristischen Personen des öffentlichen Rechts für möglich gehalten.[713] Schon der Wortlaut von Art. 19 Abs.3 GG differenziere nicht zwischen juristischer Person

---

[706] BVerfGE 21, 362, 369ff.; 39, 302, 314fff.; 75, 192, 197ff.; 61, 82ff., 68, 193, 205ff..
[707] BVerfGE 15, 256, 261f.; 31, 314, 322; 61, 82, 101f.; 85, 360, 370;93, 85, 93.
[708] BVerfGE 31, 314, 322; 59, 231, 254; 74, 297, 317f.
[709] BVerfGE 21, 362, 374; 30, 112, 120.
[710] BVerfGE 18, 441, 447; 61, 82, 104f.
[711] BVerfGE 21, 362, 368ff., 61, 82ff.; dies wird auch als das sog. „Konfusionsargument" bezeichnet, *Siekmann/Duttge*, Rdnr. 1012; *Pieroth/Schlink*, Rdnr. 154.
[712] BVerfGE 68, 193, 213.
[713] *Pieroth/Schlink*, Rdnr. 150-163.; AK-*Ladeur*, Art. 19 Rdnr. 60; *v. Mutius*, BK, Art.19 Rdnr. 87; *Dürig*, in: Maunz/Dürig, Art. 19 Abs. 3 Rdnr. 1, 36ff; *Stern*, Staatsrecht III/1, § 71 VII hält die Grundrechtsberechtigung juristischer Personen des öffentlichen Rechts für „über die klassische Ausnahmetrias von Kirchen, Universitäten und Rundfunkanstalten in begrenztem Maße ausdehnungsfähig".

des Privatrechts und des öffentlichen Rechts.[714] Dabei wird die Frage, ob Grundrechte ihrem Wesen nach auf juristische Personen anwendbar sind, anders als durch das Bundesverfassungsgericht angegangen. Nach dem vom Bundesverfassungsgericht entwickelten Ansatz des „personalen Substrats“ soll eine Einbeziehung juristischer Personen in den Schutzbereich eines Grundrechts nur dann gerechtfertigt sein, „wenn ihre Bildung und Betätigung Ausdruck der freien Entfaltung der natürlichen Personen“ sind, die hinter den juristischen Personen stehen.[715] Dabei sei die Einbeziehung juristischer Personen in den Schutzbereich von Grundrechten insbesondere dann gerechtfertigt, wenn der „Durchgriff“ auf die hinter den juristischen Personen stehenden Menschen dies als sinnvoll und erforderlich erscheinen ließe.[716]

Dem steht in der Literatur die "These vom Erfordernis einer grundrechtstypischen Gefährdungslage"[717] gegenüber. Danach komme es darauf an, ob die Lage der juristischen Person der Lage einer natürlichen Person, die gegen den freiheitsgefährdenden Staat den Schutz der Grundrechte genießt, vergleichbar sei.[718]

Die Frage nach der Grundrechtsberechtigung juristischer Personen des öffentlichen Rechts gehört „zu den immer noch nicht voll bewältigten Problemen der Grundrechtsdogmatik.“[719] Einigkeit besteht dahingehend, welche Grundrechte auf juristische Personen generell keine Anwendung finden können.[720] Die im übrigen nicht einheitlich beantwortete Frage nach der Grundrechtsberechtigung juristischer Personen ist zentraler Untersuchungsgegenstand einer Arbeit, die sich ganz dieser Thematik widmet.[721] Eine Stellungnahme ist daher im Rahmen dieser Arbeit nur in gedrängter Form möglich.

---

[714] *Pieroth/Schlink*, Rdnr. 160.

[715] BVerfGE 21, 362, 369.

[716] BVerfGE 21, 362, 369.

[717] *H. Dreier* in: H. Dreier (Hrsg.), GG-Komm., Bd. 1, 1996, Art.19 Rdnr. 21.

[718] *Pieroth/Schlink*, Rdnr. 152; *v. Mutius*, BK, Art. 19 Abs.3 Rdnr. 114.

[719] *Stern*, Staatsrecht III/1, § 71 VII. 1.

[720] Menschenwürde, Art. 1 Abs.1 GG; Recht auf Leben und körperliche Unversehrtheit, Art. 2 Abs. 2 S.1 GG; Freiheit der Person, Art.2 Abs.2 S.2, 104 GG; Gleichberechtigung von Mann und Frau und die weiteren Diskrimierungsverbote, Art.3 Abs.2, 3 GG; Recht auf Kriegsdienstverweigerung, Art. 4 Abs.3 GG; Schutz von Ehe und Familie, Art. 6 GG; elterliche Erziehungsrecht, Art. 7 Abs.2 GG; Verbot der Zwangsarbeit, Art. 12 Abs. 3 GG; Ausbürgerung und Auslieferung, Art.16 GG und Asylrecht, Art. 16a GG, *H. Dreier* in: H. Dreier (Hrsg.), GG-Komm., Bd. 1, 1996, Art.19 Rdnr. 22, 23.

[721] *Bethge*, Die Grundrechtsberechtigung juristischer Personen nach Art. 19 Abs.3 Grundgesetz.

Sowohl gegen die Theorie des „personalen Substrats“, als auch gegenüber der Lehre von der „grundrechtstypischen Gefährdungslage“ lassen sich jedoch Einwände erheben:

Der Ansatz des "personalen Substrats" kann bei Art. 12 Abs.1 GG aufgrund des "personalen Gehalts des Grundrechts"[722] Zweifel aufkommen lassen, ob das Grundrecht auch auf juristische Personen anwendbar ist. Denn für den Grundrechtsschutz könnte man es als ausreichend erachten, daß die hinter der juristischen Person stehenden Menschen ihr Grundrecht aus Art. 12 Abs.1 GG unmittelbar selbst ausüben können; ein darüber hinaus zusätzlich zu gewährender Grundrechtsschutz für die durch diese Menschen gebildeten juristischen Personen wäre nicht unbedingt erforderlich. Das Abstellen auf das Kriterium, ob „ihre Bildung und Betätigung Ausdruck der freien Entfaltung der natürlichen Personen“[723] ist, führt als Abgrenzungskriterium auch nicht treffsicher weiter, weil die Bildung und Betätigung juristischer Personen nach hier vertretener Ansicht regelmäßig Ausdruck der freien Entfaltung natürlicher Personen ist.

Die Lehre von der grundrechtstypischen Gefährdungslage bedeutet nach hier vertretener Ansicht eine Verlagerung und Verengung der Problematik: Die für den Grundrechtsschutz juristischer Personen nach dem Grundgesetz zu beantwortende Frage, ob die Grundrechte „ihrem Wesen nach auf diese anwendbar sind“, wird verengt darauf, ob eine grundrechtstypische Gefährdungslage vorliegt. Im Vordergrund steht nahezu zwangsläufig die Problematik einer Grundrechtsgefährdung. Vernachlässigt wird die Frage nach der Wesensmäßigkeit der Grundrechte, deren Gefährdung zu besorgen ist.

Als Lösungsansatz sollte deshalb die Frage nach der Anwendbarkeit der Grundrechte auf juristische Personen vordringlich am Wortlaut des Art. 19 Abs.3 GG orientiert werden. Danach kommt es auf das Wesen der Grundrechte an. Ein entscheidender Aspekt des Wesens der Grundrechte ist, daß diese Abwehrrechte des Bürgers gegenüber dem Staat sind. Deshalb ist im Ergebnis dem Bundesverfassungsgericht zuzustimmen, daß die Grundrechte - von den genannten Ausnahmen abgesehen - grundsätzlich keine Anwendung auf juristische Personen des öffentlichen Rechts finden können, allerdings ohne Rückgriff auf die Theorie des „personalen Substrates“. Entsprechendes gilt für juristische Personen des Privat-

---

[722] *J. Wieland* in: H. Dreier (Hrsg.), GG-Komm., Bd. 1, 1996, Art.12 Rdnr. 64.
[723] BVerfGE 21, 362, 369.

rechts, deren Anteile vollständig von juristischen Personen des öffentlichen Rechts gehalten werden.

Für juristische Personen des Privatrechts, deren Anteile in privater Hand sind, besteht Einigkeit, daß ihnen der Schutz des Grundrechts der Berufsfreiheit zukommen kann.[724] Dies ist dadurch begründet, daß das Schutzgut des Art.12 Abs.1 GG die Freiheit ist, eine Erwerbszwecken dienende Tätigkeit zu betreiben. Diese kann aber ihrem Wesen und ihrer Art nach in gleicher Weise von einer juristischen wie von einer natürlichen Person ausgeübt werden[725], sofern die juristische Person als Zusammenschluß von Bürgern wie ein Bürger[726] dem Staat gegenübertritt.

Personenhandelsgesellschaften werden nach allgemeiner Ansicht vom Schutzbereich der für den Wirtschaftsverkehr relevanten Grundrechte (Art. 2 Abs.1, 3 Abs.1, 12 Abs.1, 14 Abs.1 GG) ebenfalls erfaßt.[727]

c) Zusammenfassung

Wer als Einzelunternehmer oder Gesellschafter einer Personen- oder Kapitalgesellschaft zur Vornahme von Registeranmeldungen verpflichtet ist, unterliegt dabei dem Schutzbereich der Berufsfreiheit nach Art.12 Abs.1 GG. Dasselbe gilt für anmeldeverpflichtete GmbH-Geschäftsführer, Vorstand und Aufsichtsrat einer AG sowie Prokuristen. Bei Unternehmen in Rechtsform einer Kommanditgesellschaft, Offenen Handelsgesellschaft, Stiftung bürgerlichen Rechts, GmbH, AG, KG a.A., eines eingetragenen Vereins, einer eingetragenen Genossenschaft und eines Versicherungsvereins auf Gegenseitigkeit fallen auch diese Organisationsfomren des Privatrechts selbst in den Schutzbereich des Art.12 Abs.1 GG. Juristischen Personen des öffentlichen Rechts hingegen - etwa kommunale Sparkassen - werden im Hinblick auf ihre Registeranmeldeverpflichtungen nach § 33 HGB

---

[724] BVerfG, Urt. v. 1.3.1979 - 1 BvR 532, 533/77, 419/78 und 1 BvL 21/78, BVerfGE 50, 290, 363.

[726] BVerfGE 21, 362, 368f.; 68, 193, 212ff.; *H. Dreier* in: H. Dreier (Hrsg.), GG-Komm., Bd. 1, 1996, Art.19 Rdnr. 30;: *Jarass,* in: Jarass/Pieroth, GG, Art. 19 Rdnr. 9.

[726] Etwas anderes gilt nur dann, wenn eine echte Beleihung mit Hoheitsbefugnissen vorliegt, BVerfG, Beschl. v. 10.3.1988 - 1 BvR 495/87 - NJW 1987, 2501; *Jarass,* in: Jarass/Pieroth, GG, 5. Aufl., 2000, Art. 19, Rdnr. 16.

[727] *H. Dreier* in: H. Dreier (Hrsg.), GG-Komm., Bd. 1, 1996, Art.19 Rdnr. 30 m.w.N.; für Art.12: *Jarass,* in: Jarass/Pieroth, GG, Rdnr. 9.; *Tettinger*, AöR 108 (1981), S. 92, 105.

nicht vom Schutzbereich des Art. 12 Abs.1 GG erfaßt. Dasselbe gilt für die Anmeldeverpflichtungen von juristische Personen des Privatrechts, deren Anteile ausschließlich von juristischen Personen des öffentlichen Rechts gehalten werden.

2. Eingriff

Eine Verletzung von Art.12 Abs.1 GG durch die auf die Unternehmensstruktur gerichteten Transparenz- und Publizitätspflichten setzt voraus, daß die entsprechenden handels-, gesellschafts- und umwandlungsrechtlichen Verpflichtungen zur Vornahme von Registeranmeldungen in den Schutzbereich von Art. 12 Abs.1 GG eingreifen.

Auf Grundlage der "Drei-Stufen-Theorie" des Bundesverfassungsgerichts[728] ist dabei nach der Stufenlehre[729] zu unterscheiden, ob es sich um einen Eingriff in die Berufswahl (objektive und subjektive Zulassungsschranken als erste und zweite Eingriffsstufe[730]) oder lediglich um einen Eingriff in die Freiheit der Berufsausübung (dritte Stufe) handelt.

Die Registeranmeldeverpflichtungen nach HGB, GmbHG, AktG, GenG und UmwG begrenzen nicht die freie Entscheidung über die Berufswahl. Sie stellen weder ein objektives, noch ein subjektives Zugangshindernis für gewisse Berufe dar. Es werden vielmehr Bestimmungen getroffen, die bei der Führung eines Unternehmens zu beachten und im Rahmen der Berufstätigkeit als Prokurist hinzunehmen sind. Folglich ist ein Eingriff in die Freiheit gegeben, völlig ungestört von staatlicher Reglementierung ein Unternehmen zu führen oder in ihm tätig zu sein. Es handelt sich somit um einen Eingriff in die Freiheit der Berufsausübung, also um einen Eingriff auf der niedrigsten Stufe des einheitlichen Grundrechts der Berufsfreiheit.

---

[728] "Apotheken-Urteil" des BVerfG v. 11.6.1958 - 1 BvR 596/56 -, BVerfGE 7, 377ff.
[729] "Stufenlehre", *Jarass*, in: Jarass/Pieroth, GG, Art.12 Rdnr. 20ff.
[730] *Tettinger*, AöR 108(1981), S. 92, 120, 121.

3. Verfassungsrechtliche Rechtfertigung

Ein Grundrechtseingriff ist nur dann auch eine Grundrechtsverletzung, wenn er nicht verfassungsrechtlich gerechtfertigt ist.[731] Eine solche verfassungsrechtliche Rechtfertigung ist gegeben, wenn der Eingriff aufgrund einer entsprechenden gesetzlichen Grundlage erfolgt, die ihrerseits wiederum verfassungskonform sein muß. Die im ersten Teil dieser Arbeit unter B. II. - XI., IVX. dargestellten gesetzlichen Verpflichtungen nach HGB, GmbHG, AktG, GenG und UmwG, Registeranmeldungen vorzunehmen, sind die gesetzliche Grundlage für den damit verbundenen Eingriff in die Berufsausübungsfreiheit.

Die gesetzliche Grundlage für einen Eingriff in das einheitliche Grundrecht der Berufsfreiheit[732] ist verfassungskonform, wenn sie einer umfassenden, stufenspezifischen Verhältnismäßigkeitsprüfung gemäß der Drei-Stufen-Lehre standhält.[733]

Dafür ist zunächst die Eingriffsintensität zu ermitteln. Es ist also zu überprüfen, ob es sich um eine objektive Zulassungsschranke, ein subjektives Zulassungshindernis oder um eine Berufsausübungsregelung handelt.[734] Wie zuvor unter unter 2. festgestellt, stellen Registeranmeldeverpflichtungen einen Eingriff in die Berufsausübungsfreiheit dar, also einen Eingriff auf niedrigster Stufe.

Nach Feststellung der Eingriffsintensität sieht die Drei-Stufen-Lehre[735] - in Ergänzung der sonstigen Verhältnismäßigkeitsprüfung[736] - vor, den vom Gesetzgeber mit der Regelung verfolgten Zweck des Eingriffs daran zu messen, ob dieser Zweck den besonderen Anforderungen entspricht, die auf der jeweiligen Stufe der Eingriffsintensität erfüllt sein müssen:

Objektive Zugangshindernisse sind die auf der höchsten Stufe stehenden Eingriffe in die objektive Berufsfreiheit. Es handelt sich um personen- und qualifikations-

---

[731] *Pieroth/Schlink*, Grundrechte Staatsrecht II, Rdnr. 908.
[732] Siehe oben 1. a.
[733] *Siekmann/Duttge*, Rdnr. 592f.
[734] *Siekmann/Duttge*, Rdnr. 594.
[735] Grundlegend sind das „Apotheken-Urteil“ und der „Mineralölbevorratungsbeschluß“ des BVerfG, BVerfGE 7, 377f; 30, 292, 316ff., vgl. *Pierroth/Schlink*, Rdnr. 911 ff.; *Tettinger*, AöR 108 (1981), S. 92, 118; *Friauf*, GmbHR 1991, S. 397, 402.
[736] *Siekmann/Duttge*, Rdnr. 595.

unabhängige[737] Kriterien, auf die der einzelne keinen Einfluß hat, wie etwa Bedürfnisklauseln[738]. Objektive Zulassungsschranken sind nur zur Abwehr einer nachweisbaren oder höchstwahrscheinlichen schweren Gefahr für ein überragend wichtiges Gemeinschaftsgut zulässig.[739]

Subjektive Zulassungsschranken müssen dem Schutz eines besonders wichtigen Gemeinschaftsgutes dienen.[740]

Bloße Berufsausübungsregelungen können durch jeden legitimen Zweck im Interesse des Gemeinwohls gedeckt sein, sofern es sich weder um einen sachfremden Zweck handelt, noch ein Widerspruch gegen die Werteordnung des Grundgesetzes vorliegt.[741]

Wenn festgestellt ist, daß der Zweck des Eingriffs die vorstehenden Anforderungen erfüllt, ist die allgemeine Verhältnismäßigkeit der Regelung zu prüfen:[742]

Dies bedeutet, daß der gesetzgeberische Eingriff zur Ereichung des Zweckes geeignet und notwendig sein muß.[743] Ferner darf der Eingriff den Betroffenen nicht übermäßig belasten, d.h. er muß angemessen[744] sein.

a) Legitimer Zweck

Bereits die Errichtung des Handelsregisters insgesamt zielt darauf, dem Rechtsverkehr Gelegenheit zur Kenntnisnahme wichtiger Verhältnisse des Unternehmens zu verschaffen.[745] Die in das Handelsregister eingetragene Firma ist für Rechtsgeschäfte und gerichtliche Auseinandersetzungen ein vollkommenes Instrument, durch das der Unternehmensträger als Vertragspartner oder Prozeßpar-

---

[737] *Siekmann/Duttge*, Rdnr. 591.
[738] BVerwGE 79, 208, 211.
[739] BVerfGE 7, 377, 408.
[740] BVerfGE 63, 2 66, 286; 93, 213, 235.
[741] BVerfGE 93, 362, 369; *Pieroth/Schlink*, Grundrechte, Staatsrecht II, Rdnr. 911 ff.; *Tettinger*, AöR 108 (1981), S. 92, 118; *Friauf*, GmbHR 1991, S. 397, 402; *Jarass*, in: Jarass/Pieroth, GG, Art.12 Rdnr.28.
[742] *Siekmann/Duttge*, Rdnr. 596.
[743] Siehe vorstehende Fußnote.
[744] Man spricht auch von Zumutbarkeit oder Verhältnismäßigkeit im engeren Sinne, *Siekmann/Duttge*, Rdnr. 596, dort Fn 1563,
[745] *Karsten Schmidt*, Handelsrecht, § 11 I 1.

tei identifiziert werden kann.[746] Dies ist im Interesse derjenigen, die mit einem Unternehmen Geschäfte machen oder dieses verklagen wollen, aber auch im Interesse der im Unternehmen tätigen Menschen: Wer Klage gegen ein Unternehmen, „richtigerweise also gegen den Unternehmensträger“[747] erheben will, wird sich im Handelsregister über die Firma und die Vertretungsverhältnisse informieren. Umgekehrt werden Vertreter des Unternehmens dieses präzise benennen und eigene Haftungsrisiken damit ausschließen wollen und dementsprechend ebenfalls darauf zurückgreifen, was in das Handelsregister eingetragen ist.[748] Dies bedingt jedoch entsprechende Verpflichtungen, Anmeldungen zur Eintragung in das Handelsregister vorzunehmen.

Von diesem Zweck sind die Registeranmeldeverpflichtungen erfaßt, die sich auf die statischen Unternehmensdaten beziehen hinsichtlich des Beginns oder der Umwandlung eines Unternehmens, seiner Firma und seines Sitzes, hinsichtlich der Vertretungs- und Geschäftsführungsverhältnisse einschließlich der (begrenzten) Vertretung durch einen Prokuristen sowie hinsichtlich seiner Liquidation, Insolvenz oder sonstigen Beendigung.

Bei juristischen Personen treten zwei weitere Aspekte hinzu:

Im Interesse des Rechtsverkehrs bedarf es der Mitwirkung des Staates, um für alle verbindlich Klarheit darüber zu haben, ob und wie ein Verband die Rechtsfähigkeit erhält.[749] Diesem Zweck dient das Registrierungsverfahren, bei welchem Gesellschaften mit beschränkter Haftung, Aktiengesellschaften, Kommanditgesellschaften auf Aktien und Genossenschaften die Rechtsfähigkeit erst durch die Registereintragung erlangen (§§ 41 AktG, 11 GmbHG, 13 GenG).[750]

Ferner ist zu beachten, daß das Kapitalgesellschaftsrecht Sicherungsnormen[751] hinsichtlich der Kapitalaufbringung und Kapitalerhaltung vorsieht.[752] Es dient der

---

[746] *Karsten Schmidt*, Handelsrecht, § 11 II.
[747] *Karsten Schmidt*, Handelsrecht, § 11 II.
[748] *Karsten Schmidt*, Handelsrecht, § 11 II.
[749] *Karsten Schmidt*, Gesellschaftsrecht, § 8 II 5; *Karsten Schmidt*, Verbandszweck und Rechtsfähigkeit im Vereinsrecht, S. 99: „Der Staat hat dafür zu sorgen, daß ohne Publizität des Subjekts keine juristische Person entsteht."
[750] *Karsten Schmidt*, Gesellschaftsrecht, § 8 II. 5. c aa.
[751] §§ 9 Abs.1, 27ff., 57ff., 63, 71 AktG; §§ 19, 30 GmbHG, dazu BGHZ 28, 77, 78: „Kernstük des GmbH-Rechts".
[752] *Karsten Schmidt*, Gesellschaftsrecht, § 29 II, 37 II, III.

Sicherung der Kapitalaufbringung und -erhaltung, wenn bei Kapitalgesellschaften Registeranmeldeverpflichtungen für Transparenz und Publizität hinsichtlich des Bestandes, Erhöhungen oder Herabsetzungen des Kapitals bestehen. Zusätzliche Sicherheit bedeutet es, wenn für die Gründung einer Kapitalgesellschaft und spätere Kapitalerhöhungen die entsprechende Registereintragung Wirksamkeitsvoraussetzung ist. Dem Rechtsverkehr ist es dienlich, wenn er im Zuge der diesbezüglichen Anmeldeverpflichtungen über die Kapitalausstattung und etwaige -herabsetzungen oder -erhöhungen informiert wird. Entsprechendes gilt für die Haftsumme des Kommanditisten bei der Kommanditgesellschaft.

Die vorstehend genannten Zwecke dienen in legitimer Weise den Interesse des Gemeinwohls. Sie sind weder sachfremd, noch stehen sie im Widerspruch zu den Wertungen des Grundgesetzes.

b) Verhältnismäßigkeit

Die auf Transparenz- und Publizität der Unternehmensstruktur gerichteten Registeranmelde- und eintragungsverpflichtungen nach Handels-, Gesellschafts- und Umwandlungsrecht sind geeignet und erforderlich, um die vorgenannten Zwecke zu erreichen. Sie sind auch angemessen, weil sie die betroffenen Unternehmensträger sowie die in den Unternehmen tätigen und die dahinterstehenden Menschen nicht übermäßig belasten, insbesondere, weil der mit ihnen verbundene Eingriff in die Berufsausübungsfreiheit sehr gering ist.

4. Zwischenergebnis

Die auf die Unternehmensstruktur gerichteten Transparenz- und Publizitätspflichten in Form der Verpflichtung nach HGB, GmbHG, AktG, GenG und UmwG, Registeranmeldungen vorzunehmen, sind mit Art. 12 Abs.1 GG vereinbar.

II. Art. 14 GG

Geprüft wird die Vereinbarkeit der genannten Pflichten mit Art. 14 GG. Ein auf seine Verfassungsmäßigkeit hin zu überprüfender Eingriff in Art. 14 GG läge nur dann vor, wenn der Schutzbereich von Art. 14 GG durch die genannten Verpflichtungen berührt würde.

In den personalen Schutzbereich von Art. 14 GG fallen alle natürlichen Personen sowie juristische Personen des Privatrechts und Personengesellschaften entsprechend den vorstehenden Ausführungen[753].

Fraglich ist, ob der sachliche Schutzbereich von Art. 14 durch die auf die Unternehmenstruktur gerichteten Transparenz- und Publizitätspflichten berührt wird.

In den Schutzbereich von Art. 14 GG fallen alle vermögenswerte Güter, sofern es sich um einen Bestand eigentumsfähiger Positionen handelt.[754] Dabei werden auch betriebsbezogene Daten durch Art. 14 GG geschützt, sofern sie bereits zu einem Vermögenswert geworden sind.[755] Die Registeranmeldeverpflichtungen nach HGB, GmbHG, AktG, GenG und UmwG berühren folglich den Schutzbereich des Art. 14 GG, wenn die zum Handelsregister anzumeldenden Tatsachen als betriebsbezogene Tatsachen anzusehen wären, denen ein Vermögenswert zukommt.

Zwar handelt es sich bei den anmeldepflichtigen Daten um betriebsbezogene Tatsachen, weil ein unmittelbarer Bezug zum Unternehmen besteht. Fraglich ist jedoch, ob diesen ein Vermögenswert zukommt.

Wenn Daten jederzeit anderweitig ohne weiteres verfügbar sind, kommt ihnen kein wirtschaftlicher Wert zu.[756] Folglich kommt den zum Register anzumeldenden Tatsachen, die ohnehin bekannt oder problemlos anderweitig in Erfahrung zu bringen sind, kein wirtschaftlicher Wert zu. Dies gilt für Firma und Sitz des Unternehmens und dessen Vertretungsverhältnisse.

Diejenigen Daten, die nicht anderweitig frei zugänglich sind, können dann einen Vermögenswert darstellen, wenn sie einen - vor allem durch Arbeit und Lei-

---

[753] 2. Teil, A. I. 1. b.
[754] BVerfGE 31, 229, 239; 52, 1, 30f.; 88, 366, 377.
[755] BVerfGE 77, 1, 46.
[756] Es handelt sich dann zwar nicht direkt um freie Güter im Sinne der Wirtschaftstheorie, weil auch bei frei zugänglichen Daten noch eine gewisse Anstrengung erforderlich ist, um diese zu gewinnen (siehe *Woll*, Allg. VWL, 9. Aufl., S.49). Ein wirtschaftlicher Wert käme dann aber dieser Anstrengung zu, somit der Beschaffung der Daten, nicht aber den Daten selbst.

stung[757] - bereits geschaffenen Bestand bilden, auf dem für eine sich darauf gründende Ertragserwirtschaftung weiter aufgebaut werden kann. Ein Beispiel hierfür sind bestimmte Produktionsverfahren oder besondere Marktinformationen.

Zu den nicht anderweitig frei zugänglichen Daten, die Gegenstand der Registeranmeldung sind, zählen die Angaben zur Kapitalausstattung und der Haftsumme bei Kapital- und Kommanditgesellschaften, Angaben zu Beschlüssen und Änderungen in Gesellschaftsverträgen sowie persönliche Daten von Geschäftsführeren, Vorstand, Aufsichtsräten und Prokuristen. Diesen Daten kommt für sich genommen kein wirtschaftlicher Wert zu, weil man auf diese weder aufbauen kann zur Erwirtschaftung von Erträgen, noch bilden diese Daten einen durch Arbeit oder Leistung erworbenen Bestand.

Der Schutzbereich von Art. 14 GG wird folglich durch die auf die Unternehmensstruktur gerichteten Transparenz- und Publizitätspflichten nicht berührt.

III. Art. 5 Abs.1 S.1 1.Hs GG

Die mit den genannten Verpflichtungen, Registeranmeldungen vorzunehmen, einhergehende Pflicht, Mitteilungen über das Unternehmen zu machen, könnte gegen die durch Art. 5 Abs.1 S.1 1. Hs GG geschützte sogenannte „negative Meinungsfreiheit" verstoßen. Fraglich ist, ob der Schutzbereich der negativen Meinungsfreiheit durch die handels-, gesellschafts- und umwandlungsrechtlichen Registepflichten berührt wird.

Die Verpflichtung, Angaben rein statistischer Art zu machen, die nicht Grundlage eines Werturteils sein können, fällt nicht in den Schutzbereich der negativen Meinungsfreiheit.[758] Nach den vorstehenden Ausführungen zu Art. 14 GG haben die bei den Registeranmeldungen nach HGB, GmbHG, AktG, GenG und UmwG mitzuteilenden Daten den Charakter statistischer Angaben. Für sich genommen können sie nicht Grundlage eines Werturteils über das Unternehmen sein. Denn aus den anzumeldenden Geburtsdaten der Geschäftsführer oder der Höhe des Stammkapitals einer GmbH läßt sich nur ableiten, daß ein Geschäftsführer alt oder jung, eine GmbH über eine eher kleine oder über eine große Kapitalausstat-

---

757 *Siekmann/Duttge*, Rdnr. 623.

758 BVerfGE 65, 1, 40f.; *Pieroth/Schlink*, Staatsrecht II, Grundrechte, Rdnr. 559.

tung verfügt. Dies allein ist aber noch kein Werturteil und als Grundlage für ein solches alleine auch nicht ausreichend. Der Schutzbereich der negativen Meinungsfreiheit wird folglich durch die Registerpflichten nach HGB, GmbHG, AktG, GenG und UmwG nicht berührt. Ein entsprechender Grundrechtsverstoß scheidet aus.

IV. Art. 2 Abs.1 i.V.m. Art. 1 Abs.1 S.1 GG

Transparenz- und Publizitätspflichten hinsichtlich der Unternehmensstruktur in Form der handels-, gesellschafts- und umwandlungsrechtlichen Pflichten zur Vornahme von Registeranmeldungen könnten das aus Art. 2 Abs.1 i.V.m. Art. 1 Abs.1 S.1 GG abgeleitete[759] Recht auf informationelle Selbstbestimmung verletzen.

1. Schutzbereich

Zunächst stellt sich die Frage, inwieweit der Schutzbereich des Rechts auf informationelle Selbstbestimmung in sachlicher und personaler Hinsicht durch die handels-, gesellschafts- und umwandlungsrechtlichen Registerpflichten betroffen ist.

In sachlicher Hinsicht ist der Schutzbereich des Rechts auf informationelle Selbstbestimmung auch über die automatisierte Datenverarbeitung hinaus erstreckt worden.[760] Das informationelle Selbstbestimmungsrecht wird als generelle Befugnis verstanden, „grundsätzlich selbst zu entscheiden, wann und innerhalb welcher Grenzen persönliche Lebenssachverhalte offenbart werden,“[761] Damit fällt nahezu jede Form hoheitlich begründeter Auskunftspflichten in den sachlichen Schutzbereich des Rechts auf informationelle Selbstbestimmung.[762]

---

[759] BVerfGE 65, 1, 42ff.
[760] BVerfGE 78, 77, 84.
[761] BVerfGE 65, 1, 42.
[762] *Siekmann/Duttge*, Rdnr. 851; *Murswiek*, in: Sachs, Grundgesetz-Kommentar, 2.Aufl., 1999, Art.2 Rdnr. 73. In jüngerer Vergangenheit werden verstärkt Bedenken gegen diese inflationäre Ausweitung des Grundrechtsschutzes im Bereich der informationellen Selbstbestimmung, erhoben, so etwa *Duttge*, NJW 1998, S. 1615-1622, *Kloepfer*, Gutachten für den 62. Deutschen Juristentag; *Hoffmann-Riem*, AöR 123 (1998), S. 513-540.

Die handels-, gesellschafts- und umwandlungsrechtlichen Verpflichtungen zur Vornahme von Registeranmeldungen berühren aufgrund der mit den Anmeldungen verbundenen Preisgabe von Daten den sachlichen Schutzbereich des Rechts auf informationelle Selbstbestimmung.

In den personalen Schutzbereich des informationellen Selbstbestimmungsrechts fallen zunächst alle natürlichen Personen, deren persönliche Daten und Lebenssachverhalte - etwa auch ihre bloße Beziehung zum Unternehmen - Gegenstand von Registerannmeldungen und der damit verbundenen Offenbarung ihrer persönlichen Daten und Lebenssachverhalte sind, mithin die Gesellschafter von Personenhandelsgesellschaften, Einzelkaufleute, Geschäftsführer, Vorstands- und Aufsichtsratsmitglieder, Prokuristen.

Fraglich ist jedoch, ob auch die Unternehmen selbst als Kapital- oder Personenhandelsgesellschaften sich auf das Recht auf informationelle Selbstbestimmung berufen können und damit auch in dessen personalen Schutzbereich fallen.

a) Meinungsstand

Das Bundesverfassungsgericht hat es bislang offengelassen, "ob das aus Art. 2 I i.V.m. Art.1 I GG geschützte Persönlichkeitsrecht seinem Wesen nach auch auf juristische Personen anzuwenden ist (Art. 19 III GG)"[763].

Es führt deshalb nicht weiter, andere Entscheidungen des Bundesverfassungsgerichts aus dem Bereich des Datenschutzes für die Frage heranzuziehen, ob sich auch juristische Personen auf das Recht auf informationelle Selbstbestimmung berufen können. Insbesondere gilt dies für Entscheidungen, die von Publizitätsgegnern[764] als datenschutzrechtliches Argument gegen Publizitätspflichten genannt werden. Diese Judikate sagen nämlich nichts zu der Frage, ob auch juristische Personen ein informationelles Selbstbestimmungsrecht haben: Das von Publizitätskritikern[765] zitierte sog. Flick-Urteil des Bundesverfassungsgerichts[766]

---

[763] BVerfG (1. Kammer des Ersten Senats), Beschl. v. 3.5.1994 - 1 BvR 737/94, NJW 1994, S. 1784, erster Leitsatz der NJW-Redaktion; es handelt sich dabei um den Nichtannahmebeschluß im sog. "Bilanzanalyse-Fall", siehe dazu unten B. IV. 1. a).

[764] *Weilbach*, WPK-Mitt. 1992, S. 63, 66; *ders.*: BB 1995, S. 451. 453; *Meilicke*, DB 1986, S. 2445.

[765] *Meilicke*, DB 1986, S. 2445; *Weilbach*, WPK-Mitt. 1992, S. 63, 66.

stellt im Hinblick auf die grundrechtlich über Art. 2 Abs.1 i.V.m. Art. 1 Abs.1 GG geschützten Geheimhaltungsinteressen ausdrücklich ab auf "persönliche Verhältnisse, die persönliche Lebensführung bis hin beispielsweise zu gesundheitlichen Gebrechen, religiösen Bindungen, Ehe- und Familienverhältnissen oder politischen Verbindungen" des Steuerpflichtigen.[767] Es geht also nicht um das Grundrecht einer juristischen Person auf informationelle Selbstbestimmung. Das gleiche gilt für die des weiteren herangezogene[768] Entscheidung über die Veröffentlichung nicht anomysierter wirtschaftlicher Daten von Landwirten im Rahmen eines Planfeststellungsverfahrens.[769] Die Landwirte waren als natürliche Personen betroffen. Das informationelle Selbstbestimmungsrecht juristischer Personen war nicht Gegenstand dieser Entscheidung.

Gegen ein informationelles Selbstbestimmungsrecht auch für juristische Personen wird in der Literatur angeführt, daß das Recht auf informationelle Selbstbestimmung aus dem allgemeinen Persönlichkeitsrecht (Art. 2 Abs.1 GG) in Verbindung mit der Menschenwürde (Art.1 Abs.1 S.1 GG) abgeleitet wurde. Das besondere Grundrecht des Art.1 Abs.1 GG kann aber nur Individuen zukommen.[770] Gruppen, Personenvereinigungen und juristische Personen sind hingegen nicht Träger des Menschenwürdegrundrechts.[771]

Es wird allerdings darauf hingewiesen, daß grundsätzlich die Möglichkeit bestehe, "den Persönlichkeitsschutz juristischer Personen allein in Art. 2 I GG - ohne die Verstärkung des Art.1 I GG - gewährleistet zu sehen"[772].

---

766 BVerfG, Urt. v. 17.7.1984 - 2 BvE 11/83 u. 15/83, NJW 1984, S. 2271.

767 BVerfG, Urt. v. 17.7.1984 - 2 BvE 11/83 u. 15/83, NJW 1984, S. 2271, 2276.

768 *Weilbach*, BB 1995, S. 451, 453.

769 BVerfG, Beschl. d. Ersten Senats (3. Kammer) v. 24.7.1990, - 1 BvR 1244/87, DVBl. 1990, S. 1041-1043. Die Verfassungsbeschwerde wurde aufgrund eines nachträglichen Wegfalls des Rechtsschutzbedürfnisses unzulässig. Die materiell-rechtlichen Überlegungen erfolgen im Rahmen der Kostenentscheidung.

770 *Murswiek*, in: Sachs, Grundgesetz-Kommentar, 2.Aufl., 1999, Art.2 Rdnr. 77.

771 *Höfling*, in: Sachs, Grundgesetz-Kommentar, 2.Aufl., 1999, Art.1 Rdnr. 56.

772 *Murswiek*, in: Sachs, Grundgesetz-Kommentar, 2.Aufl., 1999, Art.2 Rdnr. 77; *Stern*, Staatsrecht III/1, S. 1128 weist insoweit darauf hin, daß es einen Persönlichkeitsschutz für juristische Personen über Art. 2 Abs.1 GG nur hinsichtlich solcher Inhalte geben kann, die nicht wesenhaft mit natürlichen Personen verbunden sind.

b) Stellungnahme

Für Teilbereiche des verfassungsrechtlichen Persönlichkeitsrechts mag es durchaus vorstellbar sein, Art.1 Abs.1 GG als dessen Grundlage auszublenden. In diese Richtung könnte man etwa auch den Ansatz verstehen, wonach für juristische Personen "an die Stelle selbstwert- und selbstzweckerhaltenden Persönlichkeitsschutzes der gesicherte Erhalt ihres Funktionsbereichs durch einen Funktionsschutz zu treten" habe.[773] Auch wenn - oder gerade weil - dieser Ansatz die bis dahin "in der Spruchpraxis des BGH verzeichnete Übertragung persönlichkeitsrechtlicher Befugnisse auf juristische Personen"[774] einer kritischen Würdigung unterzogen hat, scheint der BGH in seiner Entscheidung zum "Bilanzanalyse-Fall" auf diesen Ansatz Bezug zu nehmen: Der BGH führt aus, daß die Ausdehnung des allgemeinen Persönlichkeitsrechtsschutzes auf juristische Personen insoweit gerechtfertigt sei, "als sie aus ihrem Wesen als Zweckschöpfung des Rechts und ihren Funktionen dieses Rechtsschutzes bedürfen."[775]

Eine solches, in Teilbereichen auch juristischen Personen zuzubilligendes allgemeines Persönlichkeitsrecht, das sich ausschließlich auf Art.2 Abs.1 GG gründet, wäre dann sozusagen die Steigerung der auch juristischen Personen zukommenden allgemeinen Handlungsfreiheit Art.2 Abs.1 GG.

Nach den Kategorien des Ansatzes „Vom Persönlichkeitsschutz zum Funktionsschutz“[776] wäre dies ein Zwischenstadium: mehr als die "durch Art. 2 I GG gewährleistete allgemeine Handlungsfreiheit"[777] und weniger als das dagegen abgegrenzte "aus einer Verbindung von Art. 2 I und Art.1 I abgeleitete allgemeine Persönlichkeitsrecht"[778]. Letzteres käme insoweit nicht umfassend, sondern nur in Teilbereichen zum Tragen.

Diese Konstruktion ist für das informationelle Selbstbestimmungsrecht als besondere Ausprägung des allgemeinen Persönlichkeitsrechts nicht möglich.

---

[773] *Kau*, Vom Persönlichkeitsschutz zum Funktionsschutz, S. 101.
[774] *Kau*, Vom Persönlichkeitsschutz zum Funktionsschutz, S. 100.
[775] BGH, Urt.v.8.2.1994 - VI ZR 286/93, ZIP 1994, S. 648, 650, siehe dazu auch unten B. IV.1.
[776] Titel der Dissertation von *Kau*, in der dieser Ansatz entwickelt wird.
[777] *Kau*, Vom Persönlichkeitsschutz zum Funktionsschutz, S. 100.
[778] *Kau*, Vom Persönlichkeitsschutz zum Funktionsschutz, S. 100.

Der Grund dafür sind die besondere Herleitung und Begründung des Rechts auf informationelle Selbstbestimmung durch das Bundesverfassungsgericht aus Art.2 Abs.1 i.V.m. Art.1 GG. Denn bei der Entwicklung des Rechts auf "informationelle Selbstbestimmung" steht Art. 2 Abs.1 GG weder im Vordergrund, noch wird dieser durch Art.1 Abs.1 GG lediglich "verstärkt"[779]. Vielmehr ist Ausgangspunkt der Herleitung des Rechts auf "informationelle Selbstbestimmung" durch das Bundesverfassungsgericht "Wert und Würde der Person, die in freier Selbstbestimmung als Glied einer freien Gesellschaft wirkt."[780] Dies erfolgt "im Blick auf moderne Entwicklungen und die mit ihnen verbundenen neuen Gefährdungen der menschlichen Persönlichkeit".[781] Das informationelle Selbstbestimmungsrecht wurde also ausdrücklich angesichts drohender Gefährdungen der *menschlichen* Persönlichkeit entwickelt. Art. 1 Abs.1 GG ist deshalb wesentliche Grundlage für das Recht auf informationelle Selbstbestimmung. Juristische Personen können sich folglich nicht auf das Recht auf informationelle Selbstbestimmung berufen.[782]

c) Europarechtliche Parallelüberlegung

Europarechtlich ist das Grundrecht auf informationelle Selbstbestimmung durch die EU-Datenschutzrichtlinie[783] abgesichert. Dabei wird der Schutz der Privatsphäre natürlicher Personen bei der Verarbeitung personenbezogener Daten geschützt.[784] Es erscheint also auch im Hinblick auf den europarechtlichen Hinter-

---

[779] *Murswiek*, in: Sachs, GG-Komm., 2.Aufl., Art. 2 Rdnr. 77 a.E.: "ohne die Verstärkung des Art.1 I "

[780] BVerfG, Urt. v. 15.12.1983 - 1 BvR 209, 269, 362, 420, 440, 484/83 -, BVerfGE 65, 1, 41 ("Volkszählungsurteil").

[781] Ebd.

[782] Etwas anderes könnte sich dann ergeben, wenn das Recht auf informationelle Selbstbestimmung verfassungsrechtlich eine andere, neue Begründung erhielte. Denkbar wäre insoweit, an den Ansatz von *Kau* anzuknüpfen: Persönlichkeitsschutz im Sinne eines Funktionsschutzes könnte einen Datenschutz für die juristische Person erforderlich machen. Dagegen spricht jedoch, daß bereits nach einfachem Recht die juristische Person über das zivilrechtliche allgemeine Persönlichkeitsrecht als sonstiges Recht i.S.v. § 823 Abs.1 BGB gegenüber Privaten hinreichend geschützt ist, wie der Rechtsschutz durch den BGH im Bilanzanalyse-Fall zeigt, sowie gegenüber dem Staat durch die Grundrechte der Art. 12 und 14 GG.

[783] Richtlinie 95/46/EG des Europäischen Parlaments und des Rates vom 24. Oktober 1995 zum Schutz natürlicher Personen bei der Verarbeitung personenbezogener Daten un zum freien Datenverkehr, Amtsbl. EG L 281 v. 23.11.1995, S. 31ff.

[784] *Hoffmann-Riem*, AöR 123 (1998), S. 513, 519.

grund sinnvoll, grundrechtlichen Schutz bei der Verarbeitung personenbezogener Daten natürlichen, nicht aber juristischen Personen zukommen zu lassen.

d) Zwischenergebnis

Der personale Schutzbereich des Rechts auf informationelle Selbstbestimmung erstreckt sich nicht auf juristische Personen und Personenhandelsgesellschaften. Durch Transparenz- und Publizitätspflichten, die sich auf die Unternehmensstruktur beziehen, können folglich nur die natürlichen Personen in ihrem Recht auf informationelle Selbstbestimmung betroffen sein, somit also Einzelunternehmer, Geschäftsführer, Vorstandsmitglieder und Aufsichtsräte sowie Prokuristen und Gesellschafter von Personenhandelsgesellschaften.

Für die Gesellschafter einer GmbH gilt folgende Besonderheit: Zwar müssen gem. §§ 7, 8 Nr.3, 78 GmbHG die Geschäftsführer einer GmbH bei deren Neuanmeldung eine von den Geschäftsführern unterschriebene Liste der Gesellschafter beifügen mit Angabe von Namen, Vornamen, Geburtsdatum, Wohnort und übernommener Stammeinlage eines jeden Gesellschafters. Diese Liste wird beim Handelsregister zu den Registerakten genommen und kann dort gem. § 9 Abs.1 HGB eingesehen werden. Sie wird aber nicht in das Handelsregister eingetragen und demzufolge auch nicht bekanntgemacht.[785] Gem. § 40 Abs.1 GmbHG ist die Gesellschafterliste von den Geschäftsführern ständig zu aktualisieren, sobald sich Veränderungen bei den Gesellschaftern ergeben. Dabei sind alle Veränderungen mitzuteilen, also nicht nur der Wechsel eines Gesellschafters oder die Veränderung seines Beteiligungsumfangs, sondern auch Namensänderungen, etwa durch Heirat oder Wohnortwechsel. Der Berufsstand und dessen mögliche Veränderung hingegen sind nach neuem Recht[786] irrelevant, weil dieser als Identifikationsmerkmal durch das Geburtsdatum ersetzt worden ist.[787]

Trotz dieser Verpflichtung, eine Liste der GmbH-Gesellschafter zum Handelsregister einzureichen und zu aktualisieren, unterliegen Gesellschafter einer GmbH nicht den auf die Unternehmensstruktur gerichteten Transparenz- und Publizitätspflichten im Sinne dieser Arbeit. Denn die Liste wird nicht in das Handelsregister eingetragen und bekanntgemacht. Publizitätspflichten im Sinne dieser Arbeit wurden aber definiert als *gesetzliche Verpflichtungen, unternehmensbezogene Daten gegenüber der Öffentlichkeit offenzulegen, wobei unter Offenlegung die Einreichung oder Anmeldung zu einem Register mit einer damit einhergehenden Bekanntmachung zu verstehen ist.*[788] Bei der Verpflichtung zur Einreichung und ständigen Aktualisierung

---

[785] *Lutter/Hommelhoff*, GmbHG, 15. Aufl., 2000, § 40 Rdnr. 2.

[786] Die Regelungen zur Einreichung der Gesellschafterliste wurden durch Art. 9 Nr. 5 des Handelsrechtsreformgesetzes (HRefG) vom 22.6.1998, BGBl. I (Nr. 38 v. 26.6.1998), S. 1474ff. mit Wirkung zum 1.1.1999 neu gefaßt, vgl. *Ring*, Das neue Handelsrecht, Rdnr. 61; *Gustavus*, GmbHR 1998, S.17, 18.

[787] *Lutter/Hommelhoff*, GmbHG, 15. Aufl., 2000, § 40 Rdnr. 3.

[788] Siehe oben erster Teil, A. II. 2. , S. 23 - Hervorhebungen nur hier.

der Gesellschafterliste fehlt es am Merkmal der öffentlichen Bekanntmachung, so daß es sich dabei nicht um eine Publizitätspflicht im Sinne dieser Arbeit handelt.

2. Eingriff

Fraglich ist, ob die handels-, gesellschafts- und umwandlungsrechtlichen Pflichten zur Vornahme von Registeranmeldungen auch einen Eingriff in das informationelle Selbstbestimmungsrecht darstellen.

a) Herkömmliche Lehre

Wie zuvor gesehen, erstreckt sich dessen Schutzbereich auf nahezu alle Formen staatlicher Informationserhebung. Auf der Grundlage der Rechtssprechung des Bundesverfassungsgerichts[789] ist damit nach herkömmlicher Lehre[790] jeder Akt hoheitlicher Informationserhebung und -speicherung ein rechtfertigungsbedürftiger Eingriff in das Grundrecht auf informationelle Selbstbestimmung. Danach stellen die Register-Anmeldeverpflichtungen nach HGB, GmbHG, AktG, GenG und UmwG einen Eingriff in das informationelle Selbstbestimmungsrecht der von den Anmeldungen betroffenen natürlichen Personen dar.

b) Kritik im Schrifttum

Diesem weiten Eingriffsverständnis wird im neueren Schrifttum entgegengetreten.[791] „Informationen ausschließlich einer bestimmten Person zuzuordnen, gleichsam ein eigentumsähnliches 'autonomes' Informationsverfügungsrecht zu postulieren" müsse die „rechtfertigungsbedürftige Ausnahme für besondere Gefährdungslagen bleiben".[792] Datenschutz bezwecke nämlich als primäres Ziel nicht den Schutz von Daten (um ihrer selbst willen), sondern die Gewährleistung

---

[789] BVerfGE 65, 1, 42; 78, 77, 84.
[790] *Murswiek*, in: Sachs, Grundgesetz-Kommentar, 2.Aufl., 1999, Art.2 Rdnr. 88; *Pieroth/Schlink*, Staatsrecht II, Grundrechte, 15. Aufl., 1999, Rdnr. 379, wobei allerdings auch darauf hingewiesen wird, daß damit die Möglichkeit, eine Verfassungsbeschwerde zu erheben, ausufert; siehe auch *Siekmann/Duttge*, Rdnr. 852.
[791] So etwa *Duttge*, NJW 1998, S. 1615-1619.
[792] *Duttge*, NJW 1998, S. 1615, 1618.

und Erhaltung eines Freiheitsraumes, in dem der Bürger seine Persönlichkeit frei entfalten könne.[793]

Danach wäre nicht immer, wenn der Schutzbereich des informationellen Selbstbestimmungsrechts berührt ist, zwangsläufig auch ein entsprechender Eingriff anzunehmen. Vielmehr wäre zu prüfen, ob eine Beeinträchtigung auch tatsächlich zu befürchten sei.[794] Andernfalls handelte es sich nämlich um einen „vorverlagerten Grundrechtsschutz", der aber vom Bundesverfassungsgericht bisher allein im Zusammenhang mit dem Grundrecht auf Leben und körperliche Unversehrtheit anerkannt worden sei.[795] Die Freiheitsrechte seien ihrer Grundstruktur nach auf die *Integrität* der jeweiligen Schutzgegenstände bezogen.[796] Den Grundrechtsartikeln ließe sich nicht der geringste Anhaltspunkt dafür entnehmen, daß darüber hinaus auch bloße Gefährdungen in den Schutzbereich einzubeziehen seien. Auch das Bundesverfassungsgericht[797] selbst habe regelmäßig darauf verwiesen, daß „bloße Grundrechtsgefährdungen im allgemeinen noch im Vorfeld verfassungsrechtlich relevanter Grundrechtsbeeinträchtigungen" liegen; sie könnten „nur unter besonderen Voraussetzungen Grundrechtsverletzungen gleichzuachten sein."

Mit dieser Argumentation wäre im Hinblick auf das informationelle Selbstbestimmungsrecht nur dann von einem Eingriff auszugehen, wenn hinreichende und konkrete Anhaltspunkte dafür bestünden, daß „eine freie Persönlichkeitsentfaltung real und in erheblichem Ausmaß bedroht" sei.[798]

Folgt man dieser Ansicht, wären die handels-, gesellschafts- und umwandlungsrechtlichen Registerpflichten nur dann ein Eingriff in das informationelle Selbstbestimmungsrecht, wenn die freie Persönlichkeitsentfaltung der Menschen, deren Daten Gegenstand der Annmeldeverpflichtungen sind, dadurch real und in erheblichem Ausmaß bedroht würde. Hierfür sind keine Anhaltspunkte ersichtlich.

---

[793] *Duttge*, NJW 1998, S. 1615, 1618f..
[794] *Duttge*, NJW 1998, S. 1615, 1618.
[795] *Duttge*, NJW 1998, S. 1615, 1618.
[796] *Duttge*, NJW 1998, S. 1615, 1618 - Hervorhebung im Original.
[797] BVerfGE 51, 324.
[798] *Duttge*, NJW 1998, S. 1615, 1618.

Ein Eingriff in das informationelle Selbstbestimmungsrecht ist folglich nach dieser Ansicht durch die Registerpflichten nach HGB, GmbHG, AktG, GenG und UmwG nicht gegeben.

c) Stellungnahme

Je nachdem, ob man der herkömmlichen Lehre oder dem neuen Ansatz folgt, ist somit ein Eingriff in das informationelle Selbstbestimmungsrecht durch Registeranmeldungen anzunehmen oder nicht.

Dem neuen Ansatz ist insoweit zuzustimmen, als er den Folgen einer uferlosen Ausweitung des Grundrechtstatbestandes des informationellen Selbstbestimmungsrechts entgegentritt. Wenn bei jeder Datenerhebung, -speicherung und -verwendung stets ein Eingriff in das Recht auf informationelle Selbstbestimmung vorliegt, bedarf es nach den Vorgaben des Bundesverfassungsgerichts dabei stets „einer gesetzlichen Grundlage, aus der sich die Voraussetzungen und der Umfang der Beschränkungen klar und für den Bürger erkennbar ergeben."[799] Dies hat zu einer Gesetzesflut[800] geführt, die vermeidbar wäre, wenn man die Eingriffsschwelle höher ansetzte. Wenn jegliche Beeinträchtigung des informationellen Selbstbestimmungsrechts einen Eingriff darstellt, führt dies außerdem dazu, daß die Möglichkeit, eine Verfassungsbeschwerde zu erheben, ausufert.[801] Dies könnte jedoch auch anders, als durch eine Anhebung der Eingriffsschwelle vermieden werden, etwa durch Mißbrauchsgebühren des Verfassungsgerichts.

Hinsichtlich der Argumentation[802], selbst das Bundesverfassungsgericht habe darauf verwiesen, daß bloße Grundrechtsgefährdungen noch im Vorfeld verfassungsrechtlich relevanter Grundrechtsbeeinträchtigungen liegen und nur unter besonderen Voraussetzungen Grundrechtsverletzungen gleichzusetzen seien,[803] ist anzumerken, daß die zitierte Entscheidung des Bundesverfassungsgerichts[804] vor dem sog. „Volkszählungs-Urteil" des Bundesverfassungsgerichts[805] lag, in dem

---

[799] BVerfGE 65, 1, 44.
[800] Beispiele bei *Duttge*, NJW 1998, S. 1615, 1616.
[801] *Pieroth/Schlink*, Staatsrecht II, Grundrechte, 15. Aufl., 1999, Rdnr. 379.
[802] *Duttge*, NJW 1998, S. 1615, 1618.
[803] BVerfGE 51, 324, 346.
[804] BVerfGE 51, 324, 346.
[805] BVerfGE 65, 1 ff.

erst das Grundrecht auf informationelle Selbstbestimmung entwickelt wurde. Der Schutzbereich des Rechts auf informationelle Selbstbestimmung mit einem Verständnis, das jede Beeinträchtigung dieses Rechts als Eingriff betrachtet, wurde im Volkszählungsurteil bewußt weit gefaßt als Reaktion auf die modernen Bedingungen der Datenverarbeitung, „in der Bürger nicht mehr wissen können, wer was wann und bei welcher Gelegenheit über sie weiß“.[806]

Auch wenn Bürger - wie etwa bei den Daten, die zum Handelsregister angemeldet werden - bei der Primärerhebung der Daten genau wissen, wozu diese Daten erhoben werden, läßt sich nicht sicher vorhersagen, ob und wie diese Daten später weiterverwandt werden.

Wenn das Bundesverfassungsgericht ausführt, es habe kein „Recht im Sinne einer absoluten, uneingeschränkten Herrschaft“ des einzelnen über „seine Daten“ begründen wollen[807], so ist daraus nicht zwangsläufig zu schließen, es sei falsch, jede Beeinträchtigung des informationellen Selbstbestimmungsrechts als Eingriff anzusehen. Vielmehr wird auch dann kein Recht des einzelnen auf absolute, uneingeschränkte Herrschaft über seine Daten begründet, wenn zwar jede Datenerhebung einen Eingriff in das informationelle Selbstbestimmungsrecht darstellt, dieser Eingriff aber bei entsprechender gesetzlicher Grundlage hinzunehmen ist.

Nach Ansicht des Verfassers könnte man das informationelle Selbstbestimmungsrecht als eine Art „allgemeine informationelle Handlungsfreiheit“ verstehen. Entsprechend dem weiten Tatbestand der „generellen“ allgemeine Handlungsfreiheit wäre es deshalb nach Ansicht des Verfassers nicht systemgerecht, hinsichtlich der „informationellen allgemeinen Handlungsfreiheit“ über eine Eingriffsschwelle zu einer Grundrechtsbegrenzung zu kommen. Vielmehr sollte eine Steuerung über die Anforderungen erfolgen, die man an die gesetzliche Grundlage eines solchen Eingriffs stellt. An diesen Anforderungen war auch die Verfassungsmäßigkeit des der Volkszählung zugrundeliegenden Gesetzes gescheitert.[808] Eine Steuerung über die Eingriffsschwelle birgt zudem den Nachteil, gegebenenfalls bereits auf dieser Stufe eine abschließende Entscheidung treffen zu müssen. Außerdem stellte sich die Frage, in welcher Form und wie stark das Recht auf informationelle Selbstbestimmung gefährdet sein müßte, damit ein Eingriff vorläge. Die Festle-

---

[806] BVerfGE 65, 1, 42f.
[807] BVerfGE 65, 1, 43f.
[808] BVerfGE 65, 1, 64ff.

gung der Eingriffsschwelle würde möglicherweise den Anforderungen des Bestimmheitsgrundsatzes nicht genügen, würde aber einen Freibrief für unterhalb der Eingriffsschwelle liegende Beeinträchtigungen darstellen. Im übrigen käme es nicht zu einer gegebenenfalls erforderlichen einzelfallbezogenen Abwägung, wenn nur schematisch festgestellt würde, daß durch die Datenerhebung die Eingriffsschwelle nicht überschritten wurde.

Diese Risiken bestehen nicht, wenn man zunächst jede Beeinträchtigung des informationellen Selbstbestimmungsrechts als einen Eingriff ansieht.[809] Es verbleibt dann nämlich trotzdem die Möglichkeit, ein Regulativ für das informationelle Selbstbetimmungsrecht auf der Ebene der verfassungsmäßigen Rechtfertigung des Eingriffs vorzunehmen.

Aus diesem Grunde soll vorliegend angenommen werden, daß jede Beeinträchtigung des informationellen Selbstbestimmungsrechts auch einen Eingriff darstellt. Auf die Unternehmensstruktur gerichtete Transparenz- und Publizitätspflichten nach HGB, GmbHG, AktG, GenG, VVaG und UmwG, Registeranmeldungen vorzunehmen, stellen deshalb einen Eingriff in das informationelle Selbstbestimmungsrecht der von den Anmeldungen betroffenen Menschen dar.

3. Verfassungsrechtliche Rechtfertigung

Dieser Eingriff ist jedoch keine Verletzung des informationellen Selbstbestimmungsrechts, wenn er den Anforderungen an seine verfassungsrechtliche Rechtfertigung genügt. Dies ist dann der Fall, wenn erstens eine gesetzliche Grundlage vorhanden ist, aus der sich die Voraussetzungen und der Umfang der Beschränkungen klar ergeben.[810] Gesetzliche Grundlage sind hier die in Rede stehenden Regelungen des HGB, GmbHG, AktG, GenG, VVaG und UmwG. Aus diesen ergeben sich auch die Voraussetzungen und der Umfang der Beschränkungen, weil in ihnen genau bestimmt ist, wann welche Daten zum Handelsregister anzumelden sind und damit das informationelle Selbstbeschränkungsrecht der betroffenen Menschen beschränkt wird.

---

[809] Etwas anderes könnte sich ergeben, wenn klar wäre, woran eine „Eingriffsschwelle" anknüpft.

[810] BVerfGE 65, 1, 44.

Zum zweiten erfordert eine Rechtfertigung von Eingriffen in das informationelle Selbstbestimmungsrecht, in besonderem Maße dem Verhältnismäßigkeitsgrundsatz Rechnung zu tragen. Dazu hat das Bundesverfassungsgericht die sog. Sphärentheorie entwickelt, an der es trotz Kritik im Schrifttum[811] auch nach dem Volkszählungsurteil weiterhin festhält.[812] Nach der Sphärentheorie ist zwischen einer Sozialsphäre, einer Privat- oder Geheimnissphäre und einer Intimsphäre zu unterscheiden. In die Sozialsphäre darf so, wie in die allgemeine Handlungsfreiheit eingegriffen werden[813], in die Privatsphäre nur mit nachdrücklicher Wahrung des Verhältnismäßigkeitsgrundsatzes[814] und in die Intimsphäre als absolutem Kernbereich privater Lebensgestaltung auch nicht bei überwiegendem Interesse der Allgemeinheit.[815]

Für das informationelle Selbstbestimmungsrecht wird im Schrifttum vertreten, das Bundesverfassungsgericht habe in seinem Volkszählungsurteil nicht darauf abgestellt, zu welcher Sphäre die Daten gehörten. Vielmehr komme es allein darauf an, ob unter Berücksichtigung aller in Betracht kommenden Wirkungen des Eingriffs und der vorgesehenen Schutzvorkehrungen gegen Mißbrauch die mögliche Belastung des einzelnen mit dem Verhältnismäßigkeitsprinzip vereinbar sei.[816]

In einer jüngeren Entscheidung[817] nach dem Volkszählungsurteil hat das Bundesverfassungsgericht zur verfassungsrechtlichen Rechtfertigung von Einschränkungen des allgemeinen Persönlichkeitsrechts ausgeführt: "Einschränkungen können im überwiegenden Allgemeininteresse insbesondere dann erforderlich sein, wenn der Einzelne als in der Gemeinschaft lebender Bürger in Kommunikation mit anderen tritt, durch sein Verhalten auf andere einwirkt und dadurch die persönliche Sphäre seiner Mitmenschen oder die Belange der Gemeinschaft berührt."[818]

---

[811] So etwa *Murswiek*, in: Sachs, Grundgesetz-Kommentar, 2.Aufl., 1999, Art.2 Rdnr. 105ff. m.w.N.

[812] BVerfGE 27, 344, 350; 34, 238, 245; 35, 35, 39; 35, 202, 220; 67, 100, 144; 75, 318, 380; 76, 143, 159; 79, 256, 268; 80, 367, 373ff.

[813] BVerfGE 35, 35, 39; 35, 202,220.

[814] BVerfGE 27, 344, 350; 34, 238, 245.

[815] BVerfGE 34, 238, 245.

[816] *Murswiek*, in: Sachs, Grundgesetz-Kommentar, 2.Aufl., 1999, Art.2 Rdnr. 106.

[817] BVerfGE 80, 367ff. - sog. „Tagebuchentsscheidung", in der erhebliche Unsicherheiten in der Abgrenzung der einzelnen Sphären (*Siekmann/Duttge*, Rdnr. 855) bei der Sphärentheorie zutage treten, siehe dazu auch die abweichenderMeinung der vier unterlegenen Richter, S. 380ff.

[818] BVerfGE 80, 367, 373.

Wer als Geschäftsführer, Prokurist oder vertretungsberechtigter OHG/KG-Gesellschafter in einem Unternehmen Verantwortung übernehmen möchte, tritt damit in die Kommunikation mit anderen ein. Insbesondere wirkt er in herausgehobener Position durch sein Verhalten als Vertreter des Unternehmens auf andere ein und berührt die Sphäre seiner Mitmenschen sowie durch seine Entscheidungen im Unternehmen als Teil des Marktes auch die Belange der Gemeinschaft.

Ein Eingriff in das informationelle Selbstbestimmungsrecht dieser Personen ist deshalb gerechtfertigt, wenn er den Anforderungen des Verhältnismäßigkeitsgrundsatzes genügt. Dies ist der Fall, wenn der Eingriff im Hinblick auf den verfolgten Zweck geeignet, erforderlich und zumutbar ist.[819]

Zweck des Eingriffs ist die mit der Führung des Handelsregisters verbundene zutreffende Information des Rechtsverkehrs über die Vertretungs- und Geschäftsführungsverhältnisse in Unternehmen im Interesse der Allgemeinheit. Die mit den Registeranmeldungen verbundene Übermittlung persönlicher Daten von Einzelunternehmern, Gesellschaftern von Personenhandelsgesellschaften, GmbH-Geschäftsführern, Vorstands- und Aufsichtsratsmitgliedern sowie Prokuristen ist geeignet und erforderlich, eine entsprechende Information des Rechtsverkehrs zu gewährleisten.

Daß dabei auch das Geburtsdatum der Gesellschafter anzugeben ist, dient zum einen ihrer Identifizierung, etwa für eine Gesellschaft mit namensgleichen Gesellschaftern einer Personenhandelsgesellschaft oder namensgleichen Geschäftsführern einer Familien-GmbH, die möglicherweise noch im selben Hause wohnen. Zum anderen ist neben diesem Identifikationszweck die Angabe des Geburtsdatums auch wichtig im Hinblick auf eine etwaige Minderjährigkeit eines Gesellschafters und die sich daran knüpfenden Rechtfolgen, insbesondere § 1629a BGB.[820]

Der mit den Handelsregisteranmeldungen verbundene Eingriff in das informationelle Selbstbestimmungsrecht der natürlichen Personen, deren Daten und Beziehung zum Unternehmen Gegenstand der Anmeldung sind, ist geeignet, den oben dargestellten Zweck einer Information des Rechtsverkehrs über die Identität der vertretungs- und/oder geschäftsführungsberechtigten Personen zu erreichen.

---

[819] *Jarass*, in: Jarass/Pieroth, GG, 5. Aufl., 2000, Art. 2 Rdnr. 44.
[820] *Koller*, in: Koller/Roth/Morck, HGB, 2.Aufl., § 106 Rdnr. 2.

Der Eingriff ist auch erforderlich, weil es kein milderes Mittel gibt, diese Personen eindeutig zu identifizieren, als sie mit Namen, Vornamen, Anschrift und Geburtsdatum zu bezeichnen.

Für die Einreichung der GmbH-Gesellschafterliste gilt entsprechendes. Zusätzlich ist dabei die Angabe der Beteiligungshöhe für die Kontrolle der Ordnungsmäßigkeit von Beschlüssen, insbesondere bei qualifizierten Mehrheiten, unerläßlich, ebenso wie für Fragen des Haftungsdurchgriffs und für die Offenlegung von Beherrschungsverhältnissen. Daß die Gesellschafterliste in das Handelsregister eingetragen und bekanntgemacht wird, ist nicht erforderlich, weil die Gesellschafter einer GmbH diese weder nach außen vertreten, noch die Geschäfte führen. Eine unmittelbare Information des Rechtsverkehrs durch Eintragung im Handelsregister und Bekanntmachung in Bundesanzeiger und Tagespresse ist also nicht erforderlich; zugleich ist auf diese Weise gewährleistet, daß der Eingriff zumutbar bleibt.

Angesichts der Tatsache, daß die durch die Registeranmeldung bekanntwerdenden Daten auch auf anderen Wegen einem breiten Personenkreis zugänglich werden und außerdem die Gefahr eines Mißbrauchs sehr gering ist, ist der mit den Registeranmeldungen verbundene Eingriff in das informationelle Selbstbestimmungsrecht der natürlichen Personen, auf deren Daten und Beziehung zum Unternehmen sich die Anmeldung bezieht, zumutbar. Der Eingriff ist somit verfassungsrechtlich gerechtfertigt.

4. Zwischenergebnis

Die handels-, gesellschafts- und umwandlungsrechtlichen Verpflichtungen zur Vornahme von Registeranmeldungen verletzen nicht das informationelle Selbstbestimmungsrecht der Personen, deren Daten und Beziehung zum Unternehmen Gegenstand der Anmeldungen sind.

V. Zusammenfassung

Transparenz- und Publizitätspflichten, die sich auf die Unternehmensstruktur beziehen, also die Verpflichtungen nach HGB, GmbHG, AktG, GenG, VVG und UmwG, Registeranmeldungen vorzunehmen, sind mit der Berufsfreiheit, dem Eigentumsschutz, der negativen Meinungsfreiheit und dem informationellen Selbstbestimmungsrecht vereinbar.

B. Die Verfassungsmäßigkeit der Jahresabschlußpublizität nach den Vorschriften des HGB

Zentral für Transparenz- und Publizitätspflichten deutscher Unternehmen ist, wie bereits ausgeführt[821], die Verpflichtung zur Rechnungslegungspublizität nach den Vorschriften des HGB. Bereits nach Inkrafttreten der alten Regelung der §§ 325ff. HGB a.F. durch das BiRiLiG mit der nur begrenzten Sanktionierung der Offenlegungsverpflichtung in § 335 Nr. 6 HGB a.F. wurde die Frage nach deren Verfassungsmäßigkeit gestellt.[822] Diese Frage gewinnt durch das KapCoRiLiG an Aktualität. Durch die Verschärfung der Sanktionsbestimmungen und die Einbeziehung haftungsbeschränkter Personenhandelsgesellschaften in die Offenlegungsverpflichtungen wurde die Rechnungslegungspublizität ausgeweitet. Insgesamt haben sich also die Ausgangsdaten für eine Prüfung der Verfassungsmäßigkeit der Offenlegungsverpflichtung modifiziert. Angesichts der "neuen" Offenlegungsverpflichtung durch das KapCoRiLiG stellt sich (auf nationaler Ebene[823]) unter neuen Vorzeichen die Frage nach deren Verfassungsmäßigkeit. Im Zuge dessen soll auch auf die Besonderheiten des Bilanzanalyse-Falles eingegangen werden.

I. Art. 12 GG

Es soll geprüft werden, ob durch die Verpflichtung haftungbeschränkter Unternehmen nach HGB, ihren Jahresabschluß nebst weiterer Unterlagen offenzulegen, die Berufsfreiheit nach Art. 12 GG verletzt wird.

1. Schutzbereich

Dies setzt voraus, daß die Verpflichtung haftungsbeschränkter Unternehmen zur Rechnungslegungspublizität nach HGB vom Schutzbereich des Art. 12 Abs.1 GG erfaßt wird.

---

[821] 1. Teil, A. II.2. und IV.

[822] *Friauf*, GmbHR 1985, S. 245ff; GmbHR 1991, S.397.

[823] Wie in der Einleitung unter I.5. ausgeführt, soll zunächst isoliert die Verfassungsmäßigkeit ohne Betrachtung der Wechselwirkung zwischen Europarecht und Grundgesetz betrachtet werden, die im Folgenden unter E. behandelt wird.

Entsprechend den vorstehenden Ausführungen zum personalen Schutzbereich der Berufsfreiheit[824] unterliegen die nach HGB zur Rechnungslegungspublizität verpflichteten Kapitalgesellschaften und besonderen Personenhandelsgesellschaften im Sinne des § 264a HGB dem personalen Schutzbereich des Art. 12 Abs.1 GG.

Da die Vorschriften des HGB, die zur Offenlegung der Rechnungslegung verpflichten, die Modalitäten der Führung von Unternehmen betreffen, berühren sie den zuvor dargestellten[825] sachlichen Schutzbereich der Berufsfreiheit.

2. Eingriff

Ein Verstoß der Rechnungslegungspublizität gegen Art.12 Abs.1 GG setzt einen Eingriff in den Schutzbereich des Grundrechts voraus. Durch die Verpflichtung zur Offenlegung von Jahresabschlußunterlagen wird nicht der Zugang zur Führung eines Unternehmens schlechthin verwehrt, sondern es werden lediglich Anordnungen getroffen, wie dieses Unternehmen zu führen ist, nämlich daß seine Jahresabschlußunterlagen bei öffentlichen Stellen einzureichen sind. Durch die nach HGB gebotene Rechnungslegungspublizität liegt somit ein Eingriff in die Freiheit der Berufsausübung, also - entsprechend vorstehender Darstellung der Drei-Stufen-Lehre[826] - auf der dritten und niedrigsten Stufe des Grundrechts der Berufsfreiheit vor.[827]

3. Verfassungsrechtliche Rechtfertigung

Fraglich ist, ob dieser Eingriff verfassungsrechtlich gerechtfertigt ist. Nach der zuvor dargestellten Stufenlehre[828] ist dazu nach Feststellung der Eingriffsintensität zunächst zu überprüfen, ob der mit der Regelung verfolgte Zweck den Anforderungen entspricht, die an ihn entsprechend der Schwere des Eingriffs zu stellen sind.

---

[824] Zweiter Teil, A. I. 1., b) S. 165ff.
[825] Zweiter Teil, A. I. 1., a) S. 164.
[826] Zweiter Teil, A. I. 2. S. 170.
[827] So auch *Friauf*, GmbHR, 1991, S. 397, 402 (mit ausf. Begr.); *ders.*, GmbHR 1985, S. 245, 251 (mit knapper Begr.); *Schulze-Osterloh*, FS 100 Jahre GmbHG, S. 501, 517; OLG Köln, Beschl. v. 8.3.1991 - 2 Wx 1/91, GmbHR 1991, S. 423.
[828] Zweiter Teil, A. I. 3., S. 171ff.

Da es sich bei Vorschriften zur Jahresabschlußpublizität nach HGB um Berufsausübungsregelungen handelt, können diese entsprechend der Stufenlehre durch jeden legitimen Zweck im Interesse des Gemeinwohls gedeckt sein.[829]

Liegt ein solcher Zweck vor, ist nach der Stufenlehre[830] anschließend zu prüfen, ob der Eingriff zur Erreichung dieses Zwecks geeignet, erforderlich und angemessen ist.[831]

a) Legitimer Zweck

Der deutsche Gesetzgeber verfolgt mit der im Handelsgesetzbuch vorgesehenen Jahresabschlußpublizität haftungsbeschränkter Unternehmen die "konsequente Umsetzung des Grundsatzes 'Publizität ist der Preis für die Haftungsbeschränkung'"[832]. Im Zuge der Ausdehnung der Jahresabschlußpublizität auf haftungsbeschränkte Personenhandelsgesellschaften, also solche, bei denen keine natürliche Person unbeschränkt haftender Gesellschafter ist, hat dies der Gesetzgeber in der Gesetzesbegründung ausdrücklich festgehalten.[833]

aa) Grundüberlegung

Nach hier vertretener Ansicht stellt sich deshalb nicht als erstes die Frage, ob der Grundsatz „Publizität ist der Preis für Haftungsbeschränkung“ undifferenziert ein legitimer Zweck einer Berufsausübungsregelung sein kann. Zunächst ist vielmehr danach zu fragen, ob nicht bereits das Ziel, diesen Grundsatz konsequent gesetzgeberisch umzusetzen, legitimer Zweck im Interesse der Allgemeinheit ist.

Nach Ansicht des Verfassers ist dies der Fall:

Wenn im demokratischen Willensbildungsprozeß die Entscheidung gefallen ist, eine bestimmte Grundkonzeption zu verfolgen, ist es ein legitimer Zweck im Interesse des Gemeinwohls, die konsequente gesetzgeberische Umsetzung dieser

---

829 Siehe oben, Zweiter Teil, A. I. 3., S. 172.
830 Siehe oben, Zweiter Teil, A. I. 3., S. 172.
831 Siehe oben, Zweiter Teil, A. I. 3., S. 172.
832 BT-Drucksache 14/2353, S.40.
833 BT-Drucksache 14/2353, S.40.

Konzeption zu betreiben. Für die Funktionstüchtigkeit eines demokratischen Gemeinwesens ist es sogar ein sehr wichtiges Ziel, die im politischen Willensbildungsprozeß getroffenen Grundentscheidungen konsequent gesetzgeberisch umzusetzen.

Eine andere Frage ist es, ob die umzusetzende Grundkonzeption für sich genommen politisch richtig oder sinnvoll ist. Dies ist aber nicht Gegenstand einer verfassungsrechtlichen Prüfung.

Verfassungsrechtlich zu überprüfen ist jedoch, ob die Grundkonzeption selbst mit den Anforderungen der Verfassung, insbesondere dem Verhältnismäßigkeitsgrundsatz, vereinbar ist. Wäre dies nicht der Fall, stünde der an sich legitime Zweck, eine (politische) Grundkonzeption konsequent gesetzgeberisch umzusetzen, im Widerspruch zur Werteordnung des Grundgesetzes und könnte deshalb nicht Legitimationsgrundlage für eine Berufsausübungsregelung sein.[834]

Wenn die Grundkonzeption selbst auf ihre Verfassungsmäßigkeit hin untersucht wird, ist deshalb im Rahmen der dabei vorzunehmenden Verhältnismäßigkeitsprüfung ein zweites Mal nach einem Zweck zu fragen: dem Zweck des mit der Grundkonzeption verfolgten Gedankens. Für die Erreichung dieses Zwecks muß die Grundkonzeption geeignet, erforderlich und angemessen sein, um ihrerseits verfassungskonform zu sein. Erst an dieser Stelle ist also nach dem Zweck der Grundkonzeption zu fragen.

Für die Jahresabschlußpublizität nach HGB bedeutet dies: Die konsequente gesetzgeberische Umsetzung des Grundsatzes „Publizität ist der Preis für Haftungsbeschränkung" ist bereits für sich genommen ein legitimer Zweck der Berufsausübungsregelung. Der Grundsatz „Publizität als Preis für Haftungsbeschränkung" ist eine (politische) Grundentscheidung[835]. Legitimer Zweck der auf die Rechnungslegung bezogenen Offenlegungsverpflichtungen nach HGB ist es, diese Grundentscheidung konsequent gesetzgeberisch umzusetzen.

---

[834] Siehe oben Zweiter Teil A. I. 3., S. 172, mit Nachweisen in Fn 742.

[835] Der deutsche und der europäische Gesetzgeber haben sich auf der Grundlage des „ordnungspolitischen Denkens der sechziger und siebziger Jahre" (*Schindhelm/Hellwege/Stein*, StuB 2000, S. 72) für die Konzeption „Publizität ist der Preis für Haftungsbeschränkung" entschieden, während etwa das amerikanische Konzept nicht Publizität als Korrelat der Haftungsbeschränkung vorsieht, sondern Publizität als Korrelat für die Inanspruchnahme des Kapitalmarktes bestimmt, siehe etwa *Merkt*, US-amerikanisches Gesellschaftsrecht, Rdnr. 209.

In einem zweiten Schritt ist verfassungsrechtlich zu überprüfen, ob die Grundkonzeption „Publizität als Preis für Haftungsbeschränkung" selbst den Anforderungen des Grundgesetzes, insbesondere dem Verhältnismäßigkeitsgrundsatz genügt. Wäre dies nicht der Fall, verstieße auch ihre konsequente gesetzgeberische Umsetzung und damit die Rechnungslegungspublizität nach HGB gegen das Grundgesetz.

Wenn festgestellt wird, daß die Grundentscheidung für „Publizität als Korrelat der Haftungsbeschränkung" selbst im Einklang mit der Verfassung, insbesondere dem Verhältnismäßigkeitsgrundsatz steht, ist die konsquente gesetzgeberische Umsetzung dieser Grundkonzeption ein legitimer Zweck, der mit den Wertungen des Grundgesetzes in Einklang steht. Es kann deshalb danach geprüft werden, ob die konkrete Ausgestaltung der Rechnungslegungspublizität nach HGB geeignet, erforderlich und angemessen ist, den legitimen Zweck einer konsequenten Umsetzung des Grundsatzes „Publizität ist der Preis für Haftungsbeschränkung" zu erreichen.

bb) Der legitime Zweck des Bilanzrichtliniengesetzes

Auf die Offenlegung der Rechnungslegung gerichtete Publizitätspflichten wurden für Kapitalgesellschaften bereits durch das Bilanzrichtliniengesetz[836] eingeführt.

(1) Damalige Kritik im Schrifttum

Dazu wurde seinerzeit vorgebracht, der deutsche Gesetzgeber habe damit kein eigenständiges Regelungsziel verfolgt, sondern lediglich die Absicht gehabt, die Vierte EG-Richtlinie umzusetzen.[837] Dies sei aber kein legitimer Zweck im Sinne einer Prüfung des Art. 12 Abs.1 GG, weil kein eigenständiges sachliches Regelungsziel verfolgt werde.[838] Selbst wenn man annähme, der deutsche Gesetzgeber hätte sich die Intention des europäischen Richtliniengesetzgebers zu eigen gemacht, so sei zweifelhaft, ob ein legitimes Interesse der Allgemeinheit an der

[836] Gesetz zur Durchführung der Vierten, Siebenten und Achten Richtlinie des Rates der Europäischen Gemeinschaften zur Koordinierung des Gesellschaftsrechts vom 19.12.1985, BGBl. I 1985, 2355.
[837] *Friauf*, GmbHR 1991, S. 397, 402.
[838] *Friauf*, GmbHR 1991, S. 397, 402.

durch das Bilanzrichtliniengesetz eingeführten Publizitätspflicht für Gesellschaften mit beschränkter Haftung bestehe. Denn zum einen gehe es der Richtlinie nur um eine Koordinierung der einzelstaatlichen Vorschriften über Gliederung, Inhalt und Offenlegung der Jahresabschlüsse.[839] Dies sei hinsichtlich der Offenlegungsverpflichtung aber auch auf einem weit niedrigeren Niveau möglich. Gemeinwohlbezogene Interessen, warum die Offenlegung sehr weitgehend europaweit harmonisiert wurde, seien nicht ersichtlich.[840] Zum zweiten könne auch auf den in der Literatur genannten Gedanken der Publizität als Korrelat der Haftungsbeschränkung nicht zurückgegriffen werden, weil die Publizitätspflichten nicht als von Amts wegen erzwingbar ausgestaltet wurden.[841] Dies zeige, daß der Gesetzgeber bei Einführung der Publizitätspflicht für die GmbH kein legitimes Interesse der Allgemeinheit verfolgt habe. Andernfalls hätte nämlich die Verfolgung der konsequenten Anwendung der Publizitätsvorschriften nicht in das Belieben einzelner gestellt werden dürfen.[842]

(2) Stellungnahme

Es ist nicht ohne weiteres ersichtlich, warum die bloße Umsetzung von EG-Richtlinien kein legitimes Regelungsziel des Gesetzgebers sein soll. Im Gegenteil ergibt sich aus der Wertung des Art. 23 GG geradezu ein Auftrag für den deutschen Gesetzgeber zur Schaffung europarechtskonformen Rechts.

Dagegen läßt sich nicht einwenden, dann könne sich jeder Eingriff unter Berufung auf die Umsetzung einer EG-Richtlinie ohne Rücksicht auf Ziel, Inhalt und Intensität des Eingriffs über die Berufsfreiheit hinwegsetzen[843]. Entgegen diesem Einwand kann man sich nämlich nicht unter Berufung auf die Umsetzung einer EG-Richtlinie ohne weiteres über die Berufsfreiheit hinwegsetzen. Denn ist die Umsetzung einer EG-Richtlinie der mit dem Eingriff verfolgte legitime Zweck i.S.v. Art. 12 Abs.1 GG, bleibt gleichwohl zu prüfen, ob das konkrete Umsetzungsgesetz in der konkret gesetzgeberisch ausgestalteten Art und Weise der Umsetzung geeignet, erforderlich und angemessen ist, die EG-Richtlinie umzu-

---

[839] *Friauf*, GmbHR 1991, S. 397, 403.
[840] *Friauf*, GmbHR 1991, S. 397, 403.
[841] *Friauf*, GmbHR 1991, S. 397, 403.
[842] *Friauf*, GmbHR 1991, S. 397, 403.
[843] So aber *Friauf*, GmbHR 1991, S. 397, 402.

setzen.[844] Mit dem legitimen Zweck „Umsetzung einer EG-Richtlinie“ kann man sich also nicht ohne Rücksicht auf Inhalt und Intensität des Eingriffs[845] über die Berufsfreiheit hinwegsetzen. Die Annahme eines legitimen Zwecks wird dadurch also nicht ausgeschlossen.

Entgegen der oben dargestellten Kritik im Schrifttum hatte der Gesetzgeber auch bereits mit der Einführung der Publizitätspflicht durch das BiRiLiG den legitimen Zweck verfolgt, zur Stärkung des Gläubigerschutzes eine Publizität als Korrelat der Haftungsbeschränkung der GmbH einzuführen. Dies ergibt sich bereits daraus, daß diese Gedanken bereits im Vorfeld des Gesetzgebungsverfahrens zum Bilanzrichtliniengesetz vom Gesetzgeber festgehalten wurden, und zwar im Rahmen der Referentenentwürfe, als zunächst nur eine nationale Publizitätsregelung für die GmbH zur Debatte stand.[846]

Somit war es entgegen der im Schritftum vorgebrachten Kritik[847] bereits Zweck des Bilanzrichtliniengesetzes, im Interesse eines erhöhten Gläubigerschutzes eine Publizität als Korrelat zur Haftungsbeschränkung einzuführen.

Entgegen der im Schrifttum vorgebrachten Kritik[848] ist die gesetzgeberische Umsetzung des Prinzips „Publizität als Korrelat der Haftungsbeschränkung“ ein legitimes Interesse der Allgemeinheit. Dem steht nicht entgegen, daß die Sanktionen bei Nichtbefolgen der Offenlegungsverpflichtung nicht von Amts wegen, sondern nur auf Antrag Dritter eingreifen.[849] Es ist nämlich zu unterscheiden zwischen einerseits der Verpflichtung haftungsbeschränkter Unternehmen zur Offenlegung ihrer Jahresabschlüsse und andererseits der Frage, wie die Nichtbefolgung dieser Verpflichtung zu sanktionieren ist.

---

[844] Dies zeigt sich gerade auch im Hinblick auf die Umsetzung der europarechtlichen Vorgaben für die Sanktionierung der Nichtoffenlegung: Wie bereits *Vogel* 1993 und der EuGH mit Urt. v. 29.9.1998 festgestellt haben, waren die Sanktionsregelungen des § 335 HGB i.d.F. des BiRiLiG nicht geeignet, den legitimen Zweck der Umsetzung der 4. EG-Richtlinie zu verfolgen, da sie die Anforderungen der EG-Richtlinie unterschritten haben.

[845] So aber *Friauf*, GmbHR 1991, S. 397, 402.

[846] *Apelt*, S.35-38 m.w.N.

[847] *Friauf*, GmbHR 1991, S. 397, 402f.

[848] *Friauf*, GmbHR 1991, S. 397, 403.

[849] So aber *Friauf*, GmbHR 1991, S. 397, 403; auch *Gustavus*, ZIP 1988, S.1429, 1432 und *Schulze-Osterloh*, FS 100 Jahre GmbH, S.501, 517 halten das Antragserfordernis für "problematisch" bzw. "befremdlich".

Die Verpflichtung zur Jahresabschlußpublizität besteht im Interesse der Allgemeinheit unabhängig vom "privaten Belieben"[850] einzelner. Sie ist eine allgemeingültige Rechtspflicht. Wenn die Mißachtung dieser Rechtspflicht nur auf Antrag sanktioniert wird, werden dadurch nicht "hoheitliche Belange mit Individualinteressen vermengt"[851]. Es ist nämlich in der Rechtsordnung durchaus möglich, die Nichtbefolgung allgemeingültiger Rechtspflichten nur auf Antrag zu sanktionieren: So werden etwa durch die Vorschriften des Strafgesetzbuches ebenfalls im Interesse der Allgemeinheit allgemeingültige Verpflichtungen aufgestellt, deren Sanktionierung teilweise ebenfalls nur auf Antrag erfolgt: § 189 StGB enthält die Verpflichtung, andere nicht zu beleidigen, § 123 StGB die Verpflichtung, nicht unbefugt Geschäftsräume zu betreten. Eine Sanktionierung der Mißachtung dieser Verpflichtungen erfolgt ebenfalls nicht von Amts wegen, sondern ist gleichfalls in das "private Belieben" einzelner gestellt. Gleichwohl bestehen diese Verpflichtungen im Interesse der Allgemeinheit, ohne daß davon gesprochen würde, daß hoheitliche Belange mit privaten Interessen vermengt werden.

Dies gilt auch für die Jahresabschlußpublizitätspflicht haftungsbeschränkter Unternehmen. Sie besteht im Interesse der Allgemeinheit, so wie es im Interesse der Allgemeinheit ist, daß nicht beleidigt oder Hausfriedensbruch begangen wird. Die Sanktionierung dieser Verpflichtungen erfordert einen Antrag.[852] Dabei ist der Kreis der Antragsberechtigten in den genannten strafrechtlichen Fällen weitaus geringer als für die Sanktionierung unterlassener Jahresabschlußpublizität. Mit dem KapCoRiLiG kann diese nun jedermann beantragen, also der denkbar weiteste Kreis Antragsberechtigter. Unter dem BiRiLiG waren es die Gläubiger, Gesellschafter und der (Gesamt-)betriebsrat. Auch dies war gewiß ein engerer Kreis, aber immer noch ein wesentlich größerer Kreis, als die Antragsberechtigten in den genannten strafrechtlichen Verfahren, dem denkbar kleinsten Kreis: dem oder die konkret Geschädigte(n).

[850] *Friauf*, GmbHR 1991, S. 397, 403.

[851] So aber *Gustavus*, ZIP 1988, S. 1429, 1432.

[852] Dies beruhte bei Einführung der Jahresabschlußpublizität durch das Bilanzrichtliniengesetz zunächst auch auf praktischen Überlegungen: Der Gesetzgeber sei nach Anhörung der Landesjustizminister davon ausgegangen, daß die Registergerichte ohne drastische Stellenvermehrung nicht in der Lage gewesen seien, gegen sämtliche säumige Gesellschaften vorzugehen. Durch das Antragserfordernis sollten die Registergerichte entlastet werden, *Gustavus*, ZIP 1988, S. 1429, 1432.

cc) Zwischenergebnis

Die im Rahmen der Einführung des Bilanzrichtliniengesetzes vorgebrachte Kritik, wonach das Ziel des Bilanzrichtliniengesetzes, den Grundsatz „Publizität als Korrelat der Haftungsbeschränkung“ und die entsprechenden europarechtlichen Vorgaben in deutsches Recht umzusetzen, kein legitimer Zweck für eine Berufsausübungsregelung sein könne, überzeugt nicht.

Es zeigt sich vielmehr, daß der Eingriff in die Berufsausübungsfreiheit durch die Publizitätspflicht von Kapitalgesellschaften und besonderen Personenhandelsgesellschaften im Sinne des § 264a HGB einem legitimen Zweck im Interesse der Allgemeinheit dient. Zweck der Offenlegungsverpflichtung nach HGB ist die "konsequente Umsetzung des Grundsatzes Publiztiät ist der Preis für Haftungsbeschränkung"[853]. Dieser Zweck geht zugleich mit der Zielsetzung einher, europarechtliche Vorgaben in deutsches Recht umzusetzen.

dd) Vereinbarkeit mit der Werteordnung des Grundgesetzes - Verfassungsrechtliche Überprüfung der Grundkonzeption selbst

Nachdem somit feststeht, daß die konsequente gesetzgeberische Umsetzung der Grundkonzeption „Publizität als Korrelat der Haftungsbeschränkung“ prinzipiell ein legitimer Zweck für einen Eingriff in die Berufsausübungsfreiheit sein kann, ist nach dem zuvor Gesagten[854] zu prüfen, ob dieser legitime Zweck im Widerspruch zur Werteordnung des Grundgesetzes steht. Dies wäre dann der Fall, wenn die Grundkonzeption selbst im Widerspruch zu den Vorgaben des Grundgesetzes stünde, insbesondere dem Verhältnismäßigkeitsgrundsatz.

Folglich ist die Grundkonzeption „Publizität als Korrelat der Haftungsbeschränkung“ daraufhin zu überprüfen, ob sie den Anforderungen des Verhältnismäßigkeitsgrundsatzes genügt. Dies ist dann der Fall, wenn sie ihrerseits einen legitimen Zweck verfolgt und geeignet, erforderlich und angemessen ist, diesen Zweck zu erreichen.

---

[853] BT-Drucks. 14/2353, S. 40.

[854] Siehe oben Zweiter Teil, B. I. 3. a) aa), S. 194, dort auch Fn. 835.

(1) Zweck der Grundkonzeption

Die Grundkonzeption „Publizität als Korrelat der Haftungsbeschränkung" hat den Zweck „Drittschutz durch Publizität"[855] zu erzielen. Dieser Zweck hat mehrere Aspekte: Gläubigerschutz sowie den Schutz der Allgemeinheit. Im Rahmen des Gläubigerschutzes ist wiederum zu unterscheiden zwischen Vertragsgläubigern und Deliktsgläubigern.

Der mit der Grundkonzeption „Publizität als Preis für Haftungsbeschränkung" verfolgte Zweck „Drittschutz durch Publizität" wird daher bereits erreicht, wenn einer der drei Aspekte - (a) Verbesserung des Vertragsgläubigerschutzes, (b) Verbesserung des Deliktsgläubigerschutzes oder (c) Verbesserung des Schutzes der Allgemeinheit vor den Risiken haftungsbeschränkter Unternehmen - erreicht wird. Eine kumulative Verbesserung des Schutzes von Vertragsgläubigern, Deliktsgläubigern und der Allgemeinheit ist nicht erforderlich, um den Zweck „Drittschutz durch Publizität" als erfüllt anzusehen.

(2) Geeignetheit und Erforderlichkeit der Grundkonzeption

(a) Vertragsgläubigerschutz

Vereinzelt ist bezweifelt worden, daß die Publizitätspflicht geeignet und erforderlich sei, einen Gläubigerschutz zu bewirken.[856] Dies bezog sich hauptsächlich auf Geschäftspartner[857], somit also den Vertragsgläubigerschutz. Entgegen der dabei vertrenenen Ansicht kann es für einen Gläubiger bzw. potentiellen Geschäftspartner in einer konkreten Geschäftsbeziehung faktisch schwierig oder aber unerwünscht sein, sich "individuell Aufschluß über die Verhältnisse einer GmbH, mit der er kontrahieren möchte"[858], zu verschaffen, weil dies zum Ende der Geschäftsbeziehung führen kann. Zuzugeben ist den Kritikern der Offenlegungsverpflichtung allerdings, daß sich die Frage nach der Aktualität der beim

[855] *Zimmer/Eckhold*, NJW 2000, S. 1361, 1361 m.w.N.
[856] *Friauf*, GmbHR 1991, S. 397, 405.
[857] *Friauf*, GmbHR 1991, S. 397, 404f.
[858] *Friauf*, GmbHR 1991, S. 397, 405.

Register einsehbaren eingereichten Abschlüsse stellt.[859] Gleichwohl ist es besser, als interessierter Geschäftspartner zur Absicherung und Einschätzung eines haftungsbeschränkten Unternehmens auf ein bis zwei Jahre[860] alte Abschlüsse zurückgreifen zu können, als auf gar keine.

Die Grundkonzeption „Publizität als Korrelat der Haftungsbeschränkung" ist deshalb trotz der Aktualitätsproblematik geeignet, den mit diesem Konzept verfolgten Zweck des (Vertrags-) Gläubigerschutzes zu bewirken.

Sie ist auch erforderlich, weil ein milderes Mittel, insbesondere eine allgemeine Hauspublizität oder ein individuelles Einsichtsrecht eines (potentiellen) Gläubigers beim haftungsbeschränkten Unternehmen nicht ausreichend ist, umfassenden Gläubigerschutz zu gewährleisten. Denn diese Varianten könnten den bezweckten umfassenden Gläubigerschutz nicht vollständig bewirken, weil einzelne Gläubiger aus geschäftlicher Rücksichtnahme gezwungen sein könnten, von einer persönlichen Kontaktaufnahme zur Einsicht in den Jahresabschluß abzusehen.

Die Grundkonzeption „Publizität als Preis für Haftungsbeschränkung" ist somit geeignet und erforderlich, als „Drittschutz durch Publizität" zu einer Verbesserung des Vertragsgläubigerschutzes beizutragen.

(b) Deliktsgläubigerschutz

Möglicherweise ist die besagte Grundkonzeption auch geeignet und erforderlich, um im Wege des Drittschutzes durch Publizität eine Verbesserung des Deliktsgläubigerschutzes bei haftungsbeschränkten Unternehmen zu erreichen.

Zwar können sich Deliktsgläubiger naturgemäß nicht vor Entstehung ihrer Ansprüche über ihre Schuldner informieren. Die Publizität hafttungsbeschränkter

---

[859] *Strobel*, GmbHR 1999, R 393; DB 2000, S. 53, 59; auch *Weilbach*, WPK-Mitt. 1992, S. 63, 67 kann dahingehend verstanden werden; auch *Zimmer/Eckhold*, NJW 2000, S.1361, 1369 weisen auf die Aktualitätsproblematik hin.

[860] Gem. § 325 Abs.1 S.1, Abs.3 S. 1 HGB i.d.F. des KapCoRiLiG sind Jahresabschluß und Lagebericht vor Abschluß des zwölften Monats zum Handelsregister einzureichen. Mitunter kann also ein dort einsehbarer Abschluß fast zwei Jahre alt sein: Der Abschluß zum 31.12.1999 ist bis 31.12.2000 einzureichen. Erst bis 31.12.2001 muß ein neuer Abschluß vorliegen, so daß beispielsweise im November 2001 lediglich der Abschluß 1999 von einem Gläubiger eingesehen werden kann.

Unternehmen bietet aber die Möglichkeit, nach Entstehung eines deliktischen Anspruchs gegen ein haftungsbeschränktes Unternehmen zu überprüfen, ob es nach den zu publizierenden und damit einsehbaren Unterlagen wirtschaftlich Sinn macht, den deliktischen Anspruch auch gerichtlich zu verfolgen. Damit ist aber die Grundkonzeption „Publizität als Korrelat der Haftungsbeschränkung" geeignet, zu einer Verbesserung des Deliktsgläubigerschutzes im Wege des Drittschutzes durch Publizität beizutragen.

Sie ist auch erforderlich, wenn es kein milderes Mittel zur Verbesserung des Delitksgläubigerschutzes im Wege des Drittschutzes durch Publizität gibt. Zwar könnte man jedem, der deliktische Ansprüche gegen ein haftungsbeschränktes Unternehmen geltend machen möchte, ein entsprechendes Einsichtsrecht in die Jahresabschlüsse des Unternehmens gewähren, um die Information des Deliktsgläubigers über die wirtschaftliche Realisierbarkeit seines Anspruchs zu verbessern. In diesem Falle wäre der Deliktsgläubiger aber nicht frei in seiner Entscheidung, ob er überhaupt an das Unternehmen herantritt. Es läge kein echter Drittschutz durch Publizität vor. Nur mit einer generellen Publizitätspflicht für haftungsbeschränkte Unternehmen wird ein solcher Drittschutz durch Publizität für die Deliktsgläubiger eines haftungsbeschränkten Unternehmens erreicht. Die Grundkonzeption „Publizität als Korrelat der Haftungsbeschränkung" ist deshalb erforderlich, um die beschriebene Verbesserung des Deliktsgläubigerschutzes haftungsbeschränkter Unternehmen zu erreichen.

Man mag die Verbesserung des Deliktsgläubigerschutzes durch Publizitätspflichten als einen eher hypothetischen Fall ansehen. Bei hohen Deliktsschäden, etwa durch haftungsbeschränkte Unternehmen im medizintechnischen Bereich oder im Bereich der Produzentenhaftung, könnte dieser Aspekt in Zukunft aber - gerade im Hinblick auf den Verbraucherschutz - durchaus praktische Bedeutsamkeit erlangen. Deliktsgläubiger haftungsbeschränkter Unternehmen sind gegenüber solchen von unbeschränkt haftenden natürlichen Personen und Personengesellschaften mit mindestens einer natürlichen Person als Vollhafter prinzipiell in einer schlechteren Ausgangslage, weil ihnen nur die beschränkte Haftungsmasse des haftungsbeschränkten Unternehmens zur Verfügung steht. Zudem kann das haftungsbeschränkte Unternehmen jederzeit ohne Rechtsnachfolger aufgelöst werden, während natürliche Personen dreißig Jahre lang mit all ihren Einkünften zur Erfüllung deliktischer Ansprüche herangezogen werden können.

(c) Schutz der Allgemeinheit vor Insolvenzen haftungsbeschränkter Unternehmen

Zusätzlich zum Vertrags-Gläubigerschutzgedanken[861], den Geschäftspartnern haftungsbeschränkter Unternehmen Anhaltspunkte über ihre (potentiellen) Zahlungsansprüche zu liefern[862], und dem oben entwickelten Gedanken des Deliktsgläubigerschutzes dient die Grundkonzeption der „Publizität als Korrelat der Haftungsbeschränkung“ auch einem generellen volkswirtschaftlichen Insolvenzschutz vor Zusammenbrüchen haftungsbeschränkter Unternehmen und somit dem Schutz der Allgemeinheit.

Bei Kapitalgesellschaften und besonderen Personengesellschaften i.S.d. § 264a HGB n.F. besteht eine für diesen Unternehmenstyp charakteristische "Trennung von organschaftlicher Leitung und persönlicher Haftung".[863] Das Insolvenzrisiko ist beim haftungsbeschränkten Unternehmen keine direkte persönliche Bedrohung für die Gesellschafter, wenn diese über ein ausreichend großes Privatvermögen oder andere Einnahmequellen verfügen. Umfassende Konsequenzen für die persönliche Vermögensituation der Geschäftsführung bestehen mangels eines Haftungsdurchgriffs nicht. Daher kann das Insolvenzrisiko nüchtern in die Strategieüberlegungen von Geschäftsführung und Gesellschaftern mit einbezogen werden.

Der erhobene Einwand[864], „Publizität als Preis für die Haftungsbeschränkung" liefe ins Leere, nachdem die Insolvenzordnung zur totalen Haftungsbegrenzung führe, überzeugt nicht. Denn die nach der Insolvenzordnung mögliche Restschuldbefreiung kann nicht mit der Liquidation einer insolventen GmbH verglichen werden: Abgesehen davon, daß für die Einleitung eines Restschuldverfahrens strengere Voraussetzungen als für den Insolvenzantrag einer GmbH erfüllt sein müssen, ist das Leben des Schuldners in der siebenjährigen Wohlverhaltensphase der Restschuldbefreiung strengen finanziellen Auflagen unterworfen, während ein Gesellschafter oder Geschäftsführer einer insolventen GmbH nach

---

[861] *Strobel*, DB 1994, S. 1293, 1294 spricht die Möglichkeit an, eine gesetzliche oder richterrechtliche Verknüpfung von Insolvenzrecht und Bilanzpublizität vorzunehmen: Im Insolvenzfall könnte bei vorangegangener Verletzung der Publizitätspflicht gläubigerschädigendes Verhalten vermutet werden.

[862] *Ehlig*, Wpg 1997, S. 513, 516.

[863] *Leible*, ZHR 162 (1998), S. 594, 615; *Ehlig*, Wpg 1997, S. 513, 516.

[864] *Strobel*, DB 2000, S. 53, 59.

der Insolvenz der GmbH hinsichtlich seiner persönlichen Vermögens- und Einkommenslage nicht zwingend nachhaltigen Beschränkungen unterworfen ist.

Ebensowenig greift der Einwand[865], durch den Zusammenbruch fremdüberwachter Konzerne hätten Gläubiger und Steuerzahler ein Mehrfaches an Verlusten erlitten gegenüber den Insolvenzen mittelständischer Unternehmen. Dies ist zwar ein Argument dafür, warum bei großen haftungsbeschränkten Unternehmen die Transparenz- und Publizitätsdichte erhöht sein muß. Daraus leitet sich aber nicht ab, warum der Grundsatz „Publizität ist der Preis für Haftungsbeschränkung“ bei mittelständischen haftungsbeschränkten Unternehmen nicht geeignet wäre, einen Schutz der Allgemeinheit vor Insolvenzen zu begründen.

Bei haftungsbeschränkten Unternehmen besteht ein strukturell erhöhtes Risiko, daß die Volkswirtschaft mit Insolvenzen dieses Unternehmenstyps belastet wird.

Dies wurde bereits frühzeitig in einer grundlegenden Arbeit[866] theoretisch gezeigt. Danach sind die Geschäftsführer eines haftungsbeschränkten Unternehmens "nicht gezwungen ... , mit der gleichen Umsicht zu handeln wie ein Unternehmer, der mit seinem ganzen Vermögen einzustehen hat. Viele Wagnisse, die ein vollhaftender Unternehmer scheut, werden diese Kaufleute eingehen, können sie doch ... die möglichen Verluste ... auf ihre Gläubiger überwälzen."[867]

In einer späteren Arbeit wurde auf das allgemeine Prinzip beschränkter Haftung als Grundlage bedenkenfreien Handelns hingewiesen.[868] Dabei wird konkret ausgeführt, daß es den Managern eines haftungsbeschränkten Unternehmens möglich und auch geboten sei, jedes Projekt durchzuführen, "das einen positiven Kapitalwert aufweist, auch wenn ein solches Projekt zur Insolvenz des Unternehmens führen könnte."[869]

Dieser theoretisch ermittelten Befund wird durch die Zahlen tatsächlich erfolgter Insolvenzen bestätigt: Die "Insolvenzquote" von Gesellschaften mit beschränkter

---

865 *Weilbach*, WPK-Mitt. 1992, S. 63, 68.
866 *Moxter*, Der Einfluß von Publizitätsvorschriften auf das unternehmerische Verhalten, S.1, 111ff.
867 *Moxter*, Der Einfluß von Publizitätsvorschriften auf das Unternehmerische Verhalten, S.111.
868 *Adams*, S. 12.
869 *Adams*, S. 51.

Haftung ist deutlich höher als diejenige von Einzelunternehmen und Personenhandelsgesellschaften:

1998 waren dem Statistischen Bundesamt 593.912 GmbH gemeldet.[870] 16.413 GmbH meldeten 1998 Konkurs an. Dies ergibt eine "Insolvenzquote" von 2,76 % jährlich.

Im selben Jahr waren auf derselben Grundlage 328.432 Personengesellschaften[871] gemeldet und 1.456 Insolvenzverfahren dieser Unternehmen. Dies entspricht einer "Insolvenzquote" von 0,44% jährlich.

1998 gab es laut statistischem Bundesamt 1.971.181 Einzelunternehmen und 9.696 Insolvenzen in diesem Bereich[872], was eine "Insolvenzquote" von 0,49% ergibt.

Im Hinblick auf die „Insolvenzquote" von Personengesellschaften ist zusätzlich zu berücksichtigen, daß in der Statistik für Personengesellschaften auch die haftungsbeschränkten "& Co.-" Unternehmen enthalten sind. Diese dürften entsprechend dem Trend bei den GmbH eher zu einer Erhöhung der "Insolvenzquote" der nur als Gesamtheit - also sowohl mit, als auch ohne natürliche Personen als Vollhafter - erfaßten Personengesellschaftern führen. Die „Insolvenzquote" bei Personengesellschaften mit ausschließlich natürlichen Personen als Vollhafter dürfte deshalb entsprechend den Einzelunternehmen niedriger liegen, wahrscheinlich sogar noch unter den Einzelunternehmen, weil bei diesen auch (handelsregisterlich nicht erfaßte) Kleinstbetriebe enthalten sind, bei denen erfahrungsgemäß als Versuch der Selbständigkeit in der Gründungsphase ein erhöhtes Insolvenzrisiko besteht.

Nach alledem ist die "Insolvenzquote" von Gesellschaften mit beschränkter Haftung ist mehr als fünfmal so hoch wie diejenige von Einzelunternehmen und Personengesellschaften.

---

[870] Informationsdienst des statistischen Bundesamtes von Mai 2000 unter 01888-644-25700/2600 auf Grundlage der USt.- Statistik.

[871] Möglichkeiten zur gesonderten Erfassung von Personengesellschaften mit natürlichen Personen als Komplementären einerseits und haftungsbeschränkten Personengesellschaften vom Typ "& Co." andererseits hat das Statistische Bundesamt (jedenfalls für die Vergangenheit) nicht.

[872] Alle vorstehenden Daten beruhen auf dem in Fn 870 genannten Informationsdienst des Statistischen Bundesamtes, Stand Mai 2000.

Bezogen auf den Schutz der Gesamtwirtschaft vor Insolvenzen bergen also Gesellschaften mit beschränkter Haftung sowohl strukturell als auch tatsächlich ein erhöhtes Insolvenzrisiko.

Um diesem vorzubeugen, erscheint ein "Frühwarnsystem" sinnvoll. Die Publizitätpflicht kann als ein Element eines solchen Systems angesehen werden. Denn risikobehaftetes Handeln wird eher im Verborgenen erfolgen, insbesondere bei eine angespannten Geschäftslage. Muß die Geschäftsleitung nämlich damit rechnen, daß ihr unternehmerischen Handeln vor dem Hintergrund einer offengelegten bilanziellen Situation auch von Außenstehenden kritisch betrachtet werden kann, so wird sie - nicht zuletzt auch aus Reputationsgründen - unternehmerische Wagnisse in einer Krisensituation genauer überdenken, als wenn alles im Verborgenen geschähe. Nicht zuletzt wird bei einer bestehenden Publizitätspflicht die Unternehmensleitung darauf bedacht sein, es gar nicht so weit kommen zu lassen, das Unternehmen in einen derart desolaten Zustand geraten zu lassen, daß sich dieser aus den Jahresabschlüssen herauslesen läßt.

Es ergibt sich also, daß die Grundkonzeption „Publizität als Korrelat der Haftungsbeschränkung“ geeignet ist, auch den Aspekt des Schutzes der Allgemeinheit vor Insolvenzen im Rahmen des Gesamtzwecks „Drittschutz durch Publizität“ zu erreichen.

Fraglich ist, ob dies auch erforderlich ist. Erforderlich ist eine Maßnahme, wenn ein kein milderes Mittel möglich ist. Die vorstehend beschriebene Schutzwirkung, die mit einer Information der Öffentlichkeit über haftungsbeschränkte Unternehmen verbunden ist, läßt sich nur durch eine entsprechende Grundkonzeption erreichen, in der an die Haftungsbeschränkung eine Publizitätspflicht geknüpft wird. Somit ist die Grundkonzeption „Publizität als Korrelat der Haftungsbeschränkung“ geeignet und erforderlich, den Schutz der Allgemeinheit vor Insolvenzen haftungsbeschränkter Unternehmen zu verbessern und damit auch diesen Teilaspekt des Gesamtzwecks „Drittschutz durch Publizität“ zu erreichen.

---

als Vollhafter entsprechend den Einzelunternehmen niedriger liegen, wahrscheinlich sogar noch unter den Einzelunternehmen, weil bei diesen auch (handelsregisterlich nicht erfaßte) Kleinstbetriebe enthalten sind, bei denen erfahrungsgemäß als Versuch der Selbständigkeit in der Gründungsphase ein erhöhtes Insolvenzrisiko besteht.

(d) Zusammenfassung

Die Grundkonzeption „Publizität als Korrelat der Haftungsbeschränkung" ist geeignet und erforderlich, den Zweck eines Drittschutzes durch Publizität zu erreichen, und zwar sowohl hinsichtlich des Vertrags- und Deliktsgläubigerschutzes, als auch im Hinblick auf den Schutz der Allgemeinheit vor Insolvenzen haftungsbeschränkter Unternehmen.

(3) Angemessenheit der Grundkonzeption

Darüber hinaus darf die Grundkonzeption „Publizität als Korrelat der Haftungsbeschränkung" die Grenzen der Angemessenheit nicht überschreiten, um gemessen an den Maßstäben des Verhältnismäßigkeitsgrundsatzes für sich genommen verfassungsgemäß zu sein.

Die Grenze der Angemessenheit wird insbesondere dann überschitten, wenn der einzelne durch eine Maßnahme übermäßig belastet wird. Die Grundkonzeption „Publizität als Korrelat der Haftungsbeschränkung" ist nur eine Grundentscheidung, die noch ihrer konkreten gesetzgeberischen Umsetzung bedarf. Erst diese stellt dann eine Maßnahme dar, die anhand ihrer konkreten Ausgestaltung darauf hin überprüft werden kann, ob der einzelne dadurch übermäßig belastet wird.

Allein durch die Grundkonzeption „Publizität als Korrelat der Haftungsbeschränkung" ist eine übermäßige Belastung des einzelnen deshalb noch nicht ersichtlich.

(4) Zwischenergebnis

Die Grundkonzeption „Publizität als Preis für Haftungsbeschränkung" ist geeignet, erforderlich und angemessen, um den mit ihr verfolgten Zweck eines Dittschutzes durch Publizität zu erreichen. Sie verstößt deshalb für sich genommen nicht gegen den Verhältnismäßigkeitsgrundsatz. Andere Anhaltspunkte für eine Grundgesetzwidrigkeit der Grundkonzeption „Publiztität als Preis für Haftungsbeschränkung" sind nicht ersichtlich. Folglich steht auch der legitime Zweck, diese Grundkonzeption konsequent gesetzgeberisch umzusetzen, nicht im Widerspruch zur Werteordnung des Grundgesetzes.

Entsprechend den vorstehenden grundlegenden Überlegungen[873] ist somit nach der Stufenlehre[874] zu prüfen, ob die konkrete Ausgestaltung der Rechnungslegungspublizität nach HGB geeignet und erforderlich ist, den legitimen Zweck zu erreichen, die Grundkonzeption „Publizität als Korrelat der Haftungsbeschränkung" und die entsprechenden Vorgaben des Europarechts konsequent gesetzgeberisch umzusetzen. Ist dies der Fall, ist noch die Angemessenheit der Regelungen zu überprüfen.

b) Geeignetheit und Erforderlichkeit der konkreten gesetzgeberischen Ausgestaltung

Der mit der Offenlegungsverpflichtung nach HGB verbundene berufsregelnde Eingriff ist somit nur dann mit Art.12 Abs.1 GG vereinbar, wenn das konkret eingesetzte Gestaltungsmittel, also die konkrete Ausgestaltung der Jahresabschlußpublizität durch die §§ 325ff., 335a und 264a HGB, geeignet und erforderlich ist, den gesetzgeberischen Zweck einer konsequenten Umsetzung des Grundsatzes „Publizität ist der Preis für Haftungsbeschränkung" und der entsprechenden europarechtlichen Vorgaben zu erreichen.

aa) Geeignetheit der konkreten gesetzgeberischen Ausgestaltung

Die konkrete Ausgestaltung der Jahresabschlußpublizität durch die §§ 325ff., 335a, 335b und 264a HGB ist geeignet, den mit ihr verfolgten Zweck zu erreichen, wenn sie eine konsequente Umsetzung des Grundsatzes „Publizität ist Preis der Haftungsbeschränkung" und der entsprechenden europarechtlichen Vorgaben darstellt.

Dagegen könnte sprechen, daß ein Verstoß gegen die Publizitätspflicht nicht von Amts wegen[875], sondern nur auf Antrag von Dritten sanktioniert wird. Daraus könnte man schlußfolgern, daß durch die §§ 325 und 264a HGB zwar jedes haftungsbeschränkte Unternehmen zur Rechnungslegungspublizität verpflichtet ist, die Publiziätspflicht jedoch mangels einer Sanktionierung von Amts wegen nicht

---

[873] Siehe oben Zweiter Teil, B. I. 3. a) aa), S. 194.
[874] Siehe oben Zweiter Teil, A. I. 3., S. 172.
[875] Für ein Amtsverfahren *Lenenbach*, DZWiR 1998, S. 265, 270; *Apelt*, Die Publizität der GmbH, S.217 spricht sich für ein Auflösungsverfahren von Amts wegen aus.

auch tatsächlich von allen befolgt würde. Demnach wäre der Grundsatz „Publizität als Korrelat der Haftungsbeschränkung" nicht konsequent gesetzgeberisch umgesetzt, weil er aufgrund des bloßen Antragsverfahrens nicht konsequent beachtet werden müßte.

Diese Einschätzung trifft jedoch nicht zu: Durch die Ausdehnung des Antragsrechtes auf jedermann im Zuge des KapCoRiLiG besteht eine effektive Sanktionsdrohung. Denn den meisten haftungsbeschränkten Unternehmen werden bei Nichtbefolgung der Publizitätspflicht tatsächlich auch Sanktionen drohen, wenn man an Auskunfteien, die Schufa oder Konkurrenten als mögliche Antragsteller denkt[876]: Zum einen besteht das realistische Risiko einer flächendeckenden Erfassung der Jahresabschlüsse haftungsbeschränkter Unternehmen durch Auskunfteien, die Schufa oder andere Datendienste. Zwangsläufige Konsequenz wäre ein entsprechender Sanktionsantrag, wenn ein Unternehmen, das erfaßt werden soll, die Offenlegungsverpflichtung nicht beachtet. Zum zweiten ist es stets möglich, daß sich Geschäftspartner, Gläubiger oder Konkurrenten sowie etwa auch Fachjournalisten ein Bild über die wirtschaftliche Lage des haftungsbeschränkten Unternehmens machen wollen und einen entsprechenden Sanktionsantrag stellen, falls das betreffende Unternehmen nicht offengelegt hat.

Faktisch besteht somit durch das uneingeschränkte Antragsrecht für jedermann eine effektiv bestehende Sanktionsdrohung bei Nichtbefolgen der Publizitätspflicht.[877]

Folglich wird jedes haftungsbeschränkte Unternehmen auch tatsächlich gehalten sein, den Grundsatz „Publizität ist der Preis für Haftungsbeschränkung" zu beachten. Die konkrete Ausgestaltung der Jahresabschlußpublizität nach HGB in der Fassung des KapCoRiLiG ist daher geeignet, den Zweck zu erreichen, den Grundsatz[878] "Publizität ist der Preis für Haftungsbeschränkung" konsequent gesetzgeberisch umzusetzen. Dies gilt auch für die Umsetzung der entsprechenden europarechtlichen Vorgaben: In diesen ist nicht bereits festgelegt, wie eine Nichtbeachtung der Publizitätspflicht zu sanktionieren ist[879]. Daher ist zur Umsetzung

[876] *Hempe*, GmbHR 2000, R 121.
[877] *Theile*, GmbHR 2000, S. 215.
[878] BT-Drucks. 14/2353.
[879] Art. 6, Art. 2 Abs.1 Buchst. 1 und 3 der ersten Richtlinie 68/151/EWG, ABl. EG Nr. L 65 v. 14.3.1968 i.V.m. der Vierten Richtlinie 78//660/EWG, ABl. EG Nr. L 222 v. 14.8.1978;

der europarechtlichen Vorgaben eine Ausgestaltung als ausreichend anzusehen, die eine effektive Sanktionsdrohung und einen „Schutz aller interessierten Dritten“[880] beinhaltet. Dies ist für die Jahresabschlußpublizität nach HGB infolge des Jedermanns-Antragsrechts nach KapCoRiLiG, der Fall.

Nach alter Rechtslage hingegen war die konkrete Ausgestaltung der Rechnungslegungspublizität nach HGB a.F. weder geeignet, den Grundsatz „Publizität als Korrelat der Haftungsbeschränkung“ umzusetzen, noch die entsprechenden europarechtlichen Vorgaben: Gem. § 335 S.1 Nr.6 HGB a.F. waren nur Gläubiger, Gesellschafter oder der (Gesamt-) betriebsrat berechtigt, einen Antrag auf Sanktionierung unterlassener Offenlegung zu stellen. Infolgedessen lief bis zum KapCoRiLiG die Publizitätspflicht bei über 90% aller GmbH[881] leer. Die Publizitätsvorschriften nach altem Recht waren deswegen nicht nur europarechtswidrig.[882] Sie enthielten auch einen Verstoß gegen Art. 12 Abs.1 GG, und zwar deswegen, weil sie nicht geeignet waren, den mit dem berufsregelnden Eingriff beabsichtigten Zweck zu erreichen: eine Publizität haftungsbeschränkter Unternehmen einzuführen und zugleich die entsprechenden europarechtlichen Vorgaben umzusetzen. Entgegen der seinerzeit in der Literatur vorgebrachten Kritik führte also das begrenzte Antragsrecht nach alter Rechtslage nicht dazu, daß kein legitimes, mit dem Eingriff bezwecktes Interesse der Allgemeinheit vorlag[883]. Vielmehr hatte es zur Folge, daß die mit dem Eingriff verbundene Maßnahme nicht geeignet war, den beabsichtigten Zweck "Publizität haftungsbeschränkter Unternehmen" und "Umsetzung europarechtlicher Vorgaben" zu erreichen.

bb) Erforderlichkeit der konkreten gesetzgeberischen Ausgestaltung

Der mit der konkreten Ausgestaltung der Jahresabschlußpublizität haftungsbeschränkter Unternehmen durch das HGB verbundene Eingriff in die Berufsausübungsfreiheit ist nur dann erforderlich, wenn der Gesetzgeber kein anderes,

---

dazu EuGH, Rs. C-97/96 „Verband deutscher Daihatsu-Händler e.V.“, Rdnr. 23, DB 1997, S. 2598.

880 EuGH, Rs. C-97/96 „Verband deutscher Daihatsu-Händler e.V.“, Rdnr. 22, DB 1997, S. 2598.

881 Aktuelle Zahlen zur Publizitätsquote bei *Jansen*, DStR 1999, S. 1499 m.w.N.

882 EuGH, Urt. v. 29.09.1998 - Rs. C. - 191/95; Kommission der Europäschen Gemeinschaften gegen Bundesrepublik Deutschland, BB 1998, S. 2200-2204 (m. Anm. *de Weerth*) = NZG 1998, S. 902-906; auch bereits 1993 *Vogel*, Die Rechnungslegungsvorschriften des HGB für Kapitalgesellschaften und die 4. Richtlinie, 1993, S. 100 sowie bereits 1990 *Apelt*, Die Publizität der GmbH, S. 217. Auf die Europarechtswidrigkeit wird vorwiegend der Schwerpunkt gelegt, vgl. *de Weerth*, BB 1998, S. 2204ff.; *Leible*, ZHR 162(1998), S. 594 und *Lenenbach*, DZWiR 1998, S. 265, 266, 270; die beiden Letztgenannten nehmen zwar auch eine Verfassungsmäßigkeitsprüfung vor, betrachten das Merkmal der Geeignetheit aber nur unter europarechtlichen Gesichtspunkten.

883 So aber *Friauf*, GmbHR 1991, S. 397, 403; dagegen oben die Argumentation unter I.3.a).

gleich wirksames Mittel wählen kann, um den von ihm verfolgten Zweck zu erreichen.[884]

Wie ausgeführt, verfolgt die Ausgestaltung der Jahresabschlußpublizität haftungsbeschränkter Unternehmen durch das HGB zwei Zwecke: die Umsetzung der entsprechenden europarechtlichen Vorgaben sowie die konsequente Verwirklichung des Grundsatzes "Publizitiät ist der Preis für Haftungsbeschränkung."

Hinsichtlich der Umsetzung der europarechtlichen Vorgaben, namentlich der sog. "GmbH & Co. KG-Richtlinie"(90/605/EWG)[885] durch das KapCoRiLiG für besondere Personenhandelsgesellschaften[886] i.S.d. § 264a HGB n.F., wird von einer "deutschen Übererfüllung"[887] gesprochen. Diese liegt darin, daß sich nach § 264a HGB i.d.F. des KapCoRiLiG die Jahresabschlußpublizität auch auf Personenhandelsgesellschaften erstreckt mit einer juristischen Person als einzigem Komplementär, die keine Kapitalgesellschaft ist, etwa einer Stiftung oder einer Genossenschaft.[888] Demgegenüber sieht die umzusetzende Richtlinie 90/605/EWG lediglich vor, daß Personenhandelsgesellschaften mit ausschließlich Kapitalgesellschaften als Komplementären hinsichtlich der Offenlegung wie Kapitalgesellschaften behandelt werden sollen.[889]

Die konkrete Ausgestaltung der Jahresabschlußpublizität durch das HGB i.d.F. des KapCoRiLiG ist deshalb hinsichtlich der besonderen Personenhandelsgesellschaften i.S.d. § 264a HGB mit einer Stiftung oder eingetragenen Genossenschaft als einzigem Komplementär nicht erforderlich, den mit diesem Eingriff in die Berufsfreiheit beabsichtigten Zweck zu erreichen, die entsprechenden europarechtlichen Vorgaben umzusetzen.[890]

---

[884] BVerfGE 30, 292, 315f.; 33, 171, 187; 37, 1, 21f.; 40, 371, 382; 46, 120, 145.

[885] Richtlinie des Rates v. 8.11.1990 zur Änderung der 4. und 7. EG-Richtlinie (78/660/EWG und 83/349/EWG) über den Jahresabschluß bzw. den konsolidierten Abshluß hinsichtlich ihres Anwendungsbereiches, ABl. EG 1990 Nr. L 317 v. 16.11.1990, S. 60ff.

[886] Also solche, bei denen nicht mindestens eine natürliche Person unbeschränkt haftet.

[887] *Strobel*, DB 2000, S.53, 54.

[888] Zunächst war dies anders geplant. Deswegen war die "Stiftung & Co." als Umgehungsmodell - nicht der europarechtlichen Vorgaben, sondern zur Umgehung des Prinzips „Publizität als Preis für Haftungsbeschränkung" - im Gespräch, vgl. *Münster*, in: Wirtschaftswoche v. 18.2.1999, S.79; *Weimar/Reh*, DB 1988, S. 1637, 1641: "geradezu als Ausweg aus der Rechnungslegungspublizität".

[889] ABl. EG Nr. L 317 v. 16.11.1990, S. 60 ff..

[890] *Strobel*, DB 2000, S.53, 54 weist in diesem Zusammenhang darauf hin, daß auch Erleichterungen der Kapitalgesellschaften und Co.-Richtlinie durch das KapCoRiLiG nicht gewährt würden: Es werde keine "Hauspublizität" in Fällen mit Auslandsbezug gewährt, wo die Ab-

Würde jedoch der Typ „Stiftung & Co.“ - also Personenhandelsgesellschaften mit einer juristischen Person als einzigem Komplementär, die keine Kapitalgesellschaft ist - nicht von der handelsrechtlichen Publizitätspflicht erfaßt, wäre die Rechnungslegungspublizität nach HGB nicht geeignet, den zweiten Zweck des Eingriffs zu erreichen: die konsequente gesetzgeberische Umsetzung des Grundsatzes „Publizität ist der Preis für Haftungsbeschränkung.“

Daß es sich bei der Umsetzung des Grundsatzes "Publizität als Korrelat der Haftungsbeschränkung"[891] um einen zweiten, eigenständigen Zweck neben der bezweckten Umsetzung europarechtlicher Vorgaben handelt, ergibt sich aus dem Gesetzgebungsverfahren zum KapCoRiLiG.[892]

Um diesen Zweck zu erreichen, ist es erforderlich, daß sich die Offenlegungspflicht nach HGB auf alle Unternehmensformen erstreckt, die durch die Ausgestaltung ihrer Rechtsform grundsätzlich einen Rückgriff auf die hinter dem Unternehmen stehenden Akteure bzw. Geldgeber ausschließen[893]. Auch juristische Personen, die keine Kapitalgesellschaften sind, stellen eine solche Unternehmensform dar. Folglich müssen auch sie von der Jahresabschlußpublizität erfaßt werden, um den Grundsatz „Publizität als Preis für Haftungsbeschränkung“ konsequent gesetzgeberisch umzusetzen. Als Konsequenz ergibt sich, daß die Publizitätspflicht auf alle Unternehmen auszudehnen ist, bei denen nicht letztlich eine natürliche Person als unbeschränkt haftende Gesellschafterin zur Verfügung steht.

Genau dies erfolgt bei der Ausgestaltung der Jahresabschlußpublizität des HGB i.d.F. des KapCoRiLiG. Hinsichtlich der Einbeziehung besonderer Personenhandelsgesellschaften i.S.d. § 264a HGB in die Rechnungslegungspublizität nach HGB ist die konkrete Ausgestaltung der Jahresabschlußpublizitiät durch das HGB i.d.F. des KapCoRiLiG folglich erforderlich, um den mit dem Eingriff beabsichtigten Zweck zu erreichen.

---

schlußunterlagen am Geschäftssitz für jedermann erhältlich seien (Art. 47 Abs. 1a Bilanzrichtlinie); die Aufstellungs-, Prüfungs- und Offenlegungspflicht könne zudem nach Art. 57a Bilanzrichtlinie auch durch ein im Ausland befindliches, vollhaftendes Unternehmen erfüllt werden.

[891] Titel der Dissertation von *Buschmeyer*, der sich aus wirtschaftswissenschaftlicher Sicht mit der Richtigkeit dieser Maxime auseinandersetzt.

[892] Begründung der Beschlußempfehlung des Rechtsausschusses des deutschen Bundestages, BT-Drucks. 14/2353, S.40.

[893] "Durch Zwecksatzung verselbständigte privatrechtliche Organisationen" mit begrenzten Haftungsmassen, vgl. *Karsten Schmidt*, Gesellschaftsrecht, § 1 I 1 c).

Im Zusammenhang mit der Haftungsbegrenzung, die mit der Rechtsform der Stiftung verbunden ist, liegt der Gedanke nahe, eine Regelung zu fordern, die auch eine Publizitätspflicht für Stiftungen vorsieht. Hierzu ist jedoch anzumerken, daß eine Stiftung als Rechtsform eines Unternehmensträgers in der Regel nicht zur Verfügung steht, siehe dazu oben Erster Teil, C. III. 9. b), S. 143, Fn. 632.

Das gleiche gilt für juristische Personen in der Rechtsform eines Vereins: Zwar unterliegt der Verein trotz der Haftungsbeschränkung auf das Vereinsvermögen keiner Publizitätspflicht. Der Verein steht jedoch grundsätzlich ebensowenig wie die Stiftung als Unternehmensträger für den Betrieb eines erwerbswirtschaftlichen Unternehmens zur Verfügung, siehe oben Erster Teil C.III.9. c), S. 144.

Es wurde somit festgestellt, daß die konkrete Ausgestaltung der Rechnungslegungspublizität nach HGB hinsichtlich der Unternehmen, auf die sie sich erstreckt, erforderlich ist, um die mit ihr beabsichtigten Zwecke zu erreichen.

Es ist noch zu überprüfen, ob die konkrete Ausgestaltung der Rechnungslegungspublizität nach HGB auch hinsichtlich der Art und Weise erforderlich ist, wie das praktische Verfahren durchgeführt wird (Einreichen zu öffentlichen Registern mit Hinweisbekanntmachung im Bundesanzeiger sowie bei großen Gesellschaften Komplettveröffentlichung im Bundesanzeiger).

Als minder schwerer Eingriff kommt die sog. "Hauspublizität" in Betracht. Diese müßte im Hinblick auf ihre effektive Befolgung so ausgestaltet werden, daß jeder Interessierte einen gerichtlich durchsetzbaren Anspruch hat, die Jahresabschlußunterlagen am Sitz der Gesellschaft einzusehen und/oder sich diese übersenden zu lassen.[894]

Dieser minder schwere Eingriff ist jedoch nicht ausreichend, um die beabsichtigten Zwecke zu erreichen: Erster Zweck der handelsrechtlichen Jahresabschlußpublizität ist die Umsetzung europarechtlicher Vorgaben. Der europäische Gesetzgeber hat sich im Beschluß des Rates vom 8.11.1990 gegen eine Hauspublizität entschieden.[895] Es liefe deshalb dem mit der Regelung beabsichtigten Zweck der Umsetzung europarechtlicher Vorgaben zuwider, entgegen den Entschei-

[894] Siehe dazu *Gustavus*, ZIP 1988, S. 1429, 1435; *Apelt*, S. 172; andere Formen der Hauspublizität, etwa nur die bloße Verpflichtung zur Offenlegung der Unterlagen in den Geschäftsräumen der Gesellschaft ohne den genannten individualrechtlichen Anspruch scheiden mangels Durchsetzbarkeit aus. Auch eine Zwangsgeldbewehrung der bloßen Verpflichtung, die Unterlagen in den Geschäftsräumen zur Einsichtnahme auszulegen, brächte nichts: Es wäre nicht überprüfbar, ob die Unterlagen auch tatsächlich dauerhaft für jeden Interessierten zur Einsichtnahme in den Geschäftsräumen ausliegen.
[895] *Apelt*, S. 172.

dungsdirektiven des europäischen Gesetzgebers auf nationalem Wege eine Hauspublizität einzuführen.

Ferner würde auch der zweite mit der Abschlußpublizität beabsichtigte Regelungszweck durch eine bloße Hauspublizität nicht vollständig erreicht: die konsequente gesetzgeberische Umsetzung des Grundsatzes „Publizität ist der Preis für Haftungsbeschränkung". Eine Hauspublizität würde die generelle Offenlegungspflicht auf ein individuelles Fragerecht reduzieren.[896] Es handelte sich dabei nicht um eine Offenlegung gegenüber der Öffentlichkeit, weil man diese die Unterlagen nicht anonym und ohne Kenntnis der betroffenen Gesellschaft einsehen könnte.[897] Vielmehr müßte sich jeder Interessierte, insbesondere potentielle Geschäftspartner, mit seinem Informationsbegehren gegenüber der publizitätspflichtigen Gesellschaft offenbaren.[898] Von einer mit der gesetzgeberischen Maßnahme bezweckten "konsequenten Umsetzung"[899] der Publizität als Korrelat der Haftungsbeschränkung könnte also keine Rede mehr sein. Die dargestellte Hauspublizität wäre also kein milderes Mittel, um den mit dem Eingriff verfolgten legitimen Zweck zu erreichen.

Die konkrete Ausgestaltung der Jahresabschlußpublizität nach HGB ist deshalb auch hinsichtlich der Art und Weise der Veröffentlichung erforderlich, um die mit dem Eingriff in die Berufsausübungsfreiheit verfolgten Zwecke zu erreichen. Die Abstufung nach Hinweisbekanntmachung für kleinere und mittlere und voller Bundesanzeigerpublizität für große Gesellschaften fällt dabei in den Gestaltungsspielraum[900] des Gesetzgebers.

Im Rahmen der Erforderlichkeitsprüfung wird bei Art. 12 Abs.1 GG als weiterer Gesichtspunkt ins Feld geführt, Art. 12 Abs.1 GG enthalte ein berufsspezifisches Differenzierungsgebot. Es sei verletzt, wenn eine berufsregelnde Maßnahme charakteristische Ungleichheiten innerhalb ihres Anwendungsbereiches unberücksichtigt lasse und dadurch einen Teil der Betroffenen ohne zureichenden Grund in der Berufsausübung belaste.[901] Hinsichtlich der alten Rechtslage wurde die An-

---

[896] *Apelt*, S. 173.

[897] Siehe erster Teil, A. II. 2. dieser Arbeit (S. 22); dazu auch *Apelt*, S. 173.

[898] *Ehlig*, Wpg 1997, S. 513, 518.

[899] BT-Drucks. 14/2353, S. 40.

[900] *Jarass*, in: Jarass/Pieroth, GG, Art. 12 Rdnr. 23: "erheblicher Beurteilungs- und Gestaltungsspielraum".

[901] *Lenenbach*, DZWiR 1998, S. 265, 270; *Friauf*, GmbHR 1991, S. 397, 404, jeweils mit Verweis auf BVerfGE 59, 336, 355f.; 71, 183, 198ff.

sicht vertreten, dieses Differenzierungsgebot sei dadurch verletzt gewesen, daß nach altem Recht nur ein begrenztes Antragsrecht bestand und dadurch nur einige wenige Gesellschaften rein zufällig mit der Publizitätspflicht belastet worden seien.[902] Dem kann zunächst entgegegehalten werden, daß auch nach alter Rechtslage eine allgemeine Publizitätspflicht für alle Kapitalgesellschaften bestand. Aber auch das eingeschränkte Antragsrecht zur Sanktionierung unterlassener Offenlegung läßt keine charakteristische Ungleichheiten unberücksichtigt: Denn für alle Kapitalgesellschaften galt in gleichem Maße, daß nur auf Antrag von Gläubigern, Gesellschaftern oder (Gesamt-) Betriebsrat eingeschritten wurde. Daß faktisch nur selten ein solcher Antrag gestellt und dadurch nur ein Teil der - offenlegungsunwilligen - Betroffenen belastet wurde, stellt keine charakteristische Ungleichheit dar, die der Gesetzgeber zu berücksichtigen hätte. Vielmehr handelt es sich um ein generelles Problem der Sanktionierung von Gesetzesverstößen. Selbst bei einem Sanktionsverfahren von Amts wegen würden nicht zwangsläufig alle Gesellschaften in gleicher Weise von Sanktionen erfaßt, sondern nur diejenigen, gegen die zuerst vom Registergericht konkret eingeschritten würde. Im übrigen bestand nach altem Recht aber auch ein zureichender Grund für das begrenzte Antragsverfahren: Dadurch sollte die Publizitätsverpflichtung gerade für alle Gesellschaften abgemildert werden. Mithin verstieß auch die alte Regelung des begrenzten Antragsverfahrens nicht gegen das berufsspezifische Differenzierungsverbot.[903] Erst recht gilt dies für die neue Rechtslage nach KapCoRiLiG, bei der aufgrund des allgemeinen Antragsrechts alle deutschen Kapital- und haftungsbeschränkten Personengesellschaften mit einer Sanktion bei Nichtoffenlegung rechnen müssen.

Nach alledem ist die konkrete Ausgestaltung der Jahresabschlußpublizität durch das HGB i.d.F. des KapCoRiLiG erforderlich, um den damit beabsichtigten Zweck einer konsequenten Publizität haftungsbeschränkter Unternehmen und zugleich einer Umsetzung europarechtlicher Vorgaben zu erreichen.

Aufgrund der in diese Richtung gehenden Kritik[904] soll hier nochmals[905] darauf hingewiesen werden, daß es an dieser Stelle nicht Gegenstand der verfassungsrechtlichen Erforderlichkeitsprüfung sein kann, ob durch die Ausgestaltung der Abschlußpublizität Adressatenschutz, ein Insolvenz-Warninstrument oder der Schutz von Gesellschaftern oder - insbesondere kleineren -

[902] *Lenenbach*, DZWiR 1998, S. 265, 270; *Friauf*, GmbHR 1991, S. 397, 404.
[903] A.A. *Lenenbach*, DZWiR 1998, S. 265, 270; *Friauf*, GmbHR 1991, S. 397, 404.
[904] *Friauf*, GmbHR 1991, S. 397, 404; *ders.*, GmbHR 1985, S.245, 251; dahingehend auch *Weilbach*, WPK-Mitt. 1992, S.63, 68.
[905] Siehe oben Teil 2, B. I. 3. a) aa), S. 194.

Gesellschaftsgläubigern, erreicht wird. Denn Zweck der handelsrechtlichen Ausgestaltung der Jahresabschlußpubliziät nach KapCoRiLiG ist die Umsetzung des Grundsatzes „Publizität als Preis für Haftungsbeschränkung" sowie zugleich der entsprechenden europarechtlichen Vorgaben.[906] Diese Zwecksetzungen sind Maßstab für eine verfassungsrechtliche Erforderlichkeitsprüfung i.R.d. Art. 12 Abs.1 GG. Bei den Zielen Adressatenschutz, Insolvenz-Warninstrument und Gläubigerschutz handelt es sich hingegen um den Zweck der Grundkonzeption selbst, deren konsequente Umsetzung Zweck des Eingriffs in die Berufsausübungsfreiheit war. Es war also nur inzident die Frage zu beantworten, ob die Grundkonzeption „Publizität als Korrelat der Haftungsbeschränkung" selbst mit den Direktiven des Grundgesetzes, insbesondere mit dem Verhältnismäßigkeitsgrundsatz, vereinbar ist. Nur in diesem Rahmen war zu prüfen, ob die Grundkonzeption „Publizität als Preis für Haftungsgeschränkung" selbst geeignet und erforderlich ist, den mit ihr verfolgten Zweck zu erreichen, „Drittschutz durch Publizität" zu verwirklichen, was, wie gesehen[907], der Fall ist.

c) Angemessenheit der konkreten gesetzgeberischen Ausgestaltung

Die handelsrechtliche Jahresabschlußpublizität ist nur dann mit Art.12 Abs.1 GG vereinbar, wenn die Verhältnismäßigkeit im engeren Sinne gewahrt ist. Dabei ist bei einer Gesamtabwägung zwischen der Schwere des Eingriffs und dem Gewicht der ihn rechtfertigenden Gründe zu prüfen, ob der Eingriff noch zumutbar ist.[908] Das Gewicht des verfolgten Zwecks muß um so größer sein, je tiefer in die Berufsfreiheit eingegriffen wird.[909]

Unmittelbar stellt die handelsrechtliche Publizitätspflicht zur Einreichung der Jahresabschlußunterlagen zu Handelsregister und Bundesanzeiger lediglich eine bloße Handlungspflicht ohne großen Aufwand dar.

Dies gilt, wenn man davon ausgeht, daß bereits erstellte und geprüfte Abschlüsse vorliegen. Müssen diese allerdings erst noch erstellt und geprüft werden, etwa durch die Einbeziehung der „GmbH & Co." -Gesellschaften in das Bilanzrecht der Kapitalgesellschaften durch das KapCoRiLiG, so soll es dadurch in den 50.000 bis 60.000 betroffenen Fällen zu einer Gesamtkostenbelastung von über 2 Mrd. DM kommen. Für die reine Offenlegung hingegen, also namentlich die Hinterlegung der Unterlagen beim Registergericht ist kein aufwendiges Verwaltungsverfahren sondern lediglich eine Verwaltungsgebühr von 50 DM für kleine GmbH und DM 100 für mittlere gem. § 86 Abs.2 S.3 KostO zu entrichten. Die Kosten für die Veröffentli-

---

[906] BT-Drucksache 14/2353, S. 40.

[907] Siehe oben Teil 2, B. I. 3. a) dd), S. 200-207.

[908] BVerfGE 93, 213, 237.

[909] *Jarass*, in: Jarass/Pieroth, GG-Komm., Art. 12 Rdnr. 27; *Pieroth*, Staatsrecht II Grundrechte, Rdnr. 920; freilich birgt dies die Gefahr eines "Zirkelschlusses" (*Tettinger*, in: Sachs, Grundgesetz, 2. Aufl., Art. 12 Rdnr. 128): Kann ein Gemeinschaftszweck nur um den teueren Preis eines intensiven Grundrechtseingriffs erkauft werden, zeigt sich darin sein hoher Wert (*Pieroth*, Staatsrecht II, Grundrechte, Rdnr. 923).

chung des gesamten Jahresabschlusses im Bundesanzeiger bei großen Gesellschaften liegen im Bereich von DM 1.000,00. Die Hinweisbekanntmachung kleiner und mittlerer Gesellschaften kostet DM 100,00. [910]

Der mit der handelsrechtlichen Jahresabschlußpublizität verbundene Eingriff in die Berufsausübungsfreiheit kann allerdings neben den unmittelbaren Auswirkungen auf die ungestörte Berufsausübung auch mit mittelbaren Nachteilen verbunden sein.[911] So ist daran zu denken, daß die Offenlegung der Vermögens-, Kapital- und Ertragsstruktur eines Unternehmens Rückschlüsse auf dessen Preiskalkulation - gerade bei kleineren, überschaubareren Unternehmen - zulassen kann.[912] Geht es dem publizitätspflichtigen Unternehmen gut, können durch die Offenlegung zutagegetretene überdurchschnittliche Gewinnspannen die Geschäftspartner dazu veranlassen, einen Preisdruck auszuüben. Zwar wird dagegen einwandt[913], selbst für kleinere und mittlere Unternehmen, die nur ein Produkt am Markt anböten, sei es ausgeschlossen, aus den offengelegten Unterlagen Informationen über die Preiskalkulation zu erhalten. Begründet wird dies damit, daß eine Preiskalkulation auf Basis einer Voll- oder Teilkostenrechnung erfolge, was regelmäßig eine „Kostenträgerstückrechnung“[914] erfordere. Dies könne die Gewinn- und Verlustrechnung schon ihrem Wesen nach nicht leisten. Sie sei ein viel zu verdichtetes Zahlenwerk und in der Aufgliederung der Posten zu undifferenziert, um eine Analyse der Kosten- und Leistungsstruktur auch nur im Ansatz zu ermöglichen.[915]

Gleichwohl bleibt es dabei, daß die Gewinn- und Verlustrechnung sämtliche Erträge und Aufwendungen einer Abrechungsperiode aufführt und so nicht nur den Erfolg als Saldo ermittelt, sondern auch die Quellen des Erfolges zeigt, also sein Zustandekommen erklärt.[916] Auch aus der Bilanz wird der Erfolg wenigstens seiner Höhe nach durch die Gegenüberstellung der Vermögens- und Kapitalpositionen für jedes Wirtschaftsjahr sichtbar. Daß man aufgrund des Jahresabschlusses Aufschluß über die Erfolgslage eines Unternehmens erhalten kann, geht auch aus den oben wiedergegebenen Ausführungen hervor. Auch wenn man gemäß der betriebswirtschaftlich fundierten Argumentation dieser Ausführungen allein aus einem Jahresabschluß keinen detailgetreuen Einblick in die Vor-, Zwischen- und

---

[910] *Strobel*, DB 2000, S. 53, 59.
[911] *Friauf*, GmbHR 1991, S. 397, 405.
[912] *Ehlig*, Wpg 1997, S. 513, 521f. m.w.N.
[913] *Ehlig*, Wpg 1997, S. 513, 522f.
[914] *Ehlig*, Wpg 1997, S. 513, 522.
[915] *Ehlig*, Wpg 1997, S. 513, 522.
[916] *Wöhe*, Einführung in die Allgemeine Betriebswirtschaftslehre, 24. Aufl., 1999, S. 1100.

Nachkalkulation einer Kostenträgerstückrechnung erhalten mag, enthält der Jahresabschluß gleichwohl regelmäßig klare Aussagen über die Erfolgssituation eines Unternehmens. Entgegen der dargestellten Ansicht kann deshalb bereits dadurch ein Nachteil für das publizitätspflichtige Unternehmen entstehen, ohne daß sich ein detailgetreuer Einblick in die Unternehmenskostenrechnung erfolgen müßte:

1. Geht es dem Unternehmen ausweislich des veröffentlichen Jahresabschlusses schlecht, könnten die Geschäftspartner zum einen geneigt sein, keine Aufträge mehr zu erteilen, weil sie fürchten, in Zukunft insolvenzbedingt nicht mehr beliefert zu werden.

2. Zum anderen besteht die Gefahr, daß sie dem notleidenden Unternehmen ihre Tiefpreise aufzwingen, weil sie aufgrund der Publizität wissen, wie dringend dieses auf Aufträge angewiesen ist.[917]

3. Schließlich könnte dazu übergegangen werden, in der Geschäftsbeziehung gewährte Lieferkredite aufzukündigen und nur noch gegen Vorkasse zu liefern.

Mittelbar kann die handelsrechtliche Jahresabschlußpublizität also mit Wettbewerbsnachteilen verbunden sein.

Die vorgenannte Ansicht[918] meint dazu, diese Nachteile, die letztlich auch einräumt werden, hätten ihre Ursache nicht in der Publizitätspflicht, sondern in noch nicht ergriffenen bzw. fehlgeschlagenen Sanierungsmaßnahmen, was Ausfluß des allgemeinen marktwirtschaftlichen Wettbewerbsverhaltens sei. Demgegenüber kann sich allerdings ein schwaches Unternehmen am Markt durch eine gute Außendarstellung u.U. durchaus behaupten, ein Recht, das durch Publizitätspflichten entzogen wird, so daß diese dann durchaus ursächlich für die Nachteile des Unternehmens sein können. Im übrigen entkräftet vorgenannte Ansicht nicht die zuvor oben angesprochenen publizitätsbedingten Nachteile für florierende Unternehmen, die ihre Gewinnspannen verbergen müssen, um keine Nachteile zu erleiden.

---

[917] *Weimar/Kohl*, MDR 1989, S. 396, 397: "Stark schwankende Jahresergebnisse oder länger andauernde Verlustperioden dürften nicht gerade das Vertrauen von Geschäftspartnern in ein Unternehmen fördern. Eine im Jahresabschluß und im Lagebericht dargestellte ungünstige wirtschaftliche Lage kann Lieferanten zur Verschlechterung ihrer Lieferbedingungen und Gläubiger zur Kündigung von Krediten veranlassen, sie kann für die Konkurrenz Veran- lassung sein, mit Dumping-Preisen das Unternehmen zu ruinieren."; vgl. auch *Tillmann*, DB 1986, 1319,1319.

[918] *Ehlig*, Wpg 1997, S. 523.

Man mag einwenden, die mit der Publizitätspflicht verbundenen Nachteile beträfen nunmehr alle haftungsbeschränkten Unternehmen, weil durch das KapCoRiLiG die Publizität auch auf haftungsbeschränkte Personengesellschaften ausgedehnt und ihre Nichtbefolgung für alle spürbar schärfer sanktioniert wurde.

Demgegenüber sind zwei Gegeneinwände zu bedenken:

Erstens gilt die genannte flächendeckende Publizität nicht für alle haftungsbeschränkten Unternehmen, die am deutschen Wirtschaftsleben teilnehmen: US-amerikanische „close (held) companies“ oder schweizerische Gesellschaften mit beschränkter Haftung beispielsweise können in Deutschland ihre Geschäfte tätigen, ohne zur Offenlegung ihrer Jahresabschlüsse verpflichtet zu sein.[919]

Zum zweiten sind kleine, überschaubare Gesellschaften gegenüber Großunternehmen strukturell benachteiligt: Großunternehmen sind in vielfältigen Geschäftssparten tätig. Deshalb lassen sich bei ihnen die Daten des Jahresabschlusses schwerer einzelnen Geschäftsaktivitäten zuordnen. Zudem ist aufgrund der Größe u.U. die Möglichkeit gegeben, durch Verrechnungspreise, Umlagen o.ä. zwischen den einzelnen Geschäftsbereichen jeweils deren Ergebnisse zu verschleiern. Insbesondere lassen sich bei kleineren Gesellschaften die Fixkosten besser zuordnen.

Der erstgenannte Einwand spricht den Schutzgedanken des allgemeinen Gleichheitssatzes gem. Art. 3 Abs.1 GG an. Insoweit kommt es zu einer Überschneidung[920] des Freiheitsrechts der Berufsfreiheit mit dem allgemeinen Gleichheitssatz. Es stellt sich die Frage, welches Grundrecht insoweit als Prüfungsmaßstab vorrangig heranzuziehen ist. Nach jüngerer Rechtsprechung des Bundesverfassungsgerichts ist darauf abzustellen, welches Grundrecht "nach seinem Sinngehalt die stärkere sachliche Beziehung zu dem zu prüfenden Sachverhalt besitzt."[921]

---

[919] *Weilbach*, WPK-Mitt. 1992, S. 63, 65. In den USA bestehen für die closely held corporation, auch close corporation genanntkeine Berichts- und Offenlegungspflichten nach den security acts, da die Anteile nicht auf dem Kapitalmarkt gehandelt werden, *Merkt*, US-amerikanisches Gesellschaftsrecht, Rdnr. 209. In der Schweiz besteht für GmbH keine echte Abschlußpublizität; lediglich dürfen Gläubiger, die ein schutzwürdiges Interesse nachweisen, in analoger Anwendung der aktienrechtlichen Vorschriften direkt bei der Gesellschaft Einblick in die Jahresabrechnung, die Konzernrechnung und die Revisionsberichte nehmen, *Behrens* in: Die GmbH im internationalen und europäischen Recht, CH 43.

[920] *Jarass*, in: Jarass/Pieroth, GG-Komm., 5. Aufl., 2000, Art. 3 Rdnr.3.

[921] BVerfGE 64, 229, 238; 65, 104, 112; 67, 186, 195; 75, 348, 357.

Wenn es wie vorliegend um Nachteile im Vergleich zu ausländischen haftungsbeschränkten Unternehmen geht, so wirft dies insbesondere Fragen aus dem Bereich verfassungsrechtlicher Gleichheitsgewährleistungen auf, etwa ob ausländische Unternehmen in eine Grundrechtsprüfung vergleichend mit einbezogen werden können. Deshalb hat das allgemeine Gleichheitsgrundrecht gegenüber der Berufsfreiheit einen größeren Bezug zur Frage der Benachteiligung deutscher haftungsbeschränkter Unternehmen im Hinblick auf solche der USA oder der Schweiz. Diese Frage wird daher im bei der Verfassungsmäßigkeit im Hinblick auf Art.3 Abs.1 GG weiter unten geprüft.

Dem zweitgenannten Einwand, kleinere und mittlere Unternehmen seien gegenüber Großunternehmen benachteiligt, hat der Gesetzgeber dadurch Rechnung getragen, daß er zahlreiche Aufstellungs- und Offenlegungserleichterungen für kleinere und mittlere Gesellschaften, insbesondere für kleine i.S.d. § 267 HGB geschaffen hat.[922]

Schließlich wird darauf hingewiesen, daß die Publizität im Bereich der mittelständischen Unternehmen zu einer Aufdeckung der persönlichen Einkommens- und Vermögensverhältnisse der Teihaber führen könne.[923]

Um dies zu vermeiden bzw. abzumildern hat der Gesetzgeber größenklassenunabhängig Erleichterungen vorgesehen: § 325 Abs.1 S.1 2.Hs HGB sieht ausdrücklich vor, daß Angaben über die Ergebnisverwendung von Gesellschaften mit beschränkter Haftung nicht gemacht zu werden brauchen, wenn sich daraus Rückschlüsse auf Gewinnanteile natürlicher Personen ableiten lassen, die Gesellschafter sind. Gem. § 286 Abs.4 HGB kann im Anhang die Angabe der Gesamtbezüge der Organmitglieder und deren Hinterbliebenen nach § 285 Nr.9a und b HGB entfallen, wenn sich daraus die Bezüge eines Mitglieds dieser Organe feststellen lassen. Praktische Bedeutung hat dies vor allem bei Unternehmen mit nur einem Organmitglied.[924]

Die bestehenden Aufstellungs- und Offenlegungserleichterungen können gleichwohl die mit der Jahresabschlußpublizität für die Unternehmen bestehenden Nachteile nicht gänzlich ausgleichen: Aufgrund des insgesamt ausgewiesenen Er-

---

[922] So auch Ehlig, Wpg 1997, S. 513, 523; zum Inhalt der Aufstellungs- und Offenlegungserleichterungen siehe Erster Teil, C. III. 1. b) aa).

[923] *Friauf*, GmbHR 1991, S. 397, 306; *Weilbach*, WPK-Mitt. 1992, S. 63, 67.

[924] *Morck*, in: Koller/Roth/Morck, HGB, 2.Aufl., § 286 Rdnr. 4.

gebnisses sind stets gewisse Rückschlüsse möglich, wie sich die Einkommensverhältnisse von Geschäftsführung und Inhaberschaft in etwa gestalten. Weiter kann man trotz der Offenlegungserleichterungen für kleine Gesellschaften auch bei diesen Rückschlüsse auf deren geschäftliche Situation anstellen, was insbesondere für die kleineren Gesellschaften mit den genannten Nachteilen verbunden sein kann.

Wenn sich diese Nachteile in Einzelfällen die gesamte Existenz eines Unternehmens bedrohen sollten,[925] so ist dies für die Zumutbarkeitsprüfung im Rahmen von Art. 12 Abs.1 GG nicht zu berücksichtigen. Denn für die Beurteilung der Zumutbarkeit hat eine generalisierende Betrachtung zu erfolgen; eine atypische Existenzgefährdung im Einzelfall genügt nicht.[926]

Von den Einzelfällen einer tatsächlichen Existenzgefährdung abgesehen, wird durch die handelsrechtliche Offenlegungsverpflichtung nicht die Berufsausübung im ganzen unmöglich gemacht, sondern nur eingeengt und mit mittelbaren Nachteilen beschwert. Eine übermäßige Belastung der Betroffenen liegt dadurch jedoch nicht vor: Der durch den Betrieb des Unternehmens ausgeübte Beruf kann - von Einzelfällen einer Existenzgefährdung abgesehen - weiter ausgeübt werden. Im übrigen könnten die Betroffenen durch eine einfache Übernahme der persönlichen Haftung[927] der Jahresabschlußpublizität nach HGB und damit allen mit ihr verbundenen Nachteilen entgehen. Durch den berufsregelnden Eingriff der Jahresabschlußpublizität nach HGB wird das Übermaßverbot mithin nicht verletzt.

Folgt man der Ansicht, daß aufgrund der genannten Nachteile durch die Jahresabschlußpublizität nach HGB in die Freiheit der Berufsausübung empfindlich eingegriffen werde, so ist ein solcher Eingriff durch Interessen von entsprechend großem Gewicht gerechtfertigt: Den mit der Publiziät verbundenen Nachteilen für die Betroffenen steht das wichtige öffentliche Interesse an der Umsetzung europarechtskonformer Regelungen gegenüber. Hätte die Bundesrepublik Deutschland weiterhin die europarechtlichen Standards unterschritten, hätte ihr ein Zwangsgeldverfahren gedroht.[928]

---

[925] *Tillmann*, DB 1986, 1319,1319.
[926] BVerfGE 34, 71, 78f.; 59, 336, 355f.; 68, 155, 173; 70, 1, 30.
[927] Abgesehen von den Fällen, die unter das PublG fallen, dazu unten C.
[928] Dazu näher *Bohl*, EuZW 1998, S. 762f.

Hinsichtlich der konsequenten Umsetzung des vom ordnungspolitischen Denken der 60er und 70er Jahre geprägten[929] Grundsatzes „Publizität ist der Preis für Haftungsbeschränkung"[930] ist zu beachten, daß der Gesetzgeber bei Berufsausübungsregelungen, insbesondere im wirtschaftspolitischen Bereich, einen erheblichen Gestaltungsspielraum hat.[931] Den Interessen der durch den Eingriff Belasteten wird dabei durch die gesetzgeberischen Erleichterungen für kleine und mittlere Gesellschaften angemessen Rechnung getragen. Zudem besteht die Möglichkeit, unterhalb der Größenordnung des Publizitätsgsetzes durch Übernahme der persönlichen Haftung der Rechnungslegungspublizität zu entgehen.

4. Zwischenergebnis

Die Jahresabschlußpublizität nach HGB i.d.F. des KapCoRiLiG ist mit Art. 12 Abs.1 GG vereinbar. Die bis zum KapCoRiLiG geltende Fassung hingegen war nicht geeignet, den Zweck des mit der Jahresabschlußpublizität verbundenen Eingriffs in die Berufsausübungsfreiheit zu erreichen, die europarechtlichen Vorgaben umzusetzen. Die bis zum Inkrafttreten des KapCoRiLiG geltende handelsrechtliche Jahresabschlußpublizität war deshalb bereits unter diesem Gesichtspunkt nicht mit Art. 12 Abs.1 GG vereinbar.

II. Eigentumschutz - Art. 14 GG

Es soll geprüft werden, ob durch die Jahresabschlußpublizität nach HGB die davon betroffenen Unternehmen in ihren verfassungsmäßigen Rechten aus Art.14 GG verletzt werden.

---

[929] *Schindhelm*, StuB 2000, S. 72.
[930] BT-Drucks. 14/2353, S.40.
[931] BVerfGE 77, 308, 332; 81, 156, 189.

1. Schutzbereich und mögliche Grundrechtsträger

Dafür müßten die von der handelsrechtlichen Jahresabschlußpublizität betroffenen Unternehmen vom Grundrechtsschutz aus Art. 14 erfaßt sein und die handelsrechtlichen Offenlegungsregelungen den Schutzbereich von Art. 14 GG berühren.

Grundrechtsträger ist bei Art.14 GG jede natürliche Person, ferner gem. Art. 19 Abs.3 GG jede juristische Person sowie jede andere Personenvereinigung.[932] Somit fallen alle der Jahresabschlußpublizität nach §§ 264, 264a, 325, 335a, 335b HGB n.F. unterliegenden Unternehmensträger, also insbesondere GmbH und GmbH & Co. KG in den personalen Schutzbereich des Art. 14 GG.

Fraglich ist indessen, ob durch die Verpflichtung zur Jahresabschlußpublizität nach HGB der sachliche Schutzbereich von Art. 14 GG berührt wird.

In den Schutzbereich des Eigentumsschutzes aus Art. 14 fallen grundsätzlich alle eigentumsfähigen Positionen, d.h. grundsätzlich jedes vom Gesetzgeber konkret gewährtes vermögenswerte Recht.[933] Nicht eindeutig geklärt ist dabei, ob auch das Recht am eingerichteten und ausgeübten Gewerbebetrieb dem Schutz aus Art. 14 GG unterfällt.[934] Dabei ist jedenfalls nach allgemeiner Auffassung der Schutz aus Art. 14 GG gegenüber Art. 12 Abs.1 GG dahingehend einzugrenzen, daß Art. 14 nicht den Erwerb, sondern nur das Erworbene schützt, also nur Bestandsschutz und keinen Erwerbsschutz bietet.[935] Wenn betriebsbezogene Daten bereits zu einem Vermögenswert geworden sind, werden sie durch Art. 14 GG geschützt.[936] Betriebs- oder Geschäftsgeheimnisse können auf diese Weise dem Schutz von Art.14 GG unterfallen.

Durch die handelsrechtliche Offenlegungsverpflichtung können sich, wie zuvor[937] ausgeführt, Marktnachteile für Unternehmen ergeben. Der Streit hinsichtlich des eingerichteten und ausgeübten Gewerbebetriebs, ob auch Wettbewerbsnachteile

---

[932] BVerfGE 4, 7, 17; 10, 89,99; 20, 283,290; 53, 336, 345; 66, 116, 30; 83, 341, 351.
[933] BVerfGE 42, 263, 294; 50, 290,339; 52, 1, 30.
[934] Offengelassen in BVerfGE 66, 116, 145; 68, 193, 222f.; 77, 84, 118; 81, 208, 227; für den Einschluß von Geschäftschancen und Marktstellung in den Schutzbereich *Wendt*, in: Sachs, Grundgesetz, 2.Aufl., Art. 14, Rdnr. 47ff., insb. 49.; dagegen *Pieroth/Schlink*, Staatsrecht II, Grundrechte, Rdnr. 972ff.
[935] BVerfGE 30, 292, 335; 85, 360, 383; 88, 366, 377.
[936] BVerfGE 77, 1, 46.
[937] Zweiter Teil, B. I. 3. c), S. 216-222.

oder eine sonstige Bedrohung von Geschäftschancen oder einer gesicherten Marktposition dem Schutz von Art.14 GG unterfallen, kann hier dahinstehen. Denn bei der Jahresabschlußpublizität tritt im Hinblick auf möglicherweise beeinträchtigte Geschäftschancen der Schutz aus Art. 14 GG hinter dem Schutz aus Art. 12 Abs.1 zurück. Die Ausübung des Freiheitsrechts aus Art. 12 GG steht nämlich bei einer unternehmerischen Tätigkeit am Markt nach ihrer sozialen Funktion gegenüber den dabei eingesetzten und über Art. 14 GG geschützten Vermögensrechten im Vordergrund. Eigentumsrechtlich sind nach der Judikatur des Bundesverfassungsgerichtes Unternehmen eine "tatsächliche Zusammenfassung" von "Sachen und Rechten, die an sich schon vor verfassungswidrigen Eingriffen durch Art.14 GG geschützt sind"[938] Werden also einzelne Vermögenspositionen des Unternehmens durch gesetzgeberische Eingriffe konkret berührt - etwa Geschäftsdaten- oder einzelne Produktionsmittel, so ist an den Schutz aus Art.14 GG zu denken, nicht aber wenn es um die bloßen Modalitäten der Nutzung der Sachgesamtheit geht, deren Einzelgegenstände in ihrer Nutzbarkeit nicht beeinträchtigt werden

Der Schutzbereich von Art 14 GG kann jedoch dann berührt sein, wenn es im Zuge der handelsrechtlichen Offenlegungsverpflichtung zur Preisgabe von Geschäfts- oder Betriebsgeheimnissen kommt. Herkömmlicherweise fallen hierunter Kundenlisten, Herstellungsverfahren oder Patente. Derartige Produktions- und Vertriebsgeheimnisse sind nicht Gegenstand der Jahresabschlußpublizität: Der Lagebericht braucht nicht auf Produktionsgeheimnisse einzugehen; Angaben zum Bereich Forschung und Entwicklung (§ 289 Abs.2 Nr.2 HGB) erfordern Informationen solcher Art nicht. Auch die Erläuterungen im Anhang zu Bilanz und Gewinn- und Verlustrechnung verlangen nicht, in irgendeiner Form über Produktionsgeheimnisse zu berichten.[939] Geschäfts- oder Betriebsgeheimnisse im klassischen Sinne werden also durch die handelsrechtliche Jahresabschlußpublizität nicht berührt.

Jedoch sind die in der Bilanz und Gewinn- und Verlustrechnung selbst enthaltenen Daten, insbesondere die einzelnen Kosten- und Vermögenspositionen sowie das Jahresergebnis Betriebsgeheimnisse: Gemäß der obigen Definition handelt es sich dabei um Tatsachen, die nur ein begrenzter Personenkreis - i.d.R. Gesellschafter, Geschäftsführer und Abschlußprüfer - kennt, die der Geschäftsinhaber

[938] BVerfGE 51, 193, 221f.
[939] *Ehlig*, Wpg 1997, S. 513, 522.

erkennbar - und bis zum Inkrafttreten von BiRiLiG und KapCoRiLiG berechtigt - geheimhalten will und die ohne die Offenlegung anderen Personen nicht einfach zugänglich sind.

Die im Jahresabschluß enthaltenen Daten werden jedoch nur dann als betriebsbezogenen Daten vom Schutzbereich des Art. 14 GG erfaßt, wenn sie bereits zu einem Vermögenswert geworden sind. Dies ist jedoch nicht der Fall: Im Gegensatz zu den "klassischen" Geschäftsgeheimnissen, wie etwa Produktionsgeheimnissen, Patenten etc., kommt den im Jahresabschluß enthaltenen Daten selbst kein eigener Vermögenswert zu. Zwar mag es sein, daß jemand bereit sein würde, für die Daten des Jahresabschlusses eines Konkurrenten einen gewissen Betrag zu zahlen. Auch ist der Jahresabschluß das Arbeitsergebnis eines geistigen Schaffensprozesses der Steuerabteilung, des Steuerberaters oder des Wirtschaftsprüfers, wofür entsprechende Beträge aufgewandt werden müssen. Jedoch stellt der Jahresabschluß als solcher kein vermögenswertes Recht im Sinne von Art. 14 GG dar. Denn schutzfähige Rechtspositionen im Sinne des Art. 14 GG sind solche, die das bürgerliche Recht einem privaten Rechtsträger so zuordnet, "daß er die damit verbundenen Befugnisse nach eigenverantwortlicher Entscheidung zu seinem privaten Nutzen ausüben darf."[940] Im Gegensatz zu Produktionsverfahren, Patenten oder anderen "klassischen" Betriebsgeheimnissen können die Daten eines Jahresabschlusses selbst nicht durch ihre bloße Nutzung in einem Produktionsprozeß zur Gewinnerzielung verwandt werden. Sie haben - etwa im Gegensatz zu Patenten - keinen eigenständigen, vom Unternehmen loslösbaren Wert, sondern bilden lediglich die Erfolgs- und Vermögenssituation eines bestimmten Unternehmens ab.

2. Zwischenergebnis

Die Jahresabschlußpublizität nach HGB verstößt nicht gegen Art. 14 GG. Dieses Grundrecht ist seinem Schutzbereich nach bereits nicht einschlägig. Zum einen ist im Hinblick auf möglicherweise beeinträchtigte Marktpositionen Art. 12 Abs.1 GG vorrangig. Zum anderen sind hinsichtlich des verbleibenden Schutzes von Geschäfts- und Betriebsgeheimnissen die Daten des Jahresabschlusses kein vom Schutzbereich des Art. 14 GG umfaßtes Betriebsgeheimnis, weil ihnen als solches keine eigene vermögenswerte Rechtsposition zukommt.

---

[940] BVerfGE 83, 201, 209; 89, 1, 6.

III. Negative Meinungsfreiheit - Art. 5 Abs.1 S.1 1.Hs GG

Die mit der handelsrechtlichen Jahresabschlußpublizität verbundene Auskunftsverpflichtung könnte einen Verstoß gegen Art. 5 Abs.1 S.1 1.Hs GG darstellen.[941]

1. Schutzbereich

Es stellt sich in zweifacher Weise die Frage, ob die Jahresabschlußpublizität in den Schutzbereich der Meinungsfreiheit (Art. 5 Abs.1 S.1 1.Hs GG) fällt.

a) negative Meinungsfreiheit

Art. 5 Abs.1 S.1 1.Hs GG schützt die Freiheit, etwas in Wort, Bild und Schrift zu äußern und zu verbreiten.[942] Die Jahresabschlußpubliziät enthält allerdings kein Verbot, sondern ein Gebot, Mitteilungen zu machen. "Das Sichversagen und das Schweigen"[943] wird jedoch als sog. "negative Meinungsfreiheit" auch von Art. 5 Abs.1 S.1 1.Hs GG geschützt, der somit auch die Freiheit umfaßt, eine bestimmte Aussage nicht zu machen.

b) Tatsachenbehauptungen

Unter der durch Art. 5 Abs.1 S.1 1.Hs GG geschützen freien Meinung versteht man in erster Linie Werturteile.[944] Nach heute[945] überwiegender Ansicht[946] auf

---

[941] *Siekmann*, FS Friauf, S. 647, 656.
[942] BVerfGE 7, 198, 208.
[943] *Bethge*, in: Sachs, Grundgesetz-Kommentar, 2.Aufl., 1999, Art.5 Rdnr. 23.
[944] *Bethge*, in: Sachs, Grundgesetz-Kommentar, 2.Aufl., 1999, Art.5 Rdnr. 29; *Pieroth/Schlink*, Staatsrecht II, Rdnr. 603; *Jarass*, in: Jarass/Pieroth, GG, Art. 5 Rdnr.2.
[945] Im Schrifttum wurde teilweise bezweifelt, daß in den Schutzbereich der Meinungsfreiheit auch die Mitteilung von Tatsachenbehauptungen fällt. Von einem Teil des Schrifttums (z.B. *Huster*, NJW 1996, 487) wurde dies mit grammatischen, historischen und systematischen Argumenten verneint: Das Strafrecht knüpfe bei den Beleidigungsdelikten und beim Betrug unterschiedliche Rechtsfolgen an Tatsachenmitteilungen oder Werturteile. Ein Gegendarstellungsanspruch werde durch die Landespressegesetze nur bei (falschen) Tatsachenbehauptungen gewährt. Tatsachenmitteilungen würden im Rahmen der freien Berichterstattung gem. Art. 5 Abs.1 S.2 GG geschützt und fielen deshalb aus dem Schutzbereich von Art. 5 Abs.1 S.1 1.Hs GG heraus. Dagegen wird angeführt (*Pieroth/Schlink*, Staatsrecht II, Grundrechte, 15. Aufl., 1999, Rdnr 553), daß sich Tatsachenbehauptungen und Werturteile mitunter schwer gegenein-

Grundlage der Rechtsprechung des Bundesverfassungsgerichts[947] umfaßt der Schutzbereich des Art. 5 Abs.1 S.1 1.Hs GG aber auch Tatsachenmitteilungen, sofern diese Voraussetzung für die Bildung von Meinungen sind. Nur Tatsachenmitteilungen, die weder mit Werturteilen verbunden, noch für die Bildung von Meinungen relevant sind, fallen aus dem Schutzbereich von Art. 5 Abs.1 S.1 1. Hs GG heraus, so z.B. Angaben im Rahmen statistischer Erhebungen.[948] Insbesondere wegen der Gewährleistung der negativen Meinungsfreiheit werden rein statistische Angaben und Tatsachenmitteilungen "ohne jedes Moment wertender Stellungnahme" nicht in den Schutzbereich des Art.5 Abs.1 S.1 1.Hs GG mit einbezogen.[949]

Der nach HGB offenzulegende Jahresabschluß enthält eine Tatsachendarstellung im Hinblick darauf, daß in der Bilanz sowie in der Gewinn- und Verlustrechnung die Rechnungslegungsdaten des vergangenen Geschäftsjahres zusammengestellt sind. Im Anhang werden diese Daten erläutert, so daß insoweit keine reine Wiedergabe statistischer Daten vorliegt. Erst recht gilt dies für den mit dem Jahresabschluß ebenfalls offenzulegenden[950] Lagebericht. Dieser enthält wertende Elemente, insbesondere im Hinblick auf die seit dem KonTraG erforderliche Stellungnahme zu Risiken der künftigen Entwicklung.

c) Schlußfolgerung und Zwischenergebnis

Im Gegensatz zu wirtschafts- und gewerberechtlichen Auskunftspflichten, bei denen lediglich statistische Daten eines Unternehmens an Behörden weitergegeben werden müssen, verpflichtet die Jahresabschlußpublizität durch Anhang und

---

1999, Rdnr 553), daß sich Tatsachenbehauptungen und Werturteile mitunter schwer gegeneinander abgrenzen lassen. Zum zweiten kann auch die Entscheidung darüber, welche Tatsachen in welchem Zusammenhang und welcher Anordnung dargestellt werden, mit einer erheblichen Wertung verbunden sein. Schließlich sind Tatsachenmitteilungen Voraussetzungen für die Bildung von Meinungen und deshalb aufgrund der besonderen Bedeutung der Meinungsfreiheit für das Funktionieren des demokratischen Gemeinwesens ("schlechthin konstitutiv") in den Schutz der Meinungsfreiheit mit einbezogen, sofern es sich nicht um bloße statistische Angaben handelt.

[946] *Pieroth/Schlink*, Staatsrecht II, Grundrechte, Rdnr 607; *Bethge*, in: Sachs, Grundgesetz-Kommentar, 2.Aufl., 1999, Art. 5 Rdnr.29; *Jarass*, in: Jarass/Pieroth, GG, Art. 5 Rdnr. 2.

[947] BVerfGE 61, 1, 9; 85, 1, 9.

[948] BVerfGE 65, 1, 40f.

[949] *Pieroth/Schlink*, Staatsrecht II, Grundrechte, Rdnr 612.

[950] § 325 Abs.1 S.1 2.Hs HGB.

Lagebericht über das Unternehmen eine wertende Stellungnahme abzugeben. Im übrigen sind auch die Bilanz sowie die Gewinn- und Verlustrechnung aufgrund der Verdichtung der in ihnen enthaltenen Informationen als Tatsachenmitteilungen Grundlage für ein Werturteil über das Unternehmen, wie auch der "Bilanzanalyse-Fall"[951] zeigt.

Im Gegensatz zu rein statistischen wirtschafts- und gewerbe-rechtlichen Auskunfts- und Meldepflichten fällt die Jahresabschlußpublizität somit in den Schutzbereich der negativen Meinungsfreiheit gem. Art. 5 Abs.1 S.1 1.Hs GG.[952]

2. Eingriff

Ein Eingriff in den Schutzbereich der negativen Meinungsäußerungsfreiheit erfolgt durch Gebote.[953] Das Gebot nach HGB zur Offenlegung des Jahresabschlusses beschneidet die negative Meinungsäußerungsfreiheit, den Jahresabschluß nebst Lagebericht nicht zu veröffentlichen und stellt daher einen Eingriff in Art.5 Abs.1 S.1 1.Hs GG dar.

3. Verfassungsrechtliche Rechtfertigung

Dieser Eingriff ist jedoch nur dann ein Grundrechtsverstoß, wenn er nicht verfassungsrechtlich gerechtfertigt ist. Gem. Art. 5 Abs.2 GG kann die Meinungsfreiheit durch allgemeine Gesetze eingeschränkt werden. Wenn ein „allgemeines Gesetz“ im Sinne von Art. 5 Abs.2 GG vorliegt, ist dieses in einem zweiten Schritt seinerseits wiederum im Sinne einer „Wechselwirkung“ zwischen allgemeinen Gesetz und „wertsetzender Bedeutung“ des Grundrechts aus Art. 5 GG in seiner das Grundrecht begrenzenden Wirkung einzuschränken.[954]

---

[951] BGH Urt. v. 8.2.1994 - VI ZR 286/93, NJW 1994, S. 1281; BVerfG, Beschl. v. 3.5.1994 - 1 BvR 737/94, NJW 1994, S. 1784; weitere Nachweise, auch für die zahlreichen Urteilsanmerkungen in der Einleitung dieser Arbeit unter II.3.c), Fn 80 u. 81 (S.12, 13).
[952] Dahingehend auch *Siekmann*, FS Friauf, S. 647, 656.
[953] *Pieroth/Schlink*, Staatsrecht II, Grundrechte, Rdnr 634.
[954] BVerfGE 7, 198, 208, 209.

a) „Allgemeines Gesetz“

Zunächst ist zu prüfen, ob ein „allgemeines Gesetz“ im Sinne von Art. 5 GG vorliegt. "Allgemein" ist dabei in dem Sinne zu verstehen, daß ein Gesetz "nicht eine Meinung als solche verbieten" darf, sondern ohne Rücksicht auf eine bestimmte Meinung dem Schutz eines bestimmten Gemeinschaftswertes dienen muß, der gegenüber der Betätigung der Meinungsfreiheit Vorrang hat.[955] Die Anforderungen an allgemeine Gesetze i.S.v. Art.5 Abs.2 GG sind auf solche Gesetze zugeschnitten, welche die positive Meinungsfreiheit einschränken. Will man diese Grundsätze auf Gesetze übertragen, welche die negative Meinungsfreiheit einschränken, so könnte man entsprechend fragen, ob das Gesetz zur Abgabe einer bestimmten Aussage verpflichtet. Dann wäre es kein allgemeines Gesetz im Sinne von Art. 5 Abs.2 GG. Die nach HGB vorgeschriebene Rechnungslegungspublizität verpflichtet zur Veröffentlichung von Jahresabschluß und Lagebericht. Es ließe sich vertreten, daß es dadurch eine gesetzliche Verpflichtung besteht, eine bestimmte Aussage zu machen, nämlich eine Aussage über die Rechnungslegung eines haftungsbeschränkten Unternehmens. Andererseits könnte man argumentieren, daß nach HGB lediglich eine allgemeine Verpflichtung besteht, die Inhalte von Jahresabschluß und Lagebericht öffentlich zu machen, ohne daß deswegen die Veröffentlichung bestimmter Inhalte vorgeschrieben wäre. Demgegenüber ist jedoch wiederum zu beachten, daß das Handelsbilanzrecht hinsichtlich der Inhalte von Jahresabschluß und Lagebericht ein enges Korsett vorgibt: Bilanz und Gewinn- und Verlustrechnung sind in ihrem Aufbau durch die §§ 266, 275 HGB klar vorgegeben und müssen gem. § 264 Abs.2 HGB den tatsächlichen Verhältnissen entsprechen. Allerdings bestehen Wahlrechte hinsichtlich der Bilanzierung (§ 246 HGB) und der Kostenermittlungsverfahren (§ 275 Abs.1 S.1 HGB). Für den Lagebericht besteht gem. § 289 HGB die Vorgabe, daß dieser den tatsächlichen Verhältnissen entsprechen muß. Dabei hat das Gesetz aber weder für die äußere Gestaltung noch für Aufbau und Umfang des Lageberichts genaue Regelungen vorgesehen, so daß diesbezüglich eine weitgehende Gestaltungsfreiheit besteht.[956] Nach alledem verbleibt trotz des vom HGB vorgegebenen Rahmens eine Spielraum für die inhaltliche Ausgestaltung von Jahresabschluß und Lagebericht. Die Rechnungslegungspublizität nach HGB verpflichtet deshalb haftungsbeschränkte Unternehmen nicht zu genau bestimmten Aussagen in ihrem Jahresabschluß und Lagebericht. Zwar muß das Kriterium zwingend eingehalten wer-

[955] BVerfGE 7, 198, 209f.

[956] *Morck*, in: Koller/Roth/Morck, HGB, 2.Aufl., § 289 Rdnr. 2.

den, daß Jahresabschluß und Lagebericht den tatsächlichen Verhältnissen entsprechen müssen ("Rechnungslegungswahrheit"). Im Rahmen dessen besteht aber eine Gestaltungsspielraum hinsichtlich der Darstellung der Inhalte und damit letztlich auch der Inhalte selber. Deshalb können die Vorschriften des HGB zur Rechnungslegungspublizität noch als allgemeines Gesetz i.S.v. Art. 5 Abs.2 GG angesehen werden.

b) Wechselwirkungslehre

Auch allgemeine Gesetze dürfen die (negative) Meinungsfreiheit nicht beliebig einschränken.[957] Nach der sog. Wechselwirkungslehre müssen die aus allgemeinen Gesetzen sich ergebenden Grenzen der Grundrechte des Art. 5 Abs.1 GG ihrerseits im Lichte dieser Grundrechte gesehen werden.[958] Es muß eine fallbezogene Güterabwägung zwischen den durch Art. 5 Abs.1 GG geschützten Freiheiten einerseits und den Interessen, die mit dem allgemeinen Gesetz verfolgt werden, andererseits erfolgen.[959] Dabei muß eine „Abwägung zwischen der Bedeutung der Meinungsfreiheit und dem Rang des durch die Meinungsäußerung beeinträchtigten Rechtsguts“ erfolgen.[960]

Die negative Meinungsfreiheit, in die durch die Verpflichtung, Aussagen über die wirtschaftliche Situtation des Unternehmens zu machen, eingegriffen wird, hat nicht dieselbe "für das demokratische Gemeinwesen schlechthin konstitutive " Bedeutung, wie die durch Art. 5 Abs.1 1.Hs in erster Linie geschützte positive Meinungsfreiheit. Diese dient dem freien Diskurs in der Gesellschaft, ist "unentbehrliches und grundlegendes Funktionselement eines demokratischen Gemeinwesens"[961]. Diese politische und geradezu staatstragende Bedeutung hat die durch die Jahresabschlußpublizitätspflicht betroffene negative Meinungsfreiheit nicht. Bei ihr steht insoweit nahezu ausschließlich das durch die Jahresabschlußpublizität eingeschränkte Individualinteresse im Vordergrund, selbst zu entscheiden, wann und wem gegenüber eine Aussage über das Unternehmen gemacht wird. Es handelt sich dabei nicht um einen (Negativ-)Beitrag zum geistigen

[957] *Jarass*, in: Jarass/Pieroth, GG, Art.5 Rdnr. 47.
[958] BVerfGE 7, 198, 208, ständ.Rspr.; *Pieroth/Schlink*, Staatsrecht II, Grundrechte, Rdnr.656.
[959] BVerfGE 21, 239, 243, 244; 24, 278, 282; 93, 266.
[960] BVErfGE 85, 1, 16.
[961] *Bethge*, in: Sachs, Grundgesetz-Kommentar, 2. Aufl., 1999, Art. 5 Rdnr. 22.

Meinungskampf, bei dem „die Vermutung für die Zulässigkeit der freien Rede“[962] bzw. bewußten Nichtäußerung im Meinungsdiskurs stünde. Ferner verbleiben im Rahmen der Jahresabschlußpublizität nach HGB hinsichtlich der Gestaltung der Inhalte noch Spielräume: Das HGB ordnet nur an, daß sich das haftungsbeschränkte Unternehmen zum Jahresabschluß äußern muß. Was aber gesagt wird, bleibt im Rahmen der Vorgabe, nicht wider den tatsächlichen Verhältnissen Aussagen zu machen, den Grundrechtsträgern überlassen.

4. Zwischenergebnis

Die Rechnungslegungspublizität nach HGB verstößt deshalb nicht gegen die durch Art. 5 Abs.1 S.1 1.Hs GG geschützte negative Meinungsfreiheit.

IV. Recht auf informationelle Selbstbestimmung (Art. 2 Abs.1 i.V.m. Art.1 Abs.1 GG)

Teilweise wird vertreten, die Verpflichtung nach HGB zur Offenlegung von Jahresabschluß und Lagebericht verletzte das Recht auf informationelle Selbstbestimmung.[963] Dabei wird nicht eindeutig klargestellt, ob die Unternehmen selbst im Grundrecht auf informationelle Selbstbestimmung verletzt sein sollen oder die hinter diesen Unternehmen stehenden Menschen in ihrer Eigenschaft als Gesellschafter oder Geschäftsführer.[964]

---

[962] BVerfGE 93, 266, 292.

[963] *Weilbach*, DB 1992, S. 1537, 1538; WPK-Mitt. 1992, S. 63ff; *Friauf*, GmbHR 1985, S. 245, 252f.; 1991, S. 397, 406f.; *Meilicke*, DB 1986, S. 2445, 2445.

[964] *Weilbach* hat wiederholt (WPK-Mitt. 1992, S. 63, 66; DB 1992, S. 1537, 1538; BB 1995, S. 451, 453) die These vertreten, die Publizität mittelständischer GmbH verletze das Recht auf informationelle Selbstbestimmung. Dabei hat er sich nicht eindeutig festgelegt, ob eine unmittelbare Grundrechtsverletzung der GmbH selbst vorliege oder nur mittelbar die hinter ihr stehenden Menschen in ihrem Recht auf informationelle Selbstbestimmung verletzt sind: Einerseits spricht *Weilbach* vom "individuellen Recht des Staatsbürgers informationeller Selbstbestimmung" (WPK-Mitt. 1992, S. 63, 67) sowie unter Berufung auf ein"Grundrecht auf Datenschutz" und die einfachgesetzlichen Regelungen des Bundesdatenschutzgesetzes von "mittelbaren Wirkungen", einem "Durchgriff auf eine natürliche Person, etwa zugleich eine Aussage über einzelne Gesellschafter" (DB 1992, S. 1537, 1538). Dies deutet darauf hin, daß auch *Weilbach* durch die Jahresabschlußpublizität von juristischen Personen nur das informationelle Selbstbestimmungsrecht der dahinterstehenden natürlichen Persoen verletzt sieht. Andererseits spricht er im selben Zusammenhang davon, auch juristische Personen würden einbezogen (DB 1992, S. 1537, 1538). Auch der Argumentation in BB 1995, S. 451, 453 unter Berufung auf das "Bilanzanalyse-Urteil" des BGH läßt sich nicht zweifelsfrei entnehmen, ob

1. Schutzbereich

Es stellt sich die Frage, ob und inwiefern durch die Jahresabschlußpublizität der Schutzbereich der informationellen Selbstbestimmung berührt wird.

Dafür soll zunächst[965] eine Abgrenzung zur negativen Meinungsfreiheit vorgenommen werden, auch wenn Grundrechte prinzipiell nebeneinander anwendbar sind[966]. Denn das Recht auf informationelle Selbstbestimmung wurde in Verbindung mit dem besonderen Grundrecht des Art.1 Abs.1 aus dem Auffanggrundrecht des Art.2 Abs.1 GG entwickelt. Die in Art.2 Abs.1 GG enthaltenen Auffanggrundrechte treten aber zurück, wenn der Schutzbereich eines speziellen Freiheitsrechts vorrangig betroffen ist.[967] Methodisch erscheint es deshalb geboten, einer Überprüfung der Vereinbarkeit der Jahresabschlußpublizität mit der informationellen Selbstbestimmung eine Abgrenzung zur negativen Meinungsfreiheit voranzustellen[968] im Hinblick auf die mit der Offenlegung verbundenen Mitteilungspflichten.

a) Abgrenzung zur negativen Meinungsfreiheit

Das Bundesverfassungsgericht selbst nimmt insoweit im "Volkszählungsurteil", in dem das Recht auf informationelle Selbstbestimmung entwickelt[969] wurde, zunächst eine Abgrenzung zur negativen Meinungsfreiheit vor.[970] Demgemäß hat die Abgrenzung zwischen dem Recht auf informationelle Selbstbestimmung ei-

---

eine Verletzung des Rechts auf informationelle Selbstbestimmung nur im Hinblick auf die hinter den Unternehmen stehenden Menschen oder auch hinsichtlich der Unternehmen selbst von *Weilbach* bejaht wird. Auch *Friauf*, der sich erstmalig intensiver mit den "verfassungsrechtlichen Gesichtspunkten" (*Friauf*, GmbHR 1985, 245) der Publizitätspflicht beschäftigt hat, läßt sich bei seinen Ausführungen zur informationellen Selbstbestimmung nicht eindeutig entnehmen, ob er den Unternehmen selbst dieses Grundrecht zukommen lassen will, wenn er schreibt: "Deshalb kann das Unternehmen von Verfassungs wegen nicht ohne weiteres das gleiche Maß an Diskretion und Geheimnisschutz beanspruchen, wie der einzelne Bürger hinsichtlich seiner persönlichen Daten (*Friauf*, GmbHR 1985, 245, 252).

[965] *Siekmann/Duttge*, Staatsrecht I, Grundrechte, 1998, Rdnr. 1018.

[966] *Siekmann/Duttge*, Staatsrecht I, Grundrechte, 1998, Rdnr. 1016.

[967] *Siekmann/Duttge*, Staatsrecht I, Grundrechte, 1998, Rdnr. 795.

[968] *Siekmann/Duttge*, Staatsrecht I, Grundrechte, 1998, Rdnr. 1018.

[969] *Murswiek*, in: Sachs, Grundgesetz-Kommentar, 2.Aufl., 1999, Art.2 Rdnr. 72; Dies wird im Prinzip bereits aus den Leitsätzen 1 und 2 der Entscheidung des Bundesverfassungsgerichts vom 15.12.1983, BVerfGE 65, 1, 1 deutlich.

[970] BVerfG, Urt. v. 15.12.1983 - 1 BvR 209, 269, 362, 420, 440, 484/83 -, BVerfGE 65, 1, 40f.

nerseits und der negativen Meinungsfreiheit andererseits danach zu erfolgen, welchen Charakter die Äußerung hat, zu der man im Wege eines Grundrechtseingriffs verpflichtet wird. "Soweit sie Voraussetzung für die Bildung von Meinungen ist, welche Art.5 Abs.1 GG in seiner Gesamtheit gewährleistet"[971], greift die negative Meinungsfreiheit ein. Demgegenüber sind Angaben im Rahmen statistischer Erhebungen, "reine Tatsachenmitteilungen, die mit Meinungsbildung nichts zu tun haben"[972] duirch das Recht auf informationelle Selbstbestimmung geschützt.

Für die handelsrechtliche Publizitätspflicht von Jahresabschluß und Lagebericht läßt sich daraus folgende Abgrenzung zwischen der negativen Meinungsfreiheit und dem Recht auf informationelle Selbstbestimmung vornehmen:

In den Regelungsbereich der negativen Meinunsfreiheit fallen die wertenden Aussagen im Anhang und Lagebericht sowie die im Jahresabschluß enthaltenen Daten, soweit diese Grundlage für eine wertende Stellungnahme zur Unternehmenslage sind.

Für den Regelungsbereich des Rechts auf informationelle Selbstbestimmung als Teilbereich des allgemeinen Persönlichkeitsrechts[973] und Auffangrecht[974] verbleibt - unabhängig von der Frage nach dem personalen und sachlichen[975] Schutzbereich - bei der Rechnungslegungspubliziätspflicht noch insoweit Raum, als daß diese auch die bloße Weitergabe der Daten des Jahresabschlusses als rein statistische Größen beinhaltet.

---

[971] BVerfG, Urt. v. 15.12.1983 - 1 BvR 209, 269, 362, 420, 440, 484/83 -, BVerfGE 65, 1, 41.

[972] BVerfG, Urt. v. 15.12.1983 - 1 BvR 209, 269, 362, 420, 440, 484/83 -, BVerfGE 65, 1, 41.

[973] *Jarass*, in: Jarass/Pieroth, GG, 5. Aufl., 2000, Art. 2 Rdnr. 31f.

[974] *Pieroth/Schlink*, Grundrechte, Staatsrecht II, 15. Aufl.. 1999, Rdnr. 377.

[975] Die Frage, ob durch den Jahresabschluß persönliche Daten bzw. Lebenssachverhalte offenbart werden, ist eine Frage des sachlichen Schutzbereichs und wird bei dessen Behandlung - im Folgenden unter c) - zu klären sein.

b) personaler Schutzbereich

Fraglich ist, ob die von der Jahresabschlußpublizität betroffenen Kapital- und besonderen Personengesellschaften i.S.d. § 264a HGB in den persönlichen Schutzbereich des Rechts auf informationelle Selbstbestimmung fallen, d.h. ob ihnen dieses Recht selbst zukommen kann.

aa) Verfassungsrechtliche Ausgangslage

Wie zuvor im zweiten Teil unter A. IV. 1. gesehen[976], erstreckt sich der personale Schutzbereich des Rechts auf informationelle Selbstbestimmung nicht auf juristische Personen und Personenhandelsgesellschaften.

Kapitalgesellschaften und besondere Personenhandelsgesellschaften i.S.d. § 264a HGB können also nach der verfassungsrechtlichen Ausgangslage durch die Jahresabschlußpublizität nach HGB nicht selbst im Reht auf informationelle Selbstbestimmung verletzt sein.

bb) Besonderheiten des Bilanzanalyse-Falles

Etwas anderes ergibt sich auch nicht aus der Entscheidung des Bundesgerichtshofes[977] und dem entsprechenden Nichtannahmebeschluß des Bundesverfassungsgerichts[978] im sog. "Bilanzanalyse-Fall"[979].

Dies hängt damit zusammen, daß im Bilanzanalyse-Fall ein konkreter Zivil-Rechtsstreit mit sich gegenüberstehenden, widerstreitenden Interessen einer praktischen Entscheidung zuzuführen war. Verfassungsrechtliche Positionen und Rechtsfragen waren deshalb, auch wenn sie durch die Thematik in eklatanter Weise berührt gewesen sein mochten, nur dann zu berücksichtigen, wenn dies für

---

[976] S. 178-183.

[977] BGH, Urt. v. 8.2.1994 - VI ZR 286/93, NJW 1994, 1281, umfassende weitere Nachweise in der Einleitung dieser Arbeit unter II. 3. b) Fn. 87.

[978] BVerfG, Beschl. v. 3.5.1994 - 1 BvR 737/94, NJW 1994, 1784, umfassende weitere Nachweise in der Einleitung dieser Arbeit unter II. 3. b) Fn. 88.

[979] Auch *Leible*, ZHR 162 (1998), S. 594, 617, berücksichtigt bei der Frage der Verfassungsmäßigkeit bestehender Publizitätspflichten die Besonderheiten des "Bilanzanalyse-Falles" im Rahmen der Prüfung einer Verletzung des Rechts auf informationelle Selbstbestimmung.

die Lösung des Falles notwendig war. Dies war aber nach hier vertretener Ansicht - jedenfalls für das Recht auf informationelle Selbstbestimmung - nicht der Fall.[980] Um dies zu erklären, ist eine hinreichend detaillierte Darstellung des dem Bilanzanalyse-Falls zugrundeliegenden Lebenssachverhaltes erforderlich:[981]

Im sog. Bilanzanalyse-Fall hatte eine juristische Person, eine GmbH, gegen einen Universitätsprofessor für Wirtschaftswissenschaften eine Unterlassungsklage erhoben.

Der Professor hatte den im Bundesanzeiger veröffentlichten Jahresabschluß der GmbH für ein Steuerberater-Seminar verwandt. Die Veranstaltung lief unter dem Titel "Jahresabschlußanalyse aus Sicht der Banken" und fand vierundzwanzig Mal in sechszehn Städten statt. Dabei wurden an die ca. 960 Seminarteilnehmer Seminarunterlagen verteilt, die den Jahresabschluß der GmbH enthielten sowie darüberhinaus auch kritische, negative Analysen dieses Jahresabschlusses durch Banken, die der Wirtschaftsprofessor in Auftrag gegeben hatte. Ferner machte der Wirtschaftsprofessor auch eigene, umfangreiche Ausführungen, in denen er die Analysen der Banken erläuterte und mit deutlichen Worten[982] zu dem Ergebnis kam, die finanzielle Situation der Klägerin sei kritisch zu beurteilen. Dies alles erfolgte unter voller Namens- und Anschriftennennung der GmbH. Diese forderte daraufhin den Professor auf, sich für seine negativen Äußerungen zu ihrer finanziellen Situation zu entschuldigen und sich schriftlich zu verpflichten, seine negativen Bewertungen in den Unterlagen zu tilgen und künftig nicht mehr zu wiederholen, ferner ihren Namen innerhalb des Vortrags nicht mehr zu nennen und aus den Unterlagen zu entfernen. Dieser Aufforderung kam der Professor nicht nach, sortierte aber die Unterlagen, die die GmbH betrafen, aus und verwandte sie nicht mehr. Die Bundessteuerberaterkammer als Seminarveranstalterin teilte der GmbH mit, daß die Seminarreihe planmäßig abgeschlossen und eine weitere nicht geplant sei. Der GmbH genügte dies nicht.
Sie erhob Klage,

1. auf Unterlassung, Jahresabschlüsse der GmbH ohne deren Zustimmung an Dritte zu

---

[980] Dagegen allerdings die weit überwiegende Meinung im Schrifttum, vgl. *Hirte*, EWiR 1994, S. 469 ff.; *Lutter*, AG 1994, S. 347; *Marly*, Anm. LM BGB § 823 (Ah) Nr. 110; *Mertens*, AG 1994, S. 370f.; *Siekmann* ZIP 1994, S. 653; *ders.*, FS Friauf, S. 647, 661. *Hager*, ZHR 158 (1994), S. 675, 678 und *Leßmann*, DZWiR 1994, S. 331ff. hingegen steuern nicht sofort auf die vom Fall berührten Verfassungsfragen zu, sondern prüfen zivilrechtlich durch. Hinsichtlich der Bedeutung des Rechts auf inforamtionelle Selbstbestimmung so wie hier in diesem Punkt wohl auch *Wagner/Sommer*, AG 1995, S. 452ff.und *Strobel*, BB 1994, S. 1293, 1299; *Weilbachs* Formulierungen (WPK-Mitt. 1992, S. 63; BB 1995, S. 451) hingegen erscheinen zu weitgehend, weil aus ihnen, wie oben ausgeführt, herausgelesen werden kann, das informationelle Selbstbestimmungsrecht könne auch juristischen Personen zukommmen, was sich aber aus dem Bilanzanalyse-Fall nicht ergibt.

[981] Wiedergabe nach BGH NJW 1994, 1748.

[982] "Damit ist die Ertragslage der Heberger-Bau GmbH - trotz eines Jahresüberschusses von 557 TDM - als sehr schlecht einzustufen. ... Die Finanzlage der Heberger-Bau ist nach den vorliegenden Zahlen als kritisch zu beurteilen. ... Bei negativer Entscheidungsdauer dürfe die Gesellschaft in der Zukunft große Schwierigkeiten haben, Kredite zurückzuzahlen. ... Die Bonität der Gesellschaft ist ganz offensichtlich schlecht.", vgl. den Tatbestand beim klageabweisenden Berufungsurteil v. 17.3.1993 des OLG Frankfurt a.M. - 23 U 63/92 -, ZIP 1993, S. 1232, 1233, vgl. auch *Paefgen*, EWiR 1993, S. 789.

versenden, ihnen zugänglich bzw. sie zum Gegenstand von Seminar-Veranstaltungen zu machen,

hilfsweise,

es zu unterlassen, dabei den vollen Namen und die Anschrift der GmbH zu nennen,

weiter hilfsweise,

es zu unterlassen, die Jahresabschlüsse der GmbH ohne deren Zustimmung unter voller Namensnennung Banken zur Analyse zuzuleiten und diese für Seminarveranstaltungen zu verwenden,

2. auf Unterlassung der genannten inkriminierenden Äußerungen,

3. auf Zahlung eines immateriellen Schadensersatzanspruchs[983].

Das LG Wiesbaden als Eingangsinstanz und das OLG Frankfurt in der Berufung wiesen die Klage in vollem Umfang ab.[984]

Die Weiterverfolgung vor dem Bundesgerichtshof hatte nur im Hinblick auf die unter 1. genannten Hilfsanträge Erfolg.

Eine dagegen eingereichte Verfassungsbeschwerde wurde mangels grundsätzlicher verfassungsrechtlicher Bedeutung i.S.v. § 93a Abs.2 lit. a) BVerfGG nicht zur Entscheidung angenommen. Die Annahme zur Durchsetzung verfassungsrechtlicher Positionen des Professors hielt das Bundesverfassungsgericht nicht für angezeigt (§ 93a Abs.2 lit. b) BVerfGG).[985]

Nach Ansicht des Bundesgerichtshofes hatte die GmbH einen Anspruch gegen den Wirtschaftsprofessor aus den §§ 823 Abs.1, 1004 BGB, es zu unterlassen, "ihr Unternehmen betreffende Jahresabschlüsse ohne ihre Zustimmung unter Nennung ihres Namens und ihrer Adresse an Dritte zu versenden oder Dritten zugänglich bzw. zum Gegenstand von Seminarveranstaltungen zu machen."[986]

Daraus ergibt sich nicht, daß sich juristische Personen auf das Recht auf informationelle Selbstbestimmung berufen können. Denn wie das Bundesverfassungsgericht in seinem Nichtannahmebeschluß ausführt, kommt es für die Entscheidung des Bilanzanalyse-Falles nicht entscheidungserheblich darauf an, "ob sich juristische Personen auf das durch Art. 2 I i.V.m. Art.1 I GG geschützte allgemeine Persönlichkeitsrecht berufen können".[987] Es ist nämlich zu unterscheiden zwischen dem verfassungsrechtlichen, durch Art. 2 Abs.1 i.V.m. Art. 1 Abs.1 GG geschützten allgemeinen Persönlichkeitsrecht als Grundrecht und dem einfachgesetzlichen allgemeinen Persönlichkeitsrecht im BGB als sonstigem Recht gem.

---

983 DM 30.000,00 als Teilbetrag nebst 4% Zinsen seit 5.9.1991.

984 OLG Frankfurt a.M., Urt. v. 17.3.1993 - 23 U 63/92, ZIP 1993, S. 1232, 1233.

985 BVerfG, Beschl. v. 3.5.1994 - 1 BvR 737/94, NJW 1994, S. 1784.

986 BGH, Urt. v. 8.2.1994 - VI ZR 286/93, NJW 1994, 1282.

987 BVerfG, Beschl. v. 3.5.1994 - 1 BvR 737/94, NJW 1994, S. 1784.

§ 823 Abs.1 BGB.[988] Der Bundesgerichtshof hat den Unterlassungsanspruch der GmbH auf das zivilrechtliche allgemeine Persönlichkeitsrecht gestützt, und zwar im Hinblick auf die Freiheit im wirtschaftlichen Verkehr. Dafür hat der Bundesgerichtshof die Formel vom "sozialen Geltungsanspruch als Wirtschaftsunternehmen" verwandt, was möglicherweise Anlaß zu Fehlinterpretationen und Kritik gewesen sein könnte.

Verfassungsrechtliche Grundlage der vom BGH der GmbH zuerkannten Rechtsposition ist nach den Ausführungen des Bundesverfassungsgerichts Art. 2 Abs.1 GG als Ausfluß der allgemeinen Handlungsfreiheit. Auch juristische Personen können sich auf Art. 2 Abs.1 GG insoweit berufen, "als ihr Recht auf freie Entfaltung im Sinne der wirtschaftlichen Betätigung betroffen ist".[989] Man mag dazu einwenden, daß insoweit das speziellere Freiheitsgrundrecht der allgemeinen Berufsfreiheit vorrangig sei. Dies ändert aber nichts daran, daß sich aus den Entscheidungen von Bundesgerichtshof und Bundesverfassungsgericht zum Bilanzanalyse-Fall kein informationelles Selbstbestimmungsrecht für juristische Personen ergibt.[990] Die Frage, ob materiell-rechtlich der Bilanzanalyse-Fall richtig entschieden wurde, kann für die Untersuchung der Verfassungsmäßigkeit der Rechnungslegungspublizität daher dahinstehen.[991]

Es soll dazu an dieser Stelle nur Folgendes kurz angemerkt werden: Der Bundesgerichtshof hat die Interessen der Allgemeinheit an Unternehmenstransparenz und -publizität und die damit verbundene Warnfunktion vor Unternehmenskrisen nicht in die von ihm vorzunehmenden Gesamtwürdigung aller Umstände miteinbezogen.[992] Ferner ist er nur sehr knapp auf die durch Art. 5 Abs. 3 GG geschützte Wissenschaftsfreiheit des Universitätsprofessors eingegangen,

---

[988] So auch *Pieroth/Schlink*, Staatsrecht II, Grundrechte, 15. Aufl., 1999, Rdnr. 378; auch *Wagner/Sommer*, AG 1995, S. 452, 457f. stellen klar, daß der BGH vom allgemeinen zivilrechtlichen Persönlichkeitsrecht nach §§ 823 Abs.1, 1004 BGB ausgeht (S. 457) und nennen als insoweit betroffene Grundrechte die allgemeine Handlungsfreiheit, die Freiheit im wirtschaftlichen Verkehr und die freie Entfaltung i.S. der wirtschaftlichen Betätigung, sprechen dann aber insoweit etwas mißverständlich vom "verfassungsrechtlich gewährleisteten allgemeinen Persönlichkeitsrecht der Klägerin" (= einer juristischen Person); Klarheit schafft insoweit ein Blick in die Entscheidung des Bundesverfassungsgerichts: "Der Sache nach ist das bürgerlich-rechtliche sogenannte allgemeine Persönlichkeitsrecht, das der BGH seiner Entscheidung zugrundegelegt hat, nichts anderes als die wirtschaftliche Betätigungsfreiheit der Kl.., die als Teil der allgemeinen Handlungsfreiheit durch Art. 2 I GG geschützt wird." (Fundstellennachweis s. vorhergehende Fußnote).

[989] Ständ. Rspr. des BVerfG, Nachweise bei BVerfG, Beschl. v. 3.5.1994 - 1 BvR 737/94, NJW 1994, S.1784.

[990] So auch *Leible*, ZHR 162 (1998), S. 594, 617f.

[991] *Leible*, ZHR 162 (1998), S. 594, 617f.

[992] Kritisch deshalb: *Siekmann*, ZIP 1994, S. 653.

und meint dazu, die Unkenntlichmachung von Namen und Adresse des Unternehmens hätte keine ernstliche Einschränkung der Wissenschaftsfreiheit bedeutet.[993]

Die Nichtberücksichtigung des Allgemeininteresses an Transparenz und Publizität in der BGH-Entscheidung erscheint vertretbar, wenn man sich auf den Standpunkt stellt, daß es bei der Abwägung auf die besondere Umstände des Einzelfalles im Hinblick auf die gegenläufign *individuellen* Rechtspositionen ankam, nämlich einerseits den minimalen Rechtsverlust des Professors und andereseits die drohenden Rechtsgutsbeeinträchtigungen für die GmbH infolge der Deutlichkeit der Kritik, des besonderen Hinweiseffekts und der Multiplikatorwirkung.. Es ging gerade nicht um die gesetzlich gebotene Unternehmenstransparenz- und Publizität, der das Unternehmen durch die Veröffentlichung im Bundesanzeiger ja auch pflichtgemäß nachgekommen war. Vielmehr lagen die besonderen Umstände des Einzelfalles darin, daß gerade über die im Allgemeininteresse gebotene Transparenz und Publizität hinaus ein besonderes Herausstellen dieses Unternehmens erfolgte („Prangerwirkung“), noch dazu mit der Multiplikatorwirkung durch die Seminarreihe.

Hinsichtlich der vom BGH nur sehr knapp angesprochenen Wissenschaftsfreiheit sah das Bundesverfassungsgericht keine „ernstliche Einschränkung der Wissenschaftsfreiheit“ darin, Namen und Adresse des analysierten Unternehmens unkenntlich zu machen. Es führt dazu weiter aus, daß keine Rede davon sein könne, der Kern der Wissenschaftsfreiheit werde berührt, wenn der Jahresabschluß vom Universitätsprofessor nur ohne Identifikationsmerkmale verwendet werden dürfe..[994] Das Bundesverfassungsgericht hat insoweit offenbar den Schutzbereich der Wissenschaftsfreiheit entweder sehr eng ausgelegt oder die Eingriffsschwelle sehr hoch bemessen. Dazu könnte man sich fragen, ob nicht die Wissenschaft - gerade in der Wirtschaftswissenschaft - das Recht haben muß, konkrete Fälle unter Namensnennung zu analysieren.[995]

cc) Zwischenergebnis

Die von der Jahresabschlußpublizität nach HGB betroffenen juristischen Personen und Personenhandelsgesellschaften können sich nicht selbst darauf berufen, durch die Offenlegungsverpflichtung im Recht auf informationelle Selbstbestimmung verletzt zu sein. Aus dem Bilanzanalyse-Fall ergibt sich nichts anderes. Eine Verletzung des Rechts auf informationelle Selbstbestimmung kommt allein im Hinblick auf die hinter den Unternehmen stehenden natürlichen Personen in Betracht.

---

[993] BGH, Urt. v. 8.2.1994 - VI ZR 286/93, ZIP 1994, S. 648, 650.
[994] BVerfG Beschl. v. 3.5.1994 - 1 BvR 737/94, AG 1994, S.369, 370.
[995] So etwa *Siekmann*, ZIP 1994, S. 654

c) sachlicher Schutzbereich

Voraussetzung dafür ist, daß der sachliche Schutzbereich des Rechts auf informationelle Selbstbestimmung durch die Jahresabschlußpublizität betroffen ist. Zweifelhaft ist, ob die Bilanzpublizität zur Offenlegung persönlicher Daten zwingt. Teilweise wird dies abgelehnt mit der Begründung, es läge lediglich eine Verpflichtung zur Preisgabe bestimmter geschäftsbezogener Kennzahlen vor.[996] Jedoch kann es durch die Jahresabschlußpublizität, vorwiegend bei kleineren Familiengesellschaften, zu Rückschlüssen auf die Einkommenssituation der Gesellschafter und Geschäftsführer kommen. Mittelbar ist dadurch der sachliche Schutzbereich des Rechts auf informationelle Selbstbestimmung durch die Jahresabschlußpubliziät nach HGB betroffen.

2. Eingriff

Läßt man dies ausreichen, so ist zwar der Schutzbereich der informationellen Selbstbestimmung im Hinblick auf die hinter den Unternehmen stehenden Menschen durch die Jahresabschlußpubliziät nach HGB berührt. Jedoch sind aufgrund der konkreten Ausgestaltung der Offenlegungsvorschriften (§§ 286 Abs.4 HGB: keine Angaben zu Organbezügen bei Rückschlußmöglichkeiten; § 325 Abs.1 S.1 3. Hs HGB: keine Ergebnisverwendung bei Rückschlüssen auf Gewinnanteile natürlicher Personen; § 326 S.2 HGB: keine GuV Angaben im Anhang bei kleinen GmbH) die Rückschlußmöglichkeiten auf persönliche Einkommens- und Lebensverhältnisse der hinter dem Unternehmen stehenden Menschen derart begrenzt, daß die Schwelle zu einem Eingriff in den Schutzbereich der informationellen Selbstbestimmung durch die Jahresabschlußpublizität nach HGB nicht überschritten wird.

3. Verfassungsrechtliche Rechtfertigung

Selbst wenn man dies entgegen dem zuvor Gesagten annimmt, ist ein solcher Eingriff verfassungsrechtlich gerechtfertigt. Denn Eingriffe in das Grundrecht der informationellen Selbstbestimmung "können im überwiegenden Allgemeininteresse insbesondere dann erforderlich sein, wenn der Einzelne als in der Gemein-

---

[996] *Leible*, ZHR 162 (1998), S. 594, 617; *Ehlig*, Wpg 1997, S. 513, 524.

schaft lebender Bürger in Kommunikation mit anderen tritt, durch sein Verhalten auf andere einwirkt und dadurch die persönliche Sphäre seiner Mitmenschen oder die Belange der Gemeinschaft berührt."[997]

Dies ist bei der Jahresabschlußpublizität haftungsbeschränkter Unternehmen in besonderem Maße der Fall: Der - wenn überhaupt - geringe Eingriff in das informationelle Selbstbestimmungsrecht durch etwaige Rückschlüsse auf die persönlichen Daten der hinter dem Unternehmen stehenden Menschen ergibt sich allein dadurch, daß diese als Gesellschafter/Geschäftsführer am Markt erwerbswirtschaftlich auftreten. Sie bedienen sich dabei des Schutzes einer Rechtsform mit beschränkter Haftung mit den damit verbundenen Risiken[998] für die übrigen Marktteilnehmer und die Belange der Gemeinschaft. Durch eine andere Rechtsformwahl könnten sie die Abschlußpublizität grundsätzlich[999] vermeiden. Der mit der Abschlußpublizität haftungsbeschränkter Unternehmen nach HGB verbundene geringe Eingriff[1000] in das Recht, über die Erhebung und Verwendung seiner Daten selbst zu entscheiden, ist deshalb nicht unverhältnismäßig. Es ist durch das Interesse der Gesellschaftsgläubiger an Einsicht in die wirtschaftlichen Daten des haftungsbeschränkten Unternehmens[1001] sowie gesamtwirtschaftlichen Insolvenzschutz gerechtfertigt.

4. Zwischenergebnis

Die Jahresabschlußpublizität nach HGB verletzt nicht das Recht auf informationelle Selbstbestimmung.

---

[997] BVerfG, Urt. v. 14.9.1989, BVerfGE 80, 367, 373.

[998] Siehe oben im zweiten Teil, B. I. 3. a) dd) (2) (c), S. 205 die erhöhte Insolvenzqote haftungsbeschränkter Unternehmen.

[999] Ausnahme: Publizitätsgesetz, siehe dazu unten C.

[1000] Sofern man ein Überschreiten der Erheblichkeitsschwelle für einen Eingriff annimmt, vgl. *Duttge*, NJW 1998, S. 1615, 1618 zum Datenschutz: "Ohne Belang sind ...abstrakte, latente oder geringfügige Gefahren, die nur ein unbestimmtes Gefühl von Furcht, nicht aber eine relevante Beeinträchtigung der freien Persönlichkeitsentfaltung zur Folge haben."

[1001] *Lenenbach*, DZWiR 1998, S. 265, 270.

V. Gleichheitssatz - Art. 3 Abs.1 S.1 GG

Im Gegensatz zu haftungsbeschränkten Unternehmen in Rechtsform einer Kapital- oder besonderen Personenhandelsgesellschaft i.S.d. § 264a Abs.1 HGB, die nach HGB zur Rechnungslegungspublizität verpflichtet sind, gibt es Unternehmen anderer Rechts- bzw. Organisationsformen, die nach deutschem Recht nicht zur Offenlegung ihrer Rechnungslegungsunterlagen verpflichtet sind. Dies stellt eine Ungleichbehandlung dar, die auf ihre Vereinbarkeit mit Art. 3 Abs.1 S.1 GG hin zu überprüfen ist.

Folgende Fälle einer Ungleichbehandlung sollen im folgenden näher geprüft werden:

a) Haftungsbeschränkte Rechtsformen versus Unternehmen in Rechtsform mit mindestens einer voll haftenden natürlichen Person,

b) Deutsche haftungsbeschränkte Unternehmen gegenüber bestimmten haftungsbeschränkten Unternehmen außerhalb der EU,

c) Deutsche Zweigniederlassungen bestimmter haftungsbeschränkter Unternehmen außerhalb der EU.

Eine Prüfung GmbH versus GmbH & Co. KG hat sich durch das KapCoRiLiG erübrigt, weil dieses nunmehr für beide die gleichen Offenlegungsregeln vorsieht, vgl. § 264aff. HGB n.F.[1002]

Die Frage, ob das "Jedermann-Antragsverfahren" des KapCoRiLiG zur Sanktioierung unterlassener Offenlegung mit Art. 3 Abs.1 GG vereinbar ist, wird aus systematischen Gründen weiter unten unter D. II. 4. angesprochen, vgl. dazu bereits die Ausführungen oben im zweiten Teil unter B. I. 3. a) bb) (2), S. 199.

Eine eingehende Prüfung des Art. 3 Abs.1 GG im Hinblick auf die Rechtsform der Stiftung[1003] erfolgt nicht. Zwar unterliegt diese, obwohl sie eine haftungsbeschränkte Rechtsform darstellt, keinerlei Rechnungslegungspublizität.[1004] Die

---

[1002] Vor In-Kraft-treten des KapCoRiLiG lag ein Verstoß gegen Art. 3 Abs.1 GG vor, weil kein sachlicher Grund gegeben war, haftungsbeschränkte Unternehmen vom Typ "GmbH & Co. KG" gegenüber solchen vom Typ "GmbH" hinsichtlich der Publizitätspflicht zu privilegieren, so auch *Lenenbach*, DZWiR 1998, S.265, 270f.

[1003] Nicht zu verwechseln mit der Stifung & Co., die durch das KapCoRiLiG gem. §§ 264a, 335b HGB n.F. unter die handelsrechtliche Jahresabschlußpublizität fällt.

[1004] Siehe oben erster Teil C. III. 9. b), S. 143.

Rechtsform der Stiftung steht jedoch nicht in gleicher Weise wie alle anderen Rechtsformen zur Führung eines am Markt tätigen erwerbswirtschaftlichen Unternehmens zur Verfügung. In jedem Falle ist zur Entstehung einer Stiftung eine staatliche Genehmigung erforderlich, § 80 S.1 BGB. Es stellt dabei ein Problem des Stiftungsrechts dar, ob Stiftungen, die unter ihrer Rechtsform ein Unternehmen betreiben (sog. eigentliche Unternehmensträgerstiftungen) zulässig sind.[1005] Vorwiegend in der neueren Literatur wird dazu vertreten, daß einer Stiftung die Genehmigung zu verweigern sei, wenn Selbstzweck der Stiftung die Führung eines erwerbswirtschaftlichen Unternehmens sei.[1006] Zu Recht wird darauf hingewiesen, daß die Wahl der Rechtsform der Stiftung in Unternehmenszusammenhängen nicht zur Umgehung von Normativ- und Verhaltensbestimmungen des Kapitalgesellschaftsrechts führen darf, die dem Schutz von Gläubigern, Arbeitnehmern und allgemeinem Rechtsverkehr dienen.[1007] Dem hat auch der Gesetzgeber teilweise Rechnung getragen, indem er im Umwandlungsrecht die Rolle der Stiftung bewußt auf die des übertragenden Rechtsträgers beschränkt und zur Begründung ausgeführt hat, die Rechtsform der Stiftung sei als Unternehmensträger ungeeignet.[1008] Nach § 6 Abs.2 lit. d) des brandenburgischen Stiftungsgesetzes ist einer Stiftung die Genehmigung zu versagen, wenn sie ausschließlich dem Wohl einer oder mehrerer bestimmter Familien oder ausschließlich dem privaten Wohl bestimmter oder bestimmbarer Personen dienen soll. Die Rechtsform der Stiftung steht also zumindest nicht uneingeschränkt als unmittelbarer Unternehmensträger zur Verfügung; nach neuerer, auch hier vertretener Ansicht, scheidet sie sogar ganz aus. Praktisch sind Stiftungen, die als Einzelunternehmerin selbst Trägerin eines Unternehmens sind (eigentliche Unternehmensträgerstiftungen), sehr selten im Gegensatz zu den vom KapCoRiLiG erfaßten, in der Praxis üblichen[1009] Beteiligungsträgerstiftungen. Selbst wenn man entgegen der hier vertretenen Ansicht die sog. eigentliche Unternehmensträgerstiftung für zulässig hält, ist diese mit erheblichen praktischen Schwierigkeiten verbunden, denkt man allein an die Er-

---

[1005] *Crezelius*, ZIP 1999, S. 337, 338f.

[1006] *Karsten Schmidt*, Handelsrecht, § 7 II. 1. b); Für eine Stiftung als Rechtsform einer Holding kann nichts anderes gelten, weil auch dabei der Stiftungszweck (letztlich) in der Führung eines wirtschaftlichen Geschäftsbetriebs liegt.

[1007] *Crezelius*, ZIP 1999, S. 337, 339.

[1008] *Crezelius*, ZIP 1999, S. 337, 339.

[1009] *Karsten Schmidt*, Handelsrecht, § 7 II. 1. b), bekannte Beispiele sind: Lidl Stiftung & Co.; Gummi-Meyer Stiftung & Co., Diehl Stiftung & Co.

satzerbschaftsteuer[1010] und spielt in der Praxis so gut wie keine Rolle. Deshalb erscheint es vertretbar, die fehlende Rechnungslegungspublizität der Stiftung als haftungsbeschränkter Rechtsform nicht auf ihr Vereinbarkeit mit Art. 3 Abs.1 GG hin weiter zu überprüfen.

Dasselbe gilt für den Verein, der als Rechtsform für die Führung eines Unternehmens regelmäßig ebenfalls ausscheidet, wie bereits oben im ersten Teil unter D. III. 9. c) festgestellt. Eine Untersuchung, ob durch die fehlende handelsrechtliche Publizitätspflicht von Vereinen ein Verstoß gegen Art. 3 Abs.1 GG vorliegt, soll deshalb hier ebenfalls nicht erfolgen. Nur am Rande soll an dieser Stelle darauf hingewiesen werden, daß im übrigen nach den Statuten des DFB für Bundesligavereine besondere Rechnungslegungsvorschriften bestehen. Bei einer Ausweitung von wirtschaftlichen Aktivitäten von bestehenden Vereinen (ADAC, Rotes Kreuz etc.), ohne daß sich diese dazu offenlegungspflichtiger Rechtsformen des Privatrechts bedienen („ADAC Rechtsschutz AG"), ließe sich de lege ferenda entsprechend den Rechnungslegungsvorschriften für Bundesligavereine nach den DFB-Statuten an die Einführung besonderer Rechnungslegungsvorschriften für Vereine hinsichtlich Aufstellung, Prüfung und Offenlegung von Abschlüssen denken.

Auch Kirchen als Körperschaften des öffentlichen Rechts sind nicht zur Offenlegung ihrer Rechnungslegung verpflichtet. Abgesehen von der bereits grundgesetzlichen Sonderstellung der Religionsgemeinschaften als entsprechendem Privilegierungstatbestand steht die Rechtsform der Kirche als Körperschaft öffentlichen Rechts für die Führung eines privatwirtschaftlichen Unternehmens regelmäßig nicht zur Debatte. Eine Untersuchung, ob die Publizitätsfreiheit dieser juristische Personen gegen Art. 3 Abs.1 GG verstößt, soll deshalb an dieser Stelle nicht erfolgen. Interessant erscheint dieser Aspekt allerdings im Hinblick auf „Scientology" oder ähnliche Religionsgemeinschaften, denen die faktische Führung eines Wirtschaftsunternehmens nachgesagt wird und die sich um die Anerkennung als Körperschaft des öffentlichen Rechts bemühen. Wenn ihnen dies gelänge, wären sie trotz Haftungsbeschränkung nicht zur Rechnungslegungspublizität verpflichtet. Dies näher zu untersuchen, bedürfte einer eigenständigen Arbeit ,in der insbesondere auf das rechtliche Gepräge dieser Religionsgemeinschaften, den ihnen unterstellten wirtschaftlichen Geschäftsbetrieb und die Möglichkeiten kirchenrechtlicher Publiziätspflichten einzugehen wäre.

1. Verfassungsrechtlich relevante Ungleichbehandlung

Die oben unter a) bis c) genannten Ungleichbehandlungen sind nur dann verfassungsrechtlich relevant, d.h. verfassungsrechtlicher Rechtfertigung bedürftig, wenn eine Ungleichbehandlung von wesentlich Gleichem erfolgt. Um dies zu untersuchen, bedarf es eines Bezugspunktes (tertium comparationis).[1011] Dieser ist

[1010] Seit 1974 werden Stiftungen in Zeitabständen von je 30 Jahren einer sog. Ersatzerbschaftsteuer unterworfen, was ihre Attraktivität als Unternehmensträger für den oder die Unternehmer deutlich mindert.

[1011] *Pieroth/Schlink*, Grundrechte, Staatsrecht II, 15. Aufl. 1999, Rdnr. 431.

der gemeinsame Oberbegriff (genus proximum), unter den die rechtlich verschieden behandelten Regelungskomplexe fallen. Unter ihm müssen die gemäß einem Unterscheidungsmerkmal (differentia specifica) verschiedenen Personen, Personengruppen oder Situationen vollständig und abschließend sichtbar werden.[1012]

a) Haftungsbeschränkte Rechtsformen versus Unternehmen in Rechtsform mit mindestens einer voll haftenden natürlichen Person

Kapitalgesellschaften und besondere Personengesellschaften i.S.d. § 264a HGB unterliegen als haftungsbeschränkte Unternehmen der Rechnungslegungspublizität gem. § 325 HGB. Demgegenüber besteht für Unternehmen mit mindestens einer voll haftenden natürlichen Person keine Verpflichtung zur Rechnungslegungspublizität[1013]. Bezugspunkt ist bei diesem Vergleich der Betrieb eines Unternehmens.

b) Deutsche haftungsbeschränkte Unternehmen gegenüber bestimmten haftungsbeschränkten Unternehmen außerhalb der EU

Dieser Bezugspunkt scheidet aus bei einem Vergleich von deutschen haftungsbeschränkten Unternehmen, die der Rechnungsle-ungspublizität unterliegen, mit haftungsbeschränkten Unternehmen, die ihren Sitz außerhalb der Europäischen Union haben und trotz ihrer Haftungsbeschränkung keiner Rechnungslegungspublizität unterliegen[1014], wie etwa die US-amerikanische "closely held corporation", auch "close corporation" genannt.[1015]

[1012] *Pieroth/Schlink*, Grundrechte, Staatsrecht II, 15. Aufl. 1999, Rdnr. 433; *Duttge*, in: Siekmann/Duttge, Rdnr. 844.

[1013] Solange die Schwellenwerte des PublG nicht überschritten werden, dazu auch im Folgenden unter C.

[1014] Darauf weisen *Hahn*, GmbHR 2000, R 69, 79 und *Theile*, GmbHR 200, S. 215, 216 hin, allerdings ohne Nachweis, um welcheRechtsformen es sich sich dabei handelt.

[1015] *Merkt*, US-amerikanisches Gesellschaftsrecht, Rdnr. 131, 209, 598: Die "closely held corporation (close corporation) ist mit der kontinentaleuropäischen Gesellschaft mit beschränkter Haftung vergleichbar. Nach einer Definition der close corporation durch den Supreme Juridical Court of Massachusetts - eine verbindliche Definition der closely held corporation gibt es nicht - wird die close corporation gekennzeichnet durch
a) eine kleine Zahl von Gesellschaftern,
b) keinen Markt für ihre Anteile,
c) eine wesentliche personelle und sachliche Beteiligung der (Mehrheits-)gesellschafter in Management, Unternehmensleitung (direction) und Geschäftsführung (operation of the

Beim Vergleich deutscher haftungsbeschränkter Unternehmen mit ausländischen haftungsbeschränkten Unternehmen, die nicht zur Rechnungslegungspublizität verpflichtet sind, etwa der "close corporation", scheidet der Betrieb eines Unternehmens als Bezugspunkt aus, weil dieser Bezugspunkt nicht dem Zugriff des deutschen Rechts unterliegt: Auf den Betrieb eines Unternehmens außerhalb des Geltungsbereiches des Grundgesetzes hat der deutsche Gesetzgeber keinen Einfluß. Eine verfassungsrechtlich relevante Ungleichbehandlung kann aber nur vorliegen, wenn auch die entscheidenden kompetenzrechtlichen Grenzen berücksichtigt werden: Danach hat jeder Träger öffentlicher Gewalt den Gleichheitssatz nur innerhalb seines eigenen Zuständigkeitsbereiches zu beachten. Bei der Überprüfung gesetzlicher Regelungen im Hinblick auf einen Verstoß gegen Art. 3 Abs.1 GG muß die Ungleichbehandlung durch dieselbe Rechtssetzungsgewalt erfolgt sein.[1016]

Fraglich ist, ob sich ein Bezugspunkt finden läßt, der in den Zuständigkeitsbereich des deutschen Gesetzgebers fällt und als "genus proximum" sowohl Anwendung auf deutsche GmbH und GmbH & Co. KG als auch auf ausländische haftungsbeschränkte Unternehmen ohne Rechnungslegungspublizität finden kann.

Ein solcher gemeinsamer Oberbegriff könnte die Inanspruchnahme des deutschen Marktes sein[1017]. Problematisch daran ist jedoch, daß an die bloße Inanspruch-

---

corporation).

Zusammengefaßt wird dies in der Formel "integration of ownership and management" (Integration von Anteilseignerschaft und Management).

Nach dem federal securities law act sind close corporations solche Gesellschaften, die nicht der Registrierungs- und Berichtspflicht nach dem Securities Exchange Act unterliegen, d.h. keine Aktiengattung mit 500 oder mehr shareholders of record haben und deren Gesellschaftsvermögen 5 Millionen US-Dollar nicht übersteigt.

Entscheidend für die fehlende Offenlegungsverpflichtung der close coporation ist, daß die Anteile nicht auf dem Kapitalmarkt gehandelt werden, und deshalb auch keine Berichts- und Offenlegungspflichten nach den security acts bestehen (*Merkt*, US-amerikanisches Gesellschaftsrecht, Rdnr. 209).

Auch anderweitige Transparenz- und Publizitätspflichten bestehen bei der close corporation nicht: Während die relativ neue Limited Liability Company in den meisten US-Staaten, in denen diese Rechtsform vorgesehen ist (1994: 25), verpflichtet ist, beim Secretary of State des jeweiligen Staates eine Erklärung einzureichen, die sämtliche Informationen enthält, die für Gläubiger von Interesse sein könnten (Turcon/Zimmer-*McDermott/Reemers/Turcon*, Grundlagen des US-amerikanischen Gesellschafts-, Wirtschafts-, Steuer- und Fremdenrechts, S. 23), ist etwas ähnliches bei der close corporation nicht bekannt.

[1016] *Osterloh*, in: Sachs, Grundgesetz, 2. Aufl., Art.3 Rdnr. 80f. ; *Pieroth/Schlink*, Grundrechte, Staatsrecht II, 15. Aufl., 1999, Rdnr. 431.

[1017] Die Inanspruchnahme des Weltmarktes scheidet aus, weil sich dies wiederum außerhalb der kompetenzrechtlichen Grenzen des deutschen Gesetzgebers bewegt.

nahme des deutschen Marktes - ohne das Hinzutreten weiterer rechtlich relevanter Aktivitäten (Zweigniederlassungen, Geschäftsräume etc.) - keinerlei Rechtswirkungen im Hinblick auf die Rechnungslegungspublizität geknüpft werden. Deutsche haftungsbeschränkte Unternehmen sind in gleicher Weise wie ausländische haftungsbeschränkte Unternehmen allein durch die Inanspruchnahme des deutschen Marktes nicht zur Rechnungslegung verpflichtet. Im Hinblick auf die Inanspruchnahme des deutschen Marktes als Bezugspunkt (tertium comparationis) erfolgt also keine Ungleichbehandlung.

Für die ungleiche Behandlung deutscher haftungsbeschränkter Unternehmen und offenlegungsfreier ausländischer haftungsbeschränkter Unternehmen wie der close corporation läßt sich folglich innerhalb der kompetenzrechtlichen Grenzen des deutschen Gesetzgebers kein Bezugspunkt (tertium comparationis) finden, an dem eine verfassungsrechtlich relevante Ungleichbehandlung dieser beiden Vergleichsgruppen festgemacht werden könnte.

Damit liegt keine verfassungsrechtlich relevante Ungleichbehandlung deutscher haftungsbeschränkter Unternehmen im Vergleich zur US-amerikanischen close corporation oder anderen offenlegungsfreien, haftungsbeschränkten ausländischen Unternehmen vor.

Um hier die - verfassungsrechtlich, wie gezeigt, unbedenkliche - Ungleichbehandlung auszugleichen, könnte der deutsche Gesetzgeber entsprechende Regelungen vorsehen, die an eine Geschäftstätigkeit in Deutschland anknüpfen, wie etwa im Fall der Einfuhrumsatzsteuer. Denkbar wäre es, ausländische haftungsbeschränkte Unternehmen ohne Rechnungslegungspublizität, die Geschäfte mit deutschen Unternehmen machen wollen, zur Offenlegung ihrer Abschlüsse - etwa an einem zentralen Handelsregister - zu verpflichten. In der *politischen*[1018] Diskussion kann diese Ungleichbehandlung als Argument gegen die Rechnungslegungspublizität der nicht kapitalmarktorientierten GmbH und GmbH & Co. KG herangezogen werden[1019]. Aufgrund der jahrzehntelangen europarechtlichen Vorgaben erscheint es allerdings unwahrscheinlich, daß es gelingen wird, in Deutschland vom Prinzip der Publizität als Korrelat der Haftungsbeschränkung zum Prinzip der Publizität als Korrelat der Inanspruchnahme des Kapitalmarktes zu kommen, was aufgrund der europarechtlichen Vorgaben ohnehin einen gesamteuropäischen Richtungswechsel innerhalb der EU vom Korrelat der Haftungsbeschränkung zum Korrelat der Inanspruchnahme des Kapitalmarktes erforderte. Die mit der Haftungsbeschränkung verbundenen Gefahren für den Geschäftsverkehr könnten dann durch eine

---

[1018] Wie zuvor oben im zweiten Teil unter B. I. 3. a) aa), S. 194 f. (dort auch Fn 836) gesehen, handelt es sich zunächst um eine politische Grundentscheidung, ob man die Verpflichtung zur Offenlegung der Rechnungslegung an die Haftungsbeschränkung oder an die Inanspruchnahme des Kapitalmarktes anknüpfen läßt.

[1019] Vgl. *Hahn*, GmbHR 2000, R 69, 79; *Theile*, GmbHR 200, S. 215, 216.

"schneidige Durchgriffshaftung der Gesellschafter ausgeglichen werden", worauf für die Vereinigten Staaten hingewiesen wird.[1020]

c) Deutsche Zweigniederlassungen bestimmter haftungsbeschränkter Unternehmen außerhalb der EU

Inländische Zweigniederlassungen von Kapitalgesellschaften mit Sitz in einem EU- oder EWR Mitgliedsstaat sind gem. § 325a HGB zur Offenlegung verpflichtet.[1021] Demgegenüber besteht für Zweigniederlassungen ausländischer Kapitalgesellschaften mit Sitz außerhalb von EU und EWR keine Rechnungslegungpublizität.[1022] Bezugspunkt ist hier das Bestehen einer Zweigniederlassung in Deutschland. Hinsichtlich dieses gemeinsamen Oberbegriffes liegt eine verfassungsrechtlich relevante Ungleichbehandlung dadurch vor, daß Zweigniederlassungen von Unternehmen mit Sitz in EU-/EWR-Mitgliedstaaten einer Zweigniederlassungspublizität unterliegen, während dies für Zweigniederlassungen von Unternehmen mit Sitz außerhalb von EU und EWR nicht der Fall ist.

2. Verfassungsgemäße Rechtfertigung

Die oben unter a) und c) aufgezeigten verfassungsrechtlich relevanten Ungleichbehandlungen stellen nur dann einen Verstoß gegen Art. 3 Abs.1 GG dar, wenn sie nicht verfassungsrechtich gerechtfertigt sind.

Nach der sog. „neuen Formel"[1023] des Bundesverfassungsgerichts ist zu unterscheiden zwischen personenbezogenen und sachbezogenen Ungleichbehandlungen.[1024] Personenbezogen ist eine Ungleichbehandlung, wenn eine Gruppe von Normadressaten anders als andere behandelt wird.[1025] Sach- oder verhaltensbezogene Ungleichbehandlungen behandeln Lebenssachverhalte verschieden oder führen je nach dem Verhalten einer Person zu unterschiedlichen Rechtsfolgen.[1026]

[1020] *Fleischer*, DStR 2000, S. 1015, 1021.
[1021] S.o. Teil 1, D. III. 4. b), S. 154f.
[1022] S.o. Teil 1, D. III. 4. c), S. 156f.
[1023] Terminologie nach *Siekmann/Duttge*, Rdnr. 913 m.w.N.
[1024] BVerfGE 55, 72, 88; 58, 369, 373f.; 60, 329, 346; 75, 166, 179; 75, 382, 3933; 79, 106, 121f.; 81, 108, 118; 81, 156, 205f.; 83, 395, 401; 84, 348, 359; 88, 45, 12.
[1025] BVerfGE 55, 72, 89.
[1026] BVerfGE 55, 72, 89.

Das Bundesverfassungsgericht nimmt eine Verletzung des Gleichheitssatzes bei personenbezogenen Ungleichbehandlungen an, wenn zwischen zwei Gruppen „keine Unterschiede von solcher Art und solchem Gewicht bestehen, daß sie eine ungleiche Behandlung rechtfertigen könnten."[1027] Dabei ist ein strenger Maßstab anzulegen.[1028]

Die verfassungsrechtliche Rechtfertigung bemißt sich dabei nach der Intensität, mit der die verfassungsrechtlich relevante Ungleichbehandlung den Betroffenen beeinträchtigt. Die Intensität wächst,

- je mehr das Kriterium der Ungleichbehandlung einem der nach Art. 3 Abs.3 GG verbotenen Kriterien ähnelt (Benachteiligung oder Bevorzugung wg. Geschlechts, Abstammung, Rasse, Sprache, Heimat, Herkunft, Glaubens, religiöser oder politischer Anschauungen, Behinderung)[1029]

- je weniger der Betroffene das Kriterium der Ungleichbehandlung beeinflussen kann[1030] und

- je mehr die Ungleichbehandlung den Gebrauch grundrechtlich geschützter Freiheiten erschwert.[1031]

Einfache Sach- und verhaltensbezogene Differenzierungen sind daran zu messen, ob ein sachlicher Grund für ihr Vorliegen vorhanden ist.[1032] Für Ungleichbehandlungen größerer Intensität - insbesondere bei Grundrechtseingriffen - muß aber auch hier ein gewichtiger sachlicher Grund vorliegen. Dazu ist eine Verhältnismäßigkeitsprüfung durchzuführen.[1033]

[1027] BVerfGE 55, 72, 88; 75, 348.
[1028] BVerfGE 88, 87, 96f.
[1029] BVerfGE 88, 87, 96; 92, 26, 51f.
[1030] BVerfGE 90, 22, 26; umgekehrt besteht größerer Spielraum für den Gesetzgeber, wenn die Betroffenen über ihr Verhalten die Auswirkungen der Ungleichbehandlung steuern können.
[1031] BVerfGE 91, 346, 363.
[1032] BVerfGE 5 5, 72, 89; 60, 329, 346; 81, 156, 206; 93, 99, 111.
[1033] BVerfGE 88, 87, 96; 91, 389, 401: 92, 26, 51, 562.

a) Haftungsbeschränkte Rechtsformen versus Unternehmen in Rechtsform mit mindestens einer voll haftenden natürlichen Person

Unternehmen in Rechtsform mit mindestens einer voll haftenden natürlichen Person, also insbesondere Einzelkaufleute, Personenhandelsgesellschaften und eingetragene Partnerschaften sind unterhalb der Schwellenwerte des PublG[1034] nicht zur Rechnungslegungspublizität verpflichtet, während Kapital- und besondere Personengesellschaften i.S.d. § 264a HGB ihre Jahresabschlüsse nebst Lagebericht und weiterer Unterlagen gem. §§ 325, 264, 264a HGB offenlegen müssen.

Mißt man diese Ungleichbehandlung ist an den zuvor genannten Kriterien, so ergibt sich eine Beeinträchtigung von eher geringerer Intensität:

Kriterium der Ungleichbehandlung ist die Rechtsform des Unternehmensträgers. Die Ungleichbehandlung kommt zum Tragen, wenn eine Rechtsform vorliegt, die faktisch zu einer Haftungsbeschränkung führt.[1035]

Zwar handelt es sich bei diesem Kriterium um eine personenbezogene Ungleichbehandlung, weil die Normadressaten - haftungsbeschränkte Unternehmen - im Verhältnis zu anderen Normadressaten - nicht haftungsbeschränkte Unternehmen - anders behandelt werden. Die personenbezogenen Merkmale nähern sich jedoch nicht den in Art.3 Abs.3 GG genannten Merkmalen an. Denn die in Art. 3 Abs.3 GG genannten Merkmale beziehen sich auf höchstpersönliche Eigenschaften von Menschen und können überdies von diesen nicht beeinflußt werden. Die Rechtsform eines Unternehmens aber ist keine menschliche Eigenschaft. Vielmehr geht es um die technische Frage, in welcher rechtlichen Organisationsform die Marktteilnahme erfolgen soll. Im Gegensatz zu den Kriterien des Art. 3 Abs.3 GG ist die Eigenschaft "Rechtsform des Unternehmens" auch frei wählbar. Die Betroffenen können also bei der Rechtsform als Anknüpfungspunkt der Ungleichbehandlung das Kriterium der Ungleichbehandlung selbst frei wählen. Überdies erschwert die Ungleichbehandlung den Gebrauch grundrechtlich geschützter Freiheiten nur bis zu einem gewissen Grad: Hinsichtlich Art. 12 Abs.1 GG ist lediglich die Berufsausübung betroffen. Im Hinblick auf die negative Meinungsfreiheit

---

[1034] Dazu im Folgenden näher unter C.

[1035] Die ebenfalls haftungsbeschränkten Rechtsformen der Stiftung und des eingetragenen Vereins (sowie der Körperschaften des öffentlichen Rechts, insb. d. Kirchen) können hier dadurch unberücksichtigt bleiben, daß sie faktisch zur Führung eines erwerbswirtschaftlichen Geschäftsbetriebs ausscheiden, siehe oben zweiter Teil, B. V. vor 1., S. 243.

bleiben bei der Verpflichtung, Aussagen zu treffen, gewisse Spielräume.[1036] Allerdings ist der Gebrauch des Grundrechts auf negative Meinungsfreiheit durch die Jahresabschlußpublizität nennenswert erschwert, insbesondere weil die verbleibenden Spielräume gering sind, die hinsichtlich der Gestaltung dessen, was mitgeteilt werden muß, verbleiben. Art. 14 Abs.1 GG und Art.2 Abs.1 GG sind hingegen nicht einschlägig, weil Betriebsgeheimnisse (Art. 14 GG) nicht Gegenstand des Jahresabschlusses sind und das Recht auf informationelle Selbstbestimmung (Art. 2 Abs.1 GG) nicht von Kapital- und Personengesellschaften geltend gemacht werden kann.[1037]

Auch wenn durch die Ungleichbehandlung haftungsbeschränkter Unternehmensformen gegenüber solchen in Rechtsform ohne Haftungsbeschränkung der Gebrauch des Grundrechts auf negative Meinungsfreiheit erheblich erschwert wird, liegt keine Ungleichbehandlung größerer Intensität vor. Denn erstens ähnelt das personenbezogene Kriterium der Ungleichbehandlung nicht einem der in Art. 3 Abs.3 GG genannten Merkmale, wie auf der vorstehenden Seite ausgeführt. Zweitens können die Betroffenen das Kriterium der Ungleichbehandlung durch die Wahl der Rechtsform vollkommen frei selbst beeinflussen.

Deshalb kann die verfassungsrechtliche Rechtfertigungsprüfung der Ungleichbehandlung von Unternehmen, die nach HGB zur Rechnungslegungspublizität verpflichtet sind, gegenüber solchen ohne Haftungsbeschränkung darauf beschränkt werden, ob die Ungleichbehandlung willkürlich erfolgt. Die Ungleichbehandlung ist willkürfrei und gerechtfertigt, wenn sich ein sachlicher Grund zu ihren Gunsten anführen lässt.[1038]

Der sachliche Grund für die Ungleichbehandlung haftungsbeschränkter Unternehmen gegenüber solchen ohne Haftungsbeschränkung liegt in der Haftungsbeschränkung.

[1036] Siehe oben zweiter Teil, B. III. 3.

[1037] Eingehend oben unter II. zu Art. 14 und unter IV. zu Art. 2 Abs.1 GG; lediglich bei einer verfassungsrechtlichen Überprüfung der Ungleichbehandlung von Menschen, die sich einer haftungsbeschränkten Rechtsform für ihre wirtschaftlichen Aktivitäten bedienen, mit solchen, die dies ohne Haftungsbeschränkung tun, wäre insoweit das Grundrecht dieser Menschen auf informationelleSelbstbestimmung zu berücksichtigen.

[1038] *Pieroth/Schlink*, Staatsrecht II, Grundrechte, 15. Aufl., 1999, Rdnr. 439.

Zwar wird neuerdings eingewandt, die Offenlegung könne "nicht als 'Preis der Haftungsbeschränkung' gelten, nachdem die Insolvenzordnung zur totalen Haftungsbeschränkung" führe.[1039] Zuzugeben ist, daß auch bei natürlichen Personen aufgrund ihrer realistischen tatsächlichen wirtschaftlichen Leistungsfähigkeit faktisch eine dadurch gegebene Begrenzung des Haftungsrahmens besteht.[1040] Auch mag diese faktische Begrenzung durch die neuen, in der Insolvenzordnung nunmehr vorgesehenen Möglichkeiten der Restschuldbefreiung eine rechtliche Entsprechung gefunden haben. Aber auch wenn nunmehr diese Möglichkeit besteht, irgendwann einmal nach einer entbehrungsreichen Wohlverhaltensphase von sieben Jahren[1041] wieder schuldenfrei zu werden, bleibt es doch ein erheblicher Unterschied, ob jemand seine Geschäfte über eine von ihm betriebene GmbH abwickelt und sein Privatvermögen davon unberührt bleibt, oder ob er als eingetragener Kaufmann oder Komplementär einer OHG oder KG mit seinem gesamten Privatvermögen, seiner gesamten Existenz für den etwaigen Mißerfolg seiner geschäftlichen Aktivitäten einzustehen hat. Die o.g. Behauptung, die Offenlegung könne nicht als Preis der Haftungsbeschränkung gelten, nachdem die Insolvenzordnung zur totalen Haftungsbegrenzung führe, ist deshalb unzutreffend.

Wer am Markt zu erwerbswirtschaftlichen Zwecken teilnehmen möchte und dabei sein Risiko auf das Vermögen einer von ihm gehaltenen Kapital- oder besonderen Personengesellschaft i.S.d. § 264a HGB beschränken möchte, muß dabei die Rechnungslegung offenlegen. Wie bereits oben eingehend ausgeführt[1042], kann dies einen erhöhten Drittschutz durch Publizität bedeuten, und zwar hinsichlich einer Verbesserung des Vertragsgläubigerschutzes[1043], des Deliktsgläubitgerschutzes[1044] und des Schutzes der Allgemeinheit vor Insolvenzen haftungsbeschränkter Unternehmen[1045]. Diese Erwägungen sind der sachliche Grund für die Ungleichbehandlung gegenüber Rechtsformen, bei denen keine Haftungsbe-

[1039] *Strobel*, BB 2000, S. 53, 59; kritisch auch *Schindhelm/Hellwege/Stein*, StuB 2000, S. 72; *Weilbach*, zuletzt BB 1998, S. 210.

[1040] Grundlegend: *Adams*, Eigentum, Kontrolle und beschränkte Haftung, S. 40.

[1041] Bereits oben wurde im zweiten Teil unter B. I. 3 a) dd) (2) (c) auf S. 204 in einem anderen Zusammenhang darauf hingewiesen, daß das Leben des Schuldners in der siebenjährigen Wohlverhaltensphase der Restschuldbefreiung strengen finanziellen Auflagen unterworfen ist, während ein Gesellschafter oder Geschäftsführer einer insolventen GmbH nach Eintritt des Insolvenzfalles nicht zwingend nachhaltigen Beschränkungen hinsichtlich seiner persönlichen Einkommens- und Vermögenslage unterworfen ist.

[1042] Zweiter Teil, B. I. 3 a) dd) S. 200ff.

[1043] Siehe oben Zweiter Teil B. I. 3 a) dd) (2) (a), S. 201f.

[1044] Siehe oben Zweiter Teil B. I. 3 a) dd) (2) (b), S. 202f.

[1045] Siehe oben Zweiter Teil B. I. 3 a) dd) (2) (c), S. 203f

schränkung besteht in dem Sinne, daß bei ihnen stets der Haftungszugriff auf mindestens eine natürliche Person als Unternehmensträger möglich ist.

Es mag andere Gründe geben, an denen man eine Offenlegungsverpflichtung festmachen könnte, etwa die Inanspruchnahme des Kapitalmarktes.[1046] Daß ein anderer Zusammenhang hergestellt wurde, nämlich zwischen Haftungsbegrenzung und Publizitätspflicht ("Publizität als Korrelat der Haftungsbeschränkung"[1047]) ist jedoch vor dem Hintergrund zu sehen, daß das Deutsche Recht und seine europarechtlichen Vorgaben vom "ordnungspolititschen Denken der 60er und 70er Jahre"[1048] geprägt wurden, so die Gesetzesbegründung zum KapCoRiLiG, wenn es dort heißt: "Publizität ist der Preis für Haftungsbeschränkung".[1049]

Trotz der dagegen vorgebrachten, bereits angesprochenen Einwände[1050] spricht für diesen Ansatz nach wie vor, daß die Wahl einer haftungsbeschränkten Unternehmensrechtsform die Garantie dafür ist, auch nur mit dem für die Gründung dieses Unternehmens aufgewandten Kapital zu haften. Geht dieses Unternehmen in die Insolvenz, besteht das Privileg, daß man gleichwohl über ein u.U. durchaus beträchtliches Privatvermögen für sich persönlich weiter verfügen kann. Infolge der Haftungsbeschränkung besteht eine gewisse "privatwirtschaftliche Autonomie"[1051] ohne Gefährdung des privaten Vermögens erwerbswirtschaftlich am Wirtschaftsverkehr teilnehmen zu können. Dieses Privileg haben Unternehmen in Rechtsform einer (echten) OHG oder KG, Partnerschaftsgesellschaft, Gesellschaft bürgerlichen Rechts oder eines Einzelunternehmens grundsätzlich nicht. Entgegen der Ansicht, die Offenlegung könne "nicht als Preis der Haftungsbeschränkung gelten, nachdem die Insolvenzordnung zur totalen Haftungsbegren-

---

[1046] Vgl. *Hahn*, GmbHR 2000, R 69f. Gegen das Konzept von Publizität (nur) als Korrelat für die Inanspruchnahme des Kapitalmarktes ließe sich anführen: Wer den Kapitalmarkt in Anspruch nimmt, wird in der Regel potentiellen Interessenten, die Anteile auf dem Kapitalmarkt erwerben wollen, einen Geschäftsbericht zukommen lassen. Im Gegensatz zur sehr individuellen und mitunter sensiblen Beziehung zwischen Unternehmen und möglichen Geschäftspartnern handelt es sich beim Kapitalmarkt um eine eher anonyme Veranstaltung. Der mögliche Anleger, der sich ausdrücklich nach einem Geschäftsbericht erkundigen muß, kann dies wesentlich unbefangener und ohne weitere Konsequenzen tun, als der mögliche Geschäftspartner, der auf eine vertrauensvolle Zusammenarbeit angewiesen ist.

[1047] Titel der wirtschaftswissenschaftlichen Dissertation von *Buschmeyer*.

[1048] *Schindhelm/Hellwege/Stein*, StuB 2000, S. 72.

[1049] BT-Drucksache 14/2353, S.40.

[1050] *Strobel*, BB 2000, S. 53, 59; *Schindhelm/Hellwege/Stein*, StuB 2000, S. 72; *Weilbach*, zuletzt BB 1998, S. 210.

[1051] *Roth*, Handels- und Gesellschaftsrecht, § 21, 4.

zung geführt"[1052] habe, stellt es einen erheblichen Unterschied dar, ob ein Insolvenzverfahren über das Vermögen einer GmbH durchgeführt wird und das private Gesellschaftervermögen davon unberührt bleibt, oder ob über das gesamte Privatvermögen einer natürlichen Person ein Insolvenzverfahren betrieben wird. Die Scheu vor einem persönlichen Insolvenzverfahren eines Einzelunternehmers oder unbeschränkt persönlich haftenden Personengesellschafter dürfte die Sorge des Gesellschafter-Geschäftsführers einer GmbH vor deren Insolvenz deutlich übersteigen. Dies schlägt sich auch in den Zahlen nieder, wonach die "Insolvenzquote" bei GmbH deutlich höher ist, als bei Einzelkaufleuten und OHG und KG.[1053] Eine allgemeine gesamtwirtschaftliche Insolvenzprävention sowie Gesichtspunke des Gläubigerschutzes als „Drittschutz durch Publizität" sind daher Gründe, die sich zugunsten der Ungleichbehandlung von haftungsbeschränkten Unternehmen gegenüber Unternehmen mit einer vollen persönlichen Haftung ihrer Inhaber anführen lassen.[1054]

Folglich ist die Ungleichbehandlung von Kapital- und besonderen Personengesellschaften i.S.d. § 264a HGB gegenüber Einzelkaufleuten und Personengesellschaften nicht willkürlich. Nach dem vorliegenden Grad der Intensität der Beeinträchtigung durch die Ungleichbehandlung ist diese deshalb verfassungsrechtlich nicht zu beanstanden.

b) Ungleichbehandlung deutscher Zweigniederlassungen von Kapital- und besonderen Personengesellschaften mit Sitz in der EU bzw. dem EWR gegenüber deutschen Zweigniederlassungen bestimmter haftungsbeschränkter Unternehmen mit Sitz außerhalb der EU

Deutsche Zweigniederlassungen von ausländischen Kapitalgesellschaften[1055] mit Sitz in einem EU- oder EWR-Mitgliedstaat sind gem. § 325a HGB zur Offenle-

---

1052 *Strobel*, BB 2000, S. 53, 58.

1053 Siehe oben Zweiter Teil B. I. 3 a) dd) (2) (c), S. 205f

1054 A.A. *Friauf*, GmbHR 1985, S. 245, 248-251, der jedoch m.E. den hier zuvor im Text erläuterten strukturellen Unterschied zwischen einer GmbH und einem Einzelunternehmen nicht angemessen berücksichtigt (S. 250).

1055 Gem. § 264a HGB dürfte dies auch für deutsche Zweigniederlassungen von ausländischen besonderen Personengesellschaften i.S.d. § 264a HGB gelten. In Betracht kommt insoweit aber wohl nur die österreichische GmbH & Co. KG. In den anderen EG-Staaten kommt der Typ "GmbH & Co. KG" nicht vor; trotz der Parallelität zwischen US-amerikanischem und britischem Recht gibt es in Großbritannien keine GmbH & Co. KG, während in den USA nunmehr mit der "Limited Partnership with a Corporate General Partner" ein Pendant zur GmbH

gung der Rechnungslegungsunterlagen der EU-/EWR-Hauptniederlassung verpflichtet.[1056] Demgegenüber unterliegen Zweigniederlassungen von Gesellschaften außerhalb der EG und des EWR keiner Rechnungslegungspublizität.

Fraglich ist, ob diese Ungleichbehandlung einer verfassungsrechtlichen Rechtfertigungsprüfung Stand hält. Entsprechend dem oben unter a) Gesagten hängt dies von der Intensität der mit der Ungleichbehandlung verbundenen Beeinträchtigung des Betroffenen ab. Dazu können wiederum die oben unter a) dargestellten Kriterien herangezogen werden:

Die Ungleichbehandlung von Zweigniederlassungen ausländischer Kapitalgesellschaften verschiedener Herkunftsländer knüpft daran an, ob die ausländische Hauptniederlassung ihren Sitz in einem EU-/EWR-Mitgliedsland oder in einem Drittstaat hat. Dieses Kriterium ähnelt nicht den nach Art. 3 Abs.3 GG verbotenen Kriterien. Allerdings haben die Betroffenen, also die zur Offenlegung verpflichteten Zweigniederlassungsleiter, auf das Kriterium der Ungleichbehandlung, die Wahl des Sitzes der Hauptniederlassung, in der Regel keinen Einfluß. Der Gebrauch der grundrechtlichen Freiheiten ist jedoch durch die Ungleichbehandlung nur in geringem Maße erschwert, weil die Zweigniederlassungen von EU-/EWR- Kapitalgesellschaften ohnehin durch die EU-weite Offenlegungsverpflichtung der EU-Hauptniederlassung von einer Rechnungslegungspublizität miterfaßt werden. Bei der Zweigniederlassungspublizität nach § 325a HGB handelt es sich im Prinzip nur um eine Wiederholung der EU-Auslands-Publizität in Deutschland. Es erfolgt also kein zusätzlicher Eingriff in Grundrechtspositionen. Lediglich die allgemeine Handlungsfreiheit wird durch die Verpflichtung der Zweigstellenleiter zur Offenlegung der Rechnungslegung der Hauptniederlassung auch in Deutschland beeinträchtigt. Aufgrund dieser geringen Beeinträchtigung handelt es sich bei der Ungleichbehandlung der Zweigniederlassungen von Unternehmen aus EU-/EWR-Mitgliedstaaten gegenüber solchen aus Drittstaaten um eine Ungleichbehandlung geringer Intensität. Zu ihrer verfassungsrechtlichen Rechtfertigung ist daher nach dem zuvor unter a) Gesagten ein sachlicher Grund für die Ungleichbehandlung ausreichend. Fraglich ist, ein sachlicher Grund für die Ungleichbehandlung von deutschen Zweigniederlassungen ausländischer Kapitalgesellschaften abhängig vom Sitz der Hauptniederlassung vorliegt.

& Co. KG zur Verfügung steht, vgl. *Klawitter*, Die GmbH & Co. KG im U.S.- amerikanischen Recht, 1997.

[1056] Zu den Einzelheiten siehe oben erster Teil D. III. 4. a), S. 125ff.

Ursprünglich hatte der Regierungsentwurf zur Zweigniederlassungspublizität diese auch auf Zweigniederlassungen von Gesellschaften außerhalb der EG und des EWR ausgedehnt.[1057] Dabei wurde jedoch, wie jetzt auch, keine eigene Rechnungslegungspublizität der Zweigniederlassung angeordnet. Offenzulegen waren nach dem Regierungsentwurf lediglich "die Unterlagen der Rechnungslegung der Hauptniederlassung, die nach dem für die Hauptniederlassung maßgeblichen Recht offenzulegen sind."[1058] Besteht also im Land der Hauptniederlassung für die Kapitalgesellschaft keine Rechnungslegungspublizität - so wie für die Schweizer GmbH[1059], die Türkische Limited Sirket[1060] oder die US-amerikanische closely held corporation (close corporation)[1061] - so hätte auch nach dem Regierungsentwurf keine Rechnungslegungspublizität für die deutsche Zweigniederlassung einer solchen Gesellschaft bestanden. Der Grundsatz der "Publizität als Korrelat der Haftungsbeschränkung" wurde also im Hinblick auf Zweigniederlassungen der genannten Schweizer, türkischen und US-amerkanischen Unternehmen auch bereits im Regierungsentwurf durchbrochen. Im Gegensatz dazu hatte die EG-Zweigniederlassungsrichtlinie[1062], deren Umsetzung die Zweigniederlassungspublizität nach HGB dient, auch Zweigniederlassungen von Gesellschaften mit Sitz außerhalb der EU im Blick. Der Gesetzesentwurf der Bundesregierung zur Durchführung der Zweigniederlassungsrichtlinie nahm darauf ausdrücklich Bezug. Dort heißt es: "Nach Art. 9 Abs.1 Satz 2 der Richtlinie können zwar die Mitgliedstaaten für den Fall, daß die Rechnungslegungsunterlagen der Hauptniederlassung aus einem Drittstaat nicht gemäß den einschlägigen EG-Richtlinien oder in gleichwertiger Form erstellt werden, die Erstellung und Offenlegung der Unterlagen der Rechnungslegung, die sich auf die Tätigkeit der Zweigniederlassungen beziehen, d.h. einen eigenen handelsrechtli-

---

[1057] BT-Drucks. 12/3908, S.7; *Seibert*, DB 1993, S. 1705, 1706.

[1058] BT-Drucks. 12/3908, S.7.

[1059] Für die Schweizer GmbH besteht keine echte Abschlußpublizität. Lediglich die Gläubiger, die ein schutzwürdiges Interesse nachweisen, sind in analoger Anwendung aktienrechtlicher Bestimmungen berechtigt, direkt bei der Gesellschaft Einsicht in die Jahresabrechnung, die Konzernrechnung und die Revisionsberichte zu nehmen, vgl. *Behrens*, in: Behrens (Hrsg.), Die GmbH im internationalen und europäischen Recht, CH 43.

[1060] Eine Abschlußpublizität ist für die Limitet Sirket (Ltd. S.) nicht vorgesehen , *Ansay*, in: Behrens (Hrsg.), Die GmbH im internationalen und europäischen Recht, TR 43.

[1061] *Merkt*, US-amerikanisches Gesellschaftsrecht, Rdnr. 209; *Turcon/Zimmer*, Grundlagen des US-amerikanischen Gesellschafts-, Wirtschafts, Steuer- und Fremdenrechts, S. 23, siehe auch Fn. 984, S. 244.

[1062] Elfte gesellschaftsrechtliche Richtlinie des Rates über die Offenlegung von Zweigniederlassungen, die in einem Mitgliedstaat von Gesellschaften bestimmter Rechtsformen errichtet wurden, die dem Recht eines anderen Staates unterliegen (89/666/EWG), ABlEG Nr. L 395/36 v. 30.12.1989.

chen Abschluß der Zweigniederlassungen verlangen."[1063] In Deutschland gilt dies jedoch nur für Kreditinstitute[1064] und Versicherungsunternehmen[1065]. Für eine Ausdehnung auf Zweigniederlassungen anderer Branchen auf Grund der Richtlinie sah der Gesetzgeber kein Bedürfnis.[1066] Dies widerspricht jedoch der im übrigen vertretenen Konzeption der Publizität als Korrelat der Haftungsbeschränkung. Denn deutsche Zweigniederlassungen von Kapitalgesellschaften mit Sitz in Drittstaaten unterliegen trotz der Haftungsbeschränkung keiner Rechnungslegungspublizität, wenn der Drittstaat dies nicht vorsieht, wie etwa im Fall der Schweizer GmbH[1067], der US-amerikanischen close company[1068] oder der Türkischen Limitet Sirket[1069]. Aus der Zweigniederlassungsrichtlinie läßt sich indessen eine andere Intention des europäischen Gesetzgebers herauslesen. Danach geht dieser durchaus von einer Konzeption aus, die für Zweigniederlassungen von Kapitalgesellschaften aus Drittstaaten eine Rechnungslegungspublizität vorsieht. Denn die Zweigniederlassungsrichtlinie wird so verstanden, daß in Drittstaatenfällen die Offenlegung der Rechnungslegungsunterlagen der Hauptniederlassung nur als Alternative zu einer ansonsten einzureichenden Rechnungslegung der Zweigniederlassung vorgesehen ist.[1070] Daraus ergibt sich aber, daß in jedem Falle eine - wie auch immer im einzelnen ausgestaltete - Zweigniederlassungspublizität in Drittstaatenfällen bestehen soll. Eine eigene Rechnungslegungspublizität von Zweigniederlassungen ausländischer Kapitalgesellschaften hat sich allein dadurch erübrigt, daß die einzelstaatlichen Vorschriften über die Aufstellung und Offenlegung der Rechnungslegungsunterlagen im Rahmen von EU und EWR angeglichen wurden.[1071] In Drittstaatenfällen müßte deshalb nach der Kon-

---

[1063] BT-Drucks. 12/3908, S. 19.

[1064] *Wiedmann*, Bilanzrecht, § 340l Rdnr. 14.

[1065] *Wiedmann*, Bilanzrecht, § 341l Rdnr. 4.

[1066] BT-Drucks. 12/3908, S. 19 (Gesetzentwurf der Bundesregierung eines Gesetzes zur Durchführung der Elften Richtlinie - Anm.: "Zweigniederlassungsrichtlinie"; BT-Drucks. 12/5170, S. 15 (Beschlußempfehlung und Bericht des Rechtsausschusses zu dem Gesetzesentwurf der Bundesregierung.

[1067] S.o. Fn 1061.

[1068] S.o. Fn 1063.

[1069] S.o. Fn 1062.

[1070] *Seibert*, DB 1993, S. 1705, 1706.

[1071] Erwägungsgründe der Richtlinie, zitiert bei *Seibert*, DB 1993, S. 1705, 1706, Fn. 22: "Einzelstaatliche Vorschriften, welche die Offenlegung von Unterlagen der Rechnungslegung verlangen, die sich auf die Zweigniederlassung beziehen, haben ihre Berechtigung verloren, nachdem die einzelstaatlichen Vorschriften über die Erstellung, Prüfung und Offenlegung von Unterlagen der Rechnungslegung der Gesellschaft angeglichen worden sind. Deshalb genügt es, die von der Gesellschaft geprüften und offengelegten Rechnungslegungsunterlagen beim Register der Zweigniederlassung offenzulegen."

zeption "Publizität als Korrelat der Haftungsbeschränkung" eine eigene Zweigniederlassungspublizität zum Tragen kommen, also eine Verpflichtung der Zweigniederlassung selbst, ihre Rechnungslegung aufzustellen und offenzulegen. Dem steht nicht die Zweigniederlassungsrichtlinie entgegen. Diese ist somit kein sachlicher Grund für eine Privilegierung von Zweigniederlassungen ausländischer Kapitalgesellschaften mit Sitz in einem Drittstaat gegenüber solchen aus dem EU-/EWR-Ausland. Als weiteren in Betracht kommenden Grund könnte man daran denken, daß die Privilegierung erfolgte, um "ein Sterben der Zweigniederlassung zu vermeiden"[1072] Es ist zweifelhaft, ob dies als sachlicher Grund angesehen werden kann, der ausreicht, um die damit verbundene Ungleichbehandlung von ausländischen Zweigniederlassungen als willkürfrei und gerechtfertigt erscheinen zu lassen. Ein anderer Grund könnte darin gesehen werden, daß es verhältnismäßig aufwendig wäre, eine originäre Zweigniederlassungspublizität für Drittstaatenfälle gesetzgeberisch umzusetzen. Auch dies erscheint jedoch als sachlicher Grund für eine Privilegierung von Zweigniederlassungen ausländischer Kapitalgesellschaften aus Drittstaaten nicht ausreichend.

Somit läßt sich kein hinreichend überzeugender sachlicher Grund für eine Ungleichbehandlung der Drittstaatenfälle bei Zweigniederlassungen anführen.

Die gleichheitswidrige Begünstigung deutscher Zweigniederlassungen von ausländischen Kapitalgesellschaften, die ihren Sitz außerhalb von EU und EWR haben, ist verfassungswidrig.

VI. Ergebnis Teil B.

Die Rechnungslegungspublizität nach HGB ist verfassungswidrig im Hinblick darauf, daß deutsche Zweigniederlassungen von ausländischen Kapitalgesellschaften mit Sitz außerhalb von EU und EWR nicht zur Offenlegung ihrer Jahresabschlußunterlagen verpflichtet sind. Im übrigen ist die Rechnungslegungspublizität nach HGB mit den Vorgaben des Grundgesetzes vereinbar.

[1072] *Seibert*, DB 1993, S. 1705, 1706.

C. Die Verfassungsmäßigkeit der Rechnungslegungspublizität nach PublG

Alle Unternehmen, die nicht nach HGB zur Rechnungslegungspublizität verpflichtet sind[1073] und die Größenschwellen des Publizitätsgesetzes[1074] überschreiten, sind nach Publizitätsgesetz zur Aufstellung und Offenlegung eines Einzelabschlusses verpflichtet; wenn sie über mindestens ein anderes Unternehmen die einheitliche Leitung ausüben, sind sie auch als Mutterunternehmen zur Aufstellung und Offenlegung eines Konzernabschlusses verpflichtet.[1075] Dies gilt insbesondere auch für Einzelunternehmen und "echte" Personenenhandelsgesellschaften, also solche, bei denen mindestens eine natürliche Person unbeschränkt haftender Gesellschafter ist.

Die Ausgestaltung der Pubilizitätspflicht nach PublG entspricht derjenigen nach HGB. In gleicher Weise wir zuvor soll daher die Publizitätspflicht nach PublG auf ihre Vereinbarkeit mit dem Grundgesetz hin überprüft werden.

Dabei begegnet die Publizitätspflicht nach PublG auf den ersten Blick in zweierlei Hinsicht verfassungsrechtlichen Bedenken:

Erstens wurden die Schwellenwerte des Publizitätsgesetzes seit dessen erstmaligem In-Kraft-Treten im Jahre 1969 nicht an die laufende Preissteigerungsrate und das Wirtschaftswachstum angepaßt.[1076] Lediglich eine geringfügige Anhebung der Schwellenwerte um ca. 25% ist in einem Referentenentwurf des BMJ im Zuge der Euro-Umstellung geplant. Danach ist eine geringfügige Anhebung der Schwellenwerte vorgesehen für die Bilanzsumme auf 80 Millionen Euro und auf 160 Millionen Euro für die Umsatzerlöse gem. Art.3 Nr.1 und 2 des Referententwurfes für ein „Gesetz zur Anpassung bilanzrechtlicher Bestimmungen an die Einführung des Euro, zur Erleichterung der Publizität für Zweigniederlassun-

---

1073 Zum Ineinandergreifen von HGB und PublG § 11 Abs.5 PublG.

1074 §§ 1 Abs.1, 11 Abs.1 PublG: mehr als 125 Mio. DM Bilanzsumme, 250 Mio. DM Umsatzerlöse oder 5000 Arbeitnehmer, wobei zwei dieser drei Schwellenwerte an drei aufeinanderfolgenden Abschlußstichtagen überschritten werden müssen.

1075 *Böhmer*, Die Verpflichtung zur Publizität der Konzernrechnungslegung nach dem Publizitätsgesetz, Diss. jur., 1986, S. 48.

1076 Frühzeitig erkannte *Scherrer* dieses Problem, vgl. *Scherrer*, DB 1975, S. 89; *ders.*: Die Ausweitung der Rechnungslegungspublizität auf alle Großunternehmen, Diss. jur., 1968, S. 111.

gen ausländischer Unternehmen sowie zur Einführung einer Qualitätskontrolle für genossenschaftliche Prüfungsverbände (Euro-Bilanzgesetz - EuroBilG).[1077]

Der zweite Gesichtspunkt gegen die Verfassungsmäßigkeit des Publizitätsgesetzes liegt darin, daß kein Unterschied besteht zwischen einerseits den Schwellenwerten für die Verpflichtung zur Einzelsabschlußpublizität und andererseits denjenigen für die Konzernabschlußpflicht. Dabei tritt sogar noch hinzu, daß die Aufstellungs- und Offenlegungserleichterungen für Einzelkaufleute und Personenhandelsgesellschaften hinsichtlich des Einzelabschlusses (§ 9 Abs.2 und 3 PublG) nach dem Wortlaut des Publizitätsgesetzes nicht für die Aufstellung und Offenlegung eines Konzernabschlusses von Einzelkaufleuten und Personenhandelsgesellschaften vorgesehen sind. Faktisch besteht deshalb bei jedem Unternehmen in Rechtsform eines Einzelkaufmanns oder einer Personenhandelsgesellschaft, das nach seiner Größe zur Einzelabschlußpublizität nach PublG verpflichtet ist, auch eine Verpflichtung zur Konzernabschlußpublizität. Da das Publizitätsgesetz bei der Konzernabschlußpublizität nicht auf die Offenlegungserleichterungen des § 9 Abs.2 und 3 PublG verweist, würden die hinsichtlich des Einzelabschlusses bestehenden Offenlegungserleichterungen für Einzelkaufleute und Personenhandelsgesellschaften nach § 9 Abs.2 und 3 PublG faktisch leerlaufen, sobald ein Einzelunternehmen oder eine Personenhandelsgesellschaft auch nur über ein weiteres Unternehmen die Leitung ausübt.

Diese Bedenken sollen im Hinblick auf die Vereinbarkeit des Publizitätsgesetzes mit den Grundrechten der Berufsfreiheit (Art. 12 Abs.1 GG), des Eigentumsschutzes (Art. 14 GG), der negativen Meinungsfreiheit (Art. 5 Abs.1 S.1 1.Hs GG) und des Rechts auf informationelle Selbstbestimmung (Art. 2 Abs.1 S. 1 i.V.m. Art. 1 GG) näher untersucht werden.

[1077] Dem BMJ, namentlich Herrn Dipl.-RPfl. *Fritz Stuckert* sei an dieser Stelle nochmals für die Übersendung des Referentenentwurfes gedankt, der zu diesem Zeitpunkt nicht veröffentlicht war; zeitweilig war er über die Internet-Seite des BMJ abrufbar.

I. Berufsfreiheit - Art. 12 Abs.1 S.1 GG

1. Schutzbereich und Eingriff

Die Einzel- und Konzernabschlußpublizität für Einzelkaufleute und Personenhandelsgesellschaften nach PublG stellt entsprechend den Ausführungen unter B. I. 1. 2.[1078] zur Rechnungslegungspublizität nach HGB einen Eingriff in die Berufsausübungsfreiheit der Personenhandelsgesellschaften und Einzelkaufleute dar.

2. Verfassungsrechtliche Rechtfertigung

Entsprechend den vorstehenden Ausführungen unter B. I. 3.[1079] ist dieser Eingriff in die Berufsausübungsfreiheit nach der Stufenlehre nur dann verfassungsrechtlich gerechtfertigt, wenn er einem legitimen Zweck im Interesse des Gemeinwohls dient. Der Eingriff muß dabei geeignet und erforderlich sein, diesen Zweck zu erreichen. Dabei dürfen die Betroffenen durch den Eingriff nicht in unzumutbarer Weise belastet werden.[1080]

a) legitimer Zweck

Zweck der Rechnungslegungspublizität nach PublG sind die Information der Öffentlichkeit über Großunternehmen mit gesamtwirtschaftlicher Bedeutung sowie deren Kontrolle.[1081]

b) Geeignetheit und Erforderlichkeit

Zu prüfen ist, ob die Ausgestaltung des Publizitätsgesetzes geeignet und erforderlich ist, diesen Zweck zu erreichen.

[1078] Siehe oben S. 192f.

[1079] Siehe oben S. 193.

[1080] Siehe oben B. I. 3. S. 191ff.

[1081] Allg. Begr. d. RegE, BT-Drucks. V/3197, "Bei Unternehmen dieser Größenordnung muß ein berechtigtes Interesse der Beteiligten ... anerkannt werden, sich über den Stand und die Entwicklung des Unternehmens unterrichten zu können. ... Öffentliche Rechnungslegung ist das angemessenste und zugleich schonenste ... Mittel ... zur Sicherung einer ordnungsgemäßen Geschäftsführung".

Die Rechnungslegungspublizität nach PublG knüpft an das Überschreiten bestimmter Schwellenwerte durch ein Unternehmen an.

Fraglich ist, ob das alleinige Anknüpfen an das Überschreiten gewisser Schwellenwerte geeignet ist, der Öffentlichkeit[1082] Informationen über Großunternehmen mit gesamtwirtschaftlicher Bedeutung zu verschaffen nebst einer entsprechenden Kontrollmöglichkeit. Problematisch ist insoweit, daß Divergenzen zwischen der Unternehmensgröße und der gesamtwirtschaftlichen Bedeutung eines Unternehmens vorliegen können.[1083] Nicht jedem Unternehmen, das eine gewisse Größe hat, kommt deswegen auch automatisch eine gesamtwirtschaftliche Bedeutung zu. Ferner bestehen auch Schwierigkeiten bei der Fixierung der Unternehmensgrösse:[1084] Erstens stellt sich die Frage, an welchen Merkmalen die Unternehmensgröße festgemacht werden soll. Zum zweiten besteht die Problematik, wenn man diese Merkmale gefunden hat, dann für diese auch noch die "richtigen" Größengrenzen festzulegen.[1085]

Im Vorfeld der Schaffung des Publizititätsgesetzes in den Jahren 1968/69 wurden sowohl unterschiedliche Größen also auch sogar teilweise verschiedene Merkmale für die Schwellenwerte genannt, ab denen das Publizitätsgesetz eingreifen soll. Teilweise wurden etwas geringere Größen genannt, als 1969 im PublG gesetzlich umgesetzt.[1086] Teilweise wurden aber auch wesentlich höhere Werte bereits 1969 vorgeschlagen:

20.000 Beschäftigte,
1 Mrd. DM Jahresumsatz,
500 Mio. DM Bilanzsumme.[1087]

[1082] Damit auch den "Beteiligten", von denen die Regierungsbegründung spricht, " - als Sammelbegriff für die gegenwärtigen und künftigen Lieferanten und Abnehmer, Arbeitnehmer, Geldgeber und alle Stellen, die wirtschafts- und sozialpolitische Entscheidugnen mit Auswirkungen auf das Unternehmen zu treffen haben", vgl. allg. Begr. d. RegE, BT-Drucks. V/3197.

[1083] Eingehend: *Scherrer*: Die Ausweitung der Rechnungslegungspublizität auf alle Großunternehmen, Diss. jur., 1968, S. 55f.

[1084] Eingehend: *Scherrer*: Die Ausweitung der Rechnungslegungspublizität auf alle Großunternehmen, Diss. jur., 1968, S. 57-88.

[1085] *Scherrer*: Die Ausweitung der Rechnungslegungspublizität auf alle Großunternehmen, Diss. jur., 1968, S. 89.

[1086] Einerseits 2000 Beschäftigte, 100 Mill. DM Jahresumsatz, 50 Mill. DM Bilanzsumme, so *Zimmermann*, S. 122; *Kunze*, S.16; *Spieker*, S. 728; anderrseits 3000 Beschäftigte, 75 Mill. DM Jahresumsatz, 150 Mill. Bilanzsumme, *Ballerstedt, S. 42; Studienkommission ds Deutschen Juristentages*, Modellvorschlag I, S.29, 44.

[1087] *Zimmermann*, S. 122; *Kunze*, S.16; *Spieker*, S. 728.

Daneben wurden sogar auch neben anderen Größenordnungen auch andere Merkmale für das Bestehen eines Großunternehmens genannt. Ein Großunternehmen sollte nach dieser Konzeption vorliegen, wenn mindestens eins der nachfolgenden Merkmale vorlag:

mindestens 10.000 Arbeitnehmer
mindestens 500 Mio. DM Jahresumsatz
mindestens 500 Mio. DM Bilanzsumme
mindestens 100 Mio. DM Nominalkapital[1088].

Der Gesetzgeber entschied sich demgegenüber im PublG dafür, das Vorliegen eines Großunternehmens zu koppeln an das Überschreiten von zwei der drei Schwellenwerte Bilanzsumme Umsatzerlöse, und Arbeitnehmer. Er legte diese Schwellenwerte 1969 fest auf:

125 Mio. DM Bilanzsumme,
250 Mio. DM Umsatzerlöse,
5000 Arbeitnehmer.

Die Festlegung dieser Schwellenwerte führte im Jahre 1969 für 70 Großunternehmen und Konzerne zu einer Offenlegungsverpflichtung nach PublG.[1089] Durch die Ausgestaltung des Publizitätsgesetzes im Jahre 1969 bestand eine Rückwirkung auf den mit dem Gesetz verfolgten Zweck: Erst durch die Festlegung der Schwellenwerte wurde auch festgelegt, welche Unternehmen Großunternehmen i.S.d. PublG sind. Unterstellt wurde dabei, daß es sich bei diesen Großunternehmen *qua Publizitätsgesetz* um solche von gesamtwirtschaftlicher Bedeutung handelte.

Per gesetzlicher Definition im Wege des Publizitätsgesetzes selbst wurde somit festgelegt, daß Unternehmen, die bestimmte Schwellenwerte überschreiten und damit im Jahres 1969 eine gewisse Größe im Verhältnis zur Volkswirtschaft aufwiesen, als Großunternehmen mit gesamtwirtschaftlicher Bedeutung anzusehen waren. Da das Publizitätsgesetz eine Offenlegung der Jahresabschlußunterlagen dieser Unternehmen vorsieht, ist es geeignet der Öffentlichkeit Informationen und damit auch eine gewisse Kontrolle über diese Unternehmen zu verschaffen. Da im Jahres 1969 die Unternehmen, die durch Überschreiten der Schwellenwerte in den Anwendungsbereich des Publizitätsgesetzes qua Publizitätsgesetz als Großunternehmen mit gesamtwirtschaftlicher Bedeutung angesehen wurden, war das Publizitätsgesetz geeignet, den Zweck zu erfüllen, der Öffentlichkeit Infor-

---

[1088] *Cassier*, S. 22.

[1089] *Scherrer*, Die Ausweitung der Rechnungslegungspublizität auf alle Großunternehmen, Diss. jur., 1968, S.94 m.w.N.

mationen über Großunternehmen mit gesamtwirtschaftlicher Bedeutung nebst deren Kontrolle zu verschaffen.

Wenn man im Jahre 1969 die unter das Publizitätsgesetz fallenden Unternehmen als Großunternehmen mit gesamtwirtschaftlicher Bedeutung ansah und Zweck des Publizitätsgesetzes ist, der Öffentlichkeit durch Offenlegung der Jahresabschlüsse Informationen und Kontrolle über Großunternehmen mit gesamtwirtschaftlicher Bedeutung zu verschaffen, so war das Publizitätsgesetz im Jahre 1969 zwangsläufig auch erforderlich, um den mit ihm beabsichtigten Zweck zu erreichen.

Dies gilt jedoch nicht mehr für die Ausgestaltung des Publizitätsgesetzes im Jahre 1999. Denn in den dreißig Jahren seit In-Kraft-Treten des Publizitätsgesetzes hat nicht eine einzige Anpassung der Schwellenwerte des Publizitätsgesetzes an die gesamtwirtschaftliche Entwicklung und Geldwertentwicklung stattgefunden.

Am 11. Dezember 2000 lag ein Referentenentwurf vor für ein „Gesetz zur Anpassung bilanzrechtlicher Bestimmungen an die Einführung des Euro, zur Erleichterung der Publizität für Zweigniederlassungen ausländischer Unternehmen sowie zur Einführung einer Qualitätskontrolle für genossenschaftliche Prüfungsverbände (Euro-Bilanzgesetz - EuroBilG). Gemäß Art. 3 des Entwurfs erfolgt im Zuge der Euro-Umstellung der Schwellenwerte auch eine leichte Anhebung derselben, allerdings nur etwa um 25%, nämlich die Bilanzsumme auf 80 Millionen Euro (rund 160 Millionen DM gegenüber bisher 125 Millionen DM) und die Umsatzerlöse auf 160 Millionen Euro (rund 320 Millionen DM gegenüber bisher 250 Millionen DM).[1090]

Bereits 1975 wurde darauf hingewiesen, daß es bei fallendem Geldwert im Zeitablauf zu einer stets wachsenden Zahl von Unternehmenseinheiten kommt,"die bei konstantem Geschäftsvolumen die Mindestgrenzen der Größenmerkmale überschreiten. Damit wird der Kreis der zur Rechnungslegung verpflichteten Unternehmen in zunehmendem Maße auf Wirtschaftseinheiten ausgedehnt, für die nach der Begründung des Publizitätsgesetz-Entwurfs eine Prüfungs- und Veröffentlichungspflicht nicht erforderlich ist."[1091]

Dieser Befund wird verstärkt sich durch die gesamtwirtschaftliche Entwicklung: Das Bruttoinlandsprodukt hat sich nach Angaben des Statistischen Bundesamtes[1092] von 596,95 Mrd. DM im Jahre 1969 auf 3.877,1 Mrd. DM mehr als

---

[1090] BT/Drücks. 14/606.
[1091] *Scherrer*, DB 1975, S. 89, 89.
[1092] Berichte des Statistischen Bundesamtes für die Jahres 1969 und 1999.

versechsfacht. Hatte ein Unternehmen im Jahre 1969 mit Überschreiten der Schwellenwerte Bilanzsumme (125 Mio. DM) und Umsatzerlöse (250 Mio. DM) im Verhältnis zur Größe der gesamten Volkswirtschaft (BIP 596,95 DM) eine gewisse Größe, der gesamtwirtschaftliche Bedeutung zugemessen wurde, so ist im Jahre 1999 im Verhältnis zur Größe der gesamten Volkswirtschaft (BIP 3.877,1 Mrd. DM) ein Unternehmen im Bereich einer Bilanzsumme über 125 Mio. DM und Umsatzerlösen über 250 Mio. DM im Verhältnis wesentlich kleiner mit einer entsprechend deutlich geringeren gesamtwirtschaftlichen Bedeutung.

Um der Geldwertentwicklung und der Entwicklung der gesamten Volkswirtschaft angemessen Rechnung zu tragen, müßten deshalb jedenfalls die Schwellenwerte für die Bilanzsumme und die Umsatzerlöse entsprechend der Versechsfachung der Größe der Volkswirtschaft ebenfalls versechsfacht werden wie folgt:

Bilanzsumme: 750 Mio. DM
Umsatzerlöse: 1.500 Mio. DM.

Bei einer solchen Anpassung der genannten Schwellenwerte wäre entsprechend der Geldwertentwicklung und der Entwicklung der gesamten Volkswirtschaft gewährleistet, daß das Publizitätsgesetz den verfassungsrechtlichen Anforderungen an die Erforderlichkeit des mit dem Gesetz verbundenen Grundrechtseingriff genügt. Hingegen ist der mit der Beibehaltung der Schwellenwerte aus dem Jahre 1969 verbundene Eingriff in die Berufsausübungsfreiheit aller Unternehmen, die 1999 die Schwellenwerte von 1969 überschreiten nicht erforderlich, um den bei Schaffung des Gesetzes konkretisierten Gesetzeszweck zu erreichen, Kontrolle und Informationen über Großunternehmen mit volkswirtschaftlicher Bedeutung zu erhalten. Die derzeitige Ausgestaltung des Publizitätsgesetzes läßt sich aus diesem Grunde nicht mit den Vorgaben des Grundgesetzes vereinbaren.

Aus dem zuvor Gesagten ergibt sich, daß auch die geringfügige Erhöhung der Schwellenwerte aus dem Jahre 1969 um 25%, die im Referentenentwurf des EuroBilG vorgesehen ist[1093], nicht ausreicht, um eine Anpassung der Schwellenwerte an das Wachstum der Volkswirtschaft und an die Geldwertentwicklung sicherzustellen. Auch in der Fassung des EuroBilG ist das PublG daher nicht mit den Vorgaben des Grundgesetzes vereinbar.

[1093] Siehe vorstehende Seite, einzeiliger Text.

c) Angemessenheit

Verfassungsrechtliche Bedenken ergeben sich aber auch unter weiteren Gesichtspunkten:

Zum einen erscheint es im Hinblick auf die Zumutbarkeit der Konzernoffenlegungsverpflichtung von Einzelunternehmen und Personenhandelsgesellschaften problematisch, daß für das Eingreifen der Konzernabschlußpflicht dieselben Schwellenwerte gelten, wie für die Einzelabschlußpublizität nach PublG. Dadurch entsteht nach dem PublG zusätzlich zur Einzelabschlußpublizität eine Verpflichtung zur Aufstellung und Offenlegung eines Konzernabschlusses allein dadurch, daß ein Einzelunternehmen oder eine Personenhandelsgesellschaft die einheitliche Leitung über mindestens ein weiteres Unternehmen ausübt. Demgegenüber sieht die Konzernabschlußpublizität nach HGB vor, daß neben dem Merkmal der einheitlichen Leitung zusätzlich ein weiteres Merkmal der Größe hinzutreten muß. Nach HGB besteht die uneingeschränkte Konzernoffenlegungspflicht nur für einen Unternehmensverbund/Konzern in einer Größenordnung, in der auch für ein einzelnes Unternehmen die volle, uneingeschränkte Offenlegungsverpflichung als große Gesellschaft gem. § 267 Abs.3 HGB zum Tragen kommt. Die Größen gem. § 293 Abs.1 S.1 Nr.2 lit. a) und b) stimmen mit den Größen § 267 Abs.2 Nr. 1 und 2 HGB überein: 26,89 DM Bilanzsumme und 53,78 DM Umsatzerlöse. Das HGB trägt damit dem Gedanken Rechnung, daß die besondere Größe eines Konzerns gegenüber dem einzelnen Un-ternehmen eine umfassende Konzernoffenlegung ohne Offenlegungserleichterungen rechtfertigt. Bei der Konzernabschlußpflicht nach PublG hingegen findet sich nichts entsprechendes. Man mag einwenden, daß Unternehmen, die der Einzelabschlußpublizität nach PublG unterliegen, ohnehin schon eine beachtliche Größe haben. Dabei fragt sich aber, ob auch bei diesen Unternehmen der alleinige Umstand, daß sie die einheitliche Leitung über ein weiteres Unternehmen haben, die Aufstellung und Offenlegung eines Konzernabschlusses rechtfertigen.

Verstärkt wird diese Problematik zusätzlich dadurch, daß die Erleichterungen, die für Einzelkaufleute und Personenhandelsgesellschaften hinsichtlich der Aufstellung und Offenlegung des Einzelabschlusses gem. § 9 Abs.2 und 3 PublG[1094] gelten, nach dem Wortlaut des PublG bei der Aufstellung und Offenlegung des

---

[1094] Siehe oben 1. Teil C. III. 3. b) Seite 123f.

Konzernabschlusses eines Einzelunternehmens bzw. einer Personenhandelsgesellschaft keine Anwendung finden.

Nach dem Wortlaut des PublG bestehen lediglich Aufstellungs- und Offenlegungserleichterungen nach § 13 Abs.3 PublG. Danach braucht gem. § 13 Abs.3 S.2 PublG i.V.m. § 5 Abs.2 S. 3 PublG die Gewinn- und Verlustrechung des Konzerns nicht veröffentlicht zu werden, wenn ersatzweise in einer Anlage zur Konzernbilanz die in § 5 Abs.5 S. 3 PublG gemachten Angaben[1095] gemacht werden. Die weiteren bei der Veröffentlichung des Jahresabschlusses von Einzelunternehmen und Personenhandelsgesellschaften bestehenden Erleichterungen sind für die Konzernrechnungslegung nach dem Wortlaut des Gesetzes nicht mehr vorgesehen. So sind der Konzernanhang und der Konzernlagebericht zu veröffentlichen. Im Rahmen der Aufstellung des Einzelabschlusses brauchen diese Unterlagen gem. § 5 Abs.2 Satz 1 PublG überhaupt nicht erstellt zu werden.[1096] Ferner verweist § 15 PublG nicht auf § 9 Abs.3 PublG, so daß die dort für die Offenlegung des Einzelabschlusss vorgesehene Zusammenfassung mehrerer Bilanzpositionen in einem Posten "Eigenkapital" nach dem Wortlaut des Publizitätsgesetzes für den Konzernabschluß nicht vorgesehen ist.[1097]

Es ist kein sachlicher Grund ersichtlich, warum bei der Offenlegung des Konzernabschlusses die Bilanzpositionen mit Eigenkapitalcharakter im einzelnen ausgewiesen werden müssen, während bei einer Veröffentlichung des Einzelabschlusses von Personenhandelsgesellschaften und Einzelkaufleuten mangels eines "berechtigten Interesses der Öffentlichkeit"[1098] die Aufgliederung nicht gefordert wird. Insbesondere, wenn das Mutterunternehmen ein überragendes Gewicht innerhalb des Konsolidierungskreises hat[1099], würde schon durch die Einbeziehung

---

[1095] 1. Umsatzerlöse i.S.d. § 277 Abs.1 HGB,
2. Erträge aus Beteiligungen,
3. Löhne, Gehälter, soziale Abgaben sowie Aufwendungen für Altersversorgung und Unterstützung,
4. Bewertungs- und Abschreibungsmethoden einschließlich wesentlicher Änderungen,
5. Zahl der Beschäftigten.

[1096] *Ischebeck*, in: Küting/Weber, Handbuch der Konzernrechnungslegung, § 15 PublG Rdnr. 3.

[1097] Siehe oben 1. Teil C. III. 3. b) Seite 123f..

[1098] Alg. Begr. d. RegE, BT-Drucks. V/3197.

[1099] Dies ist bei einer GmbH & Co. KG mit einer natürlichen Person als Komplementär der Fall, die aufgrund dieses Komplementärs nicht nach HGB, wohl aber bei entsprechender Größe nach PublG konzernabschlußpflichtig ist. Es handelt sich hierbei nicht nur um einen theoretischen Fall, sondern um eine Konstellation, die in der Praxis durchhaus vorzufinden ist aufgrund

von weniger bedeutenden Tochterunternehmen die Schutzfunktion des § 9 Abs.4 PublG verloren gehen.[1100]

Im Gesetzgebungsverfahren wurde ausweislich der Regierungsbegründung[1101] auf diese Problematik nicht eingegangen.[1102]

Im Schrifttum wird die Meinung vertreten, gemäß dem Grundsatz der "Wahrung der Privatsphäre des Einzelkaufmanns bzw. der Gesellschafter der Personenhandelsgesellschaft"[1103] und wegen des fehlenden öffentlichen Interesses stehe die Zusammenfassung der Posten mit Eigenkapitalcharakter im Konzernabschluß zu einem Posten "Eigenkapital" im Einklang mit dem Gesetz.[1104] Eine weitere Meinung im Schrifttum kommt mit einem etwas anderen Begründungsansatz zu dem gleichen Ergebnis.[1105] Es wird unterschieden zwischen einerseits Einzelunternehmen und Personenhandelsgesellschafen als konzernleitenden Unternehmen, die selbst schon hinsichtlich ihres Einzelabschlusses offenlegungspflichtig nach dem ersten Abschnitt des Publizitätsgesetzes sind, und andererseits solchen, die erst als Konzern die Größenschwellen des HGB überschreiten. Für die erste Gruppe folge bereits aus der Maßgeblichkeit der Einzelbilanz für den Konzernabschluß, daß der Konzernabschluß einer nach dem ersten Abschnitt publizitätspflichtigen Konzernleitung auch ohne ausdrückliche Verweisung mit den Einschränkungen des § 9 Abs.3 PublG veröffenlicht werden kann.[1106] Für die zweite Gruppe, die bei der das konzernleitende Unternehmen selbst hinsichtlich seines Einzelab-

der Gestaltungsmodelle zur Umgehung der Rechnungslegungspublizität nach HGB: Es wird eine Einheitsgesellschaft gebildet, in welcher eine natürliche Person neben der Verwaltungs-GmbH die Komplementärstellung innehat. Die KG hält alle Anteile an der GmbH, so daß keine Konzernabschlußpublizität nach HGB besteht. Aufgrund der unbeschränkten Haftungsübernahme durch eine natürliche Person kommt die Einzelabschlußpublizität nach HGB ebenfalls nicht zum Tragen. Bei Überschreiten der Schwellenwerte des PublG kommt es zur Rechnungslegungspublizität nach HGB. In Unternehmen mit mittelständischen Wurzeln und Strukturen, die natürlich gewachsen sind, verstärkt durch Unternehmenszukäufe, ist diese Konstellation gegeben.

1100 *Ischebeck*, in: Küting/Weber, Handbuch der Konzernrechnungslegung, § 15 PublG Rdnr. 3.

1101 Allg. Begr. d. RegE, BT-Drucks. V/3197.

1102 *Ischebeck*, in: Küting/Weber, Handbuch der Konzernrechnungslegung, § 15 PublG Rdnr. 3.

1103 Alg. Begr. d. RegE zu § 9, BT-Drucks. V/3197..

1104 *Ischebeck*, in: Küting/Weber, Handbuch der Konzernrechnungslegung, § 15 PublG Rdnr. 3.

1105 *Biener*, GmbHR 1975, S. 5, 30, 34.

1106 *Biener*, GmbHR 1975, S. 5, 30, 34.

schlusses aufgrund fehlender Größe nicht unter den ersten Abschnitt des Publizitätsgesetzes falle, gelte Folgendes: Hier sei die Bildung eines einzigen Postens "Eigenkapital" mit den Grundsätzen ordnungsgemäßer Buchführung vereinbar. Zwar sei die Beschränkung der Publizität durch Bildung des Postens "Eigenkapital" wegen der erheblichen Minderung des Einblicks in die Vermögens- und Ertragslage "kein GoB"[1107]. Die Bildung eines solchen Postens sei aber im Hinblick darauf mit den Grundsätzen ordnungsgsgemäßer Buchführung vereinbar, daß es sich bei der nach PublG vorgeschriebenen Konzernbilanz um eine öffentlich-rechtliche Verpflichtung[1108] zur Offenlegung handele, die sich nicht schon aus kaufmännischen Grundsätzen ergebe. Der Gesetzgeber habe mit der Regelung in § 9 Abs. 3[1109] Personenhandelsgesellschaften und Einzelkaufleute vor zu weitgehenden Einblicken schützen wollen und nicht beabsichtigt, diesen Schutz Konzernen mit Konzernleitungen zu versagen, die als Einzelunternehmen bzw. Personenhandelsgesellschaften aufgrund ihrer fehlenden Größe nicht unter den ersten Abschnitt des Publizitätsgesetzes fallen.[1110]

Aus verfassungsrechtlicher Sicht ist diesem Ergebnis zuzustimmen. Der zweite Abschnitt des Publizitätsgesetzes dahingehend verfassungskonform auszulegen, daß auch für den Konzernabschluß von konzernleitenden Einzelunternehmen und Personenhandelsgesellschaften die Offenlegungserleichterung des § 9 Abs.3 PublG zur Anwendung kommt und alle Bilanzpositionen mit Eigenkapitalcharakter in einem einzigen Posten "Eigenkapital" zusammengefaßt werden dürfen.

Denn die Regelung des § 9 Abs. 3 PublG, die "den besonderen Verhältnissen der Personenhandelsgesellschaften und Einzelkaufleute"[1111] Rechnung trägt, ist eine gesetzgeberische Maßnahme, die den mit der Abschlußpublizität nach PublG verbundenen Eingriff in die Grundrechte von Einzelunternehmen und Personenhandelsgesellschaften zumutbar erscheinen läßt. Bei diesen Unternehmen entfällt das für die Abschlußpublizität nach HGB entscheidende Argument für die Offenlegungsverpflichtung, die beschränkte Haftung losgelöst vom Privatvermögen, weil bei diesen Unternehmen die Inhaber für die gesamte Geschäftstätigkeit unbeschränkt persönlich haften. Abweichend vom HGB wird aber auch auf die

---

[1107] *Biener*, GmbHR 1975, S. 5, 30, 34.
[1108] Siehe dazu auch weiter unten E. II. 1.
[1109] Vormals in Abs.4 geregelt, weswegen bei *Biener*, GmbHR 1975, S. 34 von Absatz 4 die Rede ist.
[1110] *Biener*, GmbHR 1975, S. 5, 30, 34.
[1111] Allg. Begr. d. RegE zu § 9, BT-Drucks. V/3197.

schutzwürdigen Interessen dieser Unternehmen in besonderem Maße Rücksicht genommen, indem die Offenlegungserleichterungen des § 9 Abs.3 PublG gewährt werden. Auf diese Weise sind bei nach PublG offenlegungspflichtigen Einzelunternehmen und Personenhandelsgesellschaften keine Rückschlüsse auf die Gewinnsituation und die Eigenkapitalausstattung im einzelnen möglich. Dadurch erscheinen die mit der Abschlußpublizität für Einzelunternehmen und Personenhandelsgesellschaften verbundenen Grundrechtseingriffe zumutbar und somit verfassungsrechtlich haltbar.

Dies ist jedoch nicht mehr gewährleistet, wenn die gem. § 9 Abs.3 PublG gewährten Offenlegungserleichterungen für Einzelunternehmen und Personenhandelsgesellschaften allein dadurch entfielen, daß diese Unternehmen auch nur über ein weiteres Unternehmen die einheitliche Leitung ausüben. Denn eine nach dem ersten Abschnitt des PublG nur eingeschränkt offenlegungspflichtige Einzelunternehmung bzw. Personenhandelsgesellschaft würde allein durch die einheitliche Leitung über nur ein weiteres Unternehmen[1112] uneingeschränkt offenlegungspflichtig hinsichtlich ihrer Eigenkapitalstruktur und des erwirtschafteten Gewinns, wenn man nach dem Wortlaut des Publizitätsgesetzes die Offenlegungserleichterung des § 9 Abs.3 PublG für den Konzernabschluß nicht zur Anwendung kommen liesse. Darüberhinaus würden auch Einzelunternehmen und Personenhandelsgesellschaften, die für sich genommen unterhalb der Schwellenwerte des PublG keinerlei Rechnungslegungspublizität unterliegen, mit einem Schlage uneingeschränkt offenlegungspflichtig, wenn mit der Leitung über ein weiteres Unternehmen beide Unternehmen zusammen die Schwellenwerte des PublG überstiegen, während sie in derselben Größenordnung ohne die Leitung des anderen Unternehmens die Offenlegungserleichterungen des § 9 Abs.3 PublG in Anspruch nehmen könnten.

Bei einer im Rahmen der Verhältnismäßigkeitsprüfung im engeren Sinne gebotenen Gesamtabwägung zwischen der Schwere des Eingriffs und dem Gewicht der ihn rechtfertigenden Gründe[1113] rechtfertigt allein der Umstand, daß ein Einzelun-

[1112] Dies gilt beispielsweise auch für eine als "Einheitsgesellschaft" ausgestaltete GmbH & Co. KG mit einer natürlichen Person als Komplementär: Die KG hat hier dadurch, daß sie alle Anteile der GmbH hält ("Einheitsgesellschaft", vgl. *Karsten Schmidt*, Gesellschaftsrecht, § 56 II 3. e)) die Leitungsfunktion über die GmbH. Durch die natürliche Person als Komplementär ist sie nicht nach HGB, sondern nach PublG konzernabschlußpflichtig, wenn das Gesamtunternehmen die Größenschwellen des Publizitätsgesetzes überschreitet, siehe dazu oben Fn. 1101.

[1113] Siehe oben zweiter Teil, B. I. 3. c), S. 216 m.w.N.

ternehmen oder eine Personenhandelsgesellschaft die Leitung über ein weiteres Unternehmen ausübt, nicht, daß es auf die Offenlegungserleichterung des § 9 Abs.3 PublG verzichten und seine Eigenkapitalstruktur und den Jahresüberschuß offenlegen muß. Denn es sind keine Gründe ersichtlich, warum bei derselben Unternehmensgröße allein die einheitliche Leitung über mehrere Unternehmen die volle Eigenkapitalpublizität rechtfertigen sollte. Entscheidend für die Offenlegungsverpflichtung nach Publizitätsgesetz ist vielmehr das Anknüpfen an die Größe und damit unterstellte gesamtwirtschaftliche Bedeutung eines Unternehmens. Dabei kann es aber keinen Unterschied machen, ob es sich um ein Gesamtunternehmen handelt, das nur als ein rechtliches Gebilde organsiert ist - dann Einzelabschlußpublizität mit Offenlegungserleichterung nach § 9 Abs.3 PublG - , oder ob ein Gesamtunternehmen vorliegt, das aus mehreren rechtlich selbständigen Einheiten besteht, und damit der Konzernabschlußpublizität unterliegt.

Mithin ist die Konzernabschlußpublizität nach §§ 11 ff. PublG dahingehend verfassungskonform auszulegen, daß die Offenlegungserleichterungen des § 9 Abs.3 PublG auch für den Konzernabschluß konzernleitender Einzelunternehmen und Personenhandelsgesellschaften Anwendung finden.

3. Zwischenergebnis

Die gegenwärtige Ausgestaltung der Einzel- und Konzernabschlußpublizität nach PublG genügt aufgrund der seit 1969 im Gesetz unverändert gebliebenen Schwellenwerte nicht den ver-fassungsrechtlichen Anforderungen an das Kriterium der Erforderlichkeit. Die mit dem PublG verbundenen Grundrechtseingriffe sind nicht erforderlich, den Zweck des Gesetzes zu erreichen, Informationen und Kontrolle über Großunternehmen mit gesamtvolkswirtschaftlicher Bedeutung zu erhalten. Die derzeitige Ausgestaltung des Publizitätsgesetzes ist deshalb nicht mit Art. 12 Abs.1 GG vereinbar. Unabhängig davon ist darüberhinaus das Publizitätsgesetz hinsichtlich der Konzernabschlußpflicht dahingehend verfassungkonform auszulegen, daß die Offenlegungserleichterungen des § 9 Abs.3 PublG auch für die Offenlegung des Konzernabschlusses von konzernleitenden Einzelunternehmen und Personenhandelsgesellschaften zur Anwendung kommen.

II. Art. 14 GG - Eigentumsschutz

Unter B. II. 1. wurde vertreten, daß die Daten des Jahresabschlusses als solche noch keine Geschäftsgeheimnisse mit einem eigenständigen Vermögenswert sind. Demgemäß wird bereits der Schutzbereich von Art. 14 GG durch die Offenlegungsverpflichtung des Publizitätsgesetzes nicht berührt.

III. negative Meinungsfreiheit - Art. 5 Abs.1 S.1 1.Hs GG

Entsprechend den Ausführungen unter B. III. 1. stellt die Verpflichtung zur Offenlegung des Jahresabschlusses einen Eingriff in das durch Art. 5 Abs.1 S.1. 1.Hs GG geschützte Grundrecht auf negative Meinungsfreiheit dar.

Das Publizitätsgesetz ist ein allgemeines Gesetz i.S.v. Art. 5 Abs.2 GG, das einen solchen Eingriff grundsätzlich rechtfertigen kann. Dies folgt aus den entsprechenden Ausführungen für das HGB (s.o. B.III. 1.).

Jedoch müssen die Offenlegungsverpflichtungen des Publizitätsgesetzes nach der sog. Wechselwirkungslehre einer fallbezogenen Güterabwägung standhalten zwischen einerseits den durch Art.5 Abs.1 GG geschützten Freiheiten und andererseits den Interessen, die mit dem Gesetz verfolgt werden.[1114] Dabei muß die Einschränkung des Grundrechts geeignet und erforderlich sein, den Schutzzweck des Gesetzes zu erreichen.[1115] Wie oben unter C. I. dargelegt, ist die Ausgestaltung des Publizitätsgesetzes aufgrund der seit 1969 unveränderten Schwellenwerte nicht erforderlich, den Schutzzweck des Gesetzes zu erreichen.

Die Offenlegungsverpflichtung des Publizitätsgesetzes genügt deshalb hinsichtlich des mit ihm verbundenen Eingriffs in die negative Meinungsfreiheit nicht den verfassungsrechtlichen Anforderungen der Wechselwirkungslehre und verstößt gegen das Grundrecht der negativen Meinungsfreiheit aus Art. 5 Abs.1 S.1 1.Hs GG.

[1114] BVerfGE 85, 1, 16.

[1115] BVerfGE 59, 231, 265; 71, 162, 181; 77, 65, 75.

IV. Recht auf informationelle Selbstbestimmung - Art. 2 Abs.1 i.V.m. Art. 1 Abs.1 GG

Durch die Einzel- und Konzernabschlußpublizität von Einzelunternehmen und Personenhandelsgesellschaften nach Publizitätsgesetz könnte das durch Art. 2 Abs.1 GG i.V.m. Art.1 GG S.1 GG geschützte Recht der Inhaber bzw. Gesellschafter dieser Unternehmen auf informationelle Selbstbestimmung verletzt sein.

1. Schutzbereich

Fraglich ist, ob die Jahres- und Konzernabschlußpublizität des Publizitätsgesetzes in den Schutzbereich des Rechts auf informationelle Selbstbestimmung fallen.

a) persönlicher Anwendungsbereich

Wie oben unter B. IV. dargestellt, fallen hinsichtlich der Jahresabschlußpublizität juristische Personen und Personenhandelsgesellschaften nicht in den persönlichen Schutzbereich des Rechts auf informationelle Selbstbestimmung. Dieses Recht kommt jedoch insbesondere natürlichen Personen als Inhabern von Einzelunternehmen zu. Bei Personenhandelsgesellschaften ist das informationelle Selbstbestimmungsrecht ihrer Gesellschafter, sofern diese natürliche Personen sind, zu beachten.

b) sachlicher Schutzbereich

Teilweise wird vertreten, der sachliche Schutzbereich des informationellen Selbstbestimmungsrechts werde durch eine Verpflichtung zur Rechnungslegungspublizität eines Unternehmens nicht berührt.[1116] Denn es handele sich bei der Jahres- bzw. Konzernabschlußpublizität lediglich um die Preisgabe wirtschaftlicher Kennzahlen, während Schutzbereich des informationellen Selbstbestimmungsrechts höchstpersönliche Daten seien. Dem ist für die handelsrechtliche Jahresabschlußpublizität von Kapital- und besonderen Personengesellschaften i.S.d. § 264a HGB entgegengehalten worden, daß aufgrund der Daten des Jahresab-

---

[1116] *Leible*, ZHR 162 (1998), S. 594, 617; *Ehlig*, Wpg 1997, S. 513, 524.

schlusses Rückschlüsse auf die persönlichen Daten der Unternehmensinhaber möglich seien, insbesondere auf deren Einkommensverhältnisse.[1117]

Dieser Einwand gilt nicht ohne weiteres für die Offenlegungsverpflichtung von Einzelkaufleuten und Personenhandelsgesellschaften nach dem Publizitätsgesetz. Denn aufgrund der Offenlegungserleichterungen des § 9 Abs.2 und 3 für die Einzelabschlußpublizität, die hinsichtlich Absatz 2 gemäß § 13 Abs.3 S.2 PublG sowie hinsichtlich Absatz 3 durch verfassungskonforme Auslegung (s.o. C. I. 2. c) auch auf den Konzernabschluß dieser Unternehmen Anwendung finden, sind bei diesen Unternehmen Rückschlüsse auf die Einkommenssituation der Unternehmensinhaber bzw. Gesellschafter nicht möglich.

Es stellt sich somit die Frage, ob die verbleibenden, offenzulegenden Daten in den Schutzbereich des informationellen Selbstbestimmungsrechts der Inhaber bzw. Gesellschafter der besagten Unternehmen fallen. In Betracht kommt dies insbesondere für die Angaben nach § 5 Abs.5 Nr.1 sowie Nr. 5 PublG: Wenn eine natürliche Person - zumeist zur Finanzierung ihres Lebensunterhaltes - ein Unternehmen betreibt, sei als Einzelunternehmen oder als Gesellschafter einer Personenhandelsgesellschaft, so gehört es zu den persönlichen Daten dieser Person, wieviele Umsätze sie dabei tätigt und wieviele Angestellte sie dabei in der Lage ist zu beschäftigen. Der geschäftliche und der persönliche Lebensbereich greifen insoweit ineinander. Informationen über die Umsatzhöhe der Geschäftstätigkeit der Person und die Zahl der von ihr Beschäftigten - insbesondere, wenn diese Zahlen jeweils sehr hoch sind - legen Rückschlüsse auf die persönlichen Lebensverhältnisse dieser Person nahe. Aus diesem Grunde wird auch durch die eingeschränkte Publizität des PublG für Einzelkaufleute und Personenhandelsgesellschaften der Schutzbereich des informationellen Selbstbestimmungsrechts der Einzelunternehmer und der OHG- bzw KG-Gesellschafter berührt.

2. Eingriff

Daraus ergibt sich, daß durch die Offenlegungsverpflichtung des Publizitätsgesetzes in das informationelle Selbstbestimmungsrecht von Einzelkaufleuten und Gesellschaftern einer Personenhandelsgesellschaft eingegriffen wird.

[1117] *Weilbach*, DB 1992, S. 1537, 1538; BB 1995, S. 451, 453.

3. Verfassungsrechtliche Rechtfertigung

Das Recht auf informationelle Selbstbestimmung ist ein Teilbereich des verfassungsrechtlich[1118] geschützten allgemeinen Persönlichkeitsrechts.[1119] Eingriffe in das allgemeine Persönlichkeitsrecht müssen im Hinblick auf den verfolgten Zweck geeignet und erforderlich sein.[1120] Wie oben unter B.I. 2. b) gesehen, ist dies für die Offenlegungsverpflichtung des Publizitätsgesetzes nicht der Fall: Aufgrund der seit 1969 unverändert gebliebenen Schwellenwerte wird auch in das informationelle Selbstbestimmungsrecht von Einzelkaufleuten und OHG/KG-Gesellschaftern eingegriffen, deren Unternehmen die Schwellenwerte des Publizitätsgesetzes nur geringfügig überschreiten. Dieser Eingriff ist aber nicht erforderlich, um den Zweck des Publizitätsgesetzes zu erreichen, In-formationen und Kontrolle über Großunternehmen mit gesamtwirtschaftlicher Bedeutung zu erhalten. Während nämlich Unternehmen, die die Schwellenwerte des PublG im Jahre 1969 überschritten haben, damals bezogen auf die Größe der damaligen Volkswirtschaft gesamtwirtschaftliche Bedeutung hatten, ist dies für heutige Unternehmen, die die Schwellenwerte des Publizitätsgesetzes nur geringfügig überschreiten, angesichts der heutigen Größe der Volkswirtschaft nicht mehr der Fall.

4. Zwischenergebnis

Die nach PublG bestehende Publizitätspflicht für Einzelkaufleute und Personenhandelsgesellschaften verletzt infolge der Nichtanhebung der Schwellenwerte der §§ 1, 11 PublG an die gesamtwirtschaftliche Entwicklung des Eingriffs das durch Art. 2 Abs.1 i.V.m. Art. 1 S. 1 GG geschützte informationelle Selbstbestimmungsrecht der Inhaber bzw. Gesellschafter dieser Unternehmen mangels Erforderlichkeit, den mit dem Eingriff verfolgten Zweck zu ereichen.

[1118] Abzugrenzen vom allgemeinen Persönlichkeitsrecht i.S.d. BGB, s.o. S. 236.
[1119] BVerfGE 65, 1, 43; 78, 77,84; 84, 192, 194.
[1120] BVerfGE 65 1, 44; 78, 77, 85; 33, 367, 377.

V. Vereinbarkeit von § 5 Abs.6 PublG mit Art. 3 Abs.1 GG

Teilweise wird vertreten, § 5 Abs.6 PublG müsse im Hinblick auf Art. 3 Abs.1 GG in mehrfacher Hinsicht verfassungskonform ausgelegt werden.[1121] Dies gibt Anlaß zur Frage, ob § 5 Abs.6 PublG mit Art. 3. Abs.1 GG vereinbar ist.

§ 5 Abs.6 PublG wurde durch das KapCoRiLiG in das PublG eingefügt.[1122] Gem. § 5 Abs.6 PublG ist eine unter das PublG fallende Personenhandelsgesellschaft von den Verpflichtungen des PublG - und damit auch von der Publizitätspflicht nach PublG - befreit, wenn sie als Tochterunternehmen in den Konzernabschluß eines Mutterunternehmens im Sinne des § 11 PublG oder des § 290 HGB einbezogen ist und die Voraussetzungen des § 264 Abs. 3 HGB entsprechend erfüllt sind.

Demgegenüber ist eine besondere Personenhandelsgesellschaft i.S.d. § 264a HGB als Tochtergesellschaft von der Jahresabschlußpublizität nach HGB befreit, wenn die Voraussetzungen des § 264b HGB vorliegen.

Hierin könnte eine verfassungsrechtlich relevante Ungleichbehandlung liegen.

Um dies zu untersuchen, ist zunächst festzustellen, welcher Unterschied zwischen der Befreiung einer Tochtergesellschaft nach § 264 Abs. 3 HGB und der Befreiung einer Tochtergesellschaft nach § 264b HGB besteht.

§ 264b HGB setzt keinen Ergebnisabführungsvertrag zwischen Mutter- und Tochtergesellschaft voraus, während dies bei § 264 Abs.3 HGB gem. § 264 Abs.3 Nr. 2 HGB der Fall ist.

Darüber hinaus wird in der Literatur vertreten, nach ihrem Wortlaut setze die Befreiungsvorschrift des § 264 Abs.3 HGB voraus, daß das Mutterunternehmen zur Aufstellung eines Konzernabschlusses verpflichtetet sein müsse.[1123] Daraus wird gefolgert, daß das Mutterunternehmen[1124] die Schwellenwerte des § 293 HGB

[1121] *Bitter/Grashoff*, DB 2000, S. 2285, 2287f.
[1122] Art. 2 Nr. 3 des KapCoRiLiG, BGBl. 2000, S. 154, 158.
[1123] *Budde/Karig*, in: Beckscher Bilanzkommentar, § 264 Rdnr. 65.
[1124] Für das Tochterunternehmen gilt dies zwangsläufig, da es die höheren Schwellenwerte des PublG überschreiten muß, um überhaupt als Personenhandelsgesellschaft nach PublG publizitätspflichtig zu sein.

überschreiten müsse, damit das Tochterunternehmen nach § 5 Abs.6 PublG von der Publitzitätpflicht befreit ist.[1125]

Dem ist jedoch entgegenzuhalten, daß nach § 290 HGB grundsätzlich für alle Mutterunternehmen i.S.d. § 290 HGB eine Konzernabschlußpflicht besteht. § 293 HGB sieht lediglich eine Befreiungsmöglichkeit von dieser Verpflichtung vor. Verzichtet das Mutterunternehmen auf diese Befreiungsmöglichkeit, verbleibt es bei der grundsätzlichen Konzernabschlußpflicht.[1126] Die Schwellenwerte des § 293 HGB müssen also nicht überschritten werden, damit ein zur Aufstellung eines Konzernabschlusses verpflichtetes Mutterunternehmen vorliegt.

Theoretisch denkbar ist der Fall, daß das Mutterunternehmen eine Personenhandelsgesellschaft mit einer natürlichen Person als Komplementär ist. Unterhalb der Schwelle des § 3 PublG ist dieses Unternehmen weder zur Offenlegung eines Einzelabschlusses noch zur Aufstellung eines Konzernabschlusses verpflichtet. Hat dieses Mutterunternehmen ein Tochterunternehmen, das seinerseits als Personenhandelsgesellschaft die Größenschwelle des § 3 PublG überschreitet, so ist dieses Tochterunternehmen zunächst nach den § 1 Abs.1 i.V.m. § 3 PublG zur Offenlegung seines Einzelabschlusses verpflichtet. Man könnte jetzt annehmen, daß in diesem Falle keine Befreiungsmöglichkeit für das Tochterunternehmen bestehe, weil das Mutterunternehmen selbst nicht zur Aufstellung eines Einzel- oder Konzernabschlusses verpflichtet sei, weil es für sich genommen unterhalb der Schwelle des § 1 PublG liegt. Dem ist jedoch entgegenzuhalten, daß es nach der in § 297 Abs. 3 S. 1 HGB kodifiierten „Einheitstheorie"[1127] auf eine Gesamtbetrachtung ankommt: Gerade durch die Einbeziehung des unter das PublG fallenden Tochterunternehmens wird das für sich genommen nicht in die Größenordnung des PublG fallendes Mutterunternehmen so groß, daß es unter das PublG fällt und konzernabschlußpflichtig nach § 11 PublG wird. Wiederum kann dann aber die Befreiungsvorschrift des § 5 Abs.6 PublG eingreifen, weil dann ein Konzernabschluß eines Mutterunternehmens i.S.d. § 11 PublG vorliegt.

Teilweise wird aus dem Wortlaut des § 264 Abs.3 HGB auch abgeleitet, daß für die Befreiung der Tochterunternehmen ein nach HGB aufgestellter Konzernab-

---

[1125] *Bitter/Grashoff*, DB 2000, S. 2285, 2287: „Überschreitung der sich aus § 293 HGB ergebenden Befreiungsgrenzen".
[1126] So auch *Dörner/Wirth*, DB 1998, S. 1525, 1526.
[1127] *Wiedmann*, § 297 Rdnr. 21.

schluß („Inlandskonzernabschluß“[1128]) des Mutterunternehmens vorliegen müsse.[1129] Ein nach anderen Vorschriften, als denjenigen des HGB aufgestellter Konzernabschluß wäre demnach nicht ausreichend. Die Anwendung des § 264 Abs.3 HGB wäre danach beispielsweise nicht möglich, wenn das Mutterunternehmen einen befreienden Konzernabschluß nach § 292a HGB aufstellt.

Zu Recht wird gegen diese Auslegung des § 264 Abs.3 HGB eingewandt, daß dies im Widerspruch zur Entstehungsgeschichte, dem Sinn und Zweck der Vorschrift stehe.[1130] § 263 Abs.3 HGB wurde durch das KapAEG in das HGB eingefügt.[1131] Der Zielsetzung des KapAEG, den Finanzplatz Deutschland auf globalisierenden Kapitalmärkten zu sichern und für den internationalen Wettbewerb zu stärken,[1132] würde es zuwiderlaufen, für das Mutterunterunternehmen zu verlangen, daß es keinen befreienden Konzernabschluß nach den §§ 291, 292 oder gemäß § 292a HGB nach internationalen Regeln aufstellen darf, wenn das Tochterunternehmen die Möglichkeit zur Publizitätsfreiheit bekommen soll.

Nach alledem bleibt als Unterschied zwischen der Befreiungsmöglichkeit nach § 264 Abs.3 HGB i.V.m. § 5 Abs.6 PublG und derjenigen nach § 264b HGB, daß für Personenhandelsgesellschaften, die unter das PublG fallen, gem. § 5 Abs.6 i.V.m. § 264 Abs.3 HGB ein Gewinnabführungsvertrag mit der Muttergesellschaft für eine Befreiung von der Publizitätspflicht vorliegen muß, während dies für besondere Personenhandelsgesellschaften i.S.d. § 264a HGB nicht der Fall ist.

Fraglich ist, ob hierin eine verfassungsrechtlich relevante Ungleichbehandlung zu sehen ist.

Wie zuvor im zweiten Teil unter B. V. 1. dargelegt (S. 243f.), ist hierfür festzustellen, ob ein gemeinsamer Bezugspunkt (tertium comparationis) vorliegt. Dies muß der gemeinsame Bezugspunkt sein (genus proximum), unter den die nach einem Unterscheidungsmerkmal (differentia specifica) ungleich behandelten Vergleichsgruppen fallen.

1128 *Bitter/Grashoff*, DB 2000, S. 2285, 2287
1129 *Grund*, ZIP 1996, S. 1971f.
1130 *Wiedmann*, Bilanzrecht, § 264, Rdnr. 33.
1131 Art. 1 Nr. 2 KapAEG, BGBl.
1132 Vgl. die Begründung des Regierungsentwurfs, BT-Drucks. 967/96, S. 16.

Gemeinsamer Bezugspunkt (Genus proximus) ist hier der Status als Tochtergesellschaft, die grundsätzlich zur Offenlegung ihres Einzelabschlusses verpflichtet ist. Unterscheidungsmerkmal (differentia specifica) ist, ob es sich um eine besondere Personenhandelsgesellschaft i.S.d. § 264a HGB oder um ein unter das PublG fallendes Unternehmen handelt. Ungenau wäre es dagegen, als gemeinsamen Bezugspunkt das Vorliegen einer Personenhandelsgesellschaft anzunehmen und als Unterscheidungsmerkmal, ob eine Personenhandelsgesellschaft i.S.d. § 264a HGB vorliegt oder eine Personenhandelsgesellschaft, die unter das PublG fällt.[1133]

Mit dem gemeinsamen Bezugspunkt „Tochtergesellschaft, die grundsätzlich zur Offenlegung des Einzelabschlusses verpflichtet ist" und dem Unterscheidungsmerkmal Personenhandelsgesellschaft nach § 264a HGB oder unter das PublG fallendes Unternehmen liegt somit eine verfassungsrechtlich relevante Ungleichbehandlung vor.

Diese ist aber nur dann ein Verstoß gegen Art. 3 Abs.1 GG, wenn sie nicht verfassungsrechtlich gerechtfertigt ist. Dies ist nach der sog. „neuen Formel" des Bundesverfassungsgerichts daran zu messen, ob eine personen-, sach- oder verhaltensbezogene Ungleichbehandlung vorliegt. Personenbezogen ist dabei eine Ungleichbehandlung, wenn eine Gruppe von Normadressaten anders als andere behandelt wird. Personenbezogene Ungleichbehandlungen stellen eine Verletzung des Gleichheitssatzes dar, wenn zwischen zwei Gruppen keine Unterschiede von so starkem Gewicht bestehen, daß sie eine Ungleichbehandlung rechtfertigen können. Dabei ist ein umso strengerer Maßstab anzulegen, je weniger der Betroffene die Ungleichbehandlung beeinflussen kann und je mehr der Gebrauch grundrechtlicher Freiheiten erschwert wird.[1134]

Vorliegend handelt es sich um eine personenbezogene Ungleichbehandlung, weil eine Gruppe von Normadressaten - die unter § 264a HGB fallenden Personenhandelsgesellschaften - im Hinblick auf die Voraussetzungen für ihre Befreiung als Tochtergesellschaft anders behandelt wird als eine andere Gruppe von Normadressaten, - die unter das PublG fallenden Tochtergesellschaften. Diese müssen im Gegensatz zu den besonderen Personenhandelsgesellschaften i.S.d. § 264a HGB nach § 5 Abs.6 PublG i.V.m. § 264 Abs.3 Nr. 2 HGB eine Verlustüber-

---

[1133] So wohl aber *Bitter/Grashoff*, DB 2000, S. 2285, 2287.

[1134] Siehe oben zweiter Teil, B. V. 2. , S. 247ff.

nahmeverpflichtung der Muttergesellschaft vorweisen müssen, um als Tochtergesellschaft von der Publizitätspflicht[1135] befreit zu sein. Im Extremfall ist dabei eine besondere Personenhandelsgesellschaft i.S.d. § 264a HGB, die die Schwellenwerte des § 3 PublG überschreitet, als Tochtergesellschaft nach § 264b HGB von der Publizitätspflicht befreit, ohne daß das Mutterunternehmen zur Verlustübernahme verpflichtet sein muß, während dieselbe Personenhandelsgesellschaft mit einer natürlichen Person als Komplementär eine solche Verlustübernahme vorweisen muß, um als Tochtergesellschaft gem. § 5 Abs.6 PublG i.V.m. § 264 Abs.3 HGB von der Verpflichtung zur Offenlegung des Jahresabschlusses befreit zu sein.

Grundsätzlich ist es Sache des Gesetzgebers, diejenigen Sachverhalte auszuwählen, an die er dieselbe Rechtsfolge knüpft.[1136] Ihm steht grundsätzlich ein weiter Gestaltungsspielraum zu.[1137] Es ist nicht entscheidend, ob der Gesetzgeber die gerechteste und zweckmäßigste Regelung getroffen hat.[1138] Allerdings darf es nicht so sein, daß sachlich einleuchtende Gründe schlechterdings nicht mehr erkennbar sind.[1139] Dabei sind an den Gestaltungsspielraum des Gesetzgebers engere Grenzen gesetzt, wenn sich es sich um personenbezogene Merkmale handelt, die den in Art. 3 Abs.3 GG genannten nahekommen[1140] oder sich die Ungleichbehandlung auf die Ausübung grundrechtlicher Freiheiten nachteilig auswirken kann[1141]. Letzeres ist durch den mit der Offenlegungsverpflichtung verbundenen Eingriff in die Berufsausübungsfreiheit der Fall. Die Merkmale des Art. 3 Abs.3 GG beziehen sich auf Eigenschaften von natürlichen Personen. Das maßgebliche Unterscheidungskriterium ist die Organisationsform des Tochterunternehmens - besondere Personenhandelsgesellschaft i.S.d. § 264a HGB, dann erleichterte Anforderungen an die Publizitätsfreiheit als Tochterunternehmen. Bei diesemUnterscheidungskriterium handelt es sich nicht um die persönliche Eigenschaft eines Menschen, so daß keine Nähe zu den Merkmalen des Art. 3 Abs.3 GG besteht.

Zu beachten ist ferner, daß der Gesetzgeber bei unübersichtlichen oder komplexen Massenerscheinungen generalisieren, pauschalieren und typisieren darf.[1142]

[1135] Und der Verpflichtung zur Aufstellung und Prüfung eines Jahresabschlusses.
[1136] BVerfGE 75, 108, 157; 90, 145, 196.
[1137] BVerfGE 3, 162, 182; 55, 72, 89; 80, 109, 118.
[1138] BVerfGE 83, 395, 401; 84, 348, 359.
[1139] BVerfGE 50, 142 162; 64, 158, 168f.
[1140] BVerfGE 88, 87, 96; 92, 26, 51f.
[1141] BVerfGE 91, 346, 363.
[1142] BVerfGE 21, 12, 27f.; 65, 325, 354f.; 78, 214, 226f.; 84, 348, 359f.

Voraussetzung hierfür ist, daß nur eine verhältnismäßig kleine Zahl von Normadressaten betroffen ist und der Verstoß gegen den Gleichheitssatz nicht sehr intensiv ist.[1143]

Aus den Gesetzesmaterialien zum KapCoRiLiG, durch das sowohl § 5 Abs.6 PublG, also auch § 264b HGB neu eingefügt wurden, ergibt sich, daß § 5 Abs.6 PublG auf die Befreiungsvorschrift des § 264 Abs.3 HGB als „Grundnorm" für die Befreiung von in einen Konzernabschluß einbezogenen Tochterunternehmen von der Verpflichtung zur Offenlegung des Jahresabschlusses verweist.[1144] Demgegenüber entspricht die Befreiungmöglichkeit nach § 264b HGB „im Grundsatz der bereits im geltenden Recht in § 264 Abs.3 HGB vorgesehenen Befreiungsmöglichkeit, sie geht aber in Umsetzung der in der Richtlinie 90/605/EWG vorgesehenen Möglichkeiten weiter. So ist nicht erforderlich, daß die einschränkenden Voraussetzungen des § 264 Abs.3 Nr. 1 und 2 HGB vorliegen."[1145]

Der Gesetzgeber hat insoweit von seinem Gestaltungsspielraum Gebrauch gemacht, indem er die unter § 264a HGB fallenden Personenhandelsgesellschaften gegenüber der bereits vorhandenen „Grundnorm" des § 264 Abs.3 HGB geringeren Anforderungen im Hinblick auf eine Publizitätsfreiheit als Tochtergesellschaft unterwirft. Dies kann vor dem Hintergrund gesehen werden, daß bis zum In-Kraft-Treten des KapCoRiLiG diese Gesellschaften keinerlei Publizitätspflichten unterworfen waren, sofern sie nicht ihrer Größe nach unter das PublG fielen. Da nach den europarechtlichen Vorgaben die grundsätzliche Verpflichtung zur bisher nicht bestehenden Einbeziehung in die Publizitätspflicht bestand, zugleich diese Vorgaben aber auch geringere Anforderungen, als § 264 Abs.3 HGB an eine Befreiung von der Publiztätspflicht als Tochtergesellschaft vorsahen, war es naheliegend, wenn man diese bislang publizitätsfreien Gesellschaften schon einer Publizitätspflicht unterzieht, dann auch von den Befreiungsmöglichkeiten Gebrauch zu machen. Daß man von diesen Befreiungsmöglichkeiten nicht auch bei § 5 Abs.6 PublG Gebrauch gemacht hat, kann zum einen vor dem Hintergrund gesehen werden, daß die darunter fallenden Unternehmen allein schon aufgrund ihrer Größe immer schon publizitätspflichtig waren. Zum anderen ist zu beachten,

---

1143 BVerfGE 48, 346, 356ff.; 84, 348, 360;

1144 Regierungsentwurf zum KapCoRiLiG, Begründung zu Art. 2 - Änderung des Publiziätsgesetzes - zu Nummer 3, BR-Drucks. 458/99 v. 13.8.1999.

1145 Regierungsentwurf zum KapCoRiLiG, Begründung zu Art. 1 - Änderung des Handelsgesetzbuches - zu § 264b HGB, BR-Drucks. 458/99 v. 13.8.1999.

daß die europarechtlichen Vorgaben mit geringeren Anforderungen an Befreiungsmöglickkeiten als Tochtergesellschaft gerade für Personenhandelsgesellschaften i.S.d. § 264a HGB gelten, nicht aber eigens für große, unter das PublG fallende Unternehmen geschaffen wurden.

Es läßt sich also nicht sagen, daß keine sachlich einleuchtenden Gründe für die Ungleichbehandlung erkennbar wären. Der Extremfall, daß ein seiner Größe nach unter das PublG fallendes Tochter-Unternehmen auch ohne Verlustübernahme durch die Mutter trotzdem als besondere Personenhandelsgesellschaft nach § 264b HGB von der Offenlegungsverpflichtung befreit ist, während dies bei einer natürlichen Person als weiterem Komplementär nur unter den engeren Voraussetzungen des § 264 Abs.3 HGB gilt, kann als in der Praxis seltenerer Fall angesehen werden, der unschädlich ist, weil der Gesetzgeber bei unübersichtlichen oder komplexen Massenerscheinungen generalisieren, pauschalieren und typisieren darf, wenn nur eine verhältnismäßig kleine Zahl von Normadressaten betroffen ist und der Verstoß gegen den Gleichheitssatz nicht sehr intensiv ist. Dazu ist zu beachten, daß aufgrund der sog. Einheitstheorie[1146] auch ein von der Einzelabschlußpublizität befreites Tochterunternehmen durch die Einbeziehung in den Konzernabschluß in jedem Falle einer - wenn auch durch die Einbeziehung in den Konzernabschluß möglicherweise verwässerten - Publizität unterliegt.

Nach alledem erscheint es - nicht zuletzt aufgrund des insoweit weiten Gestaltungsspielraums des Gesetzgebers - noch mit den Anforderungen des Gleichheitssatzes vereinbar, daß besondere Personenhandelsgesellschaften als Tochterunternehmen gem. § 264b HGB von der Einzelabschlußpublizität befreit sind, während für Unternehmen, die unter das PublG fallen, die strengere Befreiungsvorschrift gem. § 5 Abs.6 PublG i.V.m. § 264 Abs.3 HGB. Eine verfassungskonforme Auslegung von § 5 Abs.6 PublG dahingehend, entgegen seinem Wortlaut wegen Art. 3 Abs.1 GG eine Verweisung nicht auf § 264 Abs.3 HGB, sondern auf § 264b HGB anzunehmen, erscheint deshalb nicht erforderlich.[1147]

[1146] *Budde/Lust*, Beckscher Bilanz Kommentar, § 297 Rdnr. 16.
[1147] A.A. *Bitter/Grashoff*, DB 2000, S. 2285, 2288.

VI. Ergebnis der Verfassungsmäßigkeitsprüfung der Rechnungslegungspublizität nach Publizitätsgesetz

Die Konzernabschlußpublizität nach PublG ist dahingehend verfassungskonform auszulegen, daß die Erleichterungen, die gem. § 9 Abs. 3[1148] PublG für die Offenlegung des Einzelabschlusses von Einzelunternehmen und Personenhandelsgesellschaften gelten, auch bei der Konzernabschlußpublizität dieser Unternehmen zur Anwendung kommen.

Eine verfassungskonforme Auslegung von § 5 Abs.6 PublG im Hinblick auf Art.3 Abs.1 GG dahingehend, daß entgegen dem Wortlaut der Vorschrift von einer Verweisung auf § 264a HGB auszugehen ist, erscheint nicht geboten.

Unabhängig davon ist das Publizitätsgesetz jedoch in seiner derzeitigen Fassung nicht mit dem Grundgesetz vereinbar. Aufgrund der Nichtanpassung der Schwellenwerte der §§ 1 und 11 PublG an die gesamtwirtschafliche Entwicklung sind mit der Rechnungslegungspublizität des Publizitätsgesetzes verbundenen Grundrechtseingriffe in die Berufsausübungsfreiheit (Art. 12 Abs.1 GG), das Recht auf negative Meinungsfreiheit (Art. 5 Abs.1 S.1 1.Hs) sowie das informationelle Selbstbestimmungsrecht (Art. 2 Abs.1 i.V.m. Art. 1 S.1 GG) nicht erforderlich, den Zweck des Gesetzes zu erreichen, Informationen und Kontrolle über Großunternehmen mit gesamtvolkswirtschaftlicher Bedeutung zu erhalten. Die im Referentenentwurf zum EuroBilG vorgesehene Anhebung der Schwellenwerte um rund 25% ist insoweit nicht ausreichend, diesen Makel zu beheben.

D. Exkurs: Verfassungsrechtliche Sonderfragen im Zusammenhang mit Transparenz- und Publizitätspflichten deutscher Unternehmen

Im Zusammenhang mit Transparenz- und Publizitätspflichten deutscher Unternehmen stellen sich weitere verfassungsrechtliche Fragen. Diese betreffen nicht unmittelbar die Transparenz- und Publizitätspflichten im Sinne dieser Arbeit. Deshalb sollen sie an dieser Stelle nur kurz angesprochen werden, können aber nicht eingehend behandelt werden.

[1148] Es wird davon ausgegangen, daß Absatz 2 von § 9 bereits durch die Verweisung von § 13 Abs. 2 S.2 PublG auf § 5 Abs.5 zur Anwendung kommt, andernfalls ebenfalls durch verfassungskonforme Auslegung.

I. Die Verfassungsmäßigkeit der Verpflichtung zur Ad-hoc-Publizität und des Transparenzgebotes nach Wertpapierhandelsgesetz

Nach dem Ergebnis des ersten Teils bestehen neben den Transparenz- und Publizitätspflichten im Sinne dieser Arbeit artverwandte, ähnliche Verpflichtungen nach Wertpapierhandelsgesetz. Für diese stellt sich die Frage, ob Anlaß besteht, an deren Grundgesetzkonformität zu zweifeln, ohne daß an dieser Stelle eine eingehende Grundrechtsprüfung erfolgen könnte.

Das Schrifttum zur "Ad-hoc-Publizität" des WpHG hat ein beachtliches Ausmaß erreicht.[1149] Die Frage nach der Verfassungsmäßigkeit von Ad-hoc-Publizität und Transparenzgebot des WpHG wurde dabei, soweit ersichtlich, bislang nicht ausdrücklich umfassend thematisiert und bisher nicht einer breiteren verfassungsrechtlichen Untersuchung unterzogen. Jedoch wurde an der Vorschrift des § 15 WpHG grundsätzliche Kritik geübt, die sich unter verfassungsrechtliche Gesichtspunkte fassen läßt. Die grundsätzliche Kritik richtet sich vor allem auf zwei Punkte: Die bestehende Rechtsunsicherheit bei der Anwendung des § 15 WpHG und die Unverhältnismäßigkeit des Pflichtinhalts.[1150]

1. Bestimmheitsgrundsatz

Der Kritikpunkt unter dem Stichwort Rechtsunsicherheit stellt darauf ab, daß die Erfüllung der Publizitätspflichten nach WpHG wegen der vielen unbestimmten Rechtsbegriffe, die § 15 WpHG enthalte, mit einer großen Rechtsunsicherheit belastet sei, was bei gleichzeitiger Androhung von Bußgeldern inakzeptabel sei.[1151] Verfassungsrechtlich läßt sich dies am Bestimmtheitsgrundsatz festmachen. Der Bestimmtheitsgrundsatz wurzelt im Rechtsstaatsgebot und enthält das Gebot der ausreichenden Bestimmtheit von Rechtsvorschriften.[1152] Eine besonde-

---

[1149] Umfassend: *Gehrt*, Die neue Ad-hoc-Publizität nach § 15 WpHG; *Kleinmann*, Die Ausgestaltung de Ad-hoc-Publizität nach § 15 WpHG, 1998, vgl. ferner nur: *Happ/Semler*, ZGR 1998, S. 116; *Burgard*, ZHR 162 (1998), S. 51-100 m. zahlr. weit. Nachweisen; *Kiem/Kotthoff*, DB 1995, S.1999-2004; *Pfitzer/Streib*, BB 1995, S.1947-1953; *Nowak*, DB 1999, S.601-604; instruktiv zur Einführung: Insiderhandelsverbote und Ad-hoc-Publizität nach dem Wertpapierhandelsgesetz, Bank-Verlag, Köln, 1994.

[1150] *Kleinmann*, Die Ausgestaltung der Ad-hoc-Publizität nach §15 WpHG, 1998, S. 97.

[1151] *Kleinmann*, Die Ausgestaltung der Ad-hoc-Publizität nach § 15 WpHG, 1998, S. 97 m.w.N.

[1152] BVerfGE 21, 73, 79; 31, 255, 264; 37, 132, 142; 52, 1, 41.

re Ausprägung des im allgemeinen Rechtsstaatsprinzip des Art. 20 GG verankerten allgemeinen Bestimmtheitsgrundsatzes findet sich im Bestimmtheitsgrundsatz des Art. 103 Abs.2 GG.[1153] Art. 103 Abs.2 GG enthält ein grundrechtsgleiches Recht[1154] und erfaßt das Kriminalstrafrecht und das Ordnungswidrigkeitenrecht.[1155] Nach § 39 WpHG handelt ordnungswidrig, wer gegen die Vorschriften des § 15 WpHG zur Ad-hoc-Publizität verstößt. Gleiches gilt für Verstöße gegen das Beteiligungstransparenzgebot des § 21 WpHG.

Folglich sind die Ad-hoc-Publizität des § 15 WpHG und die Beteiligungstransparenz des § 21 WpHG am grundrechtsgleichen besonderen Bestimmtheitsgebot des Art. 103 Abs. 2 GG verfassungsrechtlich zu messen.

2. Verhältnismäßigkeitsgrundsatz

Der zweitgenannte Kritikpunkt stellt darauf ab, daß der Inhalt der Publizitätspflichten unverhältnismäßig weit gehe.[1156] Verfassungsrechtlich könnte dieser Kritikansatz im Rahmen einer verfassungsrechtlichen Prüfung der Ad-hoc-Publizität und des Transparenzgebotes des § 21 WpHG am Maßstab des Verhält-nismäßigkeitsgrundsatzes aufgegriffen werden. Dies könnte im Rahmen einer Prüfung einer Verletzung der jeweils betroffenen Grundrechte im einzelnen erfolgen, so wie oben für die Rechnungslegunspublizität. durchgeführt, wo jeweils am Ende bei der Frage nach der verfassungsrechtichen Rechtfertigung des Eingriffs in das jeweilige Grundrecht die Frage nach der Verhältnismäßigkeit des Eingriffs gestellt wurde.

Faßt man das Gemeinsame dieser Einzelprüfungen für die jeweils betroffenen Grundrechte zusammen, so handelt es sich im Kern dabei um die Frage, ob der Inhalt der Publizitätspflicht nach § 15 WpHG geeignet, erforderlich und zumutbar ist, den Zweck des Publiziätsgesetzes zu ereichen, zu einer besseren Kapitalmarkttransparenz zu gelangen.

[1153] BVerfGE 73, 206, 235.
[1154] *Pieroth*, in: Jarass/Pieroth, GG, 5. Aufl., 2000, Art. 103 Rdnr. 40.
[1155] *Pieroth*, in: Jarass/Pieroth, GG, 5. Aufl., 2000, Art. 103 Rdnr. 41.
[1156] *Kleinmann*, Die Ausgestaltung der Ad-hoc-Publizität nach § 15 WpHG, 1998, S. 97; zu nennen sind hier insbesondere *Pellens/Füllbier*, DB 1994, S. 1381, 1388, wonach eine Publizitätspflicht nur für Tatsachen bestehen dürfe, die im folgenden Einzel- oder Konzernabschluß einen Buchungsvorgang auslösten oder im Lagebericht erscheinen müßten.

3. Zwischenergebnis

Nach dem Gesagten ergibt sich, daß die in der kapitalmarktrechtlichen Diskussion vorgebrachten Kritikpunkte an der Ad-hoc-Pubizität des Wertpapierhandelsgesetzes Anlaß geben zu einer verfassungsrechtlichen Untersuchung der beiden Fragen, ob

erstens die bußgeldbewehrte Ad-hoc-Publizität und Beteiligungstransparenz gem. §§ 15, 21, 38 WpHG den Anforderungen des grundrechtsgleichen Be stimmheitsgebotes nach Art. 103 Abs.2 GG genügen

und

zweitens, ob die Ausgestaltung der Ad-hoc-Publizität mit dem verfassungs rechtlichen Anforderungen des Verhältnismäßigkeitsgrundsatzes vereinbar ist.

Um dies zu beantworten, müssen die tatsächlichen und rechtlichen Hintergründe und insbesondere die Wirkungszusammenhänge des Kapitalmarktgeschehens eingehend untersucht werden. Eine solche Untersuchung ist im Rahmen der vorliegenden Arbeit nicht möglich. Nach der Zielsetzung der vorliegenden Arbeit ist sie aber auch nicht notwendig, weil es sich bei den Verpflichtungen nach dem WpHG nicht um Transparenz- und Publizitätspflichten im Sinne dieser Arbeit handelt.[1157]

II. Die Frage nach einer verfassungsrechtlichen Verpflichtung des Staates zur Schaffung von Transparenz- und Publizitätspfichten gegenüber den Medien

Im Schrifttum wurde vereinzelt die Frage aufgeworfen, ob der Gesetzgeber aufgrund des grundgesetzlich garantierten hohen Rangs der Presse- und Rundfunkfreiheit (Art.5 Abs.1 S.2 GG) von Verfassungs wegen gehalten ist, in besonderer Weise für die Medien einen allgemeinen Auskunftsanspruch gegenüber Privaten zu begründen, der zur Erfüllung ihres Informationsauftrages notwendig ist.[1158]

In diese Richtung kann der Beschluß des Bundesverfassungsgerichts vom 28.08.2000[1159] verstanden werden, wonach das „Grundrecht der Pressefreiheit ..

[1157] Siehe oben erster Teil, D. I. 3., S. 151.

[1158] *Siekmann*, FS Friauf, S. 647, 664f.

[1159] BVerfG, Beschl. v. 28.8.2000 - 1 BvR 1307/91, NJW 2001, S. 503.

ein grundsätzlich schutzwürdiges Interesse der Presse auf Zugang zu Datensammlungen und Registern (begründet)". Danach folge aus dem Grundrecht der Pressefreiheit bei der Anwendung von § 12 GBO, dass eine Anhörung des Eigentümers des Grundstücks grundsätzlich nicht geboten sei.[1160]

Gesetzliche Vorgaben, wonach Unternehmen in besonderer Weise gegenüber den Medien verpflichtet sind, ihre Verhältnisse offenzulegen, bestehen nicht: Nach den Landespressegesetzen[1161] haben Presse und Rundfunk lediglich gegenüber Behörden einen Anspruch auf Auskunfterteilung. Gegenüber Privaten besteht lediglich das Recht auf Kurzberichterstattung gem. § 4 des Rundfunkstaatsvertrages. Hierbei handelt es sich um das Recht auf Zutritt zu Veranstaltungen von gesellschaftlichem Interesse.[1162] Ansprüche gegenüber Unternehmen kommen insoweit nur in Betracht, als daß diese Veranstalter eines gesellschaftlich interessierenden Ereignisses sind.[1163] In diesem Falle steht dann aber im Vordergrund, daß das Unternehmen Veranstalter eines Ereignisses von gesellschaftlichem Interesse ist. Davon zu trennen ist die Frage, ob unabhängig von derartigen Veranstaltungen besondere Informationspflichten von Unternehmen gegenüber den Medien bestehen. Zudem handelt es sich bei derartigen Veranstaltungen nicht um einen Informationsanspruch, sondern um einen Anspruch auf Zugang zur Kurzberichterstattung über die Veranstaltung. Unternehmensinterne Daten, um die es bei Transparenz- und Publizitätspflichten geht, werden durch das Kurzberichterstattungsrecht der Medien also nicht tangiert. Transparenz- und Publiziätspflichten im Sinne dieser Arbeit werden für deutsche Unternehmen gegenüber den Medien auch nicht hinsichtlich der Beteiligungsstrukturen bei Konzentrationsprozessen begründet. Denn Medienunternehmen haben ein Akteneinsichtsrecht in entsprechenden kartellrechtlichen Verfahren nur, wenn sie aufgrund einer - wenn auch kleinen - Anteilsinhaberschaft selbst Verfahrensbeteiligte sind. Ein Informationsanspruch für nicht am Verfahren beteiligte Medien besteht hingegen nicht. Ebensowenig besteht im Rahmen von Unternehmens-Pressekonferenzen ein Anspruch gegen das Unternehmen auf Auskunfterteilung.[1164] Für Transparenz- und Publizitätspflichten deutscher Unternehmen gegenüber den Medien kann daher die Frage

---

[1160] BVerfG, Beschl. v. 28.8.2000 - 1 BvR 1307/91, NJW 2001, S. 503, dritter Leitsatz.

[1161] Vgl. für Nordrhein-Westfalen §§ 4, 26 PresseG NW.

[1162] In der Praxis geht es dabei vorwiegend um die Kurzberichterstattung von Bundesligaspielen.

[1163] BVerfGE 50, 234, 239ff.

[1164] Ein derartiger Auskunftsanspruch besteht nicht einmal gegenüber Behörden bei von diesen abgehaltenen Pressekonferenzen, sieht man von einem "Minimalstandard an Informationen ab", *Jarasss*, in: Jarass/Pieroth, GG-Komm., Art. 5 Rdnr. 25.

dahinstehen, ob es für Unternehmen zulässig ist, einzelne Journalisten von Pressekonferenzen auszuschliessen, weil durch einen etwaigen Zutrittsanspruch noch keine Informationspflicht begründet würde.

Mit der Fragestellung nach einer Verpflichtung des Staates, besondere Transparenz- und Publizitätspflichten von Unternehmen gegenüber den Medien zu begründen, wird das "zweidimensionale" Bürger-Staat-Verhältnis der grundrechtlichen Abwehrfunktionen gegenüber Einwirkungen staatlicher Macht[1165] verlassen. Es wird die Frage nach einem grundrechtlichen Handlungsauftrag an den Gesetzgeber gestellt, bestimmte Rechte - hier ein Informationsrecht der Medien und damit eine korrespondierende Verpflichtung für Unternehmen - gesetzgeberisch vorzusehen. Es geht also nicht um eine konkrete Gefährdung nicht-staatlicher Art, sondern allenfalls um eine mittelbare Gefährdung der Institutsgarantie der freien Presse und des freien Rundfunks mangels besonderer Transparenz- und Publizitätspflichten von Unternehmen gegenüber den Medien.

Eine solche Gefährdung der Einrichtungsgarantie eine freien Presse und eines freien Rundfunks wäre dann anzunehmen, wenn das Institut der freien Presse und des freien Rundfunks in seinem Bestand angegriffen wäre, weil Unternehmen nicht in besonderem Maße gegenüber den Medien zu Transparenz und Publizität verpflichtet sind. Dies ist aber nicht der Fall. Denn die Institutsgarantie der freien Presse und des freien Rundfunks bedeutet im wesentlichen die unabhängige und freie Berichterstattung durch Presse und Rundfunk. Diese ist nicht dadurch eingeschränkt, daß Unternehmen nicht in besonderem Maße gegenüber den Medien zu Transparenz und Publizität verpflichtet sind. Presse und Rundfunk können sich beispielsweise durch die Inanspruchnahme der jedermann gem. § 9 Abs.1 HGB frei zugänglichen Informationen des Handelsregisters frei und unabhängig über Untenehmensverhältnisse und deren wirtschaftliche Daten informieren und auf dieser Basis frei und unabhängig darüber berichten.

Der Gesetzgeber hat darüberhinaus einen weiten Einschätzungs-, Wertungs- und Gestaltungsspielraum, der auch Raum läßt und dazu verpflichtet, etwa konkurrierende öffentliche und private Interessen zu berücksichtigen.[1166] Dies gilt vorliegend insbesondere hinsichtlich der Interessen der Unternehmen und der hinter ihnen stehenden Menschen an Geheimhaltung. Wenn es hinsichtlich der aus den

---

[1165] Vgl. *Dietlein*, Die Lehre von den grundrechtlichen Schutzpflichten, S. 74/75.
[1166] *Klein*, DVBl. 1994, S. 489, 495.

Grundrechten folgenden Handlungspflichten des Gesetzgebers heißt, die Grundrechte verpflichteten zu wirksamer Sicherung der durch sie geschützten Rechtsgüter, die zu treffenden Regelungen müßten sachgerecht, geeignet und zumutbar sein und dürften ein "Untermaß" nicht überschreiten,[1167] so wird durch eine nicht besonders bestehende Transparenz- und Publizitätspflicht deutscher Unternehmen das "Untermaß" des Instituts der freien Presse und des freien Rundfunks, der freien und unabhängigen Berichterstattung nicht berührt. Das etwaige Argument, da die Unternehmen gegenüber der Presse zu nichts verpflichtet seien, drohe u.U. eine völlige Nichtinformation und damit der Informationszusammenbruch, überzeugt nicht, weil es den Medien ohne weiteres möglich ist, Informationen über Unternehmen (z. B. durch Handelsregistereinsicht) zu erhalten.

Es ist gerade das Charakteristikum der grundrechtlichen Einrichtungsgarantien, daß sie lediglich Strukur- oder Konstitutionsprinzipien vorgeben, nach deren Maßgabe der einfache Gesetzgeber die konkrete Ausgestaltung der einzelnen Gewährleistungen in verfassungsgemäßer Weise vorzunehmen hat.[1168] Dabei hat er insbesondere auch auf entgegenstehende verfassungsmäßige Rechte anderer Rücksicht zu nehmen, hier die Geheimhaltungsinteressen der Unternehmen.

Es läßt sich somit nicht konstatieren, daß das Nichtbestehen von speziellen Transparenz- und Publizitätspflichten deutscher Unternehmen gegenüber den Medien ein verfassungswidriges Zurückbleiben des Gesetzgebers hinter der Einrichtungsgarantie und dem Informationsauftrag der freien Presse und des freien Rundfunks darstellt.

III. Die Verfassungsmäßigkeit der Befreiungsmöglichkeit nach § 292a HGB

Die Verfassungsmäßigkeit der erst durch das Kapitalaufnahmeerleichterungsgesetz (KapAEG) in das HGB aufgenommenen[1169] Befreiungsvorschrift des § 292a wird teilweise für verfassungswidrig gehalten.[1170] Nach § 292a HGB sind Mut-

---

[1167] *Klein*, DVBl. 1994, S. 489, 495.
[1168] *Dietlein*, Die Lehre von den grundrechtlichen Schutzpflichten, S. 80.
[1169] *Wiedmann*, Bilanzrecht, § 292a Rdnr.1.
[1170] *Grund*, ZIP 1996, S. 1969, 1974; *Hommelhoff*, Festschrift Odersky, 1996, S.779, 787f., 793f.; *Kirchhof*, Diskussionsbeitrag nach: *Merkt*, Bericht über die Diskussion ZGR 2000, S 702ff.; *Kirchhof*, ZGR 2000, S. 681, 689; *ders.*: F.A.Z. v. 28.1.2000, S. 28; dagegen: *Claussen*, F.A.Z. v. 10.3.2000, S.22; *Luttermann*, ZIP 2000, S. 517, 525.

teruntemehmen, die selbst oder durch ihre Tochterunternehmen einen organisierten Kapitalmarkt in Anspruch nehmen und einen Abschluß nach US-GAAP oder IAS aufstellen, von der Konzernabschlußpflicht nach HGB befreit. Darin soll eine unzulässige "dynamische Verweisung" liegen, weil mit dem US-GAAP und den IAS auf Grundsätze Bezug genommen werde, die sich beständig fortentwickelten.[1171] Zudem handele sich dabei um Bilanzierungsmethoden, die außerhalb staatlichen Rechts stünden. Da die international anerkannten Rechnungslegungsmethoden außerdem nicht allgemein zugänglich seien, sei auch das Verkündungsgebot des Art. 82 Abs.1 GG verletzt.[1172] Ferner habe der Gesetzgeber auf die künftige inhaltliche Ausgestaltung der IAS keinen Einfluß. Mangels ausreichender Legitimationskette sei deswegen das Demokratieprinzip des Art. 20 Abs.2 GG verletzt.[1173] Des weiteren verstoße das den Konzernen mit § 292a HGB eröffnete Wahlrecht, wie sie ihren Rechnungslegungsverpflichtungen nachkommen wollen, „gegen den von Art. 3 Abs.1 GG geforderten widerspruchsfreien Schutz der Rechnungslegungsbetroffenen."[1174]

Gegen die vorstehenden Bedenken an der Verfassungsmäßigkeit der Befreiungsregelung des § 292a HGB ist zu Recht eingewendet worden, daß der Gesetzgeber nicht durch § 292a HGB einen abgeschlossenen Lebensbereich dadurch regeln wollte, daß der den Normadressaten zwei gleichwertige Rechtsnormen zur alternativen Befolgung zur Verfügung stellt.[1175] Zu Recht ist darauf hingewiesen worden, daß der Gesetzgeber vielmehr mit § 292a HGB die Voraussetzungen normiert, unter denen bestimmte Unternehmen von der Konzernabschlußpflicht nach HGB befreit sind.[1176] Somit wird ausländischem Recht sowie. Konzernabschlüssen, die nach bestimmten Maßgaben ausländischen Rechts oder ausländischer Rechnungslegungsgrundsätze aufgestellt sind eine Befreiungswirkung eingeräumt im Sinne einer Tatbestandswirkung.[1177] Plastisch wird dies an dem als Vergleich herangezogenen Beispiel, daß in Deutschland zum Schutz des Straßenverkehrs von ausländischen Autofahrern nicht etwa ebenfalls, wie von deutschen, der Erwerb eines deutschen Führerscheins verlangt wird.[1178] Vielmehr kommt dem

[1171] *Kirchhof*, F.A.Z. v. 28.1.2000, S.28.
[1172] *Hommelhoff*, Festschrift Odersky, 1996, S. 779, 787ff.
[1173] *Hommelhoff*, Festschrift Odersky, 1996, S. 779, 793ff.
[1174] *Hommelhoff*, Festschrift Odersky, 1996, S. 779, 793ff.
[1175] *Henssler/Slota*, NZG 1999, S. 1133, 1136.
[1176] *Henssler/Slota*, NZG 1999, S. 1133, 1137.
[1177] *Henssler/Slota*, NZG 1999, S. 1133, 1138.
[1178] *Henssler/Slota*, NZG 1999, S. 1133, 1138.

ausländischen Führerschein, um dieses Bild fortzuführen, eine Befreiungswirkung dergestalt zu, daß der Inhaber eines ausländischen Führerscheins von der Verpflichtung zum Erwerb eines deutschen Führerscheins als Voraussetzung für die Teilnahme am Straßenverkehr als Autofahrer befreit wird. In ähnlicher Weise kann auch der deutsche Staat einen nach ausländischen Publizitätsvorschriften erstellten Jahresabschluß anerkennen.[1179]

Auch die Gegner einer Verfassungswidrigkeit der Befreiungsmöglichkeit nach § 292a HGB problematisieren in ihrer Argumentation die Frage, ob den befreienden Abschlüssen Normen von vergleichbarer staatlicher Qualität zugrundeliegen.[1180] Entgegen einer von anderer Seite geäußerten Ansicht[1181] treten die befreienden Abschlüsse nach international anerkannten Rechnungslegungsgrundsätzen nicht „an die Stelle der HGB-Abschlüssse". Es wäre auch nicht exakt zutreffend zu sagen, daß sie „deren Funktion erfüllen"[1182]. Vielmehr liegt eine Wertungsentscheidung des Gesetzgebers als Grundentscheidung vor, unter bestimmten Voraussetzungen von einer Konzernabschlußpflicht abzusehen. Aus diesem Grunde ist es nicht erforderlich, daß es sich bei den befreienden Abschlüssen um solche aufgrund gleichwertiger staatlicher Normsetzung handeln muß. Indem der Gesetzgeber festschreibt, daß unter gewissen Voraussetzungen - einem nach internationalen Rechnungslegungsgrundsätzen aufgestellten Konzernabschluß - eine Konzernabschlußfreiheit nach deutschem Recht besteht, kann gerade die Ordnung des Lebensbereiches Konzernrechnungslegung durch Sätze des objektiven Rechts - die Befreiungsregelung - auf eine Willensentscheidung des Gesetzgebers zurückgeführt werden.[1183] Es liegt deshalb kein Verstoß gegen das Demokratieprinzip des Art. 20 Abs.2 GG vor, weil die in § 292a HGB kodifizierte Konzernpublizitätsfreiheit nach HGB eine demokratisch legitimierte Grundentscheidung des deutschen Gesetzgebers darstellt. Aufgrund des insoweit bestehenden weiten Gestaltungsspielraums des Gesetzgebers ist auch kein Verstoß gegen Art. 3 Abs.1 GG im Hinblick auf die Rechnungslegungsbetroffenen gegeben. Das Verkündungsgebot des Art. 82 Abs.1 GG ist ebenfalls nicht verletzt, weil es hier allein auf § 292a HGB ankommt und diese Norm unter Beachtung der Anforderungen des Verkündungsgebotes den Normadressaten bekanntgemacht wurde. Letztlich spielt es keine Rolle, wenn die international anerkannten Rechnungslegungs-

---

[1179] *Henssler/Slota*, NZG 1999, S. 1133, 1138.
[1180] *Henssler/Slota*, NZG 1999, S. 1133, 1138.
[1181] A.A. *Grund*, ZIP 1996, S. 1969, 1974.
[1182] A.A. *Grund*, ZIP 1996, S. 1969, 1974.
[1183] A.A. *Grund*, ZIP 1996, S. 1969, 1974.

grundsätze nach IAS und US-GAAP beständig fortentwickelt werden und nicht allgemein zugänglich sind. Entscheidend ist die unter Beachtung rechtsstaatlicher Grundsätze und des Demokratieprinzips des Art. 20 Abs.2 GG getroffene und in § 292a HGB kodifizierte Grundentscheidung des Gesetzgebers, Unternehmen, die nach IAS oder US-GAAP einen Konzernabschluß aufstellen, von der Konzernabschluß- und publizitätspflicht nach HGB zu befreien. Zudem hat sich der Gesetzgeber insoweit noch ein enges Überprüfungsrecht vorbehalten, als daß in § 292a Abs.3 HGB ein Kontroll- und Widerrufsmechanismus vorgesehen ist, der eine jederzeitige Überprüfung der befreienden Abschlüsse auf ihre Eingnung als Befreiungsvoraussetzung durch den deutschen Gesetzgeber ermöglicht, ohne daß dadurch die gesamte Regelung des § 292a HGB geändert werden müßte. Von einer „dynamischen Verweisung" außerhalb des staatlichen Rechts ohne Möglichkeit der Einflußnahme durch den Gesetzgeber kann man also mit dieser Sicht nicht sprechen. Mit vorstehender Argumentation entfallen daher die gegen die Verfassungsmäßigkeit der Befreiungsregelung des § 292a HGB vorgebrachten verfassungsrechtlichen Bedenken.

IV. Zwischenergebnis

Neben den Fragen nach der Verfassungsmäßigkeit der Rechnungslegungspublizität nach HGB und PublG werfen Transparenz- und Publizitätspflichten deutscher Unternehmen weitere verfassungsrechtliche Fragen auf. Zu diesen zählen die Frage nach der Verfassungsmäßigkeit der Ad-hoc-Publizität und des Transparenzgebotes des WpHG, die Frage nach einer verfassungsrechtlichen Verpflichtung des Gesetzgebers zur Schaffung besonderer Transparenz- und Publizitätspflichten von Unternehmen gegenüber den Medien sowie die Frage nach der Verfassungsmäßigkeit der Befreiungsvorschrift des § 292a HGB. Diese Fragen sollten an dieser Stelle lediglich formuliert und problematisiert werden, wobei auch Denkanstösse und mögliche Lösungswege angedeutet wurden.

E. Die Ausstrahlungswirkung des Europarechts auf Transparenz- und Publizitätspflichten deutscher Unternehmen - Umsetzung und Durchsetzung europarechtskonformer Regelungen im deutschen Recht

In der Einleitung zu dieser Arbeit wurde bereits angesprochen, daß für Transparenz- und Publizitätspflichten deutscher Unternehmen nicht nur die Vorgaben des Grundgesetzes, sondern auch diejenigen des Europarechts zu beachten sind.[1184] Daraus ergeben sich mehrere Fragenkomplexe, bei denen die Ausstrahlungswirkung des Europarechts auf Transparenz- und Publizitätspflichten deutscher Unternehmen deutlich wird.

Zunächst stellt sich nahezu zwangsläufig die Frage nach dem Verhältnis zwischen Europarecht und Grundgesetz im Sinne der Frage nach dem Anwendungsvorrang. Daraus können bereits Schlußfolgerungen für die bisher gefundenen Ergebnisse dieser Arbeit gezogen werden. Dies wird im Folgenden in Abschnitt I. behandelt.

Die Umsetzung und Durchsetzung europarechtskonformer Regelungen wird darauf aufbauend sodann hinsichtlich der Sanktionierung unterlassener Rechnungslegungspublizität untersucht. Dabei wird auch kurz auf die Rechtsnatur der Rechnungslegungspublizität einschließlich der Sanktionierung ihrer Nichtbefolgung eingegangen. Der gesamte Fragenkomplex ist Gegenstand der unter II. folgenden Ausführungen.

Durch die europarechtlichen Vorgaben werden weitere Fragenkomplexe aufgeworfen, die insbesondere für die Praxis von Interesse sind:

Es handelt sich dabei zum einen um die Frage nach der Rückerstattung europarechtswidrig erhobener Handelsregistergebühren, welche in Abschnitt III. behandelt wird.

Abschnitt IV. erörtert die Problematik, ob durch die Vorgaben des Europarechts entgegen der Rechtsprechung des Bundesgerichtshofes[1185] das private Anbieten von Handelsregisterdateien zuzulassen ist[1186], mithin die Frage nach der Zulässig-

---

[1184] Einleitung, Teil 3. und 4., Seiten 4-7.
[1185] BGH, Beschl. v. 12.7.1989 - IVa ARZ (VZ) 9/88 -, BGHZ 108, 32.
[1186] *Kassau*, Das Recht auf kommerzielle Nutzung des Handelsregisters, S. 167.

keit einer Kommerzialisierung von Informationen, die aufgrund bestehender Publizitätspflichten erlangt werden.

Schließlich wird unter V. kurz die Frage der Haftung für Vollzugsdefizite bei der Umsetzung europarechtlicher Vorgaben angesprochen.

I. Das Verhältnis von Europarecht und Grundgesetz

Das Verhältnis von Europarecht und Grundgesetz ist für Transparenz- und Publizitätspflichten deutscher Unternehmen von Bedeutung. Deshalb soll es kurz im Überblicke dargestellt werden.

1. Die Bedeutung des Verhältnisses von Europarecht und Grundgesetz für Transparenz- und Publizitätspflichten deutscher Unternehmen

Die Frage nach dem Verhältnis von Europarecht und Grundgesetz ist in erster Linie eine Frage nach dem Vorrang zwischen deutschem Recht und Europarecht.

a) Grundsatz

Diese Frage ist für Transparenz und Publizitätspflichten deutscher Unternehmen von Bedeutung. Verstoßen nämlich bestehende Transparenz- und Publizitätspflichten gegen die Vorgaben des Grundgesetzes, waren diese Regelungen aber aufgrund europarechtlicher Vorgaben geboten, so stellt sich die Frage, welche Vorgaben für Transparenz- und Publizitätspflichten deutscher Unternehmen vorrangig zu beachten sind. Umgekehrt gilt dies ebenso, wenn Transparenz- und Publizitätspflichten bestimmte Schutzbestimmungen enthalten, die aufgrund verfassungsrechtlicher Vorgaben geboten sind, diese aber mit den europarechtlichen Vorgaben zur Ausgestaltung von Transparenz- und Publizitätspflichten nicht vereinbar erscheinen.

b) Abweichende Ansicht für die GmbH & Co KG nach altem Recht

Teilweise wurde zu dieser Problematik vertreten, die Frage, ob europarechtlich gebotene Transparenz- und Publizitätspflichten uneingeschränkt am Maßstab der Grundrechte zu überprüfen seien, könne jedenfalls für die GmbH & Co KG offenbleiben.[1187] Die europarechtlichen Publizitätsvorgaben waren zu jenem Zeitpunkt für die GmbH & Co KG in Deutschland noch nicht umgesetzt worden. Es wurde argumentiert, de lege lata liege sowohl ein Verstoß gegen das Grundgesetz im Hinblick auf Art. 3 GG als auch gegen das europäische Recht vor. De lege ferenda würden sowohl der Grundgesetz- als auch der Europa-rechtsverstoß entfallen. Folglich könne im Hinblick auf die Publizitätspflicht der GmbH & Co KG die Frage offen bleiben, ob nationales Recht, das auf einer Richtlinie beruht, ohne Einschränkungen anhand des Maßstabes des Grundgesetzes überprüft werden könne.[1188]

c) Stellungnahme

Diese Argumentation berücksichtigt jedoch Folgendes nicht: Angesichts eines doppelten Rechtsverstoßes stellt sich die Frage, ob die Vorgaben des Europarechts oder diejenigen des Grundgesetzes Priorität hatten für Neuregelungen, die wiederum auf ihre Vereinbarkeit mit Grundgesetz und Europarecht hin zu überprüfen sind. Vor Inkrafttreten des KapCoRiLiG war deshalb auch für die Publizitätspflicht der GmbH & Co KG von Bedeutung, ob nationales Recht, das auf einer Richtlinie beruht, ohne Einschränkungen anhand der Maßstäbe des Grundgesetzes überprüft werden kann.

2. Grundpositionen im Schrifttum zum Verhältnis von Europarecht und Grundgesetz

Zu dieser Frage wird teilweise vertreten, in den deutschen Rechtsraum einfließendes Europarecht könne sich auch gegenüber entgegenstehendem Verfassungsrecht im Sinne eines Anwendungsvorranges durchsetzen[1189]. Demgegenüber ge-

---

[1187] *Lenenbach*, DZWiR 1998, S. 265, 271, dort Fn. 70.
[1188] *Lenenbach*, DZWiR 1998, S. 265, 271, dort Fn. 70.
[1189] *Klein*, VVDStL 50 (1991), 57, 81, 83.

hen andere von einem unbedingten Vorrang des Grundgesetzes aus im Sinne einer "ausnahmslosen und vollständigen Bindung des Gesetzgebers an die Grundrechte" auch bei der Umsetzung europarechtlicher Vorgaben.[1190]

In der neueren Lehre wird darauf abgestellt, daß die europäischen Ziele in die deutsche Grundrechtssystematik systemkonform mit einbezogen werden müßten und so der grundrechtliche Prüfungsmaßstab systemgerecht relativiert würde.[1191]

Von anderer Seite wird vorgeschlagen, "eine praktische Konkordanz im Verhältnis von Grundgesetz und europäischem Gemeinschaftsrecht herzustellen"[1192].

Ein Gesamtüberblick über die im Schrifttum vertretenen Meinungen zum Verhältnis von Europarecht und Grundgesetz ist an dieser Stelle nicht möglich.[1193]

3. Die Rechtsprechung des EuGH

Grundsätzlich gilt das Prinzip des Vorrangs des Gemeinschaftsrechts. Grundlegend war insoweit das EuGH-Urteil Costa/ENEL aus dem Jahre 1964.[1194] Der EuGH begründete darin den Anwendungsvorrang des Gemeinschaftsrechts mit dem Prinzip der Sicherung der Funktionsfähigkeit der Gemeinschaft (prinzip de l'effet utile): "Denn es würde eine Gefahr für die Verwirklichung der .. Ziele des Vertrages bedeuten, und ... Diskriminierungen zur Folge haben, wenn das Gemeinschaftsrecht je nach der nachträglichen innerstaatlichen Gesetzgebung von einem Staat zum anderen verschiedene Geltung haben könnte."[1195]

[1190] Dafür *Friauf*, GmbHR 1991, 397, 400f; *Weilbach*, BB 1998, S. 210f. unter Verweis auf den Subsidiaritätsgrundsatz.

[1191] Vgl. *Streinz*, Europarecht, 2.Aufl., 1995, Rdnr.210: "Zutreffender Prüfungsmaßstab für die deutschen Begründungs- und Vollzugsakte von Gemeinschaftsrecht sind die durch systemkonforme Einbeziehung des Europäischen Gemeinwohls in die deutsche Grundrechsdogmatik relativierten Grundrechte des Grundgesetzes"; *ders.*, Bundesverfassungsgerichtlicher Grundrechtsschutz und europäisches Gemeinschaftsrecht, S.247ff., 295, *ders.*, in: Sachs (Hrsg.), Grundgesetzkommentar (1996), Art. 23 Rdnr. 41 ff.; *Leible*, ZHR 162 (1998), 594, 618.

[1192] *Schwarze*, JZ 1998, 1077, 1082.

[1193] Vgl. *Oppermann*, Europarecht, 2. Aufl., 1999, Rdnr. 615: "Das Schrifttum zum Verhältnis des EG/EU-Rechts zum nationalen Recht ist uferlos."

[1194] EuGHE 1964, Rs. 6/64, S. 1215, 1269f.; im entschiedenen Fall wandte sich der italienische Aktionär Costa gegen die Verstaatlichung der Stromversorgung. Er weigerte sich, die Stromrechnung des staatlichen Elektrizitätsunternehmens ENEL zu bezahlen und machte geltend, die Verstaatlichung verstoße gegen den EG-Vertrag..

[1195] EuGHE 1964, Rs. 6/64, S. 1215, 1269f.

Die Rechtsprechung des EuGH zum Verhältnis zwischen Gemeinschaftsrecht und nationaler Rechtsordnung läßt sich dahingehend zusammenfassen[1196], daß es sich beim Vorrang des Gemeinschafrsrechts um einen Anwendungsvorrang, nicht um einen Geltungsvorrang handelt. Das bedeutet, daß in einem konkreten Kollisionsfall eine europarechtlichen Vorgaben entgegenstehende nationale Norm nicht zur Anwendung gelangt. Sie wird dadurch aber nicht aufgehoben oder nichtig. Für Fälle, in denen kein europarechtlicher Bezug besteht, also rein nationale Fälle oder Fälle mit ausschließlichem Drittlandsbezug, behält sie demgemäß ihre Geltung. Dabei ist die Rechtsprechung des EuGH so zu verstehen, daß der Grundsatz des Anwendungsvorrangs des Gemeinschaftsrechts grundsätzlich gegenüber dem gesamten deutschen Recht, also auch gegenüber den Grundrechten gilt.[1197]

4. Die Linie des Bundesverfassungsgerichts

Nach der Rechtsprechung des Bundesverfassungsgerichts sind die Hoheitsakte der Organe der Europäischen Union vom ursprünglich ausschließlichen Hoheitsträger, also der Bundesrepublik Deutschland, grundsätzlich anzuerkennen.[1198] Dabei ergibt sich die unmittelbare Geltung des Sekundärrechts in Deutschland und sein Anwendungsvorrang gegenüber innerstaatlichem Recht aus dem Zustimmungsgesetz zum EG-Vertrag.[1199] Dieser sieht in Art. 189 Abs.3 EGV eine nationale Umsetzungspflicht vor mit Spielräumen hinsichtlich Form und Mitteln. Der unmittelbare Herrschaftsanspruch des deutschen Staates wird insoweit zurückgenommen zugunsten des Europäischen Rechts.[1200] Damit steht auch nach der Rechtsprechung des Bundesverfassungsgerichts einem Anwendungsvorrang des Gemeinschaftsrechts im Grundsatz nichts im Wege, wobei sich dieser nach Rechtsprechung des Bundesverfassungsgerichts aus der Integrationsermächtigung der gemeinschaftsrechtlichen Bestimmungen des Grundgesetzes und den Zustimmungsgesetzen zum EGV ergibt.[1201] Es verbleibt allerdings die Notwendigkeit eines adäquaten Grundrechtsschutzes und einer Einbindung des Bundestages in

---

[1196] *Zacker*, S. 91.
[1197] *Pieroth/Schlink*, Grundrechte, Staatsrecht II, 15. Aufl., 1999, Rdnr. 190f.
[1198] BVerFGE 31, 145, 174.
[1199] BVerfGE 73, 339, 374.
[1200] Vgl. BVerfGE 37, 2 71, 2 80.
[1201] Vgl. BVerfGE 75, 223, 240.

den Rechtssetzungsprozeß der EU; dies muß im Rahmen der Kompetenzen der EU unter Beachtung „eigener Aufgabenfelder“ der Mitgliedstaaten erfolgen.[1202]

Sekundäres Gemeinschaftsrecht[1203] hat danach Anwendungsvorrang vor dem deutschen Recht, wenn es die unabdingbaren Grundrechtsstandards wahrt. Der europäische Gerichtshof[1204] ist dabei gesetzlicher Richter im Sinne des Grundgesetzes, der als Gemeinschaftsorgan Aufgaben des gesetzlichen deutschen Richters warhnimmt. Nach Rechtsprechung des Bundesverfassungsgerichts besteht dabei ein Kooperationsverhältnis zwischen dem Bundesverfassungsgericht und dem EuGH, „in dem der EuGH den Grundrechtsschutz in jedem Einzelfall für das gesamte Gebiet der europäischen Gemeinschaften garantiert, das BVerfG sich deshalb auf eine generelle Gewährleistung der unabdingbaren Grundrechtsstandards (vgl. *BVerfGE* 73, 339, 387) beschränken kann.“[1205]

5. Schlußfolgerungen

Die Umsetzung und Vollziehung von Europäischem Gemeinschaftsrecht durch deutsche Gesetze[1206] sind unmittelbare nationale Rechtssetzungsakte der deutschen Staatsgewalt. Grundsätzlich sind diese nicht einer verfassungsrechtlichen Überprüfung ihrer Vereinbarkeit mit dem Grundgesetz durch das Bundesverfassungsgericht entzogen. Jedoch darf die auf Gemeinschaftsrecht beruhende Verpflichtung, Gemeinschaftsrecht zu vollziehen und umzusetzen, nicht dadurch un-

---

1202 BVerfGE 89, 155, 186.

1203 Primäres Gemeinschaftsrecht sind die Gründungsverträge der Europäischen Union und der Europäischen Gemeinschaften nebst Anhängen und Protokollen, der späteren Änderungsverträge, Beitritts- und Assoziierungsverträge. Das sekundäre Gemeinschaftsrecht ist das von den Organen der Europäischen Union erlassene Folgerecht, vor allem Verordnungen, Richtlinien und Entscheidungen; vgl. *Bleckmann*, Europarecht, Rdnr. 526f.; *Creifels*, StichwortGemeinschaftsrecht.

1204 Zum Verhältnis des EuGH zu den Gerichten der Mitgliedstaaten zuletzt Rodriguez Iglesias, NJW 2000, S.1889-1896.

1205 BVerfGE 87, 155, 183.

1206 Wie z.B. im Falle des KapCoRiLiG, wie dessen vollständige Bezeichnung bereits sagt: "Gesetz zur Durchführung der Richtlinie des Rates der Europäischen Union zur Änderung der Bilanz- und der Konzernbilanzrichtlinie hinsichtlich ihres Anwendungsbereichs (90/605/EWG), zur Verbesserung der Offenlegung von Jahresabschlüssen und zur Änderung anderer handelsrechtlicher Bestimmungen (Kapitalgesellschaften- und Co-Richtlinie-Gesetz - KapCoRiLiG) *). Das in der Überschrift im BGBl. 2000 I, S. 154 in der amtlichen Fassung enthaltene Fußnotenzeichen *) weist auf die als Fußnote gegebene Anmerkung hin, daß das Gesetz der Umsetzung der in der Gesetzesbezeichnung genannten EG-Richtlinien dient.

terlaufen werden, daß über den Umsetzungs- oder Vollzugsakt sekundäres Gemeinschaftsrecht am Maßstab des Grundgesetzes überprüft wird.[1207]

Eine Grundrechtsprüfung von Gesetzen, die der Umsetzung europarechtlicher Vorgaben dienen, kann deshalb allein am Maßstab des Art. 79 Abs.3 GG erfolgen, wenn und soweit das gesetzgeberische Handeln durch die Vorgaben des Europarechts determiniert ist. Besteht hingegen im Rahmen der Vorgaben des Europarechts ein Spielraum für den deutschen Gesetzgeber, besteht innerhalb dieses Spielraums eine uneingeschränkte Grundrechtsbindung des deutschen Gesetzgebers an die Grundrechte.[1208]

Daraus folgt, daß Transparenz- und Publizitätspflichten, die sich unmittelbar ohne einen Handlungsspielraum des deutschen Gesetzgebers aus den entsprechenden Vorgaben des Europarechts ergeben, durch dieses also determiniert sind, nur der eingeschränkten Verfassungsmäßigkeitsprüfung des Art. 79 Abs.3 GG unterliegen.

Transparenz- und Publizitätspflichten, die nicht mit europarechtlichen Vorgaben zusammenhängen, sind uneingeschränkt anhand des Grundgesetzes überprüfbar. Dies gilt insbesondere für die Transparenz- und Publizitätspflichten des Publizitätsgesetzes. Die Rechnungslegungspublizität des PublG ergibt sich nämlich nicht aufgrund zwingender europarechtlicher Vorgaben. Vielmehr wurde das vor dem Bilanzrichtliniengesetz, das der Umsetzung europarechtlicher Vorgaben diente, geschaffene Publizitätsgesetz als eigener Weg gesehen. Zwar wurde darauf hingewiesen, daß dieser in Brüssel begrüßt worden sei als Beitrag zur späteren Harmonisierung der Publizitätsvorschriften im EWG-Bereich.[1209] Jedoch war genau diese Harmonisierung durch das Bilanzrichtliniengesetz Folge europarechtlicher Vorgaben und nicht das Publizitätsgesetz. Das Publizitätsgesetz ist somit nicht durch die Vorgaben des Europarechts determiniert. Es kann deshalb uneingeschränkt am Maßstab des Grundgesetzes überprüft werden.

Der unter C. festgestellte Befund, daß das Publizitätsgesetz in seiner derzeitigen Fassung nicht mit dem Grundgesetz vereinbar ist, wird folglich nicht durch den grundsätzlichen Anwendungsvorrang des Europarechts gegenüber dem deutschen

---

[1207] *Pieroth/Schlink*, Grundrechte, Staatsrecht II, 15. Aufl., 1999, Rdnr. 191.
[1208] *Pieroth/Schlink*, Grundrechte, Staatsrecht II, 15. Aufl.,1999, Rdnr. 191 m.w.N.
[1209] Bundesminister der Justiz Dr. Dr. *Heinemann* in der ersten Beratung des Regierungsentwurfs zum Publizitätsgesetz im Deutschen Bundestag am 23.10.1968, *Biener*, PublG, S.8.

Recht berührt. Das Publizitätsgesetz kann deshalb uneingeschränkt durch das Bundesverfassungsgericht überprüft werden.

II. Die Sanktionierung unterlassener Rechnungslegungpublizität angesichts der europarechtlichen Vorgaben sowie der Rechtsnatur des Handelsbilanzrechts

Europarechtliche Vorgaben für Transparenz- und Publizitätspflichten deutscher Unternehmen ergeben sich demgegenüber im Hinblick auf die Sanktionierung unterlassener Rechnungslegungspublizität nach HGB. In diesem Zusammenhang stellt sich auch die Frage nach der Rechtsnatur der Rechnungslegungspublizität und der Sanktionierung ihrer Nichtbefolgung.

1. Die Rechtsprechung des EuGH

Nach der Rechtsprechung des Europäischen Gerichtshofes verstießen die bis zum Inkrafttreten des KapCoRiLiG geltenden deutschen Sanktionsregelungen des Handelsgesetzbuchs für den Fall der Nichtoffenlegung des Jahresabschlusses einer Kapitalgesellschaft gegen die Vorgaben des Europarechts[1210]. Die bisherige Regelung sah in § 335 S.1 Nr. 6 HGB die Verhängung eines Zwangsgeldes auf Antrag eines Gesellschafters, eines Gläubigers oder des (Gesamt-)betriebsrates vor, wenn die Verpflichtung zur Offenlegung des Jahresabschlusses von einer Kapitalgesellschaft nicht beachtet wurde. Dies sei kein ausreichendes Sanktionsmittel für den Fall, "daß Kapitalgesellschaften die ihnen nach der Ersten Richtlinie (68/151/EWG)[1211] ("Publizitätsrichtlinie") in Verbindung mit der Vierten Richt-linie (78/660/EWG)[1212] ("Bilanzrichtlinie"[1213]) obliegende Offenlegung

---

[1210] EuGH, Urt. v. 29.9.1998, Rs. C-191/95, GmbHR 1998, S.1078 = EuZW 1998, S.758 m. Anm. *Bohl* = NZG 1998, S. 124 = ZIP 1998, S.1716 m. Anm. *Schulze-Osterloh* = JZ 1998, S. 192 m. Anm. *Schön* = BB 1998, S.2200 m. Anm. *de Weerth*; zuvor bereits EuGH, Urt. v. 4.12.1997 - Rs. C-97/96 - EuGH Slg. 1997, I-6843 = ZIP 1997, 2155-2156 = JZ 1998, S.192-194 (m. Anm. *Schön*) = NZG 1998, S.116-118 = IStR 1998, S. 31f. = ZGR 1999, S.252 (Leitsätze) m. Bspr. *Crezelius* = DStR 1998, S. 214-215 mit Anm. *Wilken*.

[1211] "Erste Richtlinie 68/151/EWG v. 9.3.1968 (Publizitätsrichtlinie) zur Koordinierung der Schutzbestimmungen, diein den Mitgliedstaaten den Gesellschaften im Sinne des Artikels 58 Abs. 2 EGV im Interesse der Gesellschafter sowie Dritter vorgeschrieben sind, um diese Bestimmungen gleichwertig zu gestalten", ABl. EG 1968, L 65 v.14.3.1968, S. 8ff.

[1212] "Vierte gesellschaftsrechtliche Richtlinie (78/660/EWG) v. 25.7.1978 aufgrund von Art. 54 Abs.3 lit. g des Vertrages über den Jahresabschluß von Gesellschaften bestimmter Rechtsfor-

des Jahresabschlusses unterlassen, befand der EuGH, wodurch die Bundesrepublik Deutschland wiederum gegen ihre Verpflichtungen aus diesen Richtlinien verstoßen habe.[1214] Die Kommission der Europäischen Gemeinschaften hatte insoweit ein Vertragsverletzungsverfahren nach Art. 169 EG-Vertrag gegen die Bundesrepublik Deutschland betrieben.[1215] Zu praktisch dem gleichen Ergebnis war der EuGH inzident bereits ein dreiviertel Jahr vorher gelangt, als er über eine Vorlage des OLG Düsseldorf in einem Vorabentscheidungsverfahren nach Art. 177 EGV a.F. zu befinden hatte. In dem zugrundeliegenden Fall hatte der Verband deutscher Daihatsu-Händler e.V. zunächst vor dem AG Kempen, dann dem LG Krefeld und schließlich dem OLG Düsseldorf eine Offenlegung der Bilanz der Daihatsu Deutschland GmbH erreichen wollen. Das OLG Düsseldorf hatte dem EuGH die Frage zur Vorabentscheidung vorgelegt, ob Art. 6 der Publizitätsrichtlinie (68/151/EWG) unmittelbar zur Anwendung zu bringen ist und jedermann oder zumindest der Händlerverband die Festsetzung von Zwangsgeld gegen Publizitätsverweigerer beantragen kann. Nach Art. 6 der Publizitätsrichtlinie (68/151/EWG) sind die Mitgliedstaaten verpflichtet, geeeignete Maßregeln für den Fall anzudrohen, daß die in Art. 2 Abs. 1 Buchst. f vorgeschriebene Offenlegung der Bilanz und der Gewinn- und Verlustrechnung unterbleibt. Der EuGH entschied, daß Art. 6 der Publizitätsrichtlinie der Regelung des § 335 S.1 Nr.6, S.2 HGB a.F. entgegenstand, wonach nur Gläubiger, Gesellschafter und der (Gesamt-)Betriebsrat ein Antragsrecht für die Einleitung eines Zwangsgeldverfahrens hatten. Der EuGH argumentierte mit Art. 54 Abs.3 Buchst. g) i.V.m. Art. 52 und 54 EGV, wonach die Koordinierung der gesellschaftsrechtlichen Vorschriften Bestandteil des allgemeinen Programms zur Aufhebung der Niederlassungsfreiheit ist. Zudem sei in Art. 54 Abs.3 Buchst. g) EGV selbst vom Ziel des Schutzes der Interessen Dritter die Rede. Dabei handele es sich aber nicht nur um die

men", ABl. EG 1978, L 222/11 v. 14.8.1978, S.11 - vgl. Bilanzrichtliniengesetz (BiRiLiG) v. 19.12.1985, BGBl. I 1985, 2355).

[1213] Die Begriffe "Bilanzrichtlinie" und "Jahresabschlußrichtlinie" werden teilweise synonym verwandt, vgl. einerseits *Behrens*, Die Europäisierung des Gesellschaftsrechtsrechts, in: Die GmbH-Rechte in den EG-Staaten, S.1, 7 und andererseits *Lutter*, Europäisches Unternehmensrecht, 4.Aufl., S. 207.

[1214] Vgl. Wortlaut des zweiten Leitsatzes des Tenors des Urteils vom 29.9.1998, Rs. C-191/95, GmbHR 1998, S.1078 = EuZW 1998, S.758 m. Anm. *Bohl* = NZG 1998, S. 124 = ZIP 1998, S.1716 m. Anm. *Schulze-Osterloh* = JZ 1998, S. 192 m. Anm. *Schön* = BB 1998, S.2200 m. Anm. *de Weerth*; zuvor bereits EuGH, Urt. v. 4.12.1997 - Rs. C-97/96 - EuGH Slg. 1997, I-6843 = ZIP 1997, 2155-2156 = JZ 1998, S.192-194 (m. Anm. *Schön*) = NZG 1998, S.116-118 = IStR 1998, S. 31f. = ZGR 1999, S.252 (Leitsätze) m. Bspr. *Crezelius* = DStR 1998, S. 214-215 mit Anm. *Wilken*.

[1215] *De Weerth*, BB 1998, S. 2204.

Gläubiger der Gesellschaft, weil nicht einzelne Gruppen unterschieden oder ausgeschlossen würden.[1216] In dem Vorabentscheidungsverfahren entschied der EuGH allerdings auch, daß nach "ständiger Rechtsprechung des EuGH ... eine Richtlinie nicht selbst Verpflichtungen für einen einzelnen begründen kann, so daß ihm gegenüber eine Berufung auf die Richtlinie als solche nicht möglich ist", so daß nicht geprüft zu werden brauche, "ob Art. 6 der 1. Richtlinie in der innerstaatlichen Rechtsordnung eines Mitgliedstaates unmittelbare Wirkung entfalten kann."[1217]

2. Umsetzung und Durchsetzung der Vorgaben zur Rechnungslegungspublizität von Kapitalgesellschaften sowie Kapitalgesellschaften & Co einschließlich der Sanktionierung ihrer Nichtbefolgung durch das KapCoRiLiG

Die Umsetzung und Durchsetzung der europarechtlichen Vorgaben zur Rechnungslegungspublizität von Kapitalgesellschaften sowie Kapitalgesellschaften und Co. und zur Sanktionierung ihrer Nichtbefolgung ist nach Inkrafttreten des KapCoRiLiG Gegenstand der aktuellen, derzeit noch nicht abgeschlossenen Diskussion.

a) Die Umsetzung der Vorgaben des EuGH durch das KapCoRiLiG

Zur Umsetzung der Vorgaben des Europäischen Gerichtshofes strich der deutsche Gesetzgeber mit Art. 1 Nr. 18 KapCoRiLiG die alte Sanktionsregelung aus § 335 HGB und gestaltete diesen Paragraphen entsprechend um und schuf in Art. 1 Nr. 19 KapCoRiLiG einen neuen § 335a HGB, der die Festsetzung von Ordnungsgeld gegen säumige Offenlegungsverpflichtete auf Antrag von jedermann vorsieht.

[1216] EuGH, Urt. v. 29.9.1998, Rs. C-191/95, DStR 1998, S. 214, 215.
[1217] EuGH, Urt. v. 29.9.1998, Rs. C-191/95, DStR 1998, S. 214, 215.

b) Kritik im aktuellen Schrifttum

In der Reaktion des Schrifttums auf diese Neuregelung wurden "verbleibende Zweifel an der Europarechtskonformität" der Neuregelung angemeldet.[1218] Erneut werde die Frage aufgeworfen, "ob den europarechtlichen Vorgaben Genüge getan ist."[1219] Das nächste Verfahren zur Überprüfung der Europarechtskonformität der deutschen Publizitätsvorschriften sei vorprogrammiert.[1220] Zwar können nunmehr Sanktionen auf Antrag von jedermann gegen Offenlegungsverweigerer eingeleitet werden. Kritisiert wird aber, daß kein reines Amtsverfahren vorliegt, sondern im Rahmen eine "Antrags-Amts-Verfahrens" die Initiative zu einem öffentlichen Zwecken dienenden Amtsverfahren Privatpersonen überlassen bleibe.[1221] Das Antragserfordernis gestatte es, gefahrlos die "unbeliebten" Publizitätsunterlagen solange vorbereitet in der verschlossenen Schublade zu lassen, bis *möglicherweise* ein Antrag gestellt werde, um dann innerhalb der Sechs-Wochen-Frist die Unterlagen nachzureichen.[1222] Bei ordnungsgemäßem Ablauf bliebe hingegen bei einem Amtsverfahren nicht die Möglichkeit, daß es bei Mißachtung der Publizitätspflicht nie zu einem Ordnungsgeldverfahren kommt. Daher stehe die Eignung des Antragsverfahrens in Frage, die Erhöhung der Publizitätsquote und eine zeitnahe und steitige Offenlegung in dem Maße zu gewährleisten, wie es der EuGH verlange.[1223]

c) Stellungnahme

Es kann nicht sicher prognostiziert werden, ob die Neuregelung des Sanktionsmechanismus bei Nichtbefolgung der Offenlegungsverpflichtung nach HGB ein weiteres Vertragsverletzungsverfahren gegen die Bundesrepublik Deutschland nach sich ziehen wird.

[1218] *Zimmer/Eckhold*, NJW 2000, 1361, 1368.
[1219] *Zimmer/Eckhold*, NJW 2000, 1361, 1368.
[1220] *Zimmer/Eckhold*, NJW 2000, 1361, 1369.
[1221] *Zimmer/Eckhold*, NJW 2000, 1361, 1368; so auch bereits *Gustavus*, ZIP 1988, S. 1429, 1433 zu einem damals nur als Möglichkeit bestehenden Antrags-Amtsverfahren; *Leible*, ZHR 162 (1988), S. 594, 609; *Crezelius*, ZGR 1999, S. 252, 258, 263; *Jansen*, DStR 1999, S. 1490, 1492.
[1222] *Zimmer/Eckhold*, NJW 2000, 1361, 1368 - Hervorhebungen aus dem Original übernommen.
[1223] *Zimmer/Eckhold*, NJW 2000, 1361, 1368.

Das Urteil des Europäischen Gerichtshofes im Vertragsverletzungsverfahren gegen die Bundesrepublik Deutschland wegen der bis dato unzureichenden Sanktionierung unterlassener Rechnungslegungspublizität nimmt in seiner Begründung auf das "Daihatsu-Urteil" Bezug. Es wird lediglich gesagt, daß nach dem Daihatsu-Urteil die deutsche Sanktionsregelung des § 335 S.1 S.6, S.2 HGB mit dem auf (Gesamt-)Betriebsrat, Gläubiger und Gesellschafter begrenzten Antragsrecht zur Einleitung eines Zwangsgeldverfahrens Art. 6 der Publizitätsrichtlinie entgegenstehe.[1224] Im Daihatsu-Urteil wird dies, wie oben unter 1. dargestellt, näher begründet. Dabei wird jedenfalls nicht ausdrücklich gesagt, daß ein Antragsverfahren prinzipiell ungeeignet sei, ausreichende Sanktionen gegen die Nichtoffenleugng vorzusehen. Dem Urteil läßt sich lediglich entnehmen, das deutsche Recht müsse für "jedermann die Möglichkeit vorsehen, Abschriften der Jahresabschlüsse zugesandt zu bekommen" und ermöglichen, "diese Informationen jeder interessierten Person zugänglich zu machen."[1225] Dieses Erfordernis ist durch die Ausgestaltung des KapCoRiLiG gewahrt, so daß abzuwarten bleibt, ob es im Hinblick auf das KapCoRiLiG wirklich zu einem erneuten Vertragsverletzungsverfahen kommen wird. Bereits im Jahre 1990 wurde in einer Arbeit über "Die Publizität der GmbH"[1226] von einem grundsätzlichen Befürworter des Grundsatzes der "Publizität als Korrelat der Haftungsbeschränkung"[1227] und einem Verfechter der konsequenten Umsetzung europarechtlicher Vorgaben[1228] es als gangbare Möglichkeit zur Schließung der Publizitätslücke angesehen, "das Antragserfordernis beizubehalten, indes den Kreis der Antragsberechtigten nicht zu beschränken." [1229] Dabei wird eine zusätzliche gesellschaftsrechtliche Sanktion gefordert, nicht aber die Ansicht vertreten, das Antragserfordernis schlechthin stehe im Widerspruch zu den Vorgaben des Europarechts.[1230]

Nach alledem ergibt sich, daß es jedenfalls zur Umsetzung und Durchsetzung der europarechtlichen Vorgaben für Transparenz- und Publizitätspflichten, die auf die Offenlegung der Rechnungslegung haftungsbeschränkter Unternehmen gerichtet sind, nicht erforderlich ist, für die Sanktionierung unterlassener Offenlegung ein

---

[1224] Nr. 67 der Entscheidung, EuGH Urt. v. 29.9.1998, Rs. C-191/95, BB 1998, S. 2200, 2204.

[1225] Nr. 22 der Entscheidung, EuGH Urt. v. 4.12.1997, Rs. C- 97/96, DStR 1998, S. 214, 215.

[1226] Gleichlautender Titel der wirtschaftswissenschaftlichen Dissertation von *Apelt* aus dem Jahre 1990.

[1227] *Apelt*, S. 88f.

[1228] *Apelt*, S. 217.

[1229] *Apelt*, S. 184.

[1230] *Apelt*, S. 184.

Amtsverfahren einzuführen, solange nur eine effektive Sanktionierung gesichert ist, was durch das Jedermann-Antragsverfahren der Fall ist.

3. Die Rechtsnatur der Rechnungslegungspublizität als Kriterium für die Europarechtsmäßigkeit des "Jedermann-Antragsverfahrens"

Im Schrifttum wurde der obige Befund bestätigt, daß der EuGH offengelassen hat, ob eine Erweiterung des Kreises der gem. §§ 335 Nr.6 HGB Antragsberechtigten auf "jedermann" ausreichen würde, um den europarechtlichen Anforderungen zu genügen.[1231]

Allerdings wird postuliert, daß es sich bei den Rechnungslegungspublizitätspflichten nach HGB um öffentlich- rechtliche Pflichten handele, deren Durchsetzung nicht vom "zufälligen" Tätigwerden Privater abhängen dürfe.[1232]

Dies wirft die Frage nach der Rechtsnatur bestehender Rechnungslegungsverpflichtungen und der Sanktionierung ihrer Nichtbefolgung auf.

a) Die Rechtsnatur bestehender Transparenz- und Publizitätspflichten unter Berücksichtigung der entsprechenden Sanktionsbestimmungen

Die Sanktionierung der Nichtbefolgung von Verpflichtungen, die auf die Herstellung von Transparenz und Publizität gerichtet sind, ist unterschiedlich ausgestaltet. Zu unterscheiden ist die Sanktioierung nicht beachteter

- Ad-hoc Publizität und Beteiligungstransparenz nach den §§ 15, 21 WpHG, dazu unter aa)
- "allgemeiner" Anmeldepflichten nach Handels- und Gesellschaftsrecht, dazu unter bb)
- Anmeldepflichten nach dem Umwandlungsgesetz, dazu unter cc)
- Rechnungslegungspublizität nach PublG, dazu unter dd),
- Rechnungslegungspublizität nach HGB, dazu unter ee).

[1231] *Leible*, ZHR 162 (1998), S. 595, 609.
[1232] *Leible*, ZHR 162 (1998), S. 595, 609.

aa) Wertpapierhandelsgesetz

Begonnen wurde die Aufzählung entgegen dem Aufbau im ersten Teil mit den Verpflichtungen nach WpHG zur Ad-hoc-Publizität und Beteiligungspublizität gem. §§ 15, 21 WpHG. Der Grund dafür ist, daß für die Sanktionierung der Verletzung dieser Pflichten und damit nach hier vertretener Ansicht für die Rechtsnatur dieser Pflichten selbst eine eindeutige Zuordnung möglich ist: Nach § 38 WpHG handelt ordnungswidrig, wer die Vorschriften zur Ad-hoc-Publizität und der Beteiligungstransparenz mißachtet. Die Bußgeldbewehrung einer Vorschrift spricht für ihren öffentlich-rechtlichen Charakter, so daß die nach dem WpHG bestehenden Transparenz- und Publizitätspflichten dem öffentlichen Recht zugeordnet werden können.

bb) "Allgemeine Anmeldepflichten" nach Handels- und Gesellschaftsrecht - Zwangsgeldverfahren

(1) Allgemeine Anmeldepflichten nach § 14 S.1 HGB

Gemäß § 14 S.1 HGB sind die im ersten Teil dieser Arbeit unter B. dargestellten "allgemeinen Anmeldepflichten" nach Handels- und Gesellschaftsrecht durch ein Zwangsgeld vom Registergericht zu erzwingen. Nach Ansicht der Literatur handelt es sich bei diesen Verpflichtungen um öffentlich-rechtliche Pflichten, die sich aus den einzelnen Vorschriften des HGB und anderen Gesetzen ergeben.[1233] Zwar ist das Handelsrecht Teil des Privatrechts. Es enthält aber auch öffentlich-rechtliche Vorschriften, die aufgrund des Sachzusammenhangs mit dem Sonderprivatrecht der Kaufleute in das HGB aufgenommen wurden.[1234]

(2) Zwangsgeldverfahren gem. §§ 14 HGB, 132ff. FGG

Das Zwangsgeldverfahren zur Durchsetzung der genannten öffentlich-rechtlichen "allgemeinen Anmeldemeldeverpflichtungen" nach HGB und den handelsrechtlichen Nebengesetzen erfolgt nach dem Gesetz über die freiwillige Gerichtsbarkeit gem. den §§ 132-139 FGG. Sobald das Gericht glaubhaft Kenntnis von einem

[1233] *Roth*, in: Koller/Roth/Morck, HGB, 2.Aufl., § 14 Rdnr.2.
[1234] *Karsten Schmidt*, Handelsrecht, § 1 I. 1. a).

Sachverhalt erhält, der sein Einschreiten rechtfertigt, ist es verpflichtet, den Beteiligten unter Androhung eines bezifferten Zwangsgeldes aufzugeben, innnerhalb einer bestimmten Frist der genau zu bezeichnenden Verpflichtung nachzukommen oder die Unterlassung mittels Einspruch zu rechtfertigen, § 132 FGG. Wird dem weder durch Erfüllung der Verpflichtung noch mittels Einspruchs Folge geleistet, ist das angedrohte Zwangsgeld festzusetzen und die frühere Verfügung unter Androhung eines bezifferten Zwangsgeldes bis DM 10.000,00 zu wiedeholen.[1235]

(3) Stellungnahme

Es handelt sich somit zwar nicht wie bei den Sanktionen des Wertpapierhandelsgesetzes um ein Bußgeld-, sondern lediglich um ein Zwangsgeldverfahren. Gleichwohl ist dies ein Beugemittel, das die Qualifizierung der "allgemeinen Anmeldeverpflichtungen" des § 14 S.1 HGB als öffentlich-rechtliche Pflichten rechtfertigt. Denn es besteht eine Verpflichtung gegenüber staatlichen Stellen, deren Nichtbefolgung wiederum durch eine staatliche Zwangsmaßnahme sanktioniert ist.

cc) Umwandlungsgesetz, § 316 Abs.2 UmwG - Schlußfolgerungen für die Sanktionierung der Rechnungslegungspublizität

Wie im ersten Teil unter B. XV. 2. (Seite 107) bereits erwähnt, sind die nach dem Umwandlungsgesetz bestehenden Registeranmelde- und Einreichungsverpflichtungen, die den vorgenannten handels- und gesellschaftsrechtlichen Verpflichtungen korrespondieren, gem. § 316 Abs.2 UmwG nicht mit Zwangsgeld bewehrt. Dies hängt damit zusammen, daß ein Zwangsgeldverfahren entbehrlich ist, weil die gewünschten Rechtswirkungen einer Umwandlung aufgrund des konstitutiven Charakters der Registereintragung nach UmwG erst eingreifen, wenn die Eintragung bewirkt ist. Zwangsmittel zur Durchsetzung der nach dem UmwG gegenüber staatlichen Stellen - hier dem Handelsregister - bestehenden Verpflichtungen sind also entbehrlich. Der Gesetzgeber ist insoweit den gesetzestechnisch klugen Weg gegen, sozusagen eine faktische Sanktionierung bei Nichtbefolgung der Verpflichtungen nach UmwG durchzuführen, indem die Beteiligten die ovn ihnen gewünschten Rechtswirkungen nicht herbeiführen können, wenn sie nicht die

---

[1235] *Roth*, in: Koller/Roth/Morck, HGB, 2.Aufl., § 14 Rdnr.5.

Verpflichtungen gegenüber dem Handelsregister befolgen. Es wäre aber falsch daraus, daß die Sanktionierung nicht durch eine Sanktionsnorm, sondern durch den Wirksamkeitsmechanismus des UmwG erfolgt, zu schließen, mangels Sanktionsnorm handele es sich nicht um eine öffentlich-rechtliche Verpflichtung. Denn an der Qualität, daß eine Verpflichtung gegenüber dem Staat besteht, ändert sich nichts.

Aus der Regelungstechnik des UmwG für die Sanktionierung unterlassener Registeranmeldungen wird im übrigen deutlich, daß sich aus der Rechtsnatur von Vorschriften nicht zwingend ergeben muß, wie die Sanktionierung ihrer Nichtbefolgung ausgestaltet sein muß. Dies ist bei der Frage zu berücksichtigen, ob sich aus der Rechtsnatur der Rechnungslegungspublizität Schlußfolgerungen für die Europarechtsmäßigkeit ihrer Sanktionierung ergeben.

dd) Rechnungslegungspublizität nach PublG

Die Sanktionierung der Rechnungslegungspublizität nach PublG ist nicht wie diejenige des HGB als Antrags-, sondern als Amtsverfahren ausgestaltet. Es handelt sich um ein Zwangsgeldverfahren entsprechend der obigen Darstellung unter bb) (2) mit der einzigen Besonderheit, daß das Zwangsgeld nach KapCoRiLiG in Angleichung an das Ordnungsgeld der Sanktionen nach HGB bis zu EURO 25.000,00 betragen kann. Wie einer Entscheidung des Bayerischen Obersten Landesgerichts zu entnehmen ist, spielt es keine Rolle, wer das von Amts wegen einzuleitende Zwangsgeldverfahren zur Offenlegung nach PublG in die Wege geleitet hat.[1236] Das Zwangsgeldverfahren legt nahe, daß es sich bei der Offenlegungspflicht nach PublG um eine öffentlich-rechtliche Verpflichtung handelt.

[1236] BayObLG, Beschl. v. 26.1.2000, 3 Z BR 410/99, GmbHR 2000, S. 389. Im Fall hat eine Rechtsanwältin das Verfahren in Gang gesetzt. Naheliegend ist, daß Konkurrenten oder Informationsdienste geneigt sein könnten, durch entsprechende Information der Registergerichte eine Offenlegung nach PublG in Gang zu setzen.

ee) Rechnungslegungspublizität nach HGB

Die Rechnungslegungspublizität nach HGB ist Teil des Handelsbilanzrechts. Eine umfassende Arbeit kommt in einer Untersuchung zur Rechtsnatur des Handesbilanzrechts zu dem Ergebnis, daß diese öffentlich-rechtlicher Natur sei.[1237] Dies entspricht auch der überwiegenden Meinung im Schrifttum.[1238] Ergänzend wird darauf hingewiesen, daß diese Pflichten ihre "Wurzel im Zivilrecht" haben.[1239] In Abgrenzung zu den Informationspflichten des Verwaltungsrechts, bei denen ein unmittelbarer Auskunftsanspruch der Behörde mit einer entsprechenden Auskunftsverpflichtung des Bürgers unmittelbar und ausschließlich gegenüber der Behörde[1240] besteht, wird insoweit von "zivilrechtlichen Publizitätspflichten"[1241] gesprochen, weil die entsprechenden Mitteilungsverpflichtungen nicht gegenüber einer Behörde bestehen, sondern gegenüber der Öffenlichkeit, man könnte auch sagen, allen anderen Privaten. Wenn insoweit von "zivilrechtlichen Publizitätspflichten"[1242] die Rede ist, kennzeichnet dieser Befund, daß das Handelsbilanzrecht nicht mit dem Erlaß von Verwaltungsakten sanktioniert und nicht wie eine normale verwaltungsrechtliche Norm zu interpretieren ist.[1243] Ein weiterer Ansatz stellt darauf ab, ob es sich bei den Normen des Bilanzrechts um dispositives oder zwingendes und damit öffentliches Recht handele.[1244] Dieser Ansatz kommt zu dem Ergebnis, daß das Handelsbilanzrecht regelmäßig zwingendes Recht sei, während das Recht der Gewinnverwendung regelmäßig dispositiv sei.[1245]

[1237] *Icking*, Das Handelsbilanzrecht: Herkunft-Rechtsnatur-Sanktionen, wirtschaftswissenschaftliche Dissertation, Bochum, 1998, S. 345.

[1238] *Crezelius*, ZGR 1999, S. 252, 255 m.w.N.

[1239] *Siekmann*, in: FS Friauf, S. 647, 648.

[1240] Siehe diesbezüglich auch bereits die Ausführungen im ersten Teil zum Umweltinformationsgesetz sowie zum brandenburgischen Akteneinsichts- und Informationsgesetz, Teil 1 Abschnitt D. IV. 1. und 2.

[1241] *Siekmann*, in: FS Friauf, S. 647, 647.

[1242] *Siekmann*, in: FS Friauf, S. 647, 647.

[1243] *Crezelius*, ZGR 1999, S. 252, 256 m.w.N.

[1244] *Crezelius*, ZGR 1999, S. 252, 256; allerdings erscheint die Schlußfolgerung problematisch, daß zwingendes Recht automatisch öffentliches Recht sei, wenn man an ius cogens des Zivilrechts denkt.

[1245] *Crezelius*, ZGR 1999, S. 252, 257.

b) Schlußfolgerungen für die Europarechtsmäßigkeit des "Jedermann-Antragsverfahrens"

Darauf aufbauend wird argumentiert, weil es im Handelsbilanzrecht prinzipiell um zwingendes Recht gehe, müßten auch die §§ 325ff. HGB und insbesondere die dort vorgesehenen Sanktionsmechanismen diesem "Grundsatzcharakter des Rechts der Rechnungslegung"[1246] gerecht werden. Es sei deshalb schwer einsichtig, daß das öffentlich-rechtlich strukturierte Bilanzrecht mit seinen Offenlegungsverpflichtungen gleichsam durch die Beschränkung des Kreises der Antragsberechtigten privatisiert werde.[1247] Es sei "rechtssystematisch ungereimt", wenn die Sanktion allein auf einen Personenkreis beschränkt sei, der zwar in erster Linie, jedoch nicht allein Adressat des Jahresabschlusses und der an ihn anknüpfenden Publizität sei. Schon nach der rein deutschen Rechtslage - ohne Berücksichtigung der europarechtlichen Einbindung - könne deshalb vor dem Hintergrund des öffentlich-rechtlichen Charakter des Jahresabschlusses eine vom Gesetzgeber für nötig gehaltene Sanktion nicht vom Antrag des in § 335 S.2 HGB a.F. genannten (begrenzten) Personenkreises abhängig sein.[1248]

c) Stellungnahme

Mit dieser Einschätzung wurde jedoch keine Aussage darüber getroffen, ob das zwingende, öffentlich-rechtliche Bilanzrecht aufgrund privater Initiative oder aufgrund behördlicher Durchsetzung effektiv gemacht werden sollte. Jedenfalls sei bei einem antragsabhängigen Zwangsverfahren der Kreis der Antragsteller sehr weit zu ziehen.[1249]

Diese Überlegungen zur Rechtsnatur des Handelsbilanzrechts führen nicht zwangsläufig dazu, daß ein Antragsverfahren als Sanktionsmittel unterlassener Offenlegung mit der Rechtsnatur des Handelsbilanzrechts unvereinbar wäre. Unter Berücksichtigung der europarechtlichen Einbindung wird vielmehr davon ausgegangen, daß nach den Vorgaben des Europarechts die Möglichkeit besteht, die

---

[1246] *Crezelius*, ZGR 1999, S. 252, 257.
[1247] *Crezelius*, ZGR 1999, S. 252, 257/258.
[1248] *Crezelius*, ZGR 1999, S. 252, 258.
[1249] *Crezelius*, ZGR 1999, S. 252, 257.

Sanktionsregelung derart umzustellen, daß das Antragsrecht auf eine weiten Kreis von Personen erweitert wird.[1250]

Wenn es weiter heißt, zwingendes öffentliches Recht könne nicht zur Disposition Privater stehen,[1251] so kann dies als Absage an das "Jedermann-Antragsverfahren" verstanden werden. Nach dem zuvor Gesagten ergibt sich dies jedoch nicht aufgrund der Vorgaben des Europarechts, sondern aus rechtssystematischen Erwägungen des deutschen Rechts.

Folglich ergibt sich aus der Rechtsnatur des Handelsbilanzrechts, auch wenn man diese aufgrund seines zwingenden Charakters dem öffentlichen Recht zuordnet, nicht, daß eine Sanktionierung unterlassener Rechnungslegungspublizität in Form eines Jedermann-Antragsverfahrens mit den Vorgaben des Europarechts unvereinbar wäre.

Im übrigen überzeugen auch rechtssystematische Erwägungen des deutschen Rechts, die gegen das Jedermann-Antragsverfahren des KapCoRiLiG ins Feld geführt wurden, nicht. Wie bereits an anderer Stelle[1252] ausgeführt, zeigen auch andere Bereiche des öffentlichen Rechts, wie etwa sogar das Strafrecht, daß die Sankionierung der Nichtbefolgung zwingender Normen nicht immer von Amts wegen, sondern auch auf Antrag erfolgen kann, wenn man etwa an § 194 Abs.1 S.1 StGB denkt.

4. Rückbezug auf die verfassungsrechtliche Dimension der Sanktionierung unterlassener Rechnungslegungspublizität

Im Zusammenhang mit der europarechtlichen und rechtssystematischen Beleuchtung der Sanktionierung unterlassener Rechnungslegungspublizität wurde auch auf die "verfassungsrechtliche Dimension des Sanktionssystems bei unterlassener Offenlegung des Jahresabschlusses"[1253] hingewiesen. Der Rechnungslegungsgesetzgeber verstoße gegen Art. 3 Abs.1 GG, wenn er nicht durch geeignete Vor-

[1250] *Crezelius*, ZGR 1999, S. 252, 261.
[1251] *Crezelius*, ZGR 1999, S. 252, 263.
[1252] Siehe 2. Teil, B. I. a) 3. bb) (2).
[1253] *Crezelius*, ZGR 1999, S. 252, 262.

kehrungen dafür sorge, daß die belastende Norm der Offenlegungsverpflichtung effektiv gleichmäßig durchgesetzt werde.[1254]

Dieser Aspekt spricht die im Rahmen der Verfassungsmäßigkeitsprüfung in Teil A. I. 3. b) bb) bereits behandelte Problematik der gleichmäßigen Sanktionierung von Gesetzesverstößen an. Wie dort gezeigt wurde, stellt die Möglichkeit, daß bei einem Antragsverfahren manche von Sanktionen erfaßt, andere aber verschont bleiben, keine charakteristische Ungleichbehandlung im Sinne des Verfassungsrechts dar, die der Gesetzgeber zu berücksichtigen hätte, so daß kein Verstoß gegen das Differenzierungsgebot und damit Art. 3 Abs.1 GG vorliegt.

5. Zwischenergebnis

Aus der Rechtsnatur der Rechnungslegungspublizität als öffentlich-rechtlicher Pficht innerhalb des Sonderprivatrechts der Kaufleute folgt nicht, daß die Sanktionierung unterlassener Rechnungslegungspublizität nach KapCoRiLiG durch das "Jedermann-Antragsverfahren" mit den diesbezüglichen Vorgaben des Europarechts unvereinbar wäre. Auch rechtssystematische Erwägungen stehen weder der Europarechtsmäßigkeit des Jedermann-Antragsverfahrens, noch diesem selbst entgegen.

III. Die Rückerstattung europarechtswidrig erhobener Handelsregistergebühren

Auch die im Zuge der Befolgung von Transparenz- und Publizitätspflichten anfallenden Kosten sind dahin zu überprüfen, ob ihre Entstehung und Erhebung mit den Vorgaben des Europarechts vereinbar sind.

1. Allgemeine Überlegungen

Wenn Unternehmen handelsrechtliche Transparenz- und Publizitätspflichten befolgen, indem sie pflichtgemäß Registeranmeldungen vornehmen sowie Unterla-

---

[1254] *Crezelius*, ZGR 1999, S. 252, 262.

gen, Jahresabschlüsse etc. einreichen, fallen Kosten an. Dabei ist zu differenzieren:

In der kontroversen Diskussion über den Sinn von Transparenz- und Publizitätspflichten in Form der Rechnungslegungspublizität ist vielfach die Rede von den nicht direkt bezifferbaren Kosten, die durch die Befolgung der Verpflichtung entstehen, den Jahresabschluß und die Gewinn- und Verlustrechnung offenzulegen: Geschäftspartner erhalten Einblick in die Gewinn und Verlustrechnung und somit in vorhandene Gewinnspannen. Sie können in den Verhandlungen entsprechend Druck ausüben, was sich gewinnmindernd auswirken dürfte. Einen tieferen Einblick in die Unternehmensstruktur können auch Wettbewerber nehmen.[1255] Auch hierdurch können sich mittelbar Verluste ergeben.[1256]

Zu untersuchen sind hier jedoch die unmittelbar anfallenden Kosten in Form von Notar- und Gerichtsgebühren, die mit der Anmeldung und Eintragung von registerpflichtigen Tatsachen sowie durch die pflichtgemäße Einreichung publizitätspflichtiger Unterlagen entstehen. Angesichts aktueller Rechtsprechung des EuGH[1257] und deutscher Gerichte[1258] zur Europarechtswidrigkeit von Handelsregistergebühren soll hier ein Schwerpunkt gesetzt werden.

2. Gebühren nach der KostO

Nach § 26 der Kostenordnung (KostO) sind die Kosten für eine Handelsregistereintragung anhand des Geschäftswertes zu berechnen. Mit zunehmender Höhe eines einzutragenden Betrages steigen also - wenn auch degressiv - die Gebühren für die Handelsregistereintragung, unabhängig vom tatsächlichen Aufwand.

[1255] A.A. *Ehlig*, Wpg 1997, S. 513, 522.

[1256] Vgl. *Münster*, Wirtschaftswoche Nr. 8 v. 18.2.1999, S. 78, 79.

[1257] EuGH, Urt. v. 2.12.1997 - Rs C 188/95 (Ostre Landsret /Dänemark), ZIP 1998, S. 206 mit Bspr. *Gustavus*.

[1258] BayObLG, Beschl. v. 9.12.1998, 3 Z BR 245/98, ZIP 1999, S. 359, dazu *Lappe*, EWiR § 26 KostO 1/99, S. 219; Beschl. v. 2.12.1998, 3 Z BR 244/98, ZIP 1999, S. 363, dazu *Gustavus*, EWiR, § 26 KostO, 2/99, S. 211; Beschl. v. 25.11.1998, 3 Z BR 164/98, ZIP 1999, S. 364, dazu *Keil*, EWiR, § 26 KostO 3/99, S.223; OLG Köln, Beschl. v. 16.11.1998, S. 436. abweichend LG Koblenz, Beschl. v. 6.11.1998 - 1 HT 2/98, EuZW 1999, S. 223.

3. Überprüfung im Hinblick auf europarechtliche Vorgaben

Dies ist auf seine Vereinbarkeit mit den europarechtlichen Vorgaben hin zu überprüfen.

a) Rechtsprechung des EuGH als Ausgangspunkt

Der Europäische Gerichtshof hatte in einer dänischen Handelsregistersache entschieden, daß für die Eintragung einer Kapitalgesellschaft oder deren Zweigniederlassung in das Handelsregister Gebühren nur in einer Höhe erhoben werden dürfen, die sich in der Größenordnung der tatsächlichen Kosten bewegt, die für das Eintragungsverfahren anfallen.[1259]

Denn Handelsregistergebühren, die den tatsächlichen Aufwand der Eintragung deutlich überschreiten, hätten den Charakter einer Steuer und verstießen deshalb als unzulässige indirekte Steuern gegen die Gesellschaftsteuerrichtlinie der EU[1260].

Die Gesellschaftsteuerrichtlinie besagt, daß auf die Ansammlung von Kapital in Gesellschaften eine in Art. 7 der Richtlinie harmonisierte Gesellschaftssteuer erhoben werden darf, die Mitgliedstaaten aber neben der Gesellschaftssteuer von den betroffenen Gesellschaften keinerlei andere Steuern und Abgaben erheben dürfen. Lediglich Abgaben mit Gebührencharakter sind davon ausgenommen.[1261]

Daraus folgt der EuGH, daß für Handelsregistereintragungen von Kapitalgesellschaften nur Abgaben mit Gebührencharakter erhoben werden dürfen. Andernfalls läge eine europarechtswidrige zusätzliche indirekte Steuer vor.

[1259] EuGH, Urt. v. 2.12.1997 - Rs C 188/95 (Ostre Landsret/Dänemark), ZIP 1998, S. 206 mit Bspr. *Gustavus*.

[1260] Richtlinie betreffend die indirekten Steuern auf die Ansammlung von Kapital (ABl. d. EG L 249, 25) in der durch die Richtlinie 85/303/EWG (ABl. d. EG L 156, S.23) geänderten Fassung.

[1261] Zusammenfassung nach *Görk*, DStR 1999, S. 283, 283.

b) Entscheidungen deutscher Fachgerichte

Aus dieser grundlegenden Entscheidung des EuGH folgern deutsche Fachgerichte, daß daß Kostenrechnungen der Handelsregister für Eintragungen von Kapitalgesellschaften sich am tatsächlichen Aufwand für die Eintragung orientieren müssen.[1262] Unter Verweis auf die Rechtsprechung des Bundesverfassungsgerichts führt das Bayerische Oberste Landesgericht[1263] dazu aus:

„Die Gebühren für die Handelsregistereintragungen fallen unter Art. 12 Abs.1 lit. e. Gebühren gehören zu den öffentlichen Abgaben. Sie sind gesetzlich oder aufgrund eines Gesetzes festgelegte Entgelte für die Inanspruchnahme der öffentlichen Verwaltung. Dadurch unterscheiden sie sich von Steuern und Sonderabgaben, die in erser Linie dem Finanzbedarf des Staates oder der Gemeinden dienen und nicht im Zusammenhang mit einer konkreten Gegenleistung an den Abgabeschuldner stehen. Für Gebühren gilt außerdem, anders als für Steuern, das Äquivalenzprinzip (vgl. BVerfGE 92, 91 (115); 20, 257 (269)).“

Nach dem Äquivalenzprinzip muß eine Gebühr äquivalent zu der tatsächlichen Gegenleistung des Staates für die mit der Gebühr abgerechnete Leistung sein („Gebühr schöpft äquivalenten Vorteil ab“).[1264] In Legaldefinitionen für Gebühren findet sich dies wieder, wenn dort die Gebühr als Geldleistung in Form einer Gegenleistung für eine besondere staatliche Leistung - Amtshandlung oder sonstige Tätigkeit - der Verwaltung charakterisiert wird, vgl. beispielsweise § 4 Abs.2 KAG NW.

Demgegenüber steigen, so das Bayerische Oberste Landesgericht weiter, die Gebühren für Handelsregistereintragungen unabhängig vom tatsächlichen Aufwand mit zunehmender Höhe des einzutragenden Kapitals.

In den vom Bayerischen Obersten Landesgericht entschiedenen Fällen war in einem Falle das Ausscheiden von Kommanditisten aus einer GmbH & Co. KG mit Gesamteinlagen von rund DM 10 Mio. eingetragen worden, wofür eine Gebühr von DM 15.143,00 erhoben worden war. Im anderen Fall wurde einer KGaA mit einem Grundkapital von rund DM 200 Mio. für die Eintragung einer Zweigniederlassung ein Betrag von DM 51.525,00 in Rechnung gestellt.

[1262] BayObLG, Beschl. v. 9.12.1998, 3 Z BR 245/98, ZIP 1999, S. 359, dazu *Lappe*, EWiR § 26 KostO 1/99, S. 219; Beschl. v. 2.12.1998, 3 Z BR 244/98, ZIP 1999, S. 363, dazu *Gustavus*, EWiR, § 26 KostO, 2/99, S. 211; Beschl. v. 25.11.1998, 3 Z BR 164/98, ZIP 1999, S. 364, dazu *Keil*, EWiR, § 26 KostO 3/99, S.223; OLG Köln

[1263] BayObLG, Beschl. v. 25.11.1998 - 3 Z BR 164/98, NJW 1999, S. 653.

[1264] Vgl. statt vieler *Tipke/Lang*, § 3 Rdnr. 18 m. w. N.

Das Bayerische Oberste Landesgericht führte dazu weiter aus[1265], daß eine Abgabe, deren Höhe unmittelbar und unbegrenzt im Verhältnis zu dem gezeichneten Kapital steige, schon ihrer Natur nach keinen Gebührencharakter im Sinne der EU-Gesellschaftsrichtlinie haben könne. Nach alledem wurden in beiden Fällen die Gebührenrechnungen wegen Verstoßes gegen europäisches Gemeinschafrsrecht abgeändert.

In die gleiche Richtung geht eine Entscheidung des Oberlandesgerichts Köln, wonach das Registergericht verpflichtet ist, Feststellungen zu dem tatsächlichen Aufwand zu treffen.[1266]

Demgegenüber hält das Landgericht Koblenz § 26 KostO für mit der Gesellschaftssteuerrichtlinie für vereinbar.[1267] Zwar handele es sich bei den nach der Kostenordnung zu erhebenden Gebühren um Abgaben mit Gebührencharakter gem. Art. 12 I lit. e Richtlinie. Für die Bemessung der Gebühren könne ein Mitgliedstaat aber sämtliche Kosten berücksichtigen, die mit den Eintragungen zusammenhingen, einschließlich des auf die Vorgänge entfallenden Teils der allgemeinen Kosten. Danach könne der Gesetzgeber alle Personal- und Sachkosten berücksichtigen, die mit der Einrichtung und Führung des Handelsregisters zusammenhingen, und die im Einzelfall beträchtlich sein könnten, je nach personeller und sachlicher Ausstattung des entsprechenden Registergerichts. Daß § 26 I KostO den Geschäftswert nach dem Wert des einzutragenden Geldbetrages bestimme, sei ein angemessener und geeigneter Maßstab. Denn die registerrechtliche Bedeutung der Angelegenheit für den Kostenschuldner schlage sich regelmäßig auch in der Höhe des Werts seines Stammkapitals nieder. Auch das abstrakte Haftungsrisiko des Staates bei der Handelsregisterführung steige mit wachsenden Stammkapitalwerten. Im übrigen würden bei einer einheitlichen Handelsregistergebühr wirtschaftlich schwächere Beteiligte die stärkeren mit unterstützen, dem nicht zugestimmt werden könne, argumentiert das Landgericht Koblenz.[1268]

[1265] BayObLG, Beschl. v. 9.12.1998, 3 Z BR 245/98, ZIP 1999, S. 359, dazu *Lappe*, EWiR § 26 KostO 1/99, S. 219; Beschl. v. 2.12.1998, 3 Z BR 244/98, ZIP 1999, S. 363, dazu *Gustavus*, EWiR, § 26 KostO, 2/99, S. 211; Beschl. v. 25.11.1998, 3 Z BR 164/98, ZIP 1999, S. 364, dazu *Keil*, EWiR, § 26 KostO 3/99, S.223.

[1266] OLG Köln, Beschl. v. 16.11.1998 - Az.: 2 Wx 45/98, EuZW 1999, S. 221.

[1267] LG Koblenz, Beschl. v. 6.11.1998 - 1 HT 2/98, EuZW 1999, S. 223.

[1268] LG Koblenz, Beschl. v. 6.11.1998 - 1 HT 2/98, EuZW 1999, S. 223.

c) Literaturmeinungen

Gegenüber der Rechtsprechung des Bayerischen Obersten Landesgerichts und des Oberlandesgerichts Köln wird in der Literatur teilweise eingewandt, die deutschen und die dänischen Register- und Gebührensysteme seien aufgrund einer unterschiedlichen Struktur und Funktion nicht miteinander vergleichbar.[1269]

d) Stellungnahme

Für die Frage der Europarechtswidrigkeit von Handelsregistergebühren spielt jedoch die konkrete Ausgestaltung der Gebührensysteme in den einzelnen Mitgliedstaaten der EU keine Rolle. Entscheidend ist die Argumentation des EuGH, wann Handelsregistergebühren mit den Vorgaben des Europarechts unvereinbar sind, und die Frage ihrer strukturellen Anwendbarkeit auf die deutschen Handelsregistergebühren. Dabei ist die Argumentation des EuGH, losgelöst von der konkreten Ausgestaltung des Register- und Gebührensystems in Deutschland und Dänemark, auf das in § 26 KostO enthaltene Prinzip der Erhebung von Handelsregistergebühren abhängig vom Geschäftswert anwendbar. Auch das Landgericht Koblenz sieht in gleicher Weise wie das Bayerische Oberste Landesgericht und das Oberlandesgericht Köln in den Handelsregistergebühren nach Kostenordnung Abgaben mit Gebührencharakter. Es widerspricht aber entgegen dem Landgericht Koblenz diesem Gebührencharakter, wenn die Abgabenhöhe mit steigendem Geschäftswert wächst. Denn das Landgericht Koblenz läßt außer acht, daß der Aufwand einer Eintragung nicht zwangsläufig mit steigendem Geschäftswert wächst. Ein möglicherweise steigendes Haftungsrisiko mit steigendem Geschäftswert bedeutet keinen steigenden Aufwand und kann deshalb höhere Gebühren nicht rechtfertigen. Eine Heranziehung entsprechend der Leistungsfähigkeit entspricht dem Charakter einer Steuer, nicht aber Gebühren. Im Ergebnis sind daher Handelsregistergebühren, die den Aufwand der Eintragung deutlich übersteigen, nicht mehr mit dem Charakter einer Gebühr vereinbar, sondern haben den Charakter einer mit der Gesellschaftsrechtsrichtlinie unvereinbaren Steuer und sind daher europarechtswidrig.

[1269] *Görk*, DStR 1999, S. 283-288; *Fabis*, ZIP 1999, S. 1041-1045.

4. Zulässiger Gebührenansatz

Den Entscheidungen des Bayersichen Obersten Landesgerichts und des Oberlandesgerichts Köln sowie zustimmenden Stellungnahmen der Literatur läßt sich entnehmen, daß Eintragungsgebühren bis zu ca. DM 500,00 für Eintragungen von Kapitalgesellschaften noch als europarechtskonform und damit zulässig eingestuft werden können.

Das Justizministerium Baden-Würtemberg hat mit einem Runderlaß zu den Gebühren in Handelsregisterangelegenheiten reagiert.[1270] Darin werden als Hilfestellung für die Bemessung des berücksichtigungsfähigen Aufwandes folgende Werte genannt:

Bargründung AG/GmbH:	400 DM/300 DM,
Sachgründung AG/GmbH:	500 DM/350 DM,
Barapitalerhöhung AG/GmbH:	250 DM/170 DM,
Sachkapitalerhöhung AG/GmbH:	300 DM/210 DM,
Satzungsänderung AG/GmbH:	270 DM/230 DM,
Eintragung inländischer Zweigniederlassung:	120 DM,
Neueintragung oder Veränderung in HR:	270 DM.

In der Regel wird eine Gebühr von DM 1.000,00 für einen Vorgang den tatsächlichen Aufwand übersteigen und ist demnach unzulässig.[1271] Angesichts dessen kann jedenfalls bei höheren Gebühren als DM 2.000,00 infolge sehr hoher Geschäftswerte von deren Europarechtswidrigkeit und damit Unzulässigkeit ausgegangen werden.

5. Verjährung

In Justizverwaltung, Rechtsprechung und Schrifttum ist die Behandlung der in der Vergangenheit bezahlten, europarechtswidrig überhöhten Handelsregister-Gebühren noch nicht geklärt. Unklar ist insbesondere, ob und gegebenenfalls wann Rückzahlungsansprüche aus Überzahlungen verjähren.

[1270] Runderlaß 5642/0015 v. 27.4.1998 mit Ergänzung v. 2.6.1998, abgedruckt in ZIP 1998, S.1246-1248.

[1271] BayObLG, Beschl. v. 25.11.1998 - 3Z BR 164/98, DB 1999, S. 209, 211 mit detaillierten Berechnungen; *Gustavus*, ZIP 1998, S. 502f.

a) Rückzahlungsansprüche aus Überzahlungen nach dem 01.01.1998

Zum Teil wird angenommen, daß - ausgehend von einer vierjährigen Verjährungsfrist gem. § 17 Abs.2 KostO - Rückzahlungsansprüche aus Überzahlungen vor dem 31.12.1994 am 31.12.1998 verjährt sind.[1272] Entsprechend wären Überzahlungen bis 31.12.1995 am 31.12.1999 verjährt und Überzahlungen bis 31.12.1996 am 31.12.2000. Rückzahlungsansprüche wegen überhöhter Zahlungen, die nach dem 01.01.1997 vorgenommen wurden, sind damit auch nach dieser Ansicht vor dem Einwand der Verjährung sicher, wenn die Erinnerung bis 31.12.2001 eingelegt wird.

b) Kostenrechnungen ab 01.01.1972

Demgegenüber wird von anderer Seite die Auffassung vertreten, daß die vierjährige Verjährung nicht mit Zahlung der überhöhten Gebühren, sondern erst mit Geltendmachung des Rückerstattungsanspruches bzw. genau genommen erst mit der Aufhebung des Kostenansatzes zu laufen beginnt.[1273]

Bis 01.01.1972 hätte die Gesellschaftsteuerrichtlinie in deutsches Recht umgesetzt sein müssen. Nimmt man mit dieser Ansicht an, daß die Verjährung von Rückerstattungsansprüchen für überhöhte Gerichtskostenrechnugen erst dann zu laufen anfängt, wenn die Kostenrechnungen aufgehoben werden, beginnt für alle überhöhten Kostenrechnungen ab 01.01.1972 die Verjährung des entsprechenden Rückerstattungsanspruchs frühestens mit Einlegen der Erinnerung. Praktisch ist diese damit für alle Kostenrechungen, die mehr als DM 1.000,00 betrugen, möglich

6. Zusammenfassung

Die Gebühren, die von den Amtsgerichten für Handelsregistereintragungen erhoben werden, verstoßen nach Auffassung mehrerer deutscher Gerichte[1274] in ge-

[1272] OLG Düsseldorf, NJW-RR 1999, S. 296.
[1273] OLG Köln, NJW-RR 1992, S. 1086.
[1274] BayObLG, Beschl. v. 9.12.1998, 3 Z BR 245/98, ZIP 1999, S. 359, dazu *Lappe*, EWiR § 26 KostO 1/99, S. 219; Beschl. v. 2.12.1998, 3 Z BR 244/98, ZIP 1999, S. 363, dazu *Gustavus*, EWiR, § 26 KostO, 2/99, S. 211; Beschl. v. 25.11.1998, 3 Z BR 164/98, ZIP 1999, S.

wissen Konstellationen gegen europäisches Recht und können deshalb deshalb in diesen Fällen teilweise erheblich gekürzt werden. In zahlreichen Veröffentlichungen wurde dies im Schrifttum nahezu einhellig als richtig bestätigt.[1275]

Für Kapitalgesellschaften sowie besondere Personengesellschaf-ten i.S.d. § 264a HGB können sich Handelsregistereintragungs-kosten - vornehmlich bei hohen Geschäftswerten - deshalb in Zukunft deutlich ermäßigen.

Für die Vergangenheit kann es zu Rückerstattungen von gezahlten Handelsregistergebühren kommen, wenn diese mehr als DM 500,00 betragen haben. Dabei sind Rückzahlungsansprüche für Kostenrechnungen ab 01.01.1972 denkbar. Rechtsmittel zur Geltendmachung eines solchen Rückerstattungsanspruchs ist das Rechtsmittel der "Erinnerung". Es dient auch der Infragestellung aktueller Zahlungsaufforderungen mit einer Gebührenhöhe deutlich über DM 500,00.

IV. Die Kommerzialisierung von Informationen, die aufgrund bestehender Publizitätspflichten erlangt werden

1. Bestehende Einsichts- und Verwertungsrechte

Gemäß § 9 Abs.1 HGB kann jeder in die zum Handelsregister eingereichten Unterlagen Einblick nehmen, ohne daß es dazu des Nachweises eines berechtigten Interesse bedarf.[1276] Umstritten ist die Frage, auf welche Weise eine solche Einsichtnahme verwertet werden darf. Der Bundesgerichtshof hat dazu entschieden, daß sowohl die kommerzielle Nutzung des Handelsregisters[1277] als auch eine öffentliche Analyse eines offengelegten Jahresabschlusses unter Nennung des Un-

---

364, dazu *Keil*, EWiR, § 26 KostO 3/99, S.223; OLG Köln, Beschl. v. 16.11.1998, - 2 Wx 45/98, EuZW 1999, S. 221.; abweichend LG Koblenz, Beschl. v. 6.11.1998 - 1 HT 2/98, EuZW 1999, S. 223.

[1275] *Singer*, Inf 1999, S. 306-309 mit Muster-Erinnerung.; *Haas*, BRAK-Mitt. 4/1999, S.173-175; *Sprockhoff*, NZG 1999, S. 747-752; *Lappe*, § 26 KostO 1/99, S. 219-220; *Gustavus*,§ 26 KostO 2/99, S. 221-222; *Keil*, § 26 KostO 3/99, S. 223-224; *Limmer*, Art. 10 RL 85/303/EWG 1/98, S. 383-384;*Gustavus*, ZIP 1998, S. 502-505; kritisch: *Görk*, DStR 1999, S. 283-288, da die EuGH Vorgaben der dänischen Handelsregistersache nicht ohne weiteres auf deutsches Recht anwendbar seinen; ebenso *Fabis*, ZIP 1999, S. 1041-1045, mit dem Hinweis auf eine übermäßige Belastung kleiner Gesellschaften als Konsequenz.

[1276] *Schulze-Osterloh* in: Baumbach/Hueck, GmbHG, 16.Aufl., 1996, § 41 Rdnr. 128; siehe ferner 1. Teil, B. I. 1. e) dieser Arbeit.

[1277] BGH, Beschl. v. 12.7.1989 - IVa ARZ (VZ) 9/88 -, BGHZ 108, 32.

ternehmensnamens ("Bilanzanalyse-Fall")[1278] unzulässig seien. Auf die Entscheidung des Bundesgerichtshofes im Bilanzanalyse-Fall wurde bereits oben eingegangen.[1279]

2. Die Entscheidung des Bundesgerichtshofs zum gewerblichen Anbieten einer privaten Handelsregisterdatei

Hinsichtlich der kommerziellen Nutzung des Handelsregisters durch das gewerbliche Anbieten einer privaten Handelsregisterdatei gewährt § 9 HGB nach Ansicht des Bundesgerichtshofs kein Recht, das gesamte Handelsregister auf Mikrofilm aufzunehmen und so in Konkurrenz zum Register des Amtsgerichts ein gewerbliches Register aufzubauen, dessen Abruf entgeltlich zur Gewinnerzielung angeboten wird. Eine solche Kommerzialisierung könne allerdings, so der BGH weiter, von der Justizverwaltung im Wege einer Ermessensentscheidung gestattet werden.[1280]

Der Bundesgerichtshof begründet dies damit, daß das Recht auf Einsicht gem. § 9 HGB sich zwar nicht nur auf einzelne Eintragungen beschränke. Auch umfasse das Recht auf Einsicht das selbstverständliche Recht, diese Einsicht durch selbstgefertigte Abschriften zu dokumentieren. Dabei könne der Einsichtnehmende nicht auf handschriftliche Notizen verwiesen werden. Jedoch sei die Mikroverfilmung des gesamten Bestandes des Handelsregisters, um sie als eigene Datei in Konkurrenz zum Handelsregister zu verwerten,[1281] etwas wesensmäßig anderes, als das zuvor umrissene Einsichtsrecht.[1282] Die weitere Benutzung des Handelsregisters würde damit in weiten Teilen entbehrlich. Das gehe über eine Einsicht in das Register weit hinaus und werde vom Recht auf Einsicht in § 9 Abs.1 HGB nicht mehr gedeckt.

[1278] BGH Urt. v. 8.2.1994 - VI ZR 26/93, NJW 1994, 1281 weitere Fundstellen Fn. 80, S. 12 dieser Arbeit.

[1279] Siehe oben Zweiter Teil, B. IV. 1. b) bb), S. 234ff.

[1280] BGH, Beschl. v. 12.7.1989 - IVa ARZ (VZ) 9/88 -, BGHZ 108, 32, Leitsatz 2 der Entscheidung.

[1281] BGHZ 108, 32, Leitsatz b.

[1282] BGHZ 108, 32, 36.

3. Kritik der Literatur

In der Literatur wurde dagegen die Führung eines zentralen Handelsregisters in privater Hand als zulässig angesehen. Das staatliche Rechtsprechungsmonopol erfasse nicht das Handelsregister und öffentlichen Glauben nehme ein privates Handelsregister weder für sich in Anspruch, noch benötige es ihn. Schließlich würden im Bereich der Industie- und Handelskammern bereits parallele Register geführt, die der Sache nach "privat" seien. Daher gebiete auch der Gleichbehandlungsgrundsatz die Preisgabe der Daten an (andere) Private. Eine entgegenstehende Zweckbindung des Einsichtsrechts gebe es nicht.[1283]

4. Der europarechtliche Ansatz im Schrifttum

"Das Recht auf kommerzielle Nutzung des Handelsregisters" ist mittlerweile Gegenstand einer gleichlautenden Dissertation geworden.[1284] Die Autorin gelangt darin zu dem Ergebnis, daß bereits ohne die Berücksichtigung der Vorgaben des Europarechts weder nach dem Wortlaut, noch der systematischen Stellung der einschlägigen Vorschriften belegt sei, daß ein privat betriebenes Handelsregister von Gesetzes wegen ausgeschlossen sei. Auch aus der historischen Auslegung ergebe sich dies nicht. Die gesetzgeberische Zielsetzung maximaler Publizität des Handelsregisters spreche vielmehr eher für eine weitergehende Verbreitung des Handelsregisterinhalts durch zusätzliche private Anbieter. Nach teleologischer Auslegung laufe die Errichtung eines zusätzlichen privaten Registers dem Sinn und Zweck des heutigen Handelsregisters nicht zuwider.[1285] Darüber hinaus ergebe sich aber ein Recht auf Errichtung eines privaten, gewerblichen Registers auch aus dem EG-Vertrag:

Das Prinzip der alleinigen gerichtlichen Einsichtsgewährung beschränke die gemeinschaftsrechtlich garantierte Dienstleistungsfreiheit.[1286] Ein privater Anbieter von Handelsregisterdaten stünde nämlich im Falle einer kommerziellen Nutzung des Handelsregisters unter dem Schutz der Art. 59ff. EGV[1287] (Dienstleistungsfreiheit). Die alleinige gerichtliche Handelsregisterführung stelle

---

[1283] *Hirte*, CR 1990, 631, 637.
[1284] *Kassau*, Das Recht auf kommerzielle Nutzung des Handelsregisters, Hannover 1999.
[1285] *Kassau*, Das Recht auf kommerzielle Nutzung des Handelsregisters, S. 86f.
[1286] *Kassau*, Das Recht auf kommerzielle Nutzung des Handelsregisters, S. 156.
[1287] *Kassau*, Das Recht auf kommerzielle Nutzung des Handelsregisters, S. 102.

eine Beschränkung der Dienstleistungsfreiheit dar[1288], für die es keine gemeinschaftsrechtliche Legitimation gebe. Es gelte insoweit die Doktrin, daß ein Erzeugnis grundsätzlich ungehindert überall in der Gemeinschaft verkauft werden dürfe, wenn es in einem Mitgliedstaat rechtmäßig hergestellt und in den Verkehr gebracht worden sei.[1289]

Deshalb sei den Interessenten an der Errichtung eines Zweitregisters die komplette Mikroverfilmung bundesdeutscher Handelsregister zur Errichtung einer kommerziellen Zweitdatei aufgrund gemeinschaftsrechtlicher Auslegung von § 9 HGB trotz entgegenstehender Rechtsprechung des BGH zu gestatten.[1290]

5. Stellungnahme

Die Doktrin, daß ein Erzeugnis grundsätzlich ungehindert überall in der Gemeinschaft verkauft werden dürfe, wenn es in einem Mitgliedstaat rechtmäßig hergestellt und in den Verkehr gebracht worden sei, ist auf die Führung des Handelsregisters nicht anwendbar. Dies hängt mit dem Verständnis vom Wesen der Handelsregisterführung zusammen. Denn bei der Führung des Handelsregisters steht die hoheitliche Aufsichtsfunktion im Vordergrund, die der Aufrechterhaltung der Sicherheit des Rechtsverkehrs und des Vertrauensschutzes dient. Eine Subsumtion der Handelsregisterführung unter den Dienstleistungsbegriff erscheint deshalb zumindest problematisch. Ein Anspruch auf Aufbau eines privaten, kommerziellen Zweitregisters läßt sich deshalb nicht unproblematisch aus dem Europarecht ableiten.

Im Kern ist dies auch das Argument, das gegen die oben unter 3. vorgebrachte Kritik spricht. Eine parallele Registerführung durch die Industrie- und Handelskammern läßt sich aufgrund deren Rechtsnatur als Körperschaften des Öffentlichen Rechts gem. § 3 Abs.1 IHK-G mit dem hoheitlichen Charakter der Handelsregisterführung vereinbaren, eine Führung durch Private zu kommerziellen Zwekken hingegen nicht. Diese ist jedoch nach der Rechtsprechung des Bundesgerichtshofes nicht ausgeschlossen, sondern ist im Rahmen des Ermessens der Landesjustizverwaltung ausdrücklich als möglich erachtet worden.

[1288] *Kassau*, Das Recht auf kommerzielle Nutzung des Handelsregisters, S. 129.
[1289] *Kassau*, Das Recht auf kommerzielle Nutzung des Handelsregisters, S. 156.
[1290] *Kassau*, Das Recht auf kommerzielle Nutzung des Handelsregisters, S. 156.

V. Haftung für Vollzugsdefizite bei der Umsetzung europarechtlicher Vorgaben

Durch die Rechtsprechung des EuGH, Deutschland habe durch die bisherigen Sanktionsbestimmungen gegen die Vorgaben des Europarechts verstoßen[1291] stellt sich die Frage nach einer Haftung für diese mangelhafte Umsetzung.

1. Die Grundlagen einer Haftung für die mangelnde Umsetzung europarechtlicher Vorgaben in nationales Recht

Anknüpfungspunkt ist der sog. gemeinschaftsrechtliche Staatshaftungsanspruch. Dieser hat drei Voraussetzungen[1292]:

a) Es muß gegen eine gemeinschaftsrechtliche Norm verstoßen worden sein, welche die Verleihung von Rechten an den Geschädigten bezweckt.
(individualschützende Norm)

b) Der Verstoß muß hinreichend qualifiziert sein.
(hinreichend qualifizierter Verstoß)

c) Zwischen dem Verstoß und dem Schaden, der dem Geschädigten entstanden ist, muß ein unmittelbarer Kausalzusammenhang bestehen.
(unmittelbarer Kausalzusammenhang zwischen Umsetzungsmangel und Schaden)

2. Die Tatbestandsvoraussetzungen des gemeinschaftsrechtlichen Staatshaftungsanspruches

Zu prüfen ist, ob die o.g. Tatbestandsvoraussetzungen des gemeinschaftsrechtlichen Staatshaftungsanspruchs durch die unzureichende Sanktionierung unterlassener Offenlegung vorliegen.

a) Individualschützende Norm

Wie oben ausgeführt[1293], verstieß die ehemalige Sanktionsregelung gem. § 335 Satz 1 Nr.6, Satz 2 HGB a.F. gegen die Vorschriften der Publizitätsrichtlinie über

---

[1291] EuGH, Urt. v. 29.9.1998, Rs. C-191/95, DStR 1998, S. 214, 215.
[1292] *Leible*, ZHR 162 (1998), S. 594, 604.
[1293] S.o. 2. Teil, E. II. 1., Seite 299ff.

geeignete Maßnahmen zur Sanktionierung unterlassener Offenlegung. Dabei handelt es sich um individualschützende Bestimmungen, weil in der Publizitätsrichtlinie jeder einzelne mit „inhaltlicher Unbedingtheit und Genauigkeit“ das Recht eingeräumt bekommt, in die Jahresabschlüsse aller publizitätspflichtigen Kapitalgesellschaften Einblick zu nehmen,[1294]

b) Hinreichend qualifizierter Verstoß

Ein hinreichend qualifizierter Verstoß ist zu verneinen, wenn hinsichtlich der Auslegung der europarechtlichen Vorgaben Schwierigkeiten oder Auslegungsspielräume verbleiben. Auslegungsschwierigkeiten könnte man hinsichtlich der Publizitätsrichtlinie dadurch annehmen, daß nicht immer einhellig beurteilt wurde, wer als „Dritter“ zum Kreise der Einsichtsberechtigten gehören sollte. Teilweise wurde dazu früher vertreten, die Richtlinienbestimmungen, die ein Einsichtsrecht für "Dritte" vorsehen, seien einschränkend dahingehend auszulegen, daß es sich dabei um Personen handele, die bereits in Rechtsbeziehungen mit der Gesellschaft stehen.[1295] Demgegenüber ist jedoch zu beachten, daß mittlerweile durch einschlägige Urteile des EuGH klargestellt ist, wer als "Dritter" ein Einsichtsrecht hat, nämlich jedermann.[1296] Auslegungsschwierigkeiten stehen daher einem hinreichend qualifizierten Verstoß nicht (jedenfalls nicht mehr) entgegen.

c) Unmittelbarer Kausalzusammenhang zwischen Umsetzungsmangel und Schaden

Hauptproblem bei der Geltendmachung eines gemeinschaftsrechtlichen Staatshaftungsanspruchs gegen die Bundesrepublik Deutschland wegen der Nichtumsetzung der Vorgaben zur Rechnungslegungspubliztiät ist der unmittelbare Kausalzusammenhang zwischen dem Umsetzungsmangel und dem eingetretenen Schaden. Zunächst dürfte bereits der Nachweis schwierig sein, den Eintritt eines konkreten Schadens darzulegen und notfalls zu beweisen. Äußerst schwierig jedoch

[1294] *Leible*, ZHR 162 (1998), S. 597, 604, mit weiteren Einzelheiten.
[1295] *Bärmann*, Europäische Integratiion, S. 45.
[1296] EuGH Slg. 1974, 1201, 1207 Egrd. 6 - Haaga; EuGH Slg. 1988, 4665, 4686 Egrd. 12 - Ubbink Isolatie/Dak-en Wandtechnik; EuGH Slg. 1997- I, 6843, 6863 Egrd 14 - Daihatsu.

erscheint es, den Kausalzusammenhang zwischen fehlerhafter Umsetzung und eingetretenem Schaden zu beweisen.[1297]

3. Zwischenergebnis

Der Durchsetzung eines gemeinschaftsrechtlichen Staatshaftungsanspruchs wegen der bis zum Inkrafttreten des KapCoRiLiG unzureichenden Sanktionierung unterlassener Rechnungslegungspublizität stehen rechtliche und tatsächliche Bedenken entgegen: Zwar wurde gegen individual-schützende Vorschriften der Publizitätsrichtlinie verstoßen. Auch dürfte trotz einer früher nicht einheitlichen Auslegung der Richtlinie ein hinreichend qualifizierter Verstoß gegen das Gemeinschaftsrecht vorliegen, weil seit der klarstellenden Rechtsprechung des EuGH keine Auslegungsspielräume mehr verbleiben. Jedenfalls aber dürfte der Nachweis kaum zu führen sein, daß aufgrund dieses Verstoßes ein konkret bezifferbarer Schaden eingetreten ist.

Eine andere Frage ist es, zivilrechtliche Ansprüche gegen publiziätsscheue Gesellschaften mit beschränkter Haftung selbst geltend zu machen. Dieser Frage soll in dieser Arbeit nicht näher nachgegangen werden. Sie ist Gegenstand einer eigenständigen Untersuchung im Rahmen einer aktuell erschienenen Dissertation.[1298]

F. Die Möglichkeit fehlender Rechnungslegungspublizität trotz Haftungsbeschränkung nach den Vorgaben des Europa- und Verfassungsrechts

Im Rahmen der vorstehenden Untersuchung der Verfassungsmäßigkeit bestehender Transparenz- und Publizitätspflichten deutscher Unternehmen wurde festgestellt, daß unter Verstoß gegen den Gleichheitssatz aus Art. 3 Abs.1 i.V.m. Art. 19 Abs.4 GG deutsche Zweigniederlassungen von Kapitalgesellschaften mit Sitz außerhalb von EU und EWR nicht zur Rechnungslegungspublizität verpflichtet sind.[1299]

[1297] *Leible*, ZHR 162 (1998), S. 597, 606f., mit weiteren Einzelheiten.
[1298] *Jansen*, Publizitätsverweigerung und Haftung in der GmbH, S. 161-288.
[1299] Siehe dazu bereits erster Teil, C. III. 4. b), S. 126ff.; zweiter Teil B. V. 1.c), 2 b), S. 247, 253 ff.

Wenn also nach dem Recht am Sitz der Hauptniederlassung keine Rechnungslegungspublizität vorgeschrieben ist, ist die deutsche Zweigniederlassung dann keiner Rechnungslegungspublizität ausgesetzt. Wenn es sich dann bei dem ausländischen Unternehmen ohne Rechnungslegungspubliziätspflicht um eine Kapitalgesellschaft handelt, besteht für die deutsche Zweigniederlassung trotz der mit dem Charakter einer Kapitalgesellschaft verbundenen Haftungsbeschränkung auf das Gesellschaftsvermögen keine Verpflichtung zur Rechnungslegungspublizität.

Angesichts der - insbesondere im Zuge des KapCoRiLiG - zu verzeichnenden Bemühungen, eine unerwünschte Jahresabschlußpublizität zu vermeiden[1300], stellt sich nach dem vorstehenden Befund die Frage, ob es auf dieser Basis möglich ist, ein Modell zu entwickeln, wonach in Deutschland ein Unternehmen betrieben werden kann, das trotz Haftungsbeschränkung nicht zur Offenlegung seines Jahresabschlusses verpflichtet ist.

Alle bisherigen Modelle zur Vermeidung unerwünschter Rechnungslegungspublizität konnten dies nicht erreichen:

I. Bisherige Modelle zur Meidung unerwünschter Jahresabschlußpublizität

Insbesondere als Reaktion auf die Verschärfung der Rechnungslegungspublizität durch das KapCoRiLiG finden sich im Schrifttum zahlreiche Ansätze zur Umgehung oder zumindest Herabmilderung der vornehmlich im Mittelstand unerwünschten Transparenz- und Publizitätspflichten hinsichtlich der Rechnungslegung.[1301] "Der listenreiche Odysseus incorporated fahndet schon jetzt nach Fluchtwegen, um den mit den strengeren Rechnungslegungspflichten verbundenen Mehrkosten und der von der Publizität befürchteten negativen Auswirkung zu entrinnen."[1302]

[1300] *Winkeljohann/Schindhelm*, Das KapCoRiLiG, S. 244-293; *Schindhelm/Hellwege/Stein*, StuB 2000, S. 72-83; *Marx/Scharenberg*, StuB 1999, S. 1138-1145; *Eisolt/Verdenhalven*, NZG 2000, S. 130-134; *Bitter/Grashoff*, DB 2000, S. 833-839; *Theile*, GmbHR 2000, S. 215-220, insb. 216ff.; *Meyer*, BBK Fach 15, S. 1183; BBK Nr.5 vom 3.3.2000, S. 223; *Heni*, DStR 1999, S. 912- 916; *Hoffmann*, INF 2000, S. 271ff.; bereits frühzeitig: *Weimar/Reeh*, DB 1988, S. 1637-1643.

[1301] Siehe vorstehende Fußnote.

[1302] *Zimmer/Eckhold*, NJW 2000, S. 1361, 1363 m.w.N.

Dabei wurden Strategien entwickelt hinsichtlich der Einelabschlußpublizität sowie im Hinblick auf die Konzernabschlußpflicht. Hinsichtlich der Einzelabschlußpublizität gibt es Modelle zur Umgehung bzw. Vermeidung der Offenlegung des Jahresabschlusses. Daneben bestehen Modelle zur Abmilderung von Transparenz und Publizität. Insgesamt besteht auch die Möglichkeit, im Rahmen von Kombinationsmodellen die einzelnen Modelle miteinander zu kombinieren.

1. Strategien hinsichlich der Einzelabschlußpublizität

Hinsichtlich der Einzelabschlußpublizität wird zum einen versucht, diese gänzlich auszuschließen. Zum anderen werden Möglichkeiten angesprochen, diese zumindest abzuschwächen.

a) Ausschlußmodelle

Als tragfähiges Modell zum Ausschluß unerwünschter Rechnungslegungspublizität wird im Schrifttum im wesentlichen nur eine Lösung genannt, die hier als "Komplementärlösung" bezeichnet wird.[1303] Weitere Modelle, insbesondere ein Rückgriff auf andere Rechtsformen wie GbR, EWIV[1304] und Stiftung scheiden aus, wie im Folgenden zu zeigen sein wird:

aa) Die Komplementärlösung

Die "Komplementärlösung" setzt das Vorliegen einer klassischen GmbH & Co. KG bzw. einer "Stiftung und Co." voraus. Für beide Rechtsformen bestand bis zum Inkrafttreten des KapCoRiLiG trotz ihrer faktischen Haftungsbeschränkung keine Jahresabschlußpublizität. Sie galten deshalb als die geradezu idealen Gestaltungsformen zur Vermeidung der Jahresabschlußpublizität der GmbH.[1305] Durch das KapCoRiLiG ist dies hinfällig geworden, vgl. § 264a HGB i.d.F. d. KapCoRiLiG.

[1303] *Zimmer/Eckhold*, NJW 2000, S. 1361, 1363 m.w.N.
[1304] Dahingehend aber: *Hahn*, GmbHR 2000, R 69f.
[1305] *Weimar/Reh*, DB 1988, S 1637, 1640ff.

Weiterhin ausschließen kann man die Jahresabschlußpublizität bei Unternehmen in Rechtsform einer GmbH & Co. KG bzw. Stiftung & Co. KG, indem eine natürliche Person als weiterer persönlich haftender Gesellschafter neben die vollhaftende GmbH bzw. Stiftung tritt. Wegen dieses Hinzutretens einer natürlichen Person als weiterer Komplementär neben die Verwaltungs-GmbH bzw. die Stiftung wird diese Lösung hier als "Komplementärlösung" bezeichnet.[1306] Dabei kann der Komplementär durch geeignete gesellschaftsvertragliche Reglungen vom Recht zur Geschäftsführung und Vertretung der KG ausgeschlossen werden, vgl. § 114 Abs.2, § 125 Abs.2 S.1 HGB.

Ferner sollten, je nach der konkreten Ausgangslage im jeweiligen Gestaltungsfall, weitere gesellschaftsvertragliche Gestaltungen vorgesehen oder zumindest überdacht werden. Denkbar ist beispielsweise, daß einer der Kommanditisten, der u.U. auch Geschäftsführer der Verwaltungs-GmbH ist, als Komplementär berufen wird. Zur Vermeidung der Konzernabschlußpflicht - dazu unten - sollte dann gesellschaftsvertraglich abgesichert werden, daß dieser nunmehr vollhaftende ehemalige Kommanditist nicht als Geschäftsführer der Verwaltungs-GmbH, sondern als Komplementär die GmbH & Co KG vertritt und die Geschäfte führt.[1307] Häufiger wird im Schrifttum jedoch die Konstellation besprochen, daß ein "Strohmann" als Komplementär dient. Dieser wäre dann, wie oben bereits angesprochen, von der Geschäftsführung und Vertretung der Gesellschaft auszuschließen, §§ 114 Abs.2, 125 Abs.1 2. Hs HGB.[1308] Ferner ist auch das Veto-Recht bei Handlungen, die über den gewöhnlichen Geschäftsbetrieb hinausgehen (§§ 161 Abs.2, 116 Abs.2 HGB) nach § 109 HGB abdingbar.[1309] Auch ein Ausschluß des Strohmanns aus der Gesellschaft bei sachlich gerechtfertigten Gründen kann vorgesehen werden. Weiter könnte bereits bei Eintritt des Strohmanns ein unwiderrufliches, unbefristetes Angebot desselben nebst entsprechender Handelsregisteranmeldung bereits vorbereitet sein, wieder auszuscheiden.[1310] Wichtig

---

[1306] *Schindhelm/Hellwege/Stein*, StuB 2000, S. 72, 76 sprechen insoweit vom "Vermeidungsmodell".

[1307] Ein in der Praxis durchaus nicht selten anzutreffender Fall, der sich allerdings nicht immer ohne weiteres aus den Handelsregister-Mitteilungen der Lokalpresse erschließt, weil zwar der Eintritt eines weiteren Komplementärs unter Namensnennung bekanntgegeben, der Austritt eines Kommanditisten aber ohne Individualisierung angegeben wird, so daß der Zusammenhang, daß es sich um ein und dieselbe Person handelt, nicht ohne weiteres hergestellt werden kann.

[1308] *Schindhelm/Hellwege/Stein*, StuB 2000, S. 72, 76.

[1309] *Schindhelm/Hellwege/Stein*, StuB 2000, S. 72, 76.

[1310] *Schindhelm/Hellwege/Stein*, StuB 2000, S. 72, 76.

sind allerdings eine angemessene Haftungsvergütung für den Komplementär während der Zeit seiner Tätigkeit, eine angemessene Abfindung bei seinem Ausscheiden sowie der nahtlose Übergang auf einen Ersatzmann bei Ausfall des Komplementärs. Schließlich müssen Freistellungsansprüche des Komplementärs gegenüber den Kommanditisten ausgeschlossen werden, weil es sonst im Insolvenzfall durch eine Pfändung dieses Freistellungsanspruchs zu einer persönlichen Haftung der Kommanditisten kommen kann.[1311]

Zu beachten ist, daß bei Überschreiten der Schwellenwerte des § 293 HGB[1312] im Hinblick auf die Verwaltungs-GmbH als Mutterunternehmen eine Konzernabschlußpflicht zum Tragen kommen kann, wenn die Verwaltungs-GmbH die Geschäfte führt und die GmbH & Co KG nach außen vertritt. Denn damit würde die Verwaltungs-GmbH jedenfalls das Konzernkriterium der Leitungsfunktion aus § 290 Abs.2 Nr. 2 HGB erfüllen und wäre somit als Mutterunternehmen i.S.d. § 290 HGB bei Überschreiten der Schwellenwerte des § 293 HGB konzernabschlußpflichtig.[1313] Zum einen kann dies vermieden werden, wenn kein "Strohmann-Fall" vorliegt und der weitere Komplementär nicht als Geschäftsführer der Verwaltungs-GmbH, sondern als Komplementär die Geschäfte führt und die Gesellschaft vertritt. Zum anderen kann die Konzernabschlußpflicht durch die Bildung einer sog. Einheitsgesellschaft vermieden werden, bei der die KG alle Anteile der Verwaltungs-GmbH übernimmt.[1314]

[1311] Insgesamt *Schindhelm/Hellwege/Stein*, StuB 2000, S. 72, 76f.

[1312] Additionsverfahren:

Additionsverfahren:	Bilanzsumme:	32,27 Mio DM
	Umsatzerlöse:	64,54 Mio DM
	Arbeitnehmer:	250
Konsolidierung:	Bilanzsumme:	26,89 Mio DM
	Umsatzerlöse:	53,78 DM
	Arbeitnehmer:	250

[1313] *Strobel*, GmbHR 1999, S. 1117, 1118 unter Hinweis auf das Gesetzgebungsverfahren, wo es in der Begründung zum RegE (BR-Drucks. 458/99 v. 13.8.1999,) heißt, daß in der typischen GmbH & Co KG, in der die Komplementär-Kapitalgesellschaft ohne Beschränkung der Geschäftsführungsbefugnis alleinige Geschäftsführerin und Vertreterin der GmbH & Co KG ist, die Komplementär-GmbH die einheitliche Leitung im Sinne des § 290 ABs.1 HGB ausübe. Es liege auch eine Beteiligung i.S.d. § 271 Abs.1 i.V.m. § 290 Abs.1 HGB vor, wenn die Komplementär-GmbH keine Kapitaleinlage erbracht habe. Allerdings könne die Eigenschaft der Komplementär-GmbH bei anderer gesellschaftsvertraglicher Regelung entfallen.

[1314] Dazu *Esch*, BB 1991, S. 1129-1133; kritisch Lutter/Hommelhoff-*Karsten Schmidt*, GmbHG, 15. Aufl., 1999, Anh. 45 Rdnr. 58ff; auch nach *Strobel*, GmbHR 1999, S. 1117ff. ist die Einheitsgesellschaft als Umgehung der Konzernabschlußpflicht möglich, wenn zumindest eine natürliche Person Komplementär ist.

Nachteil der Komplementärlösung bleibt die unbeschränkte Haftung desjenigen, der sich bereit erklärt, die persönliche Haftung in der ehemaligen GmbH & Co KG neben der GmbH zu übernehmen. Hinzu tritt der steuerliche Nachteil, daß die gewerbliche Prägung i.S.d. § 15 Abs.3 Nr. 2 EStG durch den Beitritt einer natürlichen Person als Komplementär verloren geht. Dabei kann es zur Aufdeckung stiller Reserven kommen, wenn die Gesellschaft keine gewerbliche Tätigkeit i.S.d. § 15 Abs.2 EStG ausübt, etwa bei vermögensverwaltenden Tätigkeiten.[1315]

bb) Alternativen

Als denkbare Alternative zur Komplementärlösung, um die Jahresabschlußpublizität gänzlich auszuschließen bzw. zu vermeiden, wird im Schrifttum zum einen das Ausweichen auf andere Rechtsformen angesprochen. Zum zweiten ist an die Publizitätsfreiheit von Tochtergesellschaften zu denken.

(1) Ausweichen auf andere Rechtsformen

Ein Ausweichen auf andere Rechtsformen scheidet zur Vermeidung der unerwünschten Publizitätswirkungen aus, wie das Folgende zeigt:

(a) Gesellschaft bürgerlichen Rechts

Zwar ist die Gesellschaft bürgerlichen Rechts nicht offenlegungspflichtig. Sie ist aber auch mit unbeschränkter Haftung verbunden und im übrigen nicht für eine gewerbliche Tätigkeit verfügbar.

(aa) "GbR mbH"

Nachdem der Bundesgerichtshof mit Urteil vom 27.09.1999 die haftungsbeschränkte BGB-Gesellschaft "GbR mbH" als unzulässig erachtet hat,[1316] fällt die

---

[1315] *Schindhelm/Hellwege/Stein*, StuB 2000, S. 72, 77.

[1316] BGH, Urt. v. 27.09.1999 - XI ZR 371/98 (Jena), NJW 1999, S. 3483-3485.

Möglichkeit weg, durch Gründung einer "GbR m.b.H" das Privileg der Haftungsbeschränkung ohne Rechnungslegungspublizität zu haben.

(bb) "GmbH & GmbH GbR"

Die vorwiegend für Arbeitsgemeinschaften und Projekte in der Bauindustrie gängigen "GmbH & GmbH GbR" sind zwar als GbR nicht vom KapCoRiLiG erfaßt[1317]. Die beiden GmbH sind jedoch jede für sich voll publizitätspflichtig. Die GmbH & GmbH GbR ist daher kein taugliches Mittel zur Meidung unerwünschter Publizitätspflichten.

(b) EWIV

Auch die EWIV[1318] scheidet aus: Zwar ist sie nicht publizitätspflichtig. Sie steht jedoch nicht ohne weiteres für die Führung eines gewerblichen (Industrie-) Betriebs zur Verfügung.[1319]

(c) Stiftung

Für die Stiftung gilt entsprechend den Aufführungen oben auf Seite 242, daß sie nach wie vor als Unternehmensträger für die Führung eines Unternehmens umstritten ist.[1320]

(d) eingetragener Verein

Auch der eingetragene Verein steht als Rechtsform für die Führung eines erwerbswirtschaflich tätigen Unternehmens nicht zur Verfügung, wie bereits im zweiten Teil unter C. III. 9 c) ausgeführt.[1321]

1317 *Eisolt/Verdenhalven*, NZG 2000, S. 180.
1318 *Hahn*, GmbHR 2000, R 69f. regt an, die EWIV als Umgehungsmöglichkeit näher zu untersuchen.
1319 Vgl. *Ganske*, S. 5.
1320 So auch *Schindhelm/Hellwege/Stein*, StuB 2000, S. 72, 77.
1321 So auch *Doronzola/Söffing*, DStR 2000, S. 1567, 1570.

(2) Tochterunternehmen

Hinsichtlich der Befreiung von Tochterunternehmen von der Einzelabschlußpublizität[1322] ist zu berücksichtigen, daß es im Zuge der Konzernrechnungslegung gleichwohl zu einer Offenlegung auch hinsichtlich der Tochterunternehmen kommt, allerdings im Konzernverbund. Im übrigen bleibt die gesamte Unternehmensgruppe durch die Verpflichtung zur Aufstellung und Offenlegung eines Konzernabschlusses offenlegungspflichtig. Insoweit bestehen nur Möglichkeiten, durch geschickte Gestaltung des Konzerabschlusses die Wirkungen der Offenlegung abzuschwächen.

b) Abschwächungsmodelle

aa) "Kleine-GmbH-Lösung" zur Inanspruchnahme maximaler Aufstellungs- und Offenlegungserleichterungen

Eine Abschwächung unerwünschter Publizitätswirkungen kann dadurch erreicht werden, daß versucht wird, die Größe eine kleinen GmbH nicht zu überschreiten und so die Aufstellungs- und Offenlegungserleichterungen für kleine GmbH in Anspruch nehmen zu können ("Beschränkungsmodell"[1323]).

Im Schrifttum finden sich dazu ins einzelne gehende praktische Hinweise, auf deren Wiedergabe hier verzichtet werden soll.[1324]

bb) Jahresabschlußpolitik - "Bilanzkosmektik"

Ferner kann durch die Gestaltung des Jahresabschlusses - etwa über stille Beteiligungen[1325] - versucht werden, die Aussagekraft der Bilanz zu schmälern.

[1322] Ausführliche Darstellung der weiteren Befreiungstatbestände für Konzerntöchter bei *Schindhelm/Hellwege/Stein*, StuB 2000, S. 72, 77-79, auf deren Wiedergabe hier verzichtet werden soll, es wird insoweit auf die genannte Fundstelle verwiesen.

[1323] *Schindhelm/Hellwege/Stein*, StuB 2000, S. 72, 79.

[1324] Hervorragend: *Schindhelm/Hellwege/Stein*, StuB 2000, S. 72, 79.

[1325] Ins einzelne gehende Hinweise bei *Schindhelm/Hellwege/Stein*, StuB 2000, S. 72, 80.

cc) Eigenständige Konzernbilanzpolitik - Einbeziehung in Konzernabschluß eines Mutterunternehmens ("befreiender Konzernabschluß")

In dieser Hinsicht bestehen im Rahmen der Konzernbilanzpolitik größere Möglichkeiten. Zugleich entfiele für das Tochterunternehmen die Einzelabschlußpflicht gem. § 264 Abs.3 HGB.

dd) Betriebsaufspaltung/-verpachtung[1326]

Eine weitere Möglichkeit, die Publizitätswirkunegen aufzuweichen, besteht darin, Betriebsaufspaltungen vorzunehmen derart, daß haftungsarme Geschäftsbereiche als Einzelunternehmen oder Personenhandelsgesellschaft bzw. Grundstücksbesitzgesellschaften als BGB-Gesellschaften ohne Rechnungslegungspublizität geführt werden, und risikoreiche (weiterhin) als GmbH. Dabei könnte man noch versuchen, über Verrechnungspreise das Ergebnis in die nicht-offenlegungspflichtige Gesellschaft zu schieben.

2. Strategien hinsichtlich der Konzernabschlußpublizität

Die Vorschriften über die Pflicht zur Aufstellung eines Konzernabschlusses können durch die Gestaltung der Konzernstruktur, durch Steuerung der Größenmerkmale und durch Kombination der beiden vorgenannten Alternativen umgangen werden.[1327]

Eine GmbH & Co KG mit mindestens einer natürlichen Person als weiterem Komplementär neben der Verwaltungs-GmbH ist nicht selbst als Mutterunternehmen konzernabschlußpflichtig. Die Konzernabschlußpflicht könnte sich aber im Hinblick auf die Leitungsfunktion der Verwaltungs-GmbH ergeben.[1328] Um dies zu umgehen, bietet sich entweder die Schaffung einer Einheitsgesellschaft an, d.h. die KG übernimmt alle Anteile der GmbH, so daß diese nicht mehr die Leitung hat. Alternativ könnte auch der persönlich haftende Gesellschafter mehr

[1326] Eingehend: *Schindhelm/Hellwege/Stein*, StuB 2000, S. 72, 77.
[1327] *Meyer*, BBK Fach 15, Seite 1194.
[1328] *Strobel*, GmbHR 1999, S. 1117, 1118.

Macht bekommen und in seiner Eigenschaft als Komplementär die Geschäfte führen und die KG vertreten.[1329]

3. Kombinationsmodell

Die vorgenannte Kombination stellt ein Kombinationsmodell dar, mit dem sowohl die Einzel- als auch die Konzenabschluß- und Offenlegungspflicht auch oberhalb der Schwellenwerte des § 293 HGB (bis zum Erreichen des PublG) vermieden werden.

Im übrigen wird empfohlen, zur effektiven Abmilderung unerwünschter Publizitätspflichten alle vorgenannten Abschwächungsmodelle miteinander zu kombinieren.[1330]

4. Zwischenergebnis

Nach alledem zeigt sich, daß alle bisherigen Modelle zur Umgehung oder Abmilderung der Jahresabschlußpublizität nicht den Spagat aus gewünschter Haftungsbeschränkung und unerwünschter Rechnungslegungspublizität vollziehen könnnen. Der gänzliche Ausschuß der Rechnungslegungspublizität durch die Komplementärlösung hat die unbeschränkte persönliche Haftung zumindest einer natürlichen Person mit ihrem gesamten Privatvermögen zur Konsequenz. Alle anderen bisherigen Modelle sind entweder nicht gangbar, wenn man an das Ausweichen auf andere Rechtsformen denkt, oder beeinhalten stets ein Mindestmaß an Offenlegung.

II. Das "Zweigniederlassungsmodell"

Demgegenüber könnte die fehlende Rechnungslegungspublizität deutscher Zweigniederlassungen von ausländischen Kapitalgesellschaften mit Sitz in Nicht-EU bzw. -EWR-Staaten die Möglichkeit bieten, in Deutschland ein Unternehmen

[1329] *Strobel*, GmbHR 1999, S. 1117, 1118 mit Hinweis auf die Regierungsbegründung zum KapCoRiLiG, die gesellschaftsrechtliche Gestaltungen zur Meidung einer Konzernabschlußpflicht ausdrücklich zuläßt.

[1330] *Schindhelm/Hellwege/Stein*, StuB 2000, S. 72, 82f.

zu betreiben, das trotz Haftungsbeschränkung nicht zur Rechnungslegungspublizität verpflichtet ist.

Zu prüfen ist, ob dieser zunächst rein gedankliche Ansatz praktisch umgesetzt werden könnte, und für welche Fälle dies möglich sein könne.

1. Grundgedanke

Insbesondere bei Unternehmensneugründungen könnte daran gedacht werden, das Unternehmen vom Ausland aus mit dortigem Hauptsitz zu führen und das Geschäft in Deutschland nur als Zweigniederlassung zu betreiben.

Bei bereits bestehenden Unternehmen ist zu prüfen, ob es möglich ist, sie fortan in Deutschland nur als Zweigniederlassungen einer im Ausland ansässigen Hauptniederlassung betreiben.

Sitz und tatsächliche Unternehmensführung müßten in beiden Fällen in einem Nicht-EU/EWR-Staat ohne Rechnungslegungspublizität liegen, etwa als "Unternehmensleitungshauptniederlassungs-GmbH" mit Sitz in der Schweiz.

Darüber hinaus stellt sich nach der "Centros"-Entscheidung des Europäischen Gerichtshofes[1331] die Frage, ob es möglich wäre, die Hauptniederlassung nur als Briefkastengesellschaft zu führen.

2. Ausgangskonstellationen

Hinsichtlich der Zweigniederlassungspublizität sind vier Konstellationen denkbar:

Zum einen sind gem. § 325a HGB deutsche Zweigniederlassungen ausländischer Kapitalgesellschaften mit Sitz außerhalb der EU bzw. des EWR in keiner Weise von einer Rechnungslegungspublizität erfaßt.

[1331] EuGH, Urt. v. 9.3.1999 - Rs. C-212/97; Centros Ltd / Erhvervs- og Selskabsstyreisen, BB 1999, S. 625 (m. Anm. *Meilicke*) = GmbHR 1999, S. 474.

Zum anderen gilt aber auch bei deutschen Zweigniederlassungen von ausländischen Kapitalgesellschafen mit Sitz in der EU, daß sie erst dann die Rechnungslegung der ausländischen Hauptniederlassung offenlegen müssen, wenn nach dem Recht der ausländischen Hauptniederlassung dort die Offenlegung erfolgt ist.

Bei diesen beiden Grundkonstellationen gibt es wiederum zwei Möglichkeiten, wie die deutsche Zweigniederlassung der ausländischen Gesellschaft betrieben werden kann:

Zum einen kann die Zweigniederlassung als echte *Zweig*niederlassung betrieben werden. Sie ist dann also nur der deutsche Zweig des ausländischen Hauptgeschäfts. Der tatsächliche Verwaltungssitz befindet sich im Ausland an dem Ort, an dem sich die Hauptverwaltung der Gesellschaft befindet. Das ist dort, wo die grundlegenden Entscheidungen der Unternehmensleitung effektiv in laufende Geschäftsführungsakte umgesetzt werden, also der Ort, an dem sich das Nerven- und Handlungszentrum, das Gehirn der Gesellschaft befindet, wobei ein doppelter Verwaltungssitz ausgeschlossen ist.[1332]

Demgegenüber ist es zum anderen aber auch Folgendes denkbar: Im Ausland wird eine Kapitalgesellschaft gegründet, für die dann in Deutschland eine Zweigniederlassung errichtet wird, in der sich dann das eigentliche Geschäft abspielt. Die ausländische "Hauptniederlassung" wäre also eine bloße sog. "Briefkastenfirma", der tatsächliche Verwaltungssitz läge in der deutschen Zweigniederlassung und nicht in der ausländischen "Haupt"niederlassung.

Nach der - jedenfalls bisher - in Deutschland vorherschenden sog. "Sitztheorie" wäre dies nicht möglich. Nach der von BGH[1333], BFH[1334] und Teilen der Literatur[1335] vertretenen Sitztheorie kann eine nach ausländischem Recht wirksam errichtete Gesellschaft nur dann in Deutschland als Rechtsperson anerkannt werden, wenn sie in demselben Staat, in dem sie gegründet wurde, auch ihren tatsächlichen Verwaltungssitz hat. Demgegenüber stellt die in Großbritannien, den Niederlanden, Dänemark und der Schweiz vertretene Gründungstheorie allein

---

[1332] *Göttsche*, DStR 1999, S. 1403 mit zahlreichen weiteren Nachweisen.

[1333] BGH, Urt. v. 21.3.1986 - V ZR 10/85, BGHZ 97, 269, 271 m.w.N.; Urt.v.21.11.1996 - IX ZR 148/95, NJW 1997, S. 657.

[1334] BFH Urt. v. 13.11.1991 - I B 72/91, BStBl. II 1992, S.263; Urt. v. 12.6.1995 - II S 9/95, DStR 1995, S.1191.

[1335] Überblick bei *Kindler*, NJW 1999, 1993, 1994.

darauf ab, in welchem Land bzw. nach welcher Rechtsordnung eine Gesellschaft gegründet und ausgestaltet wurde. Auf den Sitz der tatsächlichen Verwaltungstätigkeit kommt es dabei nicht an.

Nach der in Deutschland bislang vorherrschenden Sitztheorie (besser eigentlich: "Theorie vom Sitz der tatsächlichen Verwaltungs- und Leitungstätigkeit") war es bislang in Deutschland nicht möglich, ein Unternehmen als Zweigniederlassung einer ausländischen "Briefkastengesellschaft" zu führen. Insbesondere wurde einer solchen gewünschten Zweigniederlassung von den deutschen Gerichten bislang die Eintragung in das Handelsregister verwehrt.[1336]

Dies könnte sich jedoch nach dem sog. "Centros-Urteil" des Europäischen Gerichtshofes[1337] ändern. Im entschiedenen Sachverhalt hatte ein dänisches Ehepaar in Großbritannien eine Private Limited Company, die "Centros Ltd." gegründet. Gründungssitz laut Satzung war die Anschrift eines britischen Freundes des Ehepaares, bei dem jedoch keinerlei Geschäftstätigkit entfaltet wurde. Das Unternehmen sollte ausschließlich von einer in Dänemark zu errichtenden Zweigniederlassung aus betrieben werden. Auf diese Weise wollte das dänische Ehepaar die nach dänischem Recht zu leistenden Mindestkapitalanforderungen für die Gründung einer dänischen GmbH - damals 200.000,00 dkr (ca. 60.000,00 DM) - umgehen. Das Gesellschaftskapital der Centros Ltd. betrug nämlich demgegenüber nur 100 Pfund (rund 1.000 dkr bzw. 300,00 DM, die nach englischem Recht bei Gründung der Gesellschaft noch nicht einmal einbezahlt werden mußten.[1338] Die Behörden in Dänemark lehnten die Eintragung der dänischen Zweigniederlassung mit der Begründung ab, die Centros Ltd. beabsichtige - unter Umgehung der nationalen Vorschriften über die Einzahlung des Mindestgesellschaftskapitals - nicht eine Zweigniederlassung, sondern ihren Hauptsitz in Dänemark zu errichten. Dagegen klagte das dänische Ehepaar. Die Rechtsmittelinstanz setzte das Verfahren aus und legte dem EuGH die Frage zur Vorabentscheidung gem. Art. 234 EGV vor, ob es mit Art. 43 i.V.m. Art. 46 und 48 EGV[1339], also der Niederlassungsfreiheit[1340], vereinbar sei, die Eintragung einer Zweigniederlassung einer

---

[1336] BayObLG, Beschl. v. 26.8.1998 - 3 Z BR 78/98, DB 1998, S.2318.

[1337] EuGH, Urt. v. 9.3.1999 - Rs. C-212/97; Centros Ltd / Erhvervs- og Selskabsstyreisen, BB 1999, S. 625 (m. Anm. *Meilicke*) = GmbHR 1999, S. 474.

[1338] *Bungert*, DB 1999, S. 1841; *Haak*, EWiR § 13e HGB 1/99 S. 563; *Göttsche*, DStR 1999, S.1403, 1404.

[1339] Ex-Art. 52 i.V.m. Art. 56 und 58 EGV.

[1340] *Oppermann*, Europarecht, 2. Aufl., 1999 Rdnr. 1583, insgesamt dort § 24, Niederlassungsfreiheit und freier Dienstverkehr, S. 664-692.

Gesellschaft abzulehnen, die nach dem Recht eines anderen Mitgliedstaates gegründet wurde, wenn die gesammte Geschäftstätigkeit in dem Land der Zweigniederlassung entfaltet werden soll, und dieses Vorgehen lediglich deshalb gewählt wird, um die Kapitalaufbringungsvorschriften des "Zweigniederlassungsstaates" zu umgehen.[1341]

Es verstoße gegen die Niederlassungsfreiheit, eine solche Zweigniederlassung nicht einzutragen, urteilte der EuGH. Wenn die Zweigniederlassung es der Gesellschaft ermöglichen soll, ihre gesamte Geschäftstätigkeit in dem Staat auszuüben, in dem diese Zweigniederlassung errichtet wird, ohne dort eine Gesellschaft zu errichten, so wird dieses Vorgehen von den Art. 43 und 46 EGV geschützt. Der EuGH akzeptiert dabei, daß auf diese Weise das Recht des "Zweigniederlassungsstaates" umgangen wird, das für die Gründung einer Gesellschaft höhere Anforderungen an die Einzahlung des Mindestgesellschafskapitals stellt. Allerdings, so der EuGH weiter, sei nicht ausgeschlossen, daß die Behörden des betreffenden Mitgliedstaates geeignete Maßnahmen treffen könnten, um Betrügereien zu verhindern oder zu verfolgen. Dies gelte gegenüber der Gesellschaft und gegenüber den Gesellschaftern, wenn diese sich mittels der Errichtung der Gesellschaft ihren Verpflichtungen gegenüber inländischen privaten oder öffentlichen Gläubigern entziehen wollten.[1342]

Ein Teil des Schrifttums[1343] hält die "Centros"-Entscheidung nur auf solche Länder für anwendbar, die der Gründungstheorie folgen, also Großbritannien, Dänemark, die Niederlande und die Schweiz.

Mit Beschluß vom 30.03.2000[1344] hat der Bundesgerichtshof dem EuGH die Frage zur Vorabentscheidung vorgelegt, ob aus dem Grundsatz der Niederlassungsfreiheit folgt, daß nur das Recht des Gründungsstaates für die Beurteilung der Rechtsfähigkeit einer Auslandsgesellschaft maßgeblich ist.

1341 *Göttsche*, DStR 1999, S.1403, 1404.

1342 EuGH, Urt. v. 9.3.1999 - Rs. C-212/97; Centros Ltd / Erhvervs- og Selskabsstyreisen, BB 1999, S. 625

1343 *Ebke*, JZ 1999, S. 656; *Kindler*, NJW 1999, S. 1993ff.; *Görk*, DStR 1999, S. 793, 797, dieser betrachtet die Gründung von Briefkastengesellschaften in Ländern der Sitztheorie (z.B. Österreich) nicht als geschützt durch das Centro-Urteil, weil in "Sitztheoriestaaten" erst gar keine juristische Person entstehen könne, die eine Niederlasssungsfreiheit und damit eine Anerkennung in anderen Ländern in Anspruch nehmen könne.

1344 BGH, Beschl. v. 30.03.2000 - VII ZR 370/98, GmbHR 2000, S.715.

Im Schrifttum wird teilweise davon ausgegangen, daß durch die "Centros"-Entscheidung des EuGH für alle innerhalb der EU korrekt gegründeten Gesellschaften das Recht garantiert wird, Zweigniederlassungen in anderen Mitgliedstaaten zu errichten (sekundäre Niederlassungsfreiheit), unabhängig davon, ob die Gesellschaften in ihrem Gründungsland auch ihren tatsächlichen Hauptverwaltungssitz mit entsprechender Leitungstätigkeit haben.[1345] Teilweise wird sogar gefordert, weltweit solle auf den Ort der Gründung für die Anerkennung einer Gesellschaft abgestellt werden.[1346]

Demgegenüber wird von anderen darauf verwiesen, daß sich Drittstaaten grundsätzlich nicht auf die EU-rechtliche Niederlassungsfreiheit berufen könnten, so daß die Sitztheorie gegenüber Staaten wie beispielsweise Panama, der Türkei oder der Schweiz, in denen keine Publizitätspflicht für eine GmbH besteht[1347] weiterhin ihre Schutzwirkung entfalten könne.[1348]

3. Schlußfolgerungen

Aus dem Gesagten lassen sich folgende Schlußfolgerungen ziehen:

Wenn im Ausland eine Kapitalgesellschaft betrieben wird, die dort auch ihren tatsächlichen Verwaltungssitz hat, d.h. wenn im Ausland die grundlegenden Entscheidungen der Unternehmensleitung effektiv in laufende Geschäftsführungsakte umgesetzt werden, so war es auch bisher schon möglich, in Deutschland eine Zweigniederlassung dieser ausländischen Kapitalgesellschaft zu betreiben und in das Handelsgesetzbuch eintragen zu lassen, §§ 13e ff. HGB.

[1345] *Göttsche*, DStR 1999, S.1403, 1405.

[1346] *Stieb*, GmbHR 1999, R 257, 258.

[1347] Eine Abschlußpublizität der türkischen GmbH (Limitet Sirket - Ltd. S.) ist nicht vorgesehen, vgl. *Ansay*, in: Die GmbH im internationalen und europäischen Recht, 2. Aufl., 1997, TR 43. Auch für die Schweizer GmbH und AG besteht keine echte Abschlußpublizität. Nach aktien rechtlichen Bestimmungen, die auf die GmbH analoge Anwendung finden, sind Gläubiger, die ein schutzwürdiges Interesse nachweisen, berechtigt, direkt bei der Gesellschaft Einblick in die Jahresabrechnung, die Konzernrechnung und die Revisionsberichte zu nehmen (Art. 697h Abs.2), vgl. *Behrens*, in: Die GmbH im internationalen und europäischen Recht, 2. Aufl., 1997, CH 43.

[1348] *Göttsche*, DStR 1999, S.1403, 1406; *Bungert*, DB 1999, S.1841, 1843.

a) Hauptniederlassung außerhalb von EU und EWR

Handelt es sich nun bei dieser ausländischen Kapitalgesellschaft um eine Gesellschaft, die ihren tatsächlichen Verwaltungssitz außerhalb der EU ("Drittland") hat und nach dortigem Recht nicht rechnungslegungspflichtig ist, so besteht für die deutsche Zweigniederlassung einer solchen Kapitalgesellschaft keine Rechnungslegungspublizität. In Betracht kommen hier insbesondere eine Schweizer GmbH oder eine Türkische Limitet Sirket. Es bestünde also die Möglichkeit, in Deutschland im Wege der Zweigniederlassung ein haftungsbeschränktes Unternehmen zu betreiben, das gleichwohl nicht zur Rechnungslegung verpflichtet ist. Der Nachteil dieser Lösung ist, daß sie eine tatsächliche Verwaltungstätigkeit, also zumindest die Unternehmensführung, im Drittstaat erfordert.

b) Hauptniederlassung innerhalb der EU

Demgegenüber erscheint es innerhalb der EU nach dem "Centros"-Urteil zumindest für die Staaten, die der Gründungstheorie folgen - also Großbritannien, Dänemark, und die Niederlande - möglich, dort eine „Briefkastengesellschaft" zu gründen, die dann in Deutschland eine Zweigniederlassung errichtet, die den gesamten Geschäftsverkehr abwickelt. Eine Offenlegung der Rechungslegung dieser Gesellschaft erfolgte dann nach dem Wortlaut des § 325a HGB erst dann, wenn die "Hauptniederlassung" im Gründungsstaat ihre Rechnungslegung offengelegt hat. Auch wenn die Rechnungslegungsverpflichtungen aufgrund der zugrundeliegenden EG-Richtlinien EU-weit bestehen, stellt sich die Frage, inwieweit diese Verpflichtungen mit derselben Konsequenz überall in der EU gleich streng befolgt werden. Wenn insoweit bekannt wäre, daß in einem der "Gründungstheorieländer" die Rechnungslegungspublizität in der Praxis weniger streng gehandhabt würde, so böte es sich an, in diesem Land die "Briefkastengesellschaft zu gründen, da die dortige Offenlegung der Rechnungslegung nach dem Wortlaut von § 325a HGB Voraussetzung für die deutsche Zweigniederlassungspublizität ist. Ist man der Ansicht, daß das "Centros"-Urteil auch für Länder, in denen die Sitztheorie gilt, das Recht einräumt, dort eine Briefkastengesellschaft einzurichten, so wären diese Länder entsprechend in die Überlegungen mit einzubeziehen.

Andernfalls könnten diese Länder nur dann berücksichtigt werden, wenn dort nicht nur eine "Briefkastengesellschaft", sondern der tatsächliche Verwaltungssitz läge. Der Nachteil einer in einem EU-Land grundsätzlich bestehenden Publizitätspflicht tritt dann - wie oben unter 1) bei den Drittstaaten - zu dem Nachteil hinzu, die tatsächliche Verwaltung im Ausland haben zu müssen.

c) Ausdehnung der Sitztheorie auch auf Drittstaaten

Vereinzelt wird gefordert, nicht nur für die EU Konsequenzen aus "Centros" zu ziehen und weltweit auf den Ort der Gründung für die Rechtsfähigkeit eines Unternehmens abzustellen.[1349] Denn andernfalls würde die Sitztheorie ad absurdum geführt, wenn nur wegen gemeinschaftsrechtlicher Regelungen eine Gesellschaft in einem EU-Land als rechtsfähig anerkannt werden müsse, diese aber offensichtlich ihre effektive Verwaltung woanders habe. In gleicher Weise problematisch sei der Fall, in dem der Geschäftsführer einer deutschen GmbH von Florida aus seine Geschäfte führe, was nach der Sitztheorie konsequenterweise zum Verlust der Rechtsfähigkeit der GmbH führen müsse. Im übrigen könne man sich mit der Sitztheorie durch Infragestellung der Rechtfähigkeit prozessual seinen Verpflichtungen entziehen. Sollte es mit diesen Argumenten und im Zuge der Centros-Entscheidung tatsächlich zu einer weltweiten Ausdehung der Gründungstheorie kommen, so stünde das Tor zum oben geschilderten Idealfall der "Zweigniederlassungslösung" - jedenfalls für Unternehmensneugründungen - tatsächlich offen.

Es sprechen jedoch gute Gründe dafür zu sagen, daß der Grund für die "Centros-Entscheidung" und die mit ihr verbundenen Konsequenzen allein die Niederlassungsfreiheit ist, die aber gerade nur innerhalb der EU gilt. Für Staaten außerhalb der EU mag die Sitzheorie deshalb - auch ob ihres Schutzcharakters - durchaus ihre Berechtigung haben, "Centros" steht ihr jedenfalls nicht entgegen.

Darüberhinaus ist zu berücksichtigen, daß auch die "Centros"-Entscheidung ausdrücklich vorsieht, daß die EU-Mitgliedstaaten berechtigt sind, Maßnahmen gegen mißbräuchliche Ausnutzung des EG-Rechts zu treffen. Selbst wenn man daher mit den o.g. Argumenten, insbesondere den der Sitztheorie immanenten Systembrüchen, zu einer Aufgabe der Sitztheorie käme, so ist nicht auszuschließen,

[1349] *Stieb*, GmbHR 1999, R 257, 258.

daß der EuGH Maßnahmen billigen würde, die eine Umgehung der Publizitätsvorschriften verhindern sollen, bei denen es sich ja schließlich um EU-Recht handelt.

4. Praktische Überlegungen für Unternehmensneugründungen und bestehende Unternehmen

Auf die vorstehenden Ausführungen lassen sich folgende praktische Überlegungen für Unternehmensneugründungen und bestehende Unternehmen aufbauen:

a) Unternehmensneugründungen

Bei Unternehmensneugründungen bestehen keine gesellschafts- und steuerrechtlichen Vorbedingungen durch eine bestehende Gesellschaft. Lediglich die persönlichen Vorgaben der Beteiligten, insbesondere also der Gesellschafter und Geschäftsführer sind zu berücksichtigen.

Besteht ein Auslandsbezug zu Staaten mit haftungsbeschränkten Unternehmen ohne Rechnungslegungspublizität wie der Schweiz, der Türkei oder auch den USA, insbesondere in der Weise, daß der Geschäftsführer dort seinen Wohnsitz nehmen und von dort aus in der ausländischen Hauptniederlassung die Geschicke der Gesellschaft, die Zweigniederlassungen in Deutschland unterhält, leiten kann, so kommt die Zweigniederlassungslösung zum Tragen: Haftungsbeschränkung ohne Publizitätspflicht.

b) Bestehende Unternehmen

Der Versuch, die Zweigniederlassungslösung auf bestehende Unternehmen anzuwenden, wirft indessen weitergehende, komplexe Fragen auf:

Das Unternehmen müßte als ausländische GmbH fortgeführt werden mit Sitz bzw. Hauptniederlassung in einem Drittstaat ohne Rechnungslegungspublizität für GmbH-gleiche Gesellschaften (z.B., Schweiz, Türkei, USA). Die bisherigen deutschen Betriebsstätten würden als Zweigniederlassungen fortgeführt und unterlägen so keiner (Zweigniederlassungs-) Publizität.

Die deutsche Kapitalgesellschaft würde also quasi ins publizitätsfreie Nicht-EG Ausland verlegt, die deutschen Betriebsstätten würden weiterhin in Deutschland unterhalten und dort als deutsche Zweigniederlassungen der ausländischen GmbH weitergeführt.

Fraglich ist, ob dies gesellschaftsrechtlich und steuerrechtlich möglich ist.

aa) Die gesellschaftsrechtliche Möglichkeit eines Rechtsformwechsels in eine nicht dem Recht der EU unterliegende Kapitalgesellschaft

Gesellschaftsrechtlich ist zu beachten, daß es zwar "Gestaltungsmodelle zur identitätswahrenden Sitzverlegung von Kapitalgesellschaften über die Grenze"[1350] gibt. Vorliegend geht es jedoch nur um eine faktische Identitätswahrung. Rechtlich hingegen soll das Unternehmen die Rechtsform wechseln. Bei dem gewünschten Rechtsformwechsel unter Wahrung der Identität handelt es sich dabei nicht um einen Rechtsformwechsel innerhalb der deutschen Rechtsordnung oder wenigstens innerhalb der Rechtsordnung der EU. Es soll vielmehr gerade kein Rechtsformwechsel in eine Kapitalgesellschaft nach deutschem Recht oder in eine EU-Kapitalgesellschaft[1351] erfolgen. Stattdessem soll ein Rechtsformwechsel in eine Kapitalgesellschaft vollzogen werden, die nicht dem Recht der EU unterliegt.[1352] Damit liegt aber rechtlich keine identitätswahrende Sitzverlegung über die Grenze in dem Sinne vor, daß der Satzungssitz ins Ausland verlegt wird, die Geschäftsleitung aber in Deutschland und damit die Rechtsform erhalten bleibt. Ebensowenig geht es um die Verlegung einer deutschen Kapitalgesellschaft ins

---

[1350] Gleichlautende Dissertation von *Schlenker*, 1998.

[1351] Legaldefinition in § 23 Abs.1 S.1 UmwStG: Kapitalgesellschaft, „die die Voraussetzungen des Artikels 3 der Richtlinie 90/433/EWG des Rates vom 23. Juli 1990 (ABl. EG Nr L 225 S.1) erfüllt".

[1352] Gäbe es entsprechend dem EU-weiten europarechtlichen Recht auf Niederlassungsfreiheit ein weltweites, "weltwirtschaftsrechtliches" Recht auf Niederlassungsfreiheit, würde daraus ("Centros analog") ein Anspruch auf Rechtsformwechsel innerhalb aller weltweit von den verschiedenen Rechtsordnungen der Staatengemeinschaft zur Verfügung gestellten Rechtsformen erwachsen; dem Zweigniederlassungsmodell stünden keine gesellschaftsrechtlichen Hindernisse entgegen.

Ausland[1353] in der Weise, daß die Geschäftsleitung ins Ausland verlegt wird, der Satzungssitz aber in Deutschland beibehalten werden soll. Vorliegend soll vielmehr eine deutsche Gesellschaft in eine außerhalb des EU-Rechts stehende ausländische Kapitalgesellschaft umgewandelt werden. Es würde sich dabei um einen Rechtsformwechsel handeln, der nach den §§ 1 Abs.2, 1 Abs.1 Nr.4, 190 UmwG als Formwechsel nach Umwandlungsgesetz vollzogen werden müßte, § 1 Abs.2 UmwG. Der Formwechsel einer deutschen Kapital- oder Personengesellschaft[1354] in eine ausländische Kapitalgesellschaft ist aber nach deutschem Recht nicht vorgesehen: Zwar schließt das Umwandlungsgesetz nach seinem Wortlaut einen Formwechsel einer deutschen Kapital- oder Personengesellschaft in eine ausländische Kapitalgesellschaft nicht ausdrücklich aus. In den § 191 Abs.2 Nr.3 UmwG ist nämlich nur allgemein von "Kapitalgesellschaften", nicht aber von „deutschen Kapitalgesellschaften“ als Rechtsträger der neuen Rechtsform die Rede. Jedoch kann dem Umwandlungssteuergesetz entnommen werden, daß das deutsche Umwandlungsrecht die Umwandlung einer deutschen Kapital- oder Personengesellschaft in eine ausländische, insbesondere in eine nicht dem Recht der EU unterstehende Kapitalgesellschaft nicht vorsieht. Denn das Umwandlungssteuergesetz sieht in § 23 UmwStG Regelungen für eine grenzüberschreitende Einbringung als Verschmelzung innerhalb der EU ausdrücklich vor. Andere Formen einer grenzüberschreitenden Umwandlung, insbesondere also ein rechtsordnungsübergreifender Rechtsformwechsel, sind jedoch nicht vorgesehen. Abgesehen davon ist auch die Verschmelzung nur als Einbringung innerhalb der Europäischen Union gem. § 23 UmwStG vorgesehen, nicht aber über die Grenzen der EU hinaus. Aus diesen beiden Gründen erscheint ein Formwechsel einer deutschen Kapital- oder Personengesellschaft in eine ausländische Kapitalgesellschaft außerhalb der EU nicht möglich.

Dieser Befund deckt sich damit, daß das deutsche Kapitalgesellschaftsrecht zwingend das Bestehen eines inländischen Satzungssitzes erfordert. Würden die Gesellschafter einer deutschen GmbH die Verlegung des Satzungssitzes in einen anderen Staat beschließen, "so ist weder auf der Grundlage der Sitz- noch der Gründungstheorie ein wirksamer Verlegungsbeschluß gegeben."[1355]

[1353] *Dreisig*, DStR 2000, S. 893ff.

[1354] Hier interessant insbesondere im Hinblick auf GmbH & Co KG.

[1355] *Zimmer*, BB 2000, S. 1361 m.w.N.

Wenn deshalb eine deutsche Kapitalgesellschaft ihre Geschäftsleitung und ihren Sitz ins Ausland verlegen will, so ist sie gesellschaftsrechtlich gesehen in Deutschland aufzulösen und im Ausland neu zu gründen.

bb) Steuerrechtliche Aspekte eines etwaigen Rechtsformwechsels in eine nicht dem Recht der EU unterliegende Kapitalgesellschaft

Verlegt eine deutsche Kapitalgesellschaft, also eine unbeschränkt steuerpflichtige Körperschaft, ihre Geschäftsleitung und ihren Sitz ins Ausland, scheidet sie aus der unbeschränkten Steuerpflicht aus. In diesem Falle ist gem. § 12 KStG eine sog. Schlußbesteuerung vorzunehmen, insbesondere, um die stillen Reseren der Gesellschaft zu versteuern. Die Schlußbesteuerung gilt auch dann, wenn der Betrieb der Gesellschaft weiterhin im Inland verbleibt.[1356] Zwar wird von Teilen der Literatur angenommen, dies sei europarechtswidrig.[1357] Selbst wenn jedoch Rechtsprechung, Finanzverwaltung oder die Gesetzgebung dem Rechnung tragen sollten, führte dies hier nicht weiter. Denn hier geht es gerade um die Verlegung in einen Drittstaat, so daß man sich auf eine Europarechtswidrigkeit der Schlußbesteuerung bei Verlegung in einen Drittstaat keinesfalls berufen könnte.

cc) Gesellschaftsrechtliche Lösung als „Asset-deal“

Die vorstehende unter aa) aufgezeigte Schwierigkeit, daß ein Rechtsformwechsel in eine Kapitalgesellschaft, die nicht dem Recht der EU unterliegt, nach deutschem Umwandlungsrecht nicht vorgesehen ist, ließe sich gesellschaftsrechtlich wie folgt lösen:

In einem Drittstaat, der für GmbH keine Rechnungslegungspublizität vorsieht, wird eine GmbH gegründet mit einer deutschen Zweigniederlassung. Diese übernimmt im Wege eines sog. Asset-deals[1358] den Geschäftsbetrieb des bestehenden deutschen Unternehmens, auf das die Zweigniederlassungslösung angewandt

---

[1356] *Heidel/Pauly*, Steuerrecht, § 2 Rdnr. 16.
[1357] *Heidel/Pauly*, Steuerrecht, § 2 Rdnr. 16.
[1358] Beim „Asset-deal“ werden zur Übernahme eines Unternehmens im Gegensatz zum sog. „Share-deal“, nicht die Anteile, sondern die einzelnen Wirtschaftsgüter des Unternehmens erworben, vgl. *Holzapfel*, Recht und Praxis des Unternehmenskaufs, Rdnr. 131.

werden soll. Das bestehende deutsche Unternehmen verbleibt als leere Hülle zurück.

dd) Steuerrechtliche Risiken der „Asset-Lösung“

Dieser Lösungsansatz ist jedoch auf steuerrechtliche Risiken hin zu überprüfen:

Bei der Übernahme des Geschäftsbetriebs des bestehenden deutschen Unternehmens durch die deutsche Zweigniederlassung der ausländischen GmbH im Wege des Asset-deals könnte es zu einer Versteuerung stiller Reserven kommen.

Ferner droht einem etwaigen Gesellschafter-Geschäftsführer des bestehenden Unternehmens, der zur Führung der neuen ausländischen GmbH ins Ausland umzieht, die Wegzugbesteuerung nach § 6 AStG.[1359]

Außerdem greift auch die EG-Fusionsrichtlinie[1360] zur Vermeidung der Gewinnrealisierung nicht ein, weil es sich bei der Hauptniederlassung, welche die Betriebsstätte des bestehenden Unternehmens nunmehr als deutsche Zweigniederlassung führt, um eine Kapitalgesellschaft in einem Drittstaat handelt.

Andererseits ließe sich gegenüber der Finanzverwaltung argumentieren, daß das bestehende Unternehmen und die ausländische GmbH demselben Inhaber gehören und zudem die Betriebsstätten als deutsche Zweigniederlassungen der beschränkt körperschaftsteuerpflichtigen[1361] ausländischen GmbH fortgeführt werden und somit steuerverhaftet bleiben. Insbesondere fehlt es bei der geschilderten Übertragung des deutschen Betriebes an die ausländische GmbH im Wege des Asset-deals an einem gesetzlichen Anknüpfungspunkt für eine Versteuerung stiller Reserven: Bei einer unentgeltlichen Übertragung führt der Erwerber des Betriebes schlicht die Buchwerte des vormaligen Betriebsinhabers weiter.[1362] Zu einer Versteuerung stiller Reserven nach § 16 Abs.2 EStG kommt es wiederum

---

[1359] *Heidel/Pauly*, Steuerrecht, § 2 Rdnr. 17.

[1360] Richtlinie des Rates 90/435/EWG v. 23.7.1990 über das gemeinsame Steuersystemder Mutter und Tochtergesellschaften verschiedener Mitgliedstaaten, ABl. Nr. L 225, S. 6 ff.

[1361] Geschäftsleitung im Ausland; da die Finanzverwaltung bislang mit der (noch) h.M. von der Sitztheorie ausgeht, muß die Geschäftsleitung (z.Z. noch) im Ausland sein, damit das Zweigniederlassungsmodell überhaupt zur Anwendung kommen kann.

[1362] *Heidel/Pauly*, Steuerrecht, § 6 Rdnr. 6.

nur bei Vorliegen eines Veräußerungsgewinns, der aber vorliegend bei der unentgeltlichen Übertragung bzw. Übertragung zu Buchwerten an die ausländische GmbH nicht vorliegt.

Abzuklären ist indessen, ob sich das obige Modell eine Steuermehrbelastung im Hinblick auf eine Doppelbesteuerung ergibt. Dies kann nur im Einzelfall anhand des Drittstaates beantwortet werden, in dem die übernehmende GmbH gegründet wird.

5. Zwischenergebnis

Nach alledem kann Folgendes festgehalten werden:

1. Die oben dargestellte Ideallösung im "Zweigniederlassungsmodell", eine deutsche Zweigniederlassung einer Briefkastengesellschaft in einem Drittland, in dem keine Rechnunslegungspublizität besteht, dürfte auch nach "Centros" weiterhin aufgrund eines Verstoßes gegen die Sitztheorie nicht möglich sein. Grundlage für "Centros" ist nämlich die EU-Niederlassungsfreiheit, auf die sich Gesellschaften aus Drittstaaten gerade nicht berufen können. Der entsprechenden deutschen Zweigniederlassung dürfte deshalb auch nach "Centros" die Eintragung verwehrt bleiben (vorbehaltlich einer umfassenden Aufgabe der Sitztheorie nach dem Vorlagebeschluß des BGH an den EuGH)

2. Eine gute Lösung wäre der Betrieb einer Zweigniederlassung einer Gesellschaft, die auch ihren tatsächlichen Verwaltungssitz in einem Drittland hat. Voraussetzung hierfür ist, daß sich die Geschäftsleitung tatsächlich im Ausland befindet. Zu denken ist hier an die Verlagerung des Wohn- und Geschäftssitzes des Geschäftsführers etwa in die Schweiz oder die Türkei.

3. Kann man den tatsächlichen Verwaltungssitz nicht ins EU-fremde Ausland legen, so besteht nach Centros die Möglichkeit, jedenfalls in einem "Gründungstheorie-Land" der EU eine Briefkastengesellschaft zu gründen und den Geschäftbetrieb über die deutsche Zweigniederlassung zu betreiben. Eine Rechnungslegungspublizität trifft die deutsche Zweigniederlassung dann nach dem Wortlaut von § 325a HGB erst dann, wenn im EU-Staat der Briefkastenge-

sellschaft die Offenlegung nach dortigem Recht erfolgt ist. Eine solche Maßnahem wäre als Verzögerungs- und Vernebelungstaktik denkbar.

4. Allerdings läßt der Bundesgerichtshof inzwischen die Sitztheorie vom EuGH überprüfen. Würde die Sitztheorie im Zuge dessen gänzlich aufgegeben, könnte möglicherweise auch außerhalb der EU die Hauptniederlassung sich auf eine "Briefkastenfirma" beschränken. Solange und soweit dies aber nicht der Fall ist, könnte das "Zweigniederlassungsmodell" wie ausgeführt eingreifen, wenn der Geschäftsführer des Unternehmens seinen Wohnsitz im nicht EU-/EWR Ausland hat, etwa die Schweiz, und von dort aus die Geschäfte des Unternehmens führt.

5. Nicht ausgeschlossen werden kann, daß - gerade aufgrund der bestehenden Lücke und des damit verbundenen, oben in Teil B. aufgezeigten Verstoßes gegen Art. 3 Abs.1 GG - die gesetzliche Ausgestaltung der Zweigniederlassungspublizität in Deutschland eine umfassende Neufassung erhalten wird. Die vorstehenden Überlegungen gelten nur, solange die bestehende (verfassungswidrige) Lücke bei der Ausgestaltung der Zweigniederlassungspublizität besteht. Im übrigen gilt das „Zweigniederlassungsmodell“ insbesondere für Unternehmensneugründungen. Auf bestehende Unternehmen kann das Zweigniederlassungsmodell nur mit der Maßgabe Anwendung finden, daß der Betrieb des bestehenden Unternehmens im Wege eines Asset-deals zu Buchwerten von einer Drittstaaten-GmbH ohne Rechnungslegungspublizität übernommen und als deutsche Zweigniederlassung fortgeführt wird. Steuerliche Risiken sind insoweit unbedingt abzuklären.

G. Ergebnis des zweiten Teils

Transparenz- und Publizitätspflichten, die sich auf die Unternehmensstruktur beziehen in Form der Verpflichtung zur Anmeldung und Einreichung von statischen Unternehmensdaten zum Handelsregister, sind mit den Vorgaben des Grundgesetzes vereinbar.

Die Rechnungslegungspublizität nach HGB verstößt hinsichtlich der Ausgestaltung der Zweigniederlassungspublizität für Zweigniederlassungen von haftungsbeschränkten Unternehmen mit Sitz in Nicht-EU/EWR-Staaten, in denen keine Rechnungslegungspublizität besteht, gegen das Gleichheitsgebot aus Art. 3 Abs.1 S.1 GG i.V.m. Art. 19 Abs. 4 GG.

Die Rechnungslegungspublizität nach PublG ist in ihrer derzeitigen Fassung verfassungswidrig, weil durch eine fehlende Anpassung der seit 1969 gleich gebliebenen Schwellenwerte an die Gesamtentwicklung der Volkswirtschaft den Anforderungen des Verhältnismäßigkeitsgrundsatzes nicht mehr genügt wird. Im übrigen ist die Konzernabschlußpublizität nach PublG verfassungskonform dahingehend so auszulegen, daß Einzelunternehmen und Personenhandelsgesellschaften dieselben Erleichterungen wie für ihren Einzelabschluß in Anspruch nehmen dürfen, auch wenn dies nicht im Gesetz steht.

Eine verfassungsrechtliche Verpflichtung des Staates zur Schaffung von besonderen Transparenz- und Publizitätspflichten deutscher Unternehmen gegenüber den Medien besteht nicht. Weitere verfassungsrechtliche Sonderfragen im Zusammenhang mit Transparenz- und Publizitätspflichten deutscher Unternehmen sind die Verfassungsmäßigkeit der Ad-hoc Publizität und des Transparenzgebotes nach WpHG im Hinblick auf das Bestimmheitsgebot und den Verhältnismäßigkeitsgrundsatz, ferner die Frage nach der Verfassungsmäßigkeit der Befreiungswirkung von nach internationalen Rechnungslegungsgrundsätzen aufgestellten Abschlüssen.

Im Verhältnis zwischen Europarecht und Grundgesetz genießt das Europarecht bis zur Grenze der institutionellen Grundrechtsgarantien des Art. 79 Abs.3 GG Anwendungsvorrang.

Aus der Rechtsnatur der Rechnungslegungsvorschriften als öffentlichem Recht folgt nicht zwingend, daß das Jedermann-Antragsverfarhren mit den entsprechenden europarechtlichen Vorgaben unvereinbar wäre.

Mit den Vorgaben des Europarechts unvereinbar sind Handelsregistergebühren für Eintragungen von Kapitalgesellschaften sowie besonderer Personenhandelsgesellschaften, die DM 1.000 übersteigen. Entsprechende Beträge können für die Vergangenheit zurückgefordert bzw. gekürzt werden.

Die in der Literatur vertretene Ansicht, aus den Vorgaben des Europarechts folge - entgegen der Rechtsprechung des BGH - ein Recht auf kommerzielle Nutzung des Handelsregisters in Form einer privaten Handelsregisterdatei, erscheint aufgrund des hoheitlichen Charakters der Registerführung bedenklich.

Eine Haftung für Vollzugsdefizite bei der Umsetzung europarechtlicher Vorgaben hinsichtlich der Sanktionierung unterlassener Rechnungslegungspublizität ist als gemeinschaftsrechtlicher Staatshaftungsanspruch schwerlich durchsetzbar.

Nach den bestehenden Modellen zur Meidung unerwünschter Publizitätspflichten kann eine Verbindung aus Haftungsbeschränkung und nichtbestehender Rechnungslegungspublizität nicht erreicht werden. Die Rechnungslegungspublizität kann nach den gängigen Modellen bislang nur durch die sog. Komplementärlösung ausgeschlossen werden, d.h. durch die Aufnahme einer natürlichen Person, die als weiterer Komplementär in der GmbH & Co KG bzw. Stiftung & Co KG neben die Verwaltungs-GmbH bzw. Stiftung tritt. Andere Rechtsformen wie die GbR, die EWIV, die Stiftung und der eingetragene Verein scheiden für Unternehmen zur Ausschaltung unerwünschter Publizitätspflichten aus. Um im Rahmen der Komplementärlösung auch eine ab dem Überschreiten gewisser Größenklassen drohende Konzernabschlußpflicht und -offenlegung zu vermeiden, kann die GmbH & Co KG, in der neben der Verwaltungs-GmbH auch eine natürliche Person Komplementär ist, in eine sog. Einheitsgesellschaft umgewandelt werden, d.h. die KG hält alle Anteile an ihrer Verwaltungs-GmbH.

Im übrigen sind Gestaltungen im Rahmen der Unternehmenspolitik möglich, die Auswirkungen der Rechnungslegungspublizität durch geeignete Maßnahmen (Kleinhalten als "kleine" Gesellschaft i.S.d. § 267 HGB, Bilanzpolitik, Betriebsaufspaltung etc.) so gering, wie möglich zu halten und auf diese Weise unerwünschte Einblicke in die Kosten-, Ertrags- und Vermögensstruktur des Unternehmens zu erschweren.

Auch die Vorschriften über die Pflicht zur Aufstellung und Offenlegung eines Konzernabschlusses können durch die Gestaltung der Konzernstruktur, durch Steuerung der Größenmerkmale und durch Kombination der beiden vorgenannten Alternativen umgangen bzw. in ihren Auswirkungen herabgemildert werden.

Im Gegensatz zu den bestehenden Modellen zur Meidung oder Herabmilderung der Jahresabschlußpublizität besteht aufgrund einer - gleichheitswidrigen - Lücke in der gesetzgeberischen Ausgestaltung der Zweigniederlassungspublizität für ausländische Kapitalgesellschaften die Möglichkeit, ein Unternehmen mit Betriebsstätten in Deutschland zu unterhalten, das trotz Haftungsbeschränkung nicht zur Rechnungslegungspublizität verpflichtet ist. Dieses Modell, das hier als „Zweigniederlassungsmodell" bzw. „Zweigniederlassungslösung bezeichnet wird, sieht den Betrieb einer Hauptniederlassung als haftungsbeschränktes Unternehmen mit Sitz in einem Land außerhalb der EU vor, in dem keine Offenlegungsverpflichtungen für die Hauptniederlassung bestehen. Die Geschäftsleitung müßte die Geschäfte tatsächlich auch vom Ausland aus leiten - etwa im Falle eines Wohnsitzwechsels des Geschäftsführers in die Schweiz. In Deutschland würden die Betriebsstätten als Zweigniederlassungen der ausländischen Hauptniederlassung betrieben und wären als solche trotz der Haftungsbeschränkung nicht zur Offenlegung der Rechnungslegung verpflichtet. Dieses Modell bietet sich insbesondere für Unternehmensneugründungen an. Für bestehende Unternehmen dürfte ein entsprechender Formwechsel in eine ausländische Kapitalgesellschaft aus gesellschafts- und steuerrechtlichen Gründen ausgeschlossen sein. Hier müßte im Wege eines Asset-deals die bestehende Betriebsstätte durch eine Drittstaaten-GmbH zu Buchwerten übernommen und als deutsche Zweigniederlassung weiter betrieben werden. Dabei sind unbedingt im Einzelfall etwaige steuerliche Risiken zu prüfen.

Schluss: Zusammenfassung der Ergebnisse in Thesen

1. Transparenz- und Publizitätspflichten deutscher Unternehmen sind gesetzliche Regelungen, die sich unmittelbar an die Unternehmen richten und diese verpflichten, ihre Unternehmensverhältnisse durchschaubar zu machen und offenzulegen. Dies geschieht, indem die Unternehmen bei Vorliegen gesetzlicher Tatbestandsmerkmale verpflichtet sind, unternehmensbezogene Informationen zu öffentlichen Registern anzumelden oder einzureichen. Auf diese Weise werden die unternehmensbezogenen Informationen für jedermann zugänglich. Nur die Offenlegung durch das Anmelden oder Einreichen von Unterlagen zu öffentlichen Registern mit einer Bekanntmachung im Bundesanzeiger wird als Offenlegung im Sinne dieser Arbeit verstanden.

2. Am wichtigsten und zahlreichsten sind dabei die Transparenz- und Publizitätspflichten des Handels- und Gesellschaftsrechts, also namentlich diejenigen nach HGB, GmbHG, AktG, GenG und UmwG. Hierbei kann man unterscheiden zwischen einerseits Anmeldepflichten, die von der Gründung bis zur Beendigung des Unternehmens den Status des Unternehmens und seiner Organe, mithin die Unternehmensstruktur betreffen. Diese Verpflichtungen könnte man auch als "allgemeine Anmeldepflichten" bezeichnen. Sie beziehen sich auf statische Unternehmensdaten. Andererseits gibt es Transparenz- und Publizitätspflichten, die sich auf die Offenlegung der Geschäftsentwicklung des Unternehmens beziehen. Dabei handelt es sich um dynamische Unternehmensdaten, weil diese zwangsläufig jedes Jahr andere Zahlen enthalten.

3. Anmelde- und Offenlegungsverpflichtungen, welche die Statusdaten des Unternehmens betreffen, können konstitutiv oder deklaratorisch für die Wirksamkeit der jeweiligen Rechtsverhältnisse des Unternehmens sein, die zum Register anzumelden sind. Besondere Bedeutung haben die Registeranmeldeverpflichtungen bei haftungsbeschränkten juristischen Personen als Unternehmensträger, weil hier die Einhaltung der Anmeldeverpflichtungen Voraussetzung für die Wirksamkeit des jeweiligen Rechtsaktes ist.

4. Transparenz- und Publizitätspflichten nach Handels- und Gesellschaftsrecht, welche die Geschäftsentwicklung des Unternehmens betreffen, bestehen nach dem Handelsgesetzbuch sowie nach dem Publizitätsgesetz. Sie sehen vor, daß haftungsbeschränkte sowie sehr große Unternehmen verpflichtet sind, ihre

Jahresabschlüsse nebst weiteren Unterlagen zu öffentlichen Registern einzureichen mit einer Bekanntmachung im Bundesanzeiger.

5. Den Transparenz- und Publizitätspflichten im Sinne dieser Arbeit ähnliche Verpflichtungen bestehen in Form der Ad-hoc-Publizität und der Beteiligungstransparenz nach dem Wertpapierhandelsgesetz. Faktisch erfolgt dabei nur die Information eines Fachpublikums. Da es weder zu einer Register-, noch zu einer Bundesanzeigerpublizität kommt, fallen die Verpflichtungen nach WpHG nicht unter Transparenz- und Publizitätspflichten im Sinne dieser Arbeit.

6. Andere gesetzliche Vorschriften, die öffentliche Bekanntmachungen vorsehen, etwa die Insolvenzordnung oder Regelungen für andere gerichtliche und behördliche Verfahren, sind begrifflich ebenfalls keine Transparenz- und Publizitätspflichten deutscher Unternehmen. Zwar kann es auch durch öffentliche Zustellungen und Ladungen, im Rahmen von Gerichtsverfahren oder durch die Informationsansprüche des Umweltinformationsgesetzes sowie des brandenburgischen Akteneinsichts- und Informationsgesetzes zu einer mittelbaren Publizitätsbelastung von Unternehmen kommen. Es bestehen jedoch insoweit keine gesetzlichen Verpflichtungen, welche die Unternehmen unmittelbar selbst zur Herausgabe von unternehmensbezogenen Informationen verpflichten. Erst recht kommt es nicht zu einer Anmeldung oder Einreichung zu Registern mit einer anschließenden Bekanntmachung.

7. Unter den bestehenden Tranparenz- und Publizitätspflichten deutscher Unternehmen hat die Verpflichtung zur Offenlegung des Jahresabschlusses eine erhöhte wirtschaftliche Relevanz, nicht zuletzt auch im Hinblick auf die Stellung des Unternehmens am Markt. Sie ist deshalb von besonderer Bedeutung und nimmt unter den bestehenden Transparenz- und Publizitätspflichten deutscher Unternehmen einen besonderen Stellenwert ein.

8. Transparenz- und Publizitätspflichten, die sich auf die Unternehmensstruktur beziehen, in Form der Verpflichtung zur Anmeldung und Einreichung von statischen Unternehmensdaten zum Handelsregister, sind mit den Vorgaben des Grundgesetzes vereinbar.

9. Die Rechnungslegungspublizität nach HGB verstößt hinsichtlich der Ausgestaltung der Zweigniederlassungspublizität für Zweigniederlassungen von haftungsbeschränkten Unternehmen mit Sitz in Nicht-EU/EWR-Staaten, in denen keine Rechnungslegungspublizität besteht, gegen das Gleichheitsgebot aus Art. 3 Abs.1 S.1 GG i.V.m. Art. 19 Abs. 4 GG.

10. Die Rechnungslegungspublizität nach PublG ist in ihrer derzeitigen Fassung verfassungswidrig, weil durch eine fehlende Anpassung der seit 1969 gleich gebliebenen Schwellenwerte an die Gesamtentwicklung der Volkswirtschaft den Anforderungen des Verhältnismäßigkeitsgrundsatzes nicht mehr genügt wird. Im übrigen ist die Konzernabschlußpublizität nach PublG verfassungskonform dahingehend auszulegen, daß Einzelunternehmen und Personenhandelsgesellschaften hinsichtlich der Offenlegung eines von ihnen nach PublG aufzustellenden Konzernabschlusses dieselben Erleichterungen wie für ihren Einzelabschluß in Anspruch nehmen dürfen.

11. Eine verfassungsrechtliche Verpflichtung des Staates zur Schaffung von besonderen Transparenz- und Publizitätspflichten deutscher Unternehmen gegenüber den Medien besteht nicht. Weitere verfassungsrechtliche Sonderfragen im Zusammenhang mit Transparenz- und Publizitätspflichten deutscher Unternehmen sind die Verfassungsmäßigkeit der Ad-hoc Publizität und des Transparenzgebotes nach WpHG im Hinblick auf das Bestimmheitsgebot und den Verhältnismäßigkeitsgrundsatz, ferner die Frage nach der Verfassungsmäßigkeit der Befreiungswirkung von nach internationalen Rechnungslegungsgrundsätzen aufgestellten Abschlüssen.

12. Transparenz- und Publizitätspflichten deutscher Unternehmen werden durch die Vorgaben des Europarechts und die Vorgaben des Grundgesetzes beeinflußt. Im Verhältnis zwischen Europarecht und Grundgesetz genießt das Europarecht bis zur Grenze der institutionellen Grundrechtsgarantien des Art. 79 Abs.3 GG Anwendungsvorrang.

13. Aus der Rechtsnatur der Rechnungslegungsvorschriften als öffentlichem Recht folgt nicht zwingend, daß das Jedermann-Antragsverfahren nach § 335a S.3 HGB i.d.F. des KapCoRiLiG mit den entsprechenden europarechtlichen Vorgaben unvereinbar wäre.

14. Mit den Vorgaben des Europarechts unvereinbar sind Handelsregistergebühren für Eintragungen von Kapitalgesellschaften sowie besonderer Personenhandelsgesellschaften, die DM 1.000 übersteigen. Entsprechende Beträge können für die Vergangenheit zurückgefordert bzw. gekürzt werden.

15. Der in der Literatur vertretenen Ansicht, aus den Vorgaben des Europarechts folge - entgegen der Rechtsprechung des BGH - ein Recht auf kommerzielle Nutzung des Handelsregisters in Form einer privaten Handelsregisterdatei, ist aufgrund des hoheitlichen Charakters der Registerführung nicht zuzustimmen.

16. Eine Haftung für Vollzugsdefizite bei der Umsetzung europarechtlicher Vorgaben hinsichtlich der Sanktionierung unterlassener Rechnungslegungspublizität ist als gemeinschaftsrechtlicher Staatshaftungsanspruch schwerlich durchsetzbar.

17. Nach den bestehenden Modellen zur Meidung unerwünschter Publizitätspflichten kann eine Verbindung aus Haftungsbeschränkung und nichtbestehender Rechnungslegungspublizität nicht erreicht werden. Die Rechnungslegungspublizität kann nach den gängigen Modellen bislang nur durch die sog. Komplementärlösung ausgeschlossen werden, d.h. durch die Aufnahme einer natürlichen Person, die als weiterer Komplementär in der GmbH & Co KG bzw. Stiftung & Co KG neben die Verwaltungs-GmbH bzw. Stiftung tritt. Andere Rechtsformen wie die GbR, die EWIV, die Stiftung und der eingetragene Verein scheiden für Unternehmen zur Ausschaltung unerwünschter Publizitätspflichten aus. Um im Rahmen der Komplementärlösung auch eine ab dem Überschreiten gewisser Größenklassen drohende Konzernabschlußpflicht und -offenlegung zu vermeiden, kann die GmbH & Co KG, in der neben der Verwaltungs-GmbH auch eine natürliche Person Komplementär ist, in eine sog. Einheitsgesellschaft umgewandelt werden, d.h. die KG hält alle Anteile an ihrer Verwaltungs-GmbH. Im übrigen sind Gestaltungen im Rahmen der Unternehmenspolitik möglich, die Auswirkungen der Rechnungslegungspublizität durch geeignete Maßnahmen (Kleinhalten als "kleine" Gesellschaft i.S.d. § 267 HGB, Bilanzpolitik, Betriebsaufspaltung etc.) so gering, wie möglich zu halten und auf diese Weise unerwünschte Einblicke in die Kosten-, Ertrags- und Vermögensstruktur des Unternehmens zu erschweren. Auch die Vorschriften über die Pflicht zur Aufstellung und Offenlegung eines Konzernabschlusses können durch die Gestaltung der Konzernstruktur, durch

Steuerung der Größenmerkmale und durch Kombination der beiden vorgenannten Alternativen umgangen bzw. in ihren Auswirkungen herabgemildert werden.

18. Im Gegensatz zu den bestehenden Modellen zur Meidung oder Herabmilderung der Jahresabschlußpublizität besteht aufgrund einer - gegen Art. 3 Abs.1 GG verstoßenden - Lücke in der gesetzgeberischen Ausgestaltung der Zweigniederlassungspublizität für ausländische Kapitalgesellschaften die Möglichkeit, ein Unternehmen mit Betriebsstätten in Deutschland zu unterhalten, das trotz Haftungsbeschränkung nicht zur Rechnungslegungspublizität verpflichtet ist. Dieses Modell, das hier als „Zweigniederlassungsmodell" bzw. „Zweigniederlassungslösung bezeichnet wird, sieht den Betrieb einer Hauptniederlassung als haftungsbeschränktes Unternehmen mit Sitz in einem Land außerhalb der EU vor, in dem keine Offenlegungsverpflichtungen für die Hauptniederlassung bestehen. Die Geschäftsleitung müßte die Geschäfte tatsächlich auch vom Ausland aus leiten - etwa im Falle eines Wohnsitzwechsels des Geschäftsführers in die Schweiz. In Deutschland würden die Betriebsstätten als Zweigniederlassungen der ausländischen Hauptniederlassung betrieben und wären als solche trotz der Haftungsbeschränkung nicht zur Offenlegung der Rechnungslegung verpflichtet. Dieses Modell bietet sich insbesondere für Unternehmensneugründungen an. Für bestehende Unternehmen dürfte ein entsprechender Formwechsel in eine ausländische Kapitalgesellschaft aus gesellschafts- und steuerrechtlichen Gründen ausgeschlossen sein. Hier müßte im Wege eines Asset-deals die bestehende Betriebsstätte durch eine Drittstaaten-GmbH zu Buchwerten übernommen und als deutsche Zweigniederlassung weiter betrieben werden. Dabei sind unbedingt im Einzelfall etwaige steuerliche Risiken zu prüfen.

Übersicht zu den EURO-Schwellenwerten nach §§ 267, 293 HGB, 1 PublG

I. Schwellenwerte für kleine und mittlere Gesellschaften iSv § 267 HGB

kleine GmbH	*1999*	*2000*	*2002*
Bilanzsumme:	5,31 Mio DM	6,72 Mio DM	3,438 Mio **EURO**
Umsatzerlöse:	10,62 Mio DM	13,44 Mio DM	6,875 Mio **EURO**
Arbeitnehmer im Jahresdurchschnitt:	50	50	50

mittlere GmbH	*1999*	*2000*	*2002*
Bilanzsumme:	21,24 Mio DM	26,89 Mio DM	13,75 Mio **EURO**
Umsatzerlöse:	42,48 Mio DM	53,78 Mio DM	27,50 Mio **EURO**
Arbeitnehmer:	250	250	250

II. Schwellenwerte für Befreiung von Konzernabschlußpflicht nach § 293 HGB

		1999	*2000*	*2002*
Bilanzsumme[1363]	addiert:	80,67 Mio DM	32,27 Mio DM	16,50 Mio **EURO**
	konsolidiert:	67,20 Mio DM	26,89 Mio DM	13,75 Mio **EURO**
Umsatzerlöse	addiert:	161,33 Mio DM	64,54 Mio DM	33,00 Mio **EURO**
	konsolidiert:	134,40 Mio DM	53,78 Mio DM	27,50 Mio **EURO**
Arbeitnehmer:		500	250	250

III. Schwellenwerte nach Publizitätsgesetz

	2000	*2002*
Bilanzsumme	125 Mio DM	65 Mio **EURO**
Umsatzerlöse:	250 Mio DM	130 Mio **EURO**
Arbeitnehmer:	5000	5000

[1363] Nach Abzug von in Bilanzsummen auf der Aktivseite ausgewiesenen Fehlbeträgen.

Druck:
CPI Druckdienstleistungen GmbH
im Auftrag der
Kolibri 360 GmbH
Ferdinand-Jühlke-Str. 7
99095 Erfurt

FSC
www.fsc.org
MIX
Papier | Fördert gute Waldnutzung
FSC® C083411

Kolibri 360 GmbH
Ferdinand-Jühlke-Straße 7
99095 Erfurt, Deutschland
produktsicherheit@kolibri360.de